MARKETING MANAGEMENT
DRIVING CHANGE AND GROWTH

营销管理

变革与增长的引擎

胡左浩◎主编

王毅　吴水龙◎副主编

清华大学出版社

北京

本书封面贴有清华大学出版社防伪标签，无标签者不得销售。
版权所有，侵权必究。举报：010-62782989，beiqinquan@tup.tsinghua.edu.cn

图书在版编目（CIP）数据

营销管理：变革与增长的引擎 / 胡左浩主编.
北京：清华大学出版社，2025. 1. -- ISBN 978-7-302-68108-3
Ⅰ．F713.56
中国国家版本馆 CIP 数据核字第 20258WE180 号

责任编辑：吴　雷
封面设计：李召霞
责任校对：王荣静
责任印制：沈　露

出版发行：清华大学出版社
网　　址：https://www.tup.com.cn，https://www.wqxuetang.com
地　　址：北京清华大学学研大厦 A 座　　邮　编：100084
社 总 机：010-83470000　　邮　购：010-62786544
投稿与读者服务：010-62776969，c-service@tup.tsinghua.edu.cn
质 量 反 馈：010-62772015，zhiliang@tup.tsinghua.edu.cn
课 件 下 载：https://www.tup.com.cn，010-83470332

印 装 者：涿州汇美亿浓印刷有限公司
经　　销：全国新华书店
开　　本：185mm×260mm　　印　张：35.5　　字　数：814 千字
版　　次：2025 年 1 月第 1 版　　印　次：2025 年 1 月第 1 次印刷
定　　价：99.00 元

产品编号：104453-01

前　言

营销管理是工商管理硕士（MBA）培养的核心课程之一，高质量的营销管理教材是实现工商管理硕士培养目标的重要保证。改革开放以来，中国经济快速发展，中国企业也随之逐渐做大做强，大批企业进入世界500强，特别在数字化时代，许多中国企业的营销实践走在了世界前列。同时，随着大数据、人工智能等新技术的大量涌现和激烈市场竞争的强力推动，各种营销新思想、新理论、新工具、新模式层出不穷。这些新时代的发展成果在为营销理论创新和教学提供鲜活素材的同时，也给工商管理硕士（MBA）教学带来了极大的挑战，要求我们的教材在保持营销理论体系传承的同时，能充分体现时代的变化和社会的需求。

本教材的特色在于：（1）以营销学科近百年积累的成果为根本，立足于中国实践，吸收国内外营销研究的最新成果，在借鉴国际上主流营销管理教材的基础上对营销管理框架进行了部分重构，突出市场营销作为企业增长引擎和变革引擎的双重作用；（2）更加注重对中国营销领域的学术成果和中国企业的营销创新实践的挖掘和总结，更加强调营销伦理在营销人才培养以及营销策略制定中的重要作用；（3）紧密关注当前大数据时代数智营销的新发展与新实践，每个章节都融入了数字化营销元素，在多个章节中还体现出数字化营销的前沿思想、最新实践和未来趋势；（4）通过形式多样的特色栏目来反映营销学科的最新进展，并提供丰富多样的营销实践案例。体现营销新思想和新趋势的营销洞见栏目有65个，体现营销新方法和新技术的营销工具栏目有39个。同时，本教材提供16个开篇案例、32个章尾最佳实践案例（其中16个最佳实践案例采用二维码方式呈现）以及54个Mini案例，涵盖百余家中外优秀企业的营销实践，其中，以中国企业为对象的案例88个，以外国企业为对象的案例14个。

本教材由五篇十六章构成，涵盖营销管理的所有核心主题。第一篇为总论，包括第一章营销管理导论、第二章业务增长与营销战略，主要阐述数字化时代营销管理对于企业顺应变革创新和业务增长的重要性。第二篇认识市场环境与内部条件，包括第三章识别顾客行为、第四章理解行业与识别竞争、第五章分析企业内部条件、第六章数字时代的营销研究，主要阐述企业如何洞察市场与行业，如何客观认知企业自身的核心能力以及数字营销技术的新应用。第三篇制定营销战略，包括第七章细分市场与选择目标市场、第八章价值主张与定位战略、第九章品牌化战略、第十章全球营销战略，主要阐述企业主要的营销战略以及战略选择过程。第四篇制定营销策略，包括第十一章管理产品与服务、第十二章管理定价、第十三章整合营销传播、第十四章营销渠道管理、第十五章客户关系管理，主要从顾客价值设计和创造的角度对企业的各个营销策略进行了系统阐述。第五篇营销组织与控制，包括第十六章营销组织与控制，主要阐述企业如何构建营销组织管理体系以及如何衡量评价营销绩效等营销实施与控制的内容。本书附录部分为清华大学经济管理学院中国工商管理案例中心提供的两个教学案例。

教材的每个章节聚焦一个营销主题。每章先以两句与本章主题相关的箴言开头，箴言要么是古诗文名句，要么是中外学者或企业家名言，然后是本章的教学目标以及能激发读者兴趣的开篇案例，接着是正文部分，涉及相关概念、理论、方法和工具等本章主要内容，并穿插营销洞见、营销工具和Mini案例栏目等特色栏目。其中营销洞见栏目反映营销前沿的新观点、新概念、新方法、新理论、新现象等，营销工具栏目反映前沿营销方法、步骤、测量工具、营销技术、分析模型等，Mini案例栏目突出某个特定营销主题或某个特定品牌的新鲜前沿案例以及行业经典案例。穿插这些栏目的目的是强化读者对营销主题和知识点的理解和应用。之后是两个章尾营销实践案例，期望以最佳营销实践的形式开拓读者的视野并展开深入讨论。最后是本章小结、中英文表达的关键术语、回顾性问题、辩论性问题、实践性问题，以及建议的延伸阅读。本教材有七个核心关键词：营销战略、增长引擎、变革引擎、价值创造、数智化、全球化、社会责任。

另外，本教材也特别强调建立全方位、多层次的教辅资料体系。教材将提供完备的教学大纲、知识点体系、PPT讲义、教学案例、每章测验、课程习题集等教辅材料，帮助本课程的教师方便快速地适应本教材体系并开展教学活动。

从2001年以来，我一直给清华大学经济管理学院的MBA上营销管理课程。采用的教材是菲利普·科特勒的《营销管理》，从第9版用到第16版。虽然该教材是营销领域最权威的教材，内容体系全面，案例极其丰富，但是，该教材缺乏中国情景下的营销研究成果以及缺少中国企业创新性的营销前沿实践。因此，我早就有编写一本基于中国情景的营销管理教材的想法。2022年3月，我组织国内9所大学的10位营销同仁启动针对MBA教学的营销管理教材的编写工作。教材编写目标是打造全国领先的营销管理教材，使其具有时代性和前瞻性；教材内容要求做到两兼顾，即系统性和前沿性兼顾、学术性与实践性兼顾；编写过程要求做到四化，即标准化、统一化、模块化、规范化；组织形式上，定期组织写作研讨以及资料共享。我作为主编，负责全书的企划与统稿、样章和编写规范的确定、各章的结构和内容的定案、品质控制以及组织工作。王毅教授和吴水龙教授作为副主编协助我做好组织工作和品质控制工作，同时，王毅教授还负责组织教材思维导图、每章习题集和测验题等工作；吴水龙教授还负责教材教学PPT制作的工作。

"千淘万漉虽辛苦，吹尽狂沙始到金。"经过编写小组全体成员两年的不懈努力，终于在2024年3月底完成本教材的编写工作，向清华大学出版社提交全部稿件。全书十六章的分工如下：第一章由清华大学经济管理学院胡左浩教授撰写，第二章由华南理工大学工商管理学院陈明教授撰写，第三章由中央民族大学管理学院樊亚凤副教授撰写，第四章和第五章由中央财经大学商学院顾雷雷教授撰写，第六章和第十五章由西南财经大学工商管理学院吴邦刚教授撰写，第七章由上海财经大学商学院吴芳教授撰写，第八章和第十章由山东大学管理学院洪瑞阳助理教授撰写，第九章和第十六章由北京理工大学管理学院吴水龙教授撰写，第十一章由中南财经政法大学工商管理学院王新刚教授撰写，第十二章和第十四章由中央财经大学商学院王毅教授撰写，第十三章由中山大学国际金融学院陈增祥副教授撰写。

清华大学出版社经管与人文社科分社刘志彬社长和吴雷编辑多次出席我们编写小组的线上和线下的研讨交流活动并提供教材编写规范方面的建议，在此表示衷心的感谢！同时还要衷心感谢在各章写作过程提供相关协助的老师和同学：清华大学经济管理学院的博士生谢辰欣、赵冬蔚以及助理研究员杜雨轩，中央财经大学商学院副研究员刘钾、博士生曾遨宇以及硕士生范卿峻悦和杨文颖，北京理工大学管理学院博士生赵嘉隽和胡泽坤以及 MBA 学生彭雯琪，内蒙古财经大学讲师鑫颖，四川大学商学院硕士生陈娅丽，上海财经大学商学院博士生郑宇晨，中南财经政法大学工商管理学院硕士生蒋俊，北京第二外国语学院商学院副教授孙倩敏等。另外，本书还得到清华大学经济管理学院教材出版支持经费的资助以及清华大学经济管理学院中国工商管理案例中心的支持，在此一并致谢！

本书适宜作为工商管理硕士（MBA/EMBA）学员、管理类专业硕士生及高年级本科生的营销管理教材使用，同时也适宜作为企业培训教材使用以及作为企业管理者必备的专业参考书使用。

市场营销是一门与时俱进、不断创新的科学和实践，需要持续研究探索。同时，作为第一版，本教材会存在许多不完备的地方，恳请各位亲爱的读者给予批评指正！

最后以杜甫的五言律诗《春夜喜雨》的前四句结尾：好雨知时节，当春乃发生。随风潜入夜，润物细无声。做企业、做品牌就要做到"润物细无声"，植入用户的内心。

主编　胡左浩

清华大学经济管理学院教授

2024 年 5 月 28 日

目 录

第一篇 总 论

第一章 营销管理导论 3
- 第一节 营销定义与营销范畴 5
- 第二节 营销管理定义与营销管理任务 12
- 第三节 营销理论的演进与营销在中国的发展 21
- 第四节 市场环境大趋势与营销新议题 28

第二章 业务增长与营销战略 40
- 第一节 战略层次与营销战略 42
- 第二节 公司战略与业务单元战略 45
- 第三节 营销战略与营销计划 59

第二篇 认识市场环境与内部条件

第三章 识别顾客行为 81
- 第一节 消费者行为的影响因素 83
- 第二节 消费者购买决策过程 95
- 第三节 组织购买行为 104

第四章 理解行业与识别竞争 116
- 第一节 企业所处的宏观环境 118
- 第二节 行业分析和竞争者分析 125
- 第三节 行业机会识别和行业变革 131

第五章 分析企业内部条件 145
- 第一节 分析企业资源与能力 148
- 第二节 分析企业价值链 156
- 第三节 分析营销绩效 163
- 第四节 SWOT分析工具 169

第六章　数字时代的营销研究·······178

第一节　数字时代的营销研究概述·······180
第二节　数字时代营销研究与顾客洞察工具·······190
第三节　数字时代营销新技术的应用·······200

第三篇　制定营销战略

第七章　细分市场与选择目标市场·······217

第一节　市场细分概述·······219
第二节　消费者市场细分·······222
第三节　组织市场细分·······233
第四节　选择目标市场·······238
第五节　目标市场选择中的社会伦理·······244

第八章　价值主张与定位战略·······251

第一节　价值主张·······253
第二节　定位战略·······258
第三节　定位开发工具·······268

第九章　品牌化战略·······285

第一节　品牌和品牌化的概念·······287
第二节　品牌化战略：创建和传播·······295
第三节　品牌化战略：维系和提升·······306

第十章　全球营销战略·······322

第一节　全球营销概述·······324
第二节　全球市场分析·······331
第三节　进入全球市场·······338
第四节　全球营销方案·······345

第四篇　制定营销策略

第十一章　管理产品与服务·······359

第一节　产品概念与产品分类·······361
第二节　新产品开发·······365
第三节　产品生命周期·······373

第四节　产品组合策略 378
　　第五节　管理服务 381

第十二章　管理定价 394
　　第一节　价格概述 396
　　第二节　定价过程与定价方法 400
　　第三节　价格体系与定价策略 409

第十三章　整合营销传播 424
　　第一节　营销传播的定义与内涵 426
　　第二节　营销传播环境变迁与挑战 428
　　第三节　整合营销传播：概念、框架与执行 429
　　第四节　评估整合营销传播效果 450

第十四章　营销渠道管理 458
　　第一节　营销渠道概述 460
　　第二节　营销渠道设计 465
　　第三节　营销渠道管理 473

第十五章　客户关系管理 488
　　第一节　客户关系与顾客生命周期 490
　　第二节　顾客生涯价值与生命周期管理 498
　　第三节　客户体验管理与客户旅程地图 504
　　第四节　顾客忠诚管理 506

第五篇　营销组织与控制

第十六章　营销组织与控制 519
　　第一节　营销组织与营销流程 521
　　第二节　营销制度 534
　　第三节　营销预算与资源配置 539
　　第四节　营销绩效衡量与营销复盘 545

教学案例 1　FOH 希望树：数字营销赋能品牌破圈成长 556

教学案例 2　科麒软件再定位：业务多元化的喜与忧 556

全书"开篇案例、最佳实践案例、营销洞见、营销工具、mini 案例"列表 556

第一篇

总　论

第一章

营销管理导论

苟日新，日日新，又日新。

——汤之《盘铭》

企业的目的是创造顾客。

——彼得·德鲁克

◆ 学习目标

1. 了解营销的重要性和营销在企业中的作用；
2. 掌握营销精髓以及理解营销管理的基本内涵；
3. 熟悉营销理论的演进过程以及营销在中国的发展；
4. 了解环境变化大趋势以及所产生的营销新议题。

◆ 开篇案例

安踏：永不止步

安踏集团于1991年的福建晋江创立，以生产运动鞋起家。"安踏"寓意"安心创业，踏实做人"。安踏的使命是将超越自我的体育精神融入每个人的生活。安踏2023年实现营收623亿元，营收位居中国体育用品行业的首位。

安踏发展历程

自创立以来，安踏经历五个发展阶段。创业阶段（1991—1999年）是这一历程的起点。在这一阶段，安踏以工厂为基础，秉持以生产管理为导向的原则，逐步实现规模化生产，通过大批量制造和批发，销售额从50万元增长到了2亿元。在创品牌阶段（2000—2010年），安踏瞄准市场的新趋势，2000年借助悉尼奥运会，赞助奥运冠军，开创行业"央视CCTV5+体育明星代言"的营销模式。2007年，安踏成功在香港上市，从一个家族企业转变为公众公司，并在2009年与中国奥委会签约，进一步提升了其在市场中的地位；同年，成功收购FILA（斐乐）品牌在大中华区的商标经营权，开启多品牌经营之路。2011年，安踏进入零售转型阶段（2011—2015年），在这个阶段，安踏把握消费升级趋势，确定了以消费者为中心的战略目标，强调创造最佳的品牌体验。2013年，以构建直营或加盟的品牌零售门店体系为核心的"品牌+零售"模式正式启动，标志着安踏从"品牌批发"向"品牌零售"的转型，并在2015年成为国内行业首家营收破百亿的企业。在多品牌发展的第四阶段（2016—2020年），安踏实施单聚焦、多品牌、全渠道的发展战略，以满足不同细分市场和不同消费者需求，同时提升消费者体验。2019年，安踏完成了对国际体育用品品牌管理集团Amer Sports（亚玛芬体育）的收购，这标志着安踏从一家中国本土企业成功转型为国际化的企业。2021年以来，安踏开启了以构建中国市场领导地位和细分领域全球领先为核心的"双轮驱动"的全球化战略，进入新的发展阶段。

安踏品牌体系与业务增长

安踏集团通过自建、收购、授权经营等内生和外生方式形成多品牌矩阵，实现从专业运动到时尚运动再到户外运动、从大众市场到高端市场的全面覆盖（见图1-1）。安踏集团目前拥有10多个品牌，包括面向大众市场的专业运动品牌安踏、中高端时尚运动品牌FILA、高端户外运动品牌DESCENTE和KOLON Sport，以及Amer旗下的高端专业户外品牌始祖鸟、专业户外越野品牌SALOMON、专业球类品牌WILSON等。安踏集团从精准定位服务消费者理念出发，以专业运动、时尚运动、户外运动三大差异化品牌群形成三条增长曲线。第一条是大众定位、以安踏品牌为核心的创新驱动增长曲线；第二条是以FILA为核心的高品质增长曲线；第三条是以DESCENTE等国际品牌为核心的高潜力增长曲线。

图1-1　安踏的品牌矩阵
资料来源：安踏公司提供。

2023年10月，安踏集团发布了未来3年（2024—2026年）的发展规划。安踏集团将坚持"单聚焦、多品牌、全球化"的发展战略。单聚焦指专注体育用品市场，多品牌指品牌组合满足不同细分市场和不同消费者需求，全球化指市场地位全球化、品牌布局全球化、供应链布局全球化、治理结构全球化。安踏集团以专业运动品牌群、时尚运动品牌群和户外运动品牌群三条增长路线，着力打造奠定中长期增长基石的"多品牌协同管理能力""多品牌零售运营能力""全球化运营与资源整合能力"三大核心竞争力，力争实现2025年中国市场份额第一、2030年全球领先的战略目标，并在品牌价值、科技创新、社会责任、员工敬业度等四个维度成为全球领先的行业标杆。

未来挑战

在全球化的浪潮中，安踏集团面临越来越激烈的竞争压力，众多国际品牌的进入、技术的不断创新，以及消费者趋势的快速变化，都给安踏集团带来了前所未有的挑战。然而，安踏从激烈的市场竞争中一路走来，使命才是驱动安踏发展的最大动力。未来，安踏集团将继续引领体育用品行业的发展，为消费者带来更多的惊喜。

思考题：

1. 安踏发展历程的五个阶段各自特点是什么？
2. 安踏的品牌体系是如何形成的？与业务增长的关系如何？
3. 安踏将如何打造奠定中长期增长基石的三大核心竞争力？

资料来源：

[1] 安踏官方网站. http://www.anta.com/.

[2] 安踏2023年中期报告[EB/OL]. https://ir.anta.com/sc/financial.php?open=r#f4.

[3] 体育产业生态圈. 透过安踏500亿年报，探寻运动品牌不变的硬需求[EB/OL]. (2023-03-23)[2024-10-01]. https://new.qq.com/rain/a/20230323A08XX100.

第一节　营销定义与营销范畴

一、营销重要性

（一）营销对社会的重要性：增进社会福祉的营销

在古代中国，逢年过节人们都要去集市置办大量货品。集市大约起源于殷、周时期[1]。"日中为市，致天下之民，聚天下之货，交易而退，各得其所《易·系辞·第二章》。"有需求就有集市，有集市就有营销。宋代孟元老在《东京梦华录》记载京城节日售卖的特色商品："节日坊市卖稠饧、麦糕、乳酪、乳饼之类。"宋代高承在《事物纪原》记载商家吆喝售卖的场景："京师凡卖一物，必有声韵，其吟哦俱不同，故市人采其声调，间以词章，以为戏乐也。今盛行于世，又谓之吟叫也。"特色产品加上大力吆喝不仅带来汴京市场的繁荣，更增进社会的福祉。据《东京梦华录》记载："（节日）四野如市，往往就芳树之下，或园囿之间，罗列杯盘，互相劝酬。"

今天，市场经济高度发达，商品供给极大丰富。如果说现代大型超市的商品数量以数十万计的话，淘宝和天猫平台的商品数量则约有20亿（截至2023年3月）。极大丰富的商品带给消费者更大的选择自由度，同时也体现出企业对满足消费者需求的追求。今天，新型社交媒体大量涌现，内容创造和传播方式推陈出新。抖音日活用户达6亿人以上（截至2023年），发布的短视频数量不计其数。伴随数字化而来的社交媒体的繁荣带给消费者更大的信息透明度，同时也给企业全方位洞察消费者行为以及进行大数据精准营销提供了更大的便利。无疑，丰富的产品和透明的信息预示着企业间竞争将更加激烈，也预示着消费者需求将更加个性化。随着市场的全球化、竞争的全球化，以及科技的飞速进步、人们生活方式的快速变化，营销在价值创造和价值传递过程中的作用越来越重要，在企业获得长期竞争优势中的作用越来越关键，在满足人们物质文化生活需求、增进社会福祉方面的作用也越来越突出。

营销洞见1-1

大数据精准营销

大数据精准营销是以大数据为基础的个性化营销。其通过数据挖掘技术对企业直接或间接拥有的消费者数据进行分析，并根据分析结果优化营销策略。其中，数据分析过程可以形成消费者特有的画像，从而在营销活动中根据消费者画像进行"千人千面"的匹配，提高营销活动的准确性。

大数据营销以丰富的消费者数据（属性、行为、消费等）为基础，使用机器学习等算法，为不同的消费者提供与其相匹配的内容和推广方式，以及具有吸引力的产品、服务和权益，提升营销活动的转化率。数据经济时代，数据已经成为企业经营的资产：数据资产。

资料来源：

[1] Foodaily 每日食品. 天猫&阿里妈妈&贝恩公司：4大主题解读以消费者为中心的数字化转型[EB/OL]. (2019-03-05) [2024-10-01]. https://www.sohu.com/a/299097382_286549.

[2] 天猫, 阿里妈妈, 贝恩. 以消费者为中心的品牌数字化转型消费者运营健康度升级与最佳实践白皮书[R]. 2019.

（二）营销对企业的重要性：作为双引擎的营销

营销是推动企业增长的引擎。实现增长是每个企业所追求的经营目标，而营销就是企业实现增长的引擎。营销以顾客为中心，为企业创造顾客。当前，全球化带来的激烈市场竞争以及数字化带来的营销数据闭环让许多企业更加强调营销的投资回报，更加关注短期的营销效果，而忽视营销的核心职责——关注顾客，关注长期增长。实际上，营销作为企业增长的引擎从两个方面体现出来：一是市场开拓方面。通过营销发现新商业机会，开拓增量市场实现增长。二是营销创新方面。通过营销创新提升存量市场的营销效率和效果实现增长。增量市场的开拓途径有两条，一是全新产品开拓全新市场，二是老产品扩展到新市场。例如，安踏集团在专业运动和时尚运动两大业务基础上积极发展户外运动市场，使之成为企业第三增长曲线。营销创新涉及的方面更广，既表现在做正确的事情方面——营销战略正确，也表现在把事情做正确方面——营销策略有效，包括改变行业规则的营销变革、强势品牌的打造、顾客关系的开拓和维护、全球范围的营销协同、数字化营销能力的构建和提升、构建市场快速响应的组织等。

营销是推动企业变革的引擎。营销创新推动企业进行与时俱进、方向明确的变革。

实践表明，由营销创新推动的企业变革的成功概率更大。微软公司在2014年启动云服务优先的营销战略，从一家卖Windows产品的公司向卖云服务、云解决方案的公司转变。原来销售出Windows产品就可获得确定的收入，但现在销售出云服务则只是获得收入的开始，未来收入并不确定。因此，营销战略的转变就需要全新的销售模式和组织能力。销售模式从产品销售向解决方案销售转变，要求构建由顾客关系团队、技术销售团队以及交付与运营服务团队组成的销售组织，要求员工不仅具有顾客关系构建能力，还需要具有专业技术能力，要求考核方式兼顾团队考核和个人考核。这个例子表明，以客户需求满足为核心的营销创新是推动企业变革的引擎[2]。

二、营销定义

（一）业界对营销的三种理解

什么是营销？这是在营销管理教学中最先提到的问题。通常有三种回答。

（1）营销就是把生产出来的产品卖出去，卖得快一些，卖个好价钱。

该定义以销售为导向，是推销观点的体现。出发点是企业自身，重点是企业的产品，手段往往是采取强力推销的方式。

（2）营销就是给顾客一个购买产品的理由。

该定义虽然能从顾客角度考虑问题以及提出了营销方法论（给购买理由），但还是以销售产品为导向，而不是以构筑顾客关系为导向，目的仍然是卖出产品。

（3）营销就是满足顾客需求。

该定义虽然能从顾客出发，重点关注顾客的需求，但是属于被动营销和响应营销，不是主动营销。福特汽车的创始人亨利·福特（Henry Ford）曾指出："如果我问顾客他们想要什么？他们会告诉我：一匹更快的马！"[3]如果仅仅为了满足顾客意识到的需求，就不会有汽车的出现。

上述三个定义的共性问题就是没有体现营销的本质。那么营销的本质是什么呢？营销不只是让顾客购买产品，更是为顾客创造价值。营销的本质是顾客价值创造。

营销洞见1-2

营销误区：营销不是什么

1. 误区之一：营销就是广告

现实：广告只是与顾客沟通的一种方式。由于广告的可见度高，因此一提到营销就会自然而然地联想到广告。记住谚语：好广告能让差产品消失更快。

2. 误区之二：营销就是销售

现实：人们会经历很多人员销售。这种日常销售大多发生在零售店铺。人员销售只是营销沟通方式之一。营销沟通方式还包括广告、公共关系、促销和直销等。

3. 误区之三：营销都是夸大其词

现实：是的，营销的某些方面确实包含趣味性和夸张性。聘请明星作为品牌代言人对品牌粉丝确实具有吸引力。但是，市场营销也涉及复杂的研究、详细的分析、慎重的决策以及深思熟虑的战略制定。

4. 误区之四：营销导致不道德行为

现实：市场营销并不比其他商业领域更不道德，导致2008年全球经济衰退的企业财务造假行为就能证明这一点。然而不同的是，当营销中的某些因素被证明是不道德的（甚至是非法的）时，它往往容易被公众所察觉。虚假广告宣传、过度销售、不环保的包装等都是营销行为失范的明显表现。

5. 误区之五：只有营销人员才会营销

现实：人人都是营销大使。营销的成功与否与每个员工都息息相关。无论你在企业的哪个部门，学会如何进行出色的营销都是一项重要的职业资产。

6. 误区之六：营销只是企业的又一个成本中心

现实：营销是成本而不是投资的固有思维定式对企业来说是致命的，因为成本就是要削减或优化的。如果管理层不认为营销能够在长期内收回投资、带来盈利，企业就很容易为了削减成本而减少在品牌和产品开发方面的投资。实际上，成功的企业既监控成本以确保短期财务业绩，同时也投资营销以确保长期竞争优势。

资料来源：Marshall G W, Johnston M W. Marketing management (3rd Edition) [M]. McGraw-Hill Education, 2019: 53-55.

（二）营销的定义

 概念定义：

> 美国市场营销协会（AMA）定义市场营销（marketing）为：市场营销（以下简称"营销"）是创造、沟通、交付和交换对顾客、用户、合作伙伴和社会具有价值的产品的系列活动、机构和过程。

该营销定义具有以下四个特点。

（1）营销的核心是价值创造：创造有价值的产品、服务和解决方案。

（2）营销是价值的交换：与利益相关者进行相互有价值的交换，满足各自的需求。

（3）营销不仅涉及企业与顾客双方，还包括合作伙伴和社会等其他利益相关者。

（4）营销由系列活动、机构和过程组成。例如，一项新产品开发的营销活动，需要市场部和研发部等部门/机构共同参与，通过新产品开发流程有效接连市场部和研发部的工作。

切尔内夫将营销定义为"设计和管理成功价值交换的艺术和科学"[4]。换句话说，营销是一门吸引和维持顾客的艺术和科学。营销的艺术性表现为营销的实践效果往往由营销者的洞察力和远见所驱动；而营销的科学性表现为营销也是一门有关顾客价值创造的知识体系，由概念、工具、方法和理论等组成，具有作为一门学科的内在逻辑。如果把营销两个字拆开,"营"指经营人心,即营销需要洞察人性、打动人心;"销"指经销价值,即通过顾客价值创造和顾客价值交付来打动用户内心。

营销洞见1-3

顾客价值创造的行动法则

做好顾客价值创造需要遵循4大行动法则,回答好12个问题。

1. 倾听顾客声音

倾听顾客声音的目的就是了解顾客需求,把握市场机会点。如何倾听顾客声音需要回答好三个问题。

(1)顾客是谁?

顾客是谁以及不是谁这个问题的回答涉及如何定义顾客:直接顾客和间接顾客;潜在顾客和现存顾客;当前顾客和未来顾客;外部顾客和内部顾客。虽说"来的都是客",但实际上"来的并不都是客",企业需要判断选择自己的目标顾客。

(2)倾听什么?

倾听目标顾客的需求以及对自己、对竞争对手的品牌认知。包括当前需求与未来需求、行为需求与心理需求、说出来的需求与未说出来的需求、意识到的需求与未意识到的需求等。

(3)如何倾听?

做好倾听工作涉及的是采用传统的面对面的方式还是采用数字追踪的方式、是采取定性的方法还是采取定量的方法,目的是实现全链路倾听顾客声音。

2. 引导顾客需求

营销不是被动满足顾客需求,而是主动引导顾客需求,把顾客需求和认知引导到企业期望的方向。如何引导顾客需求?需要回答好三个问题。

(1)顾客的需求和认知是什么?企业期望的顾客需求和认识又是什么?

(2)两者差距在哪里?原因是什么?

(3)引导顾客需求与认知至企业期望的对策和举措是什么?

3. 共创顾客价值

顾客价值不是单边创造,而是双边甚至多边创造。只有共创才能更好满足顾客需求。如何共创顾客价值?需要回答好三个问题。

(1)顾客价值的构成要素是什么?价值链由哪些活动组成?

(2)哪些顾客价值构成要素或哪些价值链组成活动可以共创、能够共创、必须共创?

(3)数智化时代如何有效地与合作伙伴和顾客一起进行顾客价值共创?

4. 构筑顾客关系

长期稳定的基于承诺和信任的顾客关系是企业基业长青的保证。如何构筑顾客关系?需要回答好三个问题。

(1)应该构筑什么样的顾客关系?

（2）如何构筑这样的顾客关系？如何实现顾客满意？

（3）如何持续构筑这种关系？如何避免满意顾客的流失？

（三）营销定义中的三个关键词：价值、交换、信任

 概念定义：

价值（value）：顾客从产品或品牌中获得的利益与相应付出的成本比较。

价值是营销定义中的核心关键词。从顾客视角来看，可以将价值定义为顾客从产品或品牌中获得的利益与相应付出的成本比较。换句话说，价值就是对顾客需求的满足程度。价值是交换的前提条件，也是信任的基础。价值可以划分为功能价值、情感价值和象征价值。

需要注意的是，在营销管理中存在两种类型的顾客价值（customer value）定义[5]。一是企业为顾客创造的价值（the value that the enterprise creates for customers），这是营销的本质和企业的追求。本章中的顾客价值定义就是指企业为顾客创造价值。二是顾客为企业创造的价值（the value that customers create for the enterprise），这是企业在为顾客创造价值的过程中所获得的回报和副产品。本书在第 15 章将讨论顾客给企业创造价值的问题。

 概念定义：

交换（exchange）：人们为了获得想要的东西而放弃自己有价值的东西。实质是双方价值的交换。

交换是营销定义中的另外一个核心关键词。交换是人们为了获得想要的东西而放弃自己有价值的东西。交换实质是双方价值的交换。现代经济通常以货币为交换媒介。实现交换需要具备以下五个条件[6]。

（1）必须至少有交换双方。

（2）每一方都有对另一方有价值的东西。

（3）每一方都有能力进行沟通和交付。

（4）每一方都有接受或拒绝交换的自由。

（5）每一方都相信能从交换中获益。

 概念定义：

信任（trust）：营销成员一方对另一方所具有的可信性和善意的信念与情感。

信任是营销定义中隐藏的第三个核心关键词。信任是指营销成员一方对另一方所具有的可信性和善意的信念与情感。信任由可信性和善意两个要素构成。可信性代表对方信守承诺的意愿与能力、在处理和传递商品服务过程中表现出的可靠性以及在相关行为上的可预测性；善意代表对方愿意通过做出超越单纯利润动机的某些牺牲来表达出真诚关心（己方利益）的意图和特性[7]。信任的形成因素包括关系导向和心理契约、双方价值观的相似性以及对前期交易的满意度等。信任是忠诚的基础。具有信任关系的用户就会持续购买、升级购买、交叉购买、口碑传播，就会长期承诺，长期贡献企业。因此，营销不仅是产品的交换，更是信任的交换。与顾客建立信任关系是持续营销的基础。特别在 B2B 商务市场，建立对企业的信任是销售产品和解决方案的前提条件。

三、营销对象与营销系统

（一）营销对象

一切皆可营销。营销对象大致可划分为 10 种类型[8]：①产品，如耐用消费品、快消产品等；②服务，如运输服务、医疗服务等；③体验，如文艺演出、游乐园、虚拟现实等；④事件，如 618 大促、年货节等；⑤人物，如科学家、艺术家、明星和达人等；⑥地点，如城市、特色乡村、旅游景点等；⑦财产，如股票、债券、专利、住宅等；⑧组织，如大学、机构、慈善组织等；⑨信息，咨询服务、广告服务、内容服务、会计报表服务、大数据服务等；⑩创意，如话题设计、文创符号、社会议题等。

（二）现代营销系统与营销参与者

经济学家将市场定义为买方和卖方相互作用并共同决定商品或劳务的价格和交易数量的机制[9]，是通过买卖双方实际或潜在的交互决定一种产品或一组产品的价格的买方和卖方的集合[10]。一般存在五类市场：消费市场、中间商市场、生产资料市场、制造商市场、政府市场。在工商管理学科，往往把供给方集合称为行业，把需求方集合称为市场。

现代营销系统由以下五个要素构成（见图 1-2）：环境要素（context），企业要素（company），竞争对手要素（competitors），合作伙伴要素（cooperators），以及顾客要素（customers）。其中，环境要素包括宏观环境和微观环境；企业要素包括公司自身或品牌方等；合作伙伴涉及范围广泛，包括上游的原材料、零部件、软件、设备的供应商，下游的分销商、零售商、物流配送商，以及内容服务商、媒体提供商、数据提供商等营销中介，也包括行业内的同行间联盟等。营销系统又称为营销生态圈（marketing ecosystem）。营销生态圈就是多个利益相关方在特定市场环境下经过磨合所形成的共生共存的营销系统，如小米集团的生态圈。

营销的主体是企业与顾客双方。但营销参与者或者利益相关者范围广泛，在营销定义中就涉及顾客、用户、合作伙伴和社会。营销利益相关者包括公司内外部的任何与营销相关、对营销活动产生影响或受营销活动影响的用户或单位。其中，外部利益相关者

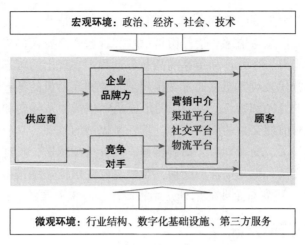

图 1-2　现代营销系统与营销参与者

涉及的范围广,包括下游客户、上游供应商、广告服务商、物流仓储服务商、金融机构、政府部门、所在社区、社会组织等。而内部利益相关者包括在经营活动中与营销部门交互的公司内部的其他部门。企业要想成功营销,就必须在市场营销与采购、生产、质量控制、人力资源、财务会计以及其他内部利益相关者之间,以及与外部利益相关者之间建立稳固而富有成效的业务关系。

第二节　营销管理定义与营销管理任务

一、营销管理定义

> **概念定义：**
>
> 营销管理(marketing management):对营销相关活动进行计划、组织、指挥和控制。美国市场营销协会给营销管理下的定义为:营销管理就是指在对内部资源和市场机会分析的基础上确定组织的营销目标、制订营销计划和实施营销方案、评价营销效果的过程。

该营销管理定义具有以下四个特点。

(1)从组织的目标出发,更聚焦于市场营销的战略层面,将营销管理看成公司整体成功的核心因素[11]。

(2)强调营销管理的过程性,是一个内外部环境分析、营销战略制定、营销战略实施以及营销绩效衡量的循环过程。

(3)强调市场机会与企业资源能力的有效匹配。

(4)目标导向,强调营销计划的有效实施与营销绩效监控[12]。

营销洞见1-4

战略营销的研究议题

战略营销领域（domain of strategic marketing）研究包括对组织现象、组织间现象和环境现象的研究，这些现象涉及：①在市场中与消费者、顾客、竞争对手和其他外部成员进行互动，以及与组织交换时给顾客提供有价值产品的创造、沟通和交付情况下的组织行为；②组织中与营销职能的跨边界作用相关的一般管理责任。战略营销的任务就是确立主要营销研究议题以及从描述、理解、解释和预测等方面研究这些议题。

代表性研究议题包括9个方面。

（1）营销战略范围：组织范围（分为企业、业务单元、产品大类、产品类别、品牌层次等）；市场范围（地区市场，如全球、多国、国家、区域市场等；市场类型，如业务市场、消费市场等；市场细分，如全部市场、细分市场、特定细分市场等）。

（2）营销战略过程：包括战略制定、战略实施的过程。

（3）营销战略行为：包括竞争行为、合作行为、共谋行为等。

（4）营销战略环境：包括内部条件和外部环境。

（5）营销战略关系：前置因素、结果因素、调节因素、中介因素等的关系。

（6）组织间垂直界面：涉及与供应商的合作和协调、与渠道成员的合作与协同等。

（7）组织间水平界面：涉及战略营销联盟、多市场和多产品的竞争等。

（8）组织内垂直界面：营销战略、业务战略和公司战略间的区别与联系；业务战略和公司战略对营销战略的影响；营销战略对业务战略和公司战略的影响等。

（9）组织内水平界面：营销战略、研发战略、制造战略、财务战略间的关系。

资料来源：Varadarajan R. Strategic marketing and marketing strategy: Domain, definition, fundamental issues and foundational premises[J]. Journal of the Academy of Marketing Science, 2010, 38: 119-140.

二、营销管理的任务

简而言之，营销管理的任务就是以顾客为中心，为顾客提供价值，让顾客满意，促进顾客忠诚，实现顾客吸引和顾客维持。

（一）顾客价值：吸引顾客购买的准则

不同的顾客其购买决策判断标准也不相同，判断标准包括评价指标以及权重。如自主型顾客购买时看重品种齐全，有选择性；而推荐型顾客购买时看重销售人员的专业性推荐。消费品购买者更多看重品牌、功能、价格和促销力度等，而工业品购买者更多看重解决方案、可靠性、耐用性、商务条件、培训和售后服务等。虽然不同类型顾客的购买决策准则各不相同，但是存在一个公共因子，就是在货比三家的基础上进行顾客价值比较。也就是说，在货比三家的过程中，顾客认为哪一家价值大就选哪一家。顾客价值决定顾客的选择。

科特勒（P. Kotler）将顾客价值划分为总顾客价值与总顾客成本，其中，总顾客价值主要由产品价值、服务价值、人员价值和形象价值构成，前两项属于功能价值，后两项属于象征价值；总顾客成本主要由货币成本、时间成本、精力成本和精神成本构成，前两项属于显性成本，后两项属于隐性成本。总顾客价值和总顾客成本也指整个产品生命周期的总价值和总成本（见图1-3）。

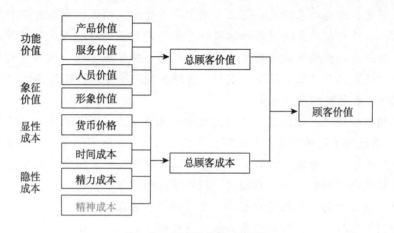

图1-3　顾客价值构成要素

资料来源：菲利普·科特勒，凯文·莱恩·凯勒. 营销管理（第15版）[M]. 何佳讯，于洪彦，牛永革，等译. 上海：格致出版社，2016: 116.

从顾客价值概念出发，可以衍生出三个相关的概念：顾客感知价值，也称为顾客认知价值，指顾客在使用产品之前所感知到的或认知到的产品价值；产品实际价值，指产品实质上能给顾客带来的价值；顾客体验价值，也称为感受价值，指顾客使用产品之后所感受到的产品价值。如果顾客感知价值小于产品实际价值，品牌会折价；反之，品牌会溢价。营销工作的任务之一就是让顾客感知价值不小于产品实际价值。另外，企业要让顾客使用产品后形成的顾客体验价值超过购买之前的顾客感知价值，这样才可能让顾客满意。因为顾客感知价值往往是顾客期望值形成的关键因素。

营销工具1-1

价值分布图与价值分类

从顾客感知价值概念出发，莱辛斯基（Leszinski）和马恩（Marn）开发了价值分布图分析工具。价值分布图的纵坐标是顾客感知成本，横坐标是顾客感知利益，对角线是价值等价线。对于顾客感知价值分布在对角线上的产品，顾客认为产品利益与其支付费用相匹配，即物有所值。价值等价线的左边属于价值劣势区，顾客对于处于该区域的产品认为感知利益小于感知成本，而右边属于价值优势区，顾客认为处于该区域的产品的感知利益大于感知成本。通过从顾客视角判别产品的顾客感知价值，就可以判断产品的竞争优势程度。图1-4显示顾客感知价值有14种变化。价值分布图的作用有两条：一是帮助企业认识自己产品或品牌以及竞争产品或品牌在市场中所处的位置和原因；二是帮助企业找到提升顾客感知价值、获得竞争优势的改进路径。

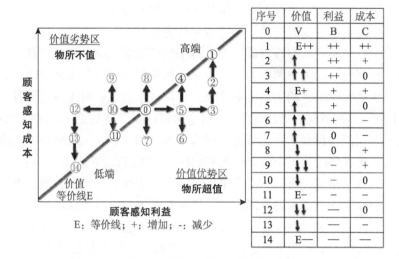

图 1-4 价值分布图与价值分类

资料来源：Leszinski R, Marn M V. Setting value, not price[J]. Mckinsey Quarterly, 1997(1): 98-115.

（二）顾客满意：维持顾客持续购买的根本保证

顾客满意是维持顾客持续购买的根本保证。顾客满意就是顾客在购买和使用产品之后，将对该产品的感受效果与他的期望值相比较后，所形成的愉悦或失望的感觉状态。顾客感受效果指顾客在购买和使用产品之后依据自己的体验所形成的对产品价值的感受水平；而顾客期望值指顾客依过去的购买体验、朋友建议、销售者和竞争者的许诺等所形成的对产品价值的预期水平。

 概念定义：

顾客满意（customer satisfaction）：顾客在购买和使用产品之后，将对该产品的感受效果与他的期望值相比较后，所形成的愉悦或失望的感觉状态。

如何做好顾客满意管理来提升顾客的满意度水平？可以从两个方向来努力：一是提升顾客的产品感受效果，包括功能价值感受效果、情绪价值感受效果、象征价值感受效果；二是管理好顾客的期望值。顾客的感受效果往往由产品本身所决定，所以，企业倾向于在提升顾客在购买和使用后的感受效果上加大营销投入来提升顾客满意度；而顾客期望值的形成受企业不可控因素影响程度大，如竞争对手的表现、社交媒体上的用户评价等，故许多企业忽视通过管理顾客期望值来提升顾客满意度。实际上，通过管理顾客期望值来提升顾客满意度非常重要。

（三）顾客忠诚：企业长期竞争优势的保证

顾客忠诚是指顾客对品牌、产品或服务的偏爱的心理承诺。往往通过言语和行为表现出来。顾客忠诚可以分为顾客的心理忠诚和行为忠诚。心理忠诚就是顾客对企业的情感偏好以及未来行为倾向。心理忠诚的基础就是信任关系。满意产生信任，信任产生承诺，承诺激发长期持续的可预测行为。行为忠诚就是顾客持续购买和口碑效应。忠诚顾客的价值表现在持续购买、购买更多更频繁、价格敏感度低、易于接受新推出的产品、积极主动提建议、口碑效应、营销成本低以及不易转移/流失等方面。忠诚顾客的上述行为是企业实现顾客生涯价值最大化的保证。顾客生涯价值（LTV）是指在未来维持顾客的条件下企业从该顾客持续购买中所获得的利润流的现值，即顾客未来对企业的总贡献[13]。从顾客生涯价值概念出发，可以从三个维度开展营销工作：一是延长顾客维持时间。通过顾客满意以及顾客动态需求的不断满足，维持与顾客的关系并让顾客持续购买。二是增大顾客份额。顾客份额是指一个企业所提供的产品或服务占某个顾客总消费支出的百分比。通过忠诚顾客的交叉购买、更新购买、升级购买、解决方案购买来提升顾客份额。三是扩大顾客范围。通过忠诚顾客的学习效应和口碑效应来吸引新顾客。这样不仅成本可控，而且可信度高。

 概念定义：

> 顾客忠诚（customer loyalty）：顾客对品牌、产品或服务的偏爱的心理承诺。

营销洞见1-5

为什么满意的顾客会流失

虽然顾客满意会产生顾客忠诚，但是两者并不是线性关系。琼斯和萨瑟研究指出，满意的顾客也会弃你而去，因为两者的关系是非线性的。两位作者从竞争环境和顾客类型两个维度分析了顾客满意和顾客忠诚的关系。

竞争环境划分为高竞争性领域（产品差异化程度低、顾客需求雷同、许多替代品、转换成本低）以及低竞争性领域（保护性垄断或极少替代品、支配性的品牌资产、高转换成本、强有力的忠诚计划、独有性技术）。横坐标代表顾客满意/心理忠诚，用5分制询问顾客的满意度，5分代表高度满意，1分代表高度不满意。纵坐标代表行为忠诚，用顾客实际购买数据体现。通过对五大行业的顾客大数据分析，发现顾客满意和顾客忠诚的关系是非线性的，在高度垄断行业和高度竞争性行业中，两者关系完全不同（见图1-5）。顾客类型依据满意度、忠诚度和行为倾向划分为四类顾客。忠诚者和叛离者的满意与忠诚的关系是线性的，但是唯利是图者和人质型顾客的满意与忠诚关系是非线性的（见表1-1）。理解在特定条件下满意与忠诚的非线性关系对企业做好顾客关系管理工作有指导价值。

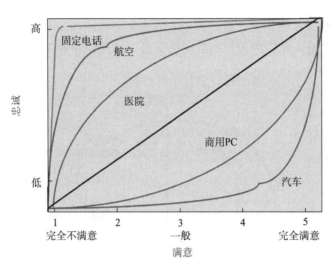

图 1-5 竞争环境如何影响满意与忠诚关系

表 1-1 顾客类型如何影响顾客满意与忠诚关系

顾客类型	满意度	忠诚度	行为倾向
忠诚者	高	高	维持和支持
叛离者	低或中等	低或中等	正在或已经离开并不高兴
唯利是图者	高	低或中等	游离不定，低承诺
人质型顾客	低或中等	高	不能转换、被迫留下

资料来源：琼斯，萨瑟. 满意的客户为何弃你而去[J]. 哈佛商业评论(中文版)，2005(12)：160-175.

三、顾客购买全链路与营销管理目标

营销的目的就是在不断为顾客创造价值的过程中实现企业的营销目标。以营销价值链模型（value chain of marketing）为基础发展出顾客全链路双循环营销模型（见图1-6）。顾客全链路双循环营销模型从营销管理的两大目标——管理顾客和管理品牌出发，划分四个象限来说明顾客购买全链路与营销管理目标的逻辑关系。顾客管理维度分为顾客获得和顾客维持，品牌管理维度分为基于顾客的品牌资产（顾客资产）以及基于财务的品牌资产（财务资产，这里主要指销售收入）。第一象限为顾客购买过程的初始阶段。营销目标是推动潜在顾客沿着知晓、兴趣和欲望链路不断攀升并提高转化率。主要检验指标是潜在顾客的认知份额，即目标顾客中了解和熟悉品牌的顾客占比。第二象限为顾客购买阶段，顾客走到"知晓—兴趣—欲望—行动（AIDA）"模型的最后一步。营销目标是推动购买转化率，让潜在顾客成为现实顾客，实现收入变现。主要检验指标是市场份额。第三象限为购后阶段。营销目标是通过顾客满意来维持顾客，培育忠诚顾客。主要检验指标是忠诚份额，即购买顾客中喜欢甚至依恋品牌的顾客占比。第四象限为升级购买阶段。营销目标是推动忠诚顾客的持续购买、升级购买、交叉购买，让忠诚顾客升级为价值顾客，实现顾客生涯价值最大化。主要检验指标是顾客份额。同时，忠诚顾客还能带来社交口碑效应和购买推荐效应。处于第四象限的顾客在更新购买、升级购买或交叉购买之后，就又进入第三象限即购后评价阶段，或接触企业新推出产品，进入到第一象限，即新产品购前阶段。

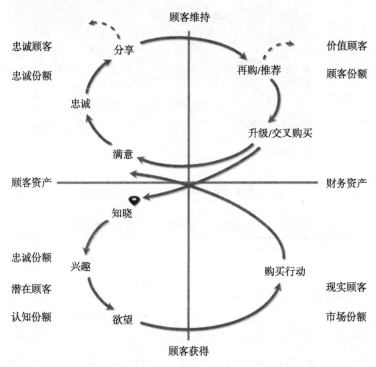

图 1-6　顾客全链路双循环营销模型
资料来源：作者在 IBM 咨询资料基础上改编。

四、构建市场导向的营销组织

（一）以顾客为中心的市场导向

以顾客为中心的市场导向（market orientation）是企业在激烈市场竞争中获得可持续性竞争优势的重要一环[14]。市场导向可以分为两种类型[15]：市场驱动导向（market driven）和驱动市场导向（market driving）。其中，市场驱动导向认为，顾客的需求和偏好是确定的，可以由顾客清楚表达出来，因此，企业的主要任务是了解和满足顾客的需求；属于被动性导向；而驱动市场导向认为顾客的认知能力是有限的，特别是在技术快速更新迭代的环境下，其需求是可以被引导和激发的，因此，企业应该关心市场未来的方向，通过充分运用自身的不连续创新或由其培育主导的创新网络，引导顾客消费，属于主动性导向。市场驱动导向和驱动市场导向在企业的发展过程中都发挥着重要的作用。企业需要依据环境状况和自身条件决定是采取市场驱动导向，还是采取驱动市场导向，或同时采取两种导向。

市场驱动导向和驱动市场导向之间的区别主要体现以下五个方面（见表 1-2）。

表 1-2　市场驱动导向与驱动市场导向比较

	市场驱动导向	驱动市场导向
不确定性	低	高
价值网络	利用现有的价值网络	构建新的价值网络
经验借鉴	可借鉴现有经验	无经验可循，摸索中学习
战略实施	有较强的计划性	随机性较大
预期目标	满足顾客现有需求	教育顾客、引导需求

资料来源：胡左浩，臧树伟，黄丹. 向"驱动市场"的运营模式变革——以零售银行为例[J]. 清华管理评论，2017(03)：42-50.

Mini案例1-1

比亚迪仰望U8：厚积薄发、引领未来

比亚迪自1995年成立以来，始终以"科技领先、品质领先、市场领先"的战略为动力，持之以恒推动新能源汽车技术的开发，今天已经成为新能源汽车领域的领军者。仰望U8作为比亚迪全新高端品牌"仰望"的首款车型，是一款电动硬派越野SUV，2023年4月18日在上海车展首次展出。

仰望U8采用比亚迪自主研发的两大电控核心技术——易四方技术和云辇-P智能液压车身控制系统。"易四方"的核心是一套以四电机独立驱动为核心的动力系统，它能够实现极限操稳、应急浮水、原地掉头和敏捷转向等场景功能，为用户带来极致的安全、性能与体验。云辇-P系统是全球首款新能源越野车专属的智能液压车身控制系统。它可实现高度自主调节，仰望U8悬架总调节行程达到150 mm，有效提升车辆通过性。云辇-P具备3级刚度调节，通过快速智能调节应对不同路况，提升驾乘舒适感。此外，仰望U8采用比亚迪开发的刀片电池。刀片电池采用磷酸铁锂技术，通过成组结构创新，在相同的空间内可装入更多的电芯；相较传统电池包，刀片电池的体积利用率提升了50%以上，达到高能量密度三元锂电池的同等水平，但又比三元锂电池有更高的安全性。比亚迪在新能源汽车三大技术（电池、电机和电控）中有两项居于世界领先水平。硬派设计、1000马力的强劲动力，加上先进的技术加持，使仰望U8一经推出就引发行业和市场的极大关注。展会期间，不仅有关仰望U8的海量短视频出现在社交平台，而且即使定价高达109.8万元，展会两天的预售订单也达1.3万辆。

资料来源：
[1] 比亚迪（BYD）集团. 比亚迪汽车官方网站. https://www.bydauto.com.cn/pc/.
[2] 太平洋汽车网. 仰望U8发布7款车色，预售价109.8万元[EB/OL]. (2023-05-25) [2024-10-01]. https://new.qq.com/rain/a/20230525A06Q7D00.

（二）构建以顾客为中心的组织

协调好营销部门与其他部门的关系是构建以顾客为中心的组织的基本要求。打造以顾客为中心、以顾客价值创造为核心的组织需要做好营销部门与其他部门的协同配合。

要清楚营销部门需要从其他部门获得什么，以及其他部门需要从营销部门获得什么，

即清楚相互部门的需求。在此基础上，再确定双方在哪些方面进行合作，以及明确自己部门的职责（见表1-3）。

表1-3 营销部门与其他部门的协同

	CMO需要什么	CMO提供什么	双方在哪里配合
CEO 首席执行官	支持构建以顾客为中心的组织以及支持营销创新	在营销领域发挥领导力推动企业战略实现	定义由营销引领的组织变革
COO 首席运营官	交付一致性的顾客体验（如服务、产品质量；不缺货等）	通过品牌与品类优化降低运营复杂性	决定产品规划、解决方案以及明确顾客体验目标
CFO 首席财务官	为营销活动和营销创新提供财务支持	进行有效营销投资以便增加现金流和加快资金周转同时降低风险	衡量和评估在营销领域的投资回报等绩效
HR 人力资源负责人	招聘、培训和激励体系能打造出顾客导向员工	树立卓越品牌以便帮助招募到优秀人才	确定营销领域的招聘标准，以及营销部门的激励制度
CDO 首席数字官	构建有效洞察顾客以及易于使用的数字系统以及数智化营销决策系统	持续跟踪顾客行为，动态更新顾客信息；提出营销决策系统开发需求	定义和开发数智化系统所需的相关功能和进行应用培训
R&D 研发负责人	能创造顾客价值并带来差异化的新产品开发，及时投放市场	反映目标顾客的需求和联系顾客	开发顾客没有意识到但又会喜欢的产品

资料来源：Kumar N. Marketing as strategy: Understanding the CEO's agenda for driving growth and innovation[M]. Harvard Business Press, 2004: 240.

打造以顾客为中心的组织需要从六个方面进行全方位的变革（见表1-4）。在战略方面，以顾客为中心的组织必须为顾客创造价值。企业是否制定了以顾客为中心的营销战略可以通过五个问题来评判：是否进行动态市场调研和环境分析？是否清晰定义目标市场？是否为细分市场提供差异化价值主张？是否在细分市场中有效定位？价值链是否支持交付价值主张给目标顾客？在企业文化方面，必须树立以顾客为中心的企业文化。企业是否树立以顾客为中心的文化可以通过五个问题来评判：企业使命和愿景是否是以顾客为中心的？营销战略过程中有反映顾客声音的代表吗？高层管理者对以顾客为中心的承诺与行为如何？有强化顾客导向的强有力信号吗？顾客满意是企业共享的价值观吗？在组织方面，需要按以顾客为中心构筑组织。企业是否按顾客导向构筑组织可以通过五个问题来评判：是否整合职能和业务部门以满足顾客需求？是否将顾客需求与员工行为相连接？是否基于顾客导向考核和激励员工？是否赋予一线员工解决顾客问题的权利和资源？组织内是否存在顾客问题的反馈系统？在流程方面，需要构建能有效落实营销战略的流程。企业是否构建有效落实营销战略的流程可以通过五个问题来评判：企业是否具有有效的新产品开发流程？是否具有有效的订单交付流程？是否具有有效的顾客关系管理流程？是否具有有效的供应链流程？营销流程是否在线化和数字化？在营销能力方面，需要提升企业的营销能力。企业能否有效提升营销能力可以通过五个问题来评判：在洞察顾客方面是否持续投入？是否进行有效的营销过程和活动的标杆分析？是否在企业和员工营销能力提升方面持续投入？顾客数据库能否帮助更好服务顾客？是否前瞻性地提升企业的数智化能力？在资源配置方面，需要为营销活动合理配置资源。营销资源是否合理配置可以通过五个问题来评判：是否理解营销绩效度量的角色？是否明确营销绩效度量标准？是否分析和预测营销投资的回报率？产品价格沟通和渠道矩阵组合是否有效？给营销活动是否配置合适资源？

表1-4 打造以顾客为中心的组织

资料来源：Kumar N. Marketing as strategy: Understanding the CEO's agenda for driving growth and innovation[M]. Harvard Business Press, 2004：227.

第三节 营销理论的演进与营销在中国的发展

一、营销理论的演进

营销概念内涵的丰富与营销理论的演进相辅而行。在工业革命之前，顾客需求满足往往是以面对面的定制化方式进行。当顾客需要做衣服时，要么裁缝来家里，要么顾客到裁缝的店铺去，量尺寸，选定式样，支付定金；一周或两周后去试穿，裁缝再当场修改调整。这种作坊式的营销模式（当时营销一词还没有出现，暂且称之为"营销"）虽然一对一、定制化，但效率低、质量不稳定、选择也少。工业革命带给商业世界颠覆性变革，机械化使大规模生产成为可能。20世纪初，对营销的认知以及营销思想的形成还都处于雏形阶段，历经了工业革命的企业首先以生产为导向（production orientation）[16]，关注的是以低成本提供大批量的标准化产品，满足顾客在衣食住行上的基本需求。正如福特汽车公司创始人亨利·福特所说，"People can have the Model T in any color —— so long that it's black"，即便只有黑颜色的福特 T 型车，只要能满足顾客对个人交通工具的基本需求，顾客依然会争相抢购。此时也有一些企业以产品为导向（product orientation）[17]，追求开发创新性新产品、强化产品的质量和性能；认为只要有更好的产品，就会引得顾客想方设法地上门购买，信奉"好酒不怕巷子深"。在这一时期，企业关注的是规模生产与产品性能，营销并没有得到应有的关注。自 1902 年起，密歇根大学、伊利诺伊大学、俄亥俄大学等美国高校率先开设了"工业分销和管理""产品分销"等营销类课程[18]，然而营销只被视为经济学学科的一个分支，需求弹性理论、价格理论等经济学理论深刻影响着早期的营销思想。

20 世纪 20 年代前后，一方面，生产技术的进步促使产能的不断上升，行业里有更多的竞争者涌入市场，企业普遍面临如何把生产出来的产品卖出去的难题；另一方面，第一次世界大战结束，金融市场日益复杂，经济危机接踵而至。这些因素迫使企业以销售为导向（selling orientation）[17]，专注于如何提升销量、进而提高生产能力利用率，主张通过"高压式"的销售方式将产品"推销"到用户手中。以销售为导向的营销越来越受到企业的追捧。尼尔森（A.C.Nielsen）于 1923 年创立了尼尔森市场调查公司，为食品、化妆品、药品等企业提供市场信息。1915 年美国广告教师协会（NATA）成立，1926 年变更为美国营销与广告教师协会（NATMA），1933 年又变更为美国营销教师协会（NAMT），汇集了营销相关的教育工作者和研究人员，形成了营销领域的专业团体[19]。但是，社会各界对于营销的理解相对狭隘，认为"营销就是销售"，甚至这一认知直至今日都被很多企业所认可。其中，学者着眼于对营销功能的探讨，例如，韦尔德（L.D.H.Weld）对营销包含的功能进行分类，并且阐述了实现营销功能的方式；范德布鲁（H.B.Vanderblue）则对营销功能的相关研究进行了综述，认为营销的功能在于销售、分销等方面，营销功能的实现主要通过生产者、中间商、零售商等各类销售组织。总体来看，营销没有脱离"销售"的范畴。

20 世纪 30—40 年代，二战对世界经济格局的冲击，以及广播媒体的广泛使用等宏观环境的巨变，使制造业、金融业等各行业产生了整合市场信息、预测市场变化的迫切需求，对营销的重视程度不断提高，例如，宝洁公司在 1931 年建立了"品牌经理制"[20]，为企业的每个品牌设立"品牌经理"一职，专门负责该品牌的广告宣传与相关营销活动。在这一时期，营销实践的创新也推动着营销理论研究的进一步发展。1936 年《营销学报》（Journal of Marketing）发刊，1937 年美国营销教师协会和美国市场营销学会（AMS，1931 年设立）合并成立美国市场营销协会（AMA），构建了属于营销从业者和研究者的交流平台，由此营销学科初步形成。尼尔森将市场调查广泛应用于解决营销问题，衍生了基础的定量和定性研究方法[21]，市场研究活动得以兴起；迪希特（E.Dichter）等学者在营销研究中融入了心理学理论及观点[22]，营销研究思维逐渐丰富。20 世纪 40 年代末，西方国家被压抑的消费需求激增，新品牌不断涌现，市场竞争也愈发激烈，行业和学界对营销的认知也发生显著性转变。区别于已有的营销思想，主流趋势不再仅是关注生产和销售，而是更加关注有关洞察和满足顾客需求的问题，对此约翰逊（G.C.Johnson）指出，产品设计的出发点在于顾客，要充分考虑顾客需求，才能吸引顾客，进而提升营销效果[23]。

"消费革命"的热潮于 20 世纪 50 年代继续涌动，企业纷纷以顾客需求为营销决策的焦点，以市场营销为导向（marketing orientation）[24]。1952 年，通用电气公司（GE）在年度报告中清晰指出，营销应当被整合到企业生产、库存、销售、服务等各个阶段，通过市场调查和分析，确定顾客对产品、价格、交货时间等方面的需求，配合进行产品设计和生产。在这一时期，营销的概念被重新定义，营销被认为是"在整个组织范围内的一种市场导向，并且以实现长期利润为目标"[25]。新的营销概念体现了将营销贯穿于企业管理决策的思想，符合管理学的观点，自此，营销从经济学中分离，纳入管理学范畴。从 20 世纪 50 年代起，霍华德（J.A.Howard）、奥尔德逊（W.Alderson）等学者的关注点开始从营销的功能向营销管理的方向深入，致力于搭建应用于商业实践的规范和原则。关于营销理论的研究逐渐丰富，代表性理论主要包括列维（S.Levy）和加德纳（B.Gardner）于 1955 年提出的"品牌形象理论"[26]，即在无法分辨产品差异的情况下，顾客可以通过品牌作出选择，而品牌形象可以增加购买产品的象征意义，彰显品牌个性，影响品牌声誉；以及史密斯（W.R.Smith）于 1956 年提出的"产品差异化"和"市场细分"的营销策略理论[27]，其揭示了标准化产品无法满足顾客个性化需求的现状，指出，企业应当打造区别于其他竞品的产品或服务，根据目标顾客的特征对市场进行划分，形成竞争优势。

营销理论的研究在 20 世纪 60—70 年代向着更加专业化方向发展，并且沿整个思想体系的各个方面进行延伸。例如，波登（N.H.Borden）最早在 1953 年美国市场营销协会会议演讲中提出了"营销组合"的概念[28]，并在 1964 年发表的论文中罗列了营销组合主要包括的 12 个要素；麦卡锡（E.J.McCarthy）在 1960 年提出"4Ps 理论"[29]，即产品（product）、价格（price）、渠道（place）、促销（promotion），指出企业需要通过调整营销组合策略来适应不断变化的市场环境。4Ps 理论已成为在学界和业界影响广泛的理论成果，至今已从"4Ps"演化到"12Ps"[30]，包括人（people）、包装（packaging）、公共关系（public relations）、政治（politics）、调查（probing）、细分（partitioning）、优先（prioritizing）、定位（positioning）等新内容。弗农（R.Vernon）在 1966 年开发的"产品生命周期理论"[31]展现了制定营销策略的动态视角，针对新产品从进入市场、逐渐成熟到最终被市场淘汰的不同阶段，企业应当采取适合的营销策略，从而尽可能延长产品的销售周期，增大利润空间。而从 20 世纪 70 年代开始，研究焦点从营销的战术性策略上升至战略的高度，形成营销战略管理的思想，里斯（A.Ries）和特劳特（J.Trout）提出的"定位理论"[32]成为这一时期的热点议题。定位战略的实施可以帮助企业在目标市场中建立对产品、品牌或公司形象的独特感知，使企业自身与竞争对手相区别，占据差异化竞争优势；肖斯塔克（G.L.Shostack）开创了"服务营销"的思想先河[33]，认为产品营销理论并不能适用于服务领域，所以服务业应当开发符合自身行业特性的战略理论框架，从而有效地为顾客创造价值。另外，1969 年科特勒和列维对营销的概念进行拓展[34]，将整个社会成员视为营销的利益相关者，使营销的社会性作用在 20 世纪 70 年代受到更多关注。在这一时期，科特勒和萨尔特曼（G.Zaltman）提出的"社会营销"理念深入人心，越来越多的企业和学者注意到营销与资源枯竭、人口爆炸等社会问题之间的关系。这一理念是对顾客需求、企业目标和社会长远利益的综合考量，主张社会营销导向（society orientation）[35]，强调社会责任在营销实践中的必要性，包括从环境社会治理（ESG）三个维度进行投资评估、企业发展需紧密契合可持续发展等诸多方面。上述营销思想和理论在科特勒的《营销管理》一书中都多有体现，该书自 1967 年出版以来，共计更新 16 版，已成为享誉全球的营销学教科书，科特勒也被誉为"现代营销学之父"。

20 世纪 80—90 年代的国际市场发生了巨大变化，经济全球化进程加速，欧洲和北美的区域贸易发展带来了新的市场机会，也带来了企业如何适应国际环境变化和开拓新市场等诸多问题。1983 年，莱维特（T.Levitt）提出"全球营销"的思想[36]，建议企业向全球市场提供标准化产品，从而降低生产成本、扩大市场规模。自此，研究主流逐渐侧重于对全球与本土营销、跨国商业合作等内容的探讨。市场环境的变化、电子商务的兴起，都对营销提出了更高的要求，越来越多的企业清楚认识到，只有与顾客建立长期关系，提供卓越的顾客体验，才能保持竞争优势。以承诺和信赖为基础的关系导向（relationship orientation）[37]的营销理念兴起，指导着商业实践。在战略方法上，舒尔茨（D.E.Schultz）的"整合营销传播理论"[38]指出，企业应能了解并整合各类营销渠道，传播清晰一致的品牌信息，以有效触达目标顾客，对此，企业需要搭建系统高效的运作机制，协调营销传播与内部管理的配合，从而充分发挥营销效果。相应地，顾客对营销活动的反馈尤为重要。从顾客的角度出发，劳特朋（R.F.Lauterborn）在 1991 年提出的"4Cs 理论"[39]强调了关注顾客需求的重要性，包括顾客（customer）、成本（cost）、便利（convenience）、沟通（communication）四个方面，这也是对"4Ps 理论"的挑战与延伸。进一步地，"顾客关系管理理论"应运而生[40]，斯通（M.Stone）等学者认为，企业应当追踪顾客生命周期的数据信息，开发顾客数据库，从而可以更好地了解顾客，有利于维系和发展长期的顾客关系。关于衡量营销效果的指标，除了财务绩效的维度，"顾客满意度"也被引入用于评估营销效果，具体是指顾客对产品的感知与其期望的比较。另一重要指标则是"品牌资产"，即由凯勒（K.L.Keller）提出的顾客品牌资产模型（customer-based brand equity，CBBE）[41]，通过顾客层面的认知，测量品牌赋予产品或服务的附加价值，突出体现品牌在市场竞争中的关键作用，这启发了营销战略管理思想的新方向。布姆斯（B. H. Booms）和比特纳（M. J. Bitner）在 1981 年提出了服务营销的 7Ps 组合，在 4Ps 基础上增加了人员（people）、过程（process）和有形展示（physical evidence）这三个要素。20 世纪 90 年代末，数字化营销的时代到来，电子邮件、搜索引擎、电商平台等互联网技术的开发利用，促使营销的认知与实践不断革新，也推动理论研究进入营销网络阶段，不仅探讨企业与顾客的关系，更是将企业与员工、竞争者、合作伙伴等多种利益相关者相联系。阿克罗尔（R.S.Achrol）、古梅森（E.Gummesson）等学者认为，企业可以通过建立关系网络，合力解决生产研发的技术与资金瓶颈，响应市场需求变化，打造口碑和品牌社群，从而更高效地创造价值和共享资源。查菲（D.Chaffey）和埃利斯-查德威克（F.Ellis-Chadwick）认为服务营销的 7Ps 组合也同样适用于数字营销。

进入 21 世纪，营销科技的发展不断激发营销理论研究的创新。2010 年前后，数字化革命推动了互联网、移动通信和智能手机等技术的普及，真正使企业从"市场驱动"的被动位置转化为"驱动市场"的先导者。在这一时期，社交媒体被广泛应用于营销传播，使"4Ps 理论"和"4Cs 理论"难以完全概括此时营销策略的思维框架，而"4Es 理论"的设想[42]则是一个有力补充,以刺激(excite)、教育(educate)、体验(experience)三个环节促进顾客的积极参与(engage),进而加强企业在互动过程中的吸引力,有助于达成营销目标。社交媒体促使企业与顾客的关系呈现交互性特征,引发了学者对两者间互动模式的更多关注,比如,马特豪斯(E.C.Malthouse)等学者研究了"社交化顾客关系管理"的新模式,顾客在社交媒体上自发形成品牌口碑和社群,自主地产生更多个性化的需求表达,而企业通过在顾客社群中的监测与互动,了解顾客对品牌和产品的评价,进一步分析顾客披露的需求意向、购买经历、使用体验等相关数据,以期实现精准的产品推送和配套服务。借助互联网进行实时数据的收集,"顾客旅程理论"成为现实,理查森(A.Richardson)、图安拉特(Y.Tueanrat)等学者认为,将顾客体验转化为可视化数据,有利于企业绘制顾客旅程,覆盖过去、现在和未来的所有触点。这将帮助企业识别触点类型及其影响程度,针对性地分配营销资源,并且理解顾客视角,把控顾客决策进程。同时,通过设计更多触点,预先增加互动场景,从而提升整体的顾客体验。共享经济改变了生产生活方式。依托互联网平台,个体和组织可以分享设计创意、知识技术、商品或服务等多种形式的资源,促进社会过剩产能的再分配与再利用。在共享经济的背景下,兰詹(K.R.Ranjan)、埃克哈特(G.M.Eckhardt)等学者对"价值共创理论"的内涵进行诠释与延伸,价值共创不再限制于供需双方的边界,而是协同企业、员工、顾客、股东、政府部门等多个主体,形成多边的合作网络,共同创造价值。价值共创的过程拉近了顾客与企业之间的距离,顾客自觉成为企业品牌的一分子,建立起高度的品牌信赖,并且改进了企业的产品设计、生产、销售等多个环节,满足了顾客期望。科特勒从整合的视角提出了"全方位营销"(holistic marketing)的概念和框架[43],认为营销活动如此广泛和复杂,需要从关系营销、整合营销、内部营销和绩效营销四个方面协同开展营销活动。

今天,站在数智化时代的路口,人工智能(AI)、区块链、云计算、大数据、边缘计算、物联网、5G通信等技术优化了全方位的顾客体验,为营销计划的实施极大地缩减了时间和空间上的局限,帮助企业洞察市场趋势,为企业提供了更多市场机会。那么,面对科学技术与商业实践的飞速革新,未来营销理论的演进将向何处去?诸如数字货币、数字藏品等元宇宙产物层出不穷,数字主权、信息安全等新兴问题甚嚣尘上,营销向社会范畴多个领域延伸的应用趋势,等等这些对于已有理论的修正、新理论的开发都是巨大的挑战,如何进一步突破理论研究的深度与广度将是亟待我们思考的方向。

二、营销在中国的发展

中国古代就存在朴素的营销思想。中国古代营销思想的出现首先离不开传统文化的熏陶,特别是儒家思想的义利观——义在利先,强调做生意需要考虑顾客利益、遵守商业诚信,由此形成了朴素的营销道德观念[44]。"商圣"范蠡等古代商业思想家也提出了朴素的市场规律和营销原则,例如,《史记·货殖列传》记载的"贵出如粪土,贱取如珠玉",将物价涨跌与货品囤售相联系,蕴含对未来市场供需情况的预测。而在营销实践中,古代商家已充分认识到产品和价格是影响顾客购买的关键因素,如老字号"同仁堂"恪守的古训"炮制虽繁必不敢省人工,品味虽贵必不敢减物力"、俗语"酒香不怕巷子深"等,都体现了产品质量对于古代商家的重要性。商家还会开展"红票（赠券）""关扑（抽奖）"等促销活动，以价格优惠来吸引顾客购买。为了提升销量，商家会借助货郎、商行、市集等多种渠道进行产品分销，并且与镖局合作，为顾客提供送货上门的服务。同时，古代商家有多样化的宣传手段，其中印刷广告最早可追溯至北宋时期，另外还有招幌、打响板、叫卖吆喝等广告形式，以及采取"名人代言"的带货方法，例如，李白的《客中行》对兰陵美酒的推崇，极具特色地通过诗词来宣传产品。可见，中国古代营销思想和实践一度呈现领先态势，但是到了20世纪，现代营销学科和营销实践的发展则是处于落后的地位。自20世纪30年代起，营销学科被引进到中国，有国内高校开设了市场学、广告学等相关课程。国内最早的《市场学原理》教材也在这一时期诞生，是由丁馨伯教授编写，于1934年出版[45]。然而，由于1953年计划经济体制的确立，营销学科和实践的发展又进入了停滞阶段。

随着1978年改革开放基本国策的确立，中国的营销学科发展迎来了春天。1979年暨南大学率先恢复市场营销课程，1980年，中美合作在大连理工大学对管理人员和高校教师进行包含市场营销的工商管理知识的专业培训，并专门成立了"中国工业科技管理大连培训中心"。而后，营销学者积极引进和传播国外的营销理论和营销著作，对国内营销思想起到了重要的启蒙作用，由梅汝和教授首次主译的科特勒《营销管理》第五版（中译本）[46]于1987年由上海人民出版社出版，成为国内营销学科的教材范本。同时，营销实践开始有了新的尝试，中国第一支电视广告于1979年在上海电视台播出，介绍了一款"参桂补酒"产品，自此国内广告行业步入新时期。不过，计划经济依旧持续影响着当时的市场经营模式，面对短缺经济造成的供不应求的市场状况，企业仍然以生产为导向。这一时期既缺少对营销概念和理论的科学认知，也缺少对提升营销能力的现实需求。1984年开始的城市经济体制改革，为国有企业、乡镇企业及整个民营经济注入了新的活力，市场竞争逐渐产生，同时陆续建立经济特区、开放沿海城市，外资企业在营销实践上的先进理念和做法对国内市场产生了冲击，许多企业对营销思想和方法有了初步的认识，也产生了对营销专业人才的需求。在这一时期，营销学科和实践的发展进入了萌芽阶段。

从20世纪80年代中期至90年代末，在国家政策的支持下，社会主义市场经济体制逐步确立，企业经营有了更多的自主权，市场竞争逐渐激烈，人们的消费意识也逐渐增强，萌生了多元化的消费需求。1992年邓小平"南方谈话"加快了改革开放的步伐，更多的跨国公司进入中国，同时也引入了更多科学系统的营销理念。此时，国内企业意识到营销管理对于获得竞争优势的重要性，开始积极学习国外相对成熟的营销案例，汲取营销实践经验，培养营销管理人才，虽然一定程度上缺乏对经验适用性和战略整体性的考量，但企业的营销能力实现了飞跃式提升。诸如1997年在比特网（ChinaByte）发布的第一支互联网广告、1999年阿里巴巴和腾讯QQ的诞生，都彰显着中国营销科技的飞速革新，从广播电视技术向互联网技术升级，全面影响了营销在信息获取、产品推广、渠道运营等方面的经营决策。另外，从1984年起，国内大专院校开始设立市场营销专业，1988年，山东大学首次试办市场营销本科专业，1990年，国务院学位办批准试办MBA教育，1998年，市场营销专业被正式列入管理学二级学科。营销学科逐步向硕博研究生的高层次人才培养迈进，专业师资队伍扩大，配套种类繁多的营销学相关教材，营销知识得以普及传播，营销理论研究就此有了发展的坚实基础。同期，中国高等院校市场学研究会（Chinese Marketing Association of Universities，CMAU）于1984年成立，随后社会各界成立市场学会和行业协会，促进理论研究与企业实践紧密结合。研究议题和理论应用也从产品推销逐渐向顾客需求与行为、营销战略等方面深入突破。自此，中国的营销学科和实践进入了快速发展阶段。

2001年，中国成功加入世界贸易组织（WTO），国内企业开始选择不同的国际化发展道路，逐步开拓国际市场，与国外企业品牌竞争合作，总体对国际化视野和经验、市场定位、营销资源等方面都有了更高的要求。以华为公司为例，其在国际化发展道路中积累经验、迎难而上，瞄准进入门槛较高的欧洲市场，以自主研发能力为支撑，全力打造高端智能手机产品，迅速成为欧洲市场的主流手机品牌，也成为国内企业借鉴品牌国际化经验的典型案例。在2010年世界品牌实验室发布的"世界品牌500强"榜单中，海尔、联想、长虹、华为等17家中国企业上榜，中国品牌逐渐在国际市场占据一席之地。在这一时期，互联网、移动通信、智能手机等技术普遍进入国内大众生活，互联网行业迎来又一发展机遇，不仅开发出丰富的社交软件，更向多元化领域延伸。例如，腾讯在2011年推出的"微信"包含了与用户生活紧密关联的社交、支付、游戏、理财等多种功能，融合线上线下打造O2O商业布局。随着2013年共享经济的兴起，电商平台、社交媒体广泛应用于营销实践，顾客关系管理、品牌传播渠道等营销方式的新变化受到业界和学界的重点关注[47]，例如，小红书搭建的社交电商模式，通过用户生成内容影响在线购物的决策过程，在用户问答的互动过程中促进信息共享，并自发形成顾客社群，进而改变顾客的购买意愿。自此，中国的营销科技开始比肩国外发展水平，从"中国制造"向"中国创造"转变的思想成为主流，激发营销实践在中国本土的持续创新。在营销学科的发展上，从2002年开始，市场营销专业的本硕博学位在国内高校全面设立，2004年，清华大学与北京大学成功举办第一届"JMS中国营销科学学术年会"，并共同创办营销领域学术期刊《营销科学学报》，在这期间，国家自然科学基金委对市场营销学科的资助也逐年递增，相关研究的发文量持续增加，营销研究的重要性越发受到关注[48]。同时，国内外学术会议举办日益增多，国内学者有了更多对外交流学习的机会，对接国际研究领域前沿，在研究内容和研究方法上有了更加深入的探索，也越发重视营销研究的创新性，着眼于开发符合中国国情的理论模型[49]。总体来看，国内营销学科和实践的发展逐渐成熟并走向创新升级阶段。

自2015年起至今，中国步入数智化时代，人工智能、云计算、5G通信等营销科技的发展都处于国际前列，助力企业实现精准营销与全渠道营销，建立与供应链上各利益相关者的关系网络，推动营销实践不断迭代创新。其中，阿里巴巴作为全球率先进行数智化转型的平台之一，其创始人马云在2016年提出了"人货场模式"（Customer、Commodity、Context），通过大数据、物联网、AR和VR等数字化技术实现客群洞察、产品吸引和场景吸引。抖音和小红书的出现凸显"内容"（Content），即"文"在吸引和维持顾客中的作用，从而使营销走进"人文货场"的"4C新营销"时代[50]。同时，以华为和比亚迪为代表的领先企业基于市场需求长期坚持研发投入，厚积薄发，在5G通信领域和新能源汽车领域处于世界前列，引领行业的发展。高质量发展的中国式现代化指导思想引领着企业的战略方向，促使企业加大在产品创新和品牌建设上的投入，包括提升顾客体验、积极承担社会责任等各个方面。相应地，国内营销学科也在持续跟进市场动态，密切关注 AI 安全、信息隐私、疫情冲击等社会问题，致力于将营销与社会福祉相联系，研究领域涉及机器学习、医疗健康、环境保护等众多学科，并将营销科技充分应用到研究方法中[51]。国内营销学科和实践迎来了更高水平的突破性发展阶段。

Mini案例1-2

五菱宏光新能源车：人民的代步车

2020 年 6 月，上汽通用五菱携手宏光电动汽车推出 MINIEV 车型，当年销售小型新能源汽车 174005 辆，同比增长 190%，其中五菱宏光 MINIEV 车型销量为 127651 辆。这场热销的背后，是五菱宏光对自己产品的精准定位"人民的代步车"，以及对传统汽车设计理念的颠覆和创新：小巧轻便，强烈的设计感和时尚的外观。这些都成为宏光品牌的独特标志。

五菱宏光电动汽车的设计精巧，车长不足 3 米，车宽仅 1.5 米，这使它的外观既小巧又独特。其续航能力为 120～170 公里，配合电动车的充电方式，为城市短途出行提供了稳定的保障。在安全性方面，五菱宏光电动汽车也做得不错。从远程控制功能、ABS（制动防抱死系统）+EBD（电子制动力分配系统）、铝合金轮圈、标准的儿童安全座椅接口，到标准的三点式安全带和胎压监测功能，都一一配备，全方位地满足了日常的安全出行需求。

五菱宏光电动汽车的热销，离不开其高性价比的定价。以五菱宏光 PLUS 为例，17 款车型的销售价格均在 5.58 万～7.68 万元，而五菱宏光 MINIEV 系列的销售价格甚至低至 3 万元左右。在不影响性能的前提下，价格的优势使五菱宏光电动汽车赢得了"90 后"白领等年轻消费群体的喜爱，特别是在三、四、五线城市的年轻人群中，五菱宏光电动汽车满足了他们对汽车的期待，又不需要他们承受过重的经济压力。

五菱宏光电动汽车通过找到自己的市场定位，创造出属于自己的全新市场空间，挖掘出巨大的市场潜力。

资料来源：

[1] 上汽通用五菱汽车股份有限公司. 上汽通用五菱官方网站. https://www.jahwa.com.cn/herborist.

[2] 新浪财经. 麻雀虽小五脏俱全, 五菱宏光 MINIEV 马卡龙好看好开又好停[EB/OL]. (2023-07-18) [2024-10-01]. https://cj.sina.com.cn/articles/view/6538470248/185b9236800101inhh.

[3] 车评社. 8月 MPV 市场销量出炉：五菱宏光夺冠[EB/OL]. [2022-09-14]. https://www.toutiao.com/article/7143208283711767077/.

第四节　市场环境大趋势与营销新议题

近十年来，市场环境正在发生革命性的变化。全球科技的飞速发展、生活方式的快速变革、新冠疫情的深刻影响、逆全球化思潮的出现以及全球经济增长趋缓等变化预示着，我们仍然处在一个"VUCA"时代，世界仍然面临太多的不确定性。这些变化也给营销带来许多新的议题，也正在重塑营销。只有了解作为营销变革驱动力的市场环境的变化，并处理好新的营销议题，营销才能在未来更好地为用户创造价值，更好地促进企业持续增长，更好地增进社会福祉。

一、市场环境大趋势

（一）以 AI 为核心的数智技术飞速发展

从工业革命的发展历程可以发现，突破性技术创新不仅推动社会文明进步，而且也是营销演进的最大驱动力。以蒸汽机发明为标志的第一次工业革命，通过蒸汽火车以及蒸汽轮船让商品通达世界各地；以电气化为标志的第二次工业革命，不仅带来生产的规模化和自动化，而且通过电话、收音机和电视带来营销沟通和商品传播上的效率革命；以信息化为标志的第三次工业革命，通过计算机和互联网不仅带来社会经济的深刻变革，而且推动营销模式经历从电视沟通和实体店触达，向门户网站沟通和 PC 电商触达，再向社媒互动沟通和移动电商触达转变，从而让顾客互动体验以及产品价值共创能够及时与精准。今天，以智慧化为标志的第四次工业革命正在进行之中，以 AI 为核心的数智技术（ABCDE：AIoT——人工智能和物联网，Blockchain——区块链，Cloud——云计算，Big data——大数据，Edge computing——边缘计算）飞速发展。新的数字技术从宏观层面推动经济向数智经济转型，提升资源优化配置的效率，实现可持续发展，从微观层面推动企业数字化转型，实现以数智化为特征的商业模式重构、运营系统优化以及创新能力提升。以 AI 为核心的数智技术的快速发展正在重塑营销模式，让营销更加可预测、更加高效。

（二）持续全球化与逆全球化思潮交织

20 世纪 80 年代以来，新的通信技术与交通工具的发展，加上各国政府普遍采取放松管制促进国际贸易的政策，促使跨国企业会基于专业化分工和比较优势原则，对生产要素进行全球优化配置，并寻求全球市场的新商业机会。市场的全球化以及全球性竞争促进全球经济持续发展，不仅以美国为代表的发达国家的经济稳步增长，以中国为代表的新兴市场国家的经济也快速增长，全球经济格局也相应发生重大变化。G7 和金砖五国的 GDP 之和分别从 2000 年的 22.1 万亿美元和 2.74 万亿美元，增加到 2023 年的 46.3 万亿美元和 25.97 万亿美元。全球 GDP 总额也相应从 2000 年的 33.84 万亿美元突破到 2023 年的 104.79 万亿美元[52]。其中，世界经济增长的 30%来自中国的贡献，中国成为名副其实的全球经济增长引擎。全球化普遍提升各国的生活水平，也让全球数十亿人摆脱贫困。近年来，全球区域合作有不断加深的趋势，北美自由贸易区、欧盟、东南亚国家联盟等联盟内国家间的贸易联系持续加大。另外，自 2008 年的全球金融危机以来，逆全球化思潮与反全球化情绪也日益增长。全球化带来的发展不平衡以及地缘政治因素使一些国家政府，特别是一些发达国家政府采取贸易保护主义政策，如英国 2020 年正式脱欧，美国自特朗普政府以来采取关税和非关税的贸易保护主义政策（非关税包括以国家安全名义采取的政策）。持续的全球化与逆全球化思潮交织给全球营销带来新的机遇与挑战。

（三）社会群体圈层化与社会极化倾向

联合国于 2022 年 11 月表示，全球人口数量达到 80 亿[53]。相对而言，发达国家的人口将持续下降且老年化，而发展中国家的人口将持续增长且年轻化。科特勒等著的《营销革命5.0》指出，全球市场五个世代的消费者同时共存，即婴儿潮一代（1946—1964年出生）、X 世代（1965—1980年出生）、Y 世代（1981—1996年出生，也称之为千禧一代）、Z 世代（1997—2009年出生，网络原住民）、阿尔法世代（2010—2025年出生）。这些世代之间在价值观、消费偏好和行为习惯等方面存在巨大差异，导致世界各地的营销人员都面对着如何向五个不同世代成功营销的难题。同样，中国市场的消费者也存在圈层化和多样化的特点。胡左浩和樊亚凤在文章《瞄准四大人群，把握未来消费趋势》中指出，中国存在最为活跃的四大消费群体，分别为新中产群体、新生代群体、小镇青年群体以及银发一族群体。这些群体的特征以及消费偏好也存在巨大差异[54]。

鲁斯特（R.T.Rust）在论文《营销的未来》中指出，经济发展和全球化会产生收入和财富的差异，在国家内部和国家之间都是如此。这些差异虽然能带来市场细分的机会，但它会造成对弱势群体的歧视。科特勒在《营销革命5.0》中指出，社会极化现象表现在四个方面：工作的分化（高薪高价值工作与低薪低价值工作）、意识形态分化（贸易自由主义与贸易保护主义）、生活方式分化（极简主义与消费主义）、市场分化（高溢价奢侈品市场与低价耐用品市场）[55]。

（四）顾客主导趋势与动态大竞争

数智化时代，企业与顾客的关系发生变化。弗雷德·威尔斯玛（Fred Wiersema）在其著作《新市场领导者》(*The New Market Leaders*)[56]中指出，由于"六个新的市场现实"，即竞争者激增、秘密公开化、创新普遍化、信息泛滥且贬值、业务增长困难、顾客时间更稀缺，企业与其顾客之间的力量平衡正在发生变化，两者关系从产品短缺和企业主导转向产品过剩与顾客稀缺。企业利用信息不对称获取信息权力，但由于社交网络的开放性和多元性，顾客能掌握更多的信息，也能发布更多的信息，使信息权力开始从企业向顾客转移。同时，数智化时代的顾客需求，特别是新生代顾客需求，更加个性化和多样化。一方面，顾客越来越重视生活品质与消费体验，除满足自己的个性化功能需求外，他们渴望通过不同场景下的消费体验满足社交、兴趣、娱乐等精神需求；另一方面，随着数字化程度的提高，顾客的购买行为呈现出跨渠道、碎片化、移动化等新特征，顾客的购买旅程呈现定制化特征，购买场景呈现独特化特征。顾客生活方式、消费习惯等社会文化的变迁，推动数智化时代营销模式的创新升级。

现代经济环境下，商业竞争体现出动态大竞争的特点。一方面，数字经济催生大型平台企业、生态型企业的出现，使商业竞争具有以下三个特点：①竞争空间更加广阔，范围可能覆盖全业务、全产业链、全渠道、全媒体和全球市场，如亚马逊（Amazon）和阿里巴巴。②竞争主体更加生态化，从单个企业向全供应链、全产业链、全生态成员转移。整个生态体系在竞争中具有一损俱损、一荣俱荣的倾向，如小米的生态体系。③数字化使竞争速度更快，并且平台企业的相对垄断性使竞争强度更高。京东平台与国美和苏宁的竞争、共享单车平台之间的竞争就充分反映了这一特点。另一方面，新技术突破推动新兴产业涌现，深刻改变行业竞争格局和市场需求结构，如智能手机的持续升级、新能源汽车的快速崛起、清洁能源革命、传统产业的数智化等。

（五）企业社会责任与可持续发展

宏观层面，环境污染、气候变暖、流行疾病、绝对贫困、贫富差距等一系列全球范围的环境和社会问题仍然是困扰人类的长期公共议题。例如，以全球变暖为主要特征的气候变化极大影响人们的生活方式，影响农业和自然环境，也将极大地影响全球范围内的物品供应和需求模式；三年新冠疫情全球大流行，严重影响了人们的健康和安全，产生全球公共卫生危机，也改变了人们的生活方式和工作方式。三年全球疫情导致许多行业萧条，特别是接触型服务业，重创全球经济。这些公共问题的解决需要企业的主动应对和配合，这也是企业应该承担的社会责任和义务。

微观层面，夸大宣传、价格欺诈、垄断行为、不公平竞争等问题长期在一些行业存在，而"数字鸿沟"、算法杀熟、数据隐私、看法极化、平台生态的多边垄断等又成为数智化时代营销伦理方面的新问题。例如，数字技术创新会让特定企业处于超强优势地位，从而产生公平竞争和顾客保护问题；对于中小企业和弱势群体来说，存在事实上的"数字鸿沟"。如何帮助广大中小企业和弱势群体跨越这个鸿沟，就是数字化平台企业的社会责任。企业在经济效益与伦理道德之间处于两难选择之时，应该从ESG视角来思考，也更应该考虑到社会责任。

Mini案例1-3

腾讯99公益：创新公益方式

腾讯99公益日是由腾讯公司发起的一项大型公益活动，该活动于每年的9月7日至9日进行，旨在倡导全社会共同参与公益事业，促进公益事业的发展。腾讯99公益日涵盖各种形式的公益活动，包括在线捐款、志愿服务、公益竞赛等，鼓励广大社会公众、企事业单位和公益组织积极参与。同时，腾讯公益会对捐款进行匹配，使公益组织能够获得更多的资金支持。在腾讯99公益日的平台上，公众可以方便地了解到各种公益项目的信息，包括项目的目标、进度、资金使用情况等，这为公众参与公益活动提供了便利。同时，该平台也为公益组织提供了一个展示自己、吸引更多关注和支持的机会。

自2015年启动以来，腾讯99公益日已经拥有了大量的参与者，广泛涉及多元的公益场景。通过采用"互联网+"战略，腾讯公益连接了公益组织、爱心网友、企业捐助者，推动了公益的范围和效率的提升。在此背景下，数字化技术和流量营销扮演了重要的角色。具体来说，腾讯依托自身技术优势，开发了一系列如冷静器功能、秒杀系统、CBS加速等技术，以提高公益活动的效率。同时，安全系统的应用保障了公益活动的公正和透明。

资料来源：

[1] 腾讯公益慈善基金会. 腾讯公益官方网站. https://gongyi.qq.com/.

[2] 胡左浩，刘丽娟，樊亚凤. 腾讯：99公益日. 清华大学经济管理学院案例库收录，收录号：0-119-101, 2019-08-31.

[3] 青瞳视角. 腾讯99公益日启动首推公益项目全民共创[EB/OL]. (2022-08-31) [2024-10-01]. https://finance.sina.com.cn/jjxw/2022-08-31/doc-imizmscv8524483.shtml.

（六）全球增长引擎的中国进入新常态

中国经济已经从高速发展进入到高质量发展的新常态阶段。自20世纪80年代以来，中国经济实现了持续 30 多年的高速增长，2023 年中国 GDP 达 126 万亿元人民币（17.89 万亿美元），人均 GDP 为 8.93 万元人民币（1.25 万美元）。然而，受经济结构调整、三年全球疫情、国际地缘政治等因素的影响，2020 年至 2022 年的三年 GDP 平均年增长率为 5.2%。长期作为全球经济增长引擎的中国经济开始降速运行，进入高质量发展的新常态阶段。

高质量发展推动数字经济与先进制造业和现代服务业融合发展，推进新型工业化与产业升级，助推战略性新兴产业的发展。战略性新兴产业包括节能环保产业、新一代信息技术产业、高端装备制造业、新材料产业、生物医疗产业、新能源汽车产业、新能源产业、数字创意产业、现代服务业等。

随着经济发展和国民收入增加，居民消费持续升级，扩大内需成为国民经济未来增长的强大动力源。中国消费升级具有三大特点。一是消费的全面升级。吃、穿、住、用、行、玩等各个领域消费在数量和质量方面都得到极大的提升。二是消费的梯度升级。升级不是一次性同时升级，而是分地区、分群体、具有梯度特点的升级。先是沿海，再是中部、西部；先是大城市人群，然后是中小城市人群，再发展到农村人群。三是消费的持续升级。改革开放以来，人民的生活水平在不断提升，未来相当长时间内还会持续提升[57]。

2023 年，中国人口持续第 2 年出现负增长，总人口 14.09 亿人，比上年减少 208 万人，疫情加速了人口出生率下滑。未来，总人口减少将成为长期趋势。伴随总人口减少，老年化、少子化、小家庭化、单身人口增加，婚姻价值观和育儿价值观发生变化，社会生活节奏加快等新社会现象出现。同时，2023 年全国常住人口城镇化率达到 66.16%，只比上年提高 0.94%。随着乡村振兴的深化、区域协调发展与城乡差距的逐步缩小，人口从农村向城镇转移的城市化进程也将逐渐趋缓、见顶。

2023 年，我国货物进出口贸易总额达 5.94 万亿美元，居世界货物贸易大国第一。同时，也有大量中国企业进入国际市场，且许多企业规模已经居于世界前列。2023 年《财富》杂志世界 500 强排行榜中中国企业占 142 家，数量居首位。然而，与中国企业国际化的规模和速度相比，中国企业在全球领先品牌建设方面却任重道远。另外，我国涌现出一批具有加速国际化特征的新型跨国企业，如 TikTok（短视频社交平台）在不到五年的时间里月活跃用户就达到 10 亿人以上，希音（跨境快时尚企业）在不到 14 年的时间里海外销售额达到千亿元以上。这些新型跨国企业从一开始就处于全球先发位置，且一直处于行业领先地位，在寻求国际化发展的过程中逐渐摸索出极具特色的新模式，也显著区别于早先的中国企业（品牌）国际化模式。

Mini案例1-4

佰草集：高端化妆品营销

佰草集是上海家化旗下的高端化妆品牌，创立于1998年，寓意神农尝"百草"、"汇集"中西智慧。上海家化在寻找差异化竞争策略的过程中，发现国内中高端市场上缺乏本土品牌，便决定瞄准这个市场，开发高端品牌"佰草集"。佰草集的定位是"中草药中高档个人护理品牌"。这种定位结合了中国古代文化"自然、平衡"的核心价值理念和美颜古方。其产品"御五行焕肌系列"采用经典本草研发而得的"五行焕肌方"，并运用现代尖端科技 M3 微囊技术，层层包裹活性物质，使肌肤焕发年轻状态。官方旗舰护肤品佰草集御五行焕肌护肤品 5 件套的定价为 2220 元（2023 年 8 月 5 日价格）。

佰草集针对具有强大购买力的知性白领女性消费群体，通过高端旗舰店零售网络精心打造独特的品牌体验。佰草集品牌旗舰店采取"五感营销"体验式顾客服务模式，将旗舰店打造为与顾客直接交流、亲身体验产品、情感关怀的平台。佰草集构筑全渠道销售网络，包括自有官网、线下专卖店、丝芙兰和屈臣氏连锁店，以及天猫、京东、抖音、聚美优品等主流电商平台。同时，积极利用抖音和小红书这些新型社交媒体平台，构筑有效的传播矩阵和内容创造矩阵。

资料来源：
[1] 上海家化联合股份有限公司. 佰草集官方网站. https://www.jahwa.com.cn/herborist.
[2] SocialBeta. 佰草集是如何在"高端化和融入年轻元素"中找到平衡点的？[EB/OL]. (2017-12-08) [2024-10-01]. https://socialbeta.com/t/exclusive-interview-with-ChenHuajie-Branding-Dirctor-of-Herborist-2017-12.
[3] 徐越. 消费者时代，国产品牌佰草集如何借助整合营销打造高端形象？[EB/OL]. (2017-12-07) [2024-10-01]. https://www.sohu.com/a/209105644_99940028.

二、营销新议题

以数智技术飞速发展、持续全球化与逆全球化思潮交织、社会群体圈层化与社会极化、顾客主导与动态竞争、企业社会责任与可持续发展以及全球增长引擎的中国经济发展进入新常态等为主要特征的市场环境发展大趋势给营销带来一系列新议题。

（一）全球通用性的营销新议题

（1）在以 AI 和机器学习为核心的数智化时代，新型的数字工具和智慧决策工具推陈出新，如人工智能技术驱动的自然语言处理平台 ChatGPT、文心一言以及数字孪生技术等。如何革新营销理念、利用新型营销工具重构营销模式？如何洞察数字技术对顾客心理、行为以及对社会生活方式的影响？如何培育直达用户的新型营销能力和变革组织？如何做好营销效果的度量，从而使营销不仅更加及时、互动、敏捷、精准，而且更加可引导、可预测、可衡量、可持续？

（2）新媒体和新渠道的大量涌现，使媒体和渠道的形态与边界正在变得模糊。品牌方、媒体机构方、用户方以及 AI 都可以成为内容创作者，线上与线下从对立走向全渠道融合。信息权力正在向顾客转移的趋势也要求企业更加关注顾客的媒体使用和社群社交方式。在现实世界与虚拟世界融合的空间，如何整合媒体矩阵和内容矩阵来实现持续的互动和个性化沟通？如何避免内容的个性化算法推荐与防止"认知极化"现象的矛盾？如何整合渠道矩阵和体验矩阵来实现无缝连接的全链路全场景卓越体验？

（3）在动态变化的全球市场中，全球化带来的潜在市场机会在哪里？地缘政治导致的逆全球化倾向对全球营销的影响如何？对全球供应链的影响如何？如何有效应对？如何推进对发达国家市场的营销？如何加强对新兴市场国家的营销？如何针对全球经济区域化的趋势调整全球营销策略？如何通过全球化营销帮助欠发达国家消灭贫困？

（4）数智化时代商业竞争的新特点对营销提出了新的挑战，要求从产品营销转向整体营销、全方位营销。纵向表现为生态层面营销、公司层面营销、业务单元层面营销、产品层面营销以及整体营销的纵向协同；横向表现为关系营销、整合营销、内部营销和绩效营销以及整体营销的横向协同[58]。企业高管需要认识到营销在推动企业增长和组织变革中的重要作用。

（5）针对气候变化和消除贫困等环境和社会层面的政策法规如何影响营销？如何通过营销使顾客采取可持续的消费模式？企业如何通过绿色营销、可持续营销来承担相应的社会责任？企业需要认识到，数智化营销工具的使用会产生新的伦理问题，要考虑如何构建有效的营销治理结构和体系来预防出现这些机会主义的行为，平衡企业经济利益与社会责任之间的关系。政府如何做好监管工作来维护数字技术创新、市场公平竞争和顾客权益保护的经营环境也成为营销新议题。在重视人群异质性和需求差异化的同时，让营销体现多样性和包容性，以便在数字化和全球化浪潮中为构建和谐的世界贡献营销力量。

（二）中国情景的营销新议题

（1）对应中国经济从高速发展进入到高质量发展的新常态，中国市场将从增量为主的市场开始转向增量和存量并存的市场，新市场开拓和顾客关系管理变得越来越重要。高质量发展将持续带来产业升级和新兴产业的涌现，如何做好高新技术营销和专精特新企业营销也就成为一个突出的营销议题。在中国消费升级以及城镇化发展过程中，各大消费群体如何变迁？新兴的消费偏好如何形成？如何通过营销应对老龄化和少子化的社会变化趋势？如何洞察中国目前最为活跃的四大人群，前瞻性把握这些人群的变化趋势？如何让营销在乡村振兴方面发挥引领性作用？

（2）如何加快创建全球领先品牌、打造世界一流企业，不仅是中国企业国际营销的重大且迫切的议题，也是推进高水平对外开放的重要抓手，更是中国式现代化的题中应有之义。另外，中国企业加速国际化营销模式的前提条件有哪些？如何给其他国家企业的国际化提供借鉴？如何做好国际营销？

市场环境发展大趋势既给企业带来发展机遇，也给企业带来新的挑战。如何有效应对营销新议题，需要企业与时俱进、开展方向明确的营销变革，做时代的企业。

最佳实践1-2：希音（SHEIN）：人人尽享时尚之美

最佳实践1-1

三一重工：品质改变世界

三一重工于1994年成立，主要从事工程机械的研发、制造、销售和服务。产品主要包括混凝土机械、挖掘机械、起重机械、装载设备等。三一重工的前身为湖南涟源市焊接材料工厂（1989年由梁稳根带领创业团队创立），1991年公司该厂更名为湖南省三一集团有限公司。1994年推进"双进战略"，迁址长沙，进写工程建筑机械制造业。同年，三一重工成功开发并销售混凝土输送泵。2000年，三一重工主导产品混凝土输送泵、泵车的市场份额居全国第一。2003年，三一重工成功在上交所主板挂牌上市，并积极开展国际化战略。2023年，挖掘机、路面机械等产品市场份额稳居国内第一，混凝土机械市场份额稳居全球第一，实现营业收入740亿元，净利润45亿元。经过在工程机械领域近30年的深耕与发展，三一重工已经成为国内工程机械行业龙头企业。

持续研发创新，改变行业格局

三一重工创立之时，国内工程机械行业基本被国外品牌垄断，原装进口的外国工程机械产品在国内市场的占有率超过95%。在当时的历史条件下，国内企业技术发展策略要么是"拿来主义"，要么是"模仿主义"。但是，三一重工没有走这两条路，因为"技术引进被对方拒绝"的事实以及基于"模仿只能永远跟在别人后面"的信念，三一重工实际上是被迫走上了自主创新的道路。"打破恐惧，大胆创新"，三一重工首席科学家将其作为研发团队的宗旨，"创新必然有成功亦有失败，我们从不因研发人员在创新过程中失败了而处罚他，即便这个失败让公司蒙受巨大的损失"。在这种创新文化和氛围的驱动下，研发团队基于客户价值创造的创新能力得到了激发，并取得成效。

1994年，三一重工成功研制第一台大排量、高压力混凝土拖泵，全面替代了进口产品；1998年，研制出37米泵车，是中国首个自主研发长臂泵车；2000年，研发出世界首创的全液压平地机；2004年，成功研制了三级配混凝土输送泵，破解了行业的技术难题；2007年，66米臂架泵车刷新世界纪录；2009年，72米臂架泵车再次刷新世界纪录；2011年，86米泵车第三次刷新世界最长臂架泵车纪录，3600吨级履带起重机被誉为"全球第一吊"……三一重工通过持续研发创新，不仅在工程机械行业站稳了脚跟，而且逐渐成为中国乃至世界工程机械行业的领先者。年报数据显示，三一重工每年研发费用占销售收入的5%以上，处于行业的领先水平。截至2019年底，三一重工拥有7298项授权专利，专利数量稳居国内行业第一。

服务贴近用户，追求卓越体验

三一重工在营销上以客户需求为中心，"一切为了客户，创造客户价值"。三一重工2011年在行业内首次提出"6S中心"服务理念，即成立具备"整机销售（sale）、配件供应（spare part）、售后服务（service）、专业培训（school）、产品展示（show）、市场信息反馈（survey）"功能的6S中心，并用6S中心覆盖全球市场，这也是三一重工向服务型设备制造商转型的重要一步。之后，三一重工又提出了"123"服务价值承诺、"110"服务速度承诺和"111"服务资源承诺，将售后服务做到极致，不仅满足客户需求，更超出客户期望。三一重工还率先在行业内建立了智能服务体系，通过IOT平台"云端+终端"，实现世界范围内工程设备2小时抵达、24小时完工的服务承诺；推出客户云服务，实现设备互联、设备数据共享、工况查询、设备导航、设备保养提醒等远超客户期望的卓越服务体验。

立足国内市场，开拓全球市场

三一重工总裁曾在接受采访时说过，"我们的竞争对手不在国内，而在国外"，充分显示了三一重工的发展方向。

2006年在印度，2007年在美国，2009年在德国，2010年在巴西，三一重工用四年的时间先后投建了四个海外研发和制造基地。2010年，三一重工履带起重设备参与全球关注的智利矿难救援；2011年，三一重工的62米泵车参与福岛核危机处理；2012年，收购"全球混凝土机械第一品牌"德国普茨迈斯特……三一重工主流产品不仅在国内市场占有率稳占前茅，而且逐渐在国际市场上打开局面并占有一席之地。目前，三一重工的泵车在全球市场占有率超过四成。

2023年，三一重工国际化加速前进，海外市场营收强劲增长、高端市场快速提升、核心产品份额大幅提升，国际竞争力和品牌知名度持续提升。三一重工在海外市场营收为432.58亿元，同比增长18.28%，在总营收中的占比达到60.48。受益于海外销售规模增大、产品结构改善，公司海外主营业务利率稳步提升，2023年三一重工海外市场毛利率达到30.78%，首次超过国内市场的23.04%（见表1-5）。

表1-5 2023年三一重工分地区经营指标

分地区	营业收入	同比	毛利率
国内	282.63亿元	−31.97%	23.04%
国际	432.58亿元	18.28%	30.78%

资料来源：三一重工2023年年度报告。

全面数字化转型，做时代的企业

三一重工于2018年3月提出数字化转型是"最重要的方向"，2019年率先启动重大数字化项目——"灯塔工厂"建设。该工厂是亚洲最大的智能化制造车间，拥有混凝土机械、路面机械、港口机械等多条装配线，是三一重工的总装车间。2020年4月，三一重工正式启动了制造管理系统（MOM），实现生产过程的全数字驱动，推动三一重工的生产制造由"局部智能"迈向"全面智能"。

三一重工充分利用数字化技术和数字化平台，将装备制造业的传统线下销售模式转变为线上线下融合的营销模式。借助VR技术或通过抖音直播，客户可以在线获得工程机械产品的直观信息，在不便于实地考察的情况下为客户提供良好的"购物"体验。在电商平台的旗舰店或官网订购原厂配件并由工厂直接发货，使客户减少了代理环节的成本和买到仿冒假货的可能。

三一重工通过数字化将核心业务在线化、管理流程可视化，大幅提升公司核心竞争力。其中，以客户为中心的高效能产品研发和智能制造体系、数字化营销管理体系和高质量的客户服务体系是三一重工成为机械行业龙头企业的有力保障。

"品质改变世界"是三一重工的使命，"创建一流企业、造就一流人才、做出一流贡献"是三一的愿景，也是"三一重工"名称的由来。在使命和愿景的驱动下，三一重工依托领先的研发创新能力、高端的智能制造和贴近客户的营销服务，保持着不竭的发展动力。2023年2月28日，在第37个"三一节"前夕，三一集团提出了第三次创业的目标，即"333、366"——3000亿元销售额、30 000名工程师、3000名工人；工程机械、港口机械、煤机矿车成为世界第一，风能装备、新能源商用车、石油装备、电池装备、氢能装备、光伏装备成为中国第一，工业互联网、动力电池、光伏产业、建筑工业化、环保装备、投资协同实现破局。

讨论题：

1. 三一重工为什么能持续成长成为装备行业领军企业？你认为成功关键因素是什么？
2. 三一重工如何将客户价值创造作为企业经营的原点贯穿企业经营活动的始终？
3. 三一重工未来发展的重大挑战有哪些？应该如何应对？如何才能实现第三次创业目标？

资料来源：

[1] 三一重工官方网站. https://www.sany.com.cn/.
[2] 三一重工 2022 年年度报告 [EB/OL]. http://vip.stock.finance.sina.com.cn/corp/view/vCB_AllBulletinDetail.php?gather=1&id=8948063.
[3] 易轩. 三一重工发展路径探秘：创新驱动内生增长[N]. 证券日报，2011-02-17.
[4] 郭家勇. 6S 中心实现服务升级——三一重工的创新经验[J]. 今日工程机械，2011(3): 105.

本章小结

（1）营销不仅是推动企业增长的引擎，也是推动企业变革的引擎。营销不仅给顾客创造价值，而且也增进社会福祉。

（2）营销是一门吸引和维持顾客的艺术和科学。营销的实质是顾客价值创造。价值、交换和信任是营销的三个关键词。

（3）现代营销系统由五大要素构成：环境要素，包括宏观环境和微观环境要素；企业要素；竞争友商要素；合作伙伴要素；顾客要素。

（4）营销管理是一个市场环境分析、营销战略制定、营销战略实施、营销结果评价的过程。营销管理的核心任务就是以顾客为中心，为顾客提供价值，让顾客满意，促进顾客忠诚，实现顾客吸引和顾客维持。构建市场导向的营销组织是企业所有部门和人员落实营销目标的保证。

（5）营销观念和营销理论随着时代发展而共同进化。营销观念经历了从生产导向、产品导向、销售导向到营销导向、社会营销导向的演变。营销组合理论从"4Ps""4Cs"扩展到数智化时代的"4Es"和"人文货场的4C新营销模式"。

（6）中国古代就存在朴素的营销思想。营销在中国的大发展是在改革开放以后。从虚心学习、全面引进起步，经过因地制宜、消化吸收，发展到今天的逐渐成熟、正走向创新升级。

（7）市场环境大趋势的六个特征是 AI 为核心的数智技术飞速发展、持续全球化与逆全球化思潮交织、社会群体圈层化与社会极化倾向、顾客主导趋势与竞争动态性、企业社会责任与可持续发展以及全球增长引擎的中国经济发展进入新常态。

（8）市场环境的发展趋势带来一系列的营销新议题。其中最为重要的议题是如何在数智化时代重构新型营销模式和培育新型营销能力，使营销不仅更加及时、互动、敏捷、精准，而且更加可引导、可预测、可衡量、可持续。

关键术语

市场营销（marketing）　　　　　营销管理（marketing management）
价值（value）　　　　　　　　　交换（exchange）
信任（trust）　　　　　　　　　营销生态圈（marketing ecosystem）
顾客价值（customer value）　　　顾客满意（customer satisfaction）
顾客忠诚（customer loyalty）　　 市场导向（market orientation）
市场驱动（market-driven）　　　 驱动市场（market-driving）
交易营销（transaction marketing）　关系营销（relationship marketing）
顾客生涯价值（customer lifetime value）
人文货场（4C：customer-content-commodity-context）

回顾性问题

1. 如何认识营销、把握营销的精髓？为什么说营销是一门吸引和维持顾客的艺术和科学？

2. 如何理解顾客价值、顾客满意和顾客忠诚的逻辑关系？为什么满意的顾客也会流失？

3. 营销理论是如何演进的？存在几个发展阶段？营销在中国的发展有何特点？

4. 市场环境的长期变化趋势表现在哪几个方面？可能给营销带来哪些新议题？

辩论性问题

辩论题：营销是创造需求还是满足需求？

一种观点认为顾客的需求和偏好是确定的，因此营销的任务是去了解和满足顾客的需求；另一种观点认为顾客的认知能力是有限的，其需求是可以被引导和激发的，因此营销的任务就是去创造需求。

正方：营销就是满足顾客的需求。

反方：营销就是创造顾客的需求。

实践性问题

1. 如果让你选择两家营销做得好的企业，你会挑选哪两家企业？挑选的理由是什么？这两家企业的营销有何特色？

2. 从网上进一步收集安踏、希音和三一重工的相关资料，分析这三家企业在数智化时代营销模式是如何转型升级的？对其他企业有何借鉴意义？

3. 经常听到业界人士抱怨："我们制定的营销战略没有问题，问题是营销战略执行落实不到位。"你遇到过或看到过这种情况吗？你认为为什么营销战略会执行落实不到位？

延伸阅读

[1] 西奥多·莱维特. 营销短视症[J]. 哈佛商业评论（中文版），2023(6): 114-129.

[2] 胡左浩，洪瑞阳. 人文货场：数字化时代的 4C 新营销模式[J]. 清华管理评论，2022(10): 6-16.

[3] 道格·钟. 从出售产品转为出售服务[J]. 哈佛商业评论（中文版），2021(3): 64-68.

[4] Rust R T. The future of marketing[J]. International Journal of Research in Marketing, 2020, 37(1): 15-26.

参考文献

即测即练

自学自测　扫描此码

第二章

业务增长与营销战略

大鹏一日同风起,扶摇直上九万里。

——李白《上李邕》

战略的正确性要比立刻盈利更重要。

——菲利普·科特勒

学习目标

1. 了解战略的三个层次及其特点;
2. 认识营销在战略制定和实施中的作用;
3. 了解公司战略规划的内容;
4. 了解业务单元战略规划的内容;
5. 学会制订有效的营销战略计划。

开篇案例

阿里巴巴:让天下没有难做的生意

2023 年,阿里巴巴集团控股有限公司在《财富》世界 500 强排行榜位列第 68 位、《财富》中国 500 强排行榜位列第 21 位,是中国互联网三大龙头之一。从 1999 年创立到如今,短短二十几年,阿里巴巴就在中国乃至世界的互联网领域取得了令人瞩目的成绩。

初出茅庐,借出口之"风"展 B2B 大业

21 世纪初,国内大量企业产品对外销售受阻;对海外企业而言,中国存在大量潜在客户,但是海外常见跨境平台如 eBay,并未在中国境内过多布局 B2B 平台。中国的跨境交易是一片蓝海。

1999 年,马云及其他 17 位创始人正式成立了阿里巴巴,首个网站是英文全球批发贸易市场阿里巴巴国际站,率先开展跨境电商业务,借出口之"风"展 B2B 大业。同年 5 月,专注于国内批发业务的"1688 网"也宣布成立,短短一年就成为中国最大的网上贸易商。阿里巴巴国际站和 1688 网站的设立有力地推动了中国外贸数字化的进程。

同心多样化，向 C 端进攻扩商业版图

在 To B 跨境电商风生水起之时，阿里巴巴却利用原有业务的数字技术、产品知识和营销技能优势迅速转移重心，开始迈入 To C，扩大自己的商业版图。

2003 年，阿里巴巴 C2C 销售模式的网站——淘宝正式创立，并于非典疫情期间照常运作，这是大众第一次了解互联网电商的便利。秉承"让天下没有难做的生意"的使命，淘宝以"3 年免费"的策略为个体商户提供了创业的平台，在短短 3 年时间内就替代 eBay 易趣坐上中国 C2C 老大的交椅。2009 年，阿里巴巴创办了第一届"双 11"全球购物狂欢节，仅有 27 家品牌参与的促销活动却创造了惊人的单日 0.52 亿元的销售额。

全方位布局，"1＋6＋N"打造商业帝国

2023 年 3 月，阿里巴巴宣布更改集团组织架构为"1＋6＋N"，即"云智能集团、淘天集团、阿里国际数字商业集团、本地生活集团、菜鸟集团和大文娱集团六大业务集团及其他业务公司"。针对不同需求的目标顾客，阿里巴巴通过密集型成长和多样化成长策略，打造了不同定位的多个平台，服务于线上成品消费、线下生鲜百货、社群消费、生活服务与文娱体验。围绕阿里巴巴集团的平台与业务，以消费、云计算、全球化为三大核心战略，一个涵盖消费者、商家、品牌、零售商、第三方服务提供商、战略合作伙伴及其他企业的生态体系已经形成（见图 2-1）。

图 2-1　阿里巴巴集团的业务生态体系
资料来源：阿里巴巴集团官网．https://ali-home.alibaba.com．

针对 C 端市场，淘宝为来自大城市和欠发达地区的消费者提供高度互动的个性化购物体验，平台上的商家主要是个人和小企业；天猫则致力服务日益追求更高品质的产品与极致购物体验的消费者，为大量的国际与国内的品牌企业和零售商找到更广阔的市场需求；淘特提供高性价比的厂家直销平台；淘菜菜为消费者提供日用品和生鲜次日自提服务；闲鱼作为跳蚤市场，为消费者提供品类丰富的二手、回收、翻新、出租产品及其他长尾产品：阿里健康整合线上线下医药和健康行业资源，提供一站式医疗解决方案；盒马为阿里巴巴集团的自营生鲜及日用品零售连锁店，在全国一二线城市拥有273家自营盒马鲜生门店。

阿里巴巴还为消费者提供了一站式的生活服务解决方案。消费者可以通过饿了么、支付宝、淘宝和口碑App在线下单购买正餐、食品、日用品、快消品、鲜花和药品；"高德"为国内外汽车生产商和中国后装市场的消费者提供电子地图数据、导航软件以及实时交通信息；飞猪为中国领先的线上旅游平台之一，提供机票、火车票、食宿、租车、度假套餐和当地景点门票等丰富的预订和履约服务。

针对B端市场，阿里巴巴与其商业伙伴（主要为"三通一达"，即中通、圆通、申通和韵达）共同创立菜鸟，完成了阿里电商从销售端到客户端的全线贯通；钉钉作为一个数字化协作办公及应用开发平台，为企业客户提供更强的办公协作能力以及大数据分析和AI能力，进一步促进企业数字化转型；速卖通作为全球交易市场平台为全球顾客提供电商服务；而阿里巴巴国际站为来自中国和全球的供应商提供与海外批发买家之间的询盘、线上交易、数字化营销、数字化供应链履约和金融等服务，早已成为中国最大的综合型外贸在线批发交易平台。

2019年，在成立20周年年会上，阿里巴巴提出了新愿景："我们不追求大，不追求强，我们追求成为一家活102年的好公司；到2036年，服务20亿消费者，创造1亿就业机会，帮助1000万家中小企业盈利。"

思考题：

1. 阿里巴巴在其成长过程中，采用了哪些业务增长战略？
2. 在阿里巴巴的业务增长过程中，市场营销发挥了怎样的作用？
3. 阿里巴巴通过全方位生态体系的布局，打造了怎样的核心竞争力？

参考资料：

[1] 阿里巴巴官网. https://ali-home.alibaba.com/about-alibaba-businesses.

[2] 张科举. 企业层面数据要素价值利用研究——以阿里巴巴与华为为例[J]. 企业管理，2023(9)：116-119.

[3] 杨明. 中国B2C跨境电商平台发展模式研究[D]. 长春：吉林大学，2023.

第一节 战略层次与营销战略

一、增长：战略制定的目标

企业制定战略的目的是实现持续地增长。实现增长是每个企业所追求的经营目标，而营销是企业实现增长的重要引擎。正如前文所述，营销是创造、沟通、交付和交换对顾客、用户、合作伙伴和社会具有价值的产品的系列活动、机构和过程[1]。企业营销什么产品，与企业在何种行业开展什么业务有关，而企业决定做什么业务，也依赖于市场机会把握以及企业总体的战略选择。

为了实现企业增长的目标，企业的营销负责人必须为某一个特定的产品/市场单元或者产品线制定有效的营销战略，而这个战略不是凭空出现的，它必须来自企业可以得到的资源和能力，并与企业的公司战略和业务战略在方向和资源配置上保持一致。

二、战略的三个层次

为了在满足顾客需求的同时实现企业的快速增长并保持可持续发展，在大多数的企业中一般都有三个主要的战略层次：①公司战略；②业务战略；③职能战略。这三个层次的战略如图 2-2 所示。在小型的只有单一产品线的企业和新成立的企业中，企业层次和业务层次的战略被合二为一[2]。

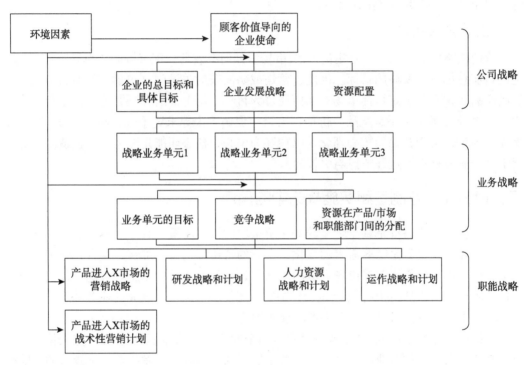

图 2-2　战略制定的层次

资料来源：小奥维尔 C. 沃克，等. 营销战略——以决策为导向的方法（第七版）[M]. 李先国，等译. 北京：北京大学出版社，2014：9. 有改动。

（一）公司战略

在企业层次，一旦确定了企业所要服务的顾客以及为顾客创造的价值，即通过对环境的分析明确了企业的使命后，企业的高层管理者必须确定事业的边界，并将多个业务单元甚至多个有独立法人资格的子公司的活动整合起来。公司战略决策所要考虑的问题包括：我们的战略目标是什么？我们应该选择哪个行业？我们应该选取该行业中的哪些业务？为了实现组织的总体目标，我们应该给每一个业务单元配置多大比例的资源？

（二）业务战略

在业务层次，需要思考一个业务单元如何参与本行业的竞争，以及要保证在竞争中获胜，必须培养何种持续的竞争优势。决策的问题包括：哪种独特的能力能给经营单位提供竞争优势？哪种能力最符合该业务单元的目标市场中的顾客需求？例如，有低成本供应来源和高效、先进设备的业务单元会采用低成本的竞争战略；有强大的营销部门和一支能力卓越的销售队伍的业务单元会以提供卓越的顾客服务来参与竞争[3]。

同时，还有一个必须考虑的重要问题是选择适当的经营范围：应该进入多少及哪些细分市场？规划怎样的产品线宽度和长度以及深度去满足这些市场的多样化需求？如何制订有效的营销方案去吸引这些细分市场？最后还应该考虑如何在企业的各职能部门间寻求协同来获取更高的运营效率。

（三）营销战略

营销战略所关注的是在特定的产品/市场中如何有效地分配资源和协调各类活动，来达成企业总体业务发展的目标。因此，营销战略决策的关键问题包括：如何为特定的产品或产品线识别和选定目标市场？如何通过为目标市场上的潜在顾客需求定制合理的营销策略组合方案（主要是产品、价格、渠道、促销）来寻求竞争优势和协同作用[3]。需要强调的是，由于营销的核心理念是以顾客为中心，核心职能是顾客价值创造。因此，营销在企业战略制定过程中担当引领的角色。

三、营销在企业制定和实施战略中的角色

所有层次的战略都是基于环境的变化所采取的权变决策。其中，对企业业务增长影响最大的环境因素就是顾客需求的变化。企业的营销部门每天都在跟顾客、分销商以及竞争者打交道，他们通常对市场环境的现状和趋势的变化最为熟悉。因此，他们不仅要为自己所负责的产品/市场单元制定营销战略，还要参与到整个企业的业务和企业层次的战略规划中，并提出自己认为合乎市场规律的建议。

正如德鲁克先生所说，"企业有且只有两个职能：营销和创新"。在一些秉持以市场为导向的经营理念的企业，营销人员在各个层次的战略制定上发挥着越来越大的影响作用。营销的核心任务是创造和交付顾客价值，这个理念贯穿企业从战略决策到采购、研发、生产以及市场服务的整个价值创造流程。在市场导向型的企业里，所有部门和层次的人员都紧紧围绕市场环境的变化、顾客的需求以及竞争的状况来思考，他们愿意也能够迅速调整产品和相配称的职能活动来适应变化的环境。他们在决定生产一个产品之前会花费很多的精力在 3C+1T（Change、Competition、Customer + Technology）的研究上，最终他们会根据不同目标市场的特殊需求来调整产品供应和营销策略。

不但如此，研究还表明：企业在市场上所开展的每一项营销活动，包括产品组合、定价、促销、渠道铺设与管理、人员、过程以及有形展示等，都能够有效地将企业自身的内在优势转化为市场竞争优势，并且这种转化能力对企业的财务绩效和市场绩效都有显著的正向影响。

营销洞见2-1

营销战略制定的七步成诗法

以持续顾客价值创造为核心的营销战略制定由七步构成。

第一步：项目背景与执行摘要概述。该步骤需要重点做好三聚焦：聚焦制定营销战略的背景、聚焦营销战略的核心举措、聚焦营销战略制定的方法论。

第二步：市场环境与营销现状分析。该步骤需要重点找三差距：找出与市场机会的差距发现市场突破口、找出与标杆竞争对手的差距发现竞争突破口、找出与营销目标的差距发现能力突破口。

第三步：营销目标与营销战略制定。该步骤需要重点开发三定位：业务板块与主打产品定位、目标市场与核心顾客定位、品牌与价值定位。

第四步：营销组合与营销策略制定。该步骤需要重点打造营销铁三角：产品与定价策略、品牌与推广策略、渠道与销售策略；或者客户关系管理团队、解决方案提供团队、交付与售后服务团队。

第五步：营销支持活动与业务流程。该步骤需要重点夯实三支撑：营销价值链活动支撑、营销业务流程支撑、营销能力支撑。

第六步：营销实施计划与行动方案。该步骤需要重点走好三部曲：年度营销实施计划、资源配置与预算计划、营销大纲和销售政策。

第七步：营销组织体系与营销控制。该步骤需要重点关注三要素：营销组织与营销体系、情景模拟与风险评估、绩效衡量与回顾评价。

资料来源：胡左浩，营销战略制定的七步成诗法[Z].清华大学经济管理学院EMBA营销管理电子课件，2023.

第二节 公司战略与业务单元战略

企业的任何职能战略，无论是财务、设计、营销还是人力资源，都必须服务于特定的业务规划，而业务单元的目标与战略制定，都必须在总体的公司战略框架里进行思考。

因此，从制定营销战略的过程来看，首先，在企业层面，确定好企业为顾客创造价值的使命与目标，之后决定选择怎样的行业开展业务，培养怎样的能力和采取怎样的资源配置方式使企业在行业中立足和获得长远发展；其次，在业务层面，要考虑在所选定行业中规划怎样的业务组合和产品才最适合公司的战略使命和目标，以及给予每种业务或产品多少资源的支持和培育怎样的竞争优势从而能持续获得高于行业平均利润水平的收益回报[4]。最后，在职能战略层面，要为组成业务的每个产品制订详细的市场营销计划以及其他职能部门的计划，以支持业务层面的整体战略使命和目标（见图2-3）。也就是说，营销战略主要是指在已确定的业务领域内，企业寻找到有利可图的目标市场，并在这个市场上将自己与竞争者有效地区别开来，利用企业自身的相对实力更好地满足顾客需求并获取相应利益回报的一系列活动。

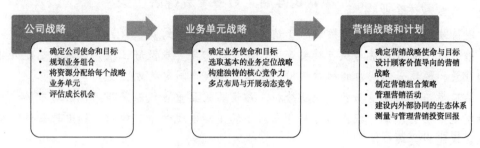

图 2-3　营销战略规划的步骤

一、公司战略规划

 概念定义：

公司战略（corporate strategy）：是指公司为了获得和维持竞争优势，进行业务范围以及业务经营单位间资源分配的决策。

由于公司战略是关于组织业务范围和业务经营单位之间资源分配的决策，所以企业层面的战略规划一般包含以下四个方面的内容。
- 确定企业使命和目标。
- 规划业务组合。
- 将资源分配给每个战略业务单元。
- 评估成长机会。

我们将简要地阐述每一个活动的具体内容。

（一）确定企业使命与目标

一个企业之所以存在，是为了完成某些任务和实现某个承诺，这一目的应该被清晰地陈述出来。可以借助以下问题形成清晰的使命：我们的企业是做什么的？谁是我们的顾客？顾客看重什么？我们应该成为什么样的企业？[2]所谓企业的使命就是企业对利益相关者所作出"有关做什么"的庄严承诺，企业需要通过正式的使命陈述或使命声明（mission statement）来回答以上的问题。

 概念定义：

企业使命（corporate mission）：是指企业对利益相关者作出"有关做什么"的庄严承诺。

企业的使命陈述至少要表达以下五个方面的含义。

（1）要给企业一个清晰的目标和方向，以免企业误入歧途。

（2）要叙述企业的独特目标，帮助它与其他相类似的竞争企业有所区别。

（3）要让企业专注于顾客需要，而非它自己的技术和能力。

（4）要提供给高层管理人员在选择不同的行动路线时的特定方向和目标，帮助他们决定哪些市场机会是应该追逐的，哪些市场机会是不应该追逐的。

（5）要提供指引企业的所有员工行为和思考的规范，要使企业上下达成价值观的一致性。

这里举出一些有影响的国内外企业的"使命陈述"，如表2-1所示。

表 2-1　部分国内外企业的"使命陈述"

公司名称	使命描述
华为	将数字世界带入每个家庭、每个组织，构建一个智能世界
比亚迪	用技术创新，满足人们对美好生活的向往
IBM 公司	适应企业界解决问题的需要
苹果公司	通过提供卓越的产品和服务，改变世界
小米	通过创新、高性价比的产品，使科技更平易近人，提升人们的生活品质
抖音	提供短视频社交软件，让用户分享生活
安踏	将超越自我的体育精神融入每个人的生活
尚品宅配	让人民的美好家居生活的实现过程美好一点
B站（哔哩哔哩）	丰富新一代中国人的文化生活方式
小红书	让全世界的好生活触手可及
腾讯	用户为本，科技向善

虽然都是一种对企业未来的描述和展望，但企业使命不等同于企业愿景。企业的愿景所要表达的是企业未来要成为什么，是一种理想和远景的呈现，如"要成为家电行业的领军企业"。而企业的使命，是表达企业能够为市场以及利益相关者做到什么，如小红书的使命描述为"让全世界的好生活触手可及"，这与企业的愿景描述"成为全球领先的消费升级平台"，完全是两个不同的内容。

使命陈述应该是市场导向的，根据所要满足的顾客的基本需求来定义，不能根据自身的产品或技术来定义（"我们制造和出售家具"或者"我们是一揽子数字化综合方案提供商"，这种描述往往和企业的愿景混淆）。例如，IBM从不把自己定义为一个制造计算机硬件和软件的企业，而是将自己的使命确定为提供技术方案帮助顾客"建设更智慧的地球"。而小米也不说自己是手机或者家用电器的生产商，而是将自己的使命描述为"为发烧而生"。

有了使命，还需要将它转化为企业的战略目标。企业的战略目标是企业关于未来战略经营活动预期取得的主要成果的精准描述，具体体现为企业在实现其使命过程中所希望达到的阶段性结果。

从公司战略层面来看，一般企业都需要在以下若干领域建立相互平衡和匹配的目标：

①规模指标，如销售规模、市场占有率及其年平均增长率等；②财务指标，如总投资收益、自有资本收益率、利润总额及其年平均增长率等；③创新目标，包括技术创新和管理创新等方面的目标，如拥有专利数量、新产品占总销售额的比重等；④与社会责任有关的目标，如员工收入、股东回报、减少污染、社区贡献等。随着时代的变迁，战略目标的系统性和平衡性变得日益重要。如果企业过于重视其中某一类型的指标，而忽视另一类型的指标，就有可能导致企业战略行为的不合理，进而阻碍企业长期稳定、持续和健康的发展[4]。

（二）规划业务组合

有了使命和目标，企业的管理者必须规划适合企业战略发展的业务组合（business portfolio），即企业所有业务和产品的集合。最佳业务组合往往是企业的内部优势与环境中的外部机会最佳匹配的结果。规划业务组合的目的是保证企业的资源尤其是资金能够在各项业务和项目之间按战略任务和目标的要求进行合理地分配[7]。大多数大型公司都有复杂的业务组合，为这些业务组合制订营销计划是一项艰巨且关键的任务。

Mini案例2-1

小米智能生态圈

小米智能生态圈是小米公司基于自身技术优势和用户需求所构建的智能生态模式。该模式主要以小米的手环、智能家居、智能穿戴、智能健康等产品为核心，通过智能设备与智能联网的方式，构建起一整套生态系统。同时，小米将智能生态圈与互联网、云计算等技术相结合，为用户提供更全面、更丰富的智能化服务。

小米智能生态圈具有以下几个特点。

自主研发：小米智能生态圈中的产品大部分都是小米公司自主研发的，具有自主知识产权。

智能互联：小米智能生态圈以智能设备为基础，通过智能互联的方式，实现设备之间的互相交互。

丰富多样：小米智能生态圈中的产品种类繁多，包括手环、智能家居、智能穿戴、智能健康等多个领域。

智能化服务：小米智能生态圈将智能生态与互联网、云计算等技术相结合，为用户提供更全面、更丰富的智能化服务。

随着5G、人工智能、大数据等技术的不断发展和普及，小米智能生态圈将会有更广阔的发展前景。未来，小米将会进一步扩展其智能生态圈的范围，推出更多的智能产品，为用户提供更便捷、更人性化的服务。同时，小米还将加强技术研发，不断提高自身的核心竞争力，以更好地应对市场的变化和用户需求的变化。

资料来源：小米官网.https://www.mi.com/.

企业业务组合规划包含两个步骤。第一，分析当前业务组合，并决定哪些业务应该得到更多的支持，哪些业务应该减少投入或者不再投入。第二，制定增长和收缩战略，为未来的业务组合做好规划。

1. 分析当前的业务组合

组合分析（portfolio analysis）是企业进行业务战略规划的重要任务，其主要目的是通过对各项业务和产品进行评价，将较弱业务所占有的资源进行削减或者剔除，从而将优势资源投入到有盈利潜力且需优先发展的业务当中去。

组合分析的第一步工作是确定企业的战略业务单元（strategic business unit，SBU）。战略业务单元指企业的关键业务，它可以是一个组织内部的独立部门、子企业或产品线，被视为一个独立的业务实体，拥有自己的市场、竞争对手、产品或服务组合和战略目标。SBU 在组织中的应用可以帮助管理者分析和评估各个业务单元的绩效、资源配置和未来发展方向，以实现整体战略目标和优化组织绩效。

 概念定义：

> 战略业务单元（SBU）：是指企业的关键业务，它可以是一个组织内部的独立部门、子公司或产品线，被视为一个独立的业务实体，拥有自己的市场、竞争对手、产品或服务组合和战略目标。

确定战略业务单元后，第二步就要评估各个战略业务单元的吸引力，并且决定配备哪些资源以及在何种程度上给予支持。

战略规划的目的在于寻求最佳途径使企业能够发挥自身的优势，以利用环境中最有吸引力的机会，从而获得可持续的增长。所以，标准的业务组合分析一般都是从以下两个维度来评价各个战略业务单元的吸引力：一个是市场或行业的吸引力，另一个是战略业务单元在该市场或行业中的地位。最著名的业务分析方法是由管理咨询企业波士顿咨询集团开发的 BCG 法，该方法又称为"增长—份额矩阵（growth-share matrix）"，由于该方法构造了一个四象限的分析矩阵，也称之为"四象限法"。BCG 的增长—份额矩阵如图 2-4 所示。

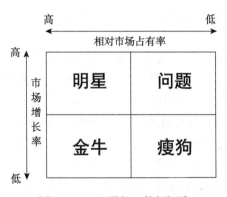

图 2-4　BCG 增长—份额矩阵

该矩阵的纵轴表明的是市场吸引力，用市场增长率来度量。市场增长率，一般是指某项业务市场的年销售增长率。有时，为了能在各项业务之间进行比较，也可以采取销售毛利率或利润率来衡量。横轴表明的是企业的某个战略业务单元在市场中的实力和地位，用相对市场占有率（也称"相对市场份额"）来度量。相对市场占有率，是指本企业某个战略业务单元现有的市场占有率和在同一市场中排第一位的竞争对手的同类战略业务单元的市场占有率的比值。通过这一矩阵，可以定义四种类型的战略业务单元。

（1）明星类（stars）。明星类的战略业务单元是指高市场增长率、高市场份额的业务和产品。它们常常需要大量的资源投入以支持其快速发展。最终它们的增长会放缓，并转变成现金牛类业务或产品。

（2）现金牛类（cash cows）。现金牛类的战略业务单元是指低市场增长率、高市场份额的业务和产品。它们为企业贡献了大量的现金流，其本身也没投入太多的资源以维持其市场份额。

（3）问题类（question marks）。问题类的战略业务单元是指高市场增长率、中低市场份额的业务和产品。它们需要投入大量的资源才能维持其不高的市场份额，管理者必须考虑哪些问题类业务尚有潜力，应该尽力支持，使之转化为明星类；哪些业务则应该尽快淘汰，以免浪费企业有限的资源。

（4）瘦狗类（dogs）。瘦狗类的战略业务单元是指低市场增长率、低市场份额的业务和产品。它们也许可以自给自足，但不可能为企业贡献大量现金，缺乏存在的价值和意义，必须坚决放弃。

一旦为某个战略业务单元确定了类型，企业就有以下四种战略可以选择。

第一，发展。对该项业务进行追加投资，目的是扩大市场占有额，提高其市场竞争力，甚至是不惜放弃短期盈利来达到这一目的。发展战略主要是用于确有市场需求增长潜力和竞争实力的"明星类"业务。

第二，维持。保持该项业务的现有市场占有率，既不缩减也不再扩大。维持战略主要适用于能够持续产生大量现金流的"现金牛类"业务。

第三，收割。在短期内得到最大限度的现金收入，不考虑对该项业务的长期地位的影响。这一战略适用于处境不佳的"现金牛类"业务以及没有发展前途的"问题类"业务和"瘦狗类"业务。

第四，放弃。对该项业务立即进行清理和歇业，将其占用的非现金资源（如设备、生产线或产成品的存货）进行出售或拍卖，目的是将该业务所占有的资金全部收回，用于其他需要发展的业务或更有利的投资领域。

随着时间的推移，战略业务单元在增长—份额矩阵中的位置会发生改变。比如，"问题类"业务如果取得成功会转化为"明星类"业务，然后市场增长速度慢慢放缓，就转变为"现金牛类"业务，最后衰亡或沦落为"瘦狗类"业务，走向生命周期的终点。所以，企业需要持续增加新业务和产品，促使其中一些成长为"明星类"业务，最终变成能够为其他战略业务单元提供财务支持的"现金牛类"业务。

当然，BCG矩阵方法在具体应用中也存在一些问题：执行起来费时费力，而且成本很高。因为确定战略业务单元并评价其市场份额和增长速度非常困难。另外，这些方法只是对现有业务进行了分类，对将来的业务却未曾予以考虑。

鉴于以上问题，美国通用电器企业在波士顿咨询集团法的基础上，提出了改进的"多因素业务组合矩阵法（multifactor portfolio matrix approach）"，简称"GE"法（见图2-5）。该方法以行业吸引力作为纵坐标，分为大、中、小三档；以业务实力作为横坐标，分为强、中、弱三档。"GE"矩阵共划分成9个区域。在实际应用中，企业将当前所经营的每项业务按两个变量所包含的因素逐一进行评定，并以每项业务所得到的综合评分值为圆心，按比例标出企业该项业务的市场占有规模（图2-5中用阴影部分表示）。

图2-5中列出了某公司A、B、C、D四项业务的评估结果。企业决策层可将评估结果作为投资和制定业务发展战略的依据[7]。

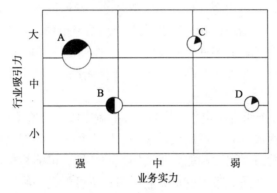

图2-5　美国通用电气公司的"GE"法示意图

2. 制定增长和收缩战略

除了评价当前业务，业务组合还要为企业未来的业务和产品做规划，因为企业需要不断增长，以便更有效地参与竞争、满足利益相关者的需要以及吸引有价值的人才，营销对企业实现未来可持续的增长负有主要责任。识别、评价和选择市场机会，并制定抓住机会以获得增长的有效战略，是营销所肩负的重大使命。安索夫（Ansoff）矩阵（又称产品/市场扩张矩阵）是一种确定增长机会的有用工具，如图2-6所示。

	现有产品	新产品
现有市场	市场渗透	产品开发
新市场	市场开发	多元化

图2-6　产品/市场扩张矩阵

（1）市场渗透（market penetration）。以现有的产品满足现有的顾客，以其目前的产品市场组合为发展焦点，力求增大产品的市场占有率。采取市场渗透的策略，借由促销或是提升服务品质等方式来说服顾客改用不同品牌的产品，或是说服顾客改变使用习惯、增加购买量等。这是对企业当前产品所作的最低风险的优化和改善，以提高产品的竞争优势。这些改善有的是满足顾客不断变化的需求，有的则是针对竞争对手的行为而作出的积极反应。

（2）市场开发（market development）。提供现有产品开拓新市场，即通过将当前的产品引入一个完全不同于以往的全新市场来获得市场范围及份额的增长。企业必须在不同的市场上找到具有相同产品需求的顾客，采取不同的价格、渠道与促销等的策略组合，甚至要进行适应新市场的差异化定位来开展营销工作，否则会有许多潜在的风险。

（3）产品开发（product development）。推出新产品给现有顾客，采取产品延伸的策略，利用现有的顾客关系来扩大产品或服务的市场销售。主要通过现有产品线的逻辑扩展（如提供新的产品功能、质量水平或增加新的品种和服务内容等），或者通过多个产品的集成提供解决方案，并利用企业现有的分销渠道、营销策略和品牌信誉来实现。

（4）多元化经营（diversification）。提供新产品给新市场，是指企业的经营已超出了一个行业的范围向几个行业的多种产品发展，它是企业的一种向外扩张战略。一般来说，多元化经营可以使各种产品处于产品生命周期的不同阶段，稳定企业现金流，降低单一经营所面临的风险。

企业不仅要为其业务组合制定增长战略，还要制定收缩战略（retrenchment strategy）。企业采取收缩战略从而放弃某些产品或市场的原因有很多：可能是增长太快致使企业进入了一个自己缺乏经验或者资源和能力无法匹配的领域；可能是市场环境以及顾客需求发生了变化，导致某些产品或市场变得无利可图；也可能是一些产品或业务单位因为不合时宜而逐渐衰亡。

营销洞见2-2

打造第二增长引擎

过去，企业寻找下一波增长的最可靠方式是挖掘自己最强的一两个核心业务，并将它们最独特的能力应用于相邻市场。经典的相邻战略包括进军新的地域、新的产品，以及新的客户细分市场。许多成功的企业几十年来都是通过基于相邻关系的战略来推动的。

然而最近，我们看到成功模式开始发生变化。更多拥有强大增长核心的企业开始学习构建大型新核心——我们称之为"第二引擎"——的技艺，主要有三种不同的形式。

第一种形式是原有核心业务（或者说第一引擎）的新一代版本，这是一些单独的部门，当初创立这些部门通常是为了应对来自具有新商业模式的叛逆竞争者的威胁，应对客户购买模式的重大转变，或者应对快速的技术进步，以便公司能够快速创造新的产品。

第二种形式则涉及进入一个传统上与第一引擎业务最不相关的市场，利用第一核心的资产和新技术。

第三种形式需要建立几乎与第一引擎完全无关的全新业务。这一类别的几乎所有例子都遵循一个共同的程序：预先对某项新技术进行重大投资，利用现有的企业能力跃居领先地位，后续进行重大投资的追加及收购，以获得所需的能力或迅速建立规模。

在我们的研究中，我们看到四个基本要素对所有三种类型的"第二引擎"取得成功都很有帮助。

一是具有巨大利润潜力的目标市场。通常是在新技术所开辟的令人心动的前沿领域。我们没有发现任何成功的第二引擎是基于对一个衰退行业中的竞争对手进行整合，或者基于收购和振兴一个落后行业中表现不佳的领军企业。

二是竞争优势的专有来源。企业通过可持续的差异化和改进来赚钱，而不仅仅是通过追求增长。

三是创业心态。强烈的叛逆使命感，对第一线的痴迷，以及主人翁态度。具备这些特征的企业建立了独立的第二引擎部门，并给予主管经理塑造局部文化和战略的自由，从而创造一种"迷你创始人"的体验。

四是利用第一引擎的规模与资产的能力。

以上的每个成功因素都会放大并加强其他因素的影响。市场及其利润池（要素一）的潜力越大，利用原有核心的资产（要素四）赶在竞争对手之前抢占份额就越重要。你的入门战略差异化（要素二）越强，拥有一种创业心态（要素三）就越重要，这样才能验证这种差异化，并不断地找到改进的方法，由此你就能够一直领先竞争对手一步。

资料来源：詹姆斯·艾伦（James Allen），克里斯·祖克（Chris Zook）. 打造第二增长引擎指南[J]. 哈佛商业评论，2022(5-6): 76-85.

（三）将资源分配给每个战略业务单元

一个企业并不仅仅只是经营一项业务，企业在制定经营战略时，要把每项业务作为一个战略业务单元来管理。波士顿矩阵法使用相对市场份额和年度市场增长率作为投资决策的标准，将战略业务单元的类别划分为瘦狗类、现金牛类、问题类和明星类，这就意味着每个业务都需要建立自己的战略。

一旦界定了战略业务单元，管理层就必须决定如何把企业资源分配给每一个战略业务单元，并针对各战略业务单元所在类别的性质做出发展、维持、收割或者放弃的战略决定。

（四）评估成长机会

评估成长机会包括规划新业务、缩小规模和终止老业务。

如果现有业务组合下预期的销售收入和战略目标与其业务规划所期望的销售收入之间存在差距，或者企业现有的业务不能充分利用已出现或由企业所发现的新的市场机会，形成战略计划或战略目标缺口时，企业管理层就需要开发或收购新的业务来填补它。

企业发展新的业务，有三种基本的选择机会（见图2-7）。

1. 密集型成长机会

属于在当前业务中识别成长的机会，即增大现有业务的市场供应量和市场销售量来寻找和创造现有业务扩大的潜力，具体的方法有市场渗透、市场开发和产品开发。一个有用的工具是"产品—市场扩展矩阵"，这个在图2-6已经做了介绍。

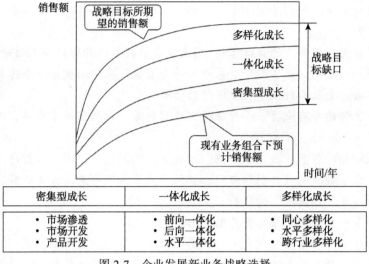

图 2-7 企业发展新业务战略选择

营销工具2-1

阿里的 GROW2.0 模型

增长是所有品牌关注的核心议题。如何科学衡量并对标品牌的增长表现？"GROW 2.0 品牌增长战略指标"将品牌的 GMV 完整增量拆分为渗透力（gain）、复购力（retain）和价格力（boost）三大增长因子。每个因子驱动的增量 GMV（gross merchandise volume，商品交易总额）绝对值即为品牌的指标分值。

随着新品日益成为品牌增长的引爆点，我们也将新品力（widen）作为衡量品牌增长能力的重要指标。此外，该指标还可细化到不同策略人群的维度，从重点人群颗粒度探究品牌表现与增长潜力（见图 2-8）。

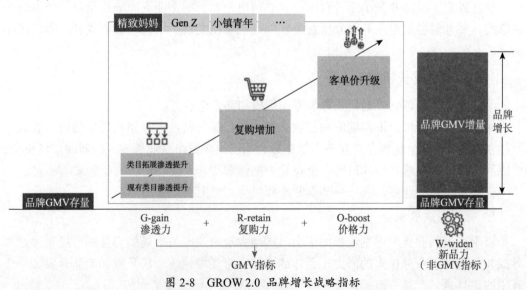

图 2-8 GROW 2.0 品牌增长战略指标
资料来源：阿里巴巴数据，贝恩分析。

渗透力（gain）：渗透提升（消费者拉新）带来的 GMV 增量。渗透力（G）可拆分为现有类目渗透提升和类目拓展渗透提升。

复购力（retain）：消费频次增加带来的 GMV 增量。复购力（R）可按照新老客视角进一步细化。对于母婴、宠物食品等忠诚品类，复购力（R）尤为重要。

价格力（boost）：购买价格升级带来的 GMV 增量。价格力（O）可按照新老客视角进一步细化。针对美妆、个护等消费升级趋势明显的品类，尤其是其中精致妈妈、资深中产等升级心智较强的人群，价格力（O）重要性提升。

新品力（widen）：非 GMV 增量指标，通过多个维度指标综合评估新品效能，包括新品对新客和 GMV 的贡献力（新客人数占比及 GMV 贡献占比）、新品的爆发力（初次上新期间的 GMV 表现）和上新敏捷度（上新频次）。

对于不同的品类，拥有对应的 GROW 指数，即根据（G）、（R）和（O）对各自的 GMV 贡献计算出各自的 G/R/O 的值。这个是指导对应品类在增长上的发力方向。

资料来源：贝恩公司. 溯源追本，逆势增长：GROW 2.0 品牌数字化增长解决方案与应用[R]. 2019 年 8 月.

2. 一体化成长机会

属于建立或收购与当前业务相关联的业务而带来的机会，指企业将其业务范围向价值链的上游（供）或下游（销）的领域发展。这样做的好处是企业能有效控制由供、产、销所组成的整个价值链环节，从而建立较为稳定的营销体系和获得较高的话语权。

一体化发展战略有以下三种选择：①后向一体化，指收购或兼并几个原材料供应商，以保证本企业能拥有属于自己的稳定且价格低廉的原材料供应资源。②前向一体化，指收购或兼并几个经销商，或者自建分销体系，将渠道控制在自己的手中从而获得对市场的直接控制权。③水平一体化（又称横向一体化），指收购或兼并同类产品生产企业，以扩大经营规模，降低产品成本，减少竞争对手，从而提高竞争优势，巩固市场地位，并为企业业务增长扫清市场障碍。

3. 多样化成长机会

属于添加与当前业务不相关但有吸引力的业务而带来的机会，也称为多元化或多角化战略。当企业的资源富裕，且在已有的经营领域里没有更多或更好的发展机会，或者企业在目前的经营领域里继续扩大业务量会使风险过于集中时，可考虑采取多样化的发展战略。

多样化发展战略也有三种选择：①同心多样化。指企业利用现有的生产技术，在现有的生产线中增加相类似的产品或使现有的产品能增加新的特色或功能，如拖拉机厂利用原有的技术和设备生产农用汽车。②水平多样化。指企业针对现有市场的其他需要，采用不同的技术来发展新产品，以扩大业务经营范围，例如，家具企业为满足同一客户的家居生活的多元化需求，除了提供家具外，还生产床上用品以及家用电器等。③跨行业多样化。指企业在同一战略周期内，将经营业务的范围扩展到与现有市场、现有生产技术、现有的分销渠道都无关联的其他经营领域[7]，例如，一家房地产企业成立证券企业、从事金融业务等，这又称为集团式多样化增长战略。

如果已有的业务不再能够创造预期的价值，并还在不断消耗企业的资源时，企业必须仔细调整、卖掉或剥离陈旧的业务，将必要的资源投放到其他需要的业务上，并由此降低成本。IBM将累计亏损近10亿美元的PC业务出售给联想集团，将资金运用到擅长的小型机、大型机和服务器上，从而在全球高端信息服务市场上继续保持强劲的竞争力，以谋求更大的利润空间和更长远的未来发展。

二、业务单元战略规划

 概念定义：

业务单元战略（business unit strategy）：是指一个企业为了在一个特定的业务领域中发挥竞争优势并为顾客创造最大的价值和建立新的竞争优势所采取的一系列决策和行动。

业务单元战略是与一个特定或具体的业务有关的，因此，它必须体现出强烈的顾客导向和竞争指向，所以其又被称为竞争战略[4]。业务战略规划一般包含以下四个方面的内容。

- 确定业务使命和目标。
- 选取基本的业务定位战略。
- 构建独特的核心竞争力。
- 多点布局与开展动态竞争。

（一）确定业务使命和目标

作为一项为顾客创造具体而独特价值的工作，每个业务单元需要在宏大的企业使命中确定其特定的使命。温氏食品公司作为温氏股份旗下食品业务的母品牌，涵盖集团旗下所有食品板块业务，是温氏旗下现有和未来食品类子品牌的共有母品牌，提出了"民食为天，食为安鲜"的使命。旗下的"温氏乳业"作为业务板块，基于食品企业的"安全"和"新鲜"的使命定位，坚持"深耕优质乳、细作好鲜奶"的经营战略，以"让南方人民喝上好牛奶"为业务使命，努力打造南方牛奶标杆品牌。

使命确定后，企业还需要为该业务单元制定切实可行的目标，以保证使命的最终实现。大多数业务单元追求的目标往往是一系列目标的组合，如盈利能力、销售额增长、市场份额提高、风险控制、创新和声誉等。业务单元的关键目标可能是提高投资回报率，包括通过增加销售收入和减少开支来提高利润，以及通过提高市场份额和价格来增加销售收入。

业务单元战略在设置目标时需要权衡一些看似矛盾但却相互依存的重要指标，如短期收益与长期增长、现有市场的渗透与新市场的开发、利润目标和非利润目标等。每个选择都要求制定不同的营销战略去对应。

（二）选取基本的业务定位战略

迈克尔·波特教授给出了三种通用也是最基本的业务定位战略（见图2-9）。

图 2-9 波特的基本定位战略

（1）低成本定位战略（cost leadership position strategy）。企业努力以最低的生产成本和分销成本组织经营活动，以低于竞争对手的价格赢得市场份额，目的往往是为了获得规模优势和抢占市场进入的先机。但是该战略通常会导致价格竞争，最终会损失利润以及减少企业未来成本下降的余地。

（2）高差异化定位战略（high differentiation position strategy）。企业选择顾客最关注的重要利益，并在此利益上表现卓越。差异化带来较高的收益，可以用来对付供方压力和缓解买方压力。当客户缺乏选择余地时，其价格敏感度也就不高。同时，由于差异化很容易获得顾客的偏好和忠诚，在面对替代品威胁时，其所处地位往往比其他竞争对手也更为有利。然而，建立差异化的活动总是成本高昂，有时会以损失更大的市场份额为代价。

（3）聚焦战略（focus strategy）。企业的业务集中在一个特定的细分市场，追求成本领先或差异化。采取聚焦战略的企业要么在专用品或复杂产品上建立自己的成本优势，要么集中力量向某一特定市场提供最有特色的服务。它所追求的不是大规模市场中的小份额，而是小规模市场中的大份额。由于这类企业的规模较小，往往不能同时进行差别化和成本领先的方法。

然而，由于互联网和移动互联网所具有的大规模、低成本和高效实时的互动特点，使企业可以更灵活地融合成本领先、差异化和聚焦战略，实现这三种通用定位战略的统一。开展网络营销的企业不但可以通过广泛的市场覆盖、大量的流量获取以及多渠道的分销体系而获得低成本的优势，并且又可以通过各类实时互动的社交媒体工具如论坛、贴吧、E-mail、微信、微博等轻易获取到大量的个性化需求信息，并积极鼓励顾客的参与分享，从而很容易采取大规模定制的方式满足消费者的个性化需求，因此同时获得了差异化的优势，还可以专注于特定市场细分或产品领域，建立专业知识和品牌形象，从而形成综合的竞争策略。这也是开展数字化营销的企业所获得的有别于传统企业的核心竞争力。

Mini案例2-2

招商基金：着力发展养老金投资管理业务

招商基金成立于2002年12月27日，是一家综合性基金管理公司。截至2023年三季度末，服务客户数超 1.7 亿，非货币公募基金管理规模超 5600 亿元，位居行业前列。早在 2004 年，招商基金成立之初即获得全国社保基金管理资格，2022 年首批入围个人养老金基金名录，是为数不多的同时具有养老金一、二、三支柱（第一支柱为基本养老保险，即社保；第二支柱为企业年金和职业年金；第三支柱为个人储蓄养老保险和商业养老保险）全部投资管理牌照的基金公司之一，在发展养老金融业务领域具备得天独厚的优势。

招商基金在传承一、二支柱既有业务积淀和丰富经验的基础上，统筹考虑养老金三个支柱投资管理的能力协同，构建以规划为核心的养老金融业务体系——以养老金客户退休待遇领取目标为核心，在计算客户第一、二支柱替代率的基础上，从三个支柱统筹考虑，为客户提供长期的养老金融全面规划，构建客户养老金融配置组合，提供一揽子的投顾服务和相应的解决方案。招商基金的养老金投资业绩、风险控制、系统建设成效显著，适配养老金投资管理特征的投研、风控、客户服务体系初步搭建完成。

近年来，招商基金在养老金三个支柱投资管理领域业务规模发展迅速，业务效益也取得长足进展。招商基金较早地布局了养老 FOF 业务，并首批成立个人养老金基金。截至 2023 年三季度末，公司的养老金全口径投资管理规模超过 3300 亿元，平均增速稳居行业前列。同时，自人社部公布行业数据以来，招商基金单一含权组合在 2012 年至 2022 年间累计收益率 101.7%，年化收益率 6.59%；单一固收组合在 2019 年至 2022 年间，累计收益率 26.16%，年化收益率 5.98%，投资业绩均位于行业前列。

资料来源：基于招商基金资料整理。

（三）构建独特的核心竞争力

作为一种竞争导向的战略，业务单元的战略规划在根本上应该以核心竞争力的建立、保持和发挥为依据[4]。

核心竞争力是企业获得持续竞争优势的关键。从企业角度来看，核心竞争力指企业内部一系列互补的技能和知识的结合，是一个企业比其他企业做得特别突出的一系列活动。它可能出现在特定的职能中，也可能与特定技术或产品设计相联系，或者存在于管理价值链各要素的联系之中。而从顾客和市场的角度来看，则是指企业利用所拥有的资源创造独特顾客价值的能力。判定一个企业的能力是否为核心竞争力，要看它是否特别有助于实现顾客所看重的价值；是否导源于企业的传统和系统。它具有异质性、难以模仿和替代、不可交易，并且具有高价值回报等特点，核心能力可以给企业衍生出一系列新的产品/服务，使企业得以扩展到相关的新的业务领域。同时，它也并非一成不变，随着时间与环境的演变和市场需求的变化，以及随之而来的公司战略目标的转移，企业的核心能力也在不断地发展变化。

（四）多点布局与开展动态竞争

如果一个企业的业务是在多个区域和多个产品市场展开，那么，它的业务单元的战略规划就必须进行多点布局。多点布局的好处是不但可以通过威慑和制衡去避免行业内的恶性竞争，而且在合适的时候还能主动发起多点进攻，置对手于无法招架还击之地。

多点布局的这个"点"包括产品、顾客群、区域以及价值链的环节。因此，多点布局必须追求协同效应。多点布局的协同分为两个层次：一是在各个空间内的多点协同，比如，娃哈哈利用强势的分销渠道进行多元化经营，从当初的营养液发展到现在的奶制品、纯净水、八宝粥、茶饮料、非常可乐、非常柠檬……一下子在多个市场对乐百氏进行了合围，成功实现了反超。又如，在区域市场布局中，沃尔玛充分考虑了物流配送中心与分店的协同，在扩张时首先确定扩张区域，然后选择合适的地点，建立配送中心，最后才围绕着配送周围布下100多个分店。

多点协同还包括不同战略空间之间的协同，如市场布局要与价值链环节布局形成协同。在中国乳制品行业中，价值链的重要环节包括奶源、生产基地，这两个环节的多点布局必须要与销售区域协同，即最好是奶源和生产基地靠近重要的销售区域，且影响和控制的范围较为广泛，这种影响力主要通过低价格、区域消费特性产生作用[5]。

在如今的乌卡（VUCA，volatility—易变性、uncertainty—不确定性、complexity—复杂性、ambiguity—模糊性）时代，经营环境的动态化正在从外部威胁着企业竞争优势的可保持性。企业之间多点和快速互动的趋势越来越明显，创新和速度正在代替规模成为企业竞争优势的主要来源。基于市场和产品共同性以及资源相似性的两个或多个企业之间，会利用多点布局开展高强度和高速度的竞争互动，以不断建立竞争优势和削弱对手的竞争优势。

第三节　营销战略与营销计划

概念定义：

营销战略（marketing strategy）：是指企业基于外部环境和内部条件，在创造、传播和交付顾客价值时对目标市场、价值主张、营销活动和营销资源进行选择和规划，以便实现企业营销目标的整合决策过程。

在确定了企业业务发展的战略之后，营销经理必须针对某一个具体的产品/市场进行有效的战略规划和一整套组合策略的设计，以保证业务战略的顺利实施。在此基础上制订详细的营销计划（marketing plan）以指导企业营销工作的具体开展，从而保证营销目标的顺利达成。图2-10展示了基于顾客价值导向的营销战略和营销组合策略所涉及的主要活动。

为企业的营销工作制定战略，就是要决定将为哪些顾客提供价值（市场细分和目标市场选择）以及提供怎样的价值（差异化和定位）。为此，企业要做好市场的细分，选择最有潜力的部分，并集中资源为这部分细分市场中的顾客提供有针对性的产品和服务。

在营销战略的指导下，企业还必须设计好由产品、定价、渠道和促销（4P）等可控制的要素所构成的相互协调和呼应的营销组合。为寻求最佳的营销战略和组合，企业需

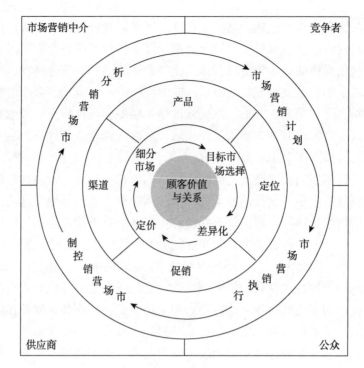

图 2-10　营销战略与策略组合

资料来源：菲利普·科特勒, 加里·阿姆斯特朗. 市场营销：原理与实践（第 17 版）[M]. 楼尊, 译. 北京：中国人民大学出版社, 2020: 47.

要致力于营销分析、计划、执行和控制，并且还要考虑如何协调和整合企业各个职能部门的资源，齐心协力建立顾客关系和为顾客创造价值。

营销战略规划一般包含以下六个方面的内容。

- 确定营销战略的使命与目标。
- 设计顾客价值导向的营销战略。
- 制定营销组合策略。
- 管理营销活动。
- 建设内外部协同的生态体系。
- 测量与管理营销投资回报。

一、确定营销战略的使命与目标

（一）营销战略的使命

营销战略使命所阐述的是企业利用产品和服务满足顾客价值需求的承诺。从产品和服务的价值来看，可以分为功能价值、情感价值和象征价值。营销工作的目的就是通过创造、递送和沟通卓越的顾客价值来发现、吸引、保持和增加目标顾客[2]，营销战略的使命往往体现在企业产品品牌的价值主张和承诺里。一个品牌的价值主张是它承诺递送给顾客以满足其需要的所有利益或价值的集合。捷蓝航空（Jet Blue）承诺"你最重要"，使"旅途充满人性关怀"。相反，斯普瑞特航空（Spirit Airlines）给你"裸价"："价更低，飞更远。"这些价值主张使品牌具有明显的差异性，并清晰地回答了顾客的问题："为什么我们应该购买你的品牌而不是竞争对手的？"公司必须设计强有力的价值主张，以使自己在目标市场上具有强大的号召和相较于竞争对手的差异优势。

（二）营销战略的目标

营销战略设立的目标通常包括两类，即营销相关的目标和财务相关的目标。而典型的营销目标通常同时考察整体市场和细分市场两个层次，具体内容包括：

（1）销量和市场份额（以数量或货币为单位）。

（2）品牌资产指标（如品牌忠诚度、品牌认知度、品牌知名度、品牌联想度等）。

（3）顾客的行为和态度（如顾客满意度、品牌态度、重复购买意向、口碑、顾客投诉等）。

（4）客户、供应和分销（如零售商库存量、库存单位数量、B2B 客户数量、授权供应商数量等）。

如上这些市场相关的目标强调的重点是市场需求，目的是为市场的定位和评估确立清晰的标准。除非清晰地明确了企业的市场范围和顾客对象，否则市场份额和顾客满意度一类的指标是毫无意义的。

典型的财务目标包括：

（1）收益（包括整体收入，利润额，各业务单元、产品和业务条线的利润贡献度等）和投资回报率。

（2）营销成本（包括销售成本、产品成本等）。

（3）库存和物流成本（包括存货水平、存货周转率、库存周转天数、缺货率等）。

在制定目标时，企业应确保其通过投入形成的是长期的能力（如创新、新产品研发、建立品牌资产等），而收获的是短期的盈利。一个企业的业务往往由多个产品/市场的组合构成，市场营销战略就是一种产品和市场战略（product market strategy，PMS），它将业务内容分为产品与市场两个领域，并从各自的角度考虑该采取怎样的 PMS 才能使已有的业务能获得更好的发展。因此，市场营销战略不仅要考虑产品的销售情况，还要考虑市场的覆盖以及品牌在顾客心目中的地位。

二、设计顾客价值导向的营销战略

顾客有许多不同的类型，他们的需求千差万别，所以，一个产品不可能卖给所有人。同时，由于企业的资源有限，也不可能通过为市场中所有的顾客服务来盈利，至少不可能以同样的方式满足市场上所有人的要求。因此，营销工作者必须将整体市场通过特定的标准划分成若干细小的部分，选择其中最能发挥自身优势且开发潜力较大的细分市场，为之设计营销战略并获得盈利。这一过程包括市场细分、目标市场选择、差异化和定位。

（一）市场细分

营销工作者根据地理环境、人口统计、心理和行为因素将市场中的人群划分成若干具有不同需求差别的群体，然后有针对性地提供产品和服务。这一过程称为市场细分（market segmentation）。工业品市场的细分标准与消费品市场不同，这点在后面的章节会详细说明（参见第七章第二节和第三节）。

细分市场（marketsegment）由对既定营销努力具有类似反应的顾客构成。因此，企业应将其营销的努力集中于满足单个细分市场的独特需求。需要注意的是，每个市场都可以细分，但不是所有的细分标准都有效。如感冒药，根据收入进行市场细分就没有意义。另外，市场细分不是自己对产品进行分类，也不是按企业的性质进行分类，而是按照顾客的需要、需求和欲望进行分类。

（二）目标市场选择

企业完成市场细分之后，可以进入一个或多个细分市场。目标市场（market targeting）是指企业在市场细分的基础上，准备用产品或服务以及相应的一套营销组合为之服务的市场。企业应该瞄准自己能够通过创造最大化顾客价值而盈利并长期保持竞争优势的细分市场。

选择合适的目标市场需要考虑企业资源、产品的同质性、产品所处的生命周期阶段、市场的同质性以及竞争的状况。

资源有限的企业可以只服务一个或几个专门的细分市场或缝隙市场。如拼多多就聚焦于农村和城郊那些对价格敏感的顾客群体。企业还可以选择同时为几个相关联的细分市场提供服务——也许那些不同类别的顾客具有相同的基本需求。一些大型企业（如斯沃琪公司和丰田汽车公司）可能为所有的细分市场提供完整的产品系列。

大多数企业借助服务于某个细分市场进入新市场，取得成功之后，再扩张到更多的细分市场之中。例如，娃哈哈起步时用 AD 钙奶切进儿童市场，成功后不断延伸产品线，在儿童市场实现全面覆盖，做成了全国性品牌，之后开始通过娃哈哈纯净水、娃哈哈冰红茶、果汁饮料以及非常可乐等产品进入年轻人市场，再后来开发八宝粥进入家庭市场，取得了巨大的成功。

（三）差异化与定位

企业选定目标市场之后，就必须决定如何使自己提供的产品或服务差异化（参见第八章）。

差异化（differentiation）是指使企业提供的产品或服务与众不同，从而为顾客创造独特的卓越价值。而定位（positioning）是相对于竞争者的产品而言，设法使自己的产品在目标顾客的心目中占据一个清晰、独特而理想的位置。有效的定位始于差异化。营销工作者应该策划能够使自己的产品与竞争性品牌相区别，同时又能满足目标市场独特价值需求的定位。

字节跳动承诺"激发创造、丰富生活"，而腾讯是"超越创新、探索未来"。可口可乐是"欢乐无限"，百事说"活在当下"。恰恰是这些貌似简单的陈述，构成了以上产品营销战略的核心聚焦点。

一旦企业选择了理想的定位，就必须采取强有力的措施向目标顾客传达这一定位。

这些措施包括产品、定价、渠道、促销等营销策略，如果是服务产品，还要增加人员、过程和有形展示的策略组合，这些构建整体营销方案的要素统称为营销战略定位的配称体系。

营销工具2-2

京东 GOAL 方法论——精细化用户运营

对于利用互联网开展营销工作的企业，过去做"增长"可能不是什么难事，投点广告、找好渠道、买点流量，简单快速就能完成一波用户"收割"。

但如今流量红利见顶，竞争加剧、用户行为碎片化、营销触点严重分散，导致获客成本越来越高，流量难以留存，用户动不动就流失掉，再加上留存用户难以二次转化的痛点，使用户运营成为当下品牌解决问题的重要手段。

2020年京东推出了以用户价值为底层逻辑的GOAL运营方法论，有效地解决了这一难题。

京东GOAL方法论主要分为4步：

G（targeting group，靶向人群），就是我们所说的目标人群，这些人群主要分为10大靶向人群，如都市Z时代、银发一族……

O（osmosis，渗透增长），即"潜客/新客/老客"的品牌渗透率和转化率的提升，同时，在靶向人群中扩大品牌4A和4A总量。其中，4A理论是京东，推出的消费者资产模型，主要围绕"认知—吸引—行动—拥护"做用户精细化管理，进行数据资产表现分析、增长策略、激活、回流的积累链路打通等。

A（advancing，价值增长），主要用来评估用户的中长期价值，并通过持续运营提高用户价值。具体操作是从靶向人群中找出这些高价值人群。

L（loyalty，忠诚增长），即提升消费者对品牌的忠诚度，做品牌会员的招募与运营等。

这四个理论最终形成了一个闭环："谁买我—来买我—多买我—只买我。"

京东 GOAL 方法论之所以有效，是因为它从用户价值逻辑出发的一套"终身价值（CLV）模型"，即对每个用户购物行为以及用户特征等进行建模调优分析，对他在未来一年在品类中对品牌、对平台贡献的GMV总体价值做预测，从而判断真正的高价值用户。

京东GOAL方法论是以用户生命周期价值为核心搭建的，做全链路的精细化用户运营。事实上，进入存量时代后，积累数据资产，深度沟通，高效利用，成为大量品牌在营销过程中的刚需。这种情况下，以人为核心的全链路精细化运营成为行业趋势。

资料来源：Marketing. 精细化用户运营,京东推出的GOAL方法论到底是什么？京东GOAL品牌用户增长白皮书[R]. [2021-06]. https: //baijiahao.baidu.com/s?id=1708353776726853704&wfr=spider&for=pc.

三、制定营销组合策略

确定了整体的营销战略之后，企业就要着手规划为实现这一战略所应该采取的与之相适应的营销组合（marketing mix）手段。营销组合指企业为了达到预期的营销目标而整合使用的一系列策略性的营销工具和措施。包括四个工具：产品、定价、渠道、促销（简称4P）。20世纪80年代之后，结合服务营销的特点，营销组合被扩展到7P，加入了三个能够更好地反映服务交付的元素（服务组合）：人员、过程和有形展示。

随着数字媒体和技术的应用，营销的观念和工具有了革命性的改变，营销组合的应用重点转向了关系建设和顾客维护。顾客主导的营销哲学从根本上改变了营销的方式和手段，基于顾客消费场景的整体解决方案成为营销战略和策略聚焦的基本方向，基于个性化服务所创造的价值越来越为顾客所期待。图2-11总结了数字化时代每个P中包含的营销工具。

在编制营销计划的这一阶段，应把这些一般性策略具体结合特定企业的特定营销战略来加以考虑，并使其具体化。例如，当一家做婴幼儿用品的企业为提高市场占有率而采用密集型市场策略时，整个营销组合策略便应根据这一战略要求加以具体化。如按婴幼儿的特点进行产品设计，制定对妈妈们更有吸引力的价格，通过在女性经常接触的广告媒体上大做广告，并将商品分配到婴幼儿用品商店、网站、公众号或妈妈们经常购物的其他实体和虚拟的地方去销售，等等。

数字化时代的营销组合

产品	价格	促销	渠道	人员	过程	有形展示
• 质量 • 图像 • 品牌 • 特点 • 款式 • 组合 • 支持 • 顾客服务 • 使用场合 • 可用性 • 保修	• 定位 • 价目表 • 折扣 • 信用 • 支付方法 • 免费或增值的元素	• 营销传播 • 人员推销 • 销售推广 • 公关 • 品牌 • 直销	• 贸易渠道 • 销售支持 • 渠道数量 • 细分渠道	• 个人营销活动 • 顾客联系人 • 招聘 • 文化/形象 • 培训和技能 • 报酬	• 顾客至上 • 企业主导 • 信息化支持 • 设计特点 • 研发	• 品牌销售/员工服务经验 • 产品包装 • 在线体验

图2-11 数字化时代的营销7P组合策略
资料来源：戴夫·查菲，菲奥纳·埃利斯-查德威克. 数字营销：战略、实施与实践：第7版[M].王峰，韩晓敏，译. 北京：清华大学出版社，2022：160.

（一）产品（product）

指企业向目标市场提供的产品和服务的组合。例如，某知名汽车企业2024年向新能源汽车市场推出了四款车型（都可以通过互联网深度定制）并同时推出了两大核心平台（品牌4S店服务中心、品牌俱乐部）以及基于线上线下一体化的"一键尊享服务"。

（二）定价（price）

指顾客为获得产品所必须支付的费用。例如，该汽车企业给自己的直营门店以及其经销商制订每款新能源车的建议零售价（四款车型的价格带覆盖9.98万元至45.98万元区间）。同时，该企业的经销商在实际的销售中会根据市场行情、购买者对汽车价值的预期以及竞争状况而进行如提供折扣、保养维修津贴和信用条件等一定范围内的价格优惠。

（三）促销（promotion）

指通过各种方式如广告、公关、人员推销以及销售促进活动等向目标顾客沟通产品价值，以帮助和说服他们购买产品或服务。例如，该汽车企业的经销商提供诸如包括优惠、现金返还、充电礼、选装超值升级、置换补贴、个性化组配及定制和提供优惠金融方案等多种特别促销活动，以刺激购买，还通过官网、微信公众号、小程序、抖音、小红书等社交媒体平台吸引众多粉丝与品牌建立紧密的关系和开展互动。

（四）渠道（place）

指企业使自己的产品和服务送达目标顾客所经过的各种通道。广义的渠道甚至指产品从企业运送到顾客身边的所有环节，包括仓储与物流。例如，该汽车企业与大量独立经销商和网络中间商合作，由后者负责出售该企业各种型号的汽车。同时，该汽车企业会谨慎地选择经销商，并给予它们强有力的支持。经销商则负责在自己的门店或其他展示地点包括互联网平台向潜在顾客展示产品、协商价格、达成交易、并提供售后服务。

（五）人员（people）

服务的价值需要靠人员来交付，因此，服务人员的专业性和敬业精神将直接影响服务质量的感知以及客户的满意度水平，这也是服务具有差异性的根本原因。例如，对该汽车企业来说，其人员服务的场所包括4S店与网上商城。

（六）过程（process）

服务是一个过程的活动，且具有不可分离性的特征，即服务产品的生产者和消费者在服务进行的过程中处于同一个时空，因此服务特别强调细节的重要性。实体市场的服务要通过一定的程序、机制以及活动的有序安排得以实现；而对于网络空间的服务而言，顾客与企业的互动、参与、分享的过程则是吸引和留住顾客的重要手段。例如，该汽车企业与南方电网形成重要的战略合作伙伴，双方共同打造了集充电、客休、餐饮、休闲、养护于一体的"超级充电服务站"，通过"线下24hours体验中心+线上App"，构建了"用户—经销商—主机厂"的金三角服务新模式，可直接连接并服务到每一位用户，为用户提供全生命周期、一站式的尊享服务。

（七）有形展示（physical evidence）

服务属于无形的产品，需要通过有形的展示包括环境、便利性设施和有效引导，以及网络商城的网页、展示视频、交流社区等，来体现和让顾客感受到它的品质。有形展示的重要性在于，顾客能从中得到可触及的线索，去体验企业所提供的服务价值。例如，该汽车企业的4S店内部布局合理，功能区划分明确，展厅的展车布局规整，并且在展车区域内还提供了舒适的座椅。另外，还设有产品材料展示区域、自助茶饮糕点区域、休闲娱乐区域，能够让消费者在选车时享受到企业所提供的全方位服务。

一份可行而有效的营销方案就是将这些策略要素协调组合在一起形成一个相互呼应和支持的整体营销计划,以此向目标顾客持续不断地传播和传递价值,最终实现企业的营销目标。

营销洞见2-3

人文货场——数字化时代的4C新营销模式

基于数字化时代的营销特点,4C新营销模式(见图2-12)对人(customer)、文(content)、货(commodity)、场(context)四种因素的逻辑关系进行了重构。4C新营销模式是由触达与吸引、转化与购买、满意与分享、再购与升级四个依次递进的环节构成的全链路营销闭环。考虑到企业开展营销活动旨在进行顾客价值创造,并实现基于顾客的品牌资产的建立、提升和变现,因此,从品牌和顾客两个维度对4C新营销模式进行解构,二者在数字化的驱动下相互协同,共同实现企业营销活动所期望的结果。

图 2-12 人文货场营销模式

阶段Ⅰ:触达与吸引。企业基于数字化技术进行全触点顾客洞察,识别出潜在顾客的数据画像,并根据潜在顾客的需求痛点、所处场景和产品定位构建内容推广矩阵。在这一阶段,企业基于明星、关键意见领袖(key opinion leader,KOL)、关键意见消费者(key opinion customer,KOC)粉丝群的全媒体社交裂变,实现了线上、线下全域触达。随着品牌和产品曝光量的增加,潜在顾客在兴趣牵引的作用下产生购买欲望,品牌认知份额不断增长,企业的品牌资产逐步建立。

阶段Ⅱ:转化与购买。对品牌和产品产生兴趣的顾客会通过搜索、互动、门店体验等方式进一步获取信息。与此同时，企业对内容矩阵进行持续输出，在满足顾客互动需求的同时增强其购买欲望。在这一阶段中，企业借助平台技术实现了内容传播场景与销售场景的衔接，通过全渠道的整合协同，缩短了顾客购买决策链路。实现顾客的不断增加，使品牌资产实现了从顾客心智资产到品牌销售收入的变现转化。

阶段Ⅲ：满意与分享。对于购物和使用满意的顾客，企业通过会员奖励计划、顾客忠诚计划等吸引其加入社交平台的品牌号，实现公域到私域的引流。在私域场景内，企业可以较低的流量费用直接触达顾客，提升企业营销活动的精准性与有效性。同时，企业鼓励这些顾客在购物平台和内容平台上，通过用户生成内容（user generated content，UGC）进行产品分享。现实顾客通过口碑分享增强了与品牌的黏性，成为忠实顾客，有效触达其关系网络辐射范围内的潜在顾客。

阶段Ⅳ：再购与升级。企业通过"宠粉福利""老客专享"以及持续性的产品内容矩阵输出，维持并提升忠诚顾客与品牌的黏性，促进老顾客的更新购买、升级购买、交叉购买，提升老客复购率和客单价，实现顾客生涯价值最大化。在后续的购买决策中，这部分顾客的购买决策相比于潜在新顾客的购买旅程将大幅缩短，进入"满意—忠诚—推荐—复购"的良性循环。

资料来源：胡左浩，洪瑞阳. 人文货场：数字化时代的4C新营销模式[J]. 清华管理评论，2022(10)：6-16.

四、管理营销活动：分析、计划、实施与控制

企业的营销活动周期长，要素多，必须做好细致而周密的管理。图2-13显示了营销管理过程的四种职能——分析、计划、执行与控制。企业先要做好营销环境分析，为营销战略的制定找到合理的依据然后制定整体战略规划，并将它们转化为每个业务（产品/市场）的营销计划或其他计划。通过执行，企业将计划转化为行动。控制是测量和评价营销活动的结果，并且在必要的时候采取纠偏措施[2]。

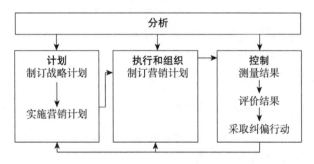

图2-13　管理营销：分析、计划、执行与控制

（一）营销分析

对企业开展营销所面临的内外环境进行扫描和分析是实施营销活动管理的起点。环境分析的目的是在合理评价企业内部的优势（S）、劣势（W）、外部存在的机会（O）和

威胁（T）。优势是指有助于企业为目标顾客提供价值并实现企业营销目标的内部能力和资源，劣势则是损害客户满意度和企业业绩的内部局限性和其他不利于创造顾客价值的负面因素，机会是能够给企业开辟增长空间的外部环境中的有利因素或趋势，威胁是对企业业绩构成挑战的不利的外部因素或趋势（参见第五章第四节）。

在此基础上，需要对上述的四大要素进行 SWOT 综合分析（见表 2-2）。企业开展营销分析的目的是将企业的优势与环境中有吸引力的机会相匹配，消除或克服劣势并使威胁的影响达到最小。最终是要做出有利于企业开展营销活动并实现增长的正确的战略选择：是采取 SO 增长型战略？还是 ST 多种经营战略？还是 WO 扭转型战略？还是 WT 防御型战略？接下来所制定的实施策略会有很大的不同。

表 2-2　SWOT 分析

外部环境	内部环境	
	优势（Strengths）	劣势（Weaknesses）
机会（Opportunities）	SO 增长型战略	WO 扭转型战略
威胁（Threats）	ST 多种经营战略	WT 防御型战略

（二）营销计划

通过战略规划，企业明确了各个业务单位所从事的活动，而每项业务、每个产品或品牌都需要一份详细的营销计划。营销计划究竟是什么样的？

表 2-3 总结了一份典型的产品或品牌营销计划应该包含的主要内容。首先是概述，简明扼要地阐述项目的主要内容、计划的目标和建议。接着是对当前的营销环境进行详细分析，在此基础上，阐述产品或品牌营销的主要目标以及需要解决的问题，并说明为实现该目标和解决这些问题应该采取的具体的营销战略、相配称的营销策略以及实施开展的行动计划。

表 2-3　营销计划内容

内容	目的
概述	对计划的主要目标和建议进行简要的总结，便于管理层评价计划，帮助高层管理者尽快发现计划的要点。概述之后应该有目录。
当前的营销环境	描述目标市场以及企业在其中的定位，包括市场、产品偏好、竞争和分销方面的信息。这部分包括： • 市场描述，界定市场和主要的市场细分，进而评价营销环境中可能影响顾客购买行为的顾客需要和其他因素。 • 产品评价，显示产品线中主要产品的销售额、价格和毛利。 • 竞争评价，确定企业的主要竞争对手，并评估其市场定位以及为产品质量、定价、分销和促销所制定的战略。 • 渠道评价，评价近期的销售趋势和主要分销渠道的其他动态。
威胁和机会分析	评价产品可能会面临的主要威胁和机会，帮助管理层预测对公司及其战略可能产生影响的重要的积极或消极因素。
目标和问题	陈述企业在计划期间要实现的营销目标，讨论可能影响目标实现的关键问题，例如，假如目标是获得 15% 的市场份额，这部分就要陈述如何使这一目标得以实现。

续表

内容	目的
营销战略	简述业务单位为实现营销目标所依据的总体营销思维逻辑,以及目标市场、定位和营销费用水平的具体情况。营销战略阐释营销组合各个要素的具体战略,并解释每项战略如何应对计划中已经指出的威胁、机会和关键问题。
行动计划	清晰地说明营销战略如何转化为行动计划,回答下列问题:做什么?何时做?谁对此负责?费用是多少?
预算	详细说明支持性的营销预算,实质上就是预计的损益表。预算列明预期收益(预测的销售量和平均净价)与预期成本(生产、分销和营销)。二者之差就是预计的利润。预算一经管理高层批准,就成为原材料采购、生产计划、人员计划和营销运作的基础。
控制	简要说明用于监控进展的控制措施,使高层管理者能够评估实施结果并发现未能实现目标的产品。包括测量营销投资回报。

资料来源：菲利普·科特勒,加里·阿姆斯特朗. 市场营销：原理与实践(第17版)[M]. 楼尊. 译. 北京：中国人民大学出版社,2020: 55-56.

营销计划的主体部分由营销战略（STP）和营销组合策略（4P或7P）以及营销费用水平等具体要素构成。它说明企业为了获得利益回报，如何为目标顾客创造和递送价值。在这一部分，计划制订者阐明了如何应用各项营销要素去应对计划中已经指明的威胁、机会和关键问题。并且做好组织的安排与经费的预算，以保证整体营销计划的顺利实施。最后一部分阐述控制活动，用于控制进程、衡量营销投资回报和采取必要的纠偏措施。

营销洞见2-4

设计 AI 营销战略

企业的所有职能里，营销也许是最能借由人工智能（AI）获得提升的。AI技术具有巨大的潜力，很多企业的AI用途主要有：处理小任务，如呼入电话转接、线上产品展销、计划性广告投放；协助大任务，如产品或服务推荐、营销组合分析、提升销售预测准确度；在结构化任务里作为人工的辅助，如AI辅助的社交媒体情绪分析、网站运营与优化、客户服务与支持；运用AI于客户生命周期各阶段的营销活动，如利用个人大数据推荐新产品实现交叉销售。很多企业的营销部门迅速采用AI，可是要想充分发挥人工智能技术的巨大潜力，首席营销官必须了解这种技术的多种应用类型及其发展趋势。

营销AI可以根据两个维度分类：智能水平和独立程度。首先是智能水平的两种类型：

（1）任务自动化（智能水平低）。这类应用根据一套规则或是特定的输入，处理重复性、结构化任务，可以通过基本的互动为客户提供一些帮助，但无法识别客户意图，提供有针对性的回应。

（2）机器学习（智能水平高）。这类算法经过大量数据训练以进行相对复杂的预测和决策，可以识别图像、辨别文本、划分客户群体，并预测客户对营销推广等各种活动的反应。

接下来是独立AI和属于更大的集成系统的AI：

（1）独立运用系统的 AI 应用。这类应用可以理解为界限清晰的独立 AI 程序，区别于客户用于了解、购买公司的产品或服务的第三方渠道。

（2）集成于更大的系统中的 AI 应用。这类应用内嵌在既有系统里，对于使用它们的客户、营销人员而言，没有独立应用那么高的可见度。

根据智能水平和独立程度将 AI 应用分为四类，分别是独立机器学习应用、集成机器学习应用、独立任务自动化应用和集成任务自动化应用。了解这些 AI 营销应用类型可以帮助企业规划部署适合的营销 AI。对于 AI 经验有限的企业而言，起步的一种好方法是构建或购买基于规则的简单应用，这类应用易于设置，但带来的收益有限。企业在获得 AI 技能和大量数据后，就可以增加更高级的属于其他平台一部分的应用，向集成式机器学习应用，这样有望创造最大价值。

资料来源：托马斯·达文波特，阿巴吉特·古哈，杜鲁夫·格雷瓦尔. 设计 AI 营销战略[J]. 哈佛商业评论（中文版），2021(7): 56-61.

（三）营销实施

1. 营销执行

制订优秀的计划只是成功营销的开始。如果无法恰当地执行，再出色的营销战略规划也只是一纸空文。营销执行是为了实现企业的战略营销目标，将营销计划转化为营销行动的过程。营销计划解决的是采取什么营销行为以及为什么要这样做的问题，而营销执行则解决谁、何地、何时以及如何做的问题。

从一个产品进入市场的那一刻起，产品就注定要经历一个从导入到成长到成熟到退出的过程，这就是产品的生命周期。在产品生命周期的不同阶段，产品的市场需求、销售额、成本和利润、市场占有率、竞争态势以及消费者的行为都具有不同的特点，因此，企业必须根据这些特点，制定相应的营销策略并分阶段、分步骤落实执行。

2. 营销组织

企业必须建立执行营销战略和计划的营销组织。如果企业非常小，一个人或许就可以包揽调研、销售、广告、顾客服务等几乎所有的营销工作。但是，随着企业的扩张，会出现专门执行营销活动的营销部门。在大企业，这一部门还需要划分出非常细致的功能模块并指派专业的人员去负责，如产品和市场经理、销售经理和销售人员、市场调研人员、广告专家以及其他许多领域的专业人员。

为指挥如此庞大的营销组织，许多企业设立了首席营销官（CMO）这一职位。CMO 负责企业的整体营销运营并参与企业高层的重大决策。CMO 的职位将营销置于跟首席运营官（COO）和首席财务官（CFO）等高层领导平等的地位，将为顾客创造价值和捍卫顾客利益的活动摆在了显著的位置。

现代营销部门的组织形式请参见第十六章的相关内容。

（四）营销控制

由于环境的变化、竞争互动以及消费需求的改变，在营销计划的执行过程中会发生许多意想不到的情况，营销工作者必须进行持续的营销控制——评价营销战略和计划实施的结果,并采取纠偏措施以确保既定目标的实现。营销控制可以按照以下的步骤来开展:首先,要设定具体的营销目标;其次,衡量其目标完成的程度,找到造成预期业绩和实际业绩之间缺口的原因;最后,采取纠偏措施缩小目标与业绩之间的差距。这可能要求改变行动计划,或者改变目标本身。

执行控制可以分年度或者季度来执行,其目的在于确保企业能够经常性地检核计划中所设定的营销目标(销售额、市场份额以及利润等)是否按期按量得以实现,以便实时调整相关的战略和策略。执行控制还要判断不同产品、区域、市场和渠道的盈利性和资源利用情况,以便做好整体的协同和配合,并实时调整目标的设定和任务的分配。

营销控制形式请参见第十六章的相关内容。

五、建设内外部协同的生态体系

在营销计划执行的过程中,尽管营销处于主导的地位,但在创造和递送价值以及吸引、留住和发展顾客的整体的经营活动中,营销工作者除了必须与企业其他部门的伙伴紧密合作、形成有效的价值链为顾客服务外,还必须与营销系统中其他企业进行协同,构成有竞争力的高效率的价值递送网络。

(一)与企业其他部门协同

企业的每个部门包括营销、财务、会计、采购、运营、信息系统、人力资源等都可以视为企业价值链(value chain)的一个环节。也就是说,为顾客创造价值活动,包括设计、生产、营销、递送和服务支持分别是由企业的各个部门来完成。企业成功与否不仅取决于每个部门能否出色地履行自己的职责,还取决于各个部门之间能否很好地彼此配合。营销工作者必须使所有部门都能做到"为顾客着想",并建立一条能够顺畅地完成各项职能的价值链,以保证为顾客创造的价值最终能在顾客身上得到完美实现。

全员营销的观点认为:企业所有的部门包括研发、生产、财务、行政、物流等各部门统一以市场为中心,以顾客为导向,围绕营销部门来安排自己的工作,并服从企业整体的营销管理的要求,所有员工都积极关注甚至一定程度地参与企业的整个营销活动的分析、规划和控制,尽量为顾客创造最大的让渡价值,实现顾客满意度最大化,从而获得更大的市场竞争力和企业的长远发展。

(二)与营销系统内的其他企业协同

随着大协同时代的到来,企业创造价值的活动越来越依赖于上下游包括供应商、分销商以及最终顾客的紧密合作和共同努力,从而形成完整的价值递送网络(value delivery network)。价值递送网络是指企业通过合作伙伴和供应商之间的协调和合作,将产品或服务交付给最终顾客而进行的一系列活动。这些活动包括生产、物流、销售、售后服务等。构建价值递送网络的目的是提高顾客满意度,从而提高企业的市场份额和利润。

当今的市场竞争已不再发生在单个的企业之间。相反,它发生在由这些企业与它的所有的合作伙伴所构建的整个价值递送网络之间,竞争力不仅来源于运作企业自身资源的能力,还来源于对外部资源的整合和综合利用的能力。

六、测量与管理营销投资回报

在前面我们谈到营销战略的目标时,提出了销售额、市场占有率、品牌资产、投资利润率等具体的绩效目标,而作为一项战略性投资行为,企业更加关注的是盈亏平衡以及投资回报。营销投资回报率(marketing return on investment,MROI)是一种测量营销业绩的重要指标,是用营销投资的净回报除以营销投资成本,是测度营销活动中投资获利情况的指标,所以又称之为投资利润率。

企业可以根据标准的营销业绩衡量指标来评估 MROI,如品牌知名度、销售额和市场份额等。许多企业正将这些测量指标综合为"营销仪表盘"——重要的营销业绩测量指标用可视化的方式集中展示,包括自有品牌乃至竞争者品牌的各项市场绩效指标,如品牌权益及其变化趋势、市场份额、网络舆情以及营销投资回报率等多项内容,用于更直观地监测企业战略营销计划实施的成效,并由此衡量和改善有效实现目标的措施。

除了运用标准的业绩测量方法,越来越多的营销工作者开始采用以顾客为中心的测量指标来度量营销的影响,如获得顾客、留住顾客、顾客终身价值(life time value,LTV)以及顾客权益等。这些测量指标不仅反映营销业绩,而且可以帮助营销工作者从可靠的顾客关系中勾勒顾客画像,挖掘市场潜力以及预测未来业绩(见图2-14)。

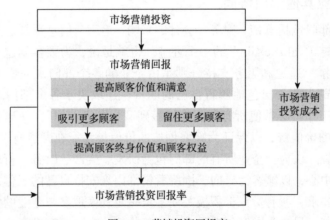

图 2-14 营销投资回报率

资料来源:Adapted from Roland T.Rust, Katherine N.Lemon, and Valerie A.Zeithaml, Returnon Marketing: Using Consumer Equity to Focus Marketing Strategy[J]. Journal of Marketing, January, 2004: 112.

营销洞见2-5

如何做好数字营销战略规划

查菲和埃利斯在他们编著的《数字营销:战略、实施与实践(第7版)》一书里,建议战略性数字营销计划(在大企业中通常被称为数字化转型计划)应重点关注下面四个领域。

(1)识别微观环境和宏观环境中竞争力量的变化,这些变化将影响消费者对在线体验和产品的需求。

（2）为使用在线服务作为购买流程一部分的消费者制定价值主张。

（3）定义技术基础架构和信息体系结构，将这些价值主张作为顾客体验来提供。

（4）对影响组织结构、技能、系统或流程的营销活动管理的变更。

图 2-15 给出了查菲和史密斯（2012）推荐的数字营销战略的总体战略过程模型。史密斯（P.R. Smith）的 SOSTAC 规划框架中的各个字母依次代表情境分析、目标、战略、战术、行动和控制。查菲和史密斯注意到，每个阶段都不是离散的，而是都有一些重叠（如图 2-15 中的反向箭头所示），可以重新审视和完善以前的阶段。

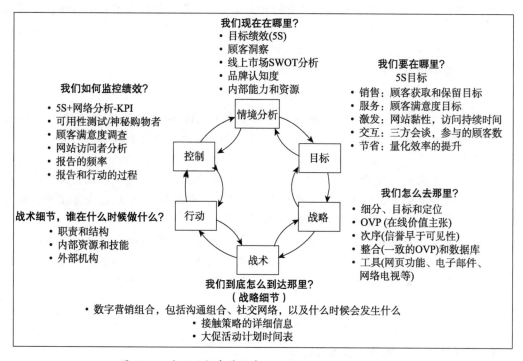

图 2-15　应用于数字营销战略开发的 SOSTAC 规划框架

SOSTAC 规划的要素与数字营销战略相关的描述包括：

（1）情境分析意味着"我们现在在哪里？"这一阶段所涉及的规划活动包括开展基于互联网的 SWOT 分析，以及审查微观环境的不同方面，包括顾客、竞争对手和中介机构。情境分析还包括对宏观环境的考察。

（2）目标意味着"我们想要在哪里？"这可能包括对数字渠道的愿景，也可能包括数字渠道的具体数字目标，如销量和成本节省的预测。

（3）战略意味着"我们如何实现目标？"战略总结了如何实现本章所述不同决策点的目标，包括细分、目标定位、提案开发，以及 4P 营销组合和顾客关系管理中的要素。

（4）战术定义了战术数字通信工具的使用。包括营销组合、顾客关系管理、体验和数字通信的具体细节。

（5）行动是指行动计划、变更管理和项目管理技能。

（6）控制着眼于管理信息（包括网络分析）的使用，用来评估战略和战术目标是否实现,以及如何改进以进一步改善结果。

资料来源:查菲,埃利斯. 数字营销:战略、实施与实践(第 7 版)[M]. 王峰, 韩晓敏, 译. 北京:清华大学出版社, 2022: 120-122.

最佳实践2-1

宁德时代:世界因绿色而美好

宁德时代新能源科技股份有限公司是一家全球领先的新能源创新科技公司。从 2011 年成立到 2017 年居全球动力电池装机量的行业第一,宁德时代仅用了 6 年时间;从 2018 年初涉资本市场到市值破万亿,更是仅用了不到 3 年时间。2023 年,宁德时代已在《财富》发布的世界 500 强排行榜中位列第 292 名。

宁德时代如何在短短几年内实现飞跃式发展?

多样化发展——"宁德时代"的诞生

在宁德时代诞生前,创始人曾毓群在香港创办了 ATL 公司,2003 年 ATL 凭借过硬的技术,成功地为苹果 iPod 产品研发出聚合物异形锂电池,并逐渐成长为消费电池领域的龙头企业。

随着消费电池领域竞争加剧,市场趋于饱和。考虑到新能源汽车行业巨大的发展前景,闻得东风将至的曾毓群开始了"豪赌"。2008 年,曾毓群带领 ATL 成立了动力电池部门,2011 年 12 月,宁德时代(CATL)诞生。

从消费类电子产品锂电池,到新能源汽车的动力电池,宁德时代通过同心多样化战略实现了突破发展。凭借前身 ATL 作为苹果公司供应商的项目经验和企业高层管理者的专业背景,宁德时代得到了宝马的青睐,其成功离不开前身 ATL 生产消费类电子产品锂电池的协同效应。

密集型成长——宁德时代的飞跃发展

1. 市场渗透:不断提升市场占有率

宝马的订单为宁德时代在全行业内打响了名气,此时正是宁德时代拓展业务的绝佳时机。随着不断进行市场渗透,通过签订战略合作协议、建立合资企业、股权融资、投资等形式,宁德时代与东风汽车、广汽集团、上汽集团、国能电动汽车、拜腾、江铃集团等众多车企达成合作,在新能源汽车动力电池领域的市场份额不断扩大。

根据 SNE Research 统计,2017—2022 年宁德时代动力电池使用量连续 6 年位居全球第一,2022 年动力电池全球市场份额为 37.0%,储能电池也实现全球市场占有率第一。

2. 市场开发:扩大用户群体与地理市场

(1)不断扩大的用户群体。宁德时代不断扩大自身所服务的目标用户。对于 B 端的客户,宁德时代逐渐发展出乘用车、客车及商用车三大领域,并定制化满足客户对电池产品的多样化需求。

此外,宁德时代还下沉至 C 端提供换电服务。2022 年,宁德时代子公司时代电服召开首发会,发布由换电块、快换站、App 组合而成的整体解决方案 EVOGO,让电池成为共享资产,解决续航里程、补电便捷性、购买使用成本三大电动车用户痛点。

（2）开发国际市场。截至 2022 年 12 月，宁德时代已经实现德国（大众、宝马、奔驰）、美国（福特、通用）、日本（本田、日产）、韩国（起亚）、法国（雷诺）等国家的全面渗透，在海外车企配套方面远超国内其他竞争对手。

同时，宁德时代也加强了海外生产基地的布局。宁德时代选择靠近海外客户，缩短服务海外客户的响应时间，提升动力电池的本土生产供应效率。

3. 新产品开发：打造技术差异化

随着政府补贴的刺激，行业竞争愈发激烈，早在 2014 年，宁德时代就在继续巩固磷酸铁锂电池业务的基础上，大力研发安全稳定的三元锂电，打造技术差异化。以磷酸铁锂电池为盾，稳固对安全性要求高的储能及客车市场；以三元锂电为矛，开发对能量密度要求高的乘用车市场。

随着 2016 年国内政策首次提出以电池能量密度为参考指标，一汽、上汽、北汽、吉利等大多数国内整车企业和奔驰、大众、现代、戴姆勒等海外企业纷纷选择宁德时代作为动力电池供应商，宁德时代摘得 2017 年全球动力电池销量桂冠。

在这之后，宁德时代又进一步追求颠覆性电池"魔方"（CTP）等技术，并不断进行产品和技术的更新升级。

一体化成长——整合外部价值链，打造韧性供应体系

宁德时代通过自建、参股、合资、收购等多种方式实现了对上游锂、镍、钴、磷等电池矿产资源及中游正极、负极、隔膜、电解液四大材料的全面布局，保证了电池生产所需的中上游关键资源及材料的供应，提高了公司的成本竞争力（见图 2-16）。

图 2-16 宁德时代中下游持股企业

讨论题：
1. 宁德时代抓住了怎样的市场机遇从而获得了快速的成长？
2. 宁德时代选择了怎样的业务增长战略？
3. 营销在宁德时代的业务增长战略中起了哪些关键的作用？

资料来源：
[1] 宁德时代官网. https://www.catl.com/brand/technologybrand/.
[2] 中国管理案例共享中心（cmcc-dlut.cn）. 苗青、王爽、段天牧、张

最佳实践 2-2：亿滋中国：数字化驱动零食营销变革

书航、赵文宇、李梦莹、初宏轶. 内修外化：宁德时代动力电池价值链的全球整合[EB/OL]. (2023-09-15) [2024-10-01]. http://www.cmcc-dlut.cn/Cases/ Detail/7485.

[3] 中国管理案例共享中心（cmcc-dlut.cn）. 贾迎亚、孟晓彤、吕泽远、厉杰、于晓宇. 宁德时代：战略联盟打通"独角兽"成长之路[EB/OL]. (2019-09-06) [2024-10-01]. http://www.cmcc-dlut.cn/Cases/ Detail/3856.

本章小结

（1）企业制定战略的目的是实现持续的增长。营销在驱动企业销售额长期增长方面起重要作用。有效的营销战略需要与企业战略和业务战略相协调。

（2）在大多数的企业中一般都有三个主要的战略层次：①公司战略；②业务战略；③职能战略。营销部门的负责人不仅要为他们自己的产品/市场进入制订营销战略计划，而且还是业务和公司层次战略计划制定过程的主要参与者和建议者。

（3）制定公司战略规划包含四个方面的内容：确定公司使命和目标；规划业务组合；将资源分配给每个战略业务单元；评估成长机会。

（4）制定业务单元战略规划包含四个方面的内容：确定业务使命和目标；选取基本的业务定位战略；构建独特的核心竞争力；多点布局与开展动态竞争。

（5）制定营销战略规划包含六个方面的内容：确定营销战略的使命与目标；设计顾客价值导向的营销战略；制定营销组合策略；管理营销活动；建设内外部协同的生态体系；测量与管理营销投资回报。

关键术语

战略规划（strategic plan）　　　　　公司战略（corporate strategy）
业务单元战略（business unit strategy）　营销战略（marketing strategy）
使命陈述（mission statement）　　　　业务组合分析（business mix analysis）
增长—份额矩阵（growth-share matrix）
多因素业务组合矩阵法（multi-factor business combination matrix approach）
产品/市场扩张矩阵（product/market expansion matrix）
营销计划（marketing plan）　　　　　营销执行（marketing execution）
营销组织（marketing organization）　　营销控制（marketing control）

回顾性问题

1. 什么是营销战略？营销在企业战略和业务单元战略制定中发挥了怎样的作用？

2. 说明根据"增长—份额矩阵"划分出了哪四种业务单位和产品类型，并分别说明采取怎样的对应战略。

3. 描述四种产品/市场扩张矩阵战略。列举执行这四种战略的公司。

4. 说明价值链和价值递送网络之间的差别。

5. 讨论营销组合的各个要素，解释营销者如何运用这些工具支持一个特定的营销战略。

6. 营销者为什么一定要进行营销控制？如何进行？

辩论性问题

辩论题：使命陈述有用吗？

一种观点认为，使命陈述是企业对利益相关者所作出的庄严承诺，通常是经深思熟虑和激烈讨论后的结果，它能驱动企业达成其愿景和目标。而另一种观点认为，使命陈述只是挂在墙上的口号，空洞承诺，没有效果。

正方：使命陈述有用，它是驱动营销成功的关键因素。

反方：使命陈述没有用，它不是驱动营销成功的关键因素。

实践性问题

1. 挑选一个刚刚上市的产品，为其做一份完整的营销战略规划。

2. 为什么在互联网领域可以实现波特教授所提出的三种通用定位战略的统一？试举例说明。

3. 为什么企业制定了清晰的营销使命，但在具体的营销活动里却很难看到这一使命承诺实现的痕迹？比如，某品牌制定的营销使命是"给人们带来梦一般的生活体验"，而人们所看到的却是该品牌到处在打残酷的价格战？

延伸阅读

[1] 马可·伊安西提，卡里姆·拉卡尼. AI时代的企业竞争战略[J]. 哈佛商业评论（中文版），2020(1): 99-105.

[2] 廖建文，崔之瑜. 战略驱动力，破解增长之道的密码[J]. 哈佛商业评论（中文版），2023(5): 134-143.

[3] 马浩，侯宏，刘永日. 数字经济时代的生态系统战略：一个CEO框架[J]. 清华管理评论，2021(3): 24-33.

[4] 天猫和埃森哲. 天猫企业经营方法论——双轮驱动，全城增长[R]. 2021年9月.

参考文献

即测即练

扫描此码 自学自测

第二篇

认识市场环境与内部条件

第三章

识别顾客行为

东边日出西边雨，道是无晴却有晴。

——刘禹锡《竹枝词》

企业生命之树的土壤是用户。

——张瑞敏（海尔集团创始人）

学习目标

1. 熟悉影响消费者行为的因素；
2. 掌握消费者购买决策过程；
3. 了解数字时代消费者决策过程的变化；
4. 了解组织市场的特点和购买过程；
5. 了解组织市场营销中关系维护的重要性。

开篇案例

瑞幸咖啡：香醇体验，随时拥有

2017年底，瑞幸强势入局中国咖啡市场，在资本的加持下快速开店。2020年4月因虚假交易股价暴跌，然而仅在4个月后，瑞幸就实现了门店层面的盈亏平衡，2020年底，其门店总数接近4800家，全年现制饮品总销量超过3亿杯。瑞幸不仅在初期扩张迅速，并且在经历股价"爆雷"阴影后还能扭亏为盈，甚至持续制造"爆款饮品"，这一切都离不开其对中国咖啡市场的有效营销。

初期，瑞幸的广告宣传线上线下均有布局，给人一种铺天盖地的印象，但其投放并不盲目，形式也并不繁多。瑞幸的营销团队最初开了3家店做前期测试，比较多种营销方法的效果，最终发现，通过LBS（location based services）广告快速告知周边人群，再以首单免费获取第一批下载用户，用强力裂变拉新的增长效果最好。借助LBS技术，微信朋友圈本地推广可以精准定向投放到店面周边3到5公里的人群，瑞幸通过朋友圈向门店或中央厨房周边1.5公里范围的用户精准推送广告，甚至可以在广告推送中带上门店定位，高效获取更多目标用户，提升广告效果。

除了高效定投，社交裂变的营销手段同样在瑞幸的迅速扩张中扮演了重要角色。"给好友送咖啡，TA喝你也喝"，瑞幸通过这种强调分享、"多买多送"的营销手段，激励更多顾客分享瑞幸咖啡的链接，从而以快速高效且成本较低的方式获取更多新客户。在瑞幸正式上线"拉新赠杯"活动的第一天，新用户注册量翻番，订单增长了40%。此外，定投与社交裂变结合的营销方式，还帮助瑞幸建立了客户的社交关系链，这将带来比短期流量更可持续的增长机会。瑞幸发现，为产品加入社交因素有诸多好处，不仅能使产品使用频次明显增多，同时，口碑推荐将提高用户信任，用户放弃产品的成本也会显著增加，大大提高了客户的忠诚度。

有效筛选代言人，并挖掘品牌与代言人的深度链接，也是瑞幸一大营销"利器"。2022北京冬奥之际签约谷爱凌，体现出瑞幸强大的营销能力——谷爱凌夺冠当天，相关话题热度超过100亿，瑞幸微博指数环比增长1684.21%。瑞幸让谷爱凌为品牌代言的同时，将自己摆在谷爱凌"粉丝"的位置，瑞幸微博的官方账号加入谷爱凌的粉丝超话、转发谷爱凌的训练视频，更在临近奥运会开幕式之际上新为谷爱凌定制的饮料，在吸引谷爱凌粉丝的同时，增加了顾客黏性和对品牌的信赖追随程度，提升了品牌好感度。

瑞幸对于年轻消费群体的敏锐洞察还体现在抓人眼球的跨界联名上，其中，两个热度最高的跨界联名案例是椰云拿铁和酱香拿铁。2022年4月，瑞幸和椰树椰汁联名，合作推出椰云拿铁，"年轻化"的瑞幸加上"高国民度"的椰树椰汁，在高度契合的优势下，通过趣味的方式进行输出，不仅有预告营销时的趣味互动，还有包装袋周边的强力赋能，让这款新品成功出圈。2023年9月，瑞幸联合茅台合作推出酱香拿铁，产品一经推出就引发了市场的热烈反响（见图3-1）。仅仅在9月4日上市第一天销量就突破了542万杯，销售额突破了1亿元。瑞幸抓住了年轻人"知道茅台但喝不起"的心理特点，为年轻人打造了"第一杯茅台"。此次联名的两个品牌间存在较大的反差，一个是针对高端人群和精英人士的高端白酒品牌，一个是针对年轻人群的新锐咖啡品牌，通过联名合作，茅台品牌年轻化的形象逐步加强，而瑞幸也提升了自身品牌、品位和价值，达成了双赢的效果。

图3-1 瑞幸与茅台联名推出的酱香拿铁
资料来源：瑞幸微信公众号。

梳理瑞幸咖啡品牌的营销史，或许我们已经能从营销角度窥得这匹咖啡界"黑马"跌落神坛又东山再起的成功密码。创业初期的高效定投、扩张市场时的社交裂变，以及高话题度的"社交网红"身份，足以帮助瑞幸抓住目标客户的心。

思考题：

1. 瑞幸咖啡是如何获得中国年轻消费者喜爱的？
2. 与星巴克相比，瑞幸咖啡在中国市场进行营销的优势有哪些？
3. 为什么包括茅台在内的众多品牌都喜欢选择与瑞幸咖啡推出联名产品？

资料来源：

[1] 界面新闻. 咖啡界的"黑马"瑞幸是怎么通过朋友圈营销的？[EB/OL]. (2018-05-23) [2024-10-01]. https://www.jiemian.com/article/2148265.html.

[2] 搜狐商学院. 茅台瑞幸联名咖啡火爆，抓住了年轻人"知道茅台但喝不起"的心理需求[EB/OL]. (2023-09-06) [2024-10-01]. https://business.sohu.com/a/718094451_100299860.

[3] 瑞幸咖啡官网 https://lkcoffee.com/.

第一节　消费者行为的影响因素

 概念定义：

消费者行为（consumer behavior）：个体、群体和组织为满足需要而对产品、服务和解决方案进行选择、获取、使用和处置的过程。

识别与了解顾客是营销管理的基础，了解与洞察消费者行为对于企业营销工作至关重要。消费者行为研究主要探究个体、群体和组织为满足需要而对产品、服务和解决方案进行选择、获取、使用和处置的过程，以及由此对顾客和社会产生的影响[1-2]。为了更好地为顾客创造价值，营销人员需要充分了解影响消费者行为的因素。消费者行为是动态的，它涉及交易的过程和感知、认知、行为以及环境因素的互动作用。消费者行为受到文化因素、社会因素、个人因素和心理因素等多重因素的影响。本节将分别介绍影响消费者行为的因素及其背后的理论基础。

一、文化因素

（一）文化

文化（culture）是一个复杂的概念，目前学术界公认的关于文化的定义是英国人类学家泰勒给出的定义。泰勒认为："文化或文明，是一个复合整体，包括知识、信仰、艺术、道德、法律、习俗以及作为一个社会成员的人所习得的其他一切能力和习惯[3]。"每个消费者都处在一定的社会文化环境下，文化中的消费者就像生活在水中的鱼儿一样，其消费行为总是不可避免地受到文化环境的影响。文化以各种可见或不可见的方式塑造着消费者的行为，我们选择什么样的食物，购买怎样的物品，被什么样的广告说服，被什么类型的品牌吸引……都受到文化的影响[4]。文化对消费者行为的影响是根深蒂固的，不同文化背景下的消费者在消费观念和行为上差异明显。要刻画不同文化下消费者的差异，可以通过其文化价值观来衡量。在霍夫斯坦德提出的文化价值观模型中，不同文化的差异可以通过权力距离、个人主义/集体主义、阳刚气质/阴柔气质、不确定规避和长期取向/短期取向等五个维度来衡量。例如，在个人主义/集体主义维度上，中国是典型的集体主义价值观的国家，而美国是个人主义价值观的国家。相应地，中国消费者和美国消费者在消费行为上也各自体现较为明显的集体主义和个人主义的色彩。例如，中国消费者在聚餐时喜欢一群人热热闹闹围坐在一起吃顿火锅，而美国消费者则喜欢分餐制，在结账的时候中国消费者喜欢"抢着"结账，而美国消费者则习惯于 AA 制。

不同的国家在语言、宗教、价值观、风俗习惯、审美观念等多个文化方面差异显著，因此，跨文化营销工作是一件极具挑战性的工作[5]。跨文化营销者需要深入了解本土文化，贴近本土消费者，充分了解当地的文化传统、风俗习惯、伦理道德、文化禁忌和审美偏好等，制定有针对性的营销策略，否则很容易出现跨文化营销"翻车"的后果。例如，普拉达、耐克等知名品牌在中国进行本土化营销时就出现过"翻车"的情况。受中国传统文化的影响，中国消费者具有中国人独有的文化传统与价值观，如家庭观念强、讲面子、重视人情与关系、崇尚勤俭节约、喜欢吉利文化等。外国企业在中国进行本土化营销时要深入了解中国本土文化才能赢得中国消费者的认可。同样，中国企业在海外经营时只有深入了解当地国的文化和风土人情，才能赢得当地国消费者的认可和喜爱。

（二）亚文化

亚文化（subculture）是文化的细分和组成部分，在同一文化之下的某些群体或集团的社会成员具有共同的价值观念、生活习俗和态度倾向，构成了该社会群体特有的亚文化。亚文化包括民族亚文化、宗教亚文化、性别亚文化、职业亚文化、地域亚文化、阶层亚文化等。亚文化与所属的主文化既有一致性又有特殊性。亚文化中的人群具有所属文化的一般特征，又具有各自独特的文化准则和行为规范。相比于主文化，亚文化对本群体内成员消费行为的影响更为直接。例如，白领阶层的消费者在购物、休闲活动、子女教育、住房等消费选择上具有较大相似性，带有本阶层亚文化的鲜明色彩。如今，中国社会中出现了越来越多基于兴趣爱好形成的亚文化，如二次元文化，嘻哈文化，汉服文化等，这些亚文化群体的成员大多是年轻一代的消费者。与此同时，在亚文化的影响下，更多细分的消费潮流也衍生出来。

（三）社会阶层

社会阶层（social class）是由具有相同或类似社会地位的社会成员组成的相对恒定的群体。不同社会阶层的消费者由于收入水平、受教育程度、职业特点不同，他们在消费活动上存在明显差异。人们有时会购买象征身份的产品来显示他们属于某个特定的阶层。不同社会阶层消费行为的差异体现在支出模式，休闲活动和信息接收处理等方面。例如，在产品的购买上，有的产品如股票、国外度假旅游、豪华汽车等更多地被上层消费者购买，而廉价服装和葡萄酒则更多地被下层消费者购买。在信息的接收上，特定媒体和信息对不同阶层消费者的吸引力和影响力也不同。例如，越是高层的消费者，看电视和网络短视频的时间越少，因此这类媒体对他们的影响较小，高层消费者订阅的报纸、杂志要比低层消费者多，因此印刷媒体要更容易触达高层消费者[2]。

根据里昂·费斯汀格提出的社会比较理论，人们有获得准确自我评价的内在动机，当缺乏客观评价标准时，人们会把他人作为比较的对象，从而获得评价自我的信息。不同的个体在社会地位、财富水平、教育程度、职业、智商、情商、个人品质等方面千差万别，为了了解自己在社会群体中的位置，人们总是习惯在这些维度上与他人进行比较。不同类型的比较会引发不同的消费行为，相比于上行比较（与表现更优越的人比较），下行比较（与表现更差的人比较）更能导致消费者的亲社会行为，如愿意慈善捐赠、购买绿色产品和参加志愿活动等，这是由于下行比较能够引发消费者的同理心[6]。在补偿动机的驱动下，消费者在上行比较之后更容易做出炫耀性消费行为如购买奢侈品等，这是由于上行比较会给消费者造成心理威胁，引发消极的自我评价。为了维持积极的自我评价，消费者通过炫耀性消费来弥补在某些方面的不足[7]。

营销洞见3-1

社会阶层与绿色消费行为

学者（Yan 等，2021）研究发现，社会阶层（低 vs. 中 vs. 高）与绿色消费存在倒U型关系。最佳区分性理论（optimal distinctiveness theory）认为，人们在构建群体身份过程中同时拥有求同需要和求异需要，求同需要是指与他人保持相似和一致，求异需要是指与他人不一样，而人们也总在平衡这两种需要，以使自己在保持与群体成员相似的同时又能不丢失自己的独特性。低社会阶层的消费者拥有最少的机会和资源，为了获得生存资源，他们更加依赖与群体其他成员的社会关系，因此他们有较强的求同需要，低社会阶层的消费者往往认为绿色消费行为是一种"不合群"的消费行为，为了与群体保持更近的关系，他们较少进行绿色消费。高社会阶层的消费者有丰富的资源，对生活有更强的控制感，他们有更强的独立性，他们有更强的求异需要，认为绿色消费这种亲社会行为是一种利他的行为，不能展现自己的独特性，因而较少做出绿色消费行为。对于处于高社会阶层和低社会阶层之间的中产阶层消费者而言，他们的社会地位还在流动变化中，同时具有较强的求同需要和求异需要，一方面，他们需要通过绿色消费展现自己与他人之间的亲密关系，获得群体中他人的认同，另一方面，他们也需要通过绿色消费展现自身的独特性，因而他们更愿意做出绿色消费行为。

资料来源：Yan L, Keh H T, Chen J. Assimilating and differentiating: The curvilinear effect of social class on green consumption[J]. Journal of Consumer Research, 2021, 47(6): 914-936.

二、社会因素

英国诗人约翰·多恩曾说："没有人是一座孤岛，在大海里独踞；每个人都像一块小小的泥土，连接成整个陆地。"每个消费者都生活在一定的社会环境下，从社会群体中获得信息与资源，获得安全感与归属感……每个消费者都与他人产生着千丝万缕的联系。

在社会情境下，消费者个人的消费偏好会在很大程度上发生改变。研究表明，当消费者在有群体成员（如同事）在场的情境下点餐时，会尽量避免选择和前面的成员相同的选项，比如，虽然消费者很喜欢吃意大利面，但因为前面有人点了意大利面，为了体现自己的品位和彰显自己的个性，消费者不会点意大利面，而是会选择自己不太爱吃的牛排[8]。受"面子""关系""中庸""集体主义"等传统思想的影响，中国消费者在消费活动中更容易受到社会因素的影响。

（一）参照群体

参照群体（reference group）又称相关群体、榜样群体，是指一种实际存在或想象存在的、可作为个体判断事物的依据或楷模的群体，它在个体形成观念、态度和信仰过程中产生了重要影响。参照群体按照社会联系强度可以划分为首要群体和次要群体。首要群体是指与我们互动密切的家人，亲友，同事等；次要群体是指来往不频繁的老乡、俱乐部会员、联系不多的邻居等。按照群体的吸引力划分，参照群体可分为向往群体和回避群体。向往群体往往是指那些消费者不认识但很崇拜的人，如明星、名人和专家等；回避群体是指个体想回避和疏远的群体。从影响程度来看，首要群体和向往群体对消费者的消费行为影响最大。消费者常常不自觉地模仿和追随向往群体的行为。例如，一些年轻消费者在穿着、造型和妆容等方面喜欢模仿自己喜欢的歌星、影星或网红，使在某段时间内有些服饰、发型和化妆品十分流行。

在群体环境下，消费者容易做出从众行为（conformity）。从众行为是指个体因为在群体中受到群体的压力，而在知觉、判断、信仰以及行为上表现出与群体中多数人一致的行为倾向。当我们对自己的判断缺乏把握，或者当我们高度信任某个群体时，或者偏离群体让我们产生不安情绪时，我们很容易做出从众行为。引发消费者做出从众行为的动机可以分为信息性动机和规范性动机。信息性动机是指个体把群体成员的行为和观念当作潜在的有用信息加以参考；规范性动机是指个人为了获得赞赏或避免惩罚、满足群体的期望而做出与群体一致的行为。从众行为是一种在任何文化环境下都稳定存在的行为，20世纪60年代美国社会心理学家开展了两个十分经典的从众行为实验，即"线段比较实验"和"电梯实验"，这两个实验用非常简单的方法展示出从众心理在影响个体行为过程中的力量。从众行为在日常消费活动中无处不在，例如，在新冠疫情期间经常出现的囤货潮、购药潮，在金融活动中常常出现的羊群效应等。企业应认识消费者的从众心理和消费流行的现象，对消费活动做出适时的引导，最大化其积极影响，同时对消极影响进行防范。

（二）家庭

家庭是最基本的经济单位，是购买、使用和处置各种产品的主体，也是影响消费行为的重要社会群体。家庭作为社会结构的基本细胞单位，与消费活动有极为密切的关系。据统计，大约80%的购买决策与购买行为是由家庭控制和实施的[9]。家庭消费有着重要的意义，家庭是大部分商品的主要销售目标，美国山姆会员超市、Costco超市等大型仓储超市都是以家庭作为销售目标。家庭对成员的消费观念、生活方式和消费习惯有重要影响，而且影响消费决策的制定与实施。

营销洞见3-2

家务分配如何影响家庭对省时产品的购买

随着现代人生活节奏的加快,市场上出现了越来越多的省时产品,如智能扫地机器人、洗碗机、付费小时工等,那么家庭家务的分配会如何影响这类产品的购买呢?北京大学符国群教授及其合作者进行了一项研究,他们采用问卷调查和实验研究相结合的方法探讨了夫妻家务时间配置即"家务份额"如何影响夫妻对省时产品的购买意愿。研究发现,夫妻中承担家务较少的一方,主要受"歉疚感"和由此引发的补偿机制驱动购买省时产品;夫妻中承担家务较多的一方,则更多受目标产品"使用频率"或预期目标产品能够节省时间、减轻"辛劳"所驱动来购买省时产品。他们还发现,省时产品"感知价值"调节"歉疚感"对购买意愿的影响,即在省时产品感知价值高的情况下,"歉疚感"的高低将对省时产品购买意愿产生影响;当省时产品感知价值较低时,"歉疚感"的高低不会对省时产品购买意愿产生影响。虽然目前我国家务劳动的主要承担者是女性,很多家庭用品也主要是由女性负责购买,他们的研究揭示了男性(家务承担较少一方)在购买省时产品上的重要性和他们购买这类产品不同于女性的购买动机。

资料来源:符国群,姜海纳,张晓丹. 家务时间配置如何影响夫妻对家庭省时产品的购买[J]. 管理世界,2020, 36(10): 126-139.

(三)消费者群体差异

消费者群体是由某些具有共同消费特征的消费者组成的群体,如收入水平相近、购物兴趣相同或处于同一年龄段等。不同的消费群体在消费心理、购买行为和习惯等方面存在诸多不同之处。根据不同的划分标准,消费者群体可以分为多种类型。例如,根据地理因素划分,可以划分为城市/农村消费者、南方/北方消费者、内陆/沿海消费者等;根据人口统计因素可以划分为男性/女性消费者、少年/儿童/青年/中年/老年消费者等;根据消费心理的不同还可以把消费者划分为享乐型/理智型/自我中心型/传统型消费者等。在众多消费群体中,Z 世代消费群体是当前值得关注的消费群体。Z 世代消费者是出生于1995—2009 年的年轻群体,他们物质生活优越,眼界开阔,观念多元化,独立性强,成长于移动互联和社交媒体时代,接受新鲜事物的速度快,是潮流消费的引导者和主力军。随着时间的推移,Z 世代走向新的人生阶段,他们的消费能力在不断增强,逐渐成为市场消费主力军。

营销洞见3-3

消费升级中的四大人群

在中国经济进入新常态发展阶段的背景下,社会消费对经济发展的重要拉动作用逐步凸显。要想使消费持续拉动中国经济快速发展,就要进一步挖掘中国消费市场的潜力,这需要重点关注消费升级中的四大人群,分别是城市新中产、新生代群体、下沉市场群体和银发一族。城市新中产人群的特征包括:受过良好教育,年龄为26~45 岁,居于一、二线城市，拥有优质的工作，事业进取心强，家庭年可支配收入在 30 万～100 万元之间，他们的消费具有追求高品质、理性务实和青睐新颖体验等特点。新生代消费者主要是指生活在城市中的 12～22 岁的青少年，他们物质生活优越，眼界开阔，观念多元化，具有较强的独立性和自主性。他们的消费具有随心冲动、愿为兴趣买单、追求潮流等特点。下沉市场群体主要包含农村居民以及三线以下的城镇居民，其中，小镇青年是这一人群的代表，小镇青年主要指的是工作生活在县城和村镇的青年人群。他们具有闲暇时间多、经济压力小、学历不低等特点。下沉市场人群的消费具有商品品牌化、消费方式向大城市看齐、注重享受生活等特征。银发一族主要是指 55～75 岁之间的准老年人群和老年人群，这一人群的身体状况和精神状态都处于活跃状态，消费和娱乐的意愿较为强烈。银发一族在经济和时间上都较为自由，他们具有较强的自我意识并且触网意愿强烈。银发一族的消费升级主要围绕健康、休闲和自我实现这三大需求展开。

资料来源：胡左浩，樊亚凤. 瞄准四大人群 把握消费升级趋势[J]. 清华管理评论，2020(4): 18-25.

三、个人因素

消费者的年龄、性别、职业、经济状况、个性、生活方式等个体特征对消费行为有直接的影响。对于营销人员来说，密切关注这些因素有着重要意义。

（一）年龄和性别

年轻人与老年人所喜欢的产品类别、品牌个性等大不相同。每个人的一生中会经历儿童期、少年期、青年期、中年期、老年期，不同阶段的人们个性倾向和消费特征差别较大。少年儿童喜好多变，兴趣驱动，独立性增强；青年追求时尚，喜欢尝鲜，引领潮流；中年量入为出，理性购买，计划性强；老年消费谨慎，注重实用，忠诚度高。值得注意的是，随着中国社会老龄化程度的不断加深，银发经济相关产业如健康养生行业、照料护理行业等快速增长，成为新的蓝海市场。把老年群体作为目标市场的企业要针对老年消费者群体的生理和心理特点，为老年人提供方便、舒适、健康的消费品以及服务和娱乐产品。从个人生命周期的角度看，消费者会经历许多人生重要阶段的转变，营销人员应该考虑人生大事或重大变迁所引发的新的需要，如毕业工作、结婚、生育、疾病、离婚、职业改变、退休等。企业应该意识到消费者在人生重要时点的需要变化，并提供满足这些需要的产品和服务。

性别差异对消费行为的影响是与生俱来的，具有较强的稳定性。男性大多粗犷豪放，需求单一，对商品接纳度高，不爱挑剔，购买时较多地关注商品的功能和效用，决策速度快，自主性高；女性则细腻谨慎，需求多样，挑选商品挑剔认真，注重细节，容易受商品"颜值"和自身情绪的影响，决策速度慢，时间长，购买频次高。女性在消费领域中有重要地位。据统计，消费市场中 80%的购买决策是由女性做出的，她们不仅为自己购买商品，还为家庭和家庭成员购买商品。随着直播电商的兴起，女性作为消费主力军的地位更加突出。同时，伴随着"她经济"和"悦己经济"的快速发展，企业应该更加重视针对女性消费群体的心理与行为制定营销策略，赢得女性消费者的青睐，从而提高企业的市场竞争力。

（二）职业与经济状况

消费者从事的职业对其购买行为存在影响，从事某种职业会潜移默化地改变个体的消费观念和思维方式。例如，从事会计工作的消费者通常会精打细算，对产品质量严格把关，而从事律师工作的消费者较为理性，会综合权衡各种因素，不容易被销售人员说服。同时，职业也在很大程度上决定了消费者的收入水平和经济状况，这也影响消费者对产品和品牌的选择。

消费者的可支配收入水平、储蓄和资产、负债和借贷能力以及对于支出和储蓄的态度都直接影响消费者行为。相关研究发现，在资源贫乏时消费者会注重眼前而忽略长久利益，更倾向于规避风险，采取短视的行为[10]，在消费者财务状况较差时更容易做出炫耀性行为[11]，更倾向减少口碑传播行为[12]。在经济危机时期，消费者会调整和改变自己的消费策略以适应不良的经济形势，呈现出如下消费特征：更加注重节俭，从高档品牌转向普通品牌，更加偏好于小型包装的产品，对价格变得更加敏感，同时会更加钟情于传递出产品性能方面信息（如产品用途和方便性等）的广告等[13]。消费者经济状况是消费活动的前提和基础。在宏观经济较差时，消费者的财务状况变差，"钱袋子"收紧，居民的储蓄率上升，社会整体的消费率下降，不利于经济发展。因此，政府要想刺激消费，最重要的是通过多种措施保障就业，提升居民收入，减轻居民在教育、医疗和住房上的压力，提高居民的消费意愿。对于企业而言，应采取针对性的措施，重新设计、定位和定价它们的产品使其营销活动能为目标顾客持续创造价值。

（三）个性和生活方式

相同年龄、职业和经济状况的消费者在购买行为上也可能存在较大差异，这往往是由于其个性和生活方式不同而导致的。个性（personality）是指一系列显著的人类心理特质，这些特质使人们对环境刺激做出相对一致和持久的反应。个性是个体独有的能与其他个体区别开来的整体属性，正如世界上没有两片完全相同的树叶，也没有两个个性完全相同的人。美国心理学家卡特尔将特质分为乐观、稳定、敏感、忧虑、独立、怀疑、紧张、乐群、聪慧、好强、有恒、敢为、幻想、世故、控制和实验等 16 种特质。这 16 种特质的不同结合可以衍生出多种个性类型。了解目标消费者的个性可以帮助企业更好地预测其购买行为。

生活方式（life style）简单来说是指人们如何生活。菲利普·科特勒认为，生活方式是一个人在世界上的生活模式，表现在其活动、兴趣和看法上。消费者的生活方式决定着消费者喜欢购买哪些产品、品牌、服务，是消费者画像中的重要特征。VALS（value attitude & life style）模型是一个应用广泛的测量生活方式的模型，自提出后被广泛应用于市场细分、广告开发和产品设计等营销实践中。VALS 模型把消费者划分成 8 个群体，包括思考者、信奉者、创新者、成就者、奋斗者、求存者、体验者和制造者，其中思考者和信奉者的行为主要受理想动机的影响；创新者、成就者、奋斗者和求异者的行为主要受成就动机的影响；而体验者和制造者则主要受自我表达动机的影响。他们的基本特征如下：

- 思考者成熟、安逸且勤于思考，他们受过良好教育，崇尚秩序，对生活状态感到满意。

- 信奉者较为保守,生活方式和消费习惯较为稳定,在消费偏好上忠于本国产品。
- 创新者拥有较高的自尊、成功和积极等品质,喜欢精美的商品,乐于接受新产品和新技术。
- 成就者喜欢控制自己的生活,注重自我形象,喜欢成功的、有影响力的品牌。
- 奋斗者十分在乎他人的认可,认为金钱即是成功,收入主要用于服装和个人护理。
- 求存者贫穷且没有受过良好的教育,消费谨慎,经常看电视,相信广告。
- 体验者年轻热情,寻求丰富多彩和刺激的消费,将大部分收入用于服装和娱乐活动。
- 制造者资源缺乏,较少关注外部世界,保守且现实,购买产品注重舒适和耐用,不关注奢侈品。

四、心理因素

(一)需要与动机

人们的任何一种消费行为都是由某种需要和欲望引发的结果。当一种需要未得到满足时,人们会产生内心紧张,这种紧张状态激发人们实现目标的动力(即动机)。在动机的驱使下,人们采取行动从而实现目标;目标达成后,内心紧张状态消失,行为过程结束。需要、动机、行为和目标之间的关系如图 3-2 所示。需要和动机是直接引起、驱动和支配行为的心理要素,掌握消费者的行为规律需要深入消费者的需要与动机。

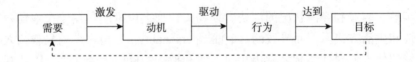

图 3-2 需要、动机与行为的关系

需要(need)是个体由于缺乏某种生理或心理因素而产生内心紧张,从而形成与周围环境之间的某种不平衡状态。美国著名社会心理学家马斯洛将人类需要按由低到高的顺序分为五个基本层次,依次为生理需要、安全需要、爱和归属的需要、尊重的需要和自我实现的需要。这五种需要之间相互联系,只有当较低层次的需要得到满足后,更高层次的需要才会出现。营销人员为了更好地打动消费者,从消费者的五种基本需要出发设计广告,例如,房地产广告语"告别奔波"呼应了消费者的生理需要,"拥有一座家园,感受一生幸福"呼应了消费者的爱与归属的需要,"揽尽人生繁华,终于再次登峰"则呼应了消费者自我实现的需要。在具体的消费活动中,消费者需要表现在对商品基本功能的需要、对商品质量性能的需要、对商品安全性的需要、对商品审美功能的需要、对商品情感功能的需要和对商品社会象征性的需要等。

随着消费环境的变化,现代消费者的需要呈现出一些新的发展趋势,比如,需求变得感性化,追求更多的精神情感体验;需要结构高级化,教育、娱乐、保健、旅游等支出比例增加;绿色环保消费需求不断增强等。此外,营销人员应明确需要、欲望和需求之间的联系与区别。需要是指没有得到基本满足的感受状态,需求是消费者具有支付能力的需要，欲望是对某类具体满足物的愿望。值得注意的是，需要是人类固有的，只能发现，不能创造，例如，生理需要、安全需要等是不能创造的；欲望是可挖掘和启发的，营销人员可以通过营销手段激发消费者的欲望；需求也是可以创造的，如对东北五常大米这一具体产品的需求是可以创造的。

营销洞见3-4

需求管理与营销任务

科特勒认为，营销管理实质上是需求管理。需求有八种类型，对应的营销任务也不同。

（1）负需求（negative demand）：顾客厌恶某个产品，甚至愿意花钱来拒绝它。如生病。营销者的任务是分析顾客为什么不喜欢这种产品，以及是否可以通过产品重新设计、降低价格和更积极推销的营销方案来改变顾客的信念和态度。

（2）无需求（no demand）：顾客对某个产品不感兴趣或不知晓。营销者的任务是通过营销手段设法把产品的利益和顾客的需要和兴趣关联起来。

（3）潜在需求（latent demand）：当前的产品难以满足的需求。营销任务是洞察潜在市场的规模，开发有效的产品和服务来满足这些需求。

（4）下降需求（declining demand）：顾客减少或不再购买某个产品。营销任务是通过改进产品或开拓新市场来扭转需求下降的趋势，对产品再营销。

（5）不规则需求（irregular demand）：顾客的需求依据时间、场合而发生变化。营销任务是通过灵活定价、设计排队规则和各种刺激手段来改变顾客需求的时空分布，进行同步营销。

（6）充分需求（full demand）：顾客的需求水平与市场的产品供给水平相匹配。营销任务是努力维持现有的需求水平。

（7）过度需求（overfull demand）：顾客的需求水平大大超出市场的产品供给水平。营销任务是设法暂时或者长期降低顾客需求水平。

（8）不健康需求（unwholesome demand）：顾客对不健康产品或对社会有害产品的需求。营销任务是劝说喜好这些产品的消费者放弃这种爱好。

资料来源：菲利普·科特勒，凯文·莱恩·凯勒. 营销管理（第15版）[M]. 何佳讯，于洪彦，牛永革，等译. 上海：格致出版社，2016：8.

动机（motive）是一种内在的驱动力量，是引发和维持个体行为并导向一定目标的心理动力。消费者的购买动机可以用方向和强度两个指标来衡量。动机的方向是消费者会选择哪一种行为方式，例如，是否要购买轿车？要购买燃油车还是新能源车？要去哪里购买？等等。动机的强度是指个体满足某一特定需要的意愿强度，如消费者在多大程度上愿意购买轿车。消费者行为领域对于动机的研究其实就是在回答消费行为"为什么"的问题，例如，消费者为什么要购买某种商品？为什么选购了某个品牌？为什么消费者会喜欢某类广告？等等。根据弗洛伊德的精神分析理论，人的行为与动机主要是由潜意识支配的，个体动机犹如冰山一样，显现在水面上的只是很小一部分，大部分隐藏在看不见的水面以下。由于动机具有内隐性，难以从外部观察出来，这就需要一些心理方法来测量，如造句、角色扮演、画图等投射法。

（二）知觉

知觉（perception）是对感觉进行选择、组织和解释的心理过程。相比于感觉，知觉强调对于信息的解释，是比感觉更为复杂深入的心理活动。在现实生活中，消费者通常以知觉的形式认识商品等消费对象，而不是孤立地感觉它的某个属性。知觉决定消费者对商品信息的理解和接受程度，经过知觉形成对商品的认识，是购买行为发生的前提条件。

1. 知觉过程与注意力

消费者在处理信息过程中，会经历四个阶段，即展露、注意、解释、记忆，前三个阶段构成了知觉过程。例如，当我们路过街边的面包店，面包店的香味飘浮在空气中，我们的鼻子闻到了面包的香味，这一感觉信息接着传递到大脑进行处理和解释，最后在大脑中形成了一种"这个面包店的面包应该很好吃"的总体印象和记忆，这就是一个知觉的过程。

在消费活动中，消费者经常需要把感知力、注意力、思考力等指向并集中在某个特定的对象上，这一心理活动就是注意。商家通常在商品设计、包装、广告宣传等活动中采取多种促销手段，引起和保持消费者的注意。例如，商家可以通过商品的色泽明艳度、款式新颖度、广告的画面色彩强度，音频高度和广告方案构思巧妙度等捕获消费者的注意。身处信息时代，消费者在日常生活中接触到的信息呈指数级增长，网络技术、社交媒体和电子商务的发展带给消费者数量庞大且多种多样的有用信息，但消费者的认知资源是有限且稀缺的，过载的信息大大超出了消费者的承受能力，一定程度上给消费者决策带来了干扰。《2020国民专注力洞察报告》显示，当代人的连续专注时长从2000年的12秒下降至8秒。第四届世界互联网大会的数据也显示，一个人每天面对屏幕至少150次，平均每6.5分钟看一次手机，消费者的注意力呈现碎片化的状态。在这一背景下，如何在庞杂海量的营销信息中有效获取消费者注意，对营销人员的工作提出了更高的要求。

2. 感官系统与感官营销

感觉（sensation）是指我们的感觉器官对光线、颜色、声音等基本刺激所做的直接反应。人类的感觉系统包括视觉系统、听觉系统、体感系统、味觉系统和嗅觉系统五大感官系统。感官系统对消费心理和行为具有重要影响。感官营销（sensory marketing）是指通过合理刺激和利用消费者的感觉器官而影响消费者购买决策的一种营销方式。接下来，我们分别从视觉、听觉、味觉、触觉和嗅觉对感官营销的营销实践进行举例说明。

第一，视觉营销。人类获取的大多数信息都来自视觉，视觉营销在实践中的应用十分普遍，有些商品外观精美，设计独特，满足了消费者视觉上的享受，激起了消费者的购买欲望。例如，星巴克曾经推出过一款颜值极高的猫爪杯，推出后获得了广大消费者的热情追捧。

第二，听觉营销。我们的听觉系统能分辨出声音的音调、响度、音色和持续性。生活中背景音乐被商家广泛采用，播放音乐的音量大小，节奏快慢，风格不同，达到的效果也不同。例如，音量大的音乐能够烘托热闹的气氛，在举办促销活动时，商家为了快速聚拢人气，会播放音量较大的音乐；再如，快节奏的音乐能使人心情紧张、动作加快，一些快餐店播放快节奏的音乐从而加快客人吃东西的速度，提高翻台率。

第三，味觉营销。人类能感受到的味觉包括酸、甜、苦、咸。在营销活动中，许多商家经常推出免费试吃活动，通过味觉吸引消费者，增加商品销售的机会。研究表明，人类天生喜欢甜味，在品尝食物和饮料时，如果品尝第一口更甜一些，更容易吸引消费者。例如，百事可乐的味道相比可口可乐更甜，这一特征使在20世纪风靡一时的"百事挑战"口味测试中更多的消费者选择了口味更甜的百事可乐而非可口可乐。

第四，触觉营销。触觉是人类第一个形成但最后一个消失的人类感官[14]。通过触摸，消费者可以感受商品的材质和质量，进而帮助其做出购买决策，许多服装店"禁止触摸"的提示则极大地影响了顾客的触摸需要，削弱了其购买意愿。消费者通过触觉还能感觉到温度，具身认知（embodied cognition）领域的相关研究表明，身体感受到的温度能反过来影响我们的心理状态，例如，我们手握一杯温暖的咖啡相比我们手捧一杯冰可乐会更容易感受到他人的善意和亲近感[15]。

第五，嗅觉营销。在营销活动中，营销人员经常运用商品或环境中的香气来吸引消费者，如许多咖啡店运用咖啡的香气吸引顾客（见图3-3）。许多高档酒店、商场、会所等喜欢在环境中加入特有的香味，营造出放松、舒适、温馨、高级的感觉，提高消费者体验。

图 3-3　咖啡店利用嗅觉吸引消费者

在实际的营销活动中，对于感官营销的运用不应单独关注一两种感官，而应该协同多种感官系统共同发挥作用[16]。企业要充分发挥感官营销的作用，综合运用感官系统，打动消费者进而影响其购买行为。

营销洞见3-5

感官能力限制了虚拟影响者的带货有效性

虚拟影响者（virtual influencer），也叫虚拟网红或虚拟代言人，是指活跃于社交媒体上通过计算机生成的图像角色，如上过春晚的洛天依、虚拟女团A-SOUL等。近年来，虚拟影响者受到许多营销人员的青睐，但尚未有研究人员系统地研究虚拟影响者的带货有效性。浙江大学周欣悦教授及其合作者的研究发现，消费者对虚拟影响者的感官能力判断不同，进而影响其在感官体验上的带货有效性。研究团队将感官体验分为近端感官

（即触觉、嗅觉和味觉）和远端感官（即视觉和听觉）。研究结果揭示，消费者认为虚拟影响者和真人影响者具有相似的远端感觉（如视觉）能力，但认为虚拟影响者的近端感官（如触觉）能力较低。因此，当营销推广侧重于近端感官体验时，消费者对虚拟（相对于真人）影响者认可的产品和服务的购买意愿较低。通过实验，研究人员发现，影响者类型（虚拟 vs.真人）通过意向困难度和感官能力感知显著影响了人们的购买意愿。当强调产品（T恤衫）的触觉体验时，虚拟影响者组的被试想象更加困难，对感官能力的评价更低，并导致购买意愿的下降；当强调T恤衫的视觉体验时，两组没有显著差异。当营销推广集中于远端感官体验时，当感官信息没有明确提及时，以及当消费者被告知新技术使虚拟影响者能够获得近端感官体验时，这种影响就会减轻。该研究为营销人员在营销活动中有效利用虚拟影响者提供了新颖有效的见解。

资料来源：Zhou X, Yan X, Jiang Y. Making Sense? The sensory-specific nature of virtual influencer effectiveness[J]. Journal of Marketing, 2024, 88(4): 84-106.

（三）情绪

消费者对外界环境的反应不总是理性的，许多反应是感性的，由此而形成了不同类型的情绪。情绪（emotion）是个体对于内部和外部刺激的积极或消极的反应，常见的情绪有快乐、悲伤、恐惧、厌恶、紧张、苦恼和后悔等。日常生活中，人们常常调侃"开心的时候要买买买，不开心的时候也要买买买"，这体现了情绪对消费者行为的广泛影响。与消费者建立情感联系是可口可乐品牌长期管理的重要方向。经过品牌成立初期的摸索后，可口可乐将产品定位为休闲饮品，能够给人们在工作或娱乐时带来一点轻松和愉悦，这一定位后来浓缩成为那句著名的广告语"The Pause That Refreshes"（享受清凉一刻）。可口可乐通过大量的广告营销来强化自身的消费场景（见图3-4），让消费者将"轻松、愉快"的情景与可口可乐联系起来，成为快乐的符号，与消费者建立了深厚的情感联系。值得一提的是，可口可乐这一品牌在最初在进入中国市场时采用的中文名是"蝌

图3-4　可口可乐海报

蝌蚪啃蜡",这一晦涩难懂,内涵空洞的名字使产品在市场上无人问津。后来品牌名称被更改为"可口可乐",更改后的名称不仅简单易懂,还向消费者传递了积极、快乐、活泼的品牌理念,让消费者将快乐这一情绪与品牌联系在一起,形成积极、活泼、美好的品牌联想。如今,越来越多的营销者意识到情绪的力量,在产品设计、品牌推广、广告宣传和服务传递等环节中与消费者建立情感联结成为建立品牌竞争优势的重要手段。

(四)态度

态度(attitude)是人们对客观事物或观念等社会现象所持的一种心理反应倾向,包括满意、支持、喜爱等正面反应,也包括不满、拒绝、厌恶等负面反应。在构成方面,态度包含认知成分(cognition)、情感成分(affect)和行为成分(behavior),也称为态度的 ABC 模型。例如,某位消费者"不喜欢喝某种饮料"这一态度中包含的认知成分可能是"她(他)认为这款饮料包含不健康的成分";而情感成分则是她(他)对于这款饮料在情绪上不良的反应,如不喜欢,厌恶等;行为成分则是指这一态度背后的行为倾向,如该消费者从未购买过或以后也不会购买该饮料。营销人员在测量消费者态度时应完整地测量这三种成分。

消费者态度的形成受个人、家庭、群体、情境和广告宣传等因素的影响,而态度在形成之后是可以调整和改变的。企业各种营销努力的最终目的是改变消费者的态度。说服(persuasion)是一种积极地试图改变态度的行为,说服是营销传播的第一要义。在现实生活中,企业和商家设计新颖有趣的广告语,服务行业,零售行业十分注重对员工进行销售话术的培训,其目的都是更好地对消费者进行劝说。著名社会心理学家罗伯特·西奥迪尼在其著作《影响力》中总结了能够更有效地影响劝说对象的六大劝说原则,包括互惠、稀缺、权威、一致性、喜好和从众[17]。随着时间的推移,消费者会掌握营销人员如何运用技巧说服他们的知识,这些知识帮助他们快速识破营销人员的"诡计"并做出应对和调整。因此,在实际的营销活动中,营销人员要适当地摆脱"技巧"和"话术"的思维模式,应深入思考如何更好地为顾客创造价值,要设身处地地为消费者着想,以朋友的身份真诚地与消费者进行沟通,只有这样才能打动消费者,最终改变其态度。

第二节 消费者购买决策过程

一、消费者购买过程模型

企业应充分了解消费者购买决策的全过程,即消费者从产生需求、了解、选择、使用到最后处置某一产品的全过程。消费者的购买过程包括问题辨识、信息搜寻、方案评估、购买决策和购后行为五个阶段(见图 3-5)。值得注意的是,消费者的购买决策并不是在任何时候都会经历以上这五个阶段,消费者可能会跳过或逆行某些阶段。例如,当你购买经常使用的纯净水或纸巾品牌时,你会直接从产生需求到决定购买,而跳过信息搜寻和方案评估过程。这一过程模型的核心意义在于提供了当消费者做出一次全新的或高度参与的购买行为时所经历的完整过程。

图 3-5　消费者购买过程

（一）问题辨识阶段

消费问题的识别是消费者决策过程的第一步。问题识别是期望状态与实际状态之间存在差异的结果，这会激发后续的决策过程。消费者解决某一问题的欲望水平取决于两个因素，一是理想状态与现实状态之间差距的大小，二是该问题的重要性[1]。例如，小王上个月购买了一款时尚手机，最近该品牌手机又推出了一款功能更多、性能更好的新款手机，此时小王的理想状态和现实状态之间又存在差距，但这一差距较小，并不会导致他做出新的购买行为；有时，理想状态与现实状态之间差距较大，但是问题的重要性不高，在优先级上小于其他问题，消费者也不会采取行动。例如，现在很多家长为了子女的教育会在学校附近的老社区居住，老社区交通拥挤，居住环境差，跟自己理想的居住环境差异较大，家长非常想搬到居住环境更好的远郊，但是相比于当前更重要的教育问题，家长只能把自己改善居住环境的计划暂时搁置起来。问题识别是后续消费者购买活动的前提和基础，营销管理者要善于发现消费者问题，并且知道如何用营销组合解决这些问题。这要求营销管理者站在消费者的角度思考，以第一视角来思考在大大小小的各类日常活动中消费者会遇到的问题。

（二）信息搜寻阶段

当消费者意识到某个需求问题并决定采取行动后，他就会开始搜集相关信息。消费者获取信息的渠道可以分成内部来源和外部来源。内部来源是指储存在消费者记忆中的信息，包括过去搜集的信息、个人的经验和通过低介入度学习（如看广告）获取的信息。外部来源是指消费者主动获取的外部信息，包括个人来源、大众来源、商业来源和经验来源。根据信息来源的不同，消费者信息搜索行为可以分为内部搜索行为和外部搜索行为。内部信息搜索是指消费者将过去储存在记忆中的有关产品、服务的信息提取出来，用来解决当前问题的过程；外部信息搜索是指通过外部来源如朋友、熟人或专业性服务公司获得更多的与解决该问题有关的信息。

互联网为消费者提供了前所未有的海量信息。全球互联网的使用率快速增长，根据中国互联网络信息中心（CNNIC）的数据，截至 2022 年 12 月，中国网民规模达到 10.67 亿，互联网普及率达 75.6%。移动互联网用户规模达 10.65 亿，移动互联网渗透率达 74.0%[18]。在此背景下，许多消费者的网络信息搜索行为也转为移动搜索。互联网信息搜索已经成为消费者获取信息的主要形式，网上信息搜索对消费者购买的重要性不容小觑。因此，理解消费者使用的搜索词条有助于营销人员掌握顾客需求并定制相应的营销策略。在数字化背景下，越来越多的商家想方设法通过移动设备向消费者提供信息，例如，在移动网页上投广告，手机 App 上投放广告，建立品牌社交媒体账号与顾客进行互动，发送促销短信，使用 GPS 功能根据用户的位置显示附近的促销活动和内容等。

Mini案例3-1

抖音搜索——短视频平台用户的移动搜索

移动互联网时代，内容从制作方式到传播路径都发生了巨大的变化。在内容极大丰富的当下，用户的搜索行为发生了一些新的变化。相比于传统的通过搜索引擎、门户网站等渠道搜索获取信息，越来越多的用户在平台中进行搜索获取信息，如微博、小红书、抖音、知乎和哔哩哔哩等平台。用户会同时使用多个平台搜索，并且会按内容的需求选择平台。根据极光调研数据，用户平均每天使用3.84个平台进行查找/搜索信息，41.7%的用户会根据不同的搜索需求和内容需求选择适合的搜索平台。除了独立搜索平台，用户还会通过多种内容型平台进行搜索，尤其是短视频平台。极光调研数据显示：独立搜索平台的优势仍然存在，以71.5%的使用率位居榜首；短视频平台表现亮眼，68.7%的用户会通过短视频平台进行搜索，短视频平台成为使用率第二位的搜索平台。以抖音为代表的短视频平台以其独有的优势在互联网时代脱颖而出。抖音不仅仅是用户娱乐休闲的平台，更是深入生活细节的搜索平台，用户的搜索内容通常包括本地生活、出行旅游、食品饮料、游戏、日化美妆、教育培训等。用户在使用抖音搜索时，他们的搜索行为与时间、场景、方式、互动、创作等有关，但主要采用直接搜、看后搜和持续搜三种方式进行搜索。

资料来源：中国经营网. 极光：内容生态搜索趋势研究报告(2020) [EB/OL]. (2020-12-29) [2024-10-01]. http://www.cb.com.cn/index/show/gd/cv/cv1361189121492/p/license/10001.html.

（三）方案评估阶段

在搜集信息的基础上，消费者会形成一个品牌选择集合。消费者对品牌选择集里的品牌采取一定的标准进行评价。评价标准是消费者在选择备选品时所考虑的产品属性或特征，这些属性或特征与消费者在购买中所追求的利益和所付出的代价直接相关。例如，一些牙齿敏感的消费者希望购买的牙膏能抗过敏，那么他们在选购牙膏时牙膏的抗过敏功效是其考虑的重要标准。评价标准因人、因产品和情境而异。例如，同样是购买笔记本电脑，有的人更在乎外观设计，有的人更注重内存和速度，有的人则是更注重续航能力。传统营销理论认为，消费者在评估品牌时的路径是按照"漏斗模型"进行的，即消费者最初会想到很多品牌，随后会按照对品牌产品属性特征的了解进一步筛选品牌，直到最后选定一个品牌，就像漏斗一样口径从宽变窄。随着实践的发展，消费者在评估品牌时的路径更加灵活和多变。

营销洞见3-6

前 景 理 论

传统经济学理性人假设认为个体决策是完全理性的，个体会对所有可得信息进行系统分析并做出最优决策。丹尼尔·卡尼曼（Daniel Kahneman）和阿莫斯·特沃斯基（Amos Tversky）在1997年提出了前景理论（prospect theory），该理论认为，在实际的决策中人们不总是遵循严格的理性原则，而是会受到心理偏差的影响，这些偏差会导致人们在处理风险决策时表现出系统性的非理性行为。前景理论深入探讨了人们在面对风险和不确定性时的决策心理过程。前景理论运用价值函数（value function）来描述在损失/收益状态下主观感知价值的变化。价值函数有三个核心结论，一是在面临收益时人们是风险规避的，二是在面临损失时人们是风险偏好的，三是人们对于损失要比收益更敏感，损失时的痛苦感要大于收益时的快乐感。前景理论还认为，人们在决策时倾向于设定一个参照点（reference point），相对于这个参照点的得失会被强化。前景理论已成为行为经济学的重要基石，卡尼曼也因此获得2002年的诺贝尔经济学奖（特沃斯基于1996年去世）。前景理论在市场营销中有广泛的应用，例如，商家利用消费者参照依赖的心理设置所谓的"原价"或"建议零售价"突出折扣或优惠的价值，让消费者感觉获得了利益。再如，在促销宣传中突出"避免损失"而非"获得收益"更能够吸引消费者，一款产品被描述为"节省××元"比描述为"获得××%折扣"更能激发消费者的购买行动。前景理论能够帮助市场营销人员更好地理解消费者如何评估不同选项，感知风险与收益，从而制定更符合消费者心理预期和行为特征的营销策略，提升市场活动的效果。

（四）购买决策阶段

在对各种方案进行评价后，消费者会对各个可供选择的品牌形成偏好，进一步形成购买意愿。然而，有时偏好和购买意愿不一定能直接转化为购买行为，其中还有一些因素在起作用，如他人的态度和一些意外情况。消费者的参照群体，如家人、朋友、喜欢的明星等对该品牌的态度可能会改变他们的购买行为。此时，一些技术原因，如网络、网站故障等也可能导致无法进行购买。当越来越多的消费者使用移动设备进行购物，移动购物软件中的"购物车"在消费者购买中扮演着重要角色。购物车是消费者购买活动中的"临门一脚"，但有的消费者在这临门一脚的状态下放弃购买。购物车弃置是指在当次购物中，购物者将商品放置在购物车中未完成购买、放弃购买、放弃付款的现象[9]。2020年全球网络零售业的购物车弃置比例高达88.05%。购物车弃置问题每年给网络零售商带来的损失巨大，在线零售商需要思考如何减少购物车弃置现象。越来越多的电商（例如拼多多）不采用购物车功能，从而缩短消费者购买过程，减少支付前的步骤，这可以有效减少消费者的拖延。为了减少购物车弃置现象，在线零售商还可以采用一些策略催促消费者完成购买，例如，当检测到消费者购物车内的产品长期没有发生变化时，应该及时发送信息提醒，或告知一些相关促销活动。

Mini案例3-2

小红书是内容社区，更是品牌"口碑库"

购物分享、测评笔记、踩坑经验……在小红书，无数达人博主用文字、图片、短视频"标记我的生活"。在这里，去中心化的氛围让每个人都有机会成为信息分享者，多姿多彩的创作内容孕育着商业沃土，好物推荐赢得点赞收藏，单品避雷引发评论共鸣，"种草"与"拔草"时刻在上演。来自用户的真实消费体验汇聚成消费类"口碑库"，口碑营销病毒式传播的魅力，让小红书成为许多品牌提升知名度的首选之地。被称为"小红书新品牌第一股"的国货美妆品牌"完美日记"就是借助小红书平台打响知名度的典例。关键意见领袖生产的优质内容，与品牌上新周期、"双十一"等重要时间节点相配合，帮助"完美日记"快速树立品牌形象、收获大量粉丝，使其成为2018年天猫美妆销售第一的国货品牌。除了最常见的产品测评，小红书上的产品分享还可通过Vlog、教程、专业科普等更为丰富的形式展现，并且融合工作、旅行等多种使用场景，突出产品特色，给消费者留下更为立体的品牌形象。而借助平台的标签推荐机制，每篇内容能精准定位适用人群，让分享、传播、引流更加及时和高效。此外，用户分享的内容不仅能帮助品牌获得用户口碑，还能及时反馈产品存在的问题，实现平台、用户和品牌的共创。明星站台、网红背书、素人种草等真实的内容创作更易被目标人群快速接纳和尝试，小红书式的口碑营销传播助力更多"完美日记"打开市场、获得成长。

资料来源：

[1] 36Kr. 小红书正在助推更多「完美日记」[EB/OL]. (2020-11-25) [2024-10-01]. https://36kr.com/p/983502336400004.

[2] 数英. 深度共创：品牌实现小红书"病毒式"传播的临门一脚[EB/OL]. (2020-05-26) [2024-10-01]. https://www.digitaling.com/articles/777237.html.

（五）购后阶段

当产品被购买后，消费者就进入了购后阶段，此时营销人员的工作并没有结束。消费者在产品、服务的使用过程中或使用之后，会对产品的功能或表现形成感知，形成满意或不满意的心理状态。当消费者对产品感到满意时，很可能会产生重复购买行为，并向周围的人推荐该产品。在网络环境下，许多满意的消费者会在电商平台、社交媒体平台等做出产品评价，进而形成正面的口碑传播。当满意的消费者不断进行重复购买，他们会进一步成为企业忠诚的顾客。忠诚的顾客在购买时不大可能考虑搜集额外信息，他们对竞争者的促销活动采取漠视和抵制态度，并且，忠诚顾客更乐于接受同一商家提供的延伸产品或其他新产品，他们也更能原谅偶尔的产品或服务失误。在市场竞争日益激烈的背景下，仅仅停留在顾客满意的阶段对于企业来说是不够的，企业需要进一步创造顾客忠诚。

当消费者对产品或服务不满意时，绝大多数消费者不会向企业或第三方机构抱怨，而是私下向朋友表达对产品或服务的不满，同时还会在互联网上进行负面的口碑传播，当出现这类情况时，商家和企业要主动并且积极地进行公关活动。口碑传播是影响消费者行为的重要因素。比起其他信息来源，消费者更加信任口碑传播，在做出决策时也更加依赖口碑传播。据统计，消费者对于不满意产品或服务的宣传是对满意产品或服务宣传的两倍。这是由于不满意时的负面情绪，如失望、愤怒、沮丧等让消费者更有动力进行口碑传播，只有让企业利益或形象受损，他们的负面情绪才得以发泄。

营销工具3-1

消费者购买过程模型变迁：从 AIDA 到 AISAS 再到 SIPS

随着技术环境、媒体环境和营销环境的变化，在不同的时代，符合消费者行为特点的行为模式也在发生变化（见图 3-6）。在传统的大众媒体时代，主流的消费模型是"AIDA 模型"，这一模型认为，消费者的消费过程经历了知晓（awareness）、兴趣（interest）、欲望（desire）、行动（action）四个阶段。AIDA 模型描述了一个由消费者到企业的单向的、直线的过程。随着互联网时代的到来，出现了 AISAS 模型，模型包含关注（attention）、兴趣（interest）、搜索（search）、购买（action）和分享（share）五个阶段，在 AIDA 模型的基础上缩短了从产生关注到完成购买的过程，同时增加了搜索和分享两个阶段。这一模型强调了消费者在信息获取和信息传播中的能动性。随着社交媒体时代的到来，消费者的许多购买行为都在社交媒体情境下展开，消费者的消费模式不再是简单的单向的过程，消费者与企业及其他消费者之间的互动增多，对消费过程的参与程度增加。在新的实践背景下，日本电通公司在 2011 年提出了"SIPS 模型"，包含共鸣（sympathize）、确认（identify）、参与（participate）及分享和扩散（share & spread）四个阶段。

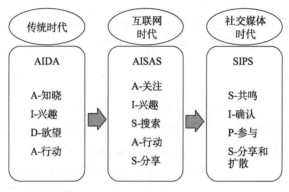

图 3-6　用户行为模型变化

二、数字化背景下消费者决策过程

互联网技术颠覆了品牌与消费者的接触点和接触方式。2009 年麦肯锡的数字营销专家戴维·考特（David Court）与其他同事一起提出了"消费者决策旅程（consumer decision journey，CDJ）"模型[19]。消费者决策旅程模型认为，消费者的决策旅程是循环往复的，在缩减品牌选择范围时是无序的而非是系统缩减的。消费者决策旅程模型把消费者决策过程分为考虑、评估、购买及享受—推介—建立纽带，认为消费者在这四个阶段会与品牌产生接触。在考虑阶段，不同于漏斗模型认为消费者在一开始会考虑很多品牌，这一模型认为消费者在最开始考虑品牌时候就会减少考虑的品牌。在评估阶段，消费者从商家和其他消费者那里获取关于品牌的信息，消费者会对产品和服务进行评估，消费者考虑的品牌数量范围可能扩大，随着评估的进行其考虑的品牌范围又可能再次缩小。在购买阶段，消费者完成购买或者会打消购买的念头。在完成购买后，消费者与品牌之间的联系会持续并加深。如果消费者对产品和服务感到满意，他们会通过线上或线下方式传播品牌的正面口碑信息，向他人推荐该品牌。在这一过程中，如果消费者与品牌建立了较强的纽带，消费者就会重复购买，进入忠诚度循环，在下次购买时候会直接跳过考虑和评估阶段。消费者决策旅程模型如图 3-7 所示。消费者决策旅程模型的提出对营销人员有十分重要的启示。一方面，企业要考虑消费者的决策历程以及决策历程中的触点，同时要思考如何利用这些接触点。在数字化的背景下，企业的营销应该是对消费者决策旅程的全方位接触与利用。另一方面，许多企业把营销重点和较多的营销预算放在消费者考虑和购买这两个阶段，如广告推广和零售促销，但是消费者更容易受到影响的是评估和"享受—推介—建立纽带"阶段，口碑推荐对消费者的影响往往大于企业的估计。

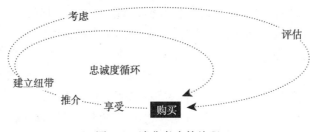

图 3-7　消费者决策旅程

随着新技术的发展，戴维·埃德尔曼和马克·辛格对消费者决策旅程模型进行了升级，他们认为，企业可以利用新技术对消费者的决策旅程进行不断优化，并主动向消费者传递，这样可以压缩旅程，去除过程中考虑和评估的部分，在消费者决策开始时就把消费者带入忠诚环节（见图 3-8）。同时，他们认为，在新的时代背景下，企业应该具备打造顾客旅程的能力，这需要企业具备自动化、前瞻性定制、情景互动和旅程创新四个关键能力[20]。其中，自动化是指企业要提升企业自动化的程度，利用自动化技术提升消费者的便利性，优化消费体验，由此增强对消费者的吸引力。前瞻性定制是指基于掌握的全面准确的顾客信息，为顾客提供个性化体验。情景互动是指根据消费者在决策旅程中所处的阶段，引导下一步互动，如电商网站在消费者登录后第一时间显示订单状态。旅程创新是指企业要提升创新能力，不断为顾客提供新的价值来源，如提供新的、消费者喜欢的服务等。通过打造以上四种能力，塑造和优化消费者旅程将成为企业的竞争优势之一[21]。

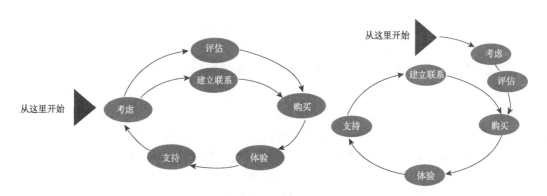

图 3-8　消费者决策旅程（左）与升级后的模型（右）

三、数字时代下的消费者画像

进入数字时代以来，各种新型技术如人工智能、区块链、云计算和大数据的出现和广泛应用改变了消费者对生产过程的深度参与，数字技术将物理世界映射到数字化空间，消费者购买不仅从线下转为线上，而且消费场景"虚拟"和"真实"的边界也在模糊[22]。消费者变成了"数字人"，消费者的所有行为数据都被记录在了数字世界中。与此同时，了解、把握和研究消费者的方法发生了根本的变化。大数据基于消费者的上网记录、搜索数据、社交媒体数据和网上的支付数据，可以得到数字化的消费者画像（consumer profile），即对特定消费者个体的、全景的、实时的精准描述[21]。

消费者画像是从真实的用户行为中提炼出来的一些特征属性并形成用户模型，代表了不同的用户类型及其所具有的相似态度或行为。在大数据广泛普及与应用的背景下，许多营销人员利用大数据进行消费者画像识别。利用大数据进行消费者画像的识别是指在已知事实或数据之上，整理出每一个消费者相对完整的档案，这一档案中包含大量的数据标签，如各类百分比、平均值、标准差、统计比较等[23]。一个典型的消费者画像往往包含以下维度的内容。

- ◆ 人口统计特征：包括性别、年龄、收入、家庭状况、所属行业。
- ◆ 生活方式特征：包括消费状况、购买力、消费地点偏好等，还包括美食偏好特征、教育选择、设备使用偏好等。
- ◆ 线上行为特征：包括网上行为特征，如网站浏览行为特征、邮件使用、搜索行为 App 类型选择和使用特征。
- ◆ 线下行为特征：包括地理位置移动信息如出行规律、商圈级别、差旅习惯、旅行目的地、酒店选择偏好等。
- ◆ 社交行为特征：包括社交人群、社交习惯（包括线上线下）等。

在数字化背景下，消费者画像的识别是用数字化的技术表述消费者的各种特质以及这种特质在时间和场景的集合，帮助营销管理人员精确定义目标消费者，并在此基础上设计营销战略[24]。例如，某家市场研究公司基于某网络匿名用户长期手机 App 使用行为数据分析得出其用户画像，画像勾勒出该用户在多个维度上的行为属性标签如女性、80后、白领、居住在北京、常去星巴克、常去上海、早 7 点起晚 12 点睡、爱看美剧、关注时尚、喜欢海淘、关注可穿戴设备、爱打扮、喜欢兰蔻、喜欢瑜伽、经常慢跑、家有孩子等，以及通过进一步分析得到的心理属性标签，如作息规律、注重品质、生活健康、爱尝试新鲜事物等。相关品牌可以基于该消费者画像开展精准营销与信息推送。

图 3-9 展示了高线级城市和低线级城市母婴人群在信息获取渠道上的差别。图中数据显示，低线级城市母婴人群更倾向于通过抖音和快手这类短视频平台获取信息，而高线级城市母婴人群通过小红书获取信息的倾向更强。无论是哪一类的城市，在母婴人群中，有孩妈妈相比于备孕/怀孕妈妈在母婴垂直媒体的倾向性更强。母婴产品的相关营销人员可以基于该数据，有针对性地选择广告投放的渠道，提升营销效率。

数字技术的发展使企业能够基于平台数据更好地了解消费者需求与偏好，提高了营销工作的效率和灵活性。以往，营销人员在进行消费者洞察时十分注重行为背后的原因，而大数据和数字技术的出现改变了这一逻辑。营销人员只需要掌握"是什么"即可,而不需要知道"为什么"。企业可以基于积累的消费者数据,设计合理的算法,为消费者提供推荐。例如,抖音利用用户历史的点击、时长、点赞、评论、转发和不喜欢等行为数据为用户推荐可能感兴趣的内容。天猫通过使用用户的点击、加购、商品销量等数据,按不同类目、属性对商品进行客观排序,进而在消费者浏览商品页面时,为其提供有针对性的商品排序。这些推荐极大地方便了消费者作出购买决策,提升了消费体验。

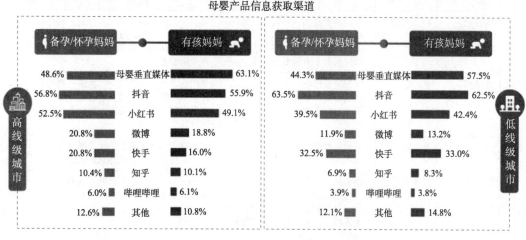

图 3-9　母婴产品信息获取渠道差异

资料来源:Talking &品木传媒. 向下生长,多元发展——2021 母婴行业 [EB/OL]. https://mi.talkingdata.com/report-detail.html?id=1101.

营销工具3-2

巨量引擎如何识别机会人群

巨量引擎 O-5A 模型将品牌方的人群资产分为两个部分——O 机会人群(opportunity)和 5A 品牌资产人群。其中 O 机会人群是品牌需要挖掘和拓展的目标人群,5A 品牌资产人群则是品牌已经拥有并需要持续运营的核心人群。O 机会人群的运营中,人群的识别是关键。巨量引擎通过技术和数据科学能力,对五大类数据(内容、人、货、场、达人)进行了整合,形成了内容圈人、货品圈人、行业圈人、跨品类圈人、达人圈人,以及多种方式组合的自定义圈人六种方式来帮助品牌拓展机会人群。品牌方可以通过不同方式的交叉和阈值控制,来合理规划需要拓展的机会人群总量及结构,详见图 3-10。

5A 品牌资产人群则包括 A1(了解人群,awareness)、A2(吸引人群,appeal)、A3(问询人群,ask)、A4(购买人群,act)和 A5(复购人群,advocate)五个层级,这些人群是根据消费者和品牌关系的远近来划分的。巨量引擎把 O-A5 人群资产流转拆解出六大核心经营链路:

拉新:寻找新的目标消费者和销售机会,激发目标消费者的兴趣。

蓄水:通过大曝光手段让目标人群了解品牌,初步构建双方的浅层关系。

种草：目标消费者受到广告触达后，产生了搜索、加购等深层次的互动。

直接转化：原来对于品牌没有认知的目标消费者，在短期内被广告大量触达后直接产生购买。

种草转化：被完成种草的消费者，被品牌方推动完成购买。

复购：推动历史购买的消费者再次产生购买行为。

圈人方式	使用数据	解读	举例
内容圈人	内容数据	根据消费者的内容消费行为，结合内容的分类和标签甄别目标消费者，在甄别需求机会窗口的场景下有很好的效果	某消费者对于提及"克莱因蓝"的内容表现了极大兴趣，有点击、搜索等行为，通过兴趣标签"克莱因蓝"就可以圈选这个消费者
货品圈人	货品数据	根据消费者在抖音电商的商品消费行为中商品的分类信息来甄别目标消费者	某消费者购买了巧克力，由于巧克力被归类到'甜食""情人节礼物"等多个货品标签，品牌方可以使用以上标签圈选到这个消费者
达人圈人	社交数据	根据消费者关注的达人粉丝相似人群来圈选消费者	某消费者关注了很多美妆主播，品牌方通过关注美妆主播的标签圈选消费者
行业圈人	消费者数据	由年龄、性别、地域等基础属性组成的消费者属性（如Z世代、精致妈妈、小镇青年等八大人群）以及行业分类（汽车/母婴/运动人群）	某30～35岁、一线城市的男性被定义为"都市中产"和"汽车人群"
跨品类圈人	消费者数据	行业圈人的一种逻辑，即和本行业目标消费者有很大关联性的异业消费者圈选	沃尔玛经典案例：把尿布的目标男性作为啤酒的目标消费者
自定义圈人	对以上数据进行多维度整合	结合以上五种逻辑实现的复合圈选逻辑	美妆品牌结合行业圈人的"Z世代+新锐白领"，内容圈人的"电影""音乐""舞蹈"标签，达人圈人的达人粉丝相似人群，设定出品牌独有的"文艺新青年"标签

图 3-10　O-5A 模型中识别目标消费者的方式和举例

资料来源：巨量引擎 & 罗兰贝格. 以终为始，以人为本，不确定时代下的增长重构：巨量引擎 O-5A 人群资产经营方法论[R]. 2022.

第三节　组织购买行为

 概念定义：

组织市场（business markets）：是指为了自身生产、转售、转租或用于组织消费而进行采购的所有组织构成的市场。

组织市场是我们常说的 B2B 市场，是指为了自身生产、转售、转租或用于组织消费而进行采购的所有组织构成的市场。组织市场与消费者市场一样面临激烈的竞争，对于 B2B 企业来说，要想开拓和占领市场，需要树立自身的独特优势，明确并传播自身与竞争对手的相关差异。在数字化浪潮下，B2B 企业也面临数字化转型的压力，要在产品设计、服务传递、技术支持等方面进行转型和升级，从而更好地为顾客创造价值。

Mini案例3-3

投行黑马民生证券：专业服务赢客户

民生证券是一家以中小双创企业 IPO 业务见长的投资银行，在 2021 至 2023 年连续三年过会项目数量排名全行业前五，2023 年成为全国投资银行 IPO 业务领域公认的"投行黑马"。

随着注册制改革，投行业务愈发趋向于向头部投行集中，民生证券能够逆势增长主要是民生证券 IPO 业务的定位十分清晰，服务的主要是中小双创企业。民生投行最大的特色，就是服务意识高、服务能力强。中小双创企业往往更需要服务，需要"专业+敬业"的投行。民生投行从高层到项目组，深入一线的服务理念已深植人心，大家不是在拜访客户就是在拜访客户的路上。民生投行的另一个特色是保荐代表人长期驻场。民生投行队伍从 2017 年的 300 多人增长到 2023 年年末的 800 多人，其中业务主力军的保荐代表人约 330 人，在头部投资银行团队中保荐代表人占比几乎最高。民生投行服务中小双创企业的风控保障来源于兢兢业业的内控部门。中小双创企业的情况复杂度往往超过国有企业，民生投行的质控与内核从不会一味迁就某些客户，而是从保障项目成功的角度，以严格的尺度对项目进行筛选。

资料来源：基于民生证券资料整理。

一、组织市场

组织市场的购买者通常包括制造商、中间商和公共部门客户。其中，制造商购买原材料、组件以及半成品和成品用来制造最终产品，制造商生产的产品最终都是为了满足消费者的需求。中间商也被称为经销商，主要包括批发商和零售商等，它们通过买卖从而获利，它们在购买过程中十分看重产品是否过时、包装和库存要求等。公共部门客户包括机构市场、如学校、医院和监狱等公共机构和一些政府部门。公共部门在采购过程中一般采用招标的形式确定供应商，包括公开招标、选择性招标和私人合同三种招标形式，不同的招标形式对应的宣传范围不同。

从行业来看，构成组织市场的行业主要包括航空航天业、农业、林业和渔业、化工行业、计算机行业、建筑业、国防工业、能源行业、矿业、制造业、建筑业、通信业、运输业、金融保险业等[25]。组织市场具有以下特点。

（1）买家数量少但购买规模大。组织市场的买家数量较少但采购规模大，由于资本和生产集中，许多行业的产业市场都由少数几家或一家大公司的大买主所垄断，这一特征最明显地体现在飞机发动机和国防武器行业。

（2）供应商与客户的关系更加密切。由于买家数量少，单个客户的购买规模大，每个客户对于供应商来说都非常重要。很多时候，供应商需要根据个别企业的需要定制产品。同时，由于互惠原则，企业卖家和供应商会经常互相购买对方的产品。

（3）关注点更多。企业的生产是为了满足终端消费者的需求，企业在生产中使用的原材料和设备等要根据消费者的需求来确定。因此，组织市场营销者必须密切追踪终端用户的购买模式。

（4）需求缺乏弹性。在组织市场中，购买者对产业用品和服务的需求受价格变动的影响不大，由于生产者不能在短期内改变其生产方法，组织市场的需求整体上缺乏弹性，这一点在短期内较为明显。

（5）波动的需求。组织市场对产业用品和服务的需求比消费者对消费品和服务的需求更不稳定。企业对工厂和设备的需要会根据消费者的需求来增减。有时，在消费者需求增长确定的情况下，企业对工厂和设备的需求增幅会更大。例如，疫情期间，消费者对口罩等防护物资的需求增大，相关企业对口罩生产设备的需求增幅更大。

（6）对采购人员的专业性要求高。产业用品特别是一些专业设备的技术性强，往往单价高且重要，在决策程序上要比消费者决策更为复杂，流程也更规范。企业一般会聘请技术专家和企业管理人员共同完成采购工作。

（7）常通过租赁方式取得产业用品。由于产业用品如大型机器设备、车辆、飞机等单价高，通常用户需要融资才能购买，而且技术设备更新速度快，因此，对于某些单价高、使用频率低的机器设备企业并不是通过购买获得，而是通过租赁方式获得。

二、组织市场的购买情境

（一）购买参与者

组织市场的购买行为是指企业确定其对产品和服务的需要，并在可供选择的品牌与供应商之间进行识别、评价和挑选的决策过程。与消费者的市场购买行为相比，组织市场购买行为具有多人决策、过程复杂和提供服务等特点。组织购买的决策单位被称为采购中心，它由所有参与采购决策过程的个人和团体组成，他们拥有共同的目标，并共同承担决策带来的风险。采购中心由多个成员构成，这些成员扮演着以下几种不同的角色。

（1）发起者：组织中要求购买产品的人，包括产品的实际使用者或其他人。

（2）使用者：实际使用产品或服务的人。通常使用者会提出较多的购买建议，并在后续的购买过程中协助确定产品的具体要求。

（3）影响者：影响购买决策的人，能够为评估备选方案提供信息。技术人员就是比较重要的影响者。

（4）决策者：最终决定产品要求和供应商的人。

（5）批准者：授权决策者或采购人员进行采购的人，一般是拥有权力的高层管理人员。

（6）采购者：被企业授权来选择供应商并安排采购条款的人。采购者的主要工作是与供应商接洽，并负责协商采购条款、价格、交货时间和交货方式等具体工作。

（7）把关者：有权阻止卖家将信息传达给采购中心成员的人，如采购代理、接待员和电话接线员。

（二）购买类型

在购买类型上，组织市场的购买可分为直接重构、全新采购和修正重购三种[26]。直接重构和全新采购是两种极端情况，修正重购则处于二者中间。

（1）直接重购。企业的采购部门根据过去跟供应商打交道的经验，从已有的供应商名单中选择供货企业，并直接重新订购过去采购的同类产业用品。此时，组织购买者购买行为是惯例化的，企业所要做的决策较少。考虑到决策的时间和精力成本，直接重购是企业最常见的购买类型。

（2）修正重购。受到市场需求变化、企业生产目标变化等的影响，企业的采购内容并非一成不变，采购经理为了更好地完成采购工作，会适当地改变某些采购产品的规格、价格等条件，或者改变供应商。这类购买相比于直接重购要更为复杂，也给了"门外的供货企业"机会，并对那些已有的供货企业造成威胁。

（3）全新采购。全新采购即企业第一次采购某种企业用品，全新采购的成本费用越高、风险越大、要求掌握的信息越多，参与购买决策过程的人也越多。这种类型的购买在决策过程中是最复杂的。对于这一类购买，供货企业要派出特定的人员，及时主动地向客户提供信息，帮助客户进行决策。

在以上三种购买类型中，全新采购所要做的购买决策最多。通常需要对以下内容做出决策：产品规格、成交价格、交货条件和时间、服务支持、支付条件、订购数量、哪些供应商值得考虑，以及最后选择哪一家供应商。在全新采购这种决策最复杂的情况下，购买过程的阶段最多，要经历四个阶段。

（三）购买过程

通常来说，组织的购买行为过程一般要经过四个阶段，分别是确定问题、收集信息、分析与选择供应商、绩效评价与信息反馈。

1. 确定问题

组织的购买过程是从组织人员认识到要购买某种产品以满足企业的某种需要开始的。企业面临新的需求，有可能是企业决定推出某种新产品，需要采购生产这种新产品的新设备和新原材料；也可能是采购人员在看广告或参加展销会时发现了技术更先进的设备等。在明确了新的需求后，企业还要对需求进行进一步的分析，明确所需品种的特征和数量。对于一般的较为标准的产品而言，产品特征和数量比较好确定；对于复杂产品，采购人员要和使用者、工程师等共同研究，确定所需品种的特征和数量。采购小组在确定采购需求以后，要组织专家小组对所需品进行价值分析，并做出详细的技术说明，为采购人员提供一个明确的参考标准。

2. 收集信息

在明确了采购需求之后，组织的采购人员应积极收集各类信息。组织购买者应利用网络、媒体、企业名录和产品交易会等多种渠道来收集信息，寻找潜在的供应商。在这一阶段，供应商应主动与客户积极接洽，加大广告宣传，提高自己的知名度，从而使自己的产品进入采购人员的视野。组织购买者在收集到各个供应商的信息之后，就可以进行初步筛选，筛选后企业采购部门对符合条件的供应商提出详细的供货方案。这一工作对于供货企业来说至关重要，相关负责人必须提出与众不同的、具有竞争力的供货方案，以获得客户的信任，争取达成交易。

3. 分析与选择供应商

在初步筛选之后，组织采购者还应对供应商展开进一步的分析和确认。企业的采购中心根据供应商的产品质量、产品价格、信誉、及时交货能力、技术服务等多个方面来对供应商进行评价。采购者对于供应商的选择要非常慎重，这往往需要企业高层领导者的参与。值得注意的是，采购者可以适当增加供应商的数量，从而减少对于单个供应商的依赖。在选择供应商之后，采购者会与供应商协商最终的订单，订单详情包括技术规格、所需数量、预计交付时间、退货政策和保修政策。对于一些重型设备，许多工业采购者会采取租赁而非购买的方式。

4. 绩效评价信息与反馈

在签订合同且产品已经投入使用后，采购者还要向使用者征求意见，了解他们对购进的产品是否满意，检查和评价各个供应商履行合同的情况，并根据这种检查和评价，决定以后是否继续向某个供应商采购产品。评价和反馈的过程需要采购部门、生产部门和营销部门的合作沟通。同时，供应商也应与组织购买者保持密切联系，积极配合评估并对反馈信息做出回应。

值得注意的是，按照不同的划分标准，组织购买过程可以划分为不同的阶段，而各个不同阶段也并非有十分清晰的界线，许多活动往往同时进行，有的活动（如筛选供应商）也可能重复发生。因此，企业营销人员应该明确，采购决策过程的划分只是起到借鉴作用，不能刻板使用。随着现代网络信息技术的发展，企业采购的形式发生了许多变化，在线购买已经成为众多产业购买者标准化的采购形式。电子商务为产业购买者提供了更多可供选择的供应商、更低廉的商品、更丰富的信息，并且加速了订单的处理和配送，使企业的采购更加便利和快速。

（四）购买过程的影响因素

组织市场的购买过程受到环境因素、组织因素、群体因素和个体因素的影响，如图 3-11 所示[27]。

第一，环境因素。环境因素主要包括技术环境和经济环境。日新月异的新技术在不断地影响着组织的购买计划和购买方式。例如，互联网技术、电子商务技术和数字化技术等的出现和发展改变了组织、普通消费者的买卖方式和沟通方式。营销人员需要积极拥抱技术变化并积极做出调整。经济环境会影响组织的购买能力，相关的经济政策变化会对组织市场造成影响，如利率水平的变化对房地产市场的发展影响较大。

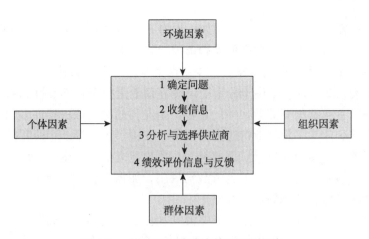

图 3-11 影响组织购买决策过程的因素

第二，组织因素。组织市场的营销人员需要充分理解采购在组织中的作用。组织的采购与组织的战略相关，组织的采购决策在根本上是为了支持公司的使命和战略，了解组织关注的战略重点可以更好地为其提供所需的解决方案。为了提供更符合组织战略发展的客户解决方案，营销人员还需要了解客户面临的机遇和威胁。

第三，群体因素。群体的力量在组织购买中至关重要，与消费者个人的购买决策不同，组织的购买决策是由多人做出的，即前文提到的采购中心。组织购买决策形成的过程涉及一系列复杂细小的决定，受到多个人的影响。作为组织市场的营销人员，需要明确，对于某个组织来说，采购中心的人员构成如何，每个成员在决策中的影响力如何，以及这些成员在评估潜在客户时都看重哪些标准等。如果销售人员能够很好地回答这些问题，供应商企业就能很好地满足组织采购的要求，并很有可能成为被选择的供应商。

第四，个体因素。组织市场营销人员还需要清楚地知道，最终做出购买决定的是个人而非组织，这受到个人年龄、收入、教育程度、工作职位、个性及文化环境的影响。采购中心的不同成员偏好不同，有的注重时间成本和效率；有的精通技术，对细节要求严格；有的喜欢压低价格，态度强硬……因此，组织市场的营销人员要充分把握采购中心不同人员的个性和偏好，了解个人对购买情况的看法，做出有针对性的应对。

三、做有效的 B2B 营销

面对激烈的竞争，为了更好地吸引和留住客户，B2B 营销者应在营销活动中加强运用以下营销方式。首先，要从提供产品到提供解决方案转变。许多组织市场采购者在购买时不仅需要某一个或几个产品，还需要购买整体的解决方案。许多供应商如惠普、IBM、戴尔等都在由专业技术公司转型成为一站式解决方案提供商；其次，要加强服务。当前，在组织市场中提供好的服务变得越来越重要，好的服务能大大增强供应商的差异化优势，增强其竞争力。在提供产品之外提供高质量的服务能够为客户提供更高质量的价值，并且能与客户建立起更为紧密的联系。最后，要建立 B2B 品牌。如同消费者市场一样，在组织市场中品牌有着重要的作用，品牌的产品意味着更加安全和有保障，使采购者、使用者和管理者都感到安心。例如，华为B2B业务品牌经过多年的运营，早已形成了扎实、可靠、有实力、可信赖的品牌形象，在很多企业看来是最佳合作伙伴。

考虑到B2B市场上企业的客户数量少，每个客户对企业都有着重要意义。因此，客户关系的维护对B2B企业来说十分重要。建立信任是拥有长期良好关系的一个先决条件。信任是一家企业依赖其商业伙伴的意愿。企业间的信任取决于许多因素，如在合作互动中感知到的企业员工及企业的能力、诚信、友善、正直等。企业间的信任不是一朝一夕就能形成的，需要企业付出长期的努力。要想建立信任，企业应该努力提供全面真实的信息，建立与客户需求一致的员工激励机制，加强与客户的合作，共同创造市场价值，向客户展现自己差异化的竞争力等。

企业信誉是指顾客相信一家企业能够设计和提供满足其需要和期望的产品和服务的情况，企业信誉是建立牢固关系的基础。如图3-12所示，企业信誉由企业专业知识、企业可信度和企业喜爱度构成。企业专业知识是指一家企业能够制造和销售产品或提供服务的能力；企业可信度反映了一家企业的诚实、可靠及对顾客需求敏感的程度；企业喜爱度反映了一家被视为可爱、有吸引力、有声望和有活力的程度。客户与供应商之间应注重关系的维护，加强纵向合作，从而帮助双方创造更大的价值。

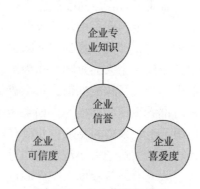

图3-12 企业信誉的构成

Mini案例3-4

宁德时代的"朋友圈"

自2021年起，新能源汽车上下游供应链价格剧烈波动，各路资本跨界扩张，价格战风云再起，导致产业链供需博弈和冲突正在加剧。在这种形势下，中国新能源汽车产业进入"新竞合时代"。"新竞合"是建立和保持与产业中优秀参与者的一种动态合作竞争关系，优势互补，协同增长，最终实现双赢与产业共赢。为了迎合"新竞合时代"的要求，宁德时代自2021年"频繁"扩展其"朋友圈"。据24潮团队统计，2021年至2023年3月，宁德时代至少与59个伙伴签署了战略合作协议。在国内市场，宁德时代和众多能源汽车新势力进行了战略合作，包括蔚来、赛力斯、极氪汽车等新能源汽车新势力。在国外市场，宁德时代与丰田、福特、特斯拉、宝马等国际汽车巨头达成了战略合作协议。与此同时，宁德时代更是与上海、广东、山东、贵州等省市级政府建立战略合作关系。宁德时代的战略合作伙伴还涵盖新能源、国家电力集团、中国移动等其他行业巨擘。对宁德时代而言，如何更进一步与不同企业"合纵连横"，融入"新竞合"的体系，将关系到企业未来的长远发展。

资料来源：

[1] 腾讯网. 宁德时代 PK 比亚迪，谁的战略朋友圈阵容最豪华？[EB/OL]. (2023-03-06) [2024-10-01]. https://new.qq.com/rain/a/20230306A00U8500.

[2] 搜狐网. 宁德时代的"朋友圈"和"战略版图"[EB/OL]. (2021-11-01) [2024-10-01]. https://m.sohu.com/a/ 498447472_418320/?pvid=000115_3w_a.

最佳实践3-1

海尔：传统 B2C 企业的 B2B 突围

海尔集团是全球领先的美好生活和数字化转型解决方案服务商。成立近 30 年来，在日新月异、复杂多变的商业浪潮中，海尔始终把握时代脉搏，踏准时代节拍，从资不抵债的青岛电冰箱总厂发展成为如今享誉海内外的世界 500 强企业。海尔连续 14 年稳居欧睿国际世界家电第一品牌，连续 5 年作为全球唯一的物联网生态品牌蝉联"BrandZ 最具价值全球品牌 100 强"。从创业初期开始，海尔一直坚持"真诚到永远"的企业理念，凭借高质量、高品质的产品实现了企业对用户的诚信承诺。1984 年，张瑞敏带领新的领导班子来到亏空 147 万元的青岛电冰箱总厂，在仅仅创业四年之后，海尔就获得了中国电冰箱行业的第一块国家优质产品奖金牌，海尔品牌知名度一炮打响，引发海尔冰箱抢购热潮。历经创名牌、多元化、国际化、全球化、网络化和生态品牌阶段，海尔作为中国实体经济的代表，始终保持初心，持续聚焦实业，努力为全球用户提供高品质的产品与服务。如今，海尔正布局智慧家居和产业互联网两大主赛道，旨在建设高端品牌、场景品牌与生态品牌，以科技创新为全球用户定制智慧生活。

经过多年的发展，海尔在零售端消费者市场上已经拥有了一套高效运行的营销体系和健全的线上线下渠道，积累了较好的口碑。然而零售家电市场竞争趋向白热化，增速也逐步放缓，对于海尔而言，要实现市场规模的快速突破，做大商用市场无疑是一条好的突破路径。近年来，家电市场中企业端的市场需求与日俱增，增幅远高于零售市场的增幅，家电商用市场蕴含着巨大的潜力与机会。然而，海尔在商用市场的销售份额远比不上零售市场的市场占有率，影响力也较弱。海尔进军商用市场面临许多困难。例如，海尔在空调、厨电和热水器等工程市场前置产品上的市场份额较低，而冰箱、洗衣机这类海尔的强势产品却不是工程市场尤其是精装领域的强配。海尔工程服务体系和渠道体系相对薄弱，其在零售市场完备的服务体系和渠道网络不能直接用于工程市场。同时，工程市场具有特定的行业规则、业务模式和服务标准，海尔需要重新学习和升级，工程客户开发能力也需要提升。如何在竞争激烈的商用家电市场中蹚出一条差异化的路径，占领行业制高点，成为摆在海尔面前的一个新的挑战。

对此，海尔在商用市场进行了一系列探索。基于市场细分，海尔将家电需求量大的地产行业、公寓行业、酒店行业、教育行业以及医疗康养行业确定为目标市场，并在产品、价格、渠道、推广和客户关系管理上制定了有针对性的策略。在产品方面，海尔将单一产品升级为成套方案，充分发挥品牌多元化、产品线丰富的优势，针对不同行业，不同的用户群体定制不同的产品解决方案。例如，针对地产行业，海尔围绕智慧地产以及前装市场和后装市场，打造智慧成套产品，满足豪华型住宅、精品型住宅、政策性配套住宅的需求，内部按品牌体系形成多套产品体系。海尔结合地产行业缺乏个性化体验、智慧集成化程度低的特点，为客户提供了 UHOME 智慧解决方案，通过搭建 U+智慧生活平台，基于互联网、物联网、云计算、大数据分析等技术支持，提供智慧家庭解决方案和智慧社区解决方案。到 2020 年，海尔已经与 60%的中国百强地产客户达成了长期战略合作关系，携手客户共同打造绿色节能，全面舒适的智慧梦想家居。在定价方面，海尔针对 B2B 市场的特点，根据用户群的划分以及战略合作的深度，对行业用户以及经销商采用包销买断、战略定价以及投标定价三个市场策略，满足不同用户项目的需求，形成了差异化的策略体系。

在渠道方面，海尔实行双轮驱动策略，即"现有渠道充分利用"策略和"开发专业工程商"策略，通过工程联盟赋能现有渠道，通过共享项目信息资源、方案设计能力、工程安装能力以及资金能力赋能现有客户，实现区域工程市场的突破。专业工程客户的开发商通过 TOP 用户背后的资源方进行挖掘，实施行业生态会议招商，快速布局专业工程网络。在推广方面，海尔在线上搭建海尔 B2B 交互平台即海尔企业购，在海尔官网开通企业用户渠道交互平台，专业展示海尔针对不同行业的成套解决方案，实现了企业用户注册年 10+，销售规模 3 个亿。海尔在线下通过参加或举办行业高峰论坛，通过行业的深入交互，提升品牌的行业影响力。通过会议营销的方式，发布海尔产品解决方案，获取用户信息和项目。同时，海尔启动超级工程师培养计划，打造狼性团队，培养超级拿单工程师。

与此同时，海尔十分注重大客户的关系管理，从 2011 年开始成立了大客户部门，专注于行业用户的开发和拓展。海尔用 TOP 用户俱乐部锁定行业内 TOP 用户，立足大市场，服务大客户，差异化定制客户解决方案和 VIP 全流程服务，利用相互参与的工作小组或者相应的互动平台提供快捷方便的绿色通道。海尔的 TOP 用户俱乐部策略取得了较好的效果，例如，海尔大客户地产工程商俱乐部成立于 2018 年 1 月，销售规模从创立之初的 15 亿元，提升到了现在的百亿元，俱乐部的核心生态客户也从 20 家增加到 2020 年的会员单位 150 家、理事单位 14 家，开辟了家电行业工程商生态合作的全新局面。

海尔 B2B 业务围绕企业用户需求，携旗下海尔、卡萨帝、Leader、GE Appliance、Fisher & Paykel、AQUA、Candy 等七大高端品牌和全球首个场景品牌"三翼鸟"，以定制化的智慧电器、覆盖全国的物流配送、强大的金融体系以及完善的售后服务，为地产、酒店、教育、制造、金融、医疗、公共交通、广电娱乐等二十大行业及政府机构提供智慧电器集成解决方案，助力行业智慧升级，实现双方共赢共享共创价值。经过多年的深耕和开拓，海尔在商用市场的市场份额和影响力都有较为明显的提升，海尔 B2B 业务连续多年实现了两位数增长。如今，商用市场的家电需求与日俱增，面临市场激烈的竞争，如何在商用家电市场站稳脚跟，持续提高企业的影响力，仍然是海尔需要探索的方向。

讨论题：

1. 家电市场的消费者市场和企业市场有哪些区别？

最佳实践 3-2：戴森的精准营销

2. 海尔要进军 B2B 市场面临哪些困难？海尔是如何克服这些困难的？
3. 在 B2B 市场，海尔走出了一条怎样的差异化营销的路径？
4. 在未来，海尔在 B2B 市场中会遇到哪些挑战？应该如何应对？

资料来源：
[1] 刘刚. 海尔家电 B2B 市场营销策略研究[D]. 北京：清华大学，2020.
[2] 海尔官网. https://www.haier.com/.

本章小结

（1）消费者是所有从事物质产品和精神产品消费活动的人。消费者行为是指消费者为获取、使用、处置消费物品或服务所采取的各种行动，以及先于且决定这些行动的决策过程。了解与洞察消费者行为对于营销人员有着十分重要的意义。影响消费者行为的因素主要包括文化因素、社会因素、个人因素和心理因素。

（2）需要是个体由于缺乏某种生理或心理因素而产生内心紧张，从而形成与周围环境之间的某种不平衡状态。动机是一种内在的驱动力量，是引发和维持个体行为并导向一定目标的心理动力。

（3）人类的感觉系统包括五大感官系统如视觉系统、听觉系统、体感系统、味觉系统、嗅觉系统。感官系统对消费心理和行为具有重要影响。感官营销是指通过合理刺激和利用消费者的感觉器官而影响其购买决策的一种营销方式。

（4）消费者在购买过程中经历的过程分为问题辨识、信息搜寻、方案评估、购买决策和购买行为五个阶段。

（5）组织市场是包括所有获取商品和服务的组织，这些商品和服务用于生产那些销售、出租或供应给其他顾客的产品或服务。组织市场的购买行为可分为直接重构、修正重购和全新采购三种。

（6）采购组织的决策单位被称为采购中心，它由所有参与采购决策过程的个人和团体组成，包括发起者、使用者、影响者、决策者、批准者、采购者、把关者等几种角色。

（7）组织的购买过程包括确定问题、收集信息、选择供应商、绩效反馈与评价四个阶段。

关键术语

消费者行为（consumer behavior） 文化（culture）
参照群体（reference group）
需要与动机（consumer needs and motivation） 知觉（perception）
感官营销（sensory marketing）
消费者购买决策过程（consumer decision making process）
消费者决策旅程（consumer decision journey） 组织市场（business markets）

采购中心（buying center）

回顾性问题

1. 影响消费者行为的因素有哪些？其中哪些是内部因素，哪些是外部因素？
2. 文化的含义是什么？中国传统文化价值观对消费行为影响的表现有哪些？
3. 参照群体包括哪些人群？参照群体对消费行为有哪些影响？
4. 简述影响消费者行为的个体因素和心理因素。
5. 消费者购买决策过程包括哪几个阶段？在数字化背景下，消费者购买决策过程发生了怎样的变化？
6. 消费者决策旅程模型相比于传统的漏斗模型做了哪些改进？
7. 组织市场的购买者主要包括哪些对象？相比于消费者市场，组织市场具有哪些特点？
8. 组织市场的购买过程一般要经历哪几个阶段？

辩论性问题

辩论题：数字化时代消费者会对品牌忠诚吗？

一种观点认为，只要企业的营销工作足够到位，让消费者对产品和服务高度满意，在数字化时代消费者会对企业/品牌忠诚。而另一种观点则认为，消费者是唯利是图的，会因为企业提供利益的细微差别而更换产品或品牌，数字化时代更是这样。因此，消费者不会对企业/品牌忠诚。

正方：数字化时代消费者仍然会对企业/品牌忠诚。

反方：数字化时代消费者不会对企业/品牌忠诚。

实践性问题

1. 请回忆你的某次购买经历，你的购买过程包含哪几个阶段？你是通过哪些渠道获取相关信息的？你在评价各个品牌时，更看重哪些属性？
2. 请分别回忆一次非常满意和非常不满意的购买经历，请具体分析引发这一结果的原因有哪些。
3. 口碑传播是影响消费行为的重要因素，相比于其他信息来源，消费者更加信赖口碑传播，那么企业的营销人员应该如何做好口碑营销？具体包括哪些措施？
4. 假设你是广告策划人员，如何利用马斯洛需求层次理论针对以下产品或组织设计营销广告？①牙膏；②博物馆；③高档手表；④家用摄像头。
5. 假设你是某款饮料品牌的营销人员，现在你准备调查了解消费者对该饮料品牌的态度，请思考如何利用消费者态度 ABC 模型设计调查问卷？

延伸阅读

[1] 胡左浩，樊亚凤. 瞄准四大人群–把握消费升级趋势[J]. 清华管理评论，2020(4): 18-25.

[2] 埃里克·阿姆奎斯特，约翰·西尼尔. 用价值要素发现客户的真正需求[J]. 哈佛商业评论（中文版），2016(9): 51-57.

[3] 德勒. 2023 中国消费者洞察与市场展望白皮书[R]. 2023 年 1 月.

[4] Yan L, Keh H T, Chen J. Assimilating and differentiating: The curvilinear effect of social class on green consumption[J]. Journal of Consumer Research, 2021, 47(6): 914–936.

参考文献

即测即练

第四章

理解行业与识别竞争

> 知彼知己者，百战不殆。
>
> ——《孙子兵法》
>
> 竞争并非你死我活，而是让用户有更好体验。
>
> ——雷军（小米创始人）

学习目标

1. 熟悉宏观环境的分析框架；
2. 掌握行业竞争分析的工具；
3. 了解行业机会识别与行业发展周期的关系；
4. 了解行业变革趋势及其影响。

开篇案例

中国建设银行：善建者行，成其久远

近年来，随着移动互联时代的到来，银行客户的行为习惯已发生了重大的改变，金融业务场景也发生着革命性的变革和迁移，迫使传统银行重新思考自身的定位，推进客户服务的转型再造工作。除此之外，在宏观经济转型和金融科技发展等外部因素的共同作用下，国内商业银行的数字化转型之路纷纷开启。作为推动业务经营转型升级、提升客户体验、增强竞争力等的重要手段，数字化转型已经成为银行实现高质量发展的行业共识。中国建设银行在智能化转型道路上走在了前列。

从政策环境来看，宏观政策对银行智能化和数字化转型起到引导作用。《中共中央关于制定国民经济和社会发展第十四个五年规划和二〇三五年远景目标的建议》（以下简称《规划建议》）中提出了一系列数字化战略目标，例如，要"加强数字社会、数字政府建设""发展数字经济，推进数字产业化和产业数字化，推动数字经济和实体经济深度融合"等。国家金融监督管理总局也为全面推进银行业保险业数字化转型提出相关指导意见。这些政策文件都为商业银行未来数字化转型指明了方向和目标，将加速推进商业银行数字化转型。

图 4-1 中国建设银行生活 App
资料来源：中国建设银行官网截屏。

从经济环境来看，当今世界正处于百年未有之大变局，国内外银行运行环境正在发生深刻变化。一方面，由于宏观经济处于增速换挡时期，银行传统业务发展遇到了一系列瓶颈，增速逐渐放缓。同时，利率市场化导致存贷利差收窄，这使银行的负债成本进一步提高，利润率下降。另一方面，商业银行间产品服务同质化严重，竞争日趋加剧。此外，金融科技公司等其他非金融机构的跨界竞争也加快了商业银行等机构所在的传统金融行业脱媒进程。

从社会环境来看，客户群体结构不断变化，使客户的消费行为和习惯发生了巨大的改变。成为社会消费重要群体的 Z 世代消费者更适应于以数字化、网络化的方式获得服务。他们更加偏好于定制化和个性化的产品或服务。他们的金融习惯与老一辈已截然不同，例如，Z 世代消费者更注重服务体验，他们看中网上银行、手机银行、自助设备等数字化渠道的便利性，因此更多选择这一交易渠道来办理银行业务。Z 世代在支付媒介上也更多使用数字化、虚拟化的新媒介，传统的银行卡、纸质等实物形态媒介已不再是他们的最优选择。

从技术环境来看，金融科技发展为银行业提供了新手段。《规划建议》提出要"完善金融支持创新体系，促进新技术产业化规模化应用"，5G、人工智能、大数据、物联网、云计算等新技术在银行业务应用的广度和深度将进一步提升，金融与科技将深度融合发展，有助于提升金融服务效率和客户体验，降低金融运营成本，创新金融服务模式，构建数字化未来银行。

在这样的大背景下，中国建设银行顺应新形势，积极拥抱大数据时代，建立面向大数据分析的全生命周期链路，将"提高大数据运用和智能化水平"作为转型规划的重点内容。建设银行积极搭建"数据采集工厂"，除了采集金融相关的客户数据指标外，建行率先实现了"网银"、网站全覆盖的客户动态行为等非结构化数据采集。利用大数据对客户行为进行分析和挖掘，应用推荐算法，在精准营销、客户体验、风险控制和反欺诈等方面开展工作。

为加强客户细分，提升数据分析挖掘和大数据应用能力，建设银行在新一代信息系统中梳理个人客户与建设银行建立客户关系过程中产生的金融及非金融数据，建立了个人客户 360 度画像，在此基础上搭建了全行统一的企业级客户标签库，包含数百个画像标签，全方位、全维度支撑客户经营、产品销售、服务支持、风险管理以及流程优化。在客户接触管理中，利用客户群细分，让不同用户看到建设银行不同的国际互联网站、网上银行、手机银行和善融商务，给用户全新的、个性化的访问体验。同时，通过数据挖掘开发营销机会，借助统一的商机推送通道，在合适的时间、地点推送给合适的客户，真正做到了"想客户之所想，解客户之所需"，实现了"千人千面"的精准营销。

此外，建设银行结合客户历史交易行为习惯，对账户、行为、交易关联、产品偏好、位置、终端等多维度海量数据进行聚合分析，构建不同的用户画像，主动识别异常行为，采集异常行为数据，进行实时分析判断，深入挖掘欺诈团伙作案特征和规律，并根据风险形势变化实时动态部署智能化监控策略，扩大风险控制覆盖范围和拦截半径，不断提高风险交易的识别准确率，实现对网络金融欺诈风险的精准识别和智能控制，有效遏制了交易风险。

思考题：
1. 在什么样的背景下，建设银行实施了智能化转型？
2. 银行业面临着怎样的变革？建设银行的智能化转型是如何应对行业变革的？

资料来源：
[1] 吕仲涛. 以金融科技赋能开启数字化转型新篇章——工商银行数字化转型的探索与实践[J]. 中国金融电脑, 2021(S1): 8-9.
[2] 金磐石. "大数据"推动中国建设银行业务蓬勃发展[J]. 中国金融电脑, 2017(5): 19-22.
[3] 科技赋能！看银行业如何推进数字化转型[EB/OL]. (2024-10-01)[2023-04-07]. https://m.gmw.cn/2023-04/07/content_1303334811.htm.
[4] 国研智库新金融课题组. 金融科技：建设银行数字化转型的基石和原点[J]. 新经济导刊, 2023, 288(3): 74-86.

第一节　企业所处的宏观环境

企业处于一个不断变化的宏观环境之中，要想在特定环境中得以生存和发展，企业需要了解环境、分析环境，并根据环境特征来制定适应性的营销战略，开展营销活动。

 概念定义：

> 宏观环境的 PESTEL 分析：从政治因素（political）、经济因素（economic）、社会文化因素（sociocultural）、技术因素（technological）、环境因素（environmental）和法律因素（legal）等六个维度对宏观环境进行分析。

分析企业所处的外部环境影响，需要从宏观环境开始。PESTEL 是分析宏观环境时常用的一种框架性工具，它包含六大因素，分别是政治因素（political）、经济因素（economic）、社会文化因素（sociocultural）、技术因素（technological）、环境因素（environmental）和法律因素（legal）。PESTEL 框架能够帮助企业较为全面地分析影响

战略制定的外部环境,并帮助企业分析出潜在的机遇和威胁。

一、政治因素

政治因素指对企业经营活动产生一定影响的各种政治制度、政治形式、执政党方针、路线与政策的总和。一个稳定的政治局势、执政党态度和政策的连续性,往往能够为企业营造积极理想的政治环境。除了政治形势外,政策对企业的商业活动也具有直接和间接的影响。

在发达国家,政策用于引导企业规范地实施商业活动,而在一些新兴市场国家,为了发展产业技术,政策的颁布有时能够起到市场保护的作用。如日本、韩国汽车行业的发展就依赖于产业政策营造的相对理想的竞争环境,这使行业中的企业能够快速实现技术追赶。有时,政策也会驱动形成全新的市场,如中国鼓励发展的光伏产业、高铁产业、通信产业等。这些产业的快速形成和发展源于政府出台的专门政策[1]。这种由制度激发而形成的市场被称为"制度型市场"[2]。市场营销者需要密切关注那些会激发市场机会的国家政策,为了抓住机会,企业需要具备一定的基础和实力。青铜剑科技成立于2009年,是从事大功率电力电子器件和系统解决方案的初创企业。成立不到10年,青铜剑凭借其较高的科技水准,成为中国中车集团的供应商,为其生产的轨道交通、电动汽车设备提供元件[3]。

营销洞见4-1

制度型市场

"制度型市场"区别于自发形成的市场,指由制度激发的市场机会。"制度型市场"一般存在于转型经济体和新兴经济体中,因为这些国家和区域有很强的政府力量,能够直接发挥政府"看得见的手"的作用去驱动需求,所以"制度型市场"是制度层面的概念,是指由国家通过政策驱动、在相对较短时期内带来的本土市场机会,这种机会往往是国家为了战略需要而直接创造的。具体包含三层内涵:第一,制度型市场是由中央和地方的制度安排变迁带来的,是国家为了满足社会发展、民生改善、基础设施建设等需要,发挥资源集中性和政策强制性作用带来的需求机会。第二,制度型市场是一种市场机会,不指向特定企业,对国内企业具有相对公平性。所以,从这个意义上说,制度型市场与其他自发形成的市场在本质上没有区别,只是触发制度型市场的主体是政府,该机会的出现并没有改变市场化运行机制,也未对国内外竞争者搞封闭或者垄断,但会给本土企业创造"近水楼台先得月"的机会。第三,制度型市场包含市场创造和市场开发两方面。市场创造是政府直接创造需求,可以是政府购买,也可以是驱动市场潜力的激发。高铁、安防更多的是基础设施投入,购买者主要是政府或者其代理机构;通信行业则通过政府强制性要求激发了客户的需求(如标准升级)。市场开发则是政府通过资源直接支持、议价门槛设计,在相对较短时期内把需求激发出来。

资料来源:魏江,潘秋玥,王诗翔. 制度型市场与技术追赶[J]. 中国工业经济,2016(9): 93-108.

政策也能够通过利益引导间接影响企业的生产经营活动。2006 年以来，我国不断增加新能源政策补助，对相关企业实施税收减免政策。新能源补助政策提升了汽车制造业企业生产、研发新能源汽车的积极性。吉利汽车 2018 年至 2021 年补助车型销量实现了 3.28%的提升。整个行业中，新能源汽车销售占比达到 18.27%。政策补贴为我国新能源利用发展提供了重要保障[4]。

企业对国际政策、国际政治局势也要予以一定关注，因为国际政治环境对国内企业的战略选择也存在着复杂且深远的影响，是企业投资和经营的重要考虑因素，也是风险的重要来源[5]。

营销工具4-1

政治风险指数

想要了解一国的政治风险，可以查询政治风险服务机构（The Political Risk Services, PRS）出版的 *International Country Risk Guide*（ICRG），以获得政治风险指数。ICRG 政治风险指数监测全球 140 余个国家（地区）的政治风险、经济风险和金融风险指标，被世界银行、国际货币基金组织等国际机构众多学者采纳和使用，具有较高的权威性。

ICRG 的政治风险指标包含政治和社会属性的 12 个加权变量。满分为 100 分，分数越高则代表政治风险越低，大于 80 分为极低风险，50～80 分为中等风险，小于 50 分为极高风险。这 12 个变量分别是政府稳定性（government stability）、社会经济条件（socioeconomic conditions）、投资概况（investment profile）、内部冲突（internal conflict）、外部冲突（external conflict）、腐败（corruption）、政治中的军事力量（military in politics）、宗教冲突（religious tensions）、法律和秩序（law and order）、民族冲突（ethnic tensions）、民主问责制（democratic accountability）和政府管理质量（bureaucracy quality）[6]。

资料来源：PRS 集团官网 https://www.prsgroup.com/explore-our-products/icrg/.

二、经济因素

经济除了通过消费者的收入、储蓄和借贷决策影响营销战略之外[7]，也会通过经济增长速度、失业率、利率、通货膨胀等方式影响企业的活动。这些因素也是企业营销人员需要密切关注的内容。

伴随着改革开放的步伐，中国经济持续多年快速增长。这期间，市场需求旺盛，产品畅销，就业充分，为企业营造了积极宽松的经营环境。随着经济步入"新常态"，经济增长速度趋缓，市场需求收缩，企业间竞争愈加激烈，只有提供更为个性化和优质化的产品和服务才能满足顾客的需求。票务平台"大麦网"正是捕捉到消费者线下购买音乐会、演唱会门票体验不佳的机会点，通过提供在线搜索演出信息、在线购买演出门票的优质化、个性化服务，成为观看文娱表演爱好者的优先选择。

三、社会文化因素

在分析社会文化因素的影响时，企业应着重关注所处国家或地区的社会结构、社会风俗、社会习惯、生活方式、文化传统、信仰与价值观念、行为规范、人口规模与地理分布等因素的形成与变动。正如第三章所介绍的,中国地域辽阔,各地消费习惯和文化理念均存在差异,企业需要采用差异化的产品策略才能满足不同区域消费者的需求。人口老龄化、生育率下降、城市化与城镇化是当前我国面临的社会挑战,同时也蕴藏着巨大的商业机会。这些社会变革催生了"银发产业",改变了母婴市场的结构,也激发了县域下沉市场的活力。

Mini案例4-1

关注下沉市场的蜜雪冰城

在中国饮品消费升级的背景下,奶茶作为我国饮料行业的消费热点,广受年轻消费群体的喜爱。无论是在各大商业中心还是校园周边,奶茶饮品店比比皆是,奶茶行业虽然经历了近5年的高速增长期,但未来仍然具备较大的增长潜能。在竞争激烈的新式茶饮市场中,蜜雪冰城的产品定价在10元以下,更贴近学生党、年轻白领,以及下沉市场消费者的消费水平。

专注下沉市场、走低价路线是蜜雪冰城的一大撒手锏。蜜雪冰城起步于郑州一家路边摊,与喜茶、奈雪的茶这些主打一线城市的茶饮品牌不同,蜜雪冰城专攻三、四线城市的各个大学城、城中村、商业街,为下沉市场群体,即农村居民以及三线以下的城镇居民服务。相对而言,小镇青年对产品价格和优惠活动更为敏感,更注重产品性价比,因此,蜜雪冰城将其产品价格定于10元以下,如3元一支的冰淇淋、4元一杯的柠檬水、6元一杯的珍珠奶茶。当同行在一线城市"拼杀"之时,蜜雪冰城默默转移了战场,与其他茶饮品牌形成了错位竞争。

在茶饮市场同质化严重、山寨猖獗的当下,蜜雪冰城在下沉市场实行加盟模式,成功避开各大茶饮品牌在高消费市场的竞争,又通过下沉市场积累资本,使其品牌经营规模不断扩大。2020年6月,蜜雪冰城共有近1万家门店。到了2021年10月,蜜雪冰城的门店翻番,成为坐拥超2万门店的"茶饮巨头"。

资料来源:
[1] 胡左浩,樊亚凤. 瞄准四大人群把握消费升级趋势[J]. 清华管理评论,2020,80(4): 18-25.
[2] 韩璐,李惠琳,陈晓平. 走,去下沉市场![J]. 21世纪商业评论,2019(7): 24-34.

四、技术因素

技术因素分析主要关注企业所处的宏观环境中各种技术要素的现有水平和发展趋势对社会的影响,以及对企业战略选择的影响。

技术的进步很大程度上改变了人们的消费和生活方式。得益于互联网、物流、电子支付等多类技术的发展,生活在移动互联时代的消费者已充分习惯了线上购物、网络支付和实时沟通的生活方式。人们消费和生活方式的改变也为企业营销带来新的机遇和挑战。例如,电商平台的发展促使较多实体店面开设线上渠道,向全国乃至全球消费者销售产品。技术有效降低了消费者的搜寻成本、丰富了购物接口,促使企业重新对线上、线下渠道的功能进行布局，推进"跨渠道"策略的实施[8]。

技术的变革也改变了一些产品的形态，进而影响了产品的定价和生产方式。数字技术的发展使一些产品不再依赖于物理载体，能够以较低成本复制、传播和销售。例如，音乐、软件、知识等产品的销售已不再依赖于物理载体，大大降低了边际生产成本。这使"按消费者意愿支付""免费"等定价方式得以实现[9]。同时，也使"敏捷迭代，小步快跑"成为这类产品的主要研发和生产方式[10]。通过"敏捷迭代，小步快跑"的短周期研发方式，企业可以在互联网上收集用户的使用感受，对产品做出快速改进和升级，改善用户体验。这一产品研发方式已成为互联网企业在竞争中制胜的关键。

Mini案例4-2

腾讯的"敏捷迭代，小步快跑"思维模式

在互联网时代，各个行业变化频繁，产品迭代周期快，这就导致互联网行业的竞争日趋激烈。在这种市场环境下，腾讯形成了"敏捷迭代，小步快跑"的思维模式。所谓"敏捷迭代，小步快跑"，就是要快速推出新产品，然后每天坚持发现并解决一两个小问题，产品才能在不断地改进中趋近完美，才能更符合用户的需求。互联网产品不是在产品研发前就被"设计"好的，而是在研发的过程中慢慢完善，甚至是在产品上线后根据用户的使用反馈不断成熟起来的。

腾讯的联合创始人、CTO 张志东先生于 2006 年提出，腾讯要创立自己的敏捷产品研发框架，这就是后来的腾讯敏捷研发协作平台（Tencent agile product development, TAPD）。TAPD 平台将腾讯最优秀团队的敏捷实践成果予以沉淀和吸收。TAPD 已经覆盖腾讯所有研发团队、各类业务线，沉淀了多种研发模型，支持 QQ、微信、王者荣耀等明星产品各个阶段的研发协作。以微信为例，TAPD 支撑微信敏捷实践，确保其稳定的迭代节奏，并且可追溯可跟踪。2011 年，微信以平均一周发布 1.15 个版本的速度，在不同终端发布了 45 个更新版本。如今，微信之所以能够为用户提供如此丰富的沟通方式，能够满足用户各式各样的沟通需求，与微信在持续不断的版本升级与更新过程中努力不断完善产品的设计与功能密切相关。在最开始，微信只是"能发照片的免费短信"，在这一不断迭代的过程中，微信逐渐完成了蜕变，成为用户心目中"最受青睐的手机通信软件"。

此外，腾讯内部还有一个逻辑叫灰度发布，即不需要经过反复论证，不用很完美，就可以把你的产品推给用户。AB test 就是最具代表性的灰度发布方式。其具体操作过程是将用户分为两部分，一部分继续用 A 版本产品，一部分开始用 B 版本产品，使用 B 版本产品的客户如果满意，那么其范围就会逐步扩大，直到将所有用户都迁移到 B 版本产品上。这种模式在产品初期投放的时候就可以通过发现问题、调整问题来提升其产品接受程度，实现产品的平稳投放。灰度发布最好的例子就是微信红包，通过灰度发布这个渠道，微信红包在春节前一周上线，两周时间就逆袭了支付宝四年的数据。

资料来源：

[1] 罗仲伟，任国良，焦豪，等. 动态能力、技术范式转变与创新战略——基于腾讯微信"整合"

与"迭代"微创新的纵向案例分析[J]. 管理世界, 2014, 30(8): 152-168.
  [2] 许扬帆, 孙黎, 杨晓明. 迭代出来的微信[J]. 清华管理评论, 2014(6): 40-47.
  [3] 孙黎, 杨晓明. 迭代创新: 网络时代的创新捷径[J]. 清华管理评论, 2014(6): 30-37.

技术的变革使企业营销沟通方式发生转变。随着移动互联技术的发展，线下客流的核心地位已被撼动。微信、微博、抖音已成为企业与消费者沟通的新媒介。然而，移动互联时代下，消费者往往处于信息过载的状态，难以注意到周遭的全部信息，因此，争夺消费者有限的注意力并快速占据消费者心智就成为企业营销的关键。在这一竞争过程中，精准的产品定位、低廉的产品定价都能使产品信息脱颖而出，得到消费者关注。例如，瑞幸咖啡依靠"新人注册 App，免费获得一杯咖啡"的促销方式培养起中国消费者的咖啡饮用习惯，以中国本土咖啡品牌的形象快速占据消费者心智。

营销洞见4-2

新技术飞轮模型

新技术如何改善企业的营销决策？又如何影响相关的公司和市场动态？图 4-2 的新技术飞轮模型展示了公司如何通过投资新技术来获得越来越多的回报。

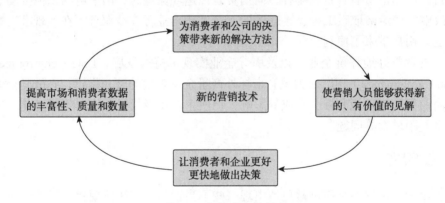

图 4-2 新技术飞轮模型

首先，新技术可能会提高市场和消费者数据的丰富性、质量和数量。例如，数字设备和 App 的爆炸性增长创造了数据流，这些数据流捕捉了消费者在客户旅程各阶段的思考、感受和行为数据，以及与其他消费者和公司的互动数据。许多公司以前可能无法获得的一些数据，如眼动、语音、面部识别和基因数据，随着收集和分析这些数据的成本迅速下降，可能会变得无处不在。这些数据有助于企业实施大规模的现场实验和 AB 测试，使公司能够评估其营销行为的效果。

其次，丰富的数据可用性为消费者和公司的决策带来新的解决方法。一方面，较高的数据质量可以替代模型的复杂性。例如，在 AB 测试中，多样化、高质量的数据可以有效简化模型。另一方面，来源丰富的数据可以支持更为复杂的机器学习方法的实施，由此降低样本选择和测量误差，提高预测的准确性。

这些先进的分析方法使营销人员能够获得新的、有价值的见解。例如，一些营销人员发现，利用 AR 技术可以降低消费者对产品的不确定性，从而改善营销和销售结果。

最后，飞轮模型强调了从新技术中获得的新见解如何能够让消费者和企业更好更快地做出决策。比如，零售业的 AR 可以更好地告知和教育消费者，从而改善他们对产品和服务的决策。聊天机器人能够与公司进行实时互动，为消费者提供见解和信息，以提高他们的满意度、公司评估和购买意愿。继而，这些交互作用又会生成更多、更丰富的数据来继续循环。

资料来源：Hoffman D L, Moreau C P, Stremersch S, et al. The rise of new technologies in marketing: A framework and outlook[J]. Journal of Marketing, 2022, 86(1) 1-6.

五、环境因素

自然资源并非取之不尽、用之不竭。企业的生产活动可能会对资源过度开发，致使我们面临森林资源耗竭、水资源不足、矿物资源耗尽等一系列问题。这些环境问题也催生了消费者的环保意识，使其更加关注如何在消费的同时保护环境。

如今，企业越发重视对环境的责任。在产品设计、材料选购和产品生产过程中，企业越来越注重如何节能减排，更加科学、合理地利用自然资源。例如，Manner Coffee 通过价格折扣鼓励消费者自带咖啡杯，向消费者传达环保理念；国家电网积极推动北方地区"煤改电"的清洁取暖工程、通过手机 App 实现全业务在线服务，在实现节能减排的同时，也为用户带来了便利。

为投资者更好地评价企业，以及引导企业实现可持续发展，ESG（environmental, social and governance）逐渐成为盈利指标外衡量企业表现的又一指标，它鼓励企业更多考虑其商业行为对环境和社会造成的影响，促使企业积极投身于应对气候变化、环境污染、贫富差距增大等问题。

六、法律因素

在企业竞争过程中会不可避免地出现一些不当行为。法律法规旨在规范企业行为，维护良好的竞争秩序。企业管理者需要对影响企业市场活动的法律法规予以高度关注，熟悉消费者、企业、市场等各个层面的法律法规。

为了保护消费者权益，应对新的消费环境特征，我国多次修订了《中华人民共和国消费者权益保护法》，例如，2014 年新修订的《中华人民共和国消费者权益保护法》规定，除特殊商品外，网购商品在到货之日起 7 日内可以无理由退货。这一法规保护了消费者网购的合法权益，使其免受无序商业活动侵害。

在企业层面，《中华人民共和国广告法》《中华人民共和国价格法》《中华人民共和国商标法》等法律法规对企业的经营行为作出了约束。例如，2015 年新修订的《中华人民共和国广告法》中禁止使用最高级、国家级、"最佳"、"第一"等词汇，防止广告主夸大宣传。《中华人民共和国商标法》则为了避免商标对消费者的误导，禁止企业在广告中宣传"驰名商标"。

在行业层面，企业应当关注《中华人民共和国反垄断法》《中华人民共和国反不正当竞争法》等法律法规，在遵守竞争秩序的同时，也可以用"法律武器"维护自身权益。例如，根据《中华人民共和国反不正当竞争法》，企业不能擅自使用他人商标，或使用具有混淆作用的商标，也不能通过贿赂的方式谋取交易机会或者竞争优势。

此外，随着新商业现象的出现，我国也陆续制定了《中华人民共和国数据安全法》《中华人民共和国个人信息保护法》《互联网信息服务管理办法》等法律、行政法规。这些法律法规对规范企业营销行为、治理市场环境起到了积极作用。

第二节 行业分析和竞争者分析

在同样的宏观环境条件下，为什么一些行业的企业绩效总会比另一些行业的企业绩效更好？为什么有些市场中的企业能够获得竞争优势，但另一些市场中的企业仅能获得竞争均势？"结构—行为—绩效"框架（structure-conduct-performance，SCP）从市场结构、企业行为、绩效相结合的角度解答了上述问题。根据SCP框架，我们需要从企业所处市场结构出发，探讨行业竞争如何影响了企业的战略选择。

营销洞见4-3

SCP框架

为了研究企业绩效优势的来源，以梅森（Mason）和贝恩（Bain）为代表的哈佛学派提出了"结构—行为—绩效"框架，即从市场结构、企业行为和绩效相结合的角度分析企业竞争优势的来源。

在SCP框架中，市场结构指某一行业的市场形态，包括行业内竞争者的数量和规模、产品的差异性程度、进入和退出成本等因素。企业行为是指企业为取得更高市场绩效，按照市场形态来调整其行动的应对行为，也就是企业所采取的战略。SCP框架中的绩效包含企业绩效和社会绩效两个方面。企业绩效是指企业通过执行战略，在价格、产量、成本、利润，以及市场和资源配置方面所实现的结果；社会层面的绩效更多强调整个行业，乃至全社会的生产和分配效率、就业情况和福利水平。

SCP框架认为，市场结构影响并决定了企业的行为，企业行为决定企业运行的经济绩效。为了在市场竞争中获得理想的绩效，企业需要寻找和创造有利因素，降低竞争的激烈程度，从中获利。而在这一过程中，分析市场结构是先行步骤。根据SCP框架，企业绩效水平建立在市场结构和市场竞争的基础上，是市场结构的函数。换句话说，对行业和市场的选择能够帮助企业获得超额利润。例如，农产品行业的竞争者数量多，规模小，产品差异性低，因此，选择这一行业，企业难以获得竞争优势，仅能维持与竞争者相同的竞争均势。相反，电子设备生产行业的进入门槛相对较高，竞争者数量较少，市场需求呈现较高的差异化，因此，在这一行业中的企业面临更多的行为选择，更容易借助战略调整获得竞争优势。

资料来源：杰伊·B. 巴尼，德文·N. 克拉克. 资源基础理论：创建并保持竞争优势[M]. 上海：格致出版社，2002: 3-4.

一、行业竞争分析

在众多分析企业所处行业竞争环境的工具中,迈克尔·波特的"五力模型"最具影响力。五力模型指出了企业在竞争过程中面临的五种潜在的行业环境威胁,分别是进入者威胁、行业内竞争威胁、替代品威胁、供应商威胁和买方威胁(见图4-3)。

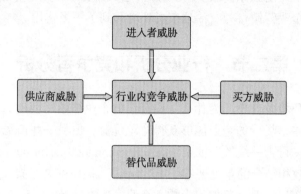

图 4-3 五力模型示意图

(一)进入者威胁

五力模型中的第一个威胁性力量就是进入者威胁。在某一行业中,如果刚刚涉足或即将涉足的参与者众多,那么企业将面临较大的进入者威胁。这些新进入者会快速分割市场份额,致使企业的销售绩效下降、市场份额被蚕食。

提升新进入者的进入成本,能够有效阻击新进入者对企业的威胁,维护企业的市场地位。具体的做法包括:

- 建立生产、原材料采购、研发、营销、分销等职能的规模经济,提升新进入者的成本壁垒。
- 实施产品差异化,提高顾客对企业产品的黏性,构建新进入者的进入壁垒。例如,星巴克之所以在进入法国市场时遇到困难,主要是因为法国的本地咖啡馆具有社区属性,消费者对本地咖啡馆存在较高黏性,存在星巴克难以提供的差异性服务。
- 当新进入企业需要在不可撤回的研发、营销业务上投入大量资金时,资本壁垒就发挥了阻挡作用。在民用无人机行业中,如果想挑战大疆的市场地位,则需要投入较高的研发成本,并通过广告和推广说服消费者。这些资金的投入使新进入企业面临较高的风险。
- 通过技术专利、管理经验等要素提高新进入者进入壁垒。
- 依赖政府的准入政策构建壁垒,阻击新进入者的威胁。

(二)行业内竞争威胁

五力模型中的第二个威胁来自行业内竞争。一个行业内往往存在多家企业,企业间竞争的方式多种多样,包括基于价格、广告、新产品研发和资源获取方面的竞争。企业间相互依存也相互影响,当行业内竞争者数量众多时,企业面临严重的竞争威胁。不同行业的竞争程度也会影响行业中企业的战略选择和绩效表现。

行业内较高的竞争威胁主要来自以下几个因素：

- 行业内企业大多势均力敌，没有哪家企业可以通过快速的行动在竞争中脱颖而出。苹果、联想、惠普、戴尔都占据了相当的个人电脑行业市场份额，任何一方都难以在市场上占据绝对的优势。与此同时，笔记本的售价和利润率均逐年下滑，这也是激烈竞争的结果。
- 行业日趋成熟、增长缓慢时，行业内竞争更加激烈。行业的成熟导致企业难以扩展市场边界，仅能在有限的市场空间内进行博弈。例如，中国家电行业面临人口红利退减问题，这导致家电行业的竞争进一步加剧。
- 当企业产品差异化程度较低时，顾客在选购时则更多依赖价格，企业容易陷入激烈的价格竞争。航空公司所提供的旅客服务存在较高的相似性，顾客在购买机票时就更多依赖于价格做出决策，这就导致航空业价格竞争激烈。
- 产能大幅增加导致供过于求，产品价格进一步下降，进而加剧了市场竞争。

（三）替代品威胁

五力模型中的第三个环境威胁来自替代品威胁。替代品是以不同方式满足消费者近似需求的产品。例如，电视剧是电影的高度替代品，它们都满足了消费者的观影需求，KTV 也可以被视作是电影的替代品，因为它们都满足了消费者的娱乐需求。替代品的存在约束了产品的回报率，规范了产品定价。替代品的价格与行业盈利水平成正比，当替代品的价格越低，性价比越高时，本行业会面临销量下滑、利润下降的状况。

替代品的威胁十分重要，但替代品却难以被准确定义。现实中不乏因未能较好应对替代品侵袭而失败的案例。例如，数码相机、MP3 因完全被智能手机所替代而淡出人们视线。从营销战略的角度出发，企业未能抵御替代品威胁的关键在于，罹患了营销近视症，也就是企业过于关注产品或技术，未能将注意力放在市场和消费者需求的变化上[11]。因此，关注企业所致力于满足的市场需求，关注替代品的产品发展趋势和产品利润水平，能够有效帮助企业降低替代品的威胁。

（四）供应商威胁

供应商威胁是五力模型中的第四个威胁。供应商是那些为企业提供原材料、设备等投入品的合作伙伴，它们可能通过提高原材料价格、缩减原材料供应量、降低原材料质量等多种方式对企业构成威胁。

- 行业内的供应商数量较少时，他们往往具有较高的议价能力。这对企业而言，无疑是一个很大的威胁。Intel 是全球领先的个人电脑芯片生产商，个人电脑设备生产企业想要获得消费者的认可，需要向 Intel 采购电脑芯片。随着近年来 AMD、英伟达的发展，个人电脑芯片供应商数量有所增多，这无疑丰富了电脑生产商的选择空间，也降低了 Intel 的议价能力。
- 供应商提供的产品较为独特，它们具有更强的议价能力，从而对企业构成威胁。宁德时代的麒麟电池具有较高的体积利用率，能够有效延长纯电动汽车的续航里程，这使宁德时代在面对新能源汽车厂商时具有较高的议价能力。

- 当供应商打算进入供应链下游领域、具有前向一体化倾向时,会对企业造成威胁。
- 当企业所采购的原材料数量较少时,不具备议价能力,供应商可能造成较大的威胁。

(五)买方威胁

买方威胁是五力模型中的最后一个行业环境威胁。购买企业产品或服务的其他企业或个体消费者就是买方。例如,笔记本电脑的买方不仅有消费者,也包括大批量采购电脑的科研院校和企业单位。它们可能通过多种方式对企业构成威胁。

- 当行业内的买方较少,买方的议价能力很高,这种市场结构对企业而言是一个很大的威胁。企业需要谨慎地维护顾客关系,在此方面投入大量成本以避免顾客离开[12]。
- 当出售给买方的产品是缺乏差异化的,买方就可以随意转换供应商,或是去购买替代品,这会对企业构成较大威胁。
- 当买方购买的产品占其最终成本的比例很高,或是占其总采购量比例很高时,买方有动力通过各种渠道去获得更为优惠的采购价格,并通过比较选择更为合适的供应商。此时,企业面对议价能力更强的买方,威胁增加。
- 当买方盈利水平较低时,其具备缩减预算的动机,进而构成对企业的威胁。
- 当买方具有采取后向一体化趋势时,会威胁到企业的竞争地位。例如,广汽集团为了更好地开发新能源汽车,设立了自主电池公司,以实现较低的进货成本。这一举动可以大幅提升广汽集团在采购电池时的议价能力,对电池企业造成威胁。

二、竞争者分析

(一)界定竞争范围

在确定竞争者过程中,企业不仅需要关注同一品类中的直接竞争者,还需要将那些能够满足消费者同一需求的替代品纳入竞争者的考察范围。例如,中式餐饮连锁品牌在分析竞争者时,不仅要将提供同一档次产品的餐饮品牌列入竞争者的考察范围,有时还需要关注提供更高或更低档次的替代性品牌,如快餐品牌等,甚至还需要关注满足消费者类似需求的其他品类竞争者,例如,满足消费者填饱肚子需求的西餐连锁品牌,满足消费者社交需求的茶馆、咖啡厅。有时,我们还需要关注那些可能会竞争消费者有限时间或预算的竞争者,如电影院等。这些产品或服务都能为消费者带来休闲和娱乐的体验,当消费者预算或时间有限时,这些产品或服务都可能挤占餐饮的市场份额。

竞争者范围的界定也不是越大越好,而是要根据企业提供的核心价值来界定,尽可能挑选出与企业所提供价值相关联的竞争者,对它们进行分析。此外,竞争范围的界定也应随着企业价值、战略的调整,以及竞争者的动态变化而不断修正。

营销工具4-2

识别潜在竞争者

迈克尔·波特在《竞争战略》一书中提供了一系列标准,帮助企业识别潜在竞争者:

- 虽不在行业内，但却能轻松克服进入壁垒、不需承担过高成本的企业。
- 进入行业后能产生明显协同效应的企业。
- 在行业内竞争能够拓展公司战略的企业。
- 可能实现后向一体化或者前向一体化的企业客户或供应商。
- 可能出现兼并或收购行为的企业。

资料来源：迈克尔·波特. 竞争战略[M]. 陈丽芳，译. 北京：中信出版社，2014: 43.

（二）竞争者分析工具

在明确了竞争者范围后，企业可以展开对竞争者的分析。波特提供了一个竞争者分析框架。在竞争者分析过程中，我们要关注四大要素，即竞争者未来目标、假设、当前战略和能力（见图4-4）。

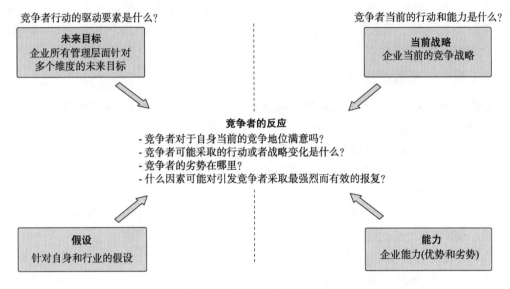

图 4-4　波特竞争者分析框架

资料来源：迈克尔·波特. 竞争战略[M]. 陈丽芳，译. 北京：中信出版社，2014: 43.

（1）未来目标。了解竞争者的未来目标能够帮助企业推测这些对手是否会改变当前战略，以及对外部环境变化的反应。比如，重视增长的企业往往会采取更加激进的战略，而关注稳定的企业则会选择相对保守的战略。

（2）假设。确定每个竞争者对自身的假设，以及对行业和其他企业的假设。竞争者如何定位自身，将决定他的一系列行为。"多快好省"是京东创始人刘强东提出的核心发展标准，如果有企业针对这个标准发起进攻，京东会迅速做出回应。此外，从竞争者对行业的假设中也能窥见竞争者未来的战略行动。1999年，阿里巴巴成立时坚信电子商务将取代传统商业。如今阿里巴巴的成长、互联网的发展与普及印证了阿里巴巴当初对行业的假设。

（3）当前战略。竞争者当前的战略有时会公之于众，有时则不愿过多与外界讨论。

因此，了解企业各个职能领域的核心运营政策以及职能部门之间的联系，是判断竞争者当前战略的最有效方法。

（4）能力。前三大要素帮助企业判断竞争者做出战略反应的可能性、实际、性质，能力则帮助企业判断竞争者战略反应的实施效果。分析竞争者的能力主要关注以下问题：竞争者拥有怎样的核心能力？其能力的发展潜力如何？是否具备快速反应、适应变化的能力？

（5）竞争者反应分析。在对竞争者的未来目标、假设、当前战略和能力做出了解后，企业需要建立竞争者反应分析框架。一方面，企业要预测竞争者发起战略变革的可能性，也就是基于竞争者对自己当前地位的满意程度，判断其是否可能发起战略变革。如果是，分析其具体的竞争方式是什么，并根据其未来目标和能力判断其战略举措的力度和决心。另一方面，企业也需要明确竞争者可能采取的战略举动、防御能力，以及可能产生的行业和环境影响。例如，企业需要明确竞争者的弱点是什么，针对其弱点予以打击时，竞争者往往不敢轻举妄动。竞争者也存在各自的底线，一旦触及到其原则和底线，竞争者往往会回以猛烈的报复。

（三）竞争者数据来源

分析竞争者需要建立在获取竞争者信息的基础上，只有根据真实可靠的竞争者数据，企业才能得出更加准确和客观的分析结果。

竞争者数据的来源可以包括公开资料和一手资料两类。

（1）公开资料。上市公司以及一些有社会责任的企业会主动披露企业的财务年报。虽然年报中大部分内容都围绕企业的财务绩效水平展开陈述，但在一些部分仍能寻找到企业战略变革、业务重心转移、产品研发动态等与营销战略密切相关的内容。例如，在"致股东信""管理层讨论与分析"部分，企业会透露出一些有用的信息。

在网络媒介中，企业也可以获取丰富的竞争者信息。例如，竞争者公司网站、财经媒体上都会不定期报道竞争者的近况。通过追踪这些信息媒介，企业可以捕捉竞争者动态，做到知己知彼。此外，企业也可以有效利用网络媒介中的"碎片化"数据来推测竞争者的营销战略动态。例如，可以通过竞争者发布的招聘信息了解其战略发展方向，通过"百度指数"监测竞争者的官方网站或品牌名称被检索的次数来捕捉竞争者近期的举动。

（2）一手资料。当现有的公开资料难以满足需求的时候，企业也会选择收集一手数据来分析竞争者。由于咨询师、审计师等研究人员往往签署了保密协议，不会将竞争者的信息透露给企业，因此，合法的收集路径更多集中于顾客或供应商渠道。顾客和供应商长期关注行业动态，能够为企业提供关于竞争者的有效信息。此外，零售商和批发商也能提供关于进货数量、市场份额等相关数据。在制定营销战略的过程中，企业也会通过收集顾客信息来了解竞争品牌在顾客心目中的定位、感知、形象等。此外，互联网信息、离职人员评价等方式也能帮企业获得有用的一手资料。在这一过程中，定性访谈或定量调查都是有效的手段。

第三节　行业机会识别和行业变革

一、行业机会识别

在对宏观环境、行业竞争进行深入分析的基础上，企业需要对现有机会做出识别，以找到竞争的前景。不同行业结构提供了不同的竞争机会。接下来，我们按照行业的发展周期对新兴行业、成熟行业和衰退行业中潜在的机会进行介绍。

营销工具4-3

行业进入模型

行业进入模型（见图4-5）将企业进入视为一个连续决策，为使企业能够成功进入某一行业，管理者需要考虑以下五个问题，这五个问题并非割裂的，而是需要管理者进行整合思考。

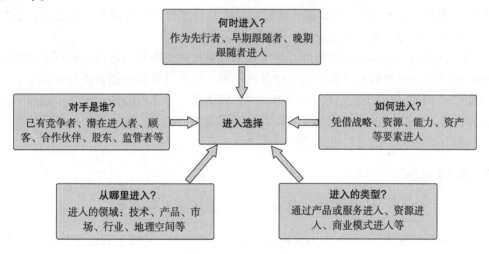

图4-5　行业进入模型

对手是谁（who）？管理者不仅需要识别直接竞争者，还需要关注行业中的潜在竞争者，以及分析支持企业成功竞争所需的其他外部和内部利益相关者，如客户、员工、监管机构和社区。

从哪里进入（where）？这一问题指的是企业进入的领域，如产品领域、市场领域、行业领域或是地理空间。

进入的类型（what）？企业打算使用某一款产品、服务或资源打入新行业，或者以重塑商业模式的方式进入新行业。

如何进入（how）？如何进入也是该模型中的关键问题。根据所进入行业特征的差异，发挥先发优势、改进产品或服务、推进创新流程、实施联合策略或差异化策略都是企业可以选择的进入手段。

何时进入（when）？企业需要判断进入行业的时机。企业是否要作为先行者进入行业发挥先发优势，或是作为跟随者进入谋求后来居上？进入的时机还需要综合行业所处的生命周期阶段做出考虑。

资料来源：Zachary M A, Gianiodis P T, Payne G T, et al. Entry Time: Enduring lessons and Future Directions [J]. Journal of Management, 2015, 41(5): 1388-1415.

（一）新兴行业

随着技术的发展和市场的变化，新兴行业不断涌现。想要在新兴行业中成为市场领导者，企业可以把握先发优势，通过先发优势获得人才优势、研发优势、融资倾斜，并占据消费者心智，获得市场的优势地位。要想先发制胜，企业需要具备一定条件。

（1）技术优势。在高科技等行业中，技术的作用尤为重要，能够帮助企业获得先发优势[13]。一方面，当企业进行了较早的技术投资时，企业就能够更早地进入到产品生产和商业化环节，积累更多生产经验，引领行业技术发展，甚至成为行业技术标准的制定者；另一方面，企业能够通过较早的技术投入获得专利授权，并通过专利的授权许可和商业化获得丰厚利润。例如，物联网创新企业京东方坚持高水平的研发投入，获得柔性OLED、传感、人工智能、大数据等领域相关的专利授权，并凭借此成为三星、惠普、戴尔、联想、华为、海信等企业的供应商。

（2）抢占具有战略价值的资产。企业如果能通过先发举动抢占诸如独特采购渠道、有利地理位置、有价值的产品定位等排他性资源，企业就有机会在新兴行业的竞争中立住脚跟[14]。例如，星巴克在进入中国市场时，将店铺开设在核心商业区、高端写字楼、特色旅游景点、交通枢纽等消费者流量大、购买力强的位置。这一选址策略不仅帮助星巴克获得充沛客流，还对后进入的咖啡品牌形成有效壁垒。

Mini案例4-3

汤臣倍健：科学营养夯实持续竞争优势

汤臣倍健创立于1995年，2002年将膳食营养补充剂（VDS）引入中国非直销领域，目前已经成为全球膳食营养补充剂的领先企业。面对健康行业开启的新周期，汤臣倍健实施"科学营养"战略，推动向"强科技"型企业转型，引领VDS行业高质量发展。

向"强科技"企业转型，包括：（1）实施"科学营养"战略，持续打造产品力和科技竞争力优势。具体实施体现在三个方面：①自有专利原料和配方研发；②新功能及重功能产品研发和注册；③抗衰老及精准营养等前瞻性基础研究成果发布。（2）不断强化和夯实自己竞争优势突出的重功能保健食品的产品科技力，放大独特优势。（3）成立汤臣倍健营养健康研究院上海研究中心和AI研究中心，从组织架构和科研经费上保障。

科研方向包括：推进功能性新产品研发、深耕心脑血管健康领域、探究肠道微生态平衡、开展脑功能研究，计划未来每隔两三年都能向市场推出一款由汤臣倍健研发的独创高科技含量重功能产品，切切实实给消费者的健康带来增量价值。截至2023年，已获得定制原料30多种，获得372项专利，其中包括104项原料及配方等发明专利。

资料来源：基于汤臣倍健公司资料整理。

（3）通过制造顾客转换成本来获得先发优势。顾客从一个产品或服务的供应商转向另一个供应商时所产生的一次性成本就是顾客转换成本。先发企业通过建立起较高的顾客转换成本就能够将顾客留住，获得竞争优势[15]。顾客转换成本可以用金钱、时间和精力衡量，例如，更换电脑的操作系统、软件虽然不会花费太多的金钱成本，但却需要顾客付出更多的精力去适应、学习。有时，消费者会认为改变习惯比支付金钱更为困难，这就是为什么一些消费者宁愿使用落后、有缺陷的产品或服务，也不愿意接受新进入者更优的市场提供物。

当然，在企业竞争中，追随者、挑战者等后发的企业有时也能实现弯道超车。在新兴行业中，后发企业也可以借鉴先发企业的营销战略，节省成本。通过观察先发企业在市场上的表现，后发企业可以进一步确定合理的市场定位，递送消费者满意的价值。此外，先发企业往往会在市场开发、消费者教育上花费大量精力和成本，而后发企业只需要投入有限成本就能"搭上便车"。例如，瑞幸咖啡通过赠送免费咖啡的方式在中国培养起了大批咖啡饮用者，这为此后中国咖啡品牌的建立和发展奠定了基础。

后发企业能够总结先发企业的问题，吸取经验教训，降低经营风险。例如，抖音并非短视频行业的先行者，在其进入市场前，小红书、美拍和快手均已深耕该领域。然而，抖音洞察到平台一味追求病毒传播导致内容同质化的问题。基于此，抖音明确自身为音乐社交短视频平台，以一、二线城 Z 世代人群为目标客群，成功超越了快手等先发优势者。

营销洞见4-4

不同身份市场参与者的机会点

市场参与者的身份可以包括市场领导者、挑战者、追随者和补缺者。在产品市场上占有最大市场份额的企业就是市场领导者。它们通常在价格变动方面具有足够的话语权，并且掌握着新产品开发、渠道覆盖率和促销强度等方面的优势。市场领导者想要保持自己的领先地位，可以采取以下几种对策。

（1）针对现有顾客提高市场占有率。通过提高产品质量、促销和降价的方法，企业能够有效刺激销量，达成市场占有率提高的目的。

（2）创造新的市场，扩大整个市场的总需求。如果扩大市场，市场领导者往往能够获得更大的收益。寻找新的顾客群体、识别新的产品用途、扩大产品使用量等方式能够帮助提升整个市场的需求量。

（3）通过有效的防御性和进攻性行动来保持市场份额。市场领导者不仅需要不断创新，满足顾客需求、维持领先地位，有时还需要以攻为守，保护市场份额。市场领导者可以采用阵地防御、侧翼防御、先发防御、反攻防御、重新定位防御和收缩防御的方式应对竞争者的攻势。

市场挑战者指行业中排名靠前的企业，它们往往采取竞争性进攻策略攻击领导者的地位，或是攻击规模相同的竞争者。有时，挑战者也会攻击地域性企业、小型企业，试图蚕食小块市场。

市场追随者指那些不愿意挑战领导者地位、有意采取"平行行为"对领导者产品进行复制或改良的企业。产品模仿和改良一样有利可图,因为这些企业不承担创新的成本和风险。

市场补缺者指那些占有小型市场的小公司。成为补缺者的关键是专业化,企业可深入理解某一类顾客的需求,专门为其提供产品或服务;可以成为某一地理市场的专家,只向某个地点、地区或世界上某个区域销售产品;可以成为产品或产品系列专家,只制造一种产品系列或一种产品;或是成为产品特点专家,只生产某种产品或有某种特点的产品。

资料来源:菲利普·科特勒,凯文·莱恩·凯勒. 科特勒营销思维[M]. 汪涛,译. 北京:中国人民大学出版社,2015: 87-95.

(二)成熟行业

成熟行业的特点包括产能、行业需求增长缓慢,新产品或新服务的引入速度趋缓,行业内竞争相对激烈,盈利能力有所下降。成熟行业中,顾客往往有一定购买经验,对产品或服务较为熟悉。以中国彩电行业为例,在经历了20年迅速成长后,其已成为典型的成熟行业,形成了以长虹、创维、康佳、海尔、海信为主要品牌的较为稳定的市场。中国消费者对彩电的需求相对稳定,整个行业需求增长放缓。价格竞争使企业间竞争激烈,在价格战的洗礼下,企业普遍具有较高的产能,但总体盈利水平却相对较低。

成熟行业中,企业的机会主要集中在改进产品、提升服务质量,关注生产成本的降低和通过工序创新改进产品质量等方面。具体的措施包括:

(1)改进产品。虽然在成熟产业中取得技术突破十分困难,但创新的机会仍然存在,企业可以对现有产品和技术进行延伸或改进。例如,在厨房设备行业,美的根据消费者需求,自主研发智能化操作系统,并将这一系统安装在厨房设备中,降低了产品的使用障碍,提升消费者的使用感受。

(2)强调服务。在成熟行业中,改进技术和产品相对困难,那么企业可以开展产品差异化。产品的差异化不仅仅局限于产品本身,企业也可以通过强调服务实现差异化。随着消费者对消费体验的要求提升,在许多行业中,服务已经变得越来越重要。对于服务声誉较好的企业,即便其销售的产品缺乏独特性,它也能够获得良好的绩效。例如,海底捞凭借其超乎顾客想象的高质量服务赢得了良好的顾客声誉,从而在传统的火锅行业建立新的竞争优势。

(3)流程创新。企业所从事的设计、生产、销售产品和服务等一系列活动就是流程,企业可以通过改进流程和提高流程效率来实现创新。随着行业的不断发展和成熟,产品创新的重要性不断降低,相反,流程创新变得越来越重要,降低生产成本、提高产品质量、流水线管理都是流程创新的主要内容。例如,在手机制造行业中,小米通过设立"黑灯工厂"降低能源消耗和人力成本;在彩电行业的价格战背景下,长虹通过生产流程创新降低生产成本。

有时,成熟行业也呈现出市场集中度低的特征。由于激烈的竞争,每家企业占有的市场份额相对平均,没有任何一家企业拥有显著高于他者的市场地位。在这样一个成熟且零散的行业中,中小企业数量众多,进入壁垒较低,产品存在一定差异化,但由于企业的能力、经营区域、可接触到的消费者存在一定局限性,因此很难形成规模经济。例如，快餐店、理发店、洗衣店这类很大程度上依赖于消费地点的产品或服务往往就属于零散型行业。

营销工具4-4

行业集中度的测算

行业集中度指某一行业内买卖双方的数量及其相对规模的分布特征。由于大多数行业内买方力量较为分散，与卖方相比处于劣势，因此，在提到行业集中度时，往往指的是卖方集中度。行业集中度的测算有以下几种方式。

（1）市场集中度（CR_n）。市场集中度是市场中规模处于前 n 位企业市场份额的总和。计算公式为：

$$CR_n = \frac{\sum_{i=1}^{n} x_i}{X}$$

其中，X 是市场总量，一般可以使用行业内所有企业的总资产、销售额、产量等指标衡量；x_i 是排在第 i 位企业的市场量。一般来说，n 的取值不宜过大，控制在 10 以内。如果计算得到的 CR 越高，说明排在前几位的企业在市场中的比重越大，则整个市场越趋于集中。

（2）赫芬达尔指数（HHI）。该指数可以用来衡量市场中企业的离散度，是一种测量行业集中度的综合指数。具体的计算公式是：

$$HHI = \sum_{i=1}^{N} (x_i / X)^2$$

该指数于 $1/n$ 至 1 间变动，当 HHI 为 1 时，表明该行业被某一企业独家垄断，当 HHI 为 $1/n$ 时，表明行业中企业规模相似。因此，HHI 也能反映市场竞争激烈程度，HHI 越大，市场为垄断市场，竞争相对不激烈；HHI 越小，市场中企业势均力敌，竞争情况相对激烈。

零散型成熟行业中的企业想要扩展、壮大可以选择联合的方式实现规模经济，或是通过进一步差异化获利。

（1）联合。由于零散型行业中每个企业的实力都较弱，通过联合可以有效实现集中化，将小规模整合为大规模，实现规模效应。能够成功实施联合战略的企业能打破行业分散的状态，成长为行业中的领导者，并获得超额利润。

特许经营是联合零散小企业的一种有效方式。正如京东便利店所做的，在传统的"夫妻"小卖店缴付一定保证金后，就可以挂上"京东便利店"的牌子，使用京东的品牌、进货渠道和管理模式。这样做一方面解决了传统小卖店进货渠道不稳定、管理模式落后的问题；另一方面也使京东的便利店业务迅速扩张。由此可见，在特许加盟形式下，特许者可以将自己所拥有的品牌、产品、专利、经营模式以特许经营合同的形式授予被特许者使用，被特许者按合同规定从事经营活动，并向特许者支付相应的费用。这样做能够快速且有效地打破行业零散的格局。

此外，一些企业也通过标准化的生产、管理模式打破规模限制，实现了扩张。近年来，餐饮市场涌现出大量的中餐连锁型餐厅，如西贝、眉州等。这些餐厅通过建立中央厨房实现了供应链的创新，大大降低采购、生产成本，节省了店面人力投入，通过菜品制作的标准化让中餐餐厅实现了统一和高效，推动了餐饮品牌全国性的高速扩张。

（2）专门化和差异化。除了联合之外，企业也可以成为市场补缺者，通过进一步实施专门化和差异化来凸显自身与其他企业的差别，由此提升顾客黏性，实现市场份额的扩张。当企业所提供的产品或服务比竞争者更加专业，或是具备竞争者难以模仿的特征时，顾客对产品或服务就更加依赖，更愿意为获得专业性和差异点支付更高价格，企业也就更容易在竞争中脱颖而出，获得超额利润。

英国化妆品品牌 Lush 以"天然"作为其产品的差异点，选取水果、蔬菜、花草等天然原料，全程手工制造，产品造型也模仿食物，凸显纯天然的特点。此外，Lush 坚持不使用人工化学物质及防腐剂，不进行任何动物测试，采用简约的环保包装。Lush 独特的市场定位使其被消费者记住，在竞争激烈且相对均衡的化妆品市场中占据了一席之地，并凭借其独特的差异点快速得到全球消费者的喜爱。

（三）衰退行业

当某一行业产品的销量持续下降时，这一行业就进入到衰退期。衰退行业中的企业往往面临更大的威胁，其买方威胁、供应商威胁和替代品威胁都比以往要高。尽管如此，机会仍然是存在的。面对强大的威胁，衰退行业中的企业可以选择领导、利基、收割和剥离等战略来开发行业中存在的机遇。

（1）领导战略。衰退行业通常表现为由需求下降导致的生产能力与分销能力过剩。由于下游房地产市场需求的下降，2022 年中国钢铁行业迎来继 2008 年、2015 年以来的又一个寒冬。钢铁行业中的企业不得不经历一个明显的震荡期。在震荡期内，供过于求将导致大量企业遭遇破产或被迫收缩业务，最终整个行业的总供给会呈现下降趋势。在度过震荡期后，存活下来的小部分精干型企业可能又面临相对良性的环境，即环境威胁较少并且存有一定的市场机会。

如何才能熬过行业的"寒冬"？企业需要考虑采取各种措施以增加生存机会，尤其是要未雨绸缪。在面对 2022 年的行业震荡时，宝钢股份已有充分的认识，并做了充足的准备，以"降本、增效、变革"为主线，同时推动智慧制造以提升公司整体效率水平和综合竞争力。通过这些举措，宝钢股份期望在行业震荡期"跑赢"同行，坚持下来[16]。除坚持下来外，企业还需要为无法度过震荡期的竞争者提供退出通道，例如，收购竞争者的生产设施，为其提供配套产品，通过这样的手段为今后争取更为有利的竞争环境。在 2015 年的钢铁行业寒冬中，各大钢铁企业加大了并购重组力度，例如，宝钢集团与武钢集团联合重组成立中国宝武钢铁集团，提升行业集中度，增强行业在产业链上的议价权。

（2）利基战略。与在衰退行业中实施领导战略的企业不同，一些企业也可采取利基战略，缩减其经营范围，并将资源集中在相对狭窄的市场上。即便行业规模不断降低，只要行业内采取利基战略的企业数量有限，这些企业就还有获得有利竞争环境的可能性。例如，随着数码相机和手机拍照技术的成熟，胶卷和传统相机市场已渐渐衰落，需求不断下降。宝丽来将市场聚焦于相机发烧友，向其生产和销售一次成像相机"拍立得"，这使其在下滑的市场上仍能获得一定的利润。

（3）收割战略。实行收割战略的企业不会长期留在行业中，而是会通过有计划地退出而尽可能多地榨取价值。企业通过缩减产品范围、减少分销网络、放弃低端顾客、降低产品质量、降低服务质量，以及延迟维修保养等措施来实施收割战略。在实施了一段时间的收割战略后，企业可以采取出售业务等方式退出市场。例如，汤姆逊继2004年将彩电业务剥离给TCL集团后，又于2005年将其在中国、墨西哥以及波兰的彩管业务以总价2.4亿欧元的价格转让给一家印度公司，完成了其收割战略。

（4）剥离战略。在衰退行业中，企业面临的最后机会是剥离。当企业仅有很少的优势、尚未建立竞争优势以运用收割战略时，采用剥离战略更为恰当。尤其是衰退行业存在较为激烈的竞争时，企业更应进行快速剥离，及时止损。因此，与收割战略不同，剥离发生得很快，通常都是在行业出现衰退迹象时就开始实施剥离战略。

二、行业变革和竞争行为变化

行业的竞争环境并非一成不变，它会在企业的竞争和博弈中呈现出较高的动态性。企业管理者和营销人员的行业进入决策制定不仅依赖于当下的宏观和行业环境，还取决于行业的变革和企业间竞争的变化。

（一）行业变革的趋势

随着技术的不断成熟、市场间交流的频繁和竞争模式的演变与发展，如今的行业变革已不再是简单的线性发展，而呈现出一些新的趋势。

（1）行业集中化。近些年，一些行业的集中度正在不断提高。行业中的一些企业往往会通过并购来增强自身实力，或是减少竞争者数量[17]。竞争者数量减少，企业就能够拥有更高的市场份额和更强大的竞争力，它们对供应商和买方的议价权也就相应上升。中国的网约车行业经历了几次重大的横向合并事件，滴滴出行通过与快的、优步中国先后实施合并，成为中国网约车行业最有竞争力的企业之一。

（2）行业数字化转型。物联网、大数据和云计算等技术的普及为传统行业的发展带来了新的机遇。传统制造业企业开始积极探索数字化转型之路，通过建设企业资源计划系统（ERP）整合业务流程，通过构建智能制造系统随时掌握生产运营信息、优化生产效率，通过建设智能供应链管理系统优化库存管理，通过客户关系管理系统为顾客传递更高价值。海尔围绕"市场链流程再造"这一核心，使用了多个数字化系统优化管理资源和市场资源的配置，提高了企业管理系统的效率和柔性。

（3）行业间融合发展。行业间融合是指不同行业相互渗透、相互交叉，最终融为一体，并形成新行业的动态发展过程。一般而言，行业融合往往发生在行业边界和交叉处。例如，信息技术革新使原来互相独立的行业相互渗透，行业边界逐渐模糊，促成了诸如互联网行业与制造业、互联网行业与传媒业等行业的交叉关系。

行业间融合产生了巨大的影响。行业融合使原有行业的产品特征和市场需求发生了改变，这就要求企业具备较高的适应性能力，并能够快速接受和消化变革性创新。此外，行业融合也使企业之间的竞争合作关系发生改变，行业界限逐渐模糊化，竞争关系也需要重新界定。对此，企业需要以更加动态的视角捕捉市场和行业的变化。

营销洞见4-5

"互联网+"推动行业融合

2015年3月，我国政府工作报告首次提出制订"互联网+"行动计划，推动移动互联网、云计算、大数据、物联网等与现代制造业结合，促进电子商务、工业互联网和互联网金融健康发展，引导互联网企业拓展国际市场。2015年6月，国务院常务会议通过了《"互联网+"行动指导意见》，把"互联网+"行动计划上升为国家战略，并把它作为新常态下的经济增长新引擎。

互联网产业的发展对很多行业都产生了深远的影响，这些行业包括零售、金融、教育、医疗、汽车、农业、化工、环保、能源等。除此之外，"互联网+"行动对传统IT行业也产生了变革性的影响，改变了其行业业务模式和商业模式。

"互联网+制造业"的行业融合让生产制造更加智能。互联网技术的融入推动了制造业升级，颠覆了传统制造方式，在制造过程中融入网络技术，实现生产模式革命，为制造业带来技术的创新、成本与时间的节约，并助力培育市场潜力与机会。例如，小米等互联网公司就在制造业和互联网融合的变革中，通过价值链重构、轻资产、扁平化、快速响应市场等方式不断抢占传统制造企业的市场。

"互联网+农业"的行业融合催化中国农业品牌化道路。互联网与农业这一最传统产业的融合，使农业发展焕发活力。利用信息技术对土壤、肥力、气候等进行大数据分析，提供种植、施肥相关的解决方案，能够提升农业生产效率。互联网时代的新农民也可以利用互联网获取先进的技术信息，通过大数据掌握农产品价格走势，从而决定农业生产重点。同时，农业电商能够有效减少中间环节，使农民获得更多产品销售利益。

资料来源：

[1] 张颖, 孙华, 吴珊, 等. 互联网+"将成经济增长新引擎 银行等三类金融股触网焕发新"升"机[N]. 证券日报, 2015-03-14(B01).

[2] 深入推进"互联网+"现代农业行动 加快新农民创业创新[N]. 农民日报, 2016-09-06(002).

（二）企业竞争行为变化

除了识别行业中的机会外，企业也需要面对日益激烈的行业竞争。在传统经济下，企业间的竞争大多呈出价格战、广告战等形式。但在产业升级、数据技术迅速发展的情境下，企业竞争行为呈现新的形式和趋势。

（1）竞合行为。如今，企业的发展不再是独立于其他企业之外的存在，而需要时刻与其他企业合作，从而达到经营目标[18]。所以，在竞争者和合作伙伴身份随时切换的经营环境下，企业要树立更加包容的竞争合作观念，以及实现双赢的思想[19]。例如，民用航空行业中，各大航空公司之间虽然存在一定竞争关系，但通过建立航空联盟、共享航班代码，可以实现良性合作，降低运营成本，实现双赢。

企业间顺利缔结竞合关系需要建立在特定的行业条件下。当新竞争者的加入改变市场结构时，原有企业之间更容易缔结竞合关系。在面对碳酸饮料市场的新进入者时，可口可乐和百事可乐也会联手促销，对其进行打击。当技术快速变革时，企业需要与其他企业甚至竞争者进行合作，加速技术研发进度，实现快速推出新产品、分担研发成本的目标。电子消费领域的两大巨头，三星和索尼曾签订"专利共享协议"，双方可免费或低价使用对方所拥有的绝大部分电子电器专利技术。这一协议的签订大幅提升了双方的技术实力。有时，企业的利益相关者也会对企业的行为产生影响。相互竞争的供应商有时会为了满足顾客需求而缔结竞合关系，例如，英特尔就曾与 AMD 合作推出第八代智能英特尔酷睿处理器。此外，当行业中一些竞争者间缔结了合作协议，其他企业间竞合关系的数量也会相应增加。

 概念定义：

利益相关者（stakeholders）：对企业产生影响的，或者受企业行为影响的任何团体和个人。企业主要的利益相关者可以分为内部利益相关者和外部利益相关者。内部利益相关者主要包括股东、机构投资者、管理层、员工等。外部利益相关者包括政府、购买者和供应商、公众等。

（2）威胁性竞争行为。有时，企业也会采取威胁性竞争行为，旨在大力提升企业的竞争地位，威胁竞争者的市场地位。定价、产品创新和并购是企业在竞争中常用的手段。

随着数字经济与大数据时代的到来，企业的价格战愈演愈烈。许多企业在进入市场之初，就会采用掠夺性定价的方式展开竞争。掠夺性定价指企业以低于成本的价格销售产品[20]。一般而言，采用掠夺性定价的企业大多是实力雄厚的大企业，它们较小企业更能忍受低价造成的亏损。通过低价，这些企业可以有效打击竞争者的地位，快速获得市场份额。当其成功打击甚至挤出竞争者后，就会恢复正常定价。因此，实施掠夺性定价的目标是追求长期利润最大化。例如，滴滴出行在进入市场之初就利用这种定价方法快速挤出竞争者，成为网约车市场霸主。在拥有了足够的消费者基础后，滴滴出行逐渐恢复价格，实现盈利，即用未来的长期收益弥补当前的短期损失。

Mini案例4-4

网约车行业大战

近年来，我国汽车共享出行产业发展迅速，特别是网约车这一创新业态，借助平台使闲置车辆与消费者之间精准匹配，一定程度上缓解了中国当前迫切的出行供需矛盾，减少了中国交通运输压力，凸显出巨大的经济及社会价值。网约车行业是出租车、互联网、信息技术等行业相互融合的新兴产业。

2009 年优步在美国成立，意味着网约车第一次进入人们视野。不久之后，中国的企业纷纷效仿优步，如 2010 年成立的易到用车和 2011 年成立的摇摇招车。以滴滴为首切入出租车市场的网约车企业发展则非常迅猛，滴滴在创业初期相当于一个为传统出租车司机提供网络约车服务的工具。滴滴上线之后迅速开展与出租车公司的合作,但并未立即获得出租车司机的信任。这种合作关系在 2012 年冬天终于迎来了转机，当用户发现使用滴滴真的可以足不出户打到车时，滴滴很快便在社交网络引爆，用户数从 2012 年底开始迅速增长。出租车司机通过滴滴可以降低空车率、增加收益，在利益驱动下，滴滴与出租车公司的合作变得更为紧密。

2014年6月,优步正式进入中国市场。同年6月至9月,优步、快的、滴滴相继推出"网约专车"服务,并开启微信支付辅助功能。2015年5月,滴滴快车平台上线,价格比专车更为低廉,并实行零起步价。同年7月,滴滴又推出"合乘拼车"系统,重在推动分享,挖掘车内每个座位的价值。

疯狂的补贴和融资是网约车企业的主要竞争策略。相关数据显示,滴滴和快的在2014年一年通过补贴"烧掉"了24亿元人民币。2015年3月,为了共同抵御"外敌"优步,滴滴和快的在资本的推动下合并。新公司和优步的激烈竞争同样也无法绕过烧钱补贴这一步。仅2015年一年,滴滴亏损达到100亿元人民币;优步的烧钱速度也与之不相上下,2015年优步在中国亏损达10亿美元。

在激烈的竞争之外,行业也加快整合步伐。继2015年与快的合并后,滴滴与优步中国在2016年达成合并协议,最终形成国内一家独大的局面。往后的几年内,滴滴长期在网约车市场占据90%以上的市场。

资料来源:
[1] 路江涌,戎珂,王萌. 滴滴优步如何成功上位——网约车合法化之路及后续挑战[J]. 清华管理评论,2016,46(11):24-35.
[2] 王家宝,刁雅钰,陈玮玮,等. 破坏性创新与新兴产业竞争优势——以网约车行业为例[J]. 工业工程与管理,2019,24(4):167-173.
[3] 宋于芳. 基于 SCP 范式中国网约车平台竞争策略及影响分析[J]. 全国流通经济,2022(7):143-145.

技术创新也是一种有力的竞争手段。通过技术创新,企业能够具备更强的竞争优势。苹果、比亚迪、华为均依靠其创新的技术、雄厚的研发实力巩固了市场的竞争地位。创新性的技术能够为产品带来差异点、构建较高的壁垒抵御竞争者的进攻。然而,想要保持住较高的创新水准也并非易事。研发创新是一项风险很大的投资活动,且需要企业持续不断地研发投入,因此,只有建立起创新管理系统,能够系统收集、审查、评估和管理新产品构思的企业才能通过技术创新在竞争中胜出。

也有一些企业通过实施并购手段发起威胁性竞争行动。并购是企业为获得其他企业的控制权而进行的产权交易活动。并购能够帮助企业实现外部性成长,历史上的许多巨型企业都是通过兼并其竞争对手的方式成长起来的。例如,吉利花费不到20亿美元收购了沃尔沃汽车,使一个本土品牌快速升级为国际性品牌。通过收购沃尔沃,吉利不仅提升了技术和产品生产能力,还获得了建设新生产基地、扩大生产规模的机会,推动了销售收入的提升。

通过并购,企业所在行业的结构也发生了相应的改变。横向并购会导致市场趋于集中化,实现规模效应,此外也促成了生产要素从效率低下的企业汇集至效率较高的企业手中,有利于提升资源的配置效率。

(3)平台企业的竞争行为。数字经济的发展催生了大量的平台企业,"赢者通吃"(winner-takes-all)成为平台型企业市场竞争的重要特征,即拥有竞争优势的企业可以获得较大的市场份额,形成较大的企业规模,这种较大的企业规模会提升企业的服务和产品质量,帮助企业获得更多利润,使企业进一步吸引更多的用户加入。

由于存在网络效应和掌握消费者数据的控制权，平台企业和互联网企业往往能建立起难以逾越的进入壁垒。为了获得网络效应和消费者数据，扩张成为数字经济时代企业竞争的主要目标。

为了扩大市场份额，平台型企业往往会以利润换市场，即通过实施掠夺性定价来快速扩张市场份额。然而，掠夺性定价是一种恶性竞争定价行为，实施这种定价的企业依靠自己的市场支配地位、雄厚的资金基础和强大的分散经营能力，严重打击了中小企业的利益，造成垄断的市场地位，损害了社会福利。此外，平台型企业能够获得大量消费者数据，这就支持了它们的一级价格歧视策略，甚至一些企业会依此进行"大数据杀熟"。

自我优待是平台企业竞争的另一手段，它指对自己经营的产品进行优待的行为，具体包括对竞争产品进行算法惩罚、利用对手数据辅助自身决策等。例如，美国亚马逊利用其电商平台 Marketplace 上第三方零售商的数据来辅助自己品牌的营销决策，并为自己的产品提供更加醒目的广告位。

一些平台企业也会通过限定交易在竞争中胜出。限定交易指企业要求交易方仅能与其，或与其指定的第三方进行交易。2016 年，某外卖平台要求入驻商家仅能在其平台经营，一旦发现商家在其他外卖平台上注册账户，该外卖平台就停止商家的账户使用权。这在一定程度上违反了有关法律法规，并对消费者福利和公平竞争产生了消极影响。

最佳实践 4-2：顺丰：一路相伴，不负所托

最佳实践4-1

字节跳动：激发创造，丰富生活

在很多人的眼中，"内容平台"一直是字节跳动的代名词。不论是成立之初试水的内涵段子、搞笑囧图等产品，还是如今已成为国内主流资讯客户端之一的今日头条，甚至是现在很多人每天都要刷一遍的"抖音"，都可以看作是基于内容的"头条系"App。创立十几年来，字节跳动围绕内容产品在不断扩张，目前已经形成了庞大的产品矩阵，更被称为"App 工厂"。

在巨头林立的中国互联网市场里，字节跳动凭借今日头条成功突出重围，走出了一条不一样的道路。在当时，移动终端技术的不断进步，以及智能手机的广泛使用，使移动端成为用户最常用的上网终端。从 2010 年开始，使用移动端上网的中国网民爆发式增长，越来越多的人使用手机上网，传统纸媒、门户网站、创业公司纷纷推出移动资讯客户端，人们也越来越依赖从手机端获取信息。在这样的环境下，字节跳动在 2012 年 8 月发布了资讯类 App——今日头条，其区别于新闻资讯简单汇总的新闻客户端，开创了一种全新的新闻阅读模式，是一款涵盖新闻、视频、文章、资讯的推荐引擎类产品。该产品利用个性化推荐引擎和数据挖掘技术，可以发现用户所感兴趣的资讯，向用户准确推送。

今日头条的成功，显然让字节跳动发现了移动互联网络场景下新的成功秘诀：通过依托算法的个性化推荐，在资讯领域获得爆炸性的流量。之后，通过共享算法、相互引流的协同效应，2016 年，字节跳动迎上国内短视频的"风口"，先后孵化了主打 PGC 的

西瓜视频和主打 UGC 的火山小视频；同年 9 月，又推出社交类短视频软件抖音。

事实上，抖音并非第一家进入短视频平台行业的企业。在抖音之前，小红书、美拍、快手均已是知名的短视频企业，其经营时间都比抖音更长。抖音之所以能够在激烈的竞争中脱颖而出，主要是因为它识别出短视频平台的一些缺陷，并针对这些缺陷进行了改进。抖音发现短视频平台一味追求内容产品的病毒式传播，由此导致了平台内容的劣质模仿问题，这一现象使短视频平台的内容质量参差不齐，严重影响了用户的体验。基于这些问题，抖音明确了其音乐社交短视频平台的形象，以一、二线城市的 Z 世代人群为切入点，进入市场，并实现了对快手等短视频业务先发者的换道超车。抖音专注于年轻人的创意音乐短视频，用户可通过"自主拍摄＋DIY 音乐"的形式，创作出 15 秒的精致内容，并分享给社群中的其他用户。随着抖音崭露头角，字节跳动从公司层面也开始有意识地向抖音投入更多资源：一是字节跳动先进的个性化推荐算法；二是流量倾斜，对外投放大量广告。这也促使抖音迅速成长为继今日头条之后"头条系"又一流量池。

2017 年，字节跳动加大了海外短视频领域的布局。一方面，火山小视频的海外版 Vigo Video 和抖音的海外版 TikTok 相继上线；另一方面，公司全资收购美国短视频应用 Flipagram、10 亿美元收购音乐短视频平台 Musical.ly，进一步完善海外短视频市场布局。2018 年 8 月，Musical.ly 品牌停止使用，原平台的用户、数据等一切资产并入 TikTok。对用户而言，新 TikTok 覆盖了更多的文化圈层，运营范围涵盖了更多国家和地区，更加体现了"全球化运营"的特点。这一合并后，TikTok 成为海外短视频领域的领先者，而抖音在中国领先，字节跳动也因此成为短视频"赛道"的全球引领者。

同时，字节跳动还在国外陆续投资、收购了 Dailyhunt、BABE、News Republic 等公司。在公司扩张期间，字节跳动还实施多元化经营，将业务版图延伸至金融理财（钠镁股票）、电商（放心购、值点）、教育（gogokid）、社交（多闪）等领域，至此，字节跳动"资讯分发＋内容社区＋短视频＋海外"的核心业务矩阵基本形成。此外，依托多元产品，字节跳动在 2019 年初发布营销平台新品牌巨量引擎。巨量引擎的主要目的是帮助广告主实现深度洞察及营销转化。为实现这一目标，巨量引擎需要汇集海量移动互联网高精度数据，并在此基础上训练模型，进行分析和预测。

随着经济社会的发展、科学技术的进步以及人类生产生活方式的深刻变革，互联网行业具有无比广阔的发展空间。由于把住了互联网行业发展的脉搏，踩准了移动互联网时代的鼓点，字节跳动仅用了 11 年便成为全球第一独角兽企业，并以全新玩法推动了行业格局的重新洗牌。

讨论题：

1. 字节跳动的发展受到哪些外在因素影响？
2. 字节跳动作为后发企业进入短视频平台，它是如何实现反超的？

资料来源：

[1] 谢佩洪，李伟光. 字节跳动的国际化突围之路——以 TikTok 封禁事件为例[J]. 清华管理评论，2022(6): 98-107.

[2] 李红妮.新媒体广告生态下互联网营销服务平台的赋能逻辑——以巨量引擎为例[J]. 传媒，2021，351(10): 70-72.

[3] 邵原. 字节跳动互联网行业破局者[J]. 企业管理，2020，464(4): 72-76.

本章小结

（1）企业所处的环境处于不断变化过程中，分析企业所处的环境影响，需要从宏观环境开始。宏观环境包括对企业营销战略选择产生影响的一系列情境性因素，如政治因素、经济因素、社会文化因素、技术因素、环境因素和法律因素。这些因素对企业营销战略的制定具有重要的影响。

（2）企业在竞争过程中面临五种潜在的行业环境威胁，分别是进入者威胁、行业内竞争威胁、替代品威胁、供应商威胁和买方威胁。了解企业所处行业结构的特征，能够帮助企业按照市场形态来制定和调整战略，进而帮助企业获得超额利润。

（3）分析竞争者是企业在竞争中制胜的关键环节。在分析过程中，企业需要界定竞争范围，动态地调整竞争者的范围。竞争者的数据包含公开资料、一手资料，来源丰富多样，呈现出"碎片化"特征。

（4）根据SCP框架，不同行业结构提供了不同的市场机会。新兴行业中的企业可以通过技术优势、占据排他性战略资源、制造顾客转换成本等方式把握住先发优势；成熟行业中的企业则需要通过改进产品、强调服务、流程创新来提升竞争优势；成熟行业零散型的市场结构中，企业可以通过联合、专门化或差异化实现市场实力的提升；衰退行业中的企业可以选择领导、利基、收割和剥离等策略来开发行业中存在的机遇。

（5）行业发展趋势呈现出集中化、数字化、融合发展的新特征。在这样的背景下，企业间竞争行为呈现出新的形式和趋势，竞合行为可以将竞争者转化为合作伙伴，实现双赢。数字经济时代下，威胁性竞争行为的表现形式主要包括掠夺性定价、技术创新和并购。数字经济背景下，由于网络效应的存在，"赢者通吃"成为市场竞争的重要特征。

关键术语

PESTEL分析（PESTEL analysis）　　结构—行为—绩效框架（SCP framework）
五力模型（five forces model）　　竞争者分析（competitor analysis）
市场领导者（market leader）　　市场挑战者（market challenger）
市场追随者（market follower）　　市场补缺者（marker nicher）
先发优势（first mover advantage）　　竞合（coopetition）
掠夺性定价（predatory pricing）　　平台企业（platform enterprises）
网络效应（network effect）

回顾性问题

1. 影响企业营销战略选择的宏观环境因素有哪些？
2. 什么是"结构—行为—绩效框架"？这一框架对企业的营销战略选择有什么启示？
3. 五力模型包括哪些因素？这些因素如何影响行业环境？
4. 如何收集竞争者的信息？有哪些信息获取渠道？
5. 不同的行业形态中，企业应如何捕捉市场机会、制定营销战略？

6. 现阶段行业变革和企业间竞争呈现出哪些趋势？

辩论性问题

辩论题：长尾理论有效吗？

一种观点认为，互联网时代长尾产品可以汇集成江河，长尾效应很有效。另一种观点则认为，无论线上还是线下的消费者都喜欢畅销产品，长尾效应被无限夸大。

正方：长尾理论很有效。

反方：长尾理论并不有效。

实践性问题

1. 选择一个你熟悉的行业，分析这一行业的发展受到哪些宏观环境因素的影响，行业中的供应商、买方、替代品、新进入者和其他竞争者如何决定行业竞争格局。

2. 选择一个企业作为你所在企业的核心竞争者，尝试收集该企业的信息，使用波特的竞争者分析框架对该企业进行分析。

3. 结合网约车行业的价格战、团购行业的"百团大战"，以及彩电市场的价格战，总结数字时代的行业竞争有哪些特点，为什么数字时代的行业竞争呈现出与传统时代行业竞争不同的特点。

延伸阅读

[1] 亚当·布兰登布格尔，巴里·纳尔巴夫. 竞合法则[J]. 哈佛商业评论（中文版），2021(1): 85-93.

[2] 陈衍泰，罗海贝，陈劲. 未来的竞争优势之源：基于数据驱动的动态能力[J]. 清华管理评论，2021，89(3): 6-13.

[3] 王毅. 颠覆性创新的领先市场战略[J]. 清华管理评论，2020(9): 112-118.

[4] Saarikko T, Westergren U H, Blomquist T. Digital transformation: Five recommendation for the digitally conscious firm[J]. Business Horizons, 2020, 63(6): 825-839.

参考文献

即测即练

第五章

分析企业内部条件

> 知人者智，自知者明。胜人者有力，自胜者强。
>
> ——《老子·三十三章》
>
> 越是企业变革的时候，越是苦练内功的时候。
>
> ——王传福（比亚迪创始人）

学习目标

1. 认识企业资源与能力；
2. 了解企业价值链分析方法；
3. 熟悉营销绩效分析方法；
4. 掌握SWOT分析工具。

开篇案例

京东方：一路超越 创领未来

在过去的20年里，全球半导体显示产业经历了一场深刻而巨大的变迁。最初，TFT—LCD研发和生产技术掌握在日本、韩国以及我国台湾三地企业手中，而作为中国半导体显示行业的领军企业，京东方科技集团股份有限公司（以下简称"京东方"）彻底结束了中国大陆"少屏"的局面，也改变了全球产业格局。

一、收购引进

1993年4月，京东方成立，从此开启了国际化和产业创新之路。在早期的发展过程中，由于存在技术、资金、人才等资源劣势，京东方很难开展大规模原始性创新活动，必须通过贴牌代工、技术合作、跨国并购等方式突破自有资源稀缺桎梏，以此获得参与市场竞争的资格。1998年，京东方开始布局进军液晶显示领域，并开始战略规划与技术积累。2003年，京东方以3.5亿美元收购韩国现代公司（HYNIX）旗下的HYDIS TFT-LCD业务，获得HYDIS的全面知识产权（包括TFT-LCD应用技术、设计技术和制造技术等）。此次收购包括现代集团所有与TFT-LCD业务相关的厂房、建筑物、机器设备、动力设备等固定资产，专利、技术、研发力量等无形资产，以及全球性TFT-LCD市场份额和营销网络等海外资产。

伴随着收购的完成,京东方开始不断地推行自己的技术创新策略:先收购、掌握技术资源与市场,再合资投资新生产线,以最快速度、最大限度加入TFT-LCD市场,使京东方成为显示行业主流产品领军人。京东方引进了1700多名韩国管理、技术人员,韩国技术专家崔炳斗也由此出任京东方副总裁并于日后升任COO(首席运营官)。到2005年底,京东方掌握的TFT-LCD相关专利已经达到2000多项,自主研发的"宽视角"技术在国际处于领先地位,并已经向国际企业进行专利许可。关键技术的获得与发展,使京东方具备了向TFT-LCD产业扩张的核心竞争力。

图5-1 京东方曲面大屏
资料来源:京东方官网截屏。

经过一系列设备、技术和人事等调整后,京东方进一步加大了技术研发投入,以缩小与日韩领先企业之间的技术差距,其中包括承建国家级工程实验室、培养专业化人才队伍、开展跨国技术交流合作、组织重大技术攻关等。同时,来自政府的政策扶持和资金助力,也将企业发展带入更快"车道"。在这一时期,京东方的液晶面板项目在国内多地获批,企业技术实力也获得了长足发展,高世代生产线的大规模量产更意味着以京东方为代表的中国液晶面板行业的全面崛起。

京东方通过对HYDIS的并购获得了技术能力,而对冠捷科技的并购则使其打通了下游产业链。京东方收购冠捷科技,就是为了解决京东方TFT-LCD产品起步的市场问题,以达到降低市场风险的目的。借助冠捷科技的全球组装及销售能力,以及完备的全球销售网络,京东方产品可以更好地进入国际市场,并迅速塑造和提升产品形象。因此,通过收购冠捷科技,京东方完成了TFT业务从研发—生产—销售的垂直整合,拥有了从TFT-LCD面板到显示器整机的技术和生产能力,以及遍及全球的市场、研发、服务体系,构筑了一个完整的TFT-LCD产业链,从而奠定了其作为"显示领域的世界级企业"的基础。

二、发展核心技术

曾经,中国企业基础创新工作长期陷入"引进—落后—再引进—再落后"的恶性循环，企业缺乏自主核心技术是多年来制约中国科技与经济发展的重要问题。但京东方并没有陷入这一怪圈，反而成功从模仿到创新，发展核心技术能力，构建创新型企业。其发展的关键要点在于：第一，坚持把技术创新作为企业发展的原动力，一直保持高强度研发投入，促进创新能力的提升；第二，基于显示、传感、人工智能和大数据四大核心技术，京东方构建了显示和传感器件（D）、智慧系统（S）和健康服务（H）三大核心事业（DSH），清晰化业务布局，培育企业下一个增长极，实现企业营收与利润的长期稳定可持续发展，最终实现创造客户价值的企业终极目标；第三，善于总结提炼技术创新规律，并尊重、运用技术创新规律，从而实现企业战略性持续性创新发展。可以说，京东方的技术能力从本质上提升了企业竞争优势。

为了保障未来持续性的竞争优势，京东方从2009年起着手构建技术研发体系：成立CTO组织，技术研发中心人员数量不断增多，人员结构趋于多样；2010年建成研发中心大楼和实验线。京东方技术创新体系的搭建和成熟，扩展了企业研发活动的范围和效率，成为促进企业获得持续性创新的核心动力基础。从2010年构建技术研发体系开始，2011年京东方专利申请数量突破1000件，比2010年增加一倍。京东方通过完整的技术创新体系，不断进行技术和产品的创新，为公司业务发展提供强有力的技术支撑，助力其获得持续性竞争优势。此外，京东方还实施SOPIC组织创新变革，将企业战略落实到组织层面。

三、市场引领

经过多年的专心专注发展，京东方已成长为全球半导体显示领域领先企业，显示器件整体及五大主流产品的市场占有率均保持全球第一。如今，京东方不再只关注简单的数量规模，而是开始思考如何通过技术与产品创新拓展应用、赋能场景，推动行业健康发展。2019年，京东方在医疗、车载等12个物联网创新应用市场，同比实现100%增长；同时，重点打造的智慧零售、智慧交通、智慧金融等行业解决方案，深度结合场景，产品类型多样，满足定制需求，成为广大用户的首要选择。

在多年的发展中，京东方坚持以企业级长期战略为指引，以逆周期的高额研发投入和总结与尊重技术创新规律为保障来积累企业核心技术，并在技术创新体系的完善下保障持续性竞争优势。京东方以自主创新应对市场变化，提升全球竞争优势，实现持续性发展。

思考题：

1. 京东方的核心竞争力是如何形成的？经历了一个什么样的发展阶段？
2. 京东方在持续创造客户价值方面有何特色？

资料来源：

[1] 陈劲, 贾筱. 自主赢尊重：京东方的产业颠覆之路[J]. 清华管理评论, 2018(5): 80-88.

[2] 陈炎顺. BOE（京东方）董事长陈炎顺：融和共生，赋能场景[J]. 清华管理评论, 2019(12): 23-27.

[3] 柳卸林, 简明珏. 通过兼并可以实现跨越创新吗——京东方的并购与创新[J]. 管理评论, 2007(8): 10-16+48+63.

[4] 臧树伟, 陈红花, 梅亮. 能力演化、制度供给与企业突破性创新[J]. 科学学研究, 2021, 39(5): 930-939.

[5] 京东方科技集团股份有限公司官方网站：https://www.boe.com/about/index.

第一节　分析企业资源与能力

通过上一章的外部环境分析，企业能够识别出市场机会点，可以找到市场突破口。然而，制定有效的营销战略还需要依赖于对企业的内部条件进行分析，即主要对企业具有的资源和能力进行分析。只有这样，企业才能明确自己的竞争优势和劣势，从而在特定外部环境下，制定并实施成功的营销战略。

一、资源基础观

企业竞争优势的来源是企业在制定战略时亟须关注的问题。"结构—行动—绩效"框架过于关注企业的外部环境，难以对其做出解释。事实上，企业是资源的集合，企业的内部资源影响了企业绩效和企业的成长路径[1]。结合这一观点，资源基础观（resource-based view）应运而生。资源基础观将企业视为有形资源和无形资源的组合，并指出，企业间绩效差异的根源在内部因素上，即企业间资源和能力的差异[2]。也就是通过资源和能力的相互作用，企业能够发展出核心竞争力（core competence），核心竞争力往往会作用在企业的各类具体业务活动中，这些活动利用核心竞争力获得竞争优势，从而产生卓越的业绩（见图 5-2）。

> **概念定义：**
>
> 核心竞争力（core competence）：那些能够为企业带来持续竞争优势的独特资源与能力。

资源基础观为明确企业竞争优势、分析企业内部条件奠定了一个系统框架。企业可以沿着这一框架对自己所拥有的资源和能力、核心竞争力、竞争优势做出逐一分析。在实际分析过程中，企业很容易将注意力集中在有形、可观察到的要素或活动上，如企业某一产品或服务的成功，而忽视那些背后的无形要素，或是难以直接观察到的业务流程。虽然这些外在表现是竞争优势的一部分，但隐藏其后的无形部分往往更为重要，它们支撑和奠定了有形部分。

为了厘清竞争优势的来源，本章按照这一框架，从企业有形和无形的资源入手，介绍企业内部条件的主要内容。

二、企业的资源

资源是企业拥有并且可控制的有形和无形要素，可分为有形资源、无形资源和人力资源[3]。有形资源是那些具有物理属性并且能被观察到的资源，包括资本、土地、建筑物、工厂、设备等。无形资源没有物理属性，因此是不可见的，如品牌、专利等。人力资源是管理者与员工的专业知识、技能以及士气的总和。

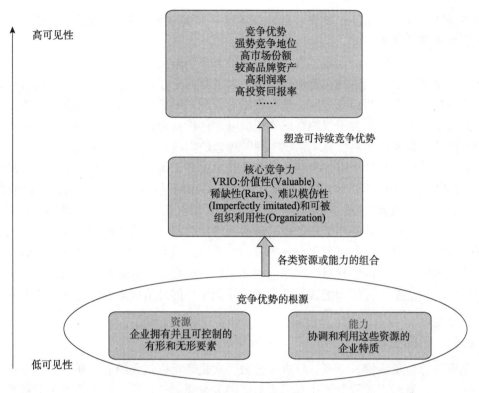

图 5-2 竞争优势的来源

资料来源：根据 Svend Hollensen. Marketing Management: A Relationship Approach[M]. (4th edition). Amsterdam: Pearson Benelax 2019: 35 整理。

（一）有形资源

（1）财务资源。财务资源是企业重要的有形资源，是企业从各种渠道获得的、可用于构造并实施其战略的所有资金，包括企业的自有资金、商业信用、股权融资和债权融资等。财务资源的短缺会让企业陷入资金困境，缺少流动性资金甚至会导致企业破产。因此，很多企业尤其注重对流动性的管理。

除了未雨绸缪外，以延期付款或预收货款的形式获得供应商或顾客的商业信用也能够提升企业可支配的财务资源。一般而言，在供应链中议价能力较强、具有大规模顾客基础的企业往往能够从供应链中以延迟支付货款的方式获得商业信用。唯品会财报中长期存在比例较高的应付账款余额，2009—2020年平均应付账款占总资产的比例高达37%，这说明唯品会长期通过占用上游供应商商业信用的方式获得财务资源[4]。

股权融资和债权融资也是企业获得外部财务资源的有效方式。企业的留存收益，即企业从历年实现的利润中提取或形成的留存于企业的内部积累，也是一种重要的财务资源。

（2）物质资源。物质资源包括企业的车间、设备、所处的地理位置及原材料供应渠道等。生产设备的资源质量对制造业企业尤为重要，是塑造其竞争优势的关键因素之一。小米公司在北京亦庄自建了首个智能工厂，其生产线自动化率达到80%，综合效率领先竞争者 30%以上。智能工厂的建设帮助小米进一步布局前沿技术，使其在智能制造业获得了突出的竞争优势。

作为一种物质资源，地理位置对于关注线下市场的企业至关重要。人流量大的交通枢纽、住宅区都是便利店的优选地理位置。名胜景区是星巴克在中国进行店面选址时重点考虑的位置。在杭州西湖景区，星巴克沿着西湖的断桥、雷峰塔、曲院荷风等重要景点处开设了店面。消费者不仅能在此享用咖啡，还能将西湖美景收于眼底。这一排他性的地理位置资源支持了星巴克"第三空间"理念的实施。

获得独特的原材料渠道也能够帮助企业获取物质资源。农夫山泉以做"大自然的搬运工"著称，自1999年开始，农夫山泉在全国先后布局了包括浙江千岛湖、广东万绿湖、四川峨眉山以及新疆天山、玛纳斯等 12 大优质天然水源，专注生产"天然水"。不同于农夫山泉，另一些企业专注于以低廉的价格获得原材料，并凭借此获得竞争优势。蜜雪冰城的饮料售价之所以能够低于行业均价，主要原因就在于其拥有价格较低的原材料渠道。蜜雪冰城有自己的原材料生产基地和加工厂，还自建了仓储物流配送体系，实现了原材料生产、加工、存储和配送的全自营，降低了中间环节成本，凭借物美价廉获得了竞争优势。

（二）无形资源

无形资源包括品牌、专利、技术、智力、文化等难以量化的、不在企业财务报表中反映的资源。有时，无形资源比有形资源更能为企业创造价值，因为这些无形资源十分抽象，难以被其他企业轻易模仿和复制，能够成为企业的"护城河"。

商标和品牌是企业重要的无形资源。注册商标受到法律保护，企业通过经营这一商标，能够将其塑造为有价值的、消费者愿意支付溢价的品牌，进而成为企业的竞争优势，为企业带来卓越绩效。

专利同样是能够为企业带来竞争优势的无形资源。专利一旦被授权，将受到法律保护，可以有效阻止竞争者使用相同的技术生产和销售同类产品，能够在一定时间范围内帮助企业维持竞争优势。然而，要获得专利授权需要企业在研发方面持续投入，很多企业发现研发投入难以快速带来收益，便中断了支持或是缩减了金额，这导致研发的失败。想凭借专利资源获得竞争优势的企业往往要坚持投入高额的研发经费，即使在收益波动期间也不能中断。例如，华为 2023 年度在研发上共计投入 1647 亿元，近 10 年累计投入的研发费用超过 11 100 亿元。

关系也是企业重要的无形资源，它反映企业与供应商、分销商、顾客，以及社区等利益相关者之间的关系水平。关系资源的类型会随利益相关者的类别改变而改变，例如，渠道关系是企业与渠道商之间的关系资产，政企关系反映企业与政府机构之间的关系水平。

随着数字经济的快速发展，智力资源对企业核心竞争力形成的作用日益凸显。智力资源体现为企业管理者和员工的思维能力、智慧、技能，以及借此获得的具有价值的思维成果、知识、经验等多种形式。知识资源能够帮助企业获得市场感知、技术创新，从而提高企业竞争力、实现绩效增长。在数字经济背景下，基于数据的智能系统发挥着巨大的作用。例如，抖音旗下的巨量引擎依托创新的数据分析技术构建出智能洞察系统，为企业提供了智能策略、智能投放、智能评估的完整广告解决方案，成为抖音不可或缺的智力资源。

关系和智力资源的发展和演变在许多方面交织在一起。亲密关系使顾客知识得以发展和完善。知识又指导公司选择与哪些利益相关者保持一致、建立关系。这主要是因为关系和知识通常是由同一组人发展起来的，顾客服务人员与多个不同顾客群体建立起关系，通常他们会对顾客的背景产生独特的见解、行为和倾向，即知识的产生[5]。

（三）人力资源

人力资源指管理者和员工的个人经验、判断力、才智、关系，以及洞察力等。这类资源的重要性是显而易见的，任正非、张瑞敏、乔布斯等知名企业家对企业的贡献是毋庸置疑的。但是，人力资源的价值并非局限于企业家和高级管理者，对于很多企业，最基层、最普通的员工对企业的成败也有着重要的影响。海底捞为员工提供干净、整洁的宿舍，给予员工一定工作授权，打通员工的晋升通道，其目的就在于优先满足员工的需求，调动员工的服务积极性，激发员工的潜力，创造企业的竞争优势。

营销洞见5-1

营销近视症

营销近视症（marketing myopia）指企业仅关注现有的欲望而忽略顾客需要的变化。在商业史上，不乏曾经伟大的企业罹患营销近视症的案例，比如，曾引领音乐播放器行业的索尼公司产品就在苹果公司iPhone的冲击下风雨飘摇；胶卷行业的龙头企业柯达也因营销近视症而风光不再。

企业罹患营销近视症的主要原因是管理者没能以顾客为导向，而是过于关注产品导向，错误地定义了自己的行业。铁路业市场增长的停滞不代表客运和货物运输的需求萎缩，如果管理者对行业、产品、技术持有相对狭窄的定义，就会导致早衰。

以顾客为导向的管理方式则能够使增长型行业保持活力，并努力创造顾客满意的产品和服务。这些产品或服务的内容、提供方式往往是营销活动的结果，更多由顾客决定，而非企业。

为了摆脱营销近视症，管理层必须打破传统思维方式的束缚。一个公司或者一个行业的目标不应被追求大规模、全负荷生产的思维所主宰，这样会养成偏狭的产品主导倾向。管理者必须适应市场的要求，将提供顾客价值和满足顾客价值放在首要位置，并且在公司贯彻和宣传这种理念，激励员工践行这种理念。

资料来源：西奥多·莱维特. 营销短视症[J]. 哈佛商业评论（中文版），2003(6): 114-129.

三、企业的能力

除去资源，能力也是企业竞争优势的重要来源。企业的资源与能力是两种既相互联系又相互区别的要素[6]。资源包括上述有形、无形、人力等企业拥有并且可控制的要素，能力指协调和利用这些资源的企业特质。能力本身并不保证企业能有效地构建、实施一个战略，但它能使企业借助其他资源来实现战略的构建与实施。因此，能力的使用一方面要依赖于资源的投入；另一方面，相比资源，能力也发挥着更重要的作用。通过使用能力，企业能够合理地整合和配置资源，使这些资源使用效率提升，进而建立竞争优势，使企业获得高于平均水平的绩效。企业的能力也是多种多样的，对能力的划分也包含多种可能性。

（一）开发能力与探索能力

随着外部环境的日趋复杂，企业不仅需要高效整合利用自身的现有资源，还需要积极探索拓展新的核心竞争力。因此，企业应该构建包含开发能力与探索能力的双元能力。

 概念定义：

> 双元能力（ambidexterity capability）：是指企业在面对复杂情景时，同时具备并应用两种相互冲突的能力，如效率与柔性、渐进与突变、开发与探索、协同与适应、大规模与小规模、低成本与差异化、全球化与本土化、集权与分权、短期与长期等。

开发能力（exploitation capability）包括从事效率、复制、选择和实施等活动的能力。通过开发能力，企业把已有的知识成功复制、应用于已有领域的经营活动中，这种承袭式的活动能够塑造企业的稳定性。例如，海底捞火锅早期通过一系列服务制度的建立，现了店面的快速复制和扩张[7]。但在不确定的环境中，仅从事开发活动是不够的。由于顾客需求存在变化、竞争力量此消彼长，企业在开发和改善已有资源的基础上，还要具有不断发现新机会所必需的探索能力。

探索能力（exploration capability）是指从事变异、试验、柔性、冒险和创新等活动的能力。因此，探索能力涉及洞察新的市场机会，以及发现新技术、新事业、新流程和新的生产方式等活动。例如，华为不断提升研发实力，积极探索5G、智能设备和云计算等新的技术和应用场景。企业的探索与开发能力并非对立的，两者能够相互促进，协同发展，都对企业核心竞争力的提升发挥巨大的作用。

（二）研发能力、运营能力和营销能力

按照企业职能，能力被划分为研发能力、运营能力和营销能力等[8]。

研发能力是企业发明新技术和改造现有技术以开发新产品和服务的能力。通过发挥研发能力，企业不仅可以对既有知识进行组合与应用，也能对新知识做出探索，以开发新产品或提升现有产品功能[9]，或是提升企业支持性技术。例如，华为强大的研发能力体现于各类智能产品上，而京东的研发能力则体现在对云计算、人工智能、智能配送领域的投入。

运营能力是企业试图以最小的资源消耗实施和执行有效活动的能力。企业的运营能力反映了企业生产、制造和流通产品或服务等相关活动的有效性、灵活性和成本情况[10]。例如，京东商城拥有高效的智能分拣系统、庞大的仓储网络，通过合理的仓储管理实现

了快速、准确的配送服务。由此可见，运营能力通常体现于标准化的流程中。很多企业通过全面质量管理和通过国际标准化组织的认证来增强运营能力。

营销能力是企业将营销成本转化为产出的能力，即指企业利用、整合现有的有形和无形资源，通过了解、满足顾客需求，创造顾客价值的能力[11,12]。一方面，营销能力能够帮助企业制定正确的营销战略，并通过有效的战略实施为企业带来竞争优势，促进企业绩效的增长[13]；另一方面，营销能力能够更准确地观测到市场的动向，通过推进技术创新实现顾客价值创造与绩效增长[14,15,16]。甚至相比于企业的运营能力和研发能力，营销能力对企业绩效的促进作用更加显著[17]。

在以顾客为导向的企业中，以上职能对应的能力并不是完全独立的，而是存在较大的交互性。这是因为，很多能力都具有"跨职能"的特征。例如，营销能力涉及集成许多不同的专业能力，包括品牌管理、客户关系管理、新产品开发能力和知识创造能力。而研发能力的实施也离不开"识别顾客需求—设计新的产品解决方案—发展新产品雏形—获得组织内部合作—获得组织外部支持—完成新产品开发"这一系列"跨职能"的活动。

（三）以价值创造为视角的能力划分

为顾客创造和传递价值是企业的重要目标。按照这一视角，企业的能力可以被划分为领导能力、员工能力、信息整合能力、核心产品供应能力、价值流程整合能力，以及制度形成与实施能力[18]。

领导能力指企业领导者战略思考、优化企业结构与管理程序、推进制度形成与实施、激励员工的能力，还包括其人格魅力、个人影响力等。领导能力对顾客导向的营销战略实施和企业核心竞争力塑造存在积极作用。员工能力主要包括员工认知和满足顾客需求、学习与创新的能力，以及其具备专业知识与技术、敬业精神与责任心、团队合作精神的程度。员工是企业与顾客接触的桥梁，其能力大小决定了为顾客创造价值的高低。

信息整合能力是企业获取信息、整合信息、发现业务机会的相关能力。这一能力为更好地创造顾客价值、保持顾客关系奠定了基础。核心产品供应能力是企业开发、制造产品或提供服务以满足顾客需求的能力。企业价值流程整合能力反映了企业以顾客为中心、有效整合内部和外部资源、创造顾客价值的能力。制度形成与实施能力则是企业将以顾客为本的理念通过制度予以实施的反映。

（四）动态能力和适应性能力

尽管很多管理者都知道竞争具有动态性的特点，但大多管理者所使用的分析框架是静态的。从动态视角入手，能力还可包括动态能力和适应性能力。企业的动态能力（dynamic capability）是指一家公司在追求竞争优势的过程中，随着时间的推移，创造、部署、修改、调整升级或利用其资源的能力[19]。动态能力对于塑造可持续的核心竞争力和竞争优势至关重要。一方面，它能够确保企业随着外部环境的动态变化而调整其内部资源配置，确保内部优势和外部环境之间达成动态匹配；另一方面，动态能力还能捕捉市场需求变化，使企业创造市场变化，从而加强其战略地位。比如，凭借 iPhone，苹果重新定义了智能手机市场，导致市场环境发生变化，迫使三星、黑莓和诺基亚等竞争者对此做出回应。

为了应对日益复杂的市场，企业还需要对动态能力进行扩展，发展出适应性能力（adaptive capability），以做出主动的战略调整。适应性能力是一种"由外而内"的、主动的、扩展性的能力，是在信息网络技术下企业主动调整自身战略以预防（而非应对）外部环境变化的能力（见图5-3）。

营销洞见5-2

从动态营销能力到适应性营销能力

一个组织能否跟上高速、复杂的市场，取决于是否拥有正确的营销能力。动态营销能力是企业在应对市场变化时，创造和传递顾客价值的跨部门业务流程，包括市场学习能力、资源重组和能力强化三个元素。

市场学习能力是企业主动、有目的地了解客户、竞争者、渠道成员和更广泛的商业环境的能力。它不仅包括对当前市场状况的深入了解，还包括对未来市场变化的预测。这种能力使企业产生卓越的市场知识，是动态营销能力的先决条件。

资源重组是企业以符合要求的方式保留、消除和获取资源的能力。在动态视角下，企业资源获取的方式包括内部资源开发和资源收购。无论以哪种方式获取资源，市场学习能力均需要指导所有资源重组决策。

能力强化是企业以符合要求的方式保留、消除、获取和提高其能力的能力。企业获取新能力的方式包括内部开发和外部获取。外部获取主要指收购或合并，能力的内部开发主要通过个人和团体间知识、经验与可用资源的结合。此外，"边做边学""模仿式学习"等方式有助于企业获得客户洞察和经验，从而改进和增强能力。

动态营销能力对维持企业核心竞争力和竞争优势十分关键，但也会受到"由内而外"的观点阻碍，即以企业而非市场为出发点。市场的快速发展和复杂性要求企业增强适应性营销能力。适应性营销能力是一种由外而内的、主动的、扩展性的能力，是在信息网络技术下企业主动调整自身战略以预防（而非应对）外部环境变化的能力。为了具备适

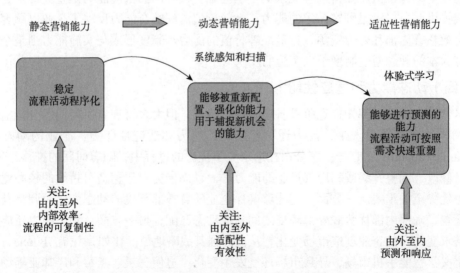

图5-3 从静态营销能力到适应性营销能力

应性营销能力,企业要培养一种警惕的学习能力,帮助营销人员更快看到事物的本质。此外,企业可以开展适应性市场实验,培养员工实验性思维、好奇心、敢于挑战已有信念和勇于验证新猜想的素质。实施开放性市场营销,使企业的资源超越企业的边界。除了以上三个方面外,适应性营销能力的发展还需要依托企业的组织系统。企业需要构建一个机警的领导团队、构建一个能够应对快速变化市场环境的商业模式,以及确保企业组织结构与市场保持一致。

资料来源:
[1] Day, George S. Closing the Marketing Capabilities Gap[J]. Journal of Marketing, 2011, 75(4): 183-195.
[2] 鲁成,陈洁. 实体零售业互联网创新演进机理——基于适应性营销能力的多案例研究[J]. 管理案例研究与评论, 2020, 13(2): 149-169.

四、VRIO 框架

核心竞争力指对于构建企业核心竞争优势至关重要的一种或多种能力,也即能够使企业在竞争中处于优势地位,且其他竞争者难以具备的能力,它可以给企业带来长期竞争优势和超额利润。

对于某种资源或能力是否能够成为企业的核心竞争力,可以从四方面进行判断,也就是利用 VRIO 框架进行判断,即价值性(valuable)、稀缺性(rare)、难以模仿性(imperfectly imitated)和可被组织利用性(organization)[20]。

价值性指某种资源或能力具有战略价值,能够长期为企业创造持续竞争优势,为顾客创造价值,帮助企业获得超过行业平均利润水平的超额利润。例如,华为拥有一支强大的研发团队,能够塑造华为的竞争优势,帮助华为更好地利用外部环境中的机会,甚至是应对环境变化带来的挑战。

稀缺性资源指那些被少数企业所掌握的资源。如果一种资源被大量企业所拥有,并用于生产产品或提供服务,那这一资源就不具有创造竞争优势的条件。相反,排他性的资源能够使企业实施独特的战略,获得竞争优势和市场地位,进而为企业带来超额绩效。由于受到法律的保护,企业的专利、专有技术资源都能够产生排他性。

核心竞争力还应具有竞争者难以模仿的特征。这种资源和能力之所以能够成为企业的核心竞争力,正是因为它不像材料、机器设备那样能在市场上购买到,而是难以转移或复制,内嵌于企业的管理体制、文化和经营活动过程中。当其他企业试图获得或开发这种资源或能力时,将会面临较高的成本投入,从而在短时间内无法模仿企业的战略,并取代企业的市场地位。

可被组织利用性指企业可以采用一定的方法利用这种资源或能力来创造顾客价值。现实中大量案例反映,企业虽然拥有某一资源,但由于未能很好地利用和开发,导致失去竞争优势。例如,苹果电脑在 20 世纪 80 年代初期曾拥有最先进的家用计算机技术,但由于缺乏有效的组织协调,其技术并没有发挥相应的功效。这说明,企业不仅需要拥有有价值、稀缺和难以模仿的资源,还需要具备组织和利用这些资源的系统。只有具备这些因素,企业才能将资源价值转化为现实的利润。

并非所有的资源和能力都能够成为企业的核心竞争力,在进行企业内部条件分析时,我们需要按照 VRIO 的框架对资源和能力的特征进行判断,以确定其能否为企业带来可持续的竞争优势(见图 5-4)。四个方面中任一方面的缺失都会使得最终效果大打折扣。

资源或能力…… 是否有价值?	是否稀缺?	模仿成本是否高?	组织是否应用了?	竞争含义	经济绩效
不是	—	—	不是	竞争劣势	低
是	不是	—		竞争均势	正常
是	是	不是		暂时的竞争优势	高
是	是	是	是	可持续的竞争优势	高

图 5-4　VRIO 分析框架

Mini案例5-1

黄金珠宝博物馆:难以模仿的资源

在我国黄金珠宝行业,日益严重的同质化竞争成为行业创新发展的一大瓶颈。总部位于深圳的金雅福集团为了走出一条差异化竞争的新路径,提出了"科技+文化"的产业赋能思路,主张黄金珠宝企业应主动挣脱"低成本竞争的劳动密集型企业"的旧产业标签,向高新技术和文化创意产业转型。成立黄金珠宝博物馆就是金雅福践行差异化战略的生动诠释。金雅福黄金珠宝博物馆在以下三个方面体现了其商业赋能效应。

促进品牌宣传。金雅福黄金珠宝博物馆展示了从夏商周时期到明清几千年来我国历朝历代的代表性金银器制品,以及古代制金工艺的发展脉络,在行业内形成了独具底蕴的品牌效应。金雅福通过黄金珠宝博物馆讲述"中国黄金故事",为传承、创新、发展中国黄金文化提供了示范。

研发高端产品。在黄金个性化定制业务中,金雅福从博物馆里上百件金银器代表性制品中汲取外观设计、纹样造型、文化元素等创意素材,为客户提供具有浓厚文化意蕴和审美特性的高端定制产品,极大地丰富了金雅福黄金定制的丰富性和艺术性。

服务高端私域流量。为满足高端私域客户群对文化品质消费的新需要,博物馆推出了融合黄金历史的国学培训课程,融合文化创意的展览服务和工艺美术课程,以及融合旅游教育的黄金艺术深度研学服务,填补了黄金消费高端客群在提升艺术鉴赏力、国学教育、假期研学和圈层社交等方面的市场空白。

资料来源:基于金雅福集团资料整理。

第二节　分析企业价值链

在分析企业内部条件时,对企业某一类资源或能力做出 VRIO 框架的识别只是第一步。识别出企业的核心竞争力,还需要统筹考虑各类资源在企业的整个商业活动发挥的作用和贡献的价值,以及其为顾客创造的价值。

一、价值链模型

价值链模型可以用于分析企业资源或能力的潜在价值。价值链上呈现了企业一系列商业活动,包括产品或服务的开发、生产和营销过程(见图5-5)。为了塑造企业核心竞争力,帮助企业获得竞争优势,每一个不同的活动都需要通过资源和能力的整合,实现产品或服务的增值或对成本的控制。资源基础观可以帮助企业确定核心竞争力构建所需要的资源与能力,价值链模型则能够使管理者进一步了解企业核心竞争力是如何产生的,源自哪些关键的商业活动,或是来自不同活动所塑造出来的组织流程中。

在众多价值链的分析工具中,迈克尔·波特的价值链框架是比较有代表性的。他将创造价值活动分为两大类:基本活动和辅助活动。基本活动是指生产经营的实质性活动,包括内部后勤、生产运营、外部后勤、市场营销和售后服务。这些活动与产品或服务的生产、价格和流通有关,直接为企业增加价值。

辅助活动是指用以支持基本活动的活动,包括企业基础设施、人力资源管理、技术研发、采购等。这些活动通过支持企业中每项基础活动及整个价值链的运行,间接增加了企业价值。因此,其也是影响企业竞争力的关键因素。

除了关注价值创造活动之外,价值链也是深入观察企业成本结构的理想工具。通过对价值链上各个活动的梳理,企业可以找到那些增强公司差异性的活动。例如,海底捞火锅在服务活动过程中投入了一定的成本,这也突出了海底捞服务的差异点。除成本结构外,价值链中也包含了利润率,这决定了企业是否能实现长期生存。

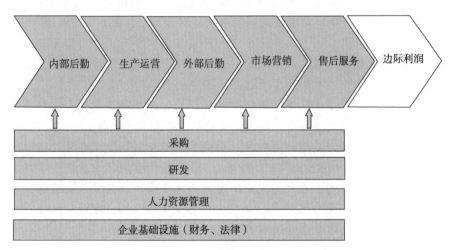

图5-5 价值链模型

企业价值链分析的目的在于找出企业中哪些内部活动是成本优势或成本劣势的源头,并帮助企业进一步识别核心竞争力所在。这就涉及对各个活动的成本和利润的分解,并要将其与竞争者的价值链做出对比。但有时,分析企业价值链还需要看整体活动的收益和成本,而不应该过分关注某一活动的成本和收益。这是因为,企业间竞争是多项活动之间的竞争,价值链的综合竞争力决定了企业的竞争力。此外,企业也需要将自己的价值链与竞争者的价值链进行对比,以便对价值链上各个活动的内部优势与劣势做出细致了解，找到企业竞争优势的主要来源，同时通过重新分配资源和能力，调整价值链结构，弥补劣势或创造新的竞争优势。

Mini案例5-2

美的集团的价值链分析

美的集团是家电行业中的标杆企业。自成立至今，美的集团积极开拓市场、专注研究开发，引领行业标准，发展态势良好。对于美的集团而言，基本活动主要包括生产运营、营销和销售这三个方面，辅助活动则包括财务管理、人力资源管理、技术研发、材料采购等环节。

基本活动方面，在生产环节，美的集团采用的是规模化生产，同时以集中生产的方式，进行统一管理，从而降低企业的期间费用。在营销环节，美的集团通过信息采集，真正了解市场，掌握消费者的需求。美的集团发现家电行业中白色家电的需求已经饱和，而智能化的小家电并未普及，此时小家电还存在较大的利润空间。因此，美的集团把营销的重点放在智能化小家电上。在销售环节，美的集团的销售渠道主要包括线上销售和线下销售。在线上环节，美的集团与阿里、京东等签订战略合作协议；在线下环节，美的集团扮演供应商角色，替经销商管理库存，有效地削减和精准地控制销售渠道商的存货，有利于减轻渠道上存货的堵塞。

辅助活动方面，美的的技术研发能力尤为突出，其拥有大量的研发资源，领先的研发和技术创新的能力。一方面，美的在全球8个国家设立了17个研发中心；另一方面，美的集团重视人才引进，积极与国内外科研机构进行合作，引进外部团队进行产业孵化，提升美的研发实力。此外，在采购环节，美的开设了采购公司，专门负责采购，并且与钢材等主要原材料的供应商建立战略联盟，实行规模化采购，掌握采购的优势，降低采购成本，降低近年来大宗原材料价格上涨带来的不利影响。

在企业发展中，企业不仅要关注内部价值链，同时也要关注竞争者的价值链。美的集团的竞争者主要是格力电器和青岛海尔。美的从小家电起步，向上游价值链进行延伸，随后不断进行价值链拓展，丰富产品种类，最终呈现以空调和小家电为主的白色家电的相关多元化。格力电器一直坚持专业化的模式，重点关注空调行业。格力掌握生产压缩机、电机等核心部件的技术，也大力发展下游的再生资源产业链，以及空调技术延伸出来的相关产品，保持长期竞争的优势。海尔选择的是如洗衣机、空调、冰箱一类比较平价的家电多元化，其独特之处在于为客户定制服务。

资料来源：美的集团官网 https://www.midea.com.cn。

二、顾客价值和价值网模型

顾客导向营销企业的目标是创造价值，成功的企业更为关注如何为顾客创造价值——也就是说，设法帮助顾客解决问题[21]。顾客面临问题的重要性越高，顾客对现有方案的满意度越低，企业的解决方案比其他可选方案越好，并且价格越低，那么企业的顾客价值主张（customer value proposition）就越卓越（定义参见第八章）。

在创造顾客价值过程中,转变产品或服务的提供思路是关键点。很多企业的顾客价值创造过程是从管理层出发,也就是管理层按照企业的资源和能力优势决定开发和制造什么产品,然后确定生产成本,并在此基础上制定利润率。这种"由内至外"的思路可能无法有效地满足不断变化的顾客需求,为顾客创造价值。相反,"由外至内"的思路才能真正创造顾客价值,也就是企业需要调转传统价值链的方向,使顾客成为价值链上的第一个环节,其他环节随着顾客需求变化而做出调整。企业先明确顾客的需求与偏好是什么,然后分析哪些渠道、产品或服务能够真正满足顾客需求,并由此决定创造这些产品或服务需要进行哪些资源的投入,企业需要构建哪些核心竞争力(见图5-6)。

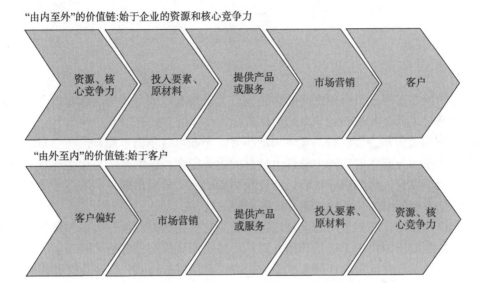

图5-6 "由内至外"和"由外至内"的价值链

除了产品特征、价格和利益的总和之外,顾客价值还包括顾客在选择、购买和使用产品时的全部体验。这些顾客体验和服务质量是决定顾客价值的重要因素。因此,不难发现,顾客价值不是由企业一方创造的,有时是在与顾客或供应商互动过程中共同创造的[22],甚至是与互补者或竞争者共同创造的。例如,在服务业中,顾客价值的创造就需要顾客与服务人员共同完成;个人电脑生产商与其互补方(软件企业)共同提升了消费者价值,实现了共赢。

随着顾客需求的多样化和互联网的发展,以及市场竞争程度的加剧,很多成功的企业将传统的价值链转变为价值网[23]。不同于价值链,价值网是一种以顾客为核心的价值创造体系,它由顾客、供应商、合作企业和它们之间的信息流构成,目的在于为顾客提供便利、迅速、可靠和定制化的解决方案[24](见图5-7)。

价值网打破了价值链的线性关系,强调各种关系的对称性。在垂直方向,顾客和供应商都是企业创造价值时的合作伙伴。在水平方向,竞争者和补充者也存在对称性,如果一方使企业所创造的顾客价值增加,那么它就是该企业的互补者;反之,则是该企业的竞争者。例如,计算机硬件和软件、电商平台和快递服务就互为互补者。在价值网中,同一家企业可以有多重身份，顾客、供应商、竞争者或互补者可能是同一家企业的多重角色。要获得竞争优势，企业需要理解每个角色扮演者的利益，围绕顾客价值，对线性、角色分离的传统价值链进行重构。

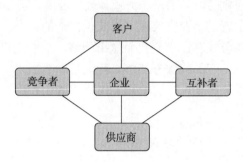

图 5-7　价值网模型

价值网旨在发挥成员企业之间的协同效应，以最有效的方式提高顾客价值。因此，价值网强调对成员企业核心竞争力的优化整合，具体的方式有以下三种。

（1）收缩价值链，专注核心竞争力的提升。企业可以重新审视自己所参与的价值创造过程，从收益与成本的比较中分析出自身的优势所在，保留并增强这些环节上的资源或能力，把不具有优势的或非核心、创造利润少的环节分离出来，利用市场寻找合作伙伴，以降低成本，增加灵活性，提升价值创造的效率。

元气森林在创立之初采用的就是这一做法。它重视临时的合作关系和价值链的适度分离，将企业的资源集中于市场开拓方面，产品生产流程则外包给了健力宝、汇源等企业，大大降低了企业的重资产持有水平，接纳了灵活制造模式，使企业能够快速捕捉市场机会，也能够更好应对多样化的消费者需求和多变的外部环境。

（2）整合价值链，打造成本领先的核心竞争力。价值链的分离也提供了新的市场机会，一些企业可以通过选择最优的环节，对分散的价值链进行整合，创造出新的价值。越是在生产能力相对过剩、市场竞争激烈的情况下，这种整合的机会也就越多。

例如，家用电脑生产商根据顾客的需要，对供应链进行深度整合，选用英特尔的芯片、韩国的显示器和本土的硬盘等，进行组装，推向市场迎合消费者，从而获得增值效益。

（3）发挥价值链的协同效应，培育企业的核心竞争力。在价值网中，企业资源和能力的稀缺性、不可模仿性不再是企业核心竞争力的唯一来源。企业间资源、能力的互补性成为基础要素，其稀缺性和不可模仿性成为价值网及其成员企业的核心竞争力。在价值网中"1+1>2"的协同效应成为一种隐性、不易被识别的价值增值方式，为企业带来竞争优势。这种隐性造成了竞争优势来源的模糊性，使竞争者不知如何模仿，进而也提升了竞争优势的可持续性。

虽然海尔将其管理经验总结为"海尔管理模式＝日本管理（团队精神和吃苦精神）＋美国管理（个性发展和创新）＋中国传统文化中的管理精髓"，但显然，海尔的管理绝对不是三者的简单相加，而是三者的有机融合与协同。这种协同效应使企业获得竞争优势的同时，也给竞争者增加了模仿难度。

Mini案例5-3

小米的价值共创

所谓价值共创，指的是消费者与生产者共同创造价值的一种活动。近年来，我国社会化媒体蓬勃发展，一种全新的手机生产与经营模式应运而生。该模式促使消费者广泛而深入地参与到手机厂商的价值创造链中，与企业一起进行产品的研发活动与迭代升级，这就是社会化价值共创。借助这一模式，小米公司在我国手机产业中脱颖而出。

小米的社会化价值共创主要有三种方式。

第一，基于链接的价值共创，即链接数越多，活跃的链接越多，价值共创的接口也越多，成功的机会也更大。从小米的发展历程来看，小米通过"三步走"的方式迅速拥有了海量的活跃而又忠诚的用户：首先，在小米手机诞生之初，小米充分利用创始人雷军在互联网领域的个人影响力和过硬的产品质量来吸引新客户；其次，在小米手机发展走上正轨后，小米开始充分利用"身份认同"扩大用户链接；最后，当业务拓展后，小米有效地依托微信、微博、LinkedIn等社会化媒体，以网状方式更有效率地扩大用户链接。

第二，基于互动的价值共创。仅仅拥有海量的链接数并不足够，小米还需要大量活跃的用户，活跃粉丝数是决定价值共创效果与效率的关键。从线上互动来看，小米在线上论坛不断发起问答、投票、游戏、点评、抽奖、抢机等互动活动，重点围绕产品研发、产品发布、产品使用及售后服务展开。以小米 MIUI 操作系统的研发为例，小米一直采用完全免费且开放的模式，让一群发烧友用户参与甚至主导研发。从线下互动来看，小米公司将线上互动环节宣传到的同城会、爆米花、极客聚会三类形式的活动落到实处，用面对面的方式巩固基于互动的价值共创成果。小米的用户群体已不仅仅是用户群，更是一个较为稳固的文化社群，"米粉"在社群中寻找价值认同和群体参与感，也让小米在某种程度上具有了社交属性。

第三，基于重构的价值共创。一方面，小米出于对用户需求的准确把控，在量产阶段即可明确市场需求量，做到以销定产；另一方面，小米通过互联网自建渠道，舍弃传统产业链中多层渠道和销售环节。此外，小米还设计了一种扁平化的组织结构模式，增强了组织灵活性。

总体而言，通过链接、互动与重构三种方式，小米放大了社会化因素，将消费者的意见和数据反馈作为产品设计和研发的重要依据，省去传统产业链的长反射弧信息沟通成本，降低库存等方面的资金压力，从而稳固国内市场，成为手机产业中价值共创的标杆。

资料来源：

[1] 车培荣, 王范琪. 互联网企业价值创造新路径：从价值链到价值网——以小米公司为例[J]. 北京邮电大学学报(社会科学版), 2019, 21(4): 63-73.

[2] 杨学成, 陶晓波. 从实体价值链、价值矩阵到柔性价值网——以小米公司的社会化价值共创为例[J]. 管理评论, 2015, 27(7): 232-240.

三、信息技术和虚拟价值链模型

随着大数据时代的到来，信息、数据改变了顾客价值的创造过程，在由物理资源组成的物质世界之外，构建了一个由数据和信息组成的虚拟市场空间。由此，虚拟价值链模型将数据和信息视为价值增值过程中的支持要素，对价值链模型进行了改进[25]。

除了使用物质资源生产产品、提供服务，创造顾客价值外，企业还可以利用信息这类虚拟资源，通过对信息的加工和利用来为顾客创造无形的产品或服务。物质增值活动构成传统价值链，虚拟价值链则是传统价值链的信息化反应。收集、组织、选择、合成和分配信息的五个信息增值活动连同传统价值链和虚拟价值链一起，构成了一个价值矩阵（见图5-8）。

事实上，在为顾客创造价值时，每一个价值链活动都可以利用一个或多个信息处理阶段。例如，企业收集、选择的信息和数据可以用来改善物理价值链研发或营销阶段的绩效，使企业用新的方式提供顾客价值。此外，它也可以被分析和重新包装，构建基于内容的产品或创建新的业务线。例如，亚马逊通过对消费者数据的分析改进产品销售环节效率，使消费者体验到了个性化的价值提供方式。基于这些数据资产，亚马逊还清晰洞察到了消费者的需求，创建了新的Kindle电子书业务线、Prime会员增值服务等内容，构建起了联结物理价值链和虚拟价值链的价值矩阵。

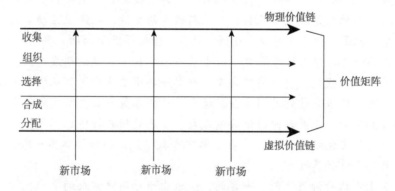

图5-8　价值矩阵

资料来源：Rayport J F, Sviokla J J. Exploiting the Virtual Value Chain[J]. Harvard Business Review, 1995, 73(6): 75-99.

营销洞见5-3

提升线上顾客价值主张

在虚拟价值链上充斥着大量的线上顾客，提升线上顾客价值主张对发展在线渠道尤为重要。以下6个标准可以用来确定企业的线上顾客价值主张是否具有可持续性。

（1）线上内容丰富性。线上有时能提供线下渠道无法提供的更详细、更深入的信息，以支持线上顾客的购买过程或产品使用。除了提供在线产品目录、图像或描述外，交互式内容也非常重要，这是构建品牌的重要"数字资产"。

（2）线上内容定制性。内容的大规模定制即"个性化"是非常重要的。企业可开放用户定制的功能，为其推送大规模定制信息。也可以像亚马逊等公司一样，基于用户的信息实施更加个性化的内容传递。

（3）社区化。相比线下渠道，在线渠道交互式的内容形成了一个复杂的社交网络，顾客的参与程度高低也反映了这一渠道的吸引力大小。

（4）方便性。这反映了顾客是否能在任何时间选择和购买产品。一般而言，线上产品（如音乐或其他数字产品）将提供365天、24小时可用的服务，以其随时可得的便利性为顾客持续创造价值。

（5）选择广泛性。与传统分销渠道相比，互联网为产品和供应商提供了更广泛的选择。许多电商平台都能够向消费者提供比实体店更丰富的产品选择。

（6）降低成本。相比线下渠道，用户选择线上渠道的成本应该更低，能够以更加低廉的价格获得产品或服务。

资料来源：Svend Hollensen. Marketing Management: A Relationship Approach[M]. (4th edition). Amsterdam: Pearson Benelux, 2019: 55-56.

第三节 分析营销绩效

一、营销绩效分析过程

（一）识别营销绩效差距

营销绩效差距即企业在某一时间段内其实际营销绩效与目标营销绩效之间的差距。要识别企业营销绩效差距，首先要确定企业使用什么指标测量营销绩效。本节的"平衡计分卡和战略地图"部分和本书第16章详细介绍了企业各类营销绩效指标，其中不仅包括销售额、营销投资回报率等财务指标，还包括一些非财务指标，如顾客保持率、满意度、忠诚度、新顾客转化率等。

当企业选定了营销绩效指标并设定了目标后，接下来就是去获取与实际绩效相关的数据。数据的来源包括内部来源和外部来源。企业可以根据内部的销售数据、生产数据来计算企业的成本、收益、效率等实际营销绩效，也可以通过营销调研、访谈顾客等方式收集外部数据，来测量顾客满意度等实际营销绩效。

在获取企业实际营销绩效的相关数据后，就可以对营销绩效差距做出识别，考察企业在一些关键营销绩效上的表现。一方面，企业需要衡量自己当期实际绩效是否超过了设定的绩效目标；另一方面，企业还需要对比自己与竞争者之间的差距，即自身绩效是否超过了同行业其他企业当期绩效或行业均值。这两个维度的绩效对比同样重要，例如，企业营销绩效较上一期下降，不意味着相比同行业其他企业表现得更差，反之也不意味着在竞争中优于其他竞争者。因此，在识别营销绩效差距时，要兼顾这两类差距。

（二）分析绩效差距的原因

按照营销计划实施的流程来看，营销绩效差距一般是因决策时的信息不充分，战略、策略与绩效目标不匹配,以及在营销计划的执行过程中存在执行力不足的问题。

(1)信息的不充足。在制订营销计划时,营销人员需要充足的信息予以支持,然而,支持决策的信息往往不可能是全面的。例如,营销人员可能无法获知竞争者的战略,无法准确预测技术的发展趋势、政策的变化等。这些信息的不充足或不准确可能会使营销人员过高地设定绩效目标,从而导致营销绩效差距的产生。

(2)战略、策略与绩效目标不匹配。营销绩效差距存在的另一个原因是营销计划的设计过程中存在逻辑瑕疵。例如,制定的营销战略与绩效目标不一致,导致实施这一营销战略无法有效达成目标;或是营销战略与营销组合策略不匹配,导致产品、定价、渠道和促销属性无法给目标顾客创造价值。以上逻辑瑕疵会导致企业较低的营销绩效,从而无法达成绩效目标。

(3)营销计划执行力不足也是企业营销绩效差距存在的原因之一。管理者虽然设置了合理的营销目标、制订了匹配的营销计划,但由于没有严格执行营销计划中规定的内容,从而导致未能达成绩效目标。营销计划执行不力的原因有很多,包括营销人员未能正确理解营销计划的理念、过于依赖以往的经验,以及未能有效按照企业文化坚持原则等。这些反映出企业内部流程存在一定缺陷。

除了考虑以上三方面因素外,我们也可以使用一系列分析工具帮助企业找到营销绩效差距背后的原因。

(三)提出弥补绩效差距的方案

在找到了营销绩效差距的原因后,下一步就是寻找有效的措施来改善目前的状况。例如,当企业销售收入不足时,可以思考如何通过增加销量和优化价格来刺激销售收入增长。其中,抢夺竞争者的份额、获得新顾客和增加现有顾客的购买量可以帮助企业实现销售量的增长。改变价格对销售收入的影响取决于顾客对价格变化的反应。如果增加利润的正面影响大于因价格提升导致销量减少的负面影响,就可以通过提高价格来增加销售收入。反之可以通过降价来增加销售收入。

企业可以通过定期举行会议来商议弥补绩效差距的措施。但在提出措施之前,企业需要明确价值链条上各活动的因果联系、各个维度营销绩效指标的动因,并在此基础上分析弥补差距的措施。

二、营销绩效分析工具

(一)平衡计分卡和战略地图

平衡计分卡(balanced scorecard)是把企业长期目标和战略转化为一系列跨越关键部门职能的明确的、可以衡量的具体目标的一种手段,也是一种常见的目标管理框架。平衡计分卡打破了过去采用单一财务指标衡量企业绩效的传统,加入了未来驱动因素,包括财务、客户、内部运营、学习与成长,这四个维度共同将企业的战略落实为可操作化的具体衡量指标(见图5-9)。

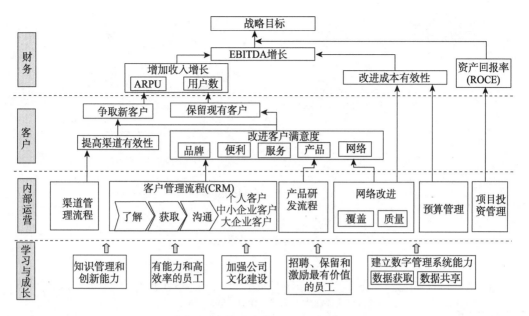

图 5-9　平衡计分卡应用于业务目标分解
资料来源：埃森哲咨询。

平衡计分卡认为，财务绩效缺乏前瞻性，只能衡量过去发生的事情。因此，它在财务维度的基础上引入了客户维度，关注如何通过对客户的投资获得可持续的发展。平衡计分卡还强调内部业务流程维度的重要性，强调通过企业的运营效率提升满足顾客需求，提供价值主张。平衡计分卡还关注学习与成长维度，以满足企业不断成长的需求，弥合企业实际能力和实现突破性业绩所必需的能力之间的差距。通过这四个维度的相互支持，平衡计分卡实现了"财务与非财务""内部与外部""短期与长期""结果与行动"四个平衡。平衡计分卡与战略地图一起使用不仅能够有效衡量企业绩效，还能发挥企业战略规划的作用。通过战略地图，企业能够将存在因果关系的战略目标关联起来，共同创造价值。

平衡计分卡和战略地图的使用对市场营销绩效的分析、营销战略的规划都具有重要意义。平衡计分卡认为，满足客户需求是企业财务收入的来源，因此，在衡量营销目标时，可以从客户核心衡量指标和客户价值主张两方面入手（见图 5-10）。客户核心衡量指标指企业在客户、市场方面取得的最终结果，包括提高市场份额、客户保持率、新客户转化率、客户满意度和客户利润率。这五方面的指标之间存在因果关系。客户价值主张代表企业通过产品和服务所提供给客户的价值，是客户核心衡量指标的驱动因素。虽然各行各业中，企业所提供给客户的价值主张存在很大差异，但在构建指标时，仍可以从产品或服务特征、客户关系，以及形象和声誉三个方面进行衡量。通过对客户核心指标和客户价值主张的分析，平衡计分卡就将企业使命转化为了针对特定客户的战略指标，并将其传递给各个部门。

对营销绩效的考核如何指导营销战略的规划？在识别营销绩效差距时如何寻找改善方法？通过分析指标之间的因果关系链、涵盖结果与行动指标、将财务与非财务指标挂

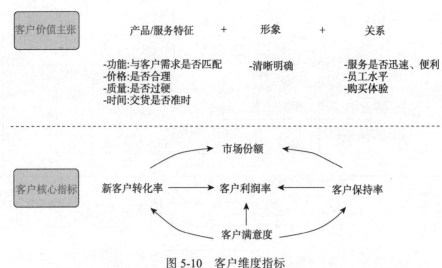

图 5-10　客户维度指标

资料来源：罗伯特·卡普兰，大卫·诺顿. 平衡计分卡——化战略为行动[M]. 刘俊勇，等译. 广州：广东经济出版社，2013: 58.

钩的方式，企业可以将平衡计分卡转化为战略地图（见图 5-11），有效指导企业规划营销战略。例如，当企业将增加营业收入作为战略目标时，其财务目标就是扩大产品组合的收入，为实现这一财务目标，企业在面对客户时，就需要提高客户满意度。进一步对客户维度的指标进行分解，企业就会梳理出营销部门要努力的方向，即在内部业务层面更好地了解客户、开发新产品、实现交叉销售，并在此基础上分解出企业在学习与成长层面的目标，即提高员工生产率。在实施过程中，当发现某一环节的目标存在差距时，企业可按此地图的因果链条进行追溯，找出绩效差距背后的原因。

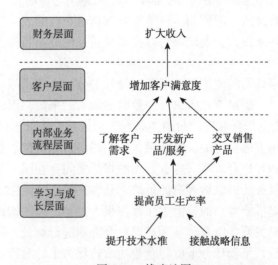

图 5-11　战略地图

资料来源：罗伯特·卡普兰，大卫·诺顿. 平衡计分卡——化战略为行动[M]. 刘俊勇，等译. 广州：广东经济出版社，2013: 120.

（二）麦肯锡 7S 框架

麦肯锡的 7S 框架是在进行差距分析时常用的工具，能够帮助企业明确差距的来源[26]。7S 框架（见图 5-12）包括 3 个"硬"元素和 4 个"软"元素，其中"硬"元素相对容易改变，包括战略（strategy）、结构（structure）和制度（system）；"软"元素是组织的内涵与核心，相对不易改变，包括技能（skills）、员工（staff）、风格（style）和共享价值观（shared values）。共享价值观是 7S 框架的支点，是最难改变的部分，其余 6 个元素都受到共享价值观的影响。

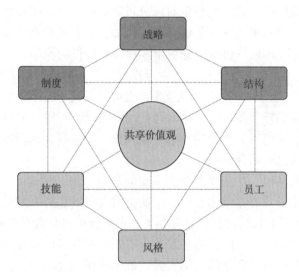

图 5-12　麦肯锡 7S 框架

在进行差距分析时，企业可以通过以下几个问题来思考营销绩效差距的来源。

（1）战略。企业的营销战略是否有效？为顾客提供的价值主张是否合理？与理想情况有什么不同？

（2）结构。企业的组织结构是否清晰、合理，且各部门是否配合顺畅（如营销和研发部门、营销与销售部门），有助于达成营销绩效目标？与理想情况是否存在差距？

（3）制度。企业的制度与战略之间是否匹配？改善哪些制度问题能够提升营销绩效水平？信息管理制度能否有效反馈市场信息？

（4）技能。企业是否拥有实施营销战略的核心技能？是否存在技能的不足？通过强化哪些技能可以帮助企业达成理想的营销绩效水平？

（5）员工。企业的员工结构、技能与营销战略是否匹配？一线营销人员是否具备足够的顾客沟通技能？哪些方面还能够改进？

（6）风格。管理者的领导风格与战略是否匹配？在销售员工的激励、营销团队的分工等方面是否还能改进？

（7）共享价值观。企业的价值观能否支撑营销战略的实施和顾客价值主张的传递？价值观是否稳固？哪些内容需要被更新？与理想情况的差距在哪里？

(三)标杆法

在分析与竞争者的绩效差距时,企业可以参考标杆法(benchmarking)。标杆法帮助企业与竞争者或是一流企业在资源、能力与价值链的各环节上做出比较,分析实施类似活动的成本和收益,以及确定自身的优势与劣势。同时,标杆分析还能帮助企业发现竞争者身上的优点,确定进行模仿的可能。实施标杆法可以遵循以下三个关键步骤。

第一,确定对标管理的目的。企业在实施标杆分析时,先要确定分析范围和分析目的。标杆法的分析范围可以是某一流程或业务,也可以是整个职能部门、所有业务线,甚至是企业的战略或商业模式。在确定对标分析目的时,企业需要依据一定的标准,也就是在绩效分析时发现的未达成的关键指标。例如,企业发现某一业务未达到客户满意度这一关键绩效指标,可通过标杆法分析出客户满意度低的原因,并加以改善。

第二,选取对标企业。一般而言,企业可以根据市场形势和市场地位选择对标企业。对标企业可以是本地区、本行业的优势企业,也可以是具有竞争力的国际领先企业。向具有优势的企业进行标杆学习,往往能得到更大的收获。例如,2023年中国顾客满意度指数显示,招商银行的信用卡业务连续七年位列榜首。在客户满意度改进方面其他金融类企业就可以将其列为对标企业。

第三,探寻实施路径。在完成前两个步骤的基础上,企业就可以实施路径探索步骤了。通过对标杆企业资料的收集和分析,企业会对自己的优势和劣势形成更加深刻的理解,比如,与客户满意度较高的标杆企业相比,企业分析出自身在产品设计、销售环节、售后服务等方面的优劣势,从而找到一条适合本企业提升客户满意度的方法。

实施标杆管理需要整合企业的内部资源,确保各部门之间顺畅沟通和合作。此外,企业还需要制订一个行动计划,以及具体的实施步骤。在这一过程中,思维导图、鱼骨图等工具能够辅助管理团队实施讨论和头脑风暴,帮助透过现象剖析出本质,分析差距、寻找原因,并制订计划加以纠正。

营销工具5-1

鱼 骨 图

鱼骨图由日本东京大学石川教授设计并提出,又名特性因素图,因其形似鱼骨而被称为鱼骨图(见图5-13)。该工具广泛用于质量控制、战略管理领域,可以帮助企业找出问题背后的原因。使用鱼骨图进行分析,可遵循以下步骤。

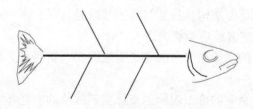

图5-13 鱼骨图模板

（1）讨论并定义待解决的问题，将其写在白纸右边的三角形的框内。

（2）分析引发这一问题的主要原因，将其列在鱼脊上，形成"大骨"，其数量一般在4到8个之间。

（3）对引起问题的每个原因进一步细化，画出"中骨""小骨"，尽可能列出所有原因。

（4）对鱼骨图进行优化整理。结合管理经验，讨论挑选出对目前问题影响较大的几个原因作为要因，针对要因进行现场调查，并对结果进行统计分析，得出真因。

（5）鱼骨图的实施要求参与讨论的人员对问题有深刻的理解，负责人需要具备丰富的领导经验，确保友好、平等和宽松的讨论环境，使每个成员的意见都能完全表达。负责人在讨论过程中不对问题发表任何看法，也不能对工作组成员进行任何诱导。

资料来源：郑照宁，武玉英，包涵龄. 用鱼骨图与层次分析法结合进行企业诊断[J]. 中国软科学，2001(1): 118-121.

第四节　SWOT 分析工具

SWOT 分析是一个综合性的分析工具，可以帮助企业确定合适的营销策略，包括企业内部和外部环境分析两部分。在内部，SWOT 帮助企业分析关键业务上的优势（strengths）和劣势（weaknesses），如财务业绩和资源、市场占有率和顾客对产品质量、价格和产品可用性的看法，以及组织结构等内容。外部环境的评估用于获得环境中的机会（opportunities）和威胁（threats），包括上一章中讨论的宏观环境和行业环境。通过系统的 SWOT 分析，企业可以结合自身优势，并根据外部环境特点找到合适的营销战略。

一、SWOT 分析的准备工作

为了顺利实施 SWOT 分析，营销人员需要做一些准备。

第一，在进行 SWOT 分析之前，要先确定分析单元，也就是要在哪一个企业层级（如企业层级、业务层级）使用 SWOT 分析。SWOT 分析工具不仅能为企业规划战略，也可以帮助企业营销人员分析某一业务，甚至是某一特定产品的问题，如将这一产品与所在行业、市场环境关联起来。此外，通过 SWOT 分析，我们也可以将某一具体业务与企业整体战略关联起来，建立一个完整的 SWOT。

第二，营销人员也需要建立一个多职能合作的视角。不论是企业战略的制定还是营销战略的制定，都不应是营销部门独立完成的，营销人员需要考虑并汇总各个职能的信息，如产品开发、生产财务、库存控制、质量控制、销售、广告、客户服务等其他领域。在了解各职能负责人眼中的优势和劣势、机会和威胁后进行系统分析。

从顾客价值创造视角出发，做出 SWOT 分析，也是非常重要的。正如前边提到的，外部市场瞬息万变，企业需要捕捉市场变化，才能保持住竞争优势。因此，在做 SWOT 分析时，营销人员需要确保从顾客价值创造的角度做出思考。例如，更多思考顾客感知到的企业与竞争者的区别是什么？他们认为企业在哪些方面存在优势或劣势？这样思考的重点在于顾客看到的、感知到的是什么，而不在于企业做了什么，由此企业可以践行"由外至内"的战略视角。

二、识别企业的营销机会与威胁

营销机会往往存在于企业通过满足消费者需要而能够实现盈利的某一领域里。一般而言,营销机会具有三个来源。

第一个来源是某种产品供应的短缺。由于市场需求旺盛,企业往往无须特别的营销技巧就能抓住这一机会。例如,在生产力不足的环境中,只要企业能生产出某一产品,就能成功将其销售出去。第二个来源是使用新的或更好的方法向顾客提供现有产品或服务。改进现有产品与服务的思路是多种多样的,比如,可以采用问题探索方法,直接向顾客询问需求;或者实施想象法,让顾客描绘该产品或服务的创意;再或者采用消费链方法,询问顾客获得、使用和处理一个产品的步骤。通过以上方法的实施,企业可以寻找到潜在的营销机会。第三个来源则是向顾客提供崭新的产品或服务。对此,营销人员需要善于观察、发现机会,例如,向市场推出智能手机这类整合产业发展趋势的多功能混合型产品;向消费者介绍能够使购买过程更加便捷高效的渠道;为顾客提供定制的产品或服务;以更快的速度、更低的价格、更好的质量提供产品或服务。

企业可以使用市场机会分析(market opportunity analysis,MOA)来辨别某个机会的吸引力和成功可能性。企业可以通过考虑下列5个问题对营销机会做出评价。

(1)企业是否能够向目标市场传递清晰且令人信服的利益?
(2)企业是否能够通过经济有效的媒介和交易渠道来触达目标市场?
(3)当企业要交付顾客利益时,自身是否拥有或能否获得关键的资源或能力?
(4)企业提供的顾客利益是否比现有或潜在的竞争者更好?
(5)投资回报率是否将达到或超过企业一开始设定的目标?

通过对外部环境的分析,企业可以发展出机会—威胁矩阵(见图5-14)。在机会矩阵中,企业最应该聚焦于成功率高、吸引力大的业务,为其准备若干计划以追求一个或几个机会。对机会矩阵右上角(2)和左下角(3)的机会应该密切注视,因为其中任何一个机会的吸引力和成功概率都可能发生变化。右下角(4)的成功率和吸引力都较小,可以不必考虑。

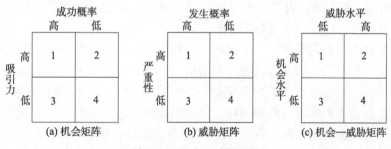

图5-14 机会—威胁矩阵

外部环境的某些发展变化预示着威胁。如果缺乏果断的营销行动,不对环境威胁予以干预,这种不利趋势将会损害公司的销售额或利润。有关环境威胁可按威胁的严重性和发生的概率进行分类。威胁矩阵左上角(1)的威胁是关键性的,因为它们会严重地危害公司利益,并且出现的可能性也最大。公司需要为每一个这样的威胁准备一个应变计划,这些计划将预先阐明在威胁出现之前,或者当威胁出现时,公司将进行哪些改变。右上角(2)和左下角(3)的威胁不需要应变计划,但是需要密切关注,因为它们可能发展成严重威胁。右下角(4)的威胁比较微弱,可以不加理会。

通过将机会、威胁矩阵进行组合,我们就可以找到企业所面临的营销机会(图 5-14(c))。左上角(1)属于理想业务,其市场机会很多,严重威胁很少,是企业要抓住的营销机会,应当迅速行动。右上角(2)属于冒险业务,市场机会很多,同时威胁也很严重,企业不宜盲目冒进,也不应迟疑不决,坐失良机。左下角(3)的市场机会很少,威胁也不严重,属于成熟业务,可以作为企业的常规业务,维持正常运转。右下角(4)的市场机会少,威胁严重,是困难业务。企业要么努力改变环境走出困境、减轻威胁,要么立即转移,摆脱困境。

三、分析企业优势与劣势

通过对自身的考察,以及与竞争者的对比,企业会形成更为清晰的优势和劣势认知,并采用量化的方式记录下来(见表 5-1)。在分析企业内部条件时,优势固然重要,但仍需要对劣势予以一定重视,因为劣势有时会冲销优势,使企业处于不利的市场地位。企业的内部劣势往往源于不成熟或不专业的技术、技能,或是缺乏智力资源等具有重要竞争性的资源和能力,或是在关键业务活动中缺乏竞争能力等。几乎所有企业都会面临或多或少的不足,企业也没有必要去改进所有的劣势,而是应该将分析重点放在自身的优势是否能抓住营销机会、创造顾客价值上,以及为了抓住营销机会,企业需要发展哪些优势。

表 5-1 公司优势/劣势分析检查表

	绩效					重要性		
	特强	稍强	中等	稍弱	特弱	高	中	低
营销能力								
1. 品牌信誉								
2. 市场份额								
3. 顾客满意								
4. 顾客维系								
5. 产品质量								
6. 服务质量								
7. 定价效果								
8. 分销效果								
9. 促销效果								
10. 人员销售效果								
11. 营销创新效果								
12. 地理覆盖区域								
财务能力								
13. 利润率								

续表

	绩效					重要性		
	特强	稍强	中等	稍弱	特弱	高	中	低
14. 现金流								
15. 财务稳健性								
制造与研发能力								
16. 设备先进性								
17. 规模经济性								
18. 生产能力								
19. 按时交货能力								
20. 技术和制造工艺先进性								
21. 研发能力								
组织能力								
22. 富有远见的领导								
23. 有奉献精神的员工								
24. 创业导向或顾客导向								
25. 组织柔性或适应能力								

四、SWOT 分析的诊断

SWOT 分析的关键是依据 SWOT 列表，对企业外部和内部环境分析做出总结，并按这些总结使企业的优势和市场机会能够在战略中得到更好的匹配，或是找到改进影响重大的劣势，抵御重要的外部威胁的战略。因此，SWOT 分析不是机械地对分析内容进行归类，而是在这个过程中探索和寻找能够产生预期结果、抓住外部机会、维持竞争优势的营销战略。

在进行 SWOT 分析时，企业需要将内部问题与外部问题区分开。外部问题是指企业外部环境中的机会和威胁，这些机会和威胁往往独立于企业而存在，是这一环境下所有企业都会面对的。而内部问题是企业特有的优势和劣势，是营销战略制定的重要依据。企业通过分析找到优势，并将其与营销环境中的机会相匹配，或是用优势克服弱点和转化威胁，由此制定出营销战略。

根据企业内外部环境的不同状况，企业可以构建出 SWOT 矩阵，并对企业的现状做出诊断。在这一过程中，企业要做两件事（见图 5-15）。

一是，将劣势和威胁进行转化。如果劣势影响了企业的盈利水平、竞争地位，企业可以通过在相应的关键领域进行投资以获得合适资源，通过将优势与劣势相联结，继而将劣势转化为优势，甚至能力。同样，如果有合适的资源，威胁往往可以转化为机会。为一家公司的产品寻找新市场可能是一种可行的转换策略。作为可口可乐最大的竞争者，百事可乐一直难以在品牌经典性上战胜可口可乐，这也成为百事可乐的劣势。针对这一劣势，百事可乐将其与年轻化的品牌形象进行关联，并邀请了大批年轻化的明星代言，顺利将弱点转化为优点。

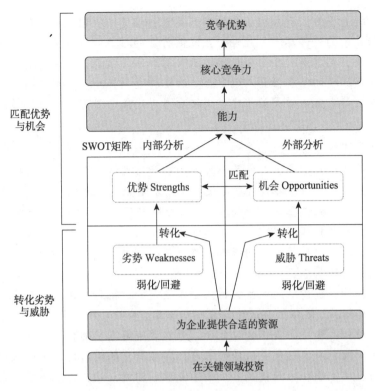

图 5-15　SWOT 分析方法示意图

资料来源：根据 Svend Hollensen. Marketing Management: A Relationship Approach[M]. (4th edition). Amsterdam: Pearson Benelux, 2019: 264.整理。

有时，企业的劣势和威胁无法在短期内成功转化。这时，企业需要尽可能将其影响降至最低。例如，当外部环境发生变化时，企业难以在短期内应对威胁，可以采用的对策是选择一个更小的市场，对产品进行重新定位。例如，宝丽来的快速成像技术已无法应对技术的剧烈变化，宝丽来调整品牌定位，瞄准怀旧的文艺青年，通过关注利基市场将外部威胁和自身劣势降到最低。

二是，匹配优势与机会。能否实现企业目标的关键取决于企业是否将关键优势与营销环境中的机会相匹配，相比竞争者为顾客创造更高的价值。竞争优势和市场机会的有效匹配不仅能够帮助企业实现绩效的提升，还能巩固和扩大企业的竞争优势。在这一过程中，企业需要明确识别能够抓住外部机会的竞争优势，那些不能创造顾客价值的竞争优势对企业来说用处不大。

此外，企业的竞争优势还需要与顾客感知到的竞争优势相一致。例如，企业在研发方面拥有很强的竞争优势，就需要让顾客也意识到，企业在这方面明显优于竞争者。不被顾客感知的竞争优势很难创造出顾客价值。

最佳实践5-1

腾讯：超越创新，探索未来

与传统企业相比，互联网企业具有开放、平等、协作和共享等特征，相应地，互联网企业的边界较为模糊,利益相关者较多且关系错综复杂,因此也导致了更为激烈的市场竞争和更为复杂的外部环境。此外,互联网行业的技术、顾客需求、竞争者、市场等变化的速度极快,尤其是近年来大数据、云计算和人工智能等技术的快速发展,加剧了互联网企业外部环境的动态性和不确定性。在这样复杂多变的市场环境下,腾讯通过培育、调整和发展动态能力的关键维度,促使自身动态能力演变和提升,最终实现企业持续成长。

一、快速迭代

复杂的市场环境促使腾讯形成了一种独特的产品思维,即"敏捷迭代、小步快跑"。腾讯允许试错,对于产品设计的思路是设计向需求退让,快速投入使用,不断迭代升级。以早期的微信为例,微信在2011年发布了45个跨越不同终端的更新版本,平均1.15周发布一次。通过及时把握用户需求、市场和技术变化,以及借助卓越的产品设计,负责团队对微信进行迅速且持续不断的版本升级,使微信具备多样的功能以满足用户使用手机进行多媒体沟通的需求。

除了微信以外,疫情期间诞生的腾讯会议也是一个很好的例子。疫情的出现促使政府颁布网上办公措施,远程办公成为高频刚需,进一步推动视频会议 SaaS 这一垂直赛道的快速增长。对初入赛道的腾讯会议来说,爆发式市场增长的机遇毋庸置疑,但它所面临的用户增长挑战也不容忽视:从外部来看,存在严重的同质化竞争;从内部来看,腾讯处于产品功能不完善和场景覆盖不全面的窘境。即便如此,腾讯仍然通过周期极短的敏捷迭代获得了亮眼的成绩——产品发布未及一年实现注册用户过亿,不到四个月实现日活破千万,腾讯会议甚至一度超过钉钉成为应用榜首。产品迭代对于提升产品性能的重要性毋庸置疑,因此,以更快速度进行产品迭代就成为在"红海市场"的制胜关键。此外,用户数"爆炸式"增长意味着产品和后端能力需要实时跟上用户的增长节奏,并以高效的功能调优、Bug 修复来不断弥补这款还未成熟的产品。因此,面对海量用户的挑战,腾讯会议团队将产品迭代的频率极大程度缩短,最短的时候在一天内就能够上线新版本。遵循"先扛住,再优化"的原则,团队白天进行扩容,夜晚对产品性能进行部署开发,凌晨进行新版本的压力测试,以 24 小时为一个敏捷迭代周期,实现从用户反馈到产品上线的闭环。

二、事业群制组织结构

为及时应对外部环境变化以及组织规模扩大导致组织灵活性降低的挑战,腾讯多次调整组织结构,将业务系统制组织结构调整为事业群制组织结构,将整个公司拆分成更加灵活的小团队,并采用充分授权的管理方式,增加工作的自由度,激发员工的创新潜力。小团队和充分授权的管理模式发挥了小公司敏捷的创业精神,增加了组织灵活性,使腾讯能够通过快速迭代机制及时响应用户需求及市场变化。2018年开始,腾讯的组织架构调整为六大事业群和三大职能系统,即企业发展事业群(CDG)、云与智慧产业事业群(CSIG)、腾讯互动娱乐(IEG)、平台与内容事业群(PCG)、技术工程事业群(TEG)、微信事业群(WXG)和职能线、财经线、HR 与管理线三大职能系统。

三、"赛马机制"

除了敏捷迭代,"赛马机制"也是腾讯优质产品频出的一个重要因素,微信、王者荣耀等现象级产品都是该机制下的产物。马化腾是这样形容"赛马机制"的：在公司内部往往需要一些冗余度，容忍失败，允许适度浪费，鼓励内部竞争和试错。对于大企业来说，适度浪费、试错，获取战略大盘的稳定，是必要的。腾讯通过"赛马机制"激励团队不断产出优质的产品，并以此为驱动力，不断洞察用户需求，以更好的产品赢得用户，稳定并发展企业竞争力。

四、动态能力

不论是快速迭代的产品思维、"赛马机制"，还是灵活的事业群组织结构，都是腾讯自身卓越动态能力的表现。在创业阶段，互联网刚刚兴起，马化腾就敏锐地洞察了即时通信领域的市场机会，利用技术模仿和引进的学习方式迅速开发出QQ、QQ秀、QQ游戏等新产品，并基于对用户需求和痛点的洞察不断进行产品的更新迭代，从而积累了大量的用户资源，维持了企业生存并促进了初步发展。在成长阶段，腾讯建立腾讯研究院，从而快速感知到竞争者的威胁和新兴的网络社区、电子商务等市场机会，在开拓多元化市场的同时，通过内部学习型组织、外部经验学习来推动组织变革与创新。在成熟阶段，移动互联网时代到来，用户需求日益多样化，面对竞争激烈的外部市场环境和决策复杂、创新能力低下的内部管理困境，腾讯为了增强组织灵活性，将组织结构调整为创业小团队式的事业群制。

在腾讯的发展历程中，我们能看到其动态能力的培育、调整和发展。第一，在市场洞察方面，腾讯对市场需求十分敏感，从初期的企业家个人洞察到成立用户体验与研究中心来收集国际前沿互联网发展趋势信息，从而发现新的市场空间。第二，腾讯还能及时感知威胁。由于互联网行业的快速发展必然伴随着动态复杂的市场环境和日益激烈的竞争态势，所以腾讯也并未停下变革的步伐。一方面注重员工的培训，建立学习型组织机制、企业大学等；另一方面向谷歌、华为、惠普等公司学习管理和研发经验。第三，在识别市场机会的基础上，腾讯也能及时把握机会，通过快速迭代机制、赛马激励机制等推出产品并进行版本更新，对用户需求变化迅速做出反应，从而拓展电子商务、搜索引擎、在线支付、社交网络等多个新市场。第四，市场环境的错综复杂和技术的飞速发展，要求企业的组织结构具备较高的灵活性。为及时应对外部环境以及组织规模扩大导致组织灵活性降低的挑战，腾讯调整了组织结构，并采用"赛马机制"将资源倾斜至获得市场青睐的产品和业务，根据市场反应动态配置资源。

讨论题：

1. 腾讯的动态能力体现在哪些方面？其动态能力如何演变的？
2. 从腾讯持续发展的案例来看，你认为企业应该如何培育和发展动态能力？

资料来源：

[1] 夏清华, 何丹. 企业成长不同阶段动态能力的演变机理——基于腾讯的纵向案例分析[J]. 管理案例研究与评论, 2019, 12(5): 464-476.

[2] 丁威旭, 大卫·梯斯, 李平. 阴阳平衡思维方式与动态能力理论——VUCA时代企业"灰度"动态能力决定企业高度[J]. 清华管理评论, 2019(11): 35-41.

[3] 罗仲伟, 任国良, 焦豪, 等. 动态能力、技术范式转变与创新战略——基于腾讯微信"整合"与"迭代"微创新的纵向案例分析[J]. 管理世界, 2014,(8):

最佳实践 5-2：WPS：绽放智慧的力量

152-168.

本章小结

（1）企业是资源的集合，企业间资源和能力的差异塑造了企业间绩效的差异。资源是企业拥有并且可控制的有形和无形要素，可分为有形资源、无形资源和人力资源。能力指协调和利用这些资源的企业特质。

（2）某种资源或能力是否能成为企业的核心竞争力，可以从其价值性（valuable）、稀缺性（rare）、难以模仿性（imperfectly imitated）和可被组织利用性（organization）四个方面进行判断。

（3）为了进一步识别出企业的核心竞争力，可以使用价值链模型来分析企业资源或能力的潜在价值。价值链将企业活动分为基本活动和辅助活动，这两类活动都为企业价值创造做出了贡献。

（4）顾客导向营销企业的目标是创造价值，因此，企业应当关注"由外至内"的价值链，并建立价值网模型，以便发挥成员企业之间的协同效应，以最有效的方式提高顾客价值。

（5）在评价企业营销绩效时可以使用平衡计分卡，从顾客核心衡量指标和顾客价值主张两方面入手。当企业的实际营销绩效未达到目标营销绩效时，可以使用麦肯锡 7S 框架和标杆法进行分析，找出企业绩效差距的根源，并提出改进策略。

（6）SWOT 分析是帮助企业确定合适的营销策略的工具。SWOT 分析的关键是依据 SWOT 列表，对企业外部和内部环境分析做出总结，并按这些总结使企业的优势和市场机会能够在战略中更好地匹配，或是找到改进影响重大的劣势，抵御重要的外部威胁的战略。

关键术语

资源（resource）
核心竞争力（core competence）
价值链模型（value chain model）
价值网模型（value net model）
绩效差距（performance gap）
7s 框架（7s model）
SWOT 分析（SWOT analysis）

能力（capability）
VRIO 框架（VRIO framework）
顾客价值主张（customer value proposition）
虚拟价值链（virtual value chain）
平衡计分卡（balanced scorecard）
标杆法（benchmarking）

回顾性问题

1. 如何理解企业的资源和能力？
2. VRIO 框架是什么？
3. 价值链模型中包含哪些活动？
4. 营销绩效的分析工具有哪些？
5. SWOT 分析方法的实施步骤是什么？

辩论性问题

辩论题：企业营销工作应该守正还是求变？

一种观点认为，企业营销工作应当苦练内功，整合营销资源，提升营销能力、巩固竞争优势，不能说变就变；而另一种观点则认为企业营销工作应当顺应潮流，根据外部环境变化不断对营销资源和能力进行调整和转换，与时俱进。

正方：企业营销工作应当守正。

反方：企业营销工作应当求变。

实践性问题

1. 选择一个你熟悉的企业，尝试分析这一企业的资源与能力，使用 VRIO 框架判断其资源和能力能否帮助其建立核心竞争力？还可以使用价值链模型对其核心竞争力进行进一步识别。

2. 选择一家熟悉的上市公司，对该公司的营销绩效进行分析。

3. 选择你感兴趣的一家企业，使用 SWOT 分析方法对其进行分析诊断。

延伸阅读

[1] 迈克尔·波特，马克·克雷默. 创造共享价值[J]. 哈佛商业评论（中文版），2022(2): 72-88.

[2] 保罗·莱因万德，切萨雷·马伊纳尔迪，打造能力驱动型组织[J]. 哈佛商业评论（中文版），2010(9): 104-112.

[3] 丁威旭，大卫·梯斯，李平. 阴阳平衡思维方式与动态能力理论——VUCA 时代企业"灰度"动态能力决定企业高度[J]. 清华管理评论，2019(11): 35-41.

[4] Björkdahl J, Holgersson M, Teece D J. Digital platform grafting: Strategies for entering established ecosystems[J]. California Management Review, 2024, 66(3): 27-46.

参考文献

即测即练

自学自测 扫描此码

第六章

数字时代的营销研究

问渠那得清如许,为有源头活水来。

——朱熹《观书有感》

希望我们永远是一个有想象力的公司。

——张一鸣(字节跳动创始人)

◆ 学习目标

1. 认识营销研究与精准营销的关系;
2. 熟悉各类营销研究的常用方法和工具;
3. 了解营销研究的过程与步骤;
4. 了解营销新技术的应用。

◆ 开篇案例

昆仑万维:All in AGI 与 AIGC

昆仑万维集团(以下简称"昆仑万维")成立于2008年,2015年登陆深交所,旗下业务覆盖 AGI 与 AIGC、信息分发、元宇宙、社交娱乐及游戏等多个领域,市场遍及中国、东南亚、非洲、中东、北美、南美、欧洲等地。

发展历程

2009年,昆仑万维陆续发行了《昆仑世界》《美眉梦工厂》《武侠风云》等游戏,通过网页游戏研发和全球发行业务起家,是第一批进军海外游戏市场的中国厂商。2015年起,昆仑万维在游戏业务基础上开始布局投资,战略投资了 Opera、Grindr 和闲徕互娱,捕捉 Fintech、直播、电商、二次元等领域机遇。2018年,昆仑万维初步形成信息分发平台 Opera、全球游戏研运一体业务 GameArk、休闲娱乐平台闲徕互娱等多元化业务板块,向全球互联网平台型公司转型。2022年,昆仑万维开始全面布局 AIGC,在 ChatGPT、图像、视频等 AIGC 技术领域开启研发;2022年12月15日,开源了中文类 GPT-3 大模型、基于类 GPT-3 的对话式聊天机器人、SkyMusic、SkyText 等五个项目。截至2024年,昆仑万维全球平均月活跃用户达到近4亿人,其海外收入占比86%。

图 6-1　昆仑万维的天工平台

基于数据的营销应用

在应用营销技术方面，昆仑万维通过 AI 技术，为市场营销领域中的包括客户服务、客户体验、社交媒体、客户关系等方面带来巨大的变革与创新。社交网络方面，昆仑万维的闲徕互娱在业务体系中占有重要地位，一方面，基于大数据分析以及数据挖掘，持续引入具有针对性的不同类型产品和服务，完善娱乐产品矩阵的多样性，为用户提供多元个性化服务，实现了在棋牌游戏领域的纵向延伸；另一方面，通过搭建全新的增值服务和广告平台，进一步挖掘用户的商业价值，通过横向拓展游戏联运、广告等新变现模式，有效提升了用户在平台内的在线时长和使用黏性。

在 AGI 与 AIGC 业务方面，公司于 2023 年 8 月推出国内首款 AI 搜索产品——天工 AI 搜索（见图 6-1）。目前，"天工"已累计索引了上百亿的优质数据资源，有效提高了搜索结果质量。AI 助手能够针对用户的复杂需求进行拆解、细化，并进行追问、信息理解与补全，使其在面对不确定性知识时，能够更精准、高效地满足用户需求。此外，昆仑万维发布个性化人工智能浏览器助手 Opera AI (Aria)，根据特定的人口统计和目标市场进行定制，提供广泛、最新和特定领域的知识，以及用于设置和网络内容交互的深度浏览器集成。开发功能强大的个性化在线人工智能平台 AskMe，提供咨询分析、图片理解等服务，为用户提供更智能的使用体验。

目前，昆仑万维继续加大相关技术及应用的研发、部署和维护。持续优化基于音视频内容分析的个性化推荐系统，通过基于音视频特征的个性化推荐优化，用户可以快速找到喜欢的音乐内容及作者，增加用户内容消费时长，提高用户社交转化的效率，提升用户黏性，推动用户规模持续增长；通过对唱歌类声音美化技术的持续优化，结合人工智能技术的发展，提升用户个性化音乐体验，提升用户价值，确立产品在用户中的口碑传播，增强品牌价值。

未来发展

未来，昆仑万维计划加强生态建设。一方面，深化与各行业合作伙伴的协作，提供高效、可定制的 AI 解决方案，加速智能化转型；另一方面，继续发力开源社区建设，促进全球范围内的技术交流与合作，加速天工生态的成长。在元宇宙方面，继续推进社区内容生态建设，开发并推出更多个性化功能，利用人工智能等下一代互联网技术构建更加智能、高效和互联的元宇宙，为用户提供更加丰富多样且个性十足的游戏创作、娱乐消费以及社交互动体验。但与此同时，AI 应用相关的信息安全和隐私、消费者幸福感、AI 技术影响人类工作机会、责任承担方等问题都有待进一步思考。

思考题：
1. 昆仑万维在成立初期，是如何识别并抓住全球市场的机遇实现快速成长的？
2. 昆仑万维如何通过数据分析改进其产品？
3. 设想昆仑万维未来如何利用用户数据优化其生态建设？

资料来源：
[1] 昆仑万维官网. http://www.kunlun.com/.
[2] 昆仑万维科技股份有限公司. 2023 年年度报告[R]. 北京：昆仑万维科技股份有限公司，2024.
[3] 林子筠，吴琼琳，才凤艳. 营销领域人工智能研究综述[J]. 外国经济与管理，2021, 43(3): 89-106.

第一节　数字时代的营销研究概述

一、数字时代营销研究的基本概念

（一）数字时代的营销研究

为了创造顾客价值并建立有意义的客户关系，营销人员必须首先获取关于顾客需求和想法的全面和深入的信息。有效的营销研究是营销方案成功的前提条件。

> **概念定义：**
>
> 营销研究（marketing research）：是指针对企业特定的营销问题，采用科学的研究方法，系统且客观地收集、整理、分析、解释和沟通有关市场营销各方面信息，为企业管理者制定、评估和改进营销决策提供依据的过程。
>
> 营销洞察（marketing insights）：是指提供有关企业营销活动在市场中如何和为什么产生特定效果以及对企业意味着什么的信息。

营销研究可以帮助市场营销人员评估市场潜力以及市场份额，揭示顾客的满意程度及购买行为，并衡量定价、产品、分销和促销活动的有效性。

营销研究具有方法科学、创造性、手段多元、准确建模、注重成本效益分析、适当怀疑和关注道德的特点。

在数字时代，营销研究通过对消费者行为、市场趋势和技术发展等方面的深入了解和分析，以及利用大数据和人工智能等技术手段，获取关键信息和见解，从而指导企业制定精准、个性化和创新的营销策略。

（二）数字时代营销研究的范围

数字时代营销研究的范围涵盖众多领域和主题，主要包括以下五个方面。

1. 消费者行为研究

数字时代的消费者行为研究关注消费者在互联网和移动设备上的购买决策过程、搜索行为、社交媒体互动等方面。经过对消费者行为模式和偏好的深入分析，企业可以更准确地把握消费者的需求，从而制定更具针对性的个性化营销策略，以更有效地吸引和留住目标消费者。

2. 社交媒体营销研究

随着社交媒体的普及，企业日益重视在社交媒体平台上有效开展品牌推广和营销活动。数字时代的社交媒体营销研究关注如何利用社交媒体平台进行精准定位、内容创作、用户互动等方面的策略，以提升品牌知名度和用户参与度。

3. 数据分析与人工智能研究

数字时代的营销研究离不开数据分析和人工智能的应用。通过对大数据的深度挖掘与精准分析，企业能够获取到消费者行为和市场趋势等重要信息，这些信息对于制定营销策略具有关键的指导作用。此外，人工智能的发展还为企业提供了更加智能化和个性化的营销手段。例如，借助机器学习与推荐算法等技术，为消费者量身打造个性化的产品推荐和定制化的购物体验。

4. 移动营销研究

随着移动互联网的日益普及，移动营销已经成为数字时代的重要趋势。移动营销研究关注如何通过移动应用、移动支付、短信营销等方式与顾客建立更加紧密的联系，提供便捷的购物和支付体验。

5. 新兴技术与创新营销研究

数字时代的营销研究还关注新兴技术的应用，如虚拟现实、增强现实、物联网等。通过创新的方式吸引顾客的注意力，提供个性化的产品展示和购物体验，从而增强品牌的竞争力。

综上所述，数字时代营销研究的范围非常广泛，涵盖了消费者行为、社交媒体营销、数据分析与人工智能、移动营销以及新兴技术与创新营销等多个领域，这些研究方向为企业提供了指导营销决策的重要理论和实践基础。

（三）数字时代营销研究的类型

数字时代的营销研究主要分为探索性研究和结论性研究（见图 6-2）。结论性研究可分为描述性研究和因果性研究，描述性研究又包括横截面研究和纵向研究。

探索性研究主要用于研究的起始阶段，其目的是获取研究背景资料，并帮助研究人员认识理解研究问题。探索性研究主要采用定性分析方法，且在研究过程中通常采用灵活且无结构的研究方式，研究样本容量相对较小。因此其研究结果不够准确，只能作为进一步研究的参考。例如，对小部分目标广告受众进行焦点小组访谈，定性整理访谈结果，确定后续大体研究方向。

结论性研究基于检验具体假设及其相互关系的目的，通常需要结构化的研究程序，对样本容量较大的数据进行定量分析。这类研究所得到的结果更加精确且具有代表性，因此可以作为营销决策方案的依据。其中，描述性研究旨在描述问题中涉及的各个变量及其相互关系，而因果性研究则深入研究变量之间的具体因果关系（见表 6-1）。

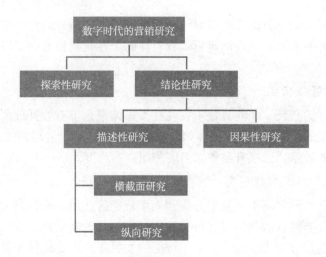

图 6-2　数字时代营销研究分类

表 6-1　探索性研究和结论性研究的比较

	探索性研究	结论性研究
研究目的	获取研究背景资料，并认识和理解研究问题	检验具体的假设及其相互关系
研究特征	定性分析 灵活无结构的研究程序 小样本数据	定量分析 结构化的研究程序 大样本数据
研究结果	作为进一步研究的参考	作为决策方案的依据
方法	二手数据定性分析 焦点小组访谈 专家调查 深度访问 其他定性研究方法	二手数据定量分析 访问法 观察法 实验法 其他定量研究方法

1. 探索性研究

探索性研究旨在通过小规模的尝试性研究对研究问题进行深入挖掘和探索。虽然探索性研究没有正式的程序，无法直接作为管理者进行判断和选择的依据，但在研究人员对当前问题没有充足的资料和充分的认识或缺乏进一步研究的目标的情况下，合理的探索性研究可以很大程度上帮助研究人员补充现有背景、发掘研究灵感。探索性研究的具体作用包括：

（1）获取研究问题的背景资料。

（2）更精确地界定营销研究问题范围。

（3）确定营销研究问题和研究方向。

（4）提出营销研究问题假设。

（5）获得解决营销研究问题的思路。

（6）拟定进一步营销研究的行动方案。

（7）统一术语定义。

探索性研究相对灵活,并无固定的结构和程序。因此,有效的探索性数字研究需要研究人员具有捕捉新线索和把握大体方向的能力。传统的探索性研究方法包括二手数据定性分析、焦点小组访谈法、专家调查法、深度访问法以及其他定性研究方法。

2. 描述性研究

描述性研究是营销研究中使用最多的一类研究,其目的是描述某事物或现象的基本状况和总体特征。因此,描述性研究要求研究人员对研究问题有足够的信息储备,并且在此基础上对问题的方向和范围界定明确,对数据收集的目标导向清晰,往往已经提出具体的研究问题假设并且拥有完整的研究方案。描述性研究的具体作用有以下几方面。

(1)描述人群。具体指统计相关群体的某些特征。例如,对企业广告投放平台的活跃用户及潜在用户的用户画像等(见图6-3)。

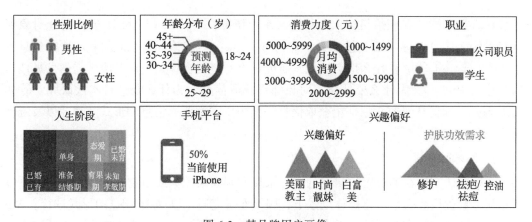

图6-3 某品牌用户画像
资料来源:贝恩咨询. 天猫和阿里妈妈. 以消费者为中心的品牌数字化转型——消费者运营健康度升级与最佳实践[R]. 2019:40.

(2)描述行为。具体指对特定群体中具有特定行为特征的人员占比进行估算。例如,对某广告浏览时长超过30秒的用户中最终完成购买行为的用户占比进行估计。

(3)描述感知。具体指判断目标顾客对产品的理解和认知。例如,分析品牌流量转化效果的差异。

(4)描述相关。具体指判断某些变量间相互关系的程度。例如,判断数字广告代言人对品牌广告效果有多大的影响;分析不同渠道对品牌获客和转化的影响。

(5)描述预测。具体指以特定预测为依据,为管理决策提供参考。例如,预测下一季度的广告投放量可能为企业带来多少商品成交量。

描述性研究通常选用具有代表性的大样本数据。由于描述性研究是结构化的,因此在研究前应详细地设计数据的来源、收集数据的途径以及分析数据的方法。其中,特别要明确研究内容中的6Ws(见图6-4),它是描述性研究的基础,只有当研究能够完全回答6Ws时它才能被视为是一次合格且完整的研究。6Ws的具体内容为:①谁(who)。谁

图 6-4 描述性研究的内容

是目标研究人群?我们给目标人群的定义是否精准?②什么(what)。要从研究对象那里获得什么信息?你需要测量什么?③何时(when)。应该在什么时间获取所需信息?④何地(where)。能够在什么地点接触到研究对象?应当在什么地点获取所需信息最佳?⑤为什么(why)。为什么要从研究对象那里获取信息?为什么要进行本次研究?⑥如何(way)。如何从研究对象那里获取信息?其中要注意获取信息的形式、途径以及统计所获信息的方式。

3. 因果性研究

因果性研究旨在通过定量研究的方法来探究判断某现象或事物之间因果相互关系以及相互影响程度。在数字化媒体场景下,因果性研究通常以 A/B 测试的形式进行。A/B 测试是一种严谨的实验方法,旨在通过科学设计和采样,获取具有代表性的实验结论。该实验采用分离式组间设计,目的在于确保实验结果的准确性和可靠性。在实验过程中,需要对样本进行代表性的采样,并对流量进行分隔和小流量测试。通过这种方式,可以获得具有代表性的试验结论,并确信该结论可以推广到全部流量。

通常是测试人员(研究人员)对研究问题有一定的了解和认知,提出对相关变量的因果关系的假设,再进行 A/B 测试研究对假设加以验证。表 6-2 展示了描述性研究和因

表 6-2 描述性研究和因果性研究的对比

	描述性研究	因果性研究
研究形式	用户画像、文本挖掘等	A/B 测试、情景实验等
研究目标	描述某事物或现象的基本状况和总体特征	判断某事物或现象之间因果相互关系以及相互影响程度
研究结果	可能是对某事物或现象的描述,也可能是对某现象或事物存在相互关系进行描述	确定某事物或现象相关,同时对其中谁为因谁为果以及影响程度作出判断
研究特征	对事物或现象的存在状态进行研究	对事物或现象的因果关系进行研究

果性研究的对比。相较于探索性研究和描述性研究，因果性研究（如 A/B 测试）可以：判断两个或多个变量间变化的因果顺序，即确定哪些变量是导致其他变量发生变化的原因。进一步判断自变量（导致其他变量发生变化的变量）对因变量（被影响从而发生变化的变量）的影响程度。

因果性研究属于结论性研究，与描述性研究相同，也需要研究人员提前对研究问题有足够的了解和把控，提出对问题中变量的因果假设，再有计划地进行结构化的研究。

营销工具6-1

A/B 测试

A/B 测试是一种常用的方法，用于评估营销活动的投资回报率（return on investment, ROI）。如图 6-5 所示，其实质是一种分离式组间实验，旨在通过科学的实验设计、具有代表性的采样样本、流量分隔及小流量测试等手段，获取具有代表性的试验结论，并确信该结论可推广至全部流量。A/B 测试的核心目的是确保营销活动的成功，并为企业带来最大的收益。营销人员针对顾客采用两种不同的干预措施，然后比较两组群体之间的结果，通过正确分析为决策提供依据。

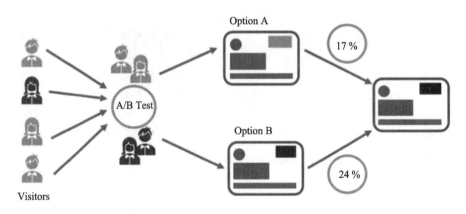

图 6-5　A/B 测试示意

亚马逊（Amazon）、谷歌（Google）等都已经发现了 A/B 测试在营销和创新领域的重要价值。但许多公司在尝试提高 A/B 测试实验能力时却发现了极大的障碍，这个障碍并非工具和技术，而是组织内部的价值观和态度。为了切实最大化 A/B 测试工具的价值，公司需要营造一个良好的环境氛围，培养员工的好奇心，并将数据置于经验意见之上，公司内的每个人都可以开展测试，所有实验都必须符合道德伦理，并且让管理者接受新的领导模式。

资料来源：
[1] 王晔. A/B 测试：创新始于试验 [M]. 北京：机械工业出版社，2019:31-34.
[2] 亚马逊中国官网. 品牌中心. https://www.amazon.cn/.

营销洞见6-1

田 野 实 验

为研究移动广告内容对广告效果的影响,罗学明等(2014)进行了数字广告效果的营销研究,目的是按照不同地点发送不同内容的短信广告,以提高广告的有效性。图 6-6(a)和(b)分别表示短信内容与家人联系和短信内容与同事联系,可以看到两种内容的短信都有一句话——9元3月,立即回复"Y"还能减3元!60分钟有效!但是图6-6(a)发送的是漏接家人、亲朋好友的电话,图6-6(b)强调的是漏接同事、顾客的电话。然后,移动通信公司在不同的时间点发送这两种不同类型的广告。另外,他们还设置了一组,不包含家人、亲朋好友、同事和顾客的控制组,仅包含后面一致的内容。

实验结果表明:①当在家接收到与家人相关广告时,效果最好;②在工作场所收到与同事相关广告时的效果与在工作场所收到与家人相关广告时的效果没有显著的区别;③当广告不提及家人或者同事时,效果最差。研究结论:顾客地点与广告内容匹配时,广告效果最好。

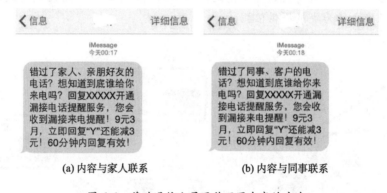

图 6-6 移动通信公司两种不同内容的广告

资料来源:
[1] Luo X, Andrews M, Fang Z, et al. Mobile Targeting[J]. Management Science, 2014, 60(7), 1738-1756.
[2] 斯特凡·索凯. 构建实验文化[J]. 哈佛商业评论(中文版),2020(3): 54.

尽管真实的商业环境中的变量与那些数学模型中的变量不存在严格一一对应的函数关系,但是研究人员可以通过一些经验特征初步判断变量之间的因果关系。一般来说,当事物变化存在以下特征时,研究人员可以预设其中涉及的变量存在因果关系。

(1)共同变化。如果两个事物总是同时发生变化,那么可以根据逻辑常识推断两事物间的因果关系。例如,广告浏览量在不同地段总是不同,则可推论地段位置影响广告浏览量。

(2)相继发生。若两事物的变化不是同时发生,但总是一个事物先发生变化,另一个事物继而才发生变化,那么可以推断是先变化的事物(自变量)导致后变化的事物(因变量)发生变化。例如,进行广告宣传的方式不同时,后续产品销量也不同,则可以推断广告宣传方式会影响产品销量。

（3）系统排除。如果能够把影响某事物变化的其他可能因素排除，那么即可推断剩下的一个或多个影响因素是导致此事物变化的原因。但是，在日常的商业实践中，可能存在的影响因素很多，并且也难以控制这些因素的变化，因而很难达到这一情形。

以上三种情形只能帮助做初步判断，要确定变量之前是否的确存在这样的因果关系以及其关联程度，还需要进行一系列深入研究。

二、数字时代营销研究的过程

数字研究开展的基础是设计详密的营销研究计划。研究计划是营销研究活动的实施框架，详细规划了获取、分析解决目标营销研究问题所需信息的必要流程和实践细节。它能够保证营销研究科学、规范、高效地进行并获得精确且有效的结果。

（一）明确营销研究的问题

在制订营销研究设计之初，首要步骤便是明确营销研究问题。这涉及确定研究人员所面临的研究问题是什么。对于任何一家企业而言，这是至关重要的第一步，它为后续研究活动的开展提供了明确的方向和目标。例如，对于一些成熟的行业，其数字研究的目标典型指标如下。

（1）电商平台类企业，通常选取 GMV（商品交易总额）作为指标。

（2）娱乐内容平台可以选取用户内容消费总数作为指标。

（3）社区类产品可以选取用户生产内容（UGC）数量作为指标。

这些指标应该能够反映公司发展核心的要素，所有的业务活动都应该围绕这些指标进行。在实践中，研究人员收到的研究任务往往是以管理决策的角度呈现，因此，确定研究问题要注意将管理决策所需要的决策问题转变成能够通过研究解决的研究计划。

（二）营销研究的实施计划

1. 设计营销研究方案

营销研究实施的第一步是要进行研究方案的设计，即要对研究方案进行科学管理。营销研究方案设计的过程主要考虑三个要点：研究方案如何产生、如何收集研究方案、如何管理研究方案。

首先，研究方案的产生。营销研究方案一般是由研究团队内部成员产生，在营销研究中，包括产品经理、运营经理、技术研发人员等。特别需要注意的是，技术研发人员也应该关注研究内容本身。在实践中，企业会产生各种研究方案，如用户行为分析、历史研究结果、用户反馈、竞争分析和优化理论等。

其次，收集研究方案。营销研究团队应该有一个公共平台，内部成员可以自由提交研究方案，也可以相互看到其他成员的研究方案。团队成员相互快速查看、点评方案，形成集思广益的研究氛围。

最后，管理研究方案。团队负责人应该提供一个统一的营销研究的方案创建模板，该模板应该包含研究的所有信息，包括但不限于研究场景、研究受众、研究周期等。而且研究模板应该是可查看和分享的，这样有利于更多内外部成员参与到营销研究中。

2. 排期与研究

在研究团队的研究方案需求收集完成后，开始实施营销研究前，需要对可能的研究方案进行评估，用来确定研究的排期。

相比传统营销研究，数字时代的营销研究周期相对较短，一般研究时间通常是1～2周时间。对于广告流量较大的项目，如果不考虑用户的活跃时间特征，研究周期可能缩短到1～2天。在研究新功能上线的情况下，为了排除用户新奇效应、首因效应等干扰因素，一般建议的研究周期为1～2个月。

3. 阶段性效果评估

在营销研究的实施过程中，应当定期对已完成的研究进行回顾和评估。其主要目的是：第一，确认上一个周期里的研究效果，总结上一期获得业务经验和用户洞察。这些经验和洞察，一方面，可以为后续优化提供参考依据；另一方面，通过团队内部分享，可以让营销研究的初步结果指导公司营销实践，达到整体受益的效果。第二，定期回顾有利于解决研究中遇到的各类问题，特别是刚开始营销研究的团队在营销研究过程中可能会遇到产品需求管理、产品开发等各个方面的问题，需要团队不断磨合协调。

（三）数字时代营销研究的执行

1. 营销研究实施流程

一般来说，一个完整的数字研究实施流程包含6个步骤：研究需求分析、研究材料版本集成完成、测试、方案上线并运行研究、实时关注研究结果、总结和决策（见图6-7）。

图6-7 营销研究实施流程

2. 营销研究抽样

当研究对象总体数量较为庞大或研究对象范围过于广泛时，为了降低研究的成本和难度，通常选择采用抽样调查的方式进行数据收集。抽样调查涵盖6个步骤：定义总体、确定抽样框架、确定抽样单位、选择抽样方法、确定样本容量以及抽取样本。

3. 营销研究实施

对于营销研究的实施，是一个持续不断的迭代过程，也是不断深入研究需求的过程。

在探索阶段，主要的工作是收集信息并产生研究想法，常见的收集信息渠道有：行业背景、用户心理学等理论、用户行为分析、用户反馈、行业分析和历史档案分析等。

验证阶段是一个迭代的过程，帮助检验探索阶段产生的研究想法中哪些是正确的，以及它们在现实场景中的最佳工作方式。验证阶段一般包含以下 5 个步骤，如图 6-8 所示。

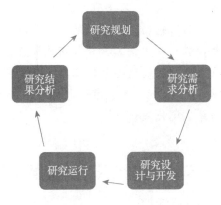

图 6-8　验证阶段的 5 个步骤

研究规划主要明确验证的目标和范围，以及确定研究所需的时间和资源；研究需求分析是验证阶段的核心，涉及到对目标市场、目标用户以及竞争对手的深入分析；研究设计与开发阶段，研究人员会根据研究目标和需求，设计具体的研究方案和方法；在研究运行阶段，研究人员会按照设计好的方案和方法，开展实际的数据收集工作；最后，收集了足够的数据后，研究人员会对其进行深入的分析和解读。

营销工具6-2

阿里巴巴的数字营销工具——生意参谋

生意参谋是阿里巴巴集团打造的经营数据分析管理系统，主要服务于阿里平台上的电子商务经营者。经营者可以通过使用生意参谋服务完成电子商务经营全链路的数据分析、经营决策和行动优化（见图 6-9）。

生意参谋以提升商家数据化能力为目标，将智能诊断、分析师认证进行整合联动。2019 年 3 月，商家数据产品启动数据分析师认证项目，通过培训数字化人才，提升商家数据分析与应用能力。2019 年 12 月，生意参谋构建智能诊断能力，自动识别商家店铺经营机会与问题。

图 6-9　阿里巴巴的经营数据分析管理系统——生意参谋

生意参谋通过对流量分析展现全店流量概况访客分析及装修分析；交易分析具备两大核心功能，即交易概况和交易构成。通过深入分析店铺的交易情况，能够从店铺的整体视角一直细分到不同粒度的交易情况，以便商家能够及时了解和掌控店铺的交易状况。此外，生意参谋还提供了资金回流行动点，以帮助商家采取有效的资金管理策略。在营销推广方面，同样拥有两大功能，即营销工具和营销效果。这些功能旨在帮助商家进行精准的营销活动，提升销售业绩。通过这些营销工具，商家可以制定并执行有效的营销策略，提高产品的曝光度和销量。同时，生意参谋也会对营销效果进行持续跟踪和分析，以便商家能够及时调整策略并优化效果。

第二节　数字时代营销研究与顾客洞察工具

一、数字时代的营销数据

在数字时代，营销数据是指用于支持营销决策的各种数据，这些数据包括一手数据（primary data）和二手数据（secondary data）。其中，一手数据，或称原始数据，是专为某一特定目标而收集的数据。但由于收集一手数据成本较高、效率较低等原因，开展市场研究时，研究人员通常应优先收集二手数据，尽量利用已有的二手数据，只有当二手数据不能满足需要时才考虑专门收集原始数据。

> 概念定义：
>
> 　　一手数据（primary data）：也叫原始数据，是指研究人员为了解决面临的问题而专门收集的数据。

（一）问卷设计及测量

企业通过调查研究（survey research）获取一手数据，可以了解顾客的知识、信仰、偏好和满意度等，也是收集原始数据使用最广泛的方法。其主要优点是灵活性大，可以用来收集不同场合情境的各种信息；适用情景也多样不局限，可以通过电话、邮件、当面或线上进行。

调查法也存在一些问题，例如，被调查者可能无法或不愿意回答陌生提问者的问题或涉及个人隐私的事项，并受个人性格和情绪的影响较大。

1. 调查问卷

（1）**普通问卷调查**。问卷（questionnaire）是由一组向受访者提出的问题组成的，这是最常用的工具。

问题的形式、语言、措辞以及顺序都会影响被调查者的回答，所以，对于问卷进行测试和调整是非常必要的，对于问卷问题的设计也需要仔细研究斟酌。

在传统的纸质问卷时代，调查者需要打印问卷，分发到各地，并由被调查者手工填写。虽然这种方式具有直观性，但是其效率较低，数据处理过程也较烦琐。

（2）数字时代的问卷调查。随着互联网技术的发展，现在大部分的调查都采用电子问卷的方式。调查者可以通过在线平台制作问卷，然后通过电子邮件、社交媒体等方式将问卷链接发送给被调查者。被调查者只需在电脑或手机上点击链接，即可实现在线填写问卷。这种方式不仅节省了调查者的时间和金钱成本，也提高了数据收集的效率和准确性。

两种类型问题的例子如表 6-3 所示。

表 6-3　问卷问题的种类

名　称	描　述
A. 封闭式问题	
二分式	有两种可能答案的问题
多项选择	有三个或三个以上答案的问题
李克特量表	受访者对陈述表示同意/不同意的程度
语义差异量表	连接两个两极词的量表。受访者选择能够代表其自身观点的描述
重要性量表	对某些属性的重要性进行评估的量表
评分量表	对某些属性从"差"到"优"进行评估的量表
购买意愿量表	描述受访者购买意向的量表
B. 开放式问题	
完全非结构化	受访者回答的方式几乎不受限制的问题
词语联想	一次呈现一个词，受访者看到这些词语后提供最先想到的那个词
完成句子	受访者讲一个不完整的句子补充完整
完成故事	受访者讲一个不完整的故事补充完整
解释图片	图中描绘两个人物，其中一个说了一句话，要求受访者假想是另一个人，并在空白处完成对话

2. 定性测量

定性研究技术（qualitative research techniques）是一种采用间接和非结构化方式的测量方法，其受访者的回答限定在一定范围内。这种方法主要依赖主观判断，而不是量化数据。其目的是深入理解受访者的观点、态度和行为，以便更好地解释和预测他们的反应。这种方法常用于探索性研究和深度访谈，以深入了解被调查者的态度、观点和感受。定性测量能帮助研究者更好地理解复杂的社会现象，为后续的定量研究提供指导。

在社会科学研究中，词语联想（word association）、投射技术（projective techniques）、视觉化（visualization）、品牌人格化（brand personification，以及阶梯法（laddering）是常用的定性测量方法。

（二）二手数据及其收集

1. 二手数据概念与分类

 概念定义：

二手数据（secondary data）：相对于一手数据，二手数据是指已存在的、为其他目的而不是专门为正进行的特定研究而收集的数据。这些数据可以在内外部数据库、外部供应商、互联网搜索引擎、社交媒体等多个来源中找到。研究人员需要仔细判断二手数据的价值，并确定其符合相关性、准确性、及时性、公正性的原则。

根据数据的来源，可以将二手数据分为以下两类。

（1）内部数据：指企业内部所拥有的数据，其中主要包括结构化的顾客数据库；网上搜索、浏览、收藏、购买数据；交易记录；生产、销售、库存记录；售后服务与投诉记录；以往进行的市场研究数据。

（2）外部数据：包括公共数据和商业数据，是指源自企业外部的数据。公共数据主要包括政府部门、行业协会和专业组织、媒体、研究机构公开发布的数据。商业数据是由专业公司提供的二手数据，旨在实现盈利目的。

除此之外，二手数据还可以被划分为结构化数据和非结构化数据。结构化数据指的是具有固定格式和结构的数据，通常可以通过二维表的形式进行表现，如营销数据中的消费者购买数量等，这些数据易于搜索、存储和处理。而非结构化数据则指的是没有固定格式和结构的数据，如图像、音频和视频等，其难以用数据库二维表结构来表达和实现。

营销洞见6-2

大数据资源管理

面对日益扩大的数据池，企业进行大数据资源管理变得尤为重要。大数据资源管理的有效性有助于企业从各种渠道获取的大数据中迅速识别有价值的信息，同时确保数据质量与数据可访问性。

（1）企业应先明确业务目标

企业在开展数据收集工作前，应首先明确业务目标，并据此锁定所需的企业数据。如果业务目标不明确，企业则会收集许多与业务无关甚至错误的数据。即使企业收集到正确数据，目标不明确也会使数据变得毫无价值。因此，企业的数据资源管理团队需要与收集数据的人员及时沟通，确保企业能准确收集到与业务相关的数据。

（2）企业应消除"数据孤岛"

"数据孤岛"是指企业内部各职能部门所拥有的数据彼此隔离，无法实现跨部门的数据共享与交互。这种情况会导致各部门之间的数据缺乏关联性，无法实现跨部门的数据共享与交互，进而导致数据冗余和不一致的问题。如果企业没有有效的大数据管理策略,"数据孤岛"现象将很容易产生和加剧。因此,对于企业而言,制定科学合理的大数据管理策略至关重要,可以有效避免"数据孤岛"的产生,并提高企业整体的数据治理水平。

(3)企业应保证数据安全

一些企业花费大量精力去网站上搜集顾客数据,但没有对顾客数据进行保护。当收集到的顾客数据被破坏时,企业失去数据的同时也会失去顾客的信任。企业面临人为因素和自然因素对数据安全的威胁,为了避免数据丢失,企业应确保数据资源的安全性。

资料来源:王峰,等. 大数据营销[M]. 北京:高等教育出版社,2023:46-48.

2. 营销数据分析工具

1)大数据概述

大数据在数据特征上具有五个主要特点:数据量大(volume)、数据生成速度快(velocity)、数据类型多样(variety)、数据准确性高(veracity)以及数据价值密度低(value)。

数据量大。 随着大数据时代的来临,企业面临的数据存储和分析需求日益增长。从社交媒体、传感器和移动支付设备等终端每秒钟产生的数据量将难以想象。例如,推特每天会产生超过7太字节(terabyte)的数据,而脸书每天产生约10太字节的数据。Statista统计数据库预测,到2025年,全球每年产生的数据量将增加10倍,达到163泽字节(zettabytes)。

数据生成速度快。 新数据生成和移动的速度越来越快,关于数据库处理、存储和分析数据的速度也就越来越快。互联网每秒钟都在向世界各地发送大量数据,全球每秒钟就会产生约290万封电子邮件、淘宝上每天产生约630万张订单。因此,具备实时处理数据的能力在当今的企业环境中显得至关重要,这种能力能够为企业带来决定性的竞争优势。

数据类型多样。 多样性体现在两个方面。第一,数据的类型繁多,包括结构化数据、半结构化数据和非结构化数据。例如,电话号码、销售金额和产品名称等属于结构化数据,电子邮件、XML文档和日志文件等属于半结构化数据,而图像、音频和视频等则属于非结构化数据。第二,大数据的来源广泛,可以来自社交媒体、电商平台和品牌社区等多个平台。

数据准确性高。 大数据的准确性是指企业在处理所收集数据时对其信任的程度,这一信任程度涵盖数据的内在品质以及数据来源和数据处理过程的精准性。企业有时收集的数据可能有缺失的部分,因而可能无法准确真实地为企业提供全面和有价值的见解。

数据价值密度低。 大数据的价值密度相对较低是因为其包含的数据量巨大。大数据的潜在价值是巨大的,但企业若没有挖掘数据价值的能力,大数据将变得毫无用处。因此,以低成本且高效的手段挖掘出大数据中隐含的价值,是现在企业亟须解决的问题。

大数据的产生使人们对世界的认知得以简化，通过将人类行为转化为可量化的数据节点，为人们提供了一个全面的"画像"，它关注的是整体和大体的规律。而小数据则更加关注个体和微小的事实，它来源于社会行为的细节，更贴近人们的个体感受，对需求的呈现也更为精准。然而，未来的发展趋势可能是大数据、小数据的界限逐渐被"全数据"或全量数据所取代。

> **概念定义：**
>
> 　　大数据（big data）：从各种渠道来源产生的不同类型的数据，它是具有容量大、速度快和多样性特征的信息资产，且需要特定的分析方法和信息处理技术对其进行价值转化，从而帮助企业增强洞察力和辅助企业决策。

全数据是指一种数据形态，它包含尽可能广泛和全面的信息，包括原始数据、转化后的数据、从经验中获得的数据、从其他数据中推导得到的数据等。全数据在各个领域都有应用。在商业领域中，全数据可以包括消费者行为数据、市场研究数据、销售数据等，这些数据可以帮助企业更好地了解市场需求和趋势，制定更有效的营销策略。全数据的形成通常需要借助各种数据采集和处理技术，如大数据技术、云计算技术、人工智能的深度学习等。

2）营销分析的价值

营销分析包括四个层次（见图 6-10）：①描述性的数据总结和可视化；②诊断解释模型估计变量之间的关系和允许假设检验；③预测模型的预测变量和模拟营销控制的影响设置；④处方性分析用于确定最优化的分析模型。

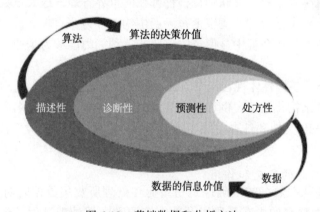

图 6-10　营销数据和分析方法

资料来源：Wedel M, Kannan P K. Marketing analytics for data-rich environments[J]. Journal of Marketing, 2016, 80(6): 97-121。

营销技术和营销分析相互依存、相辅相成。描述性营销分析通过数据可视化技术，将大量数据简化为易于理解的图表和报告，帮助企业了解市场现状和历史销售数据；诊断性营销分析则深入探究数据背后的原因和关系，帮助企业理解为什么会发生某些情况；预测性营销分析利用数据挖掘和机器学习等技术，预测未来的趋势和行为。处方性营销分析可以利用不同类型的分析技术帮助企业更好地理解消费者和市场，制定更有效的营销策略。在未来，随着大数据和人工智能技术的不断发展，营销分析将发挥更加重要的作用，处理和高性能计算可能成为营销分析师生态系统不可分割的一部分。

Mini案例6-1

阿里云助力企业数字转型

随着数字化时代的到来，越来越多的企业开始重视数字转型，以提高企业的效率和竞争力。阿里云作为国内领先的云计算服务提供商，正通过其强大的技术和服务，助力企业完成数字转型，实现业务数字化升级。阿里云提供了多种不同类型的数字化转型解决方案，以下为其中的三种比较典型的解决方案。

（1）企业级容器解决方案。阿里云企业级容器解决方案除了提供容器实例、镜像托管、容器镜像构建和智能运维等基础服务外，还提供了 Kubernetes、Docker、Swarm 等多种容器编排技术和工具，可快速搭建企业级容器工作流。

（2）数据智能解决方案。阿里云提供了领先的大数据和人工智能技术，并通过其数据智能解决方案，可帮助企业更好地管理、处理和分析数据。阿里云数据智能解决方案提供了大数据开发工具、数据仓库、数据分析、人工智能、海量存储等丰富的服务，可以满足企业不同层次的数据需求。

（3）人工智能解决方案。阿里云以阿里云智能服务体系为核心，提供人工智能API、数据分析服务和开发平台等，帮助企业实现数据挖掘、自然语言处理、人脸识别、图像识别等重要业务的数字化升级。阿里云的数字化转型解决方案已经帮助了众多企业提升效率、创造价值和更好地服务用户，成功案例包括顺丰速运、华为企业业务、依图科技等。

资料来源：小小蚂蚁云资讯. 阿里云助力企业数字转型，实现业务数字化升级！[2023-06-18] https://xiaoxiaomayi.com/vps/p/18700.html.

二、数字时代的顾客洞察工具

（一）顾客洞察工具概述

1. 顾客洞察工具的定义和作用

顾客洞察工具是一种利用大数据、人工智能和其他技术来分析和理解顾客行为、需求和偏好的工具。这些工具可以帮助企业更好地了解市场趋势，预测顾客需求，制定更精准的营销策略，并提供更好的用户体验。

顾客洞察工具的作用主要包括以下四点。

（1）收集并整合来自不同渠道的顾客数据，包括社交媒体、在线购物、调查问卷、客户关系管理等，从而全面了解顾客的行为和需求。

（2）经过对数据的细致分析，深入挖掘出顾客的需求和偏好，并理解他们在购买决策过程中的行为模式，进而制定出更为精确的营销策略。

（3）通过反馈和评论来了解顾客的情感和态度，进一步优化产品和服务，提高顾客满意度。

（4）通过预测顾客的选择，帮助企业制定更符合市场需求的产品或服务，并预测市场趋势，增强竞争优势。

该工具能够助力企业更深入地了解顾客的消费需求和消费偏好，以更精准地制定营销策略，为顾客提供更优质的消费体验，从而增强企业竞争优势。

2. 顾客洞察工具的历史和发展

顾客洞察工具的历史可以追溯到 20 世纪 90 年代，当时企业开始使用数据挖掘和客户关系管理（CRM）等技术来收集和分析顾客数据。21 世纪，随着互联网和电子商务的飞速发展，企业逐渐采用更为先进的数据分析工具和技术，以进一步探究顾客的行为模式和需求。

在数字时代，顾客洞察工具得到进一步发展和普及。随着大数据、人工智能和机器学习等技术的持续进步，顾客洞察工具的功能和性能得到了显著增强。这些工具能够通过多种渠道，如社交媒体、在线购物、调查问卷以及客户关系管理等，收集顾客数据，并运用先进的分析技术对顾客的需求和偏好进行深度挖掘。

顾客洞察工具的发展趋势日益向智能化和个性化方向发展。未来的顾客洞察工具将更加注重情感分析和预测分析，以更准确地理解顾客的情感和需求，从而提供更为精准的个性化服务。同时，顾客洞察工具也将更加关注数据的隐私和安全，确保顾客数据的安全与合法性。

3. 顾客洞察工具的分类和特点

顾客洞察工具可以根据功能和特点分为以下六种。

（1）数据收集工具。这类工具可以从各种渠道收集顾客数据，如社交媒体、在线购物、调查问卷、客户关系管理等，并将其整合到一个统一的数据库中。

（2）数据处理和分析工具。这类工具可对所收集的数据进行清洗、筛选及可视化分析，从而为企业提供对顾客行为与需求更深入的理解。

（3）报告和可视化工具。这类工具可以将分析结果以易于理解的方式呈现给企业决策者，例如柱状图、饼图、表格和仪表板等。

（4）精准营销工具。这类工具可以帮助企业根据顾客的偏好和需求制定个性化的营销策略，例如通过电子邮件、短信、社交媒体等方式向顾客推送定制化的营销信息。

（5）基于用户评论的情感分析工具。这类工具可供各企业针对顾客对产品或服务的反馈与评价进行深度分析，以进一步了解顾客的情感与态度，并据此有针对性地制订相应的改进方案。

（6）预测顾客选择工具。这类工具可以帮助企业通过建立选择模型来预测顾客在面临多个选项时会做出怎样的选择，从而制定更符合市场需求的产品或服务。

表 6-4 展示了顾客洞察工具的特点。

表 6-4　顾客洞察工具的特点

特　点	描　述
可视化分析	顾客洞察工具是一种有效的数据处理和分析工具，可以将复杂的数据转化为直观易懂的可视化图表，从而为企业提供更深入的顾客行为和需求洞察
智能化分析	顾客洞察工具可以利用人工智能和机器学习等技术进行智能化分析，从而更好地挖掘顾客的需求和偏好
个性化分析	顾客洞察工具可以帮助企业进行个性化分析，即根据不同顾客的需求和偏好制定个性化的营销策略
全面性分析	顾客洞察工具可以从多个角度进行分析，包括顾客的行为、环境、关注点和愿望等，从而提供更全面的顾客洞察
实时性分析	顾客洞察工具能够实时分析数据，使企业可以及时掌握市场趋势和顾客需求，并制定相应的策略

（二）数字时代的精准营销

数字时代的精准营销是指基于可量化的数据，利用现代信息技术手段，对不同顾客进行深入分析，以确定目标对象，并精准地开展个性营销活动的过程。其核心在于"精准"，即在市场细分的基础上，对不同顾客进行细致分析，确定目标对象，并精准地开展营销活动，以最大化营销效果。

数字时代精准营销主要有以下特点。

（1）精准的定位。通过数据分析，对顾客进行细致分类和分析，确定目标顾客，实现精准的顾客定位。

（2）个性化的沟通。根据不同顾客的需求，采用针对性的沟通方式，为其提供适合的产品或服务，以实现个性营销。

（3）实时响应。利用现代信息技术手段，实现快速响应和个性化的服务，提高顾客满意度。

（4）数据驱动。以数据为基础，通过数据分析和挖掘，实现精准营销。

（5）营销效果可衡量。通过数据分析和跟踪，实现营销效果的可衡量和评估，提高营销效果。

精准营销的主要优势包括提升营销效果、降低成本以及增强企业竞争优势。通过针对特定顾客群体制定个性化营销策略，企业可以更有效地吸引潜在顾客并保留现有顾客。此外，通过更好地了解顾客需求，企业可以更快地适应市场变化，并增强竞争优势。

Mini案例6-2

可口可乐的精准营销

可口可乐公司（The Coca-Cola Company）于1886年5月8日正式成立，是全球规模最大的饮料生产商，业务遍及200个国家和地区。该公司旗下拥有160种饮料品牌，产品类型包括汽水、运动饮料、乳类饮品、果汁、茶和咖啡等。

可口可乐品牌下的产品丰富多彩。如何让人们在每一天都能享受可口可乐的产品带来的健康、快乐的生活方式，是可口可乐公司所关注的。在移动互联网时代，这些诉求需要在移动端为可口可乐旗下的所有产品找到一个契合的平台，有效地传达可口可乐产品线下每一款产品的特性,让用户深入了解可口可乐的品牌理念。

可口可乐在选择 App 植入平台时,经过了数据分析和对比。可口可乐想要在移动端找到拥有庞大用户量,而且用户每天都会关注的 App 进行合作。更重要的是,该应用要能够为用户提供贴身的服务,这样既能实现广泛传播,又能避免以往营销活动中太过直白和主动灌输的品牌的营销方式,而墨迹天气恰好符合这两点要求。

墨迹天气是一款免费的天气信息查询软件,其设计人性化且使用简单,也是中国支持城市最多的天气预报软件。墨迹天气中的穿衣助手、指数、分享等功能深受广大用户喜爱,这与可口可乐品牌需求不谋而合。因此,可口可乐公司充分运用墨迹天气中特有的穿衣助手和指数等功能,为旗下产品量身定制了多套广告方案,并在墨迹天气的平台上进行广泛推广。根据可口可乐旗下不同产品的特性及定位,结合不同的天气或日期,制订不同的广告文案,满足可口可乐公司不同品牌的诉求。

资料来源:
[1] 李军. 实战大数据:客户定位和精准营销[M]. 北京:清华大学出版社,2015:87-89.
[2] 可口可乐公司中国官网. 品牌中心. https://www.coca-colacompany.com/cn/home.
[3] 墨迹天气官网. 品牌中心. https://tianqi.moji.com/.

(三)数字时代的用户画像步骤

用户画像是根据用户社会属性、生活习惯、消费行为等信息而抽象出的一个标签化的用户模型。通过为用户打上标签,企业可以更好地理解用户,并对其进行分类和预测。基于大数据的用户画像构建的一般流程遵循基础数据收集、行为建模、构建画像这三大步骤,如图 6-11 所示。

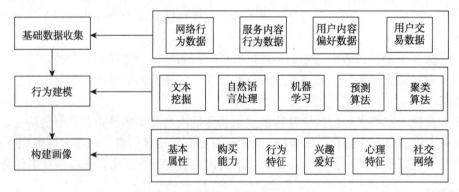

图 6-11 基于大数据用户画像的方法

资料来源:
[1] 杜晓梦,唐晓密,张银虎. 大数据用户行为画像分析实操指南[M]. 北京:电子工业出版社,2021:118-121.
[2] 王峰,等. 大数据营销[M]. 北京:高等教出版社,2023: 78-89.

获取用户行为数据阶段,一般可通过两种技术手段进行:一是实时性较高的直接采集,二是定时获取行为日志文件的批量间接采集。直接采集法一般由第三方公司提供一组代码包,而后技术人员将代码包按照指定的方法集成到 App 程序或网站程序中。

在用户行为建模阶段,一要借助技术手段对行为数据进行加工处理。这些统计方法包括简单易懂的基础运算,如求和与百分比计算、平均值、排序、去重等,也包括相对复杂的定向统计方法,如对停留时长、用户留存、访问路径、路径转化漏斗等指标的分析。二要对这些加工结果进行归类处理,从技术手段层面可分为实时处理与批量处理。与上文提到的用户行为数据获取的两类方法相似,实时处理统计的是最新数据,强调及时性,如我们经常能够看到的"今日活跃用户数",就是随着时间的增加而实时处理产生的。相反,批量处理的方式更多用于对历史数据的加工,因此也称"离线定时处理",如"过去七日的年化收益率""昨日新增用户数"等。

在构建用户画像阶段,可以根据用户的基本属性、购买能力、行为特征、兴趣爱好、心理特征以及社交网络等信息抽象出来标签化用户模型。其中,数字表格、曲线图、饼图、柱状图等是用户画像中最常使用的可视化形式,能够帮助用户画像使用者轻松地解读用户的特征情况。此外,还有很多种用来表现数据的可视化图形,比如雷达图、漏斗图、字符词云图、热力图等。

(四)基于用户评论的情感分析工具

基于用户评论的情感分析是指通过分析用户对产品或服务的评论来了解其对产品或服务的情感态度。情感分析可以提高顾客满意度和增强竞争优势,通过反馈,企业还可以更好地了解市场需求,制定更符合顾客需求的产品或服务,从而增强竞争优势。

情感分析利用算法在对文本进行分析、处理、归纳和推理后,提取出文本中包含的情感。单词、短语和固定搭配是构成文本的基本单位,对于它们的褒贬程度的度量是判别文本情感倾向的基础。文本情感分析主要分为三个环节:情感特征提取、分类、检索与归纳。文本情感分析中常用的基于情感词典的方法。

基于情感词典的情感分析方法,是利用事先设置好的情感词库,为每个词赋予一定的情感倾向度的权值。然后从要分析的文本中提取出所有的情感词,并根据句子特点(如惊叹句、设问句等)计算情感得分,进而判断文本的情感极性。该方法的具体工作方式如图 6-12 所示,主要涉及分词、去除停用词、标记词的权重、搜索词的前缀程度词、搜索词的前缀否定词和计算情感得分这六个步骤。

基于词典的文本情感分析技术存在一定的局限性,由于事先设定的词典往往只针对某个领域,因而用于跨领域情感分析时效果欠佳。此外,情感词典的词库也普遍存在词汇不够丰富的问题,对长文本进行情感分析的效果欠佳。因此,对长文本来说,更好的解决方法是利用机器学习方法。

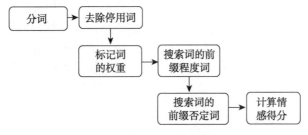

图 6-12 基于情感词典的情感分析流程

资料来源:
[1] 杜晓梦,唐晓密,张银虎. 大数据用户行为画像分析实操指南[M]. 北京: 电子工业出版社,2021: 8-10.
[2] 王峰,等. 大数据营销[M]. 北京: 高等教育出版社,2024: 150-173.

第三节　数字时代营销新技术的应用

一、数字分析技术的应用

（一）新产品偏好测试

在新产品偏好测试中，方差分析可用于评估不同组别之间的偏好差异，以揭示不同组别对产品的不同偏好程度。例如，在测试两种新口味的冰淇淋时，可以通过方差分析来检验这两组样本（品尝员）的平均口感评分是否存在显著性差异，从而帮助企业了解哪一种口味的冰淇淋更受欢迎。

方差分析（ANOVA）是一种统计学方法，旨在检验两个或多个样本组的平均值是否存在显著性差异。该方法通过将总体方差分解为组内方差和组间方差两部分，对组间平均值的差异进行评估，以确定这些差异是否具有统计显著性。这种方法有助于我们确定不同样本组之间的平均值差异是否具有实际意义。方差分析能够处理各种数据类型，包括连续型和分类型数据；分析多个因素对结果的影响，并进行多元分析；结果易于解释和呈现。

然而，方差分析也存在一些局限性：它假设数据满足独立性、正态性和方差齐性的条件，如果不满足这些条件，分析结果可能不准确；只能分析两个或多个固定组的平均值差异，而无法处理动态分组或个体间差异的情况；在小样本情况下，方差分析的准确性可能会受到一定影响。

（二）移动定位技术

移动定位技术是指借助电信网络获取移动终端用户的位置信息，包括经纬度、海拔、速度和方向等，并应用于各种位置服务的技术。其工作原理是通过计算基站与移动终端之间的距离、信号强度等信息，结合卫星定位、惯性传感器等辅助手段，实现对移动终端用户的精确位置确定。

基于移动定位技术的服务（Location Based Services，LBS），主要是借助移动定位技术来获取用户的位置信息，随后，将获取到的位置信息与其他各类信息和服务进行结合，为用户提供各种与位置相关的服务。LBS 模式的分类包括：（1）导航服务，为用户提供基于位置的路线规划、导航等功能。（2）位置信息服务，为用户提供当前位置的信息查询与搜索功能。（3）移动广告服务，根据用户的地理位置及行为偏好信息，为其提供具有个性化的广告服务。（4）移动社交互动，根据用户的位置信息和社交关系，实现基于位置的社交互动和应用。利用移动定位技术获取用户的位置信息，结合社交网络和其他应用，提供基于位置的社交互动和服务，是社交互动的新型方式。

Mini案例6-3

一嗨租车

一嗨租车成立于 2006 年，是中国首家通过全程电子商务化管理实现汽车租赁业务的企业。随着自驾市场的发展，一嗨租车在全国范围内大力推广针对大众市场的个人自驾服务。根据用户的实际需求，定制个性化租车服务。一嗨租车通过采取灵活的租车方式、提供送车上门服务以及采用网络租车的策略，有效控制了成本。

为了提升用户租车的便捷性，一嗨租车率先推出 WAP 预订系统、手机客户端，用户只需免费下载安装手机终端软件即可预订用车。一嗨租车 App 一经推出就得到众多好评，人性化的设计极大提升了租车体验。

除了满足用户的租车需求外，一嗨租车还利用 LBS 技术对用户和汽车租赁公司进行定位。在 App 中，用户可以轻松、直观地查看附近的门店和去该门店的路线，还能查询到周围的停车场以及加油站，享受个性化的服务。

初始阶段，一嗨租车在构建中央数据服务中心方面投入了大量资金，但并未得到外界的广泛认可。然而，正是由于拥有强大功能的系统作为支撑，一嗨租车才能够尽可能地将用户引导至网上预订，使超过 90% 的订单来自线上。在系统的支持下，一嗨租车旗下的车辆资源得到了有效掌控和合理调度，所有车辆的信息都能实时反馈至一嗨租车的后台以及官方网站。这种数据驱动的策略为一嗨租车提供了精确的洞察，从而能够更好地满足用户的需求并提升运营效率。对用户而言，只需选择现有车型即可轻松预订。

资料来源：
[1] 李军. 实战大数据：客户定位和精准营销[M]. 北京：清华大学出版社, 2015: 98-102.
[2] 一嗨租车官网. 品牌中心. https://www.1hai.cn/.

（三）个性化推荐

个性化推荐系统是借助用户历史行为、兴趣偏好以及社交网络等多元化信息，运用相应算法和模型进行深度挖掘，进而为用户提供个性化、精准的推荐服务。而社会网络分析则聚焦于解读社会网络的结构与内在关系，以洞察网络中个体与群体的行为模式和互动规律。

在个性化推荐中，社会网络分析可以应用于以下方面。

（1）基于社交网络的个性化推荐。根据用户的社交网络分析，深入了解其社交关系以及好友的喜好，基于这些信息，为用户提供个性化的推荐服务。

（2）基于群体行为的个性化推荐。通过深入剖析群体行为和社交网络，识别并挖掘出用户的兴趣偏好及行为模式，进而为用户提供高度个性化的推荐服务。

（3）基于用户画像的个性化推荐。通过分析用户的行为和社交网络等信息，构建用户画像，从而为用户提供个性化的推荐服务。

社会网络分析能够分析复杂的社会网络结构和关系，更好地了解用户的行为和互动，发现用户的兴趣偏好和行为模式，从而更好地为用户提供个性化的推荐服务。然而，社会网络分析也存在一些局限性：社会网络结构复杂，分析难度较大；在社会网络中，信息的完整性和准确性无法得到保证，这会对分析结果的准确性产生不利影响。另外，还需要进一步深化对社会网络的分析与个性化推荐相结合的研究和实践，以更好地利用社会网络中的信息。

营销工具6-3

社会网络分析法

社会网络分析方法是一种定量研究方法,用于探究群体交互行为中不同行动者之间的关系。该方法以数据挖掘为基础,构建社会关系模型,并利用可视化图表或社会网络结构展示分析结果。通过运用这种方法,我们可以发现社群内部行动者之间的各种社会关系,并对其进行深入研究。网络分析在发现意见领袖、社交圈层识别和精准营销等营销领域得到广泛应用。

网络分析图是一种形象化的表示方式,用于展现行动者之间的关系。这里的行动者既可以是个体,也可以是组织。通过这种图形化的表示,可以更直观地理解行动者之间的相互关系和互动。如图6-13所示,图中的圆圈代表一个行动者,实线和箭头代表行动者之间关系。右图中带有箭头的线表示行动者之间的关系是有向的。在微博平台上,粉丝可以对自己喜欢的明星进行关注,然而明星却不需要关注粉丝。左图中的实线表示行动者之间的关系是无向的。例如,微信上必须双方同意,才能互为好友关系。

在网络分析中,中心度是常见的测量指标。中心度又被划分为度数中心度、中间中心度、接近中心度和特征向量中心度这四个维度。

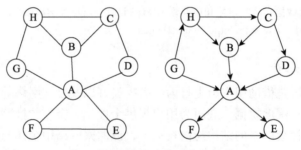

图6-13 无向和有向网络分析图

资料来源:王峰,等. 大数据营销[M]. 北京:高等教育出版社,2024: 62-63.

(四)营销自动化与销售预测

营销自动化和销售预测都是企业营销过程中的重要工具,它们之间有一定的关联和区别。

营销自动化是一种利用技术手段实现营销活动自动化管理的方式,旨在提高企业营销效率,降低成本,并优化营销效果。营销自动化可以包括多个方面,如市场研究、受众分析、内容制作、渠道管理、效果评估等,这些方面都可以通过自动化技术进行优化和管理。

销售预测是指根据历史销售数据和市场趋势,预测未来的销售情况,以制定相应的销售计划和策略。销售预测是企业制定战略计划和决策的关键依据,它能够协助企业更好地掌握市场动态和顾客的需求变化,从而优化销售策略,提升企业的收益。

营销自动化能够提供销售预测所需的数据支持以及优化管理。通过运用自动化技术对市场研究和受众分析数据进行深度挖掘，企业可以更准确地掌握市场需求和顾客行为，从而优化销售预测的准确性和效果。销售预测作为营销自动化应用的重要领域，可以帮助企业更有效地制定销售计划和策略，并优化销售行为。

两者都是企业营销过程中的重要工具，它们可以相互补充和支持，帮助企业更好地制定营销计划和策略，提高营销效率和销售业绩。

营销工具6-4

营销自动化工具

IMAP、IDMP、ICEM 和 IFACE 都是营销自动化的常用工具，它们各有不同的定义和特点。

IMAP（intelligent marketing automation platform）是一种基于大数据的科技产品，旨在执行、管理和自动完成各种营销任务和流程。IMAP 着眼于对营销获客、转化流程的全面掌控，通过数据驱动的智能化技术，让营销不再完全依赖技巧和经验，而能够进行预测与判断、跟踪与优化，形成精准的营销策略，并高效执行。

IDMP（intelligent data management platform）是一种技术工具，其功能在于整合各种分散的数据源，将这些数据纳入统一的技术平台，并进行标准化和细分。通过这种方式，用户可以更有效地将这些细分结果应用于现有的互动营销场景，以实现更精准的营销和更好的业务效果。

ICEM（intelligent customer experience management）是一种利用先进的电子、通信和网络技术，实现企业与目标客户群体之间高效、直接且可重复沟通的管理方法。其目的是满足客户的个性化需求，提高客户的参与感，并创造出独特且唯一的客户体验。ICEM 能够让企业全方位了解顾客的消费历程，从而制定个性化的顾客互动内容和营销策略，并形成自动化流程。

IFACE（intelligent face recognition system）以人脸识别技术为核心，通过计算机图像处理技术，从视频中提取人像特征点，并利用生物统计学的原理对这些特征点进行分析，以建立数学模型。IFACE 采用了前沿的深度残差网络结构以及领先的深度学习框架，同时通过采集海量的场景数据进行训练，对准确度进行了长期的优化，为企业及个人用户提供客户识别验证、VIP 导购、消费者分析等各种相关服务。

资料来源：

[1] 杜晓梦,唐晓密,张银虎. 大数据用户行为画像分析实操指南[M]. 北京:电子工业出版社,2021: 14-29.

[2] 王峰，等. 大数据营销[M]. 北京：高等教育出版社, 2024: 45-46.

二、数字化广告的应用

（一）静态广告投放

静态广告投放是指在网页、杂志、海报等媒体上以静态形式展示的广告。这些广告通常以图片、文字或图文结合的形式呈现，具有直观、易于理解的特点。

静态广告投放适用范围广，适用于各种类型的媒体，如网页、杂志、海报等；制作简单，通常以图片、文字或图文结合的形式呈现；相比动态广告，静态广告制作成本较低，更适用于中小型企业或个人。

但静态广告投放也存在一些缺点。

（1）吸引力有限。相对单调，缺乏动态效果，对用户的吸引力有限。

（2）转化率低。静态广告无法提供交互体验，用户只能被动地接受广告信息，转化率相对较低。

（3）无法实现个性化。静态广告无法根据用户的兴趣和需求进行个性化展示，难以满足用户的个性化需求。

为提高静态广告的投放效果，可以考虑：①创意设计，通过独特的创意设计，提高静态广告的吸引力。②优化布局，优化广告信息的排版布局，确保文字与图片的合理配置，以提升广告信息的清晰度和易理解度。③选择合适的媒体，选择与目标受众匹配的媒体，如针对年轻人的社交媒体或针对商务人士的专业杂志。④定期评估效果，定期评估广告效果，并根据用户反馈进行相应的调整和优化。

（二）动态广告投放

动态广告投放是指采用动态技术，将广告内容在网页、视频、移动应用等媒体上以动态形式展示的广告形式。相比静态广告，动态广告具有更丰富的视觉效果和交互体验，能够吸引用户的注意力并提供更个性化的广告内容。

动态广告投放具有显著吸引力（动态广告利用动态效果和技术，如动画、视频、音频等，能够有效地吸引用户的注意力，并提高广告的关注度）、个性化定制（动态广告可以根据用户的兴趣和需求，动态地展示个性化的广告内容，进而提高广告的精准度和效果）、优秀交互体验（提供出色的交互体验，使用户可以与广告进行互动、填写表单等，进而提高用户参与度和转化率）等特点。

动态广告投放也面临着一些挑战。

（1）技术要求高。动态广告的制作需要依赖多种技术和服务，比如HTML5、CSS3、JavaScript等，因此对制作团队的技术能力有较高的要求。

（2）制作成本高。动态广告制作需要投入更多的时间和资源，包括设计、制作、测试等环节，制作成本相对较高。

（3）投放效果评估困难。动态广告的投放效果评估相对复杂，需要综合考虑点击率、转化率、曝光量等多个指标。

以下手段可提升动态广告投放的效果：根据目标受众的需求和兴趣，对广告内容进行精细化设计和优化，以提升广告的吸引力；优化展示方式，选择合适的展示方式和位置，使广告能够在适当的时机和位置展示给目标受众；优化交互体验，提供良好的交互体验，如提供表单填写、在线咨询等功能，提高用户参与度和转化率；定期评估广告效果，并根据受众的反馈及时进行调整和优化，以实现更高效的营销策略。

（三）程序化广告

程序化广告是指采用技术手段进行广告交易和管理的方式。通过自动化、精准化和智能化，可以提高广告效果和效率。其核心是利用数据和技术来分析和预测广告受众的行为和需求，从而实现精准定向和优化广告效果。程序化广告包括程序化购买和程序化售卖两个主要方面。

程序化购买是指通过利用数据实现广告购买自动化的方法。它可以通过实时竞价（RTB）等技术手段，根据广告受众的行为和兴趣，自动购买最有价值的广告位和广告时段，从而提高广告投放的效率和效果。

程序化售卖是指利用数据驱动的自动化技术来售卖广告资源的方式。它通过数据分析和技术手段，将资源分配给最有价值的广告主，从而实现广告资源的最大价值。

相比于静态广告和动态广告，程序化广告的优势包括：

（1）提高广告效果和效率。程序化广告可以通过数据和技术手段，实现精准的目标受众定向和广告优化，从而提高广告的投放效果和效率。

（2）降低广告成本。程序化广告可以利用实时竞价等先进技术手段，有效降低广告采购成本，进而减少整个广告推广的预算。

（3）提高广告资源利用率。程序化广告可以通过数据和技术手段，实现广告资源的自动化和智能化管理，从而提高广告资源的利用率和价值。

营销洞见6-3

数字广告管理的新趋势

数字技术的发展已显著改变了企业利用数字媒体与消费者进行沟通和互动的方式。在这个数字时代，广告的未来是什么样的？学者如何加强对数字广告的研究？公司和代理商如何最大限度地提高广告回报？广告学者Lee和Cho总结了数字广告管理的六项新趋势。

（1）大数据将在数字营销传播中发挥更为关键的作用。

（2）广告信息将越来越有针对性，个性化广告将使消费者体验更好，并将成为企业经营收入的关键驱动力。

（3）低成本大规模广告的制作将由人工智能进行。

（4）人工智能可以根据目标消费者的行为模式、兴趣、需求和愿望，通过匹配、推荐和提供机构内最合适的人员，为正在进行的项目或宣传作出贡献。

（5）数据驱动技术将取代传统的广告买卖。

（6）数字广告程序化购买和交付技术将成为数字广告增长最有价值的驱动力。

资料来源：Lee H, Cho C H. Digital advertising: present and future prospects[J]. International Journal of Advertising, 2020, 39(3): 332-341.

三、基于新技术的营销创新

（一）直播营销与渠道创新

直播营销是一种新型的营销模式，借助在线直播平台，实现与观众的互动和交流，有效提升产品推广效果和品牌知名度。而渠道创新则是指采用创新手段，对传统营销渠道进行变革，以适应市场环境和用户需求的变化。

直播营销与渠道创新之间存在紧密的联系。第一，直播营销作为一种创新的营销方式，可以打破传统营销方式的限制，通过直播平台直接与用户进行互动和交流，更好地了解用户需求和反馈，从而提高营销效果和用户满意度。第二，直播营销可通过多渠道的推广和传播，如社交媒体、广告投放、口碑传播等，以扩大品牌的影响力和用户覆盖面，从而吸引更多的潜在用户。

在直播营销中，渠道创新可以从以下几个方面入手。

（1）选用合适的直播平台。根据目标受众的特点和需求，选择合适的直播平台，如年轻人喜欢的抖音、游戏爱好者喜欢的斗鱼等。

（2）创新直播内容。通过创新直播内容，吸引用户关注和参与，如进行产品演示、互动游戏、用户分享等。

（3）整合多渠道推广。将直播营销与其他营销渠道进行整合，如社交媒体、广告投放、口碑传播等，形成多渠道的推广和传播。

（4）引入新技术。将新技术引入直播营销中，如 AR/VR 技术、虚拟主播、互动直播等，提高直播的体验和价值。

直播营销与渠道创新的相互促进，使我们可以通过创新的渠道和方式，更有效地发挥直播营销的优势和作用，进而提升品牌知名度和用户忠诚度。

Mini案例6-4

淘宝直播

淘宝直播是采用"直播+电商"模式的先驱者，并已发展成为淘宝业务的重要增长因素。2015 年，正值全民直播时代，淘宝活跃用户减少。经过研究，阿里巴巴确定了淘宝未来社区化、内容化和平台生活化的转型方向，并加紧淘宝直播的研发。

2017 年初，淘宝直播开始第一次升级，向中高端消费和男性人群纵向渗透、培养专业主播、进行精准推送，并引入站外流量。此外，淘宝升级了商业生态，直播具有特定佣金比例和合作模式，并提供商品池供主播选择。在此阶段，网红经济从爆发转向全面发展，淘宝直播平台带货超千亿，直播也成为商家重要的销货通路。

在拼多多、京东、抖音、快手均开始直播卖货的冲击，以及 2020 年初新冠疫情对全行业的影响下，淘宝直播进行第二次升级，联合阿里云提供多端流量整合和技术服务方案，支撑多个行业在线云复工。以淘宝直播为平台，"云卖房""云卖车""品牌新品发布会""云演唱会"等形式层出不穷，"云工作"模式已成为常态。面对庞大的业务体量，淘宝直播技术部开发了端上窄带高清、零转码系统和低延时技术，保障直播成本、用户体验和效率，助力"万物皆可播"。现如今，"直播+电商"模式正在深度改变大众的生活习惯，直播带货已成为电商平台中不可或缺的一部分。

资料来源：

[1] 蒋石梅，杨贤龙，杨玉娇，等. 淘宝直播：技术创新引领电商商业模式新篇章[R]. 中国管理案例共享中心案例库教学案例，2019: 2-10.

[2] 淘宝官网. 品牌中心. https://www.taobao.com/.

（二）内容营销与营销传播

内容营销是指以特定内容为引擎，通过创建和发布具有高度价值且与目标市场紧密相关的内容吸引并留住目标受众，进而提升品牌知名度、增强顾客忠诚度并促进销售增长的一种营销策略。而营销传播则是指通过各种传播渠道，包括广告、促销、公共关系、社交媒体等，向目标市场传递品牌信息、产品信息和营销信息，以达成营销目标。

在内容营销中，关键在于创作高质量的内容，结合品牌特点和目标市场需求，以吸引和保留目标受众。此外，还需借助各种传播渠道，如社交媒体、广告投放、口碑传播等，来提升品牌知名度及刺激销售增长。

内容营销与营销传播在实践中是相辅相成的，彼此的配合有助于实现更佳的营销效果。内容营销的策略可以更好地推动营销传播的效果，提高品牌知名度和顾客忠诚度。同时，营销传播也可以为内容营销提供更多的传播渠道和机会，进一步扩大品牌影响力和用户覆盖面。

（三）生成式人工智能（AIGC）

1. 生成式人工智能概念与发展

生成式人工智能 AIGC（artificial intelligence generated content）的学术定义是指利用生成式机器学习模型实现文本、图像、语音等内容的智能合成。麦肯锡定义 AIGC 为一种根据提示生成内容的人工智能模型。2022 年 9 月，中国信通院和京东探索研究院共同发布了《人工智能生成内容（AIGC）白皮书》，将 AIGC 定义为既是从内容生产者视角进行分类的一类内容，又是一种内容生产方式，还是用于内容自动化生成的一类技术集合。该定义认为，总体上可以将 AIGC 概括为伴随着网络形态演化和人工智能技术变革产生的一种新的生成式网络信息内容。

AIGC 是由人工智能技术通过大语言模型，自动或协助地生成各种形式的内容，如文字、图像、音乐、视频等，是在组织生成内容（OGC）、专业生成内容（PGC）和用户生成内容（UGC）之后的第四种内容生产模式（见图 6-14）。

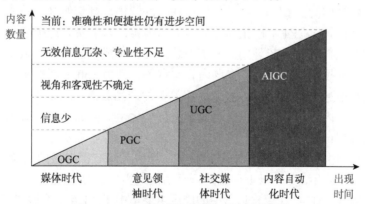

图 6-14　AIGC 与其他内容生成方式的对比

资料来源：
[1] CMO Club.《2023AIGC 赋能营销报告》[EB/OL]. [2023-10-06]. https://aigcdaily.cn/news/a23m25n69n6fkfx/.
[2] 李白杨，白云，詹希旎，等. 人工智能生成内容（AIGC）的技术特征与形态演进[J]. 图书情报知识, 2023, 40(01): 66-74.
[3] 中国信息通信研究院，京东探索研究院. 人工智能生成内容（AIGC）白皮书 [R/OL].（2022-09-02）[2022-11-05]. http://www.caict.ac.cn/english/research/whitepapers/202211/P020221111501862950279.pdf.

2. AIGC 在数字营销场景中的应用

（1）产品营销。AIGC 在产品营销中的应用主要集中于用户需求预测与顾客定制化。

用户需求预测：通过 AIGC 生成图片、3D 效果等尝试多种可能的外观、包装、形状、配色等效果。例如，伊利借助 AIGC 技术，根据科技感、自然生机、东方美学、未来感等关键词，打造乳品行业首款 AI 包装，展现了品牌的设计美感和先锋印象。

顾客定制化：顾客通过交互式的引导，自己尝试完成产品外观、配色、产品组合的效果，选择喜欢的方案。例如，支付宝"2023 集五福–AI 年画"活动，让用户通过简单笔画生成兔子形象年画，定制兔年五福数字藏品。

（2）品牌管理。AIGC 在品牌管理中的应用主要集中于交互型虚拟/数字人与内容合规管理。

交互型虚拟/数字人：通过 AIGC 技术，为虚拟人、数字人增强交互能力，提升用户体验，以及按照用户描述需求，生成特定的虚拟人。其类型包括：①虚拟偶像，如雪花啤酒推出的超写实的虚拟挑战官 LimX。②数字分身，如 360 集团创始人周鸿祎以数字分身的形式参加 AIGC 峰会。③直播数字人，如伊利集团打造的多个数字人，通过结合 AIGC 的能力，实现了数字人直播一键开播，选品、直播脚本自动生成，实现低门槛的 7×24 小时不间断卖货。④数字人员工，如魔珐科技推出的首个 3D 虚拟人 JING，作为魔珐的品牌市场官和产品体验官，7×24 小时触达和服务终端用户。

内容合规管理：通过 AIGC 技术快速对批量内容进行自动检测，达到品牌合规、法律合规、文字无错等效果。例如，视觉中国集团与联合信任合作，为 AIGC 的内容提供溯源和认证服务，为每一张 AI 生成或修改的图片生成了一个唯一的身份标识，实现对原作品和 AIGC 作品的双重知识产权保护。

（3）内容营销。AIGC 在内容营销中的应用主要集中于内容自动化生成与辅助电商和渠道。

内容自动化生成：借助 AIGC 的文生文、文生图、文生视频等快速生成有基础水准或特定要求的传播内容。AIGC 可以制作个性化的营销、社交媒体和技术销售内容，包括文本、图像和视频，创建个性化和有吸引力的内容，与消费者产生共鸣。如 360 智慧商业与多家旅游平台联合发起暑期旅游节专题活动，生成"超好吃的城市"活动主题、系列精美的画报和搜索配图素材、专题内容文章等，助力 360 暑期旅游节全面提效。

辅助电商和渠道：通过 AIGC 技术，将简单的产品关键信息加工为效果图、描述文字投放内容、引流内容等。借助视觉生成算法自动化生成商品的 3D 几何模型，能够用于商品展示和虚拟试用，辅以线上虚拟"看、试、穿、戴"，提升线上购物体验。除此之外，算法还能自动生成商品标题和描述。例如，新锐品牌有棵树借助 AI 智能化能力，将电商渠道与 AI 技术相结合，以更智能的新营销模式实现了降本增效。

（4）用户运营。AIGC 在用户运营中的应用主要集中于 AI 互动客服与激活私域 UGC。

AI 互动客服：通过 AIGC 技术，提升电子客服的人性化互动体验，让 AI 客服更像真人，回答更准确有效。电子商务网站还普遍采用智能客服系统来解决用户的购物咨询、售后协助和其他交流需求。例如，兰蔻与京东云旗下的京小智合作，通过精细化配置，提升服务的智能化、自动化、精细化水平，为用户带来更优体验，提高服务效率、降低成本、增加转化率。

激活私域 UGC：利用 AIGC 内容生成快速的特点及时捕捉互联网热点，快速利用社交媒体和粉丝互动或在营销活动中发动用户生成 UGC 内容。例如，美图与龙角散合作，用创意 AI 绘画，共同发起健康"芯"愿、一键成"帧"主题活动，持续释放品牌影响力，提升用户参与度、增强品牌形象、扩大品牌影响力。

最佳实践6-1

携程：追求完美旅程，共建美好世界

携程是中国在线旅游服务行业的领军企业。公司成立于1999年，以旅游呼叫中心起家，2003 年在美国纳斯达克上市。按照交易额口径计算，携程从 2011 年至今都是中国最大的在线旅行平台。

面对不断变化的外部环境，携程通过市场洞察，顺应未来风向，以技术赋能，不断创新，并利用数字化营销策略，持续领跑。

一、市场洞察：调研商旅需求与行业趋势

携程商旅是携程集团旗下一站式企业差旅服务平台，为包括300+世界 500 强企业、15 000+大型企业、94 万+中小型企业提供差旅管理服务，致力于协助企业降本增效，为企业节省高达 30%的差旅费用。

为探明行业发展趋势，携程商旅数据研究团队通过分析商旅人士的行为偏好，了解相应的痛点和需求，深度洞察商旅行业演变趋势（见图 6-15）。

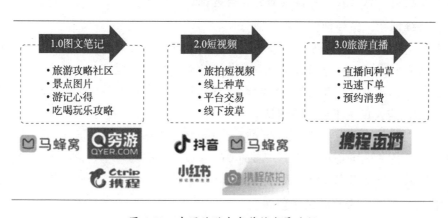

图 6-15　中国旅游内容营销发展路径

资料来源：Analysys，中信证券研究部。

1. 定量研究

企业差旅负责人在线调研：通过携程商旅自有渠道、知行晓政自媒体/社群等多个渠道发放问卷收集数据，覆盖各大行业、不同类型企业的行政/财务等直接负责差旅管理的人士。

高频商务人士在线调研：通过央视市场研究股份有限公司在线调研，全国范围内覆盖 1—4 线城市的高频商旅出行人士。

2. 定性访谈

高频商旅人士座谈会：邀请各行各业的高频出差人士，从亲身经历出发，畅聊在差旅过程中的喜怒哀乐、诉求以及对未来的期许。

企业差旅负责人深度访谈：邀请不同类型企业的差旅负责人，面对面了解企业差旅管理中的痛点与需求，分享差旅管理数字化转型的方法论。

二、核心优势：供应链和服务打造基本盘

虽然市场对携程所面临的竞争存在一定担忧，但携程核心基本盘稳固。

1. 深耕供应链，创造资源优势

携程通过投资、收购和战略合作的方式，在整个旅游产业链布局上建立了较高的资源壁垒。

2. 注重服务，奠定品牌调性

携程公司以呼叫中心作为服务模式起家，并始终坚持自营客服呼叫中心。这种对服务的投入和对品质的追求，使携程在同行中脱颖而出，为其树立了高品质的品牌形象。在做新业务时，携程往往也会将高标准的服务解决方案带入既有的领域，表现出较强的迁移能力。

3. 忠实用户群形成正向反馈

携程的月活用户主要集中在一线和新一线城市的24～35岁年轻人群体，该客群的消费水平普遍处于中高水平。这一稳定且高质量的客群为旅游资源端带来了高渠道转化率，从而进一步巩固了携程在供应链方面的优势地位。

三、持续创新：多维创新领跑行业

携程作为互联网垂直类龙头，相比泛生态的互联网巨头或新生短视频社交媒体的天然流量存在一定劣势，一味通过买流量的方式弥补短板是不理性的，用自己的供应链优势寻求差异化流量入口以及精耕细作提升现有流量回报率是更具性价比的解决方式。

1. 线下门店：挖掘下沉市场流量

近年来，携程通过智慧赋能和线下门店深入低线城市，正面回应美团的挑战。携程的线下门店成为下沉市场度假旅游产品的重要入口，自营品质化效应初显。"线上系统+线下体验"的规模化新零售模式是携程门店区别于传统旅行社门店的优势。

2. 内容战略：探索旅游营销蓝海

携程在2021年3月发布了"旅游营销枢纽"战略，旨在实现从单纯交易平台向内容与交易相结合的平台的转型，这也是携程未来战略的重点。内容化的核心是提升客户黏性和在平台停留时间，通过内容的种草促成更多交易。根据携程公布的内部观测数据，看重内容、乐于分享的用户在整个活跃用户群中占比达30%。未来携程内容社区的运营仍然是以交易为导向，内容和社区将围绕交易。

3. 新业务点：多点布局蓝海市场

成熟的企业难免遭遇跨界创新者的挑战，能够穿越周期存活下来的企业往往都具备自我革新和正视新技术、新变化的能力。携程通过鼓励扶持员工内部创业方案和外部不

断收购新项目的方式,在过去的20年不断化险为夷,通过创新不断拓展业务边界。近年来,携程在商旅、租车、酒店管理等新业务方向秉持开放探索的积极态度,未来有望成为企业新的增长点。

4. 技术赋能

携程早在疫情之前就全面开启国际化,2020年进一步明确"深耕国内、心怀全球"的战略目标。从本质上,携程以核心用户和供应链资源为基础,通过良性的互动关系,构建了国内游、纯海外、出境游、入境游的一站式闭环服务。在这个过程中,技术和服务是重要的支撑要素。例如,携程旗下携程商旅白皮书展示了其数字化战略规划(见图6-16)。

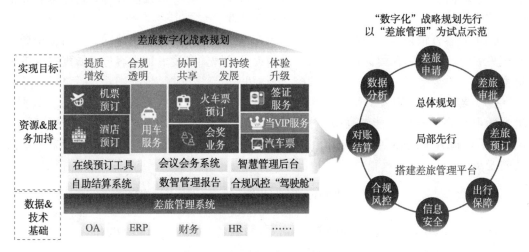

图6-16 差旅"数字化"战略规划

资料来源:携程2022—2023年差旅管理市场白皮书。

讨论题:

1. 市场洞察在携程战略制定以及实施中发挥着怎样的作用?
2. 携程的持续创新有何特点?
3. 为什么携程要进行从单纯交易平台向内容与交易相结合的平台转型?

资料来源:

[1] 中信证券. 二次出发,履方致远 携程集团-S(09961.HK/TCOM.O)投资价值分析报告[R]. 2021.

[2] 国信证券. 携程集团-S(09961.HK)全面复苏启航,在线旅游龙头迎全面成长[R]. 2023.

[3] 携程商旅. 2022-2023商旅管理市场白皮书[R]. 2023.

[4] 携程官网. 品牌中心. https://group.trip.com/?locale=zh-CN.

最佳实践6-2:徐工智造4.0:担大任 行大道 成大器

本章小结

(1)营销洞察是指提供有关企业营销活动在市场中如何和为什么产生特定效果以及对企业意味着什么的信息。有效的营销洞察是营销方案成功的基础。

（2）二手数据是指已存在的为其他目的收集的数据。与一手数据相比，二手数据不是专门为当前研究而收集的。这些数据可以在内外部数据库、外部供应商、互联网搜索引擎、社交媒体等多个来源中找到。

（3）用户画像是根据用户的社会属性、生活习惯、消费行为等信息，经过抽象化处理后形成的一种标签化的用户模型。通过为每个用户打上相应的标签，可以更准确地理解用户的需求和偏好，从而对其进行分类和预测。

（4）PGC（专业生成内容）是指由专业人士制作的高质量媒体内容，其中包括传统的广告形式，如电视广告、平面广告等。PGC注重专业水准和精心策划，通常由专业的广告公司或制作团队负责制作，但成本也较高。UGC（用户产生内容）是由用户自行创建和分享的内容，常见的形式包括用户自制的短视频、直播以及照片等。这些内容通常具有较低的制作成本，同时能够带来较高的互动性。

（5）内容营销是以特定内容为引擎，旨在通过创建和发布有价值的、与目标市场紧密相关的内容来吸引并留住目标受众，进而提升品牌知名度、加强客户忠诚度并促进销售增长。

（6）AIGC是利用人工智能技术生成内容的新型内容创作方式。它结合了大数据、机器学习等先进技术，能够高效、精准地生成多样化内容，如文字、图像、视频等。AIGC不仅提升了内容创作的效率和质量，还降低了成本，为内容创作领域带来了革命性的变革。

关键术语

营销研究（marketing research）　　营销洞察（marketing insights）
营销技术（marketing technology）　　一手数据（primary data）
二手数据（secondary data）　　顾客洞察工具（customer insight technology）
用户画像（user profile）　　精准营销（precision marketing）
数字化广告（digital advertising）　　内容营销（content marketing）
生成式人工智能（artificial intelligence generated content，AIGC）

回顾性问题

1. 什么是营销洞察？数字时代的营销洞察有什么不同？营销研究与营销洞察是什么关系？
2. 顾客洞察工具有哪些？不同顾客营销洞察工具分别有什么特点？
3. 数字时代的精准营销怎样定义？如何利用现代信息技术手段进行精准营销？
4. 数字化广告有哪些类型？如何根据广告策略和目标受众选择广告投放？
5. 如何进行有效的内容营销？

辩论性问题

辩论题：定性研究与定量研究，哪个更有效？

定量方法和定性方法是两种常用的研究方法。一种观点认为，只有通过定性研究方法才能深度洞察消费者行为背后的动机和态度；另一种观点则认为，只有采用定量研究方法才能保证研究结果的专业性和可靠性。

正方：营销研究应当采用定性研究方法。

反方：营销研究应当采用定量研究方法。

辩论性问题

1. 选择你最熟悉的三个不同行业的企业，总结它们的顾客洞察工具，对比分析它们在工具类别、使用情形等方面有什么异同？为什么会产生这些差异？
2. 想一想不同类别企业在数字化广告的投放方面有何异同点？
3. 结合你的实际，思考你在生活中接触过哪些营销创新的新工具？体验如何？

延伸阅读

[1] 胡左浩，杜雨轩，赵子倩，等. 数字营销赋能品牌破圈成长：以初创企业 FOH 希望树为例[J]. 清华管理评论. 2023（6）：112-121.

[2] 孙亚程，李艾珅. AI 智慧营销[J]. 清华管理评论. 2021（1-2）：22-29.

[3] MarSci，巨量引擎，罗兰贝格. 不确定时代下的增长重构——巨量引擎 O-5A 人群资产经营方法论[R]. 2023 年 5 月.

[4] Huang M H, Rust R T. The caring machine: Feeling AI for customer care[J]. Journal of Marketing, 2024, 88(5): 1-23.

参考文献

即测即练

自学自测　扫描此码

第三篇

制定营销战略

第七章

细分市场与选择目标市场

> 人间四月芳菲尽，山寺桃花始盛开。
>
> ——白居易《大林寺桃花》
>
> 如果我问顾客他们想要什么？他们会告诉我：一匹更快的马！
>
> ——亨利·福特（福特汽车创始人）

◆ **学习目标**

1. 熟悉营销战略的 STP 分析框架；
2. 掌握市场细分的方法和工具；
3. 掌握目标市场选择的方法和工具；
4. 了解目标市场选择中的商业伦理问题。

◆ **开篇案例**

拼多多，新电商开创者

拼多多于 2015 年创立，是一家融入娱乐社交元素的电商平台。其将网上购物、团购和社交媒体相结合，上线一年即拥有 1 亿名月活跃用户（MAU），交易额突破 1 亿元。2018 年 7 月 26 日晚，拼多多在美国纳斯达克上市，市值达到 351 亿美元，相当于京东商城的 2/3。同年，拼多多的全年活跃用户达到 4.19 亿名，用户规模居国内电商第二位。尽管进入市场较晚，但拼多多仅用了三年多的时间就让成交总额（GMV）接近 5000 亿元，而阿里巴巴和京东达到同样的成交额则分别花费了 9 年和 12 年。那么，拼多多是如何在不到 3 年的时间里挤入巨头阿里巴巴和京东的领地，成为中国电商的"第三极"的呢？

促进拼多多快速增长的原因有很多，但是其把握住外部环境中的机遇、准确选择了目标市场、并相应地实施了恰当的营销策略是必不可少的因素。

第一，拼多多能够取得如此成就，背后有"电商的东风"以及中国广阔的市场环境相助。在宏观层面上，2008 年美国金融危机以后，在中美经贸摩擦和"双循环"策略下，国内消费需求逐渐释放，为本土电商带来了巨大的利好。同时，从中央到地方政府都意识到了电商等互联网产业的重要性,各级政府对电商平台的支持力度普遍上涨。同时,政府推行的乡村振兴与精准扶贫政策,赋能农村电商快速发展。在微观层面上,经过20多年电商领域的激烈竞争,电商消费习惯已经开始在全社会形成。大数据分析、物流与支付技术、电商技术等的逐步完善可以很好地满足各种电商商业模式的需要,而移动通信网络、智能手机,以及微信、微博等社交媒体的普及,有助于新模式的形成。在这样的宏观和微观背景下,滞后10年左右的乡村网购开始启动,这为拼多多带来外部环境上的机遇。

图7-1 拼多多的定位与宣传语
资料来源:拼多多官网截屏。

第二,虽然传统网络零售还在保持快速增长,但是流量红利时代开始终结。传统电商市场的"二八原则"越来越明显,小部分的头部品牌占据了平台大部分的流量,这让京东和淘宝这样的传统电商的获客成本不断上升。尽管京东和淘宝等电商过去数年的快速发展中培育出了一大批小型制造商、家庭作坊以及乡村电商,但是随着品牌提升和获客成本的提高,这些商家和低端消费者被迫退出,它们亟待寻找新的渠道,这显然为拼多多带来竞争战略上的机会。

拼多多顺势接纳了这些"边缘消费者"和"边缘供应商",并精准地捕捉到它们的迫切需求。与淘宝、京东相比,拼多多用户的学历、职位较低,女性占比高达70.1%,30岁以下的用户占到70%以上。这些特征使拼多多的用户更加节俭,购物中更喜欢比较和计算,也有更多时间去拼团和计算,甚至享受这一过程。因此,针对这类用户,拼多多推出了特殊的营销策略。

通过引入C2B的拼团策略,拼多多挑战了电商传统的B2C和C2C模式,并进一步采纳C2M策略,大力扶持国内小型和无品牌制造商,实现制造与消费的直接对接,为这些制造商提供品牌建设的机会。此模式独特地将消费者置于决策核心,先汇集大批需求再进行生产,充分利用规模经济。这种策略不仅降低了商家的运营风险和中间环节的成本,也为消费者提供了更为优惠的价格,促成了多方互惠的局面。

拼多多巧妙地融合了社交电商与游戏化的元素，打造了独特的"社交＋游戏"购物体验。通过与微信等社交平台的紧密结合，利用拼团、拆红包、砍价等互动形式，采取"以用户发展用户（MGM）"的模式，拼多多实现了病毒式的传播和用户增长。这一策略不仅为用户带来了富有趣味性的购物旅程，同时也大幅度地降低了客户获取的成本，促进了用户忠诚度和活跃度的同步上升。

可以看到，拼多多的成功主要在于其精准选择了自己的目标人群。针对这些人群，拼多多不仅确立了其独特的市场定位，而且不断地强化和深化这一优势，逐渐赢得了用户的信任和支持。

思考题：
1. 拼多多如何细分电商市场？
2. 拼多多的目标市场是什么？它是如何吸引目标人群的？

资料来源：
[1] 拼多多官网[EB/OL]. https://www.pinduoduo.com/.
[2] 拼多多2023年年报[EB/OL]. https://investor.pddholdings.com/financial-information/annual-reports.
[3] 中国工商管理国际最佳案例奖：入库案例，GC-19-044-TE 2020-06-30.
[4] 电商巨头三国杀："阿拼京"向何方？[EB/OL] (2020-11-30) [2024-10-01]. https://www.thepaper.cn/newsDetail_forward_15765640.

第一节　市场细分概述

一、市场细分的定义

现代营销战略的核心框架是STP（segmentation，targeting，positioning）分析框架，即市场细分、目标市场选择和定位。它回答了营销的两个重要的问题：①服务谁？②怎么服务？

> **概念定义：**
>
> 市场细分（segmentation）：根据顾客的人口特征、行为或者价值诉求，将大众市场划分为由具有相似需求或特征的顾客组成的子市场。

市场细分就是根据顾客的人口特征、行为或者价值诉求，将大众市场划分为若干个由相似需求或特征的顾客组成的子市场。任何市场中的购买者都千差万别，在人口统计特征、购买行为模式或者消费欲望等方面存在不同。市场细分是将这些具有不同需求的购买者划分为具有相似需求和偏好的同质子群或顾客段。这种划分使企业能够有针对性地调整营销组合策略，以更好地满足各个细分市场的独特需求。如果没有进行市场细分，企业通常会错失很多机会，因为它们持续提供单一解决方案给所有顾客。以茶叶企业为例，如果该企业的顾客群中一半喜欢冰茶，而另一半喜欢热茶，那么仅提供适合温水冲泡的茶叶将无法吸引任何一组顾客。

史密斯（Smith）首次提出，市场细分是营销战略的核心要素基石。[1]从理论上来说，市场细分介于两个极端情况之间。一方面，因为每个个体都是特殊的，我们可以将每个人、每个组织定义为一个细分市场；另一方面，我们也可以把整个消费者市场定义为一个大的细分市场。理想情况下，同一个细分市场的消费者在企业视为关键的消费者特征上会尽可能相似，而不同细分市场的消费者在这些特征上则会显著不同。这些消费者特征在这里被称为市场细分的变量。这些变量我们在后面会具体阐述。

需要注意的是，企业并不是创建细分市场，而是发掘它们。无论企业是否决定对市场进行细分，市场都包括具有不同特征的消费者。不同企业可能以不同方式对同一市场进行细分，这取决于它们如何看待消费者和它们的需求。企业着眼点由大众市场向细分市场的转变，需要更深入地思考市场细分、目标市场和定位，这些都是实现大规模定制的工具，也是企业推动创新和建立竞争优势的重要策略。

二、市场细分的重要性

随着越来越多的产品涌现，市场竞争变得激烈，产品差异化逐渐模糊。同时，人口增长趋缓，消费者购买行为变得难以预测，消费者类型也日益增多。在这种情况下，市场细分变得对消费者和企业都愈发重要起来。

对于消费者而言，他们能够从为其量身定制的产品和服务中受益，因为这提供了便利性、节省了时间，并丰富了顾客体验。例如，现在消费者可以驾驶不同颜色和型号的汽车在公路上行驶，为驾驶带来更个性化的体验。人们还可以根据自己对口味、热量和咖啡因含量的需求，从瑞幸咖啡这样的公司选择十几种不同的咖啡饮品。互联网平台公司如携程旅行，能够根据消费者过去的消费行为向顾客推荐酒店和机票，大大节省了消费者寻找心仪产品的时间。

对于企业而言，市场细分是一项关键的战略行为。首先，它有助于企业评估自身的定位和未来的发展方向。通过市场细分，企业能够深入了解消费者需求，从而更好地提供定制化的产品和服务。同时，优化后的产品和服务与消费者需求的匹配也将为企业带来长期的竞争优势，甚至是支配地位。此外，市场细分帮助企业识别尚未被满足的需求，为推动企业业务战略和新产品开发提供机会。其次，成功的市场细分能够提高投资回报率，因为营销组合能够更好地满足消费者需求，减少资源浪费。对小型企业而言，专注于服务某一特定细分市场通常是生存之必需，因为这类企业往往缺少足够的财务资源去服务更大的市场。再次，市场细分也有助于销售管理，因为可以直接针对消费者群体进行销售工作。最后，市场细分分析需要不同组织单位（包括第三方）的合作，这将促进团队建设和协同，改善组织沟通和信息共享。

三、有效市场细分的标准

为了实现有效且有益的市场细分，营销人员需要关注6个方面[2]。

（一）可衡量性

细分市场的变量需要能被明确地识别出来，且能够衡量市场规模。例如，年龄和性别等人口统计特征变量易于被识别且被测量，而消费者所追求的利益或者生活方式等变量则相对较难被识别和测量。

（二）差异性

选定细分变量进行细分时，每个细分市场内部具有相似性，而不同细分市场之间具有异质性；同时这些细分市场的内部相似性和细分市场之间的异质性在一定时期内还具有一定的稳定性。需要评估细分市场对营销组合策略的反应程度。将市场划分为几个细分市场的必要性取决于是否这些细分市场对于一个营销组合策略具有不同的反应。

（三）规模性

细分市场之间虽然有差异性，但每个细分市场规模需要足够大，以确保企业进行规模经营以及具有潜在盈利的可能性。虽然理论上企业可以基于丰富的变量创建微细分市场，但从成本效益的角度来看，过于微小的细分市场可能并不划算。

（四）可触达性

企业能够通过定制化的营销组合接触到目标细分市场的顾客且通过利用细分营销策略满足其需求。如果企业无法触达这些细分市场的顾客，那么创建细分营销方案将缺乏实际意义。

（五）可实现性

企业应为已识别的细分市场制定营销行动方案从而吸引和服务顾客。例如，一家新进入市场的保险企业通过周密的市场分析找到一个潜力巨大的细分市场，但最终发现无法触达这个细分市场的顾客，对于服务好相应细分市场的顾客也缺乏相应的资源和能力支撑。

（六）动态性

市场细分必须是动态的，这一点常常容易被忽略。如果市场细分无法随着时间以及场景的变化保持动态性，几年前形成的细分市场可能现在就已经不再适用。因此，一个动态的市场细分对确保企业的营销策略与时俱进非常重要。

营销洞见7-1

市场细分的局限性

尽管细分市场战略对企业至关重要，但在实施之前仍需注意其存在的一些局限性。

（1）**未来变化趋势难以预测**。市场细分提供了对当前情况的描述性见解，但无法准确预测未来的变化趋势。决策者更关心的是对未来的预测，以评估不同选择可能带来的机会成本，而市场细分在引导企业未来商业行为方面的帮助有限。

（2）**同质性假设可能误导**。市场细分假设"每个细分市场内部的客户是同质的"，这有时可能产生误导。客户不仅在细分市场之间存在差异，而且在每个细分市场内部也可能存在较大的异质性，这使"均值代表总体"可能引入较大的误差。

（3）忽视竞争对手。市场细分侧重于消费者，但有时忽视对直接竞争对手的关注。在选择目标细分市场时，应关注竞争对手的行为可能带来的细分市场中营销环境的动态变化，以避免忽视潜在的风险。

（4）可能存在错误的细分。若市场细分方法不合理，可能导致高净值的潜在客户被分散到多个细分市场中，增加后续目标市场选择和市场定位的难度。

（5）潜在商业利润不一定成立。并非所有看似有潜在商业利润的市场都适合作为企业的目标细分市场备选。有一些细分市场可能存在隐形的垄断，或受到相关法律法规的限制，从而经营不易、利润稀薄。过于利基或不熟悉的市场也可能带来高风险。

资料来源：Svend Hollensen. Marketing Management: A Relationship Approach[M]. (Fourth Edition) Pearson Benelux, 2019: 296-297.

第二节　消费者市场细分

营销人员利用市场细分的变量，将整个市场划分为不同的部分。正如前文所述，选择市场细分的变量至关重要，因为不恰当的市场细分可能导致销售量下降，错失盈利机会，并造成资源的极大浪费。

市场细分的变量可以是单一变量，如消费者的年龄、性别、教育程度等，也可以是多个变量，如消费者在购买商品时的多种价值诉求。尽管单一基础的市场细分可能缺乏精确性，但其优点在于简单和便捷。相比之下，多变量的市场细分更加复杂，且有用的数据不一定易于获取。市场细分的变量越多，细分出来的市场规模往往越小。即便如此，目前的趋势仍然是利用更多的变量而不是更少的变量来进行市场细分。鉴于消费者需求的日益多样化和复杂化，以及竞争环境的激烈程度，更精确的市场细分变得必要。同时，不断进步的科学技术使更为精准的细分成为可能。

表 7-1 展示了消费者市场的常见细分变量。接下来，我们将遵循 3W 原则（who, what, why）对其中一些变量进行详细阐述。

表 7-1　消费者市场的主要细分变量

地理环境	国家、地区、省、城市、街区、人口密度、气候
人口特征	年龄、性别、收入、世代、婚姻状况、家庭、职业、教育、宗教、民族
心理特征	生活方式、个性、活动、兴趣爱好、观念
行为特征	使用频率、忠诚度、产品知识、购买场景、线上和线下
行为动机	便利、价值观、安全、社会地位、自我实现

一、谁在买（who）

（一）地理细分

地理细分是将市场分成不同的地理区域，如国家、地区、省、市或街区。按照地域进行市场细分是最常见的方法之一，因为不同地区的销售潜力、增长率、消费者需求、文化、气候、服务需求、竞争结构和商品购买率各异。这种细分方式有助于企业制定地域的市场策略，以更好地满足不同地区消费者需求。例如，全家便利店在一个城市内的不同门店往往会出售不同的商品。在高校设立的门店可能提供文具等商品；而在靠近有健身房的居民区，门店则提供健康餐选项；在地铁站附近的门店，可能提供更多的早餐选择。

此外，中国市场规模庞大，充满多元性。地理区域细分在这个市场中发挥着关键作用。以快消品为例，零食和饮料企业会响应各地口味偏好，推出差异化产品。例如，在四川地区，企业可能专注于推出辣味零食，而在广东地区则更倾向于提供丰富的海鲜口味。一些企业着眼于打造具有地方特色的品牌，如云南的茶叶品牌、四川的辣椒酱品牌。电商平台如淘宝和京东会根据不同地区消费者的喜好和购物习惯，灵活调整产品推荐和促销策略。例如，在北方地区可能会强调冬季服装的销售，而在南方地区则更注重夏季服装。

（二）人口特征

细分人口群体可以根据性别、年龄、收入和家庭生命周期等变量进行分类，这些信息相对容易获得。这种分类方法在区分口味和偏好方面非常有用。由于可以长期预测人口组成和规模，这种细分方法也是长期战略规划通常采用的工具。

1. 年龄细分

年龄细分是将目标市场按照不同年龄段进行划分，以更好地理解其需求、价值观和消费行为。不同年龄段的消费者在品牌偏好、购买行为等方面存在差异。例如，年轻人通常更注重时尚和个性，而中老年人则更关注产品的质量和功能。华为就是以差异化定位满足不同年龄段消费者需求的例子。对于年轻一代，华为推出了一系列时尚、功能强大的智能手机，如"华为 Nova"系列。这些手机通常具有出色的前置摄像头、流畅的操作系统以及个性化设计，适合自拍和社交媒体使用，以迎合年轻人对科技和时尚的追求。对于中年人群，华为推出了"P 系列""Mate 系列"等系列产品，注重相机性能、长续航和商务功能。这一系列的手机更加注重实用性和专业性，满足中年人在工作和生活方面的需求。通过对不同年龄段市场的精准定位，华为成功地在市场中建立了强大的品牌形象，并在各个细分市场中拥有了大量的忠实用户。

2. 性别细分

性别细分是根据消费者的性别差异进行市场划分。研究表明，男女在购买决策、产品喜好等方面存在显著不同。化妆品和服装市场较多运用性别来细分消费者。比如，在中国市场上，耐克为了满足男女消费者的购买习惯差异，采取了针对性的产品设计和营销策略。对于男性消费者，耐克推出了一系列运动鞋和服装，强调功能性和运动性能。例如，它们推出了 Air Max 系列运动鞋，以突出舒适与缓震效果，适合男性在运动过程中的需求。此外，它们还与知名运动员和足球俱乐部合作，推出了具有技术性和专业特色的男性专属合作产品，如篮球鞋和足球球衣。而对于女性消费者，耐克则注重产品的时尚和多样性。例如，Air Max 系列的女性专属款式融合了潮流元素和运动性能。此外，通过社交媒体和时尚活动，企业与女性消费者进行互动和分享，增强品牌的时尚形象。

3. 收入细分

根据消费者的收入水平划分市场，可以帮助企业更好地针对不同消费能力的群体制定定价策略和产品组合。不同收入水平的消费者在购买力和消费习惯上存在差异。中国的电商巨头阿里巴巴集团就是一个按照收入细分市场的案例。阿里巴巴旗下的电商平台包括淘宝、天猫等，这些平台通过不同的运营方式和产品线，满足了不同收入水平的消费者需求。在高收入人群中，阿里巴巴通过旗下 2017 年上线的"天猫奢品"等专属频道，提供来自世界各地的奢侈品牌和高端商品。这些商品往往包括高档时尚、珠宝、名表等。这个细分市场主要服务于那些对品质和品牌有较高要求的高收入消费者。在中等收入人群中，淘宝和天猫提供了广泛的产品种类，包括时尚、家居、电子产品等。这些平台通过各类促销、打折活动以及多样的商品选择，吸引了中等收入群体的广泛关注。这样的市场细分使中等收入消费者可以根据自己的预算和需求进行选择。为了服务低收入人群，阿里巴巴也通过淘特平台提供了各种经济实惠的商品，包括平价服装、生活用品和小家电等。淘宝的团购和特价活动，也吸引了注重性价比的低收入消费者。

4. 民族与宗教细分

民族细分是一种按照不同民族或族群划分市场的方法，旨在更好地满足不同文化和背景的消费者需求。在多元文化社会中，这种市场细分方式显得尤为重要，因为不同民族的消费者可能具有各自独特的购买偏好和文化价值观。例如，麦当劳在印度推出了针对消费者不同宗教和食品偏好的产品。一方面，麦当劳在印度提供了大量的素食选择，以迎合印度人口中的素食主义者，其中包括印度教徒；另一方面，鉴于印度教将牛视为神圣动物，麦当劳在印度尽量避免提供牛肉汉堡。相反，它们推出了一系列以鸡肉和羊肉为主的产品，以尊重当地文化和宗教信仰。

5. 家庭生命周期细分

家庭生命周期细分是根据家庭的不同发展阶段进行市场划分的。家庭生命周期通常包括新婚阶段、成家立业阶段、中年家庭阶段、成熟家庭阶段和老年家庭阶段。不同家庭阶段的消费者在购买行为和消费习惯上可能会有显著的变化。例如，汰渍针对消费者新婚阶段推出适合新婚夫妇的洗涤剂，专注于柔软性和香氛的产品；针对有婴儿的家庭，汰渍推出专门的婴儿衣服洗涤剂，强调去污能力，同时对皮肤温和，不含磷和荧光剂；针对中年家庭，汰渍提供超强洗净能力的专业去污产品，以适应子女户外活动增多导致的衣服污染问题；针对成熟家庭，强调香气持久和护理效果，以及减少提供刺激性的洗涤产品。

（三）心理细分

心理细分是根据购买者的社会阶层、生活方式或个性等将其划分为不同的群体。即便拥有相同的人口特征，人们在心理特征上也可能有很大的差异。本节将重点阐述基于消费者生活方式和个性的细分。

1. 生活方式

生活方式细分是按照消费者时间安排方式、时间和金钱的使用、身边事物的重要性、信仰以及收入、教育等社会经济特征对人们进行划分。不论采用何种基于生活方式的细分方法，其基本逻辑都是认为人们消费的商品往往可以反映他们的生活方式。

目前存在多种基于生活方式的细分方法，例如，1978年，斯坦福研究院的阿诺德·米切尔及其同事提出了"价值观及生活方式"（values and life styles, VALS）[3]法。该方法充分借鉴了哈佛大学社会学家戴维·里斯曼（David Riesman）[4]和布兰迪斯大学（Brandeis）心理学家亚伯拉罕·马斯诺（Abraham Maslow）[5]的成果，按照9种稳定的心理类型对个体进行分类。该理论称，个体消费者的行为都可以用其中一种心理类型来解释。VALS以及诸如此类的模型使心理特征分析很快变成一种常用的市场细分手段。

近年来，一项关于女性市场的调查研究将女性市场根据推动女性消费行为的各种生活方式特征划分为四类。探索者（explorer）生活舒适，不为外界事务所困扰，她们表现出坚定或复古的价值观，热爱古典艺术、文学和历史；成功者（achiever）希望她们的生活和事业同样精彩，她们关注个人对于成功的理解，并不理会社会的期望；实干者（builder）既要挣钱养家糊口，又追求平和的生活，虽然需要照顾家庭，但是她们也注重眷顾自己；高雅者（master）过着简单的生活，但是内心并不安逸，她们对健康和美容有着浓厚的兴趣，但不愿被他人告知如何保持年轻。

营销洞见7-2

中国快消品线上八大策略人群

贝恩和天猫2019年基于天猫淘宝平台数亿消费者数据，以及对中国消费者的人群基础属性（如年龄、收入、居住城市等级、人生阶段等）和消费认知与偏好（消费行为、认知/感情偏好、社交行为）的洞察和积累，总结出8大特征鲜明的策略人群。这8大人群包括：

- **新锐白领**：居住在高线城市，以"85后"和"90后"为主，仍然处于事业奋斗期。高收入的他们，面临着高消费、高生活成本的压力，因此被称为"隐形贫困人口"。
- **资深中产**：资深中产以"70后""80后"为主，他们线上购物注重品质，高端产品占比高，线下购物则注重体验。
- **精致妈妈**：高线城市的精致妈妈尤其重视产品的健康与安全不断推动品类高端化升级，也青睐通过海淘渠道购买海外原产的高质量产品。
- **小镇青年**：生活在低线城市的小镇青年消费紧追都市潮流。可观的可支配收入与充足的可支配时间，使"小镇青年"们成为重要的网购潜力人群。

- **Z 世代**：成长于互联网时代、以"95 后"为主的 Z 世代是典型的"互联网原住民"。他们居住在高线城市，消费活力最为旺盛，对网购青睐有加，在大快消平台消费额年均增速最快。
- **都市银发**：年龄在 50 岁以上的都市银发一族，生活在高线城市，拥有较为充足的退休金等收入，是"互联网隐形金矿"。
- **小镇中老年**：小镇中老年生活在低线城市，他们的生活节奏慢、休闲时间多，喜欢通过线上观看视频、新闻等消磨时间。受消费习惯和收入水平的影响，线下仍是他们主要的购物渠道。
- **都市蓝领**：都市蓝领生活在高线城市。相对新锐白领、资深中产等人群，他们收入偏低，在购物中心较为追求性价比，与中产群体在大快消平台的人群消费额差距较大，年均增速也较为平缓。

资料来源：天猫品牌成长中心. 2019 年八大人群解读——中国快消品线上策略人群贝恩报告 [EB/OL]. (2019-09-26) [2024-10-1]. https://www.bain.cn/news_info.php?id=960.

2. 个性

个性是一个人心理特征的集中反映。不同个性的消费者往往有不同的兴趣爱好。消费者在选择品牌的时候，会在理性层面上考虑产品的实用功能，同时在感性层面上评估不同品牌表现出来的个性。当品牌个性和他们的自身评估吻合时，他们更有可能选择该品牌。为了让某一类消费者相信某个品牌是他们的理想选择，厂商通常在广告中使用与这些消费者类似的人物，或者是他们希望效仿的人物形象。

基于个性的细分是汽车行业常用的营销战略手段。例如，德国欧宝强调其品牌个性为心态年轻、有主见、个性独特但不张扬。这一特质适用于追求享受、追求美好生活的一些专业人士。一汽丰田旗下品牌与五个不同专业领域的品牌用户携手，推出五个 Vlog（视频博客），通过展现这些人最真实的日常生活状态，强调了品牌用户敢于突破自我、活出真实自己的个性和精神。例如，一则 Vlog 描述了一个时尚编辑在南非之旅中与多肉植物相遇，激发了她开设一家咖啡馆的梦想，最终由白领转变为咖啡馆的创始人。另一则 Vlog 则描述了曾经内向的女学霸在求学历程中，突破自己的局限，选择了拥有不一样的精彩人生。这些视频都象征着该品牌车型将陪伴人们驶向不平凡的精彩人生，展现该品牌作为"灵魂伴侣"的品牌人格形象。这样的营销策略旨在通过个性化的故事和人物形象，拉近品牌与目标消费者之间的距离，建立更深厚的情感连接。

营销洞见7-3

心理细分的新发展

Pinpoint Predictive 是由斯坦福校友、国际公认的遗传心理特征专家 Avi Tuschman 成立的初创公司，致力于为企业提供人工智能驱动的心理测量见解，同时向营销者提供消费者个性预测。

类似 Pinpoint 这样的最新一批心理测量数据初创公司通过将人格洞察与机器学习算法相结合，正在将营销人员引向他们以前未曾涉足的领域。例如，Pinpoint 使用数据科学，仅基于消费者的电子邮件信息，就可以从美国总人口中推断出一部分美国成年人的真实信息。对于这类信息的获取，以往的营销咨询公司主要依赖昂贵且全面的民族志（ethnographic）研究。Pinpoint 的这种技术使该公司能够为企业提供更为个性化的消费者洞察，从而让基于消费者个性市场细分变得更加普及。Pinpoint 公司的技术甚至适用于小企业主，并协助营销人员获得传递独特、多方面的个人信息的能力。

德勤在 2019 年的一份报告中写道："利用情感智能平台大规模识别和利用情感数据的能力是公司未来最大、最重要的机会之一。"也许事实如此：情感至少占据了我们决策的 95%。我们的内在特征，如智慧、谦逊、自我效能、脆弱和自信，塑造了我们的个性，无形中影响着我们的每一个行动，而这些因素在大多数营销人员使用的人口统计数据中。

资料来源：Christopher Gillespie. Modern Marketers and the Lost Treasure of Psychology-based Segmentation [EB/OL]. (2019-10-16) [2024-12-23]. https://www.ama.org/marketing-news/modern-marketers-and-the-lost-treasure-of-psychologybased-segmentation/.

二、消费者在做什么（what）

虽然"who"变量关注消费者特征，但"what"变量强调消费者的购买行为。在大数据时代，企业可以轻松收集和存储消费者的交易数据、网站流量、多渠道购买模式以及许多其他与购买相关的信息。这使企业可以基于消费者的各种购买行为和方式对市场进行细分。由于消费者过去的购买行为通常是对未来行为的良好预测指标，基于购买行为的细分为企业提供了一个可操作的策略，以准确地定位合适的顾客。

（一）使用者情况

市场营销者可以根据使用者情况，将消费者分为不同的群体：尚未使用者、曾经使用者、潜在使用者、首次使用者和经常使用者。市场营销者的目标是巩固和留住经常使用者，吸引尚未使用者，以及重建与曾经使用者的关系。潜在使用者群体中的消费者遇到生活阶段的变化——诸如新婚和新晋父母——有可能成为重度使用者。例如，宝洁公司确保帮宝适成为大多数美国医院为新生儿提供的尿片，从而将其宣传为"医院的首选"。

（二）社交媒体使用和购物习惯

人们的媒体使用和购物习惯可以成为市场细分的基础。例如，电视购物或进行在线购物。这些变量关注的是目标消费者的可访问性。因为具有不同购物习惯的人会使用不同的接触方式，如只在商场购物的人和喜欢在家购物或通过目录购物的人。

营销工具7-1

巨量云图的人群圈选逻辑

巨量云图从触点行为、画像标签、人群类别、内容四个维度来圈选人群（圈选相当于细分和选定）。

1. 依据触点行为圈选

包括常规广告触点圈选（按开屏、信息流、详情页、搜索广告的 ID 圈人或按客户端——头条、抖音等和流量位——feeds 广告、竞价广告圈人）；直播触点圈选（按直播间 ID 或时间维度对品牌直播或达人直播中相关行为进行人群圈选。如看播互动——转评赞、关注主播、送礼物、点击购物车、点击商品、点击商品详情页"立刻购买"以及下单）；内容营销触点圈选（按星图达人视频推广、抖音内容服务、头条号外推广的内容 ID 圈选；基于用户曝光、点击、转化、转评赞、参与挑战赛等行为筛选）等。

2. 基于画像标签圈选

包括依据基础画像圈选（如依据平台预测的年龄、性别、地域、消费能力、职业、人生阶段等选择维度圈选）；依据行业标签圈选（如手机行业标签：品牌——品牌活跃设备、分机型、活跃时间；换机人群、分机型、活跃时间；持机价位段等）。

3. 基于人群类别圈选

包括依据粉丝人群圈选（关注品牌账号的粉丝人群——真爱粉、好感粉、路人粉、潜力粉）；依据 5A 资产圈选（了解人群、吸引人群、询问人群、购买人群、用户人群）。

4. 按内容圈选

包括基于全量内容（自然内容+广告内容），通过内容关键词圈选。从观看、阅读、转评赞提及本品牌的文章或视频（排除广告内容）的人群中圈选。

资料来源：字节跳动，巨量云图产品操作手册[R]. 2021.

（三）产品熟悉度

对产品性能的感知会受用户能力和经验的影响，因此，对于技能类产品，消费者能力是一个好的细分变量。例如，电脑、滑雪板、网球拍和高尔夫设备等产品的市场细分是基于消费者使用技能的。这是因为这些产品的使用对使用者的专业能力要求很高。

（四）使用频率

在许多市场中，少数潜在消费者的购买量占全部购买量的比例很高，因此需要特别关注。在市场上，营销人员需要将潜在消费者划分为重度、中度和轻度用户，并理解为什么有些人会大量消费。重度用户在市场上通常只占很小份额，但在总消费量中却占有很高比重，且营销成本较低，因此，他们对企业来说极其重要。但是，如果只关注重度用户可能会忽视中等或轻度用户，错失营销机会。因此，营销战略家需要平衡抓住重度用户和开发中等或轻度用户的机会。像可口可乐和百事可乐这样的企业，通常将学生这样的轻度用户作为目标消费者，花费很多费用占领校园市场。

（五）用户忠诚度

企业的重要目标之一就是创造品牌忠诚度，但不同消费者在特定产品类别中展现出的忠诚度会有所不同。高度忠诚的消费者是企业宝贵的财富。他们常常通过个人口碑和社交媒体宣传产品。在某些情况下，他们甚至在品牌遇到公关危机时站出来维护他们喜欢的品牌。对比利时、德国和意大利银行市场的一项研究发现，忠诚的银行顾客与普通银行顾客相比，购买产品的数量增加了40%，为银行创造的价值增长了30%到70%。这项研究建议根据银行的交易份额和顾客对银行的忠诚度对银行顾客进行细分。拥有高交易份额但忠诚度较低的顾客是有价值的顾客，但存在流失风险，所以银行应该投入资源来改善与他们的关系。许多企业采取RFM指标，即最近购买时间（recency）、购买频率（frequency）和消费金额（monetary），来衡量用户忠诚度。同时，也有许多企业采用RFM作为细分市场的细分变量。

（六）顾客旅程

顾客旅程细分是常见的细分方法之一。通过了解消费者在购买产品或服务的时候经历的不同阶段和触点，企业可以更精确地定位它们的目标受众，以提供有针对性的营销和服务。例如，一个在线购物平台的顾客旅程可能包括认知阶段、考虑阶段、购买决策阶段和购买后阶段。在不同的阶段，消费者关注点不同，从而为细分带来可能。具体地，在认知阶段，消费者可能首次了解到在线平台，根据他们与企业信息接触点的不同，可以将他们划分为线上广告关注者和社交媒体粉丝。在考虑阶段，消费者可能已经访问了平台，开始考虑是否购物，这个时候可以将消费者进一步细分为产品浏览者和折扣关注者。在第三阶段，即购买决策阶段，消费者已经决定在平台上购物，这个时候的细分策略包括新用户和回头客。而在购买后阶段，细分策略可以是评价和评论贡献者，以及忠实顾客。

基于顾客触点的细分策略也非常常见。例如，对餐饮行业而言，可以将消费者划分为：高度关注线下体验的用户群体、注重线上服务和便捷的用户群体，以及线上线下兼顾的用户群体。

营销洞见7-4

通过社交媒体口碑细分消费者

社交媒体已经成为营销者与消费者沟通的重要渠道。超过96%的企业使用社交媒体来开展营销工作，92%的企业认为社交媒体对实现自己的商业目标至关重要。由于消费者越来越容易通过社交媒体表达自己的观点，企业不得不时常面临针对自己的负面评价。这些有影响力且负面的消费者评论让很多企业不确定该如何应对；许多企业将这些公开的负面口碑列为它们的头号恐惧。

通过对消费者在社交媒体上的负面口碑的文本分析，将消费者细分为三种类型。

- 早期争吵者（early squabbles）：消费者在这个阶段一般可能在寻求帮助，或者给企业提出意见。这时，消费者和企业的关系虽然处于危险状态，但是消费者还是愿意维系关系。这个阶段只要企业给予消费者足够的互动和尊重，消费者有可能加深和企业的关系，甚至最终变得忠诚。
- 在岩石上（on the rock）：这个阶段消费者和企业之间的关系好像在岩石上，意味着消费者经历了一些打击让他们对企业失去了信任，正在考虑离开。这些消费者很多曾经是企业较为忠诚的消费者，虽然还没有下定决心离开企业，但是离开的决定看起来很有可能会发生。企业对这类消费者需要挽回关系，避免忠诚消费者的流失。

- 前任们（the exes）：通常这类消费者对企业非常愤怒，评论的目的有时就是为了损害企业利益。他们没有留下任何信号告诉企业该如何解决问题。这类消费者显然已经下定决心离开企业。对这类消费者而言，企业唯一能做的事情是尽量降低消费者负面评论造成的损害。

资料来源：

[1] Melancon, Joanna Phillips, Vassilis Dalakas. Consumer Social Voice in the age of Social Media: Segmentation Profiles and Relationship Marketing Strategy[J]. Business Horizon, 2018(61): 157-167.

[2] Gillion, P. Secrets of Social Media Marketing: How to Use Online Conversations and Consumer Communities to turbo-charge your business. Fresno, CA: Quill Driver Books, 2009.

三、消费者为什么买（why）

尽管研究消费者过去的购买行为和忠诚度是评估他们未来购买行为的好方法，但是具有相似购买行为的消费者可能有非常不同的购买动机。只有了解消费者为什么做出他们的决策，我们才能真正了解他们的需求和偏好。这样的洞察力能帮助企业将非忠诚消费者转化为忠诚消费者，设计新产品以吸引新的消费群体，或改变它们的营销策略以增加市场份额和盈利能力。

因此，将基于行为的细分更进一步，根据消费者购买产品或者品牌的原因对其细分是有帮助的。这类细分将焦点从"谁"和"什么"，转移到探索"为什么"这个问题上。这个"为什么"回答的就是有关结果的问题——你的顾客要求你的产品（以及同类产品）有什么结果？正如哈佛大学的西奥多·莱维特（Theodore Leavitt）所说，"人们不想买四分之一英寸的钻头。他们想要的是一个四分之一英寸的洞"。

例如，虽然都是在购物，不同的消费者的动机是不同的。消费者可能是社交购物（与家人和朋友一起购物、社交和建立联系）、满足购物（为缓解压力、改善情绪，并犒劳自己）、创意购物（为跟上潮流和新时尚、寻求新产品和创新）、角色购物（通过为他人购物获得愉悦）、价值购物（以寻找促销、打折和廉价商品为主），甚至是冒险式购物（寻求刺激、冒险和体验不同世界的感觉）。深入了解这些动机有助于企业更准确地满足消费者需求，制定更精准的市场策略，并在竞争激烈的环境中取得竞争优势。

图 7-2 展示了中国新能源车女性消费者的几大购买动机。

组织市场（business markets）是我们常说的 B2B 市场，是指为了自身生产、转售或转租或者用于组织消费而进行采购的所有组织构成的市场。具体包括 4 大市场：生产者、转销者、政府机关和其他机构。根据艾瑞咨询报告，2022 年我国的 B2B 行业规模达到 15 万亿元的水平。跟消费者市场一样，进行组织市场的细分对企业来说一样重要。但是在实践中，相对于 B2C 市场细分的发展，B2B 市场细分的发展仍然比较缓慢。这种差距主要来源于两类市场细分的区别。

图 7-2　女性新能源车购买决策动机

资料来源：天猫品牌成长中心. 新能源汽车消费者洞察报告[EB/OL]. (2022-9-16) [2024-10-01]. https://zhuanlan.zhihu.com/p/485872500.

四、细分市场的定量工具

市场细分的过程通常需要使用统计方法来辅助实现，但其本质上是一种探索性的过程。因为消费者（或客户）数据集经常呈现复杂、非结构化的形式，这导致细分市场不易识别。在实践中往往会结合定性和定量的方法来实现。定性的方法读者可以参考第六章的相关内容。下面主要介绍三类定量的市场细分工具。

（一）聚类分析

聚类分析（cluster analysis）是一种统计分析法，它可以基于细分市场的变量，将消费者划分为不同的组。其目的是使组内的消费者彼此尽量相似，而组间的消费者尽量不同。例如，如果一家企业决定用消费者过去一年的年收入（x_1 轴）和他们在该企业产品上的花费（x_2 轴）作为市场细分的基础，那么我们可以基于这些消费者的数据将它们标识在一个二维的图形上（见图 7-3）。聚类分析利用这些坐标轴数据对消费者做细分。凡是被划分在同一个细分市场的消费者在图形上距离会尽量相近，而被划分在不同细分市场上的消费者会有相对较远的平均距离。

通常，企业会使用多于两个的细分变量，这意味着这样产生的聚类分析图形会是多维度的。例如，企业可以根据消费者更多的特征数据（如年龄、收入等），或者行为数据（如 RFM 数据）对消费者聚类。

在学术界和业界，聚类分析的应用非常丰富。虽然这是一个非常有用的细分工具，但是要注意到，它只是一个统计方法，不能确保最终的结果理想或者有效，所以不能取代决策者对聚类分析结果的评估。

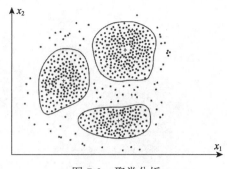

图 7-3 聚类分析

（二）基于偏好的细分工具：多属性模型和联合分析法

营销人员可以基于不同消费者对产品属性的偏好来细分市场。有两种方法来实现这种细分。第一种方法称为多属性模型（multi-attribute model）。这种方法需要首先了解消费者在购买产品时看重的产品属性，然后了解消费者对这些属性的偏好或重要性排序。例如，对手机购买人群细分，先了解消费者可能会考虑的产品属性有哪些（如品牌、屏幕尺寸、外观、性能、配置、价格等）。然后让消费者分别对这些属性按照重要性进行打分和排序（如满分 100 分，表示这个属性非常重要；0 分则表示这个属性完全不重要）。最后基于消费者的偏好数据进行多维尺度分析（multidimension scaling，MDS），将具有相似偏好的消费者分为一组，构成一个细分市场。

这种方法虽然相对直接，但在实际操作中，当产品属性较多时，消费者可能会觉得给这些属性打分和排序比较困难。第二种方法联合分析法（conjoint analysis）可以解决这个问题。联合分析方法是估计产品或品牌不同属性对消费者的相对重要性以及不同属性水平给消费者带来效用的统计分析方法。这种方法不直接让消费者对产品属性打分，而是让消费者在一群拥有不同属性的同类产品中进行选择。消费者将针对有限数量的选择集重复此类任务。例如，你会选择一个带大厨房、小后院的房子，还是一个带小厨房、大后院的类似房子？消费者的选择行为能够通过联合分析法告诉研究人员他们对产品背后属性的偏好。这样，消费者可以根据偏好相似性被归为不同的细分群体。

（三）基于行为的细分工具：回归分析和潜类别模型

基于偏好的细分是通过消费者在调查问卷中的直接反馈或在联合分析实验中的选择行为来进行的。但是，如果企业有消费者过往的实际购买数据，还可以通过回归分析法和潜类别模型基于这些行为数据来细分消费者。

回归分析（regression analysis）可以量化年龄、性别、收入等自变量与消费者购买行为之间的关系。通过收集和分析数据，选择合适的回归模型（如线性回归或逻辑回归），可以评估不同因素对消费者行为的影响。正（负）系数显示了该因素与购买行为的正（负）相关性。完成回归分析后可以找到对购买行为最为重要的影响因素，并基于这些重要影响因素采用聚类分析识别出有效的细分人群。

回归分析的有效性取决于是否有大量的个体消费者数据。当个体层面的数据受限，或在数据量较少的情况下，可以采用潜类别模型（latent class analysis）来推断潜在的、隐藏的消费者细分。例如，在采用潜类别模型基于价格敏感度细分市场时，先随机地将消费者分成两组，分别进行回归分析，以评估其价格敏感性。我们可能发现第一组消费者比第二组消费者在价格上更为敏感。然后对第一组中的消费者依次进行判别分析，评估他们有多大概率属于第一组。如果发现有某个消费者总是在正价的时候购买商品，那么该消费者大概率不属于第一组，因为第一组相对价格敏感度较高。这样，可以将该消费者归入第二组。这个迭代过程不断重复，直至所有的消费者最终都被分配到相应合适的组群，从而完成消费者细分的过程。

当今，许多企业已经在使用人工智能技术如机器学习来进行市场细分，并将其与个性化推荐系统结合起来。例如，亚马逊使用 SageMaker 工具自动处理大量数据并进行个性化推荐，以提高营销效果和客户体验。同样，阿里巴巴的人工智能平台 PAI 也用于深度分析客户画像，帮助企业更准确地识别目标用户群体和购买行为，从而制定更有效的营销策略。这些技术的应用不仅加速了市场细分的过程，还增强了企业对消费者需求的理解，有利于制定精准的营销策略。

第三节　组织市场细分

一、组织市场细分与消费者市场细分的区别

首先，通常来说，与 B2C 的交易相比，一笔 B2B 的交易具有更长的销售周期，并且通常在企业的总收入中占比更大。这强调了理解每个细分市场特定需求的重要性。例如，一些大型工业工程设备制造商可能只有少量的顾客，但是每件仪器可以卖出超过 500 万元。更长的销售周期还意味着组织需要花更多的精力去理解顾客。在许多决策点上，购买决策都可能偏离原计划，导致另一个供应商赢得投标。如果当前的企业在投标中失利，它可能会在相当一段长的时间成为"出局"供应商。有时，"出局"供应商可能永久失去该顾客。

其次，在 B2B 市场中，购买决策者通常由一组人构成，形成购买决策单位（decision-making unit，DMU），这与 B2C 市场不同。由于有多人参与采购决策，采购经理会受到其他利益相关者的影响，这些利益相关者（如顾问、供应商、同行企业）可能在采购组织内部或者外部产生影响。购买决策群体因此被嵌入个人和组织关系网络。所以，一方面，我们会发现许多顾客的组织特征，如所在行业、规模、结构和目标等，在细分时成为重要的考虑因素；另一方面，与卖方的不同决策相关者之间的沟通和协调变得至关重要。

再次，B2B 交易很多时候依赖对衍生需求的理解。例如，对冷轧钢材的需求在一定程度上源于顾客购车。随着顾客信心的增强和顾客购买数量的增加，对钢铁的需求也在增加，而铁矿企业也相应加快生产，并订购更多的设备来运营矿山。在某种程度上，我

们在这里看到的是供应链中牛鞭效应的产生。在市场细分的情境下，显然了解衍生需求，继而了解顾客的顾客，收集相关的信息变得至关重要，同时，B2B 比 B2C 市场更为复杂，因为这涉及价值链中更多的层级。

最后，在 B2B 行业进行市场调研比 B2C 行业更为复杂。例如，在 B2B 情境下，通常依赖一对一的访谈进行信息收集，买方和卖方的个人关系在这类市场非常重要。另外，由于 B2B 市场一般具有更为复杂的决策单位，这使数据收集的过程变得烦琐。在决策单位中，不同的成员可能在组织中拥有不同的地位和权力，这就带来一个问题，即使做调研，也需要平衡各方不同的利益诉求。

Mini案例7-1

用友精准细分营销：用户之友

用友创立于 1988 年，从财务软件提供商出发，到转型 ERP 软件提供商，现已发展成为行业领先的企业数智化软件与服务提供商。

随着数智商业的发展，目标客户精准营销时代已经到来。用友基于"6+2" 8 维客户市场细分模型（包括规模维、发展维、交易维、价值维、行业维、区域维、产品维、服务维），制定个性化营销策略，确保企业数智化服务的高客户价值和高客户体验。

其中，前 6 维聚焦目标客户的市场细分。规模维：就是依据客户经营规模的不同将其细分为大型企业、中型企业、小微企业；发展维：就是依据客户数智化发展程度的不同将其细分为上云阶段、用数阶段、赋智阶段；交易维：就是依据客户交易属性的不同将其细分为新购客户、增购客户和复购客户；价值维：就是依据领先企业实践案例的商业化价值将其划分为标杆客户、一般客户；行业维：就是依据企业所属行业特征及经济属性的不同将其划分为制造、金融、建筑、能源、交通运输与物流、医疗、现代服务、现代农业等行业类客户；区域维：就是依据企业所属地理位置及辖区的不同将其划分为国内不同省区客户及海外不同国家地区客户。

后 2 维聚焦企业为客户提供精准产品与服务。产品维：就是依据前 6 维的客户细分提供针对的产品，如服务大型企业的 YonBIP 产品、服务中型企业的 Yonsuite 产品、服务小微企业的"好生意"产品等；服务维：就是依据不同客户的不同需求可以提供数智咨询服务、数智平台服务、数智财务服务、数智人力服务、数智采购服务、数智营销服务、智能制造服务、数智供应链服务、数智研发服务、数智项目服务、数智资产服务、协同办公服务等。

资料来源：基于用友公司资料整理。

二、组织市场细分变量

我们可以像罗列消费者市场细分的变量一样（见表 7-2），列出组织市场细分的变量。

表 7-2 组织市场的主要细分变量

地理环境	国家、地区、省、城市
组织特征	所在行业、组织大小、跨国组织或区域类组织、企业所有权
购买方式	集中购买还是分散购买、购买政策、决策者的涉入度
行为特征	购买量、购买频率、对风险的态度、忠诚度、迫切性、线上和线下行为
利益诉求	价格、产品质量、服务、关系

尽管组织市场与消费者市场细分有相近之处，但组织市场营销的对象是组织而非个人，因此，企业需要研究影响组织购买的全部因素。这些因素既要包括组织面临的宏观环境因素，又涉及微观环境因素。为了更方便理解组织市场细分的方法，我们将其细分基础分为两个类别：宏观变量和微观变量。宏观变量强调顾客的外在特征和情况，如顾客的规模、所处行业、所在地理位置等。相比之下，微观变量需要更深入地了解顾客的内在特征，如决策单位购买标准和对供应商的态度等。

下面我们列出具体的宏观和微观变量。

（一）宏观变量

- 顾客所在行业：如农业、采矿业、建筑、制造、转售、金融、服务业。
- 顾客外在特征变量：如顾客规模、工厂特征、地理位置、经济因素、顾客经济情况、竞争力、采购因素等。
- 终端用户市场：如终端产品制造商、商业承包商、批发商和零售商、银行和其他金融机构。
- 产品用途。

（二）微观变量

- 顾客内在特征变量：如购买量、购买阶段、顾客体验阶段、顾客互动需求、产品创新性、组织能力。
- 采购情况变量：如库存要求、采购重要性、采购政策、采购标准、采购中心的结构。
- 个体变量：如个人特征、权力结构。购买决策者的个人特征（人口统计特征、决策方式、风险承受度、信心水平、工作责任心等）。

营销工具7-2

博诺玛和夏皮罗的五步细分法

自20世纪80年代初期起，美国学者就开始重视关于产业市场细分理论和方法的研究。初期的代表成果是温德（Wind）、卡多佐（Cardozo）、乔菲（Choffray）和盖瑞·李林（Cary Lilien）建议的两阶段细分法：先识别出有意义的宏观细分市场，然后将宏观细分市场进一步分解为微观细分市场。但是两阶段细分法在操作上有些困难，随后博诺玛和夏皮罗将其发展为五步分析法并成为业内常用的组织市场细分模型。

图7-4是博诺玛和夏皮罗主张的5步分析法。这种方法主张在一个有层次的市场细分"因素框"中检测五类细分标准，从宏观层面开始，逐渐向下移动，以实现成功的工业市场细分。随着细分层次的增加，细分变量由客观性到主观性渐强，最后深入到人际变量。

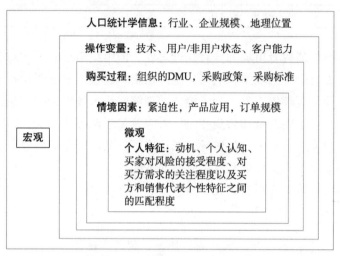

图7-4 "洋葱型"嵌套市场细分示意

由于市场细分工作是需要资源投入的，因此，细分过程中包含的层次越多，获取必要信息的成本就会越高。尽管宏观变量可以很容易地从第二手数据源中获得，但微观变量的获得却有一定的难度，这也将增加细分市场的成本。因此，正如博诺玛和夏皮罗所指出的，市场细分应该从宏观变量开始，只有在有必要的情况下才深入研究更个体层面的因素。换句话说，一旦细分方案看起来"足够好"，就应该停止进一步细分的努力。

资料来源：Svend Hollensen. Marketing Management: A Relationship Approach (Fourth Edition)[M]. Pearson Benelux, 2019: 310-313.

三、组织市场细分的基本流程

B2B市场的复杂性意味着需要细致而深入的分析，才能制定出有效的市场细分策略。B2B市场细分流程有很多，目前没有最优的方法。这里我们重点介绍克拉克（Clarke，2009）[7]和福德迈尔（Foedermayr，2008）[8]推荐的七步细分方法（见图7-5）。

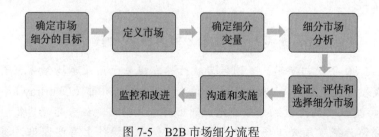

图7-5 B2B市场细分流程

（一）确定市场细分的目标：市场细分如何与营销战略相匹配

有效的市场细分不只是自上而下从来自企业高层的对增进顾客理解的倡议开始的。其最初目标应该是解决特定的业务问题，这可能涉及提升销售团队效能、重新定义渠道策略、推出新产品或解决方案，或者应对竞争威胁。只有将市场细分的努力聚焦在具体的细分目标上，管理人员才能在实际实施之前更好地评估细分工作的潜在价值，从而降低选择风险。

（二）定义需要细分的市场

在定义细分的市场时，平衡足够宽泛但可管理的市场定义至关重要。市场定义过于狭窄会导致错失机会，造成企业营销短视，而太宽泛的市场定义则会导致在执行细分战略时面临过多的变量，使实施变得困难。对市场的定义不应仅基于地域、产品或者行业，还应整合多维度信息，如顾客需求、顾客群体、竞争、产品和技术等。

（三）确定细分变量

选择细分变量非常重要，因为不同的变量选择会产生不同的细分市场。在B2B情境下，细分市场的变量既包括宏观变量，又包括微观变量。管理者应采用多维度的细分变量，因为企业了解特定细分市场越多，就越能有效地满足顾客的需求并获得竞争优势。选择最合适的细分变量，需要平衡细分市场的成本和效果。

（四）细分市场分析

在这一阶段，企业需要收集数据并分析确定细分市场所需的信息。数据收集需在建立了恰当的数据库后完成。具体采用的工具通常取决于数据是定性还是定量的，以及细分的目标是什么。如果是定量分析（这里涉及的一些技术会在下一节给出具体介绍），通常包括以下两个主要阶段。

1. 细分市场的识别

这个阶段涉及对可获得的市场调研和行为数据进行分析，将潜在顾客划分进可操作的细分市场。可以使用的分析技术包括因子分析（factor analysis）、聚类分析（cluster analysis）、潜类别模型（latent class model）和判别分析（discriminant analysis）等。这些分析技术的目的是识别出数据中不容易被直接发现的模式，最终帮助营销人员分离出不同的细分市场。

2. 细分市场的分配

在这个阶段，需要将每位顾客或潜在顾客分配到适当的细分市场。这个过程通常依赖于各种统计工具，如离散选择模型（multinomial logit model）和决策树（decision trees）。随着时间的推移，当企业获得的顾客数据越来越丰富的时候，这些模型的准确性会逐渐提高。

注意，这些市场细分方法通常依赖于相对丰富的数据集（包括来自交易系统的行为数据来自 CRM 系统的"企业画像"数据，以及来自市场研究的态度感知数据）和先进的分析能力。虽然成本较高，但是丰富的数据和先进的分析技术往往带来高质量的市场细分结果，所以是值得的。

（五）验证、评估和选择细分市场

这一阶段涉及的问题是这些市场细分是否有吸引力？企业资源和能力能否满足细分市场中顾客的需求？企业能否在竞争中取胜？

这一阶段营销人员有必要重新审视本章第一节提到的六个有效市场细分的标准。此外，组织所选细分市场的总数必须在管理上是可控的。在选择目标细分市场时，要确保在每个细分市场上成功的因素（外部因素）与企业满足这些市场需求的能力（内部因素）相匹配。但企业应该同时考虑外部和内部因素，而不过分强调内部因素。

（六）沟通与实施

这一阶段是细分市场过程中最困难的部分。即使进行了成功的市场细分，也必须实施得当，才能实现该战略的效益。而细分战略的执行不成功是大多数企业未能充分发挥该战略优势的主要原因之一。成功的细分战略的实施始于重新审视细分市场努力的目的，确定相关的定位策略，并明确正确的营销组合计划。同时，不仅企业内部要保持持续的沟通，还需要与外部细分市场进行沟通。另外需要考虑到细分市场会对其他的营销决策产生影响，如销售团队结构。成功实施细分战略的具体障碍通常包括基础设施障碍（如沟通渠道和内部专业知识）、流程问题（如细分市场过程步骤）和实施障碍（如资源和分配）。

（七）监控和改进

定期审查市场细分计划至关重要。如果曾经的市场细分方案有不合时宜之处，就应进行修订。在细分市场策略的审查过程中，可以参考以下重要问题。

（1）谁是我的顾客？
（2）我们核心的目标市场是什么？它们有何不同？
（3）这些目标市场的优先级发生变化了吗？
（4）这些变化是什么？
（5）这些变化更显著地体现在产品或者服务上或者两者兼有吗？
（6）考虑到这些变化，目标市场的顾客是谁？需求是什么？
（7）目前的营销模式是什么？
（8）在各个细分市场中，竞争模式是相似还是不同？
（9）竞争模式将如何变化以满足未来顾客的需求？
（10）影响竞争模式调整的主要障碍是什么？

第四节　选择目标市场

依据谁（who）、做了什么（what）和为什么（why）将市场细分之后，下一步决定如何对细分市场进行选择，找出适合自己的目标市场。目标市场选择就是从市场细分出的所有子市场中，经过评估，选择一个或者多个细分市场作为自己的目标市场。企业选择目标市场的目的是满足该市场的顾客需求并获得相应的回报。

选择目标市场包括首先评估各个细分市场，然后确定自己能够服务好哪些细分市场。以下我们分别讨论这两个方面。

一、评估细分市场

评估细分市场时，企业必须考虑三个因素（见图7-6）：细分市场的特征（包括市场规模、增长率及利润率）、细分市场的竞争状况（竞争强度、竞争密度及竞争者的资源）、企业自身条件匹配性（目标、竞争力、资源）。

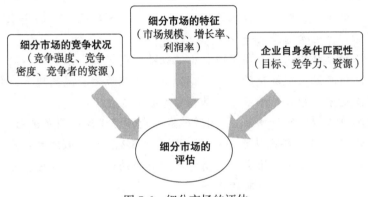

图7-6　细分市场的评估

首先，企业应评估不同细分市场的特点，包括市场规模、增长速度以及潜在盈利能力。通常情况下，企业更倾向于选择规模适中且增长适度的细分市场。但是"适度的规模和增长"是相对的概念。规模最大、增长速度最快的细分市场不一定对所有企业都具有吸引力。小企业可能由于资源的限制，无法很好地服务这类市场。这个时候，规模较小的市场反而对小企业更具有吸引力。

其次，企业应考虑影响细分市场长期吸引力的结构性因素。例如，某个细分市场很可能会引起多家强大且激进的竞争对手的关注，最终导致价格战和低利润。此外，如果一个细分市场存在众多现有或潜在的替代产品，价格和盈利会受到影响。若购买者具有强大的议价能力，他们可能试图压低价格，提出更苛刻的服务和质量要求，甚至引起卖方之间的竞争，从而降低卖方的盈利潜力。有能力左右市场价格、质量和供应量的强大供应商的细分市场，吸引力也会降低。

最后，企业需要评估其自身的能力和现有资源，以确定是否能够有效满足不同细分市场的需求。正如前文所述，即便某个细分市场规模巨大且增长迅速，企业可能也无法满足其需求。此外，当确定目标细分市场时，管理者还应考虑长期目标。例如，他们可以选择专注于小而新兴的细分市场，以培养未来能够提供重要竞争优势的独特技能。在这种情况下，选择目标细分市场可能更注重学习和长期技能发展，而不是短期获利。

Mini案例7-2

周黑鸭：细分市场，引领微辣口味新潮流

周黑鸭是一家专业从事休闲卤制品生产的厂家。自2002年在武汉成立以来，凭借其独特的鸭肉制品迅速赢得了市场的认可。该公司以创始人家传秘方为基础，坚持高品质原料选择、精细的制作工艺和独特的口味，打造出了食品行业的知名品牌。周黑鸭一直坚持在市场调研基础上进行市场细分，针对特定细分市场需求来开发产品。

周黑鸭在市场调研中发现，微辣口味在特定消费群体中开始受到广泛欢迎。调研数据显示，超过60%的消费者表示喜欢微辣口味的食品，并愿意尝试新的微辣产品。特别是在年轻消费者群体中，对微辣口味的偏好更加明显，有超过70%的年轻人表示他们经常选择微辣食品作为美食选择之一。

针对这一市场细分的需求，周黑鸭推出了微辣系列产品，以满足不同消费者的口味偏好。微辣系列产品涵盖微辣鸭脖、微辣鸭锁骨、微辣鸭翅、微辣鸭舌、微辣鸭掌等多种产品，从而满足了消费者对于不同口感和形式的需求。

通过对微辣口味市场的精准细分，周黑鸭成功地抓住了这一消费者群体的心理诉求，引领了口味新潮流。2023年微辣系列终端销售额破5.3亿元。微辣系列产品的推出不仅丰富了品牌的产品线，还提升了品牌在消费者心目中的形象和认可度，为周黑鸭在市场竞争中取得更大的优势打下了坚实的基础。

资料来源：基于周黑鸭公司资料整理。

二、目标市场选择方式

在对各个细分市场基于上述标准做出评价之后，企业可以选择一个或多个细分市场。如图7-7所示，企业选择目标市场可以从非常广泛（无差异营销），到非常狭窄（定制营销），或者介于两者之间（差异化营销或者集中型营销）。

图7-7 目标市场选择战略

（一）无差异营销

无差别营销，又称为大众营销，是一种对所有顾客一视同仁的营销战略。其核心理念是企业将产品或者服务定位为适用于整个市场，而不进行特定市场细分。选择这种战略的一种情况是因为在一些市场，消费者的需求几乎没有区别。另一种情况是，虽然消费者存在差异性，但是企业注重的是消费者需求的共性而非个性。例如，可口可乐的宣

传和市场活动通常是面向整个市场，而不是特定的细分市场。其广告和品牌形象强调产品的普遍性和与各种人群的连接，使其成为一个典型的无差异营销案例。另一个例子是家用电脑制造商联想。联想公司主要专注于生产计算机和相关技术产品。尽管该公司可能在产品功能和定位方面有一些差异，但在整体营销策略上，联想公司通常通过广告活动和市场宣传来面向整个市场，而不是特定的消费者群体。这种无差异的营销战略有助于联想公司在不同地区和不同消费者群体中建立强大的品牌认知度。

无差异营销的优势是能简化生产、分销和促销过程，实现规模经济效应。但是，缺点是标准化的产品可能无法满足顾客的个性化需求，而竞争对手能够通过更好地满足细分市场的消费者需求取得成功，从而侵蚀企业的市场份额。事实上，大众市场营销者常常发现自己很难与这些更加聚集的企业竞争。另外，这种策略往往需要大量资源，包括大量生产能力和大众营销能力，更适合于大型企业。

（二）差异化营销

运用差异化营销（又称为细分市场营销）战略的企业决定瞄准几个细分市场，并分别为它们设计不同的产品和服务。许多企业已经意识到无法依靠大众市场和"一刀切"的价值主张存活，因此它们通过满足特定细分市场的需求来保持竞争力。传统快消品生产商、汽车制造商以及娱乐提供商，如主题公园，都是这方面的代表。例如，宝洁公司在中国市场上推出 7 种护发品牌（澳丝、海飞丝、潘婷、飘柔、沙宣、发之食谱、Herbal Essences），这些品牌在零售商的货架上互相竞争。即便是在一个具体品牌下，也有众多的细分市场，比如，潘婷洗发水有去屑、顺滑、保湿、修护等各种功能的产品，满足了消费者不同的需求。另外，比亚迪公司推出轿车、跑车、SUV、MPV 等一系列产品来瞄准多个细分市场。

差异化营销是一种重视市场差异的策略。在这个时代，要成功吸引和留住眼光敏锐的顾客，企业需要更加细致入微地了解他们的需求，并提供个性化的解决方案。事实证明，企业难以通过一种产品或品牌来满足所有消费者可能存在的不同需求、欲望和期望。因此，差异化营销是一种更加主动和有效的方法，可以帮助企业在竞争激烈的市场中脱颖而出。但是这种营销战略显然增加了经营成本。与开发和生产 100 个同种产品相比，生产 10 种不同产品、每种生产 10 个的成本要高很多。针对不同的细分市场分别开发不同的产品或服务，并为其制定相应的营销方案，要求额外的市场营销调研、预测、销售分析、促销计划以及渠道管理等工作。因此，企业在选择差异化营销策略时，应该评估是否会有显著的利润回报。

在差异化营销战略的制定中，一个重要的问题是多个细分市场的进入问题。通常，一家企业的细分策略会随着时间的推移而演变，从而使其瞄准不同的细分市场。当爱彼迎（Airbnb）的联合创始人布莱恩·切斯基（Brian Chesky）和乔·格比亚（Joe Gebbia）在 2007 年面临支付租金的困境时，决定在客厅里放一张气垫床，并将自己的住所改造成一个针对价格敏感的学生和千禧一代的民宿。到了 2011 年，他们将目标市场扩大到了短期居住的房屋租赁市场。而在 2018 年，他们推出了 Airbnb Plus，以满足偏好入住酒店的高端顾客。

有时企业会设计一种顺序进入多个细分市场的策略，又称为"逐个细分市场进攻计划"（segment-by-segment invasion plans）。在这种情况下，一家企业可能先在市场的一个细分市场中建立强势地位，然后逐步扩大其在相邻细分市场的影响力。例如，当滴滴出行在2012年创立时，其主要目标是解决中国城市的打车难题，专注于拼车和出租车市场。随着用户基数的增长，到了2014年，滴滴进入了专车市场，提供更为高端、私密的出行体验。到了2017年，滴滴再次拓展业务，进军共享单车领域，满足更多细分市场用户的出行需求。从打车市场开始，滴滴逐步在多个细分交通市场建立了领先地位。

在某些情况下，企业可能决定同时瞄准市场上的所有细分市场。例如，某大型房地产开发商原先以开发高端住宅为主。随着市场竞争日益激烈，该开发商调整战略，决定同时进军市场的各个细分领域，包括高、中、低档住房，及不同的产品类型如花园别墅、高层公寓等。尽管这种策略有助于该开发商在多个市场细分内占据领先地位，但也带来了质量管理的挑战，导致部分楼盘出现工程问题。这一现象使该开发商面临公众信任度下滑的风险，需要投入更多资源进行品质提升和危机管理。

另外，企业在选择进入哪些细分市场的时候，有时会考虑细分市场间的协同作用，在超级细分市场而不是孤立的细分市场中运营。超级细分市场（supersegment）是这样一组细分市场：它们共享一些可利用的相似点。例如，企业可以尝试通过产品或者市场专业化来获得一些协同作用。

- 采用产品专业化（product specialization），企业可以将某特定产品卖给若干不同的细分市场。例如，一家医疗设备制造商将医用影像设备，如 CT 扫描仪等销售给医院、研究和大学医学中心、私人医疗诊所。通过这种方法，医疗设备制造商可以在特定产品领域建立良好的口碑。风险在于技术的发展可能会颠覆这个产品市场。
- 采用市场专业化（market specialization），企业集中为某一个特定消费群体的多种需求提供服务。例如，某科研仪器企业专门向大学实验室销售各种不同的高级科研设备。通过专注于大学实验室这一特定市场，该企业能够深入了解实验室研究人员的需求，并为其提供高度专业化的产品。风险在于该细分市场可能因为缩小预算或者缩减规模而萎缩。

（三）集中型营销

运用这种战略的企业，核心思想是将企业的资源、努力和战略集中投放在一个或者少数几个细分市场上。与差异化营销相对，集中型营销更专注于满足特定细分市场的需求，而不是试图在广泛的市场上满足各种不同的需求。追求这种战略的企业必须确保对其主要目标细分市场有很多了解。这种战略的设计目的是避免与追求更大细分市场的大企业直接竞争。例如，整体咖啡消费量大幅下降，但是精品咖啡的销售近年来一直在蓬勃发展。

集中型营销非常适用于小企业。这种战略使小企业能够将自己有限的资源集中于为那些在大企业看来不重要或者被忽略的缝隙市场提供服务。许多企业先从较小的细分市场开始，逐渐建立起借以与资源雄厚的大企业竞争的根据地，然后积累出扩展到其他类似细分市场所需的财务实力、经验和信誉，最终成长为强大的竞争者。比如，小米在成立初期推出专注于在中国市场推广并销售高性价比的智能手机，旨在吸引那些希望拥有高性能智能手机但是不愿支付高昂价格的消费者，特别是年轻人和预算有限的用户。但是当小米成功地在这个细分市场建立了自己的品牌，并取得市场份额以后，开始逐步扩大了产品线和市场覆盖范围，现在已经是中国最大的手机生产商之一。

利基市场（niche market）是一个定义更加狭窄的顾客群体，他们在细分市场中寻求不同的利益组合。一家专门为素食主义者提供高蛋白素替代品的企业就是利基市场中运营的例子。这样的市场虽然相对较小，但是企业通过专注于满足素食主义者的特殊需求，提供了一种在更大市场中难以找到的产品。现如今互联网的发展，让集中型营销战略的实施变得更加可能。在网上开店的成本非常低，这为小型利基市场服务更加有利可图。淘宝的成功可以归功于无数个针对利基市场的小店的兴起。

集中型营销在带来更多的市场机会和更高盈利性的同时，也蕴含较高的风险。目标市场可能会因为环境的变化而萎缩，或者资源雄厚的大企业侵入同一细分市场，这些都会给企业带来重大损失。例如，在宝洁在美国市场推出海飞丝洗发水之前，市场上已经有几家小企业在销售去屑洗发水了。海飞丝的推出伴随着大规模的促销活动，新的品牌立即占领了半数以上的市场。之后的一年内，定位于这个市场的几家小企业相继破产。

（四）定制营销

在另一个极端，企业可以为个别顾客定制他们的产品和服务。定制营销指为满足特定个人和特定地区的需求而定制的产品和营销策略。定制营销包括本地营销（local marketing）和个人营销（individual marketing）。

本地营销指根据当地顾客群——城市、街区甚至特定的商店的需要和欲望而制定的营销策略。例如，万豪万丽酒店（Marriot's Renaissance Hotel）实施导航项目，使其全球155家生活方式酒店的客人具有高度的本土化体验。

本土营销的缺点是它会降低规模经济，从而造成制造和营销成本的上升。当企业试图满足不同地区和当地市场的不同需求时，还会引发一系列的物流问题。但是，随着消费者的需求变得越来越多样化和个性化，以及新技术的快速发展，本土营销带来的成本正在降低，而收益变得越来越显而易见。

个人营销，又称为一对一营销（one-to-one marketing），或者大规模定制营销（mass customization）。这是一种最极端的微观营销。在这种营销战略中，企业与大量的顾客进行一对一的交流，根据个人需要量身定制地设计产品、服务和营销方案。

由于计算机的普及，以及手机和互联网等互动媒体的发展，许多企业得以收集大量消费者数据，实时接触顾客。另外，自动化生产和精益制造更让大规模定制成为可能。如今的个性化推荐技术使"一对一营销"实现了历史性的突破。因此，企业能够有效地将顾客转化为"一个细分市场"。例如，星巴克通过其移动应用程序为不同的消费者提供个性化的优惠券和促销活动，还允许用户在星巴克门店定制自己的咖啡饮品，满足个性化的口味需求。网易云音乐通过分析用户的听歌历史、点赞、分享和评论等数据，利用算法为用户提供个性化的推荐，创建用户专属的音乐体验。招商银行的私人银行业务可以为不同的家庭或者个人提供定制化的理财服务建议。

大规模市场定制并不适用于所有的商品。它更适合高科技类的产品或服务，因为这类产品和服务提供"个性化"版本的边际成本几乎为零，企业的生产系统支持对产品的灵活定制，或消费者愿意为定制化的商品或劳务支付额外费用。

然而，对于大多数产品而言，实际情况介于大规模定制和大规模生产的两个极端之间，这就是细分仍然是营销中一个非常重要和有效的概念的原因。

营销洞见7-5

SoLoMo 营销

SoLoMo 营销是由"social"（社交的）、"local"（本地的）、"mobile"（移动的）三个单词的开头两个字母组合而成的，连起来说就是社交加本地化加移动。它是 2011 年 2 月由著名风投公司合伙人约翰·杜尔首先提出的概念。基于 SoLoMo 的营销模式已经被公认为是未来互联网营销的发展趋势。

如果把社交、本地化与移动这三者单独作为个体来看，其衍生出来的产品应该早已为人所熟知。"social"即以脸书、抖音、微信以及新浪微博等为代表的社交类网站；"local"意味着采用 iOS 系统、安卓系统和鸿蒙系统等智能手机中的 LBS（location based service）应用，其代表是 Foursquare、美团 App 等；"mobile"是随着 3G 乃至 5G 网络发展越来越融入人们生活的移动互联网。当把这三者联系在一起的时候，企业可以定位客户，用社交的方式与客户交流，当客户做出购买决定的时候，又可以方便他们付钱。

显然，在 SoLoMo 模式下，商家可以通过移动技术更加精准地定位用户，提供更加个性化的产品和服务，增强用户体验，从而获得更高的营销效果。

资料来源：SoLoMo 营销[EB/OL]. (2023-01-26) [2024-12-23]. https://wiki.mbalib.com/wiki/SoLoMo.

第五节　目标市场选择中的社会伦理

技术的进步使企业更容易接触到消费者，但是企业应该走多远？虽然技术的发展使企业能够更精准地进行市场细分和定位个体消费者，但在制定营销策略时必须考虑公众反应、隐私和伦理等问题。下面，我们主要讨论三个营销伦理现象：网上动态定价、大数据"杀熟"和个人隐私。

首先，动态定价是传统差别定价在网络化和数字化时代的发展。由于企业获得消费者信息的成本大幅降低，加之网络技术快速发展，企业能够根据市场对产品的需求以及顾客的购买力来对产品进行实时定价。虽然这种定价策略可以帮助企业获取更多的利润，但是在现实中，却可能遭到消费者抵制，损害企业与消费者的长期关系。例如，1999 年末，可口可乐公司设计了一个可以根据天气变化调整价格的自动贩卖机；假设消费者在炎热潮湿的天气愿意支付比在寒冷干燥的天气更高的价格。

当公众对此表示怀疑和愤慨之后，可口可乐放弃了这种技术先进的自动贩卖机。2015年8月晚间，当一场突如其来的暴雨袭击北京时，打车的需求激增，滴滴快的紧急上线"动态加价"智能调度系统。虽然当天让乘客打到了车，但是加价的行为仍然引起了用户的不满。

其次，大数据"杀熟"是互联网时代的一种常见的现象。它是平台商家根据对消费者个人消费偏好数据（譬如价格敏感度、支付能力、选择偏好，家庭构成、网站或者App页面停留时间、地理位置甚至所用设备等）的收集、检索、分析和挖掘，运用特定算法对消费者进行"精准画像"，最终实现"千人千面"的个性化定价行为，往往最终体现为：相同商品对"老顾客"的报价高于"新顾客"。例如，在线零售商可以通过分析顾客是否进入竞争对手的网站来判断该顾客是否在进行比价购物，并为比价的顾客提供更低的价格。然而，如果这种做法被其他顾客发现，可能会引起忠诚顾客对于支付更高价格的不满。2000年，亚马逊对DVD进行了这样的定价测试，结果引发了消费者的强烈反对。亚马逊的首席执行官杰夫·贝佐斯后来道歉，并称这个实验是一个错误。另外，在中国，2022年，北京消协发布了互联网消费者大数据"杀熟"问题调查报告。结果显示，近八成受访者认为存在大数据"杀熟"现象，近七成受访者表示有过被大数据"杀熟"的经历。诸多互联网平台都多次被曝出不同程度的"杀熟"现象。

最后，企业越来越多地挖掘顾客的购买数据来进行定向营销，但这种策略引发了消费者的隐私顾虑和相应的伦理问题。例如，2012年，零售商Target设法确定顾客何时进入怀孕的第二个孕期，以此提前吸引新父母。这是一个非常有利可图的细分市场，因为这些消费者的品牌忠诚度通常较高。该企业根据消费者购买某些产品（如无香润肤露和维生素）的行为开发了一个孕期预测模型，从而可以估计宝宝的预产期。凭借这些信息，Target制定了一个特定的时间表，向怀孕的女性发放特定的优惠券，以吸引她们前往店铺购物。一旦进入店铺，这些女性在结账时将获得更多产品的优惠券，用于除了婴儿用品之外的其他商品，如食品和服装。该方法一直运行顺利，直到有一天，一位父亲非常愤怒地冲进了Target的店铺，因为他发现这个Target一直在给他还在念高中的女儿发送各种婴儿用品的优惠券。虽然事后证实Target的预测没有出错——这名女生的确怀孕了，只是没有告知父母，但是这件事仍然让该企业开始反省定制化的市场策略会如何影响它的客户关系管理。另外，在2018年，作为谷歌的一部分（现已更名为Google营销平台）的广告网络DoubleClick因将匿名的互联网浏览器数据库与实际的大规模邮寄营销名单相匹配而被起诉。这起诉讼导致该企业放弃了其计划。

上述的一系列问题，让各国政府都开始采取行动来规范市场。如欧盟于2018年5月实施了《通用数据保护条例》（GDPR）。2021年，美国多个州的立法机构提出或通过至少27个在线隐私法案。2022年6月，美国参众两院发布了《美国数据隐私和保护法》（ADPPA）草案。我国最近几年相继出台了《中华人民共和国网络安全法》《中华人民共和国数据安全法》《中华人民共和国个人信息保护法》和《互联网信息服务算法推荐管理规定》等一系列法律法规。这些法案将极大程度地改善互联网生态，推动网络平台的健康发展。

另外，市场竞争也在重塑数据行业的发展。2021年苹果iPhone操作系统升级时允许用户关闭App数据采集模块在众多应用中追踪数据的功能。这一调整向用户提供了对自己数据的控制权和代理权，也打击了依赖交叉应用追踪的企业。华为和苹果等手机厂家已将隐私保护作为其企业政策。

最佳实践7-2：微软公司：以赋能为使命

最佳实践7-1

上海锦江酒店：人和锦江，礼传天下

锦江集团，全称为"锦江国际（集团）有限公司"，成立于1991年4月13日，是中国最大的综合性旅游企业集团之一，隶属于上海市国资委。该集团注册资本20亿元，员工超过5万名，其业务覆盖酒店、旅游、客运等多个核心领域，同时在地产、实业、金融等领域也有所涉猎。旗下包括"锦江资本""锦江酒店""锦江在线"和"锦江旅游"四家上市公司。

锦江集团下的锦江酒店是我国最大的酒店集团。截至2022年12月31日，公司开业酒店12 359家，位列全球第一，在营客房127万间，位列全球第二。目前，锦江酒店遵循"国内深耕、全球发展、跨国经营"战略，已经形成超过30多个酒店品牌，实现了从经济型到中高端酒店品牌的全覆盖。

发展概况

锦江酒店的起源最早可追溯到20世纪30年代的锦江川菜馆。新中国成立以后，上海市政府挂牌成立锦江饭店，成为新中国的首个国宾馆。20世纪90年代，锦江集团关注到海外经济型酒店的风靡，意识到国内"招待所+星级酒店"的哑铃式行业格局难以满足出行人员的需求。1996年，锦江推出品牌"锦江假日"（1998年更名为"锦江之星"），专注于经济型酒店市场。1997年，第一家锦江之星开业，以90%的高入住率超越星级酒店，成为经济型酒店的领军者。锦江通过自建自营策略和标准化流程，整合上海酒店资源，成功在经济型酒店市场站稳脚跟。

2003年至2010年间，商旅出行成为酒店最大发展动力。相较于星级酒店和低端宾馆，经济型酒店能够满足主力群体消费需求，以经济型酒店为代表的有限服务酒店成为行业增长的主要动力。自锦江之星之后，国内经济型酒店迅速发展，如家、格林豪泰、汉庭和7天等品牌相继出现。锦江集团利用国企改革推动资产整合，通过加盟模式进一步扩大在经济型酒店市场的影响力。

自2010年起，在酒店业结构上，有限服务酒店开始超越星级酒店，中高端酒店的增长速度高于经济型酒店。从2010年到2020年，星级酒店的规模呈现负增长，年复合增长率为–3%。在酒店数量和客房数方面，有限服务型酒店分别在2013年和2014年超过星级酒店。从2013年开始，中端酒店的客房规模增速显著快于经济型酒店，两者在2013年至2020年间的年复合增长率分别达到40%和11%（见图7-8）。

图 7-8　中端酒店的 CAGR 的增速（2013—2020 年）
资料来源：Wind，盈蝶咨询，信达证券研究开发中心。

感知到行业发展趋势，锦江集团迅速转型，巧妙布局中端和国际市场。2011 年，与上好佳合作开拓东南亚市场；2012 年，与法国卢浮集团形成品牌联盟，为后续海外并购扩张奠定基础。2013 年，收购时尚之旅，转型为锦江都城，涉足中端市场。

2014 年至 2020 年间，锦江集团通过多次国内外并购及融资，特别是对卢浮酒店、铂涛酒店和维也纳酒店的收购，实现中高端酒店品牌从零到一的飞跃，成为国内外知名的酒店管理集团。随后公司将开店方向定为中高端酒店领域。卢浮收购后，年增速达 129.65%；铂涛和维也纳收购后，年增速达 163.97%。

2020 年起，锦江集团大幅调整管理架构。2020 年 5 月，成立锦江酒店中国区，重组锦江都城、维也纳、铂涛集团后台，进行人事调整，加强产品融合，重新定位全球布局。2021 年 3 月，非公开发行定增，筹集约 50 亿元，旨在优化经济型和中端酒店布局，将部分酒店升级为郁锦香、康铂等中端品牌和白玉兰等经济型品牌，抓住城镇化进程中的市场发展机遇。

品牌矩阵丰富多元

锦江酒店集团通过品牌输出、品牌联盟、特许经营、国内国际并购等一系列的手段进行全球布局，逐渐进入不同的细分市场，最终打造出多元且全面的酒店品牌矩阵（见图 7-9）。品牌定位覆盖五星级、四星级、三星级。包括超豪华型酒店（J.Hotel）和豪华型酒店（如锦江饭店、和平饭店、国际饭店等）、中端商务酒店（如锦江都城）和经济型酒店（如锦江之星、白时快捷）。2022 年，在国内十大酒店品牌中，锦江占据四席（维也纳、7 天、锦江之星、麗枫），市场占有率高达 14%，超越华住和首旅集团。在中端市场，锦江集团展现了更强的规模优势，维也纳系列门店数量接近 3000 家，市场占有率为 24.73%，排名第一。麓枫酒店市占率为 6.7%，位居第三。这种全面的品牌布局使锦江在酒店行业中占据了显著优势。

尾声

然而，并购品牌容易，管理品牌难；品牌扩张容易，品牌整合难。面对这么多的细分品牌，锦江集团要如何整合？诸多的细分品牌虽然有助于市场的全覆盖，但同时也会

图 7-9 锦江酒店品牌矩阵

导致不同品牌之间定位模糊、内部竞争、互相蚕食的问题。因此，如何梳理和完善多元品牌战略，整合已并购的品牌，使其完全融入锦江体系，充分发挥各个品牌优势和营运优势，提升企业价值，是锦江集团亟待思考和解决的问题。

讨论题：

1. 锦江酒店（集团）的目标市场选择策略是什么？

2. 锦江酒店（集团）为什么要进入不同的细分市场？进入细分市场的时机选择有什么特点？

3. 锦江酒店（集团）该如何管理好这么多不同的细分市场？

资料来源：

[1] 锦江国际集团官网[EB/OL]. http://www.jinjiang.com/.

[2] 东亚前海证券. 锦江集团·证券研究报告：拥抱中高端升级浪潮，集团改革凸显[R]. 2022年11月4日.

[3] 信达证券. 万店龙头深度变革整合，提质增效业绩空间广阔锦江酒店[R]. 2023年8月22日.

[4] 何佳讯，何盈. 锦江集团品牌战略：多品牌架构发展与品牌并购[R]. 中国工商管理国际案例库. 2015年5月29日.

本章小结

（1）STP是现代营销战略的核心框架，包括市场细分、目标市场选择及市场定位，目的是明确为谁提供服务和如何提供服务两大营销议题。

（2）市场细分是根据顾客的不同人口特征、行为或者价值诉求将大众市场分为若干的子市场。市场细分是一个动态的市场战略决策，往往需要大量的前期投资和对资源的持续投入。成功的市场细分标准包括六个方面：可衡量性、差异性、规模性、可触达性、可实现性、动态性。

（3）消费者市场（B2C）的主要细分变量有地理环境、人口特征、心理特征、行为特征和利益诉求等。组织市场（B2B）的主要细分变量有地理环境、组织特征、购买方式、行为特征和利益诉求等。

（4）组织市场细分过程的基本流程包括七个步骤：确定市场细分的目标，定义需要细分的市场，确定细分变量，细分市场分析，验证、评估和选择细分市场，沟通与实施，监控和改进。

（5）目标市场选择是从市场细分出的所有子市场中，经过评估，选择一个或者多个细分市场作为目标市场。目标市场选择方式包括四类：无差异（大众）营销、差异化（细分市场）营销、集中型营销和定制营销。

（6）在目标市场选择时需要考虑营销伦理，遵守法律法规以及符合社会规范。

关键术语

市场细分（market segmentation）　　目标市场选择（target market selection）
细分市场（segmented market）　　消费者市场（consumer market，B2C）
细分变量（segmentation variables）
基于偏好的细分（preference-based segmentation）
心理细分（psychographic segmentation）
基于行为的细分（behavior-based segmentation）
组织市场（organizational market，B2B）
无差异营销（undifferentiated marketing）　　差异化营销（differentiated marketing）
集中型营销（concentrated marketing）　　定制营销（customized marketing）

回顾性问题

1. 营销管理中STP战略的含义是什么？
2. 在消费者市场（B2C），主要的细分变量有哪些？如何用这些变量进行市场细分？
3. 在组织市场（B2B），主要的细分变量有哪些？如何用这些变量进行市场细分？
4. 市场细分工具主要有哪些类型？具体内容是什么？
5. 选择目标市场的逻辑关系是什么？

辩论性问题

辩论题：大众营销过时了吗？

在数字化时代，随着基于个性化数据的精准营销的兴起，一种观点认为大众营销行将灭亡；但另一种观点则认为大众营销仍然有效，因为基于规模经济性，一些品牌也会针对大众市场采取大众营销策略。

正方：数字化时代大众营销已经过时。

反方：数字化时代大众营销仍然有效。

实践性问题

1. 选择一个你感兴趣的企业，从市场细分与目标市场选择的角度，分析它为什么成功或失败。

2. 假设你想创建一个咖啡品牌，你会如何细分和选择目标市场以便能在这个竞争激烈的赛道占据一席之地？

3. 请尝试分析华为手机业务的市场细分策略，并预测华为手机业务的未来发展方向。

延伸阅读

[1] 本森·夏皮罗，托马斯·布洛马. 如何对工业品市场进行细分[J]. 哈佛商业评论（中文版），2006(10)：36-46.

[2] 丹尼尔·扬克洛维奇，戴维·米尔. 重新找回市场细分的价值[J]. 哈佛商业评论（中文版），2006(12)：108-120.

[3] 王节祥，刘永贲，陈威如. 平台企业如何激发生态互补者创新[J]. 清华管理评论. 2021（7）：88-94.

[4] 贝恩咨询，天猫和阿里妈妈. 以消费者为中心的品牌数字化转型——消费者运营健康度升级与最佳实践[R]. 2019.

参考文献

即测即练

自学自测 扫描此码

第八章

价值主张与定位战略

Think different.（非同凡想。）

——史蒂夫·乔布斯（苹果公司创始人）

胜负在于潜在顾客的心智。

——杰克·特劳特（《定位》作者）

学习目标

1. 理解价值主张的概念内涵；
2. 理解定位战略的概念内涵；
3. 掌握开发定位的方法与步骤；
4. 熟练各种定位开发工具。

开篇案例

飞鹤奶粉：更适合中国宝宝体质

1962年，飞鹤成立于齐齐哈尔，是我国最早的奶粉企业之一。2015年，飞鹤启用了"更适合中国宝宝体质"的品牌定位。2019年11月，飞鹤在港交所成功上市，成为港交所历史上首发市值最大的乳品企业。同年，飞鹤实现了137亿元的销售额，在中国市场中，飞鹤的销售额占比首次超过了惠氏，成为中国婴幼儿奶粉市场的行业领导品牌。

然而，在进行品牌定位之前的很长时间内，飞鹤的市场表现并不如意。尽管飞鹤奶粉品质优越，各项产品标准均高于国际标准，顾客反馈也表明了他们对飞鹤奶粉品质的信任，但飞鹤的产品销量和市场表现却难以突破瓶颈。飞鹤的管理层决定改变这种状况。它们通过调研和分析发现，三大因素导致了飞鹤在中国市场难以突围。

首先，中国市场的消费者对国产奶粉存在负面刻板印象。尽管飞鹤在"三聚氰胺事件"中独善其身，但中国消费者对国产奶粉品牌并不信任。其次，在"三聚氰胺事件"影响下，惠氏、雅培、美赞臣等进口奶粉品牌趁势追击，迅速在中国市场内建立了"进口奶粉更安全"的品牌认知，快速占领了国内市场。这些进口奶粉品牌很快在一、二线城市获得了较高的市场份额。最后，在国产奶粉品牌中，飞鹤虽在东北、华北等地区的品牌影响力较强,但在全国市场中的品牌影响力却不及伊利和贝因美。

因此,管理层决定通过品牌定位向顾客传递飞鹤奶粉独特的价值,突出飞鹤自身的差异点,给消费者一个选择飞鹤的理由。它们发现,在顾客的心智中,进口品牌之所以强势,是因为进口品牌的全球知名度较高,并且消费者对进口品牌的标准化、产品品质、配方更为信任。但进口奶粉很难根据中国宝宝的体质调制配方,满足中国宝宝的营养需求。对中国消费者而言,"一方水土养一方人"的观念根深蒂固。因此,飞鹤认为,将飞鹤定位于"更适合中国宝宝体质",能够建立区别于进口品牌的差异点,而这个差异点恰好是中国消费者极为重视的。哪怕进口品牌采用同样的定位,也很难让中国的消费者信服。

图 8-1　飞鹤奶粉广告
资料来源：飞鹤乳业公司提供。

确定了品牌定位后,如何顺利实现定位的落地成为飞鹤面临的又一大挑战。为此,飞鹤通过一系列举措来确保定位能够在企业上下贯彻执行并准确地传递给目标顾客。第一,飞鹤加大了对产品研发的投入力度,整合全球研发资源,对中国母乳成分的微观构成与功能进行深入研究,不断升级适合中国宝宝体质的配方,研制高端产品。第二,飞鹤在北纬 47°"黄金"奶源带上打造了中国第一个婴幼儿配方奶粉专属产业集群,实现了牧草种植、饲料加工、奶牛饲养、生产加工、销售服务的全环节可控,全方位把控奶粉生产过程。第三,考虑到 90 后妈妈更注重产品品质而非价格,飞鹤聚焦高端市场,旗下的高端品牌"星飞帆"系列产品成为飞鹤的明星产品。第四,强化服务体系和顾客关系管理体系,通过营养教育、宝宝秀等活动贴近消费者,构筑良好的客户关系。第五,整合经销商团队,积极布局线上线下渠道。

2016 年,飞鹤总销量增长 8%,旗下高端品牌星飞帆增长 80%,从 2015 年国产奶粉品牌第三名的位置跃居第一。2023 年,飞鹤实现了 195 亿元的营业收入。

思考题：
1. 飞鹤的品牌定位是如何形成的?
2. 飞鹤的品牌定位为何能够帮助飞鹤突破业绩瓶颈?
3. 飞鹤的品牌定位是如何落地的?

资料来源：
[1] 飞鹤官网. 关于飞鹤[EB/OL]. (2023-03-21) [2024-10-01]. https://www.feihe.com/about/company.

[2] 李瀛寰. 超越洋品牌荣登亚洲第一，君智咨询谢伟山揭秘飞鹤逆袭之道[EB/OL]. (2023-03-22)[2024-10-01]. https://www.sohu.com/a/202686327_115853.
[3] 魏琳. 飞鹤：国产婴幼儿奶粉品牌的崛起之路[J]. 国际品牌观察，2021, 19: 55-57.
[4] 朱睿，李梦军. 飞鹤乳业：危机中崛起的民族品牌[J]. 清华管理评论，2021(Z2): 132-142.

第一节 价值主张

一、价值主张的概念内涵

价值主张是企业营销的核心，它统领着企业各项营销策略的制定与落地，并通过品牌、产品、渠道、价格、促销等各项营销活动传递给顾客。作为重要的战略工具，价值主张体现了企业承诺的能够提供的所有利益和价值。表 8-1 列举了一些企业的价值主张。价值主张反映的是与企业产品或服务相关的所有利益和成本。因而，企业的价值主张是否具备吸引力，取决于企业为顾客提供的总利益以及顾客需要付出的总成本是否比竞争对手更具吸引力。

> **概念定义：**
>
> 价值主张（value proposition）：企业承诺提供的全部利益[1]。它确定了企业为利益相关者创造的价值[2]。

表 8-1 价值主张列举

企　业	价　值　主　张
腾讯	用创新的产品和服务提升全球各地人们的生活品质
联想	助力客户，把握明日科技，变革今日世界，将智能技术解决方案带给最需要它们的人
京东商城	通过以信赖为基础、以客户为中心的价值创造，为用户打造极致购物体验，通过持续创新，不断为用户和合作伙伴创造价值
比亚迪	用技术创新，满足人们对美好生活的向往
亚马逊	以顾客为中心，秉持着对创新的热情、对卓越运营的承诺和对长期发展的思考，为全球顾客带来最极致体验，成为全球最好的雇主和伙伴
特斯拉	建设一个由太阳能供电、靠电池运行并且以电动汽车为交通工具的世界，加速世界向可持续能源的转变

资料来源：作者基于各企业官网中的公开信息整理。

企业开发价值主张的前提是深入洞察并理解目标市场中企业、顾客、企业合作者以及竞争对手间的价值交换关系，价值交换关系模型（见图 8-2）对此进行了诠释。模型中的每对关系既是创造价值的过程，也是获取价值的过程。其中，顾客、企业、企业合作者三者间的价值活动构成了与企业相关的价值交换。例如，在顾客、品牌厂商、零售商（企业合作者）的价值交换中，厂商生产产品、顾客支付金额购买厂商生产的产品是顾客—企业之间的价值交换；顾客从零售商处购买产品、零售商通过价差赚取利润，是顾客—企业合作者之间的价值交换；零售商为厂商销售产品，厂商基于销售政策与零售商进行合作，是企业—企业合作者之间的价值交换。顾客、竞争对手以及企业合作者三者间的价值活动构成了竞争性价值交换。

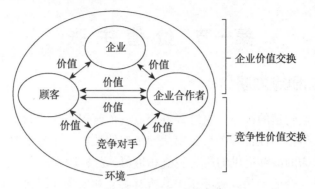

图 8-2　价值交换关系模型

资料来源：Chernev A, Strategic Marketing Management (8th edition)[M]. Cerebellum Press, 2014: 18.

因此，为了获取并维持竞争优势，企业所提供的产品和服务必须能够为目标顾客、企业自身以及企业的合作伙伴创造价值。企业的最优价值主张（optimal value proposition，OVP）则需要在顾客价值、企业价值、合作者价值三者间实现平衡，即在为目标顾客创造价值的同时，能为合作伙伴创造价值，并帮助企业实现自身的战略目标（见图 8-3）。

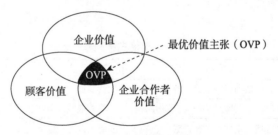

图 8-3　最优价值主张

资料来源：Chernev A, Strategic Marketing Management (8th edition)[M]. Cerebellum Press, 2014: 20.

具体而言，企业为顾客承诺的、能够提供的产品和服务价值至少涵括功能价值、心理价值和货币价值。

功能价值（functional value）与产品的属性、性能直接相关，如产品的易用性、兼容性、稳定性、定制化等。对满足顾客特定实用性需求的产品（如耐用品）而言，功能价值往往是顾客关注的核心价值。心理价值（psychological value）是产品、服务、体验等带来的、能够满足目标顾客心理需求的利益，如情感利益、自我表达利益等。对于大部分享乐型产品和奢侈品而言，心理价值往往是顾客关注的核心利益。货币价值（monetary value）包括与产品价格、折扣返利、低息融资、现金奖励等财务属性相关的利益。

科特勒认为，顾客所获的上述总利益与其为作出选择而承担的总成本之间的差异是价值主张形成的基础[3]。价值主张本质上是企业的一种承诺，这一承诺最终能否兑现，取决于企业的价值传递系统是否有效。通常,企业的价值传递系统包括价值选择、价值提供和价值沟通三个依次递进的环节[4]。在价值选择环节,企业通过理解和评估目标顾客的价值需求,选择不同于竞争对手的利益点来满足这些价值需求。在价值提供环节,企业通过产品设计、生产制造、分销等环节创造并提供清晰和卓越的产品/服务包。在价值沟通环节,企业通过品牌沟通等关键营销活动,向目标顾客传递价值主张。

在实践中,有效的、具备竞争优势的价值主张需要遵循以下原则。

第一,匹配性原则。价值主张需要与目标顾客的关键需求相吻合。

第二,可持续性原则。价值主张需要有良好的延展性,可在一定时间周期内长久维持不断迭代。

第三,差异化原则。价值主张需要具备有别于竞争对手的独特性。

第四,可交付性原则。价值主张通过企业的价值传递系统能够切实落地。

Mini案例8-1

优步的价值主张

优步(Uber Technologies Inc)是一家成立于2009年的美国跨国科技公司。优步致力于重塑并改善人们的出行方式,它提供相关的技术和平台连接乘客和司机。优步通过新颖的价值主张,在交通出行这个停滞不前的市场中取得了成功。

在公司创立之初,创始人特拉维斯·卡兰尼克(Travis Kalanick)和加勒特·坎普(Garrett Camp)便意识到技术可以帮助人们解决打车问题。他们基于技术对传统的商业模式进行了创新,新的商业模式依赖于吸引并匹配乘客和司机,而优步为二者的连接提供了平台。因此,优步提出了两种不同的价值主张。

对于乘客而言,优步提供的核心利益是便利,因而,它以"每个人的私人司机"("everyone's private driver")为价值主张。乘客可以使用手机上下载的应用程序叫车,用预先注册的信用卡自动付款,并选择他们需要的车型豪华级别——从价格实惠的小型紧凑型汽车到配有制服司机的豪华汽车。对司机而言,优步主张"一个灵活的赚钱机会"("a flexible earning opportunity")。司机可以只在自己选择的时间内提供乘车服务,并通过平台识别和匹配乘客。每次旅程结束后,乘客和司机都会对他们的体验进行评分,然后用这个评分来匹配他们下一次与优步的互动。

针对乘客和司机两类不同的目标顾客,优步关注这两类群体差异化的利益需求,通过不同的价值主张为不同的顾客创造了价值,也对人们的出行方式和传统的计程车运营模式带来了变革。

资料来源:

[1] 优步官网[EB/OL]. (2023-03-21) [2024-10-01]. https://www.uber.com/au/zh/.

[2] Payne A, Frow P, Eggert A. The customer value proposition: evolution, development, and application in marketing[J]. Journal of the Academy of Marketing Science, 2017, 45(4): 467-489.

二、影响价值主张的主要因素

价值主张是影响企业竞争优势的关键[5],而企业所拥有的市场知识等资源和能力是影响价值主张的先决因素[2]。

市场知识。市场知识中，顾客知识和竞争对手知识对企业价值主张的制定至关重要。企业必须深入进行顾客洞察，了解顾客需求，从而明晰如何帮助他们解决核心需求[6]。例如，在 B2C 行业中，企业深入了解顾客的生活方式、面临的挑战和目标，能够增大提出创新的、新颖的价值主张的概率，通过企业的价值创造活动提升消费者福祉[7]。在 B2B 行业中，企业需要深入了解顾客的商业模式和业务流程，理解它们的商品和服务是如何影响顾客的运营并最终创造价值的。顾客知识传达了目标顾客期望从与企业的合作中获得的卓越价值。在积累丰富的顾客知识的基础上，企业能够制定出有竞争力的价值主张。与此同时，企业还需要充分了解竞争对手，了解它们如何为顾客的核心利益提供解决方案。竞争对手知识的积累是评估企业自身价值主张相对优劣势的必要条件[2]。

创新。企业的价值主张需要建立在创新的基础上，通过创新探寻帮助目标顾客解决核心需求的新方法。其中，过程创新和文化创新对价值主张的制定尤为重要。过程创新是探寻企业开发、塑造和整合现有资源的新方式[8]。例如，企业通过技术创新发现了解决营销问题的新方法，提高了定制顾客解决方案的效率和有效性，或是通过技术创新优化了企业的资源整合方式，通过全新的、更高效的方式满足顾客的动态需求。文化创新是企业提出的开展创新活动的价值观、信仰等总和。企业的文化创新能够帮助企业发现潜在问题，通过灵活的、新颖的方式提出创造性的解决方案。因此，创新是企业打造有竞争力的价值主张的必要能力。

决策层支持。当企业的领导者在重点市场中具有共同的战略愿景，并愿意通过共同努力实现这一愿景时，就向企业的所有利益相关者释放了一个信号，即制定有竞争力的价值主张是企业的战略重点。这将极大地活化相关的资源，从而成为识别市场机会、制定价值主张的催化剂。

正式化。价值主张从制定到落地需要一整套系统化的组织结构和流程来支撑。然而，在实践中，尽管企业意识到了价值主张的重要性，但很少有企业制定正式的流程。价值主张的正式化程度影响着企业跨职能的整合效率，也直接决定价值主张在组织内部以及向顾客明确传达的程度。

产品知识。企业对单个产品以及可能的产品与服务组合的潜在理解，关系企业如何将产品与顾客需求进行匹配。同时，产品知识也影响企业能否在需求匹配过程中突出自身产品相对于竞争对手产品的优势，从而向目标顾客展现企业的能力与潜力。因而，企业所拥有的关于自身产品以及关于竞争对手产品的知识影响企业的价值主张。

三、价值主张的制定与管理

企业制定价值主张的基础是对与公司商业模式相关的各个关键战略因素的深入洞察，包括企业的竞争战略选择、价值创造系统、价值网络与价值传递系统以及价值获取潜力等。具体而言，价值主张的形成包括五个阶段的交互：价值设计（value design）、价值量化（value quantification）、价值沟通（value communication）、价值存档（value documentation）、价值验证（value verification）[4]。

1. 价值设计

价值设计是基于企业的资源评估、顾客和竞争对手研究以及与商业模式各个元素契合度的评估展开的。企业需要先对自身的资源和能力现状有清晰准确的评估和认知，明确自身的资源与能力优势。在此基础上，深入分析关键细分市场和竞争性产品的特点。需要注意的是，资源评估和顾客/竞争对手分析需要随着时间的推移动态调整，企业在进行价值设计时需要保证其内在连贯性。同时，受业务多元化、客群多样化等因素的影响，企业可能需要针对不同的顾客群进行不同的价值设计。因此，企业需要：

（1）根据不同的价值主张颗粒度（the level of value proposition granularity）进行价值设计。例如，针对企业层面、顾客细分层面、个体消费者层面进行价值设计。

（2）根据提供的价值（如企业能够提供的所有利益、企业相比于竞争对手的差异点、能够引发顾客共鸣的利益点等）确定价值主张中需要突出的重点，如功能价值、经济价值、情感价值、社会价值等。

（3）根据上述步骤，最终确定价值主张中的价值焦点，即需要突出的卓越顾客价值的维度及其组合、数量和广度。

2. 价值量化

在实践中，如何量化并向顾客展示企业提供的价值优于竞争对手，是大多数企业遇到的困难[9]。这一问题的解决至关重要，例如，一项对企业销售主管的研究表明，企业的价值量化能力将对企业绩效产生实质性的积极影响[10]。

价值量化应该基于对顾客利益的定量与定性分析来展开[4]。顾客利益的定量化分析可从顾客的满意度，B2B 企业成本的降低程度、风险的降低程度、利润和利润率的提高程度等维度着手。而顾客利益的定性分析可以从声誉、顾客—品牌关系、业务开展的难易程度等维度展开。需要注意的是，上述量化分析均基于与竞争对手的比较。在价值量化过程中，标杆分析法、个案研究法被认为是较为有效的分析方法。

3. 价值沟通

价值沟通是就价值主张与顾客进行对话，明确和正式地向顾客传达利益和承诺。但与此同时，它也是一种"提议"（proposal），是与顾客进行价值共创和互利互惠的期望。因此，有效的价值沟通可以首先提出一个"提议"，开启与顾客的对话，启发顾客参与价值共创，并建立信任关系[4]。在价值沟通的过程中，企业的角色不仅仅是传达企业的价值主张，更重要的是确保价值主张能够被顾客理解并接受，这是企业开展后续营销活动的基础。

4. 价值存档

为了使价值主张更具说服力，企业需要建立系统化的价值文档和工具，向顾客证明价值主张切实有效并能够进行准确传递。例如，在 B2B 企业的销售管理环节，将与企业价值主张承诺相关的关键指标（如顾客成本的降低、利润的增加等）记录在内部文档中，能够帮助顾客理解并认同企业的价值主张。与此同时，"文件化"使处于企业价值传递系统不同环节的成员能够清楚地识别并详细说明价值主张，并在后续的价值传递过程中使用和展示。

5. 价值验证

价值验证并不是一个一次性的过程，相反，价值验证是一个持续性的过程，它贯穿于顾客旅程的各个阶段。通常，企业可以采用多种方法验证价值主张的有效性。例如，通过内部员工（如一线销售人员）的反馈，或是通过独立的市场调研机构，收集和分析顾客反馈。在价值验证的过程中，企业需要考虑价值主张是否需要更新或是改变。

第二节 定 位 战 略

一、定位战略的概念内涵

定位战略是企业设计产品与品牌形象，让产品和品牌在目标顾客心智中实现差异化，从而占据独特位置的行动策略。

 概念定义：

定位（positioning）：是指通过开发和传播独特的价值主张，在目标顾客心智中形成有价值的品牌联想。

有效的定位能够使顾客的注意力集中于企业提供的核心利益，以简单高效的方式呈现企业的竞争优势，进而为潜在顾客提供一个强有力的理由来选择公司的产品。对企业而言，定位为企业的顾客价值创造活动和竞争优势的获取提供了战略指引，为企业营销组合策略制定提供了基础和指引。企业的品牌、产品、价格、渠道、促销等各项营销活动都需要与企业的品牌定位相一致，从而向顾客传达一致的、独特的价值主张。表 8-2 列举了一些企业的品牌定位。

表 8-2 定位列举

企业/品牌	定 位
字节跳动	激发创造，丰富生活
抖音	记录美好生活
小米	做"感动人心、价格厚道"的好产品
北京协和医院	一切为了患者
国航	新航程，心期待
招商银行	招商银行，因您而变
海信	有爱，科技也动情
伊利	不仅是健康食品的提供者，也是健康生活方式的倡导者
农夫山泉	我们不生产水，我们只是大自然的搬运工
泡泡玛特	创造潮流 传递美好
沃尔沃	道路上最安全的高端豪华汽车品牌
沃尔玛	以人为本、科技赋能的全渠道零售商
松下	绿"智造"，创未来
兰蔻	美丽就是自信

资料来源：作者基于各企业官网中的公开信息整理。

定位建立在价值主张基础之上，它反映了企业对顾客如何看待公司产品的期望。价值主张涵括了企业能够提供的所有利益（主要利益、次要利益、一般利益）和成本。在价值主张的基础上，定位战略聚焦于企业价值主张中最重要的方面，将顾客的注意力集中于品牌与产品的主要利益与次要利益。定位通过突出主要利益与次要利益，呈现品牌的核心竞争优势，从而提供一个让顾客信服的理由选择企业的产品。价值主张与定位的关系如图8-4所示。

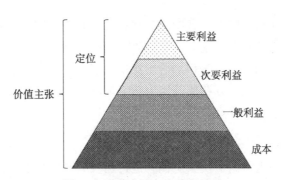

图 8-4　价值主张与定位的关系

资料来源：Chernev A, Strategic Marketing Management[M]. (8th edition) Cerebellum Press, 2014: 88.

有效的品牌定位，需要能够简明地阐明品牌本质，明确地传达需要帮助顾客实现的目标，并展现实现这一目标的独特方式，从而指导企业的整合营销策略。值得注意的是，定位不仅需要准确传达给外部的目标顾客群，同时也需要让组织内部的每个人理解定位，并将定位作为组织行为和决策的重要指导。定位在组织内部的准确传达，能够确保所有成员对企业的品牌及其所表达含义理解的准确性和一致性。因此，对外，品牌定位需要与顾客沟通企业建立和管理特定品牌的战略；对内，企业需要就品牌定位与组织成员进行持续对话，让组织成员深刻理解品牌及其定位对组织的重要性[11]。

二、定位战略的原则

有效的品牌定位应遵循以下原则。

第一，有效的品牌定位需要在品牌定位的内涵、诠释以及品牌定位的落地执行方面具备独特性。品牌定位需要具备独特的含义，使之与竞争对手区别开来。同时，基于定位所开展的各类营销活动需要具备较强的针对性、专属性和一致性。例如，企业针对购物节策划的品牌传播活动如果对自己和首要竞争对手同样有效，那么可能品牌定位的含义并不清晰、独特，抑或是本次活动的策划与执行方式与定位间的关联并不密切。

第二，有效的定位既需要立足当下，又要放眼未来[12]。出色的品牌定位一定是立足于顾客与市场现状的，但是，如果仅仅基于现状来定位，容易导致品牌定位缺乏前瞻性。好的品牌定位是需要体现品牌愿景与品牌理想的，这能够为品牌提供不断成长的空间，也容易激发顾客对品牌的向往。但同时，定位不能为追求前瞻性而脱离实际，否则将很难被顾客接受并认同。因此，优秀的品牌定位需要巧妙地平衡好现状与未来潜力之间的关系。

第三，定位需要聚焦。企业无法为所有潜在顾客提供他们需要的全部利益，因此，在制定品牌定位时，企业需要基于顾客视角，关注顾客渴望从公司的品牌和产品中获得的核心利益，通过需求的聚焦探寻关键定位点，进而为顾客提供可信服的购买理由。

三、定位开发

有效的定位需要在目标顾客心智中建立独特的、有价值的品牌联想。因此，定位的基础是准确定义竞争参照系并传达品牌与竞争对手的差异点和相似点。品牌定位的开发首先需要基于目标顾客洞察与竞争识别确定竞争参照系，在竞争参照系中开发建立品牌联想的最佳差异点和共同点，并在此基础上确定定位点和定位策略[12]。本节内容将着重分析竞争参照系的确定和差异点、共同点的开发。

（一）确定竞争参照系

顾客总是在比较中进行购买决策。倘若进行比较的对象略逊一筹，那么公司的产品优势就被凸显，产品便更具吸引力。相反，倘若和更加优秀的产品进行对比，公司产品的吸引力可能会降低。可见，竞争参照系（competitive frame of reference）确定了顾客进行评估的基准，顾客根据竞争参照系对企业的产品进行评估。因而，一个有效的办法是设计能够突出公司产品优势的竞争参照系，并基于相对优势开发定位。通过确定竞争参照系，使定位在该竞争领域中具有内在竞争力。

竞争参照系的确定有三个关键点。一是确定品类归属，定义竞争领域。即明确产品归属于什么品类，在哪个市场参与竞争。在实践中，企业可以通过突出品类特征，将产品归类为既有品类，明确其品类归属。企业也可以通过开创新品类，定义新的竞争领域。例如，苹果公司推出 iPad，采用"平板电脑"这一品类身份。通过新品类的开创，iPad 快速成为新品类的领导者。二是通过识别品类成员，明确竞争对手。识别出品类中与焦点品牌存在竞争关系的产品、产品集合或替代品，准确地定义竞争对手。三是创造相对优势，提升品类地位。在参照系中确定顾客进行比较的参照点，基于参照点构建相对竞争优势。

可见，竞争参照系的确定在突出品牌相对优势的同时，能够帮助企业发掘新的市场机会点，引导顾客需求。但需要注意的是，一家企业当前的或潜在的竞争对手要比品类成员广阔得多。相比于当前已经存在的竞争对手，新出现的竞争对手、新的技术会对企业的持续增长产生影响。因此，企业应该制定一个更宽广、更有抱负的竞争参照系，以匹配企业的成长性。

Mini案例8-2

海尔：物联网时代引领的生态品牌

海尔集团成立于1984年，在成立之初，海尔以生产冰箱、洗衣机、空调等家用电器为主。随着业务规模的不断扩大，海尔逐步发展成为我国领先的家电品牌。截至2023年8月，海尔连续14年稳居"欧睿国际全球大型家电品牌零售量"第一名。目前，海尔旗下拥有海尔、卡萨帝、Leader、GE Appliances、Fisher & Paykel、AQUA、Candy等全球化家电品牌。

然而，在选择竞争参照系时，海尔并未局限于家电市场。海尔认为"产品会被场景替代，行业将被生态'复'盖"。因此，海尔积极布局智慧居住和产业互联网两大赛道，致力于以科技和创新为全球的顾客定制智慧化的生活，助力企业的数字化转型。2019年，海尔开启了生态品牌战略。2020年，海尔发布了全球首个场景品牌"三翼鸟"，将业务由家电品牌拓展至场景品牌。

为了能够匹配海尔未来的成长性，海尔制定了更宽广、更有抱负的竞争参照系，聚焦于物联网生态领域，将自己定位于"物联网时代引领的生态品牌"。2023年，BrandZ发布全球品牌百强榜，海尔排名59位，连续5年成为唯一进入榜单的物联网生态品牌。

资料来源：海尔官网，海尔集团介绍[EB/OL]. (2023-03-21) [2024-10-01]. https://www.haier.com/about-haier/ intro/?spm=net.intro_pc.header_128848_20200630.1.

在一个短期相对稳定且变化不大的市场中，企业可以容易地识别主要的竞争对手，但在一个存在多样化竞争或动态性较强的品类中，可能存在多个竞争参照系。例如，在智能手机兴起之前，佳能相机的主要竞争对手是尼康、索尼等相机品牌，但随着智能手机镜头配置以及成像算法的提升，主打"专业影像旗舰机"的智能手机品牌同样成为佳能相机的竞争对手。因此，在具有相似功能的多品类产品竞争中，企业需要确定多个竞争参照系。此外，企业对竞争参照系的分析不仅仅局限于识别参照系，更重要的是，企业需要通过收集目标顾客对本企业以及对主要竞争对手的优劣势感知，了解顾客的真实感知和评价，为之后差异点与共同点的选择奠定基础。

（二）确定差异点和共同点

1. 确定差异点

企业确定了竞争参照系后，便可以基于竞争参照系定义差异点和共同点，从而确定最终的定位点。差异点（points of difference，PODs）是指能够使产品与竞争对手产品区别开来的特征，从而支撑起独特的价值。有效的差异点，必须能够使顾客很容易将这些属性或利益与品牌和产品相关联，并给予积极的评价。更为重要的是，要使顾客相信，差异点是竞争对手没有的或是竞争对手难以做到同等程度的。

有效的差异点能够为企业带来财务上的回报。差异点能够为顾客提供一个显著的购买理由。在购买决策中，顾客将与差异点相关的属性、利益看得尤为重要，并直接影响他们对价值独特性的判断。因此，很多强势品牌往往具有多个差异点。

Mini案例8-3

京东商城：多快好省，只为品质生活

2004年，京东集团开始正式进军电子商务领域，并于2014年5月赴美国纳斯达克

证券交易所挂牌上市，成为我国第一个在美国上市的综合性电商平台。京东商城在成立之初就提出了"多快好省"的价值主张，在"商品全、送货快、质量好、价格低"四个方面创建有竞争力的差异点，从而满足顾客对高品质生活的向往。

一直以来，为了能够给顾客提供多元化的产品选择，实现"商品全"，京东积极布局产品线，吸引高质量商家的入驻。2008年6月，京东正式上线了电视、空调、洗衣机等大家电产品线。2010年11月，图书产品入驻京东线上商城，京东开始从3C网络零售商向综合网络销售平台转型。2015年，京东成立3C事业部、家电事业部、消费品事业部、服饰家居事业部，逐渐发展成为综合性的购物平台。2023年，京东推出"春晓计划"等一系列政策，吸引大批新商家入驻，仅2023年第一季度，京东的新增商家数量同比增长了240%。

为了实现"送货快"，2010年3月，京东推出了"211限时达"速配服务，引领了中国B2C行业的配送标准。同年6月，京东开通了全国上门取件服务。2013年，京东上线了京东超市业务，并推出了"夜间配""极速达"等配送服务，树立了线上购物物流配送的新标杆，极大地提升了顾客购物的物流体验。

为了能够为顾客提供高质量的产品和服务体验，京东持续建设供应链基础设施，不断加大技术创新和研发投入。截至2023年，京东推出了200多项针对顾客痛点的全链路服务。京东到家与线下38万余家门店进行联动，通过即时零售业务不断提升顾客的购买体验。同时，京东开展了一系列培训，提升了售前与售后服务的质量。

京东认为，产品的价格优势是企业的一种系统化的综合能力。为了能够为顾客提供具有价格竞争力的高质量产品，京东不断提升供应链效率，降低运营成本，力争做到在价格打折的同时，品质与服务不打折。

资料来源：

[1] 京东官网，关于京东[EB/OL]. (2023-10-25) [2024-10-01]. https://about.jd.com/company.

[2] 黄鑫. "多快好省"有底气[N]. 经济日报，2023-06.

[3] 新浪财经，京东"春晓计划"全新升级 新商家可获28天双倍流量激励[EB/OL]. (2023-10-25) [2024-10-01]. https://finance.sina.com.cn/jjxw/2023-08-28/doc-imziufqw4660080.shtml.

在选择差异点时，需要综合顾客、企业、竞争者三个视角下的品牌评估结果，遵循吸引力、可交付性、区分性三个原则[12]。其中，吸引力原则是顾客视角下的考虑，可交付性原则是基于企业自身资源和能力的考虑，区分性原则是基于竞争对手视角下的考虑。如果这三个原则都能满足，品牌联想就被认为同时具备了强度、偏好度和独特性，因而与该品牌联想关联的属性或利益则被认为是有效的差异点。

吸引力原则。目标顾客能够自己发现差异点与产品、与自身的相关性和重要性，认同该差异点引发的品牌联想与他们个人息息相关，认同该差异点是有价值的且企业是能够实现的。吸引力原则确保差异点能够给顾客一个信服且容易理解的理由来阐述为什么该品牌能够提供满足目标顾客期望的利益。例如，元气森林的气泡水定位于"无蔗糖气泡水开创者"，通过开发更优的无糖方案，以产品中的"0蔗糖、0阿斯巴甜、0脂、0卡"为差异点，在日益扩大的健康饮料市场中吸引了众多热爱生活、注重健康的顾客[13]。

可交付性原则。差异点必须是可交付的。企业必须具备支撑这些差异点的资源和能力,并且以能够盈利的方式传达并交付差异点。这与差异点的可行性和可沟通性密切相关[12]。一方面,企业需要具备提供与差异点相关联的属性或利益的能力,并且,产品和营销活动的设计也要确保顾客能够认同差异点是真实的、是切实可行的;另一方面,差异点必须是便于传播的,且沟通的过程是令人信服的。

区分性原则。差异点必须是与众不同的,或是同等条件下竞争对手难以企及的。这关系基于该差异点的品牌定位能否在顾客心智中抢占先机,也关系定位能否形成一定的壁垒、对竞争对手形成防御力。需要注意的是,区分性原则是一个动态概念,即差异点的区分性能够随着时间推移被不断强化。这不仅与差异点自身有关,也与企业的使命、资源利用状况以及市场力量息息相关。

企业可以通过各种方式选择差异点。以下是一些常见的差异点的来源。

(1)基于产品的差异点。如产品形状、包装、性能与质量、耐用性、可靠性、可维修性、设计风格等。

(2)基于服务的差异点。如服务的时效性、便捷性、安装、售后、顾客培训、其余增值性服务等。

(3)基于价格的差异点。如劳动力成本、材料成本、供应链成本、运营成本、营销成本等。

(4)基于人员的差异点。如创新性、礼貌、谦和、胜任力、可靠性、诚实可信、快速响应、真诚沟通等。

(5)基于渠道的差异点。如渠道覆盖面、渠道专业化程度、渠道秩序、渠道绩效等。

(6)基于形象的差异点。如象征性、氛围、符号、文字、创意媒体、事件等。

2. 确定共同点

共同点(points of parity,POPs)是指并非品牌独有的,而是与其他品牌共同享有的联想。共同点联想有两种基本的形式:品类共同点和竞争性共同点。

(1)品类共同点。品类共同点是指那些顾客认为的、某一特定产品品类中合理、可信且不可或缺的特征,它是品类成员的必备特征,是顾客选择品牌的基本条件。例如,除非一家酒店能够为顾客提供歇宿和饮食服务,否则顾客很难认同这是一家真正的酒店。

(2)竞争性共同点。竞争性共同点是指那些用来削弱或抵消竞争对手差异点的联想。倘若竞争性共同点能够与竞争对手的差异点"势均力敌",而通过差异点的选择在自身有竞争力的领域占据优势,那么品牌将极有可能处于强势地位。

(三)确定定位策略

竞争参照系、差异点和共同点构成了定位的基础,如何提炼定位点、确定最终的定位策略,是接下来的挑战。实践中,根据定位点选择的不同,以下定位策略可供考虑[14]。

(1)特征定位(features positioning)。特征定位以客观的、可测量的特征作为定位点。这些特征往往是与产品类别相关联的有形属性。例如,配置了折叠屏的智能手机、具有主动降噪功能的蓝牙耳机等。

(2)抽象属性定位(abstract attributes positioning)。抽象属性定位以无形的但具体的属性为定位点。这些属性往往在不同的产品品类中是相似的。例如，三宅一生将品牌定位为奢侈品。

（3）直接的功能利益定位（direct functional benefits positioning）。直接的功能利益定位以如何满足顾客功能需求来传达品牌优势，并以能够提供优越的解决方案为品牌定位点。例如，五菱宏光MINIEV是五菱品牌的首款四座新能源车，它以"适合短途便捷出行的代步车"为定位点。

（4）间接的体验性或象征性的利益定位（indirect experiential or symbolic benefits positioning）。它以品牌能够满足顾客的情感或象征性需求为定位点，具有唤起顾客情感共鸣的优势。例如，Thinkpad被定位为商务办公人士的笔记本品牌。

（5）顾客自主定位（surrogate user positioning）。它以与品牌自身属性和利益无关、但与品牌象征性相关的次要联想为定位点，让顾客根据自己对象征性定位点的理解来定义品牌。顾客对象征性定位点的理解不同，他们对品牌定位的诠释就不同。因而，在某种程度上是顾客自己定义了这个品牌。例如，百达翡丽所有的广告信息中都有"开启你自己的传统"（begin your own tradition）的主张。每位顾客对"开启你自己的传统"的理解不同，他们对百达翡丽品牌定位的理解就不尽相同。

此外，根据核心定位点数量的不同，定位策略可分为单利益定位、多利益定位和整体定位[11]。单利益定位是指在定位中只突出强调一个最核心的定位点（即为顾客带来的最核心的利益和价值）。单利益定位策略并不意味着其余的次要利益不重要，而是以突出核心定位点的方式向顾客传达出明确的、独特的品牌价值。

独特的销售主张（unique selling proposition，USP）理论将单利益定位的策略发挥到极致。正如理论的名字一样，USP包含三个重点：主张、独特和销售。具体来说，首先，主张是指每个广告都必须向消费者陈述一个主张，即购买此产品你会得到这种具体好处。其次，独特是指这个主张必须是独一无二的。一个企业可以提供多种优质服务，如九折优惠、免邮、24小时客服，但它们都不是USP，因为其他人也可以模仿。独特性是竞争者不会或者不能提出的，既可以是品牌的独特性，也可以是在这一特定的广告领域一般不会有的主张。最后，销售则强调这一主张能够打动千百万人，并且拉动销量。事实证明，USP是一个有效的定位和创意工具，营销人由此创造了无数经典的案例（见表8-3）。

表8-3 经典USP案例

品牌	USP	独特之处
白加黑	"治疗感冒，黑白分明"	在高度同质化的感冒药市场中，提出了早晚区分服用的概念。以独特的外观和服用方式引起消费者强烈的生活联想
舒肤佳	"有效除菌护全家"	在广告中放大各类生活场景中的细菌，强调香皂的功能不止于去污。为当时的消费者带来新颖的"除菌"概念

不同于单利益定位，多利益定位策略在定位中突出两个或两个以上的核心利益，吸引顾客关注品牌的不同方面。但多利益定位策略存在风险，它可能会稀释品牌在顾客心智中的形象，难以形成强力的记忆点，无法给予顾客一个坚定的、明确的购买理由。整

体定位策略则是在定位中不突出某个或某几个核心利益，而是突出品牌的整体性能来吸引目标顾客。

营销洞见8-1

与定位策略相关的心理学原理

在开发定位的过程中，企业可以基于顾客视角，结合相关的心理学原理，确定定位策略。例如：

从众效应（conformity effect）。从众效应是指个体会向与群体或大部分人一致的方向形成自己的态度或看法。群体中直接存在的压力或潜在的引导会使个体的态度或行为向与大部分人一致的方向变化。在从众效应的影响下，企业通过定位强调"大部分人的选择"，可以有效吸引顾客。例如，卡罗拉以超高保值率、经济省油、经典为核心定位点，采用"普通人的幸福"这一价值定位策略，基于从众效应开发了"全球5000万用户的共同选择"的定位宣传语。又如，基于从众效应对创新性产品进行定位，有效引导顾客对创新性产品实用性的判断。

稀缺效应（scarcity effect）。稀缺效应是指当产品变得稀缺时，顾客对该产品的认知价值会提升，即"物以稀为贵"会引发顾客购买行为的变化。在实践中，季节性产品、限量发售的产品，往往会基于稀缺效应进行定位。例如，贵州茅台的生肖限定系列产品。

传承效应（heritage effect）。传承效应是指顾客认为产品悠久的历史意味着正宗，对具有传承性的产品更具信任。基于传承效应，企业在定位中突出悠久的品牌历史，可以唤醒顾客积极的品牌联想，促进顾客购买。例如，泸州老窖旗下的国窖1573采用了"450年燃情岁月，成就一杯国窖浓香"的定位宣传语。

资料来源：

[1] Hmurovic J, Lamberton C, Goldsmith K. Examining the efficacy of time scarcity marketing promotions in online retail[J]. Journal of Marketing Research, 2023, 60(2): 299-328.

[2] Pfannes C, Meyer C, Orth U R, Rose G M. Brand narratives: Content and consequences among heritage brands[J]. Psychology & Marketing, 2021, 38(11): 1867-1880.

[3] 张红, 任靖远, 刘晨阳, 等. 创造性产品评价中的从众效应[J]. 心理学报, 2019, 51(6): 688-698.

在选择定位点、确定定位策略的过程中，定位不足（under-positioning）、定位过分（over-positioning）、定位混乱（confused positioning）以及定位怀疑（doubtful positioning）是常见的错误。定位不足是指定位不够强大，导致产品的价值没有被顾客感知到，产品的竞争优势没有得到充分凸显。与之相反，定位过分是指定位中的描述超过了产品的真实属性、利益和价值，导致消费者感知到的品牌价值远不及定位中所描述的。定位混乱，即定位点太多、定位点相互矛盾，导致顾客对定位感到疑惑。定位怀疑是指定位点频繁变化，企业频繁改变定位策略，引发顾客怀疑，甚至导致顾客对企业和品牌失去信任。此外，在确定定位策略时，企业还需要警惕定位中存在的一些"陷阱"和误区[15,16]。

（1）在并未建立清晰的品牌定位之前就急于建立品牌认知度。品牌定位是企业开展后续整合营销传播活动的基础，企业的后续营销活动都需要基于统一的、一致的、清晰的定位，以保证营销活动的有效性和针对性。但在实践中，很多企业对公司以及产品只有一个模糊的认知，在没有建立清晰的品牌定位之前就支出了大量的费用用于品牌宣传推广。

（2）选择了消费者并不关心的产品特征作为定位点。定位点的选择必须要聚焦顾客的核心需求，而核心需求的洞察依赖于顾客与竞争分析。因此，有效的定位策略一定是聚焦于对顾客有价值的属性或利益。

（3）在容易被复制的差异点上过度投资。有效的差异点能够建立竞争壁垒，倘若基于容易被竞争对手复制的差异点建立定位，那么很可能会被其他品牌快速超越，导致定位策略不具备持续性的竞争优势。

（4）急于对竞争做出反应而偏离了既有的定位。当竞争对手推出新产品并快速占领市场形成威胁时，出于竞争的需要，企业可能会更改产品配方、更换品牌名甚至是快速启用全新定位，从而试图应对竞争对手的冲击。但这些策略可能无法有效吸引新顾客，可能会使原有的市场份额不增反降。

（四）重新定位

随着时间推移，企业的定位策略并非一成不变，它需要进行更新以适应动态变化的市场机会和挑战。但是，定位的调整不宜过于频繁，尤其是不宜对定位频繁地进行本质上的调整或改变。只有当原有定位中的共同点和差异点受到显著性的挑战、可能丧失有效性和竞争力时，重新定位（repositioning）才是必要的。具体而言，重新定位的常见原因包括[11]：

（1）对目标顾客不断变化的需求做出反应。随着环境、技术、价值观、生活方式等因素的不断变化，目标顾客的需求也处于不断变化中。为了使品牌能够与不断变化的顾客需求保持一致，企业会基于需求的新变化更新品牌定位。例如，为了适应女性对护肤品"清爽不油腻"的属性需求，宝洁公司于2000年重新定位了旗下护肤品牌玉兰油，将原有的玉兰油品牌英文名称"Oil of Olay"缩写为"Olay"，避免顾客将品牌名称中的"Oil（油）"与油腻联系在一起[11]。同时，为了适应中国女性价值观的变化，玉兰油在中国市场以"无惧年龄"为品牌口号，体现现代女性敢于摆脱年龄限制、活出纯粹的态度与勇气。

（2）开拓新的目标市场。企业通过业务孵化或品牌并购进入新的目标市场时可能需要重新定位，使品牌形象能够反映业务体系的特征。例如，海尔集团成立之初以生产销售冰箱、洗衣机等家电产品为主，定位于"家电品牌"。在环境变革的驱动下，海尔逐渐将业务拓展至智慧居住解决方案以及工业互联网平台等领域，进行业务多元化扩张。因此，海尔进行了重新定位，将自己定位为"全球领先的美好生活和数字化转型解决方案服务商"[17]，以符合新的市场的特征。

（3）对竞争格局的变化做出反应。竞争格局是动态变化的，由于竞争对手会不断采取行动措施，竞争优势有时只能存在一段时间。例如，竞争对手的技术革新可能会使企业定位中的差异点转化为共同点，此时，原有定位的有效性可能会降低，对品牌进行重新定位就尤为重要。

Mini案例8-4

百雀羚的重新定位

百雀羚诞生于1931年,是中国历史最为悠久的护肤品牌之一。自20世纪30年代起,百雀羚连续推出了多款产品,产品一经进入市场,便成为明星、贵妇争相抢购的美肤单品。抗日战争胜利后,国家经济复苏,蝶霜、双妹、三塔等护肤品牌不断涌现,竞争不断加剧。

新中国成立后,因产品实惠,百雀羚成为国民喜爱的护肤产品。但进入20世纪90年代后,随着物质生活水平的不断提高,人们的消费理念悄然变化。同时,具有品牌优势的外资护肤品牌不断涌入市场,百雀羚"大众""实惠"的品牌形象难以吸引新一代消费者的注意,百雀羚慢慢淡出了年轻消费者的视野。

2008年,百雀羚进行了重新定位,它将自己定位于"草本护肤品",并启用了"天然不刺激,百雀羚草本"的全新品牌口号。一方面,新定位顺应了不断兴起的国货浪潮,也与当时的进口化妆品品牌和传统的国货美妆品牌形成了差异;另一方面,"草本护肤"是年轻一代消费群体认同的护肤理念,顾客认同感高。在百雀羚采取的一系列整合营销传播的推动下,新的品牌定位逐渐占据了顾客心智。2022年,百雀羚将"天然不刺激"升级为了"科技新草本",以科技赋能草本护肤,最大地激发草本的护肤潜能。

在Brand Finance发布的"2022全球最有价值化妆品品牌50强"榜单中,百雀羚位列第14,连续4年维持上升趋势,并连续两年成为唯一入围该榜单TOP15的中国品牌。

资料来源:
[1] 百雀羚官网[EB/OL]. (2023-03-21) [2024-10-01]. http://www.pechoin.com.
[2] 杜颖. 百雀羚品牌年轻化研究[D]. 苏州:苏州大学, 2019.

当新的市场机会出现时,企业可能需要拓宽品牌意义以适应更广阔的目标市场,此时,品牌升华策略是实现重新定位的有效途径。例如,在马斯洛的需要层次理论中,生理需要、安全需要、归属需要、尊重需要、自我实现需要的层次逐渐递增,当顾客的低层次需要得到满足后,就更加渴望产品和品牌能够满足高层次需要。因此,在品牌重新定位的过程中,企业可以通过将品牌与目标顾客更高层次的需求相关联,建立利益和价值联想,通过价值升华实现品牌定位的更新。

当竞争性活动威胁到现有品牌定位时,品牌反击策略是实现重新定位的有效途径。当竞争对手挑战了自己的差异点,或是在共同点上超越了自己,对现有的定位形成威胁时,企业有三种策略进行应对[18]:①维持原有定位。如果竞争对手不太可能直接将自己的差异点转为共同点,即定位中的差异点依旧存在壁垒,或是竞争对手不可能建立更具吸引力和价值性的新差异点时,企业维持现有的定位、不对品牌定位进行更改可能更为有效。②如果竞争对手有潜力或有可能突破自己定位中的差异点,那么通过增强定位沟通,注重内容传播的可信度,强化品牌的差异点与共同点联想,增强顾客的品牌认知可能是有效的防御策略。③当竞争对手的活动对自己现有的品牌定位具有极强的威胁性时,企业可能需要重新评估品牌的差异点和共同点,确定新的定位点和定位策略。

值得注意的是，无论采用何种策略，重新定位往往需要一定的时间周期，因为重新定位的本质是改变品牌在目标顾客心智中的位置，而心智和认知的改变并非一蹴而就。在进行重新定位时，企业需要确保每一位利益相关者都能关注重新定位，包括但不限于管理层、广告公司与公关公司等合作伙伴以及目标顾客，并通过整合营销传播不断渗透强化。

第三节　定位开发工具

一、开发定位的工具

（一）手段目的链模型

在开发定位时，手段—目的链（means-end chain）模型（见图 8-5）是行之有效的定位工具。顾客在购买产品时往往是为了实现和获得一定的价值，价值的实现意味着产品要能够为顾客提供特定的利益，而特定利益的提供依赖于产品的特定属性。因此，手段—目的链模型基于"产品属性—产品利益—个人价值"的定位逻辑，通过构建属性定位、利益定位、价值定位之间的关联性来确定具体的定位策略。

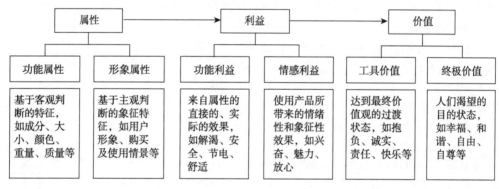

图 8-5　手段—目的链模型

资料来源：

[1] 作者基于"Gutman J. A means-end chain model based on consumer categorization process[J]. Journal of Marketing,1982, spring, 60-72."整理。

[2] Rokeach M. Understanding Human Values[M]. The Free Press, 1979.

在手段—目的链模型中，属性包括功能属性和形象属性。功能属性是指产品和品牌具备的能够基于客观标准进行判断的特征，如产品的重量、质量、成分等。形象属性是产品和品牌所持有的象征性特征判断，如使用者形象、原产地等。利益包括功能利益和情感利益。其中，功能利益是指由产品属性直接带来的实际效果，如解渴、省电等。情感利益，也称社会心理利益，是产品和品牌带来的情绪性和象征性效果，如兴奋、放心等。价值既包括工具价值，也包括终极价值。工具价值是指达到最终价值的过渡状态，如诚实、快乐等。终极价值是顾客渴望的最终状态，如幸福、和谐、自由等。表 8-4 中进一步列举了手段—目的链模型分析中常见的属性定位点、利益定位点和价值定位点。

表 8-4　常见的属性定位点、利益定位点和价值定位点

		定 位 点
属性	功能属性	主要成分、材料来源、大小、颜色、形状、重量、生产工艺、产品的可靠性、产品耐用性、适用性、质量、可维修性、订货、送货、安装、培训、顾客咨询、服务效果、服务效率、服务人员工作态度、视觉特性、设计风格、技术、研发、经济性、寿命周期成本等
	形象属性	购买者和使用者形象（典型使用者形象或理想使用者形象）、用户的个性（胜任、谦和、诚实可信可靠、负责、快速响应、真诚沟通等）、购买及使用情境、生活方式、原产地、文化和传统、历史和经历、符号文化和亚文化、产品的具体形象（如经典、奢华、高贵、时尚、典雅、朴实无华、远见、创新、开放、合作、活力）等
利益	功能利益	解渴、安全、节电、舒适、便利、操作简便、高性价比、使用成本低、技术领先、定制化等
	情感利益	兴奋、放心、温馨、乐趣、值得信任、快乐、创意、怀旧、关爱等
价值	工具价值	雄心勃勃、奋发向上、开放、有能力、有效率、勇敢、真挚、诚实、富于想象、大胆、智慧、理性有责任感、尊重、礼貌、负责、自律等
	终极价值	和平、平等、自由、幸福、和谐、国家安全、自尊等

资料来源：胡左浩. 营销战略制定的七步成诗法[Z]. 清华大学经济管理学院 EMBA 营销管理电子课件，2023.

营销工具8-1

基于手段—目的链模型的定位分解图

在通过手段—目的链模型梳理清楚定位点的基础上，可通过定位分解图厘清不同定位点之间的逻辑关系，进而梳理清楚属性定位、利益定位与价值定位之间的内在关联。一方面，这为企业价值定位的提出提供了属性和利益支撑；另一方面，也为之后价值定位策略的落地提供了方向。

以湖心山语楼盘（"湖心山语"为化名）为例。湖心山语以刚需类顾客和中高端改善类顾客为目标顾客群，楼盘定位于"湖景智慧化品质生活社区"，推出了"湖心居"系列高层产品和"山语墅"系列别墅产品。它的竞争参照系、共同点与差异点如表8-5所示。

表 8-5　湖心山语楼盘的竞争参照系、共同点与差异点

竞争参照系	共同点与差异点
高端改善类产品： 熙园等位于项目附近的、以高端改善类顾客为主要目标顾客的楼盘	• 共同点：热点新区，高圈层区域，板块价值高 • 差异点：户型好、质量优、大品牌、服务好、景观和配套更具竞争力
刚需和中端改善类产品： 悦公馆等位于项目附近的、以刚需类、中端改善类顾客为主要目标顾客的楼盘	• 共同点：热点新区，高圈层区域，板块价值高，价格竞争力相似 • 差异点：户型好、质量优、大品牌

基于以上分析，通过手段—目的链模型梳理出湖心山语楼盘的属性、利益与价值定位点，如表8-6所示。

表 8-6　湖心山语楼盘的手段—目的链模型分析

属　　性	利益	价值
区位：热点新区、高圈层区域、依山傍湖	• 品质上乘 • 稀缺	• 舒适宜居 • 高端体面
产品力：户型合理、质量可靠	• 品质上乘 • 稀缺	• 舒适宜居 • 高端体面
品牌力：开发商为知名品牌	• 品质上乘 • 稀缺 • 可靠	• 舒适宜居 • 高端体面
服务：绿城物业、品牌知名度高、智慧化园区	• 品质上乘 • 稀缺 • 方便可靠	• 舒适宜居 • 智慧便利
配套：交通通达、全年龄段教育配套、商业齐全	• 方便 • 可靠	• 舒适宜居 • 智慧便利

基于手段—目的链模型，通过定位分解图厘清湖心山语楼盘的属性、利益、价值与定位之间的逻辑关系。湖心山语楼盘的定位分解图如图 8-6 所示。

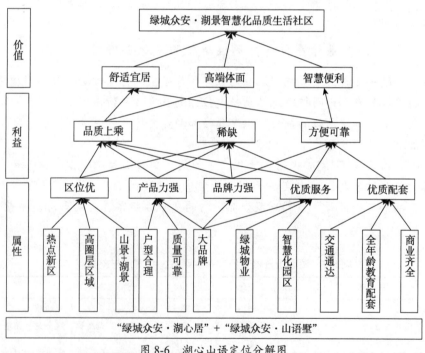

图 8-6　湖心山语定位分解图

资料来源：胡左浩，洪瑞阳，赵子倩，等. 湖心山语：房地产营销中的精准定位[EB/OL]. 中国工商管理案例库，2020，0106000041558CN.

（二）价值曲线对比模型

价值曲线对比模型通过对焦点品牌与竞争对手进行关键价值项目的对比，识别出品牌与主要竞争对手之间共同点和差异点，为定位的开发提供依据。首先，企业可通过目标顾客调研、焦点小组访谈等方法确定顾客最为看重的价值项目以及这些项目的相对重要性，并按照重要性程度的递减对这些价值项目进行排序；其次，基于顾客分析和竞品分析，确定品牌和竞争对手在各个价值项目上的得分（或评级）。最后，形成品牌与竞争对手的价值曲线。

以西南航空与某大型航空公司在短途客运市场中的价值曲线对比为例（见图8-7）[①]。首先，通过目标顾客调研、焦点小组访谈、专家座谈等方法，识别出在短途飞行中顾客最看重的12个价值项目，并按照这些价值项目的重要程度降序排序，依次是：航线覆盖性、价格吸引力、航班准点性、退改签政策、会员奖励计划、座位舒适度、购票渠道的多样性、餐饮质量、商务舱服务、客舱服务、行李政策、座位选择自主性。

在此基础上，确定顾客对西南航空以及该竞争对手在各个价值项目上的评分，并最终形成价值曲线。通过价值曲线分析可以看出，相比于该大型航空公司，西南航空在短途客运市场中顾客最关注的3个价值项目（航线覆盖性、价格吸引力、退改签政策）上具有极强的差异化竞争优势，可在此基础上开发定位的差异点；在航班准点性上，西南航空与竞争对手得分接近，可基于准点性开发共同点。最终，结合价值曲线对比模型进行定位开发。

需要注意的是，在结合价值曲线对比模型进行定位开发时，定位点的选择不必追求在所有价值项上领先，而是需要在目标顾客最关注的价值项目上领先。

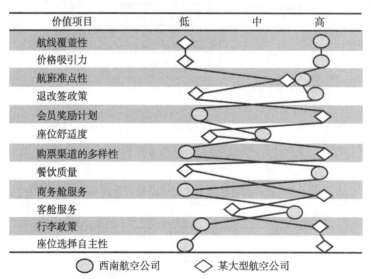

图8-7 西南航空与某大型航空在短途市场中的价值曲线对比

（三）定位感知地图

在实践中，感知地图（perceptual map）是开发定位的有效工具。感知地图反映

[①] 本案例基于"胡左浩. 营销战略制定的七步成诗法[Z]. 清华大学经济管理学院EMBA营销管理电子课件，2023."中的相关内容改编。

了顾客在不同维度对不同品牌的感知，以呈现基于这些维度可能存在的市场空缺，帮助企业开发定位。以同一细分市场中的 5 个汽车品牌为例。基于 100 位目标顾客对 A、B、C、D、E 5 个品牌的评分，绘制两维度感知地图（注：示例中的数据为虚拟数据）。

第一，如表 8-7 所示，企业通过调研确定了影响目标顾客购买决策的 5 个属性/利益指标，即价格、品牌声誉、油耗、维修保养、产品设计 5 个评价项目。采用 7 级量表（7 为最重要、1 为最不重要）对目标顾客开展问卷调研，获取顾客在每个评价项目上的感知数据。基于各评价项目得分计算它们的权重。例如，价格的计算总数 = 2×4 + 23×5 + 30×6 + 45×7 = 618，则价格的权重 = 618/2493 = 24.79%。

表 8-7 评价项目权重计算

评价项目	1	2	3	4	5	6	7	计算总数	权重
价格				2	23	30	45	618	24.79%
品牌声誉		10	15	10	35	15	15	475	19.05%
油耗		1	16	16	21	21	25	520	20.86%
维修保养	3	14	14	14	15	20	20	464	18.61%
产品设计	11	16	16	9	14	19	15	416	16.69%
								2493	100%

给产品设计重要程度打 3 分的人数是 16 人

（注："计算总数"列为各评价项目得分乘以相应回答人数。）

第二，基于调研结果，计算顾客在评价项目上对各品牌打分的平均分，分数越高，则顾客对品牌在该评价项目上的评价更好。如表 8-8 所示。

表 8-8 顾客在评价项目上对各品牌打分的平均得分

评价项目	A 品牌	B 品牌	C 品牌	D 品牌	E 品牌
价格	5	4	7	3	5
品牌声誉	6	7	3	5	4
油耗	7	1	4	6.5	5
维修保养	7	1	4	2.5	3.5
产品设计	5	7	6.5	2	7

第三，计算各品牌在各个评价项目上的顾客评价总得分（见表 8-9），即各品牌平均得分乘以各评价项目权重。例如，A 品牌在价格维度的得分 = 5×24.79% = 1.24。

表8-9 各品牌在各个评价项目上的顾客评价总得分

评价项目	A 品牌	B 品牌	C 品牌	D 品牌	E 品牌
价格	1.24	0.99	1.74	0.74	1.24
品牌声誉	1.14	1.33	0.57	0.95	0.76
油耗	1.46	0.21	0.83	1.36	1.04
维修保养	1.30	0.19	0.74	0.47	0.65
产品设计	0.83	1.17	1.08	0.33	1.17

第四，对评价项目进行聚类并计算各品牌在新评价维度上的得分。本例中，价格、油耗、维修保养三个评价项目被聚类为维度1-性能，品牌声誉、产品设计两个评价项目被聚类为维度2-形象。表8-10中呈现了各品牌在新评价维度上的得分。

表8-10 各品牌在新评价维度上的得分

评价项目	A 品牌	B 品牌	C 品牌	D 品牌	E 品牌
价格	1.24	0.99	1.74	0.74	1.24
油耗	1.46	0.21	0.83	1.36	1.04
维修保养	1.30	0.19	0.74	0.47	0.65
总和	4	1.39	3.31	2.57	2.93
维度1-性能（总和/3）	1.33	0.46	1.10	0.86	0.98
品牌声誉	1.14	1.33	0.57	0.95	0.76
产品设计	0.83	1.17	1.08	0.33	1.17
总和	1.97	2.5	1.65	1.28	1.93
维度2-形象（总和/2）	0.99	1.25	0.83	0.64	0.97

第五，基于表8-10数据绘制定位感知地图（见图8-8）。

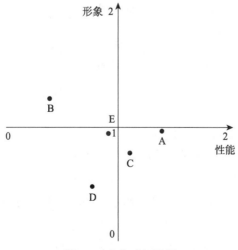

图8-8 定位感知地图

（四）品牌金字塔模型

品牌重新定位可以从分析目标顾客的购买决策历程进行切入。顾客的购买决策是一个逐步缩小选择集的过程（见图 8-9）。在这个过程中，顾客通过产品基本特征锁定进入考虑集中的品牌。产品基本特征是行业中所有产品需要具备的品类共同点。之后，顾客将在考虑集中进行筛选，那些具备优秀产品特征的品牌将进入到顾客的选择集中。优秀产品特征是品牌的竞争共同点，是行业中优秀的产品所具备的特性，因而，具备优秀产品特征的产品更受顾客青睐。最终，产品的独特特征将吸引顾客在选择集中确定最终要购买的产品，因为它们是该品牌区别于其他品牌、成为行业翘楚的关键差异点。因此，在进行品牌重新定位时，了解目标顾客等利益相关方对本品牌和竞争对手品牌的看法和期望就尤为重要。

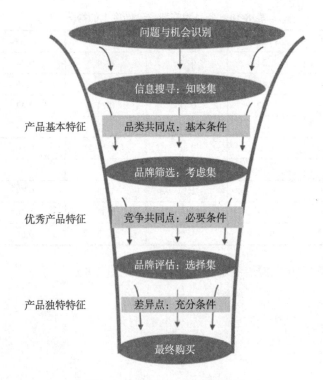

图 8-9 顾客购买过程漏斗模型

以华为在 B2B 业务领域（即信息与通信行业）的品牌定位更新为例。先通过专家访谈、问卷调研等方法了解顾客等利益相关方对华为所处行业的特性、竞争参照系中优秀企业特性以及对华为自身的看法。然后将获得的访谈和调研结果进行汇总。如图 8-10 所示，结合对华为品牌定位现状和对未来品牌定位期望的调研分析结果，判断出顾客为先、快速响应等品牌特征是需要保留和优化的；而过于强烈的民族产业象征性、低价格等特性从长远来看可能不利于华为开拓高端市场或进入国际市场，因此需要通过重新定位逐渐淡化；开放合作、蓬勃向上、创新等是需要在新定位中进行强化的品牌特性，以匹配华为的发展战略、顾客等利益相关者的期望和市场的发展与变化。

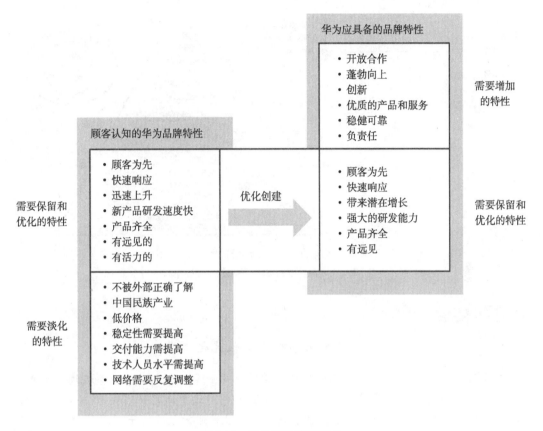

图 8-10　华为定位调整工具

资料来源：作者整理自"申淼. 华为公司品牌营销策略分析[D]. 北京：清华大学，2008."中相关内容。

需要注意的是，"华为应具备的品牌特性"中，一部分是信息与通信行业内公司所应当具备的基本特征，一部分是优秀的竞争对手才具备的特征。而只有华为本身具备而竞争对手不具备、且能够给顾客带来巨大价值的特征，才能够成为华为超越竞争对手的差异化优势。因此，通过分析和判断，识别出强大的研发能力、齐全的产品、负责任、有远见是华为 B2B 业务所处行业的基本特性，它们是重新定位中需要考虑的品类共同点。识别出创新、稳健可靠、优质的产品和服务、开放合作是行业中优秀厂商的共同特征，它们是目标顾客在考虑集中进行选择时看重的因素，是重新定位中需考虑的竞争共同点。而为顾客带来的潜在增长、顾客为先、快速响应、蓬勃向上是华为区别于其他厂商、成为行业翘楚的顶尖特性，是重新定位中需要突出的品牌差异点。最终，提炼出了"聚焦、创新、稳健、和谐"的新定位点，通过重新定位形成华为品牌金字塔（见图 8-11）。

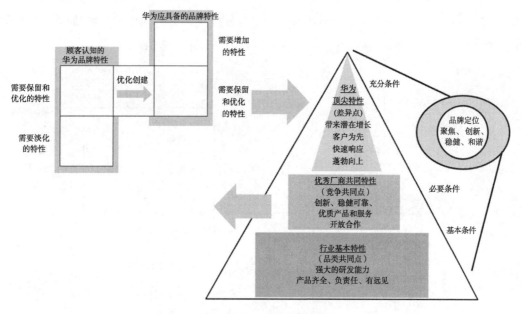

图 8-11 华为品牌金字塔

资料来源：申淼. 华为公司品牌营销策略分析[D]. 北京：清华大学，2008.

营销工具8-2

子公司和业务板块定位优化工具

在实践中，许多企业通过内部孵化或并购将公司业务扩张到其他业务板块，形成了业务多元化发展的格局。在业务多元化扩张中，如何通过重新定位实现母公司定位、各子公司的定位、各业务板块定位的协同，是许多企业面临的挑战。子公司-业务板块定位矩阵是实现定位协同的有效工具。

以科麒软件（"科麒"为化名）为例。科麒软件是一家从事IT服务的企业，近年来，公司通过系列并购，将业务由原来的法律IT服务延伸至市场监管、教育信息化、协同办公、数据智能等多个领域，形成了业务多元化发展的格局。通过子公司-业务板块定位矩阵，对并购后的母公司定位、子公司定位以及各个业务板块的定位进行了重新梳理，以实现彼此间的协同。在定位矩阵（见表8-11）中，"√"代表该子公司所涉及的业务领域，"子公司定位"和"板块定位"处填写重新定位后的公司定位和业务板块定位。

表 8-11 子公司—业务板块定位矩阵

	法律服务	市场监管	教育信息化	协同办公	数据智能	子公司定位
科麒软件（母公司）	√	√	√	√	√	
科麒信息	√					
广州科麒	√					
上海科麒	√					
华信		√				
联科			√			

续表

	法律服务	市场监管	教育信息化	协同办公	数据智能	子公司定位
万源				√		
奕辰				√	√	
典创					√	
板块定位						

资料来源：胡左浩，洪瑞阳，臧树伟，等. 品牌再定位：业务多元化的喜与忧[EB/OL]. 中国工商管理案例库，2018，0106300000251CN.

二、表达定位的方式

（一）品牌真言

品牌真言（brand mantra）是一个简短的、能够抓住品牌定位本质、精髓和核心承诺的短语[12]。表 8-12 列举了部分企业的品牌真言。品牌真言是进行定位传达的强有力工具，它能够使内部员工和外部伙伴理解品牌对顾客而言所代表的含义，从而使他们能够相应地调整自己的行为，保持企业传达的以及顾客感知到的品牌形象的一致性。同时，品牌真言为企业的营销策略提供了指导，如设计研发什么样的产品、这些产品如何定价、以何种渠道销售、以何种方式触达目标顾客，以及指导一线销售与服务人员的活动等[19]。

表 8-12　品牌真言列举

企业	品牌真言
佳能	感动常在
沃尔玛	省钱省时，生活更好
松下	关护无界，身心如悦
美的	科技尽善，生活尽美
腾讯	科技向善
中兴通讯	网络联接世界，创新引领未来

资料来源：作者基于各企业官网中的公开信息整理。

通常，品牌真言可包含三类基本要素，品牌功能术语（brand functions term）、描述性修饰语（descriptive modifier term）和情感性修饰语（emotional modifier term）[12]。品牌功能术语描述了品牌提供给顾客的产品或服务性质，或是体验和利益类型。描述性修饰语限定了业务的功能或范畴，进一步明晰了品牌的性质。它和品牌功能术语结合在一起，能够明晰品牌的边界。情感性修饰语传达了品牌以何种方式准确地向顾客提供价值，它提供了关于品牌如何传递品牌功能和描述性修饰语所述利益的进一步细节。

需要注意的是，品牌真言不是必须完全包括上述三个要素，但它需要能够使顾客清晰地明白某一品牌是什么，或意识到该品牌不是什么。品牌真言通过整体含义来发挥效果，它能够有效传递品牌的差异点。有效的品牌真言需要满足以下三个标准[12]：（1）传播性。出色的品牌真言必须能够清晰地阐明品牌的业务类别以及品牌的独特之处，在传递核心价值主张的同时明晰品牌的边界。（2）简洁性。好的品牌真言应该是简洁明了便于记忆的，具有生动、上口的特征。（3）启发性。成功的品牌真言体现了一种立场，它能够对员工产生激励和启发。

Mini案例8-5

顺丰速运：一路相伴，不负所托

顺丰速运（以下简称"顺丰"）于1993年成立于广东顺德，经过多年的发展，顺丰已成为国内领先的快递物流综合服务商，是全球第四大快递公司。公司成立至今，顺丰一直秉承"以用户为中心，以需求为导向，以体验为根本"的理念，依托高渗透力的快递网络，构建数字生态，为客户提供贯穿采购、生产、流通、销售、售后的一体化供应链解决方案，成就全球客户。

在经营理念的指引下，顺丰将自己的角色定位于"客户的首选合作伙伴"，为全球顾客提供可靠的、便捷的、有温度的快递服务，成为顾客美好生活的陪伴者。为了践行品牌承诺，顺丰围绕物流生态圈，不断完善产品与服务体系，针对不同细分市场、不同场景下的顾客需求，推出了同城即时送、快递服务、快运服务、冷运服务、国际服务等产品服务，通过多元化产品矩阵满足顾客需求。

在顺丰的行业属性、企业愿景与企业定位的共同影响下，顺丰速运提出了"一路相伴，不负所托"的品牌真言，传递出顺丰能够准时将包裹送到顾客手里的承诺，希望能够通过每一次的服务与顾客相互成就，体现出了顺丰时刻陪伴的责任感。

资料来源：顺丰官网，公司介绍[EB/OL]. (2023-03-21) [2024-10-01]. https://www.sf-express.com/chn/sc/about/company.

（二）定位描述书

企业可以通过拟定一个定位描述书（positioning statement），使组织内部成员和外部利益相关者都能够理解品牌定位，实现品牌定位的有效传递。定位描述书清晰地阐明了品牌的目标顾客以及将为目标顾客提供的关键利益，为顾客的品牌选择提供一个强有力的理由。定位描述书陈述的是"你希望别人如何看待你"，它清楚地告诉目标顾客，为什么品牌相较于竞争对手是独特的、品牌将如何满足顾客需求。同时，定位描述书也传递出企业的聚焦点、发展方向以及为品牌创造的独特形象。

制定有效的定位描述书需要处理好两个关键议题：一是品类成员属性，二是存在潜在冲突的利益点。

1. 品类成员属性

对于已经建立认知度的品牌，顾客可以很容易说出品类成员。例如，华为是全球领先的ICT（information and communications technology）基础设施和智能终端提供商，麦肯锡是全球咨询行业的领导者。然而，对于新进入市场的产品和品牌，有效地向顾客传递品牌的品类成员属性是十分必要的。例如，在消费电子领域，苹果是出色的智能设备制造商，当苹果首次推出iPad后，消费者可能并不确定iPad是否与苹果、微软、惠普的笔记本电脑同属一个品类，或是与苹果、三星等智能手机同属一个品类。在这种情况下，在定位描述书中就 iPad "平板电脑"的品类成员属性进行说明是有益的。在定位描述书中，品类成员属性的传递可通过以下三种方式[3]。

（1）通过利益点来说明品牌属于哪一品类。顾客往往具备了特定品类的品类知识，例如，工业品应该是耐用且性能稳定的，健康类的零食应该是低糖低脂低钠的。因此，企业可以通过宣传品类成员具有的利益点来明确品牌的品类成员属性。

（2）与同品类中知名度高的典型成员进行对比。对于刚进入市场的、知名度相对较低的品牌而言，将自己与品类成员中的强势品牌联系起来，可以快速传播自己的品类成员属性。例如，小米手机在进入市场之初，与当时智能手机行业中的苹果、三星等强势品牌的旗舰机进行了硬件和性能对比，并以 1999 元极具竞争力的价格快速打开市场。

（3）通过产品描述词直观地传达品类信息。例如，奔驰汽车通过"品牌名＋字母"的方式传达了不同车型的品类信息。例如，奔驰 S 是豪华轿车系列，奔驰 G 代表越野车系列。

2. 冲突性利益点

构成定位点的一些利益点可能存在相互冲突的情况。例如，企业通常会想同时强调食品的美味与低卡，或是产品的流行与独特、服务的周到与高效。特定的利益点可能会同时引发顾客的积极联想和消极联想。例如，内联升、老凤祥等百年老字号品牌，它们悠久的品牌历史与品牌传承意味着经验、可靠、经典，但另一方面，顾客可能会认为过时、缺乏活力与守旧。顾客希望品牌能在这些相互冲突的利益点上同时做到最佳，这也对如何在定位的传达中平衡这些矛盾点提出了挑战。例如，高端户外运动品牌始祖鸟（ARC'TERYX）在滑雪服系列产品的定位描述书中强调，通过面料的研发和服装设计的优化，保证了衣服防风防水的同时还具备优越的通风性、舒适性和灵活性，满足雪地运动爱好者对高性能服饰的需求，因而产品在防风和透气两个矛盾的属性上表现同样优越。

（三）品牌叙事

品牌叙事（brand narratives）是传达定位的有效工具。品牌叙事通过讲故事的方式向顾客阐明品牌的内涵和价值主张，帮助顾客认识、理解品牌并产生共鸣。例如，雷军在 2023 年的年度演讲中，讲述了自己和小米的成长故事，展现了不断进取、坚持创新、敢于突破的品牌形象。品牌叙事通过讲故事的方式使价值主张变得具象化，吸引了顾客注意力。同时，通过生动的故事叙事，品牌叙事能够在顾客记忆中停留较久，人际传播速度也更快[20]。

品牌叙事包含四个基本元素[3]：（1）品牌故事的时间、地点、时代背景等环境要素；（2）品牌在故事中扮演的角色要素，包括品牌的历史、神话以及与顾客的关系等；（3）品牌故事的叙事弧，包括时间线、关键事件等；（4）语言要素，即品牌叙事中不可或缺的象征、隐喻、文字、基调等。

企业要想通过品牌叙事有效传达品牌定位，需要从两个方面进行努力[20]：一是需要为品牌创作一个体现价值主张的、积极的主题，围绕该主题，创作具有真实性（如真实的内容、任务）、情感性（如通过幽默的、生动的方式唤醒顾客的情感反应）、共识性（如符合大众认知或共同期待）、承诺性（如符合品牌给顾客的保证）的品牌故事。二是需要围绕品牌的价值主张和定位,通过合理的叙事结构整合素材,并通过多样化的途径触达目标顾客。

营销洞见8-2

品牌故事中不同元素的影响

研究者注意到,那些具有传承性的品牌通常会在它们的品牌故事中突出品牌的成立时间、人物(创始人/家族)、技术(独特的方法、工艺、技术)、时间框架(连接过去、现在和未来的时间框架)、冲突(具有冲突性的情节)、成立地点(品牌的成立地点),这些元素在品牌故事中发挥着不同的作用(见表8-13)。

表8-13 品牌故事中不同元素的影响

故事元素	影响
成立时间	大部分企业会在品牌故事中突出成立时间,从而提升顾客对品牌"传承性"的认知。其中,突出品牌悠久的历史和存续时间、品牌曾经创造的辉煌业绩效果最佳。在品牌故事中,企业可以将品牌的成立时间与品牌标志进行整合性传播
人物	在品牌故事中突出创始人等人物元素能够突出品牌的核心价值和历史身份。企业可以在品牌故事中选择性地使用人物元素。对特定的产品类别和目标顾客而言,人物元素是一种潜在的、强大的差异化元素
技术	强调品牌独特的、历史悠久的工艺、技术等元素,是品牌实现差异化的有效途径
时间框架	对于传承性品牌而言,相比过去-未来的时间叙事框架,将过去-现在的时间框架与品牌悠久的历史和辉煌的业绩相关联更能够引发顾客共鸣
冲突	虽然具有冲突性的情节可以预设悬念,但也有可能会引发顾客的负面反应,存在一定的风险
成立地点	在品牌故事中强调品牌的成立地点具有一定的挑战性。这是因为品牌的原产地效应本身较为复杂,企业很难准确预测品牌原产地效应可能带来的影响

资料来源:Pfannes C, Meyer C, Orth U R, et al. Brand narratives: Content and consequences among heritage brands[J]. Psychology & Marketing, 2021, 38(11):1867-1880.

最佳实践8-1

苹果:做认为正确的事,即便不容易

苹果公司(Apple Inc.)是由史蒂夫·乔布斯(Steve Jobs)、斯蒂夫·盖瑞·沃兹尼亚克(Stephen Gary Wozniak)和罗纳德·韦恩(Ron Wayne)等人于1976年4月1日在美国创立的高科技公司,总部位于加利福尼亚州的库比蒂诺。创立之初,公司主要开发和销售个人电脑。随着苹果公司业务的不断发展,公司的业务延展至硬件产品(主要为Mac电脑系列、iPhone智能手机和iPad平板电脑)、在线服务(包括iCloud、iTunes Store和App Store)、消费软件(包括OS X和iOS操作系统、iTunes多媒体浏览器、Safari网络浏览器,还有iLife和iWork创意和生产套件)等领域。一直以来,苹果公司在高科技企业中以创新而闻名。

2023 年，苹果公司的销售收入 3833 亿美元，其中 iPhone 销售额为 2010 亿美元，Mac 销售额为 290 亿美元，配件和可穿戴设备为 400 亿美元，iPad 销售为 280 亿美元，服务收入为 850 亿美元。

苹果的价值主张

苹果公司成立初期向市场推出了一款操作简洁的个人电脑 MacIntosh（简称为 Mac）。苹果将 Mac 电脑定位于能够替代当时在个人电脑领域领导者 IBM 的全新产品，并提出了"非同凡想"（"Think Different"）的价值主张。苹果认为，苹果的产品是在跟那些真正具有创意的人在交流，即那些想要以创新的思维方式来解决问题的人。"非同凡想"的主张同时也是对 IBM 个人电脑所主张的"想"（"Think"）的回应。在"非同凡想"的价值主张的影响下，苹果的 Mac 电脑在专业设计师、电影制作人等从事创意工作的人群中获得了关注。苹果也因此吸引了一群早期创新产品采纳者。

尽管 Mac 电脑的技术和软硬件配置都很优秀，但苹果并不想将技术本身作为传达给顾客的价值理念。苹果通过"非同凡想"的价值主张向大众传达了一个信号：如果你使用的是苹果的 Mac 电脑，那你就是"酷"和"创意"的一部分。因此，当时很多广告公司都以公司配备了苹果电脑作为吸引创意人才的"标配"，向员工传递出"这是一个很酷的工作场所"的信号，同时向它们的顾客传递出"我们是创意人，我们有很酷的、创新性的想法"。

iPod 和 iPhone 的推出是苹果公司经营发展的重大转折点。当时，微软公司垄断了绝大部分的软件专利，而 IBM 等电脑厂商垄断了硬件市场。苹果在软件与硬件市场中双双受阻。在此背景下，苹果决定转移战略目标。苹果首先将战略重点转向数码音乐播放器，获得了成功。

然而，数码音乐播放器市场的利润十分有限。苹果认为，公司业务面临的困境也为企业的发展带来了新的契机。作为一家在软件和硬件方面都具有自主研发能力的老牌电脑厂商，苹果公司拥有雄厚的技术实力和顶尖的技术人才，这是公司突破瓶颈极其有利的条件，也是竞争对手难以比拟的独特优势。在对外部威胁与机会、自身优势与劣势进行客观分析的基础上，苹果公司迅速改变了自己的战略定位，将战略眼光投向手机市场，将大量资源投放在智能机的研发上。在竞争战略上，苹果公司选择了差异化战略。从最初两部 iPhone 的定价 499 美元和 599 美元可以看出，苹果公司并未将其智能手机定位于成本领先、以低成本进入手机市场，而是着力于产品差异化，以强劲的品牌影响力和产品号召力占领手机市场。

随着 iPod 和 iPhone 的发布，苹果从吸引早期的创新采纳者转向更广泛的大众市场。这时，越来越多的顾客开始使用苹果的产品，iPod 和 iPhone 也成为了广受好评的苹果入门产品。此时，苹果意识到，苹果的产品想要传递的核心价值已经不仅仅是与众不同的思维了，更重要的是以可行的技术为顾客提供更好的产品生态体验，化繁为简。为此，苹果提出了"让技术行之有效"（"Tech that works"）的价值主张，通过行之有效的技术为顾客提供一种无缝衔接的体验，并指出苹果的使命是"致力于通过创新性的硬件、软件和服务，为顾客带来最佳的用户体验"。

而在过去的几年间，随着数字化技术的发展，越来越多的顾客担忧数据安全引发的个人隐私泄露问题。苹果渴望成为顾客更安全的选择。因此，苹果提出了"您的隐私在我们这里是安全的"（"Your privacy is secure with us"）。苹果希望创建一个安全的、令人放心的生态系统，让用户愿意继续参与其中。苹果想要向顾客传递：只要身处苹果的生态系统中，苹果所隐含的承诺就是安全和流畅的顾客体验。2023年，苹果公司首席执行官蒂姆·库克（Tim Cook）提出了新的价值主张：做认为正确的事，即便不容易（We do the right thing, even when it's not easy）。

讨论题：

1. 苹果价值主张的调整经历了几个阶段？

2. 在不同的阶段，哪些因素驱动了苹果价值主张的调整？苹果的价值主张又是如何调整的？

3. 在苹果价值主张演进中，哪些经验可供其他企业借鉴？在调整过程中又面临着哪些挑战？

资料来源：

[1] 苹果官网[EB/OL]. (2023-03-21) [2024-10-01]. https://www.apple.com/careers/cn/ shared-values.html.

[2] FourWeekMBA, Apple's multi-sided value proposition[EB/OL]. (2023-03-25) [2024-10-01]. https://fourweek mba.com/zh-CN/apple-value-proposition

[3] 周园，杨溢. 苹果与小米的战略成本管理创新：因环境而改变[J]. 税务与经济，2017(06): 55-59.

最佳实践 8-2：斐乐（FILA）：运动时尚品牌的崛起之路

本章小结

（1）价值主张是企业承诺提供的全部利益。它确定了企业为利益相关者创造的价值。

（2）在制定和管理价值主张的过程中，价值设计、价值量化、价值沟通、价值存档、价值验证是五个重要的环节。

（3）定位是通过开发和传播独特的价值主张，在目标顾客心智中形成有价值的品牌联想。定位为目标顾客提供了一个购买公司产品和品牌的理由。

（4）竞争参照系确定了顾客进行评估的基准，顾客根据竞争参照系对企业的产品进行评估。企业需要选择一个能够突出自己产品优势的竞争参照系。

（5）开发定位的一大关键是确定差异点和共同点。在确定竞争参照系、差异点和共同点的基础上，企业可以通过手段—目的链、价值曲线对比模型、感知地图等工具开发定位。

（6）企业的定位策略并非一成不变，它需要进行更新以适应动态变化的市场机会和挑战。目标顾客的变化、竞争环境的变化等因素均会驱动企业进行重新定位。

关键术语

价值主张（value proposition）　　　　　　定位（positioning）
竞争参照系（competitive frame of reference）

差异点（points of difference，PODs）　　共同点（points of parity，POPs）
独特的销售主张（unique selling proposition，USP）
重新定位（repositioning）　　品牌真言（brand mantra）
品牌叙事（brand narratives）

回顾性问题

1. 什么是价值主张？企业应该如何制定和管理价值主张？
2. 什么是定位？差异点和共同点在其中扮演何种角色？
3. 企业应该如何开发定位？可以运用哪些营销工具开发和管理定位？
4. 什么情况下可以更新定位？具体策略和方法如何？

辩论性问题

辩论题：品牌定位：从企业期望出发还是从顾客感知出发？

一种观点认为，要赋予品牌以企业期望的内涵/形象，以便引导顾客的认知。另一种观点则认为，从企业期望出发赋予品牌内涵/形象往往就是自说自话，企业应该从顾客感知出发赋予品牌内涵。

正方：有效的品牌定位应该从企业期望视角来考虑。

反方：有效的品牌定位应该从顾客感知视角来考虑。

实践性问题

1. 选择两个你熟悉的品牌，对比分析并评价它们的品牌定位。它们的目标市场是什么？竞争参照系是什么？主要差异点和共同点是什么？你认为它们所选择的定位正确吗？该如何改进？

2. 想一想具有代表性的中国品牌，它们在发展过程中价值主张是否变化过？为什么会变化？品牌定位又是如何调整的？

3. 想一想在数字化背景下，企业价值主张和定位战略的制定有哪些优势？又面临哪些挑战？

延伸阅读

[1] 艾·里斯，杰克·特劳特. 定位[M]. 邓德隆，火华强，译. 北京：机械工业出版社，2021.
[2] 张璐，雷婧，张强，等. 纲举而目张：基于价值主张演变下商业模式创新路径研究[J]. 南开管理评论，2022(4): 110-121.
[3] 桑德拉·马茨. 营销沼泽还是洗脑机器？"心理定位"须先过道德关[J]. 哈佛商业评论（中文版），2023(4): 93-102.
[4] Payne A, Frow P, Eggert A. The customer value proposition: evolution, development, and application in marketing[J]. Journal of the Academy of Marketing Science. 2017, 45(4): 467-489.

参考文献

即测即练

第九章

品牌化战略

> 好雨知时节，当春乃发生。
>
> ——杜甫《春夜喜雨》
>
> 品牌是公司最具有价值的资产之一。
>
> ——凯文·莱恩·凯勒

学习目标

1. 认识品牌的内涵和品牌化对业务增长的引领作用；
2. 了解数字时代品牌管理的新挑战与品牌化战略新理念；
3. 掌握创建强势品牌的决策步骤；
4. 明确多品牌增长战略的适用条件。

开篇案例

上海家化：品牌经理制度

上海家化联合有限公司前身为1898年成立的香港广生行，是中国化妆品行业历史最悠久的民族企业之一，也是国内同行业中最早上市的企业。但在品牌管理制度上，上海家化也曾经历改革的阵痛。20世纪90年代初，当外资大量涌入市场时，上海提出开发浦东，上海家化临危受命，与美国庄臣公司合资成立露美庄臣有限公司。公司为此剥离了2/3的固定资产和骨干员工，同时转出了两个知名品牌"露美"和"美加净"。而事实上，庄臣主营杀虫剂等家庭清洁用品，并没有经营化妆品的经验，其目的是利用上海家化原有的销售渠道和资源，让自己的产品抢占市场，而"露美"和"美加净"则被束之高阁。1991年，"美加净"的年销售额直线下滑，由上年的3亿多元跌至600万元，丢掉了第一的位置。

面对老品牌逐渐衰败的情况，原厂长葛文耀从合资公司回到上海家化，作出了重大改革决策。他引入了品牌经理制度，下放权力，从而开启了公司品牌管理的新时代。品牌经理制度是指指定专人负责每个品牌（见图9-1），品牌经理成为家化营销管理工作中的核心角色，将各个部门连接起来，同时也是沟通公司与市场和消费者的桥梁，素有"小总经理"之称。在公司整体营销战略的指导下，品牌经理全面负责各自品牌的发展。他们共享公司资源，既相互竞争，又相互启发，以达到家化的整体营销目标，确保各个品牌在营销策略、方案、执行、考核等各个环节都能有条不紊地进行。

图 9-1　上海家化集团旗下品牌

资料来源：上海家化官网.https://www.jahwa.com.cn/。

上海家化的品牌经理作为每一个品牌的核心管理者，承担着两方面的责任：一是基于对消费者的分析、对竞争对手的分析以及对外部市场环境的分析，制定品牌的市场营销目标、战略方案、战术方案。二是围绕品牌实施营销组合和相关决策，组织协调公司内外的一切相关职能。为了支持品牌管理者的这两项职责，公司还赋予品牌管理者产品开发制造、整体市场活动组织、产品定价权等三大实质权力，让他们切实担负起品牌管理者的职责。

带着传承、活力和梦想的发展基因，上海家化在2024年迎来了成立的126周年。纵观上海家化的历史，公司的品牌经理发挥了至关重要的作用，而他们也将继续努力创造更多至美的产品和服务，满足人民对于美好生活的向往，并将中国美带给全世界。

思考题：

1. 从品牌经理的作用、职责和权力三个方面简单描述上海家化的品牌经理制度。
2. 品牌经理制度的积极作用是什么？存在的缺陷又是什么？

资料来源：

[1] 罗雯, 何佳讯. 上海家化本土品牌突围之路[J]. 企业管理, 2005(4): 70-75.

[2] 上海家化官网. 公司简介. https://www.jahwa.com.cn/about/com.

第一节　品牌和品牌化的概念

一、什么是品牌

（一）品牌的定义

> **概念定义：**
>
> 品牌（brand）：一个名称、术语、标记、符号或设计，或是这些元素的组合，用于识别一个销售商或销售商群体的商品与服务，并且使它们与其竞争者的商品与服务区分开来。

本书对品牌概念的界定源自美国营销协会（AMA）对品牌的定义，该定义得到营销学者的一致认可[1]。一般情况下，只要营销者创造了一个新的名称或标识，也就创造了一个品牌。然而品牌的概念不止于此，其更深层次的内涵体现在三个方面：品牌溢价、品牌承诺和信用，以及消费者和品牌之间建立的关系。

品牌溢价（brand premium）即品牌的附加价值，是指相对于竞争对手而言，品牌本身拥有的更高的定价能力。一件普通的T恤也许只要30元，如果将其贴上李宁等品牌logo，价格也许会是300元以上。这种能力实际上是多方共同努力创造的结果。至于可以"溢出"多少，不仅依赖于品牌方在消费者端所构建起的品牌声誉，也取决于生产商的能力和意愿。当代商业社会中，具有高溢价的品牌往往具备品牌专利垄断、愿意承担高额的品牌建设成本、更具有情感价值和象征价值等特点。

品牌承诺（brand promise）是一个品牌给消费者的所有保证。品牌承诺包含产品承诺，又高于产品承诺。一个产品往往具有五个层次的价值：核心利益层、一般产品层、期望产品层、延伸产品层和潜在产品层，一个产品在这五个层次的标准就是产品承诺。而品牌承诺的内容不仅包括生产怎样的产品和提供怎样的服务，还反映出决策者超越产品承诺的品牌规划，反映出一个企业的经营理念和未来发展计划，如支持环保、科技升级、市场领先等。品牌向消费者做出的品牌承诺一般会体现在品牌的广告语中或企业愿景中。相应地，真正履行了承诺的品牌，就会拥有品牌信用（brand credit）。

相比于品牌溢价和品牌承诺，消费者—品牌关系（consumer-brand relationship）的建立是一个更为长期的过程。1992年，布莱克斯顿（Blackston）在关系营销理论和社会心理学理论的研究基础上，将品牌关系比喻为人际关系，指出品牌与消费者之间可以通过互动形成亲密、持久、稳定的关系[2]，从而开辟了新的研究领域。对于消费者来说，品牌可以是一个偶像、朋友、爱人或敌人。强化品牌关系所收获的品牌忠诚极其宝贵，当然，也十分考验品牌长期执行一致的营销活动以赢得消费者信任和满意的能力。本章第三节会具体介绍如何使品牌关系的建立和维系成为实现增长的重要战略。

营销洞见9-1

品牌和商标：到底哪里不同？

人们常会有一个疑问：品牌和商标都是某个图片，两者有什么不同呢？简而言之，商标是保护知识产权的合法途径，而品牌则是在市场中消费者对企业的整体印象。许多企业使用商标来标记自身业务的某个部分（如公司名称或 logo）。但我们要知道的是，商标本身并不是品牌，只是品牌的一部分。商标是法律层面的概念，品牌则是市场层面的概念。

尽管"品牌"这个外来名词在我国出现的时间不过数十年，但我国品牌发展的历史却可以追溯到商周时期。公元前 1600 年至公元前 221 年，工匠们开始在其制作的物品上刻上文字标记，这标志着品牌意识的初步出现。据考古记载，西周时期的墓葬出土文物上，刻有封建领主或各种官工印记。例如，山东寿光地区出土的"己侯钟"上刻有"己侯作宝钟"的铭文，表明这个宝贝钟器是由己国国君（卜虎）制造的。这些标记不仅承载了物品的所有者或制造者信息，还兼具政治象征和宣传的双重角色，可以被视为早期商标和品牌意识的初步显现。至宋、元两朝，市坊制被打破，带有品牌意识的广告遍布城乡。其中，北宋时山东济南刘家针铺的"白兔捣药图"就是一件使用较早、设计完整的品牌标志。到了明清时期，资本主义生产关系萌芽，商品经济更加发达，出现了具有一定知名度和影响力的老字号如"六必居""同仁堂""王致和""内联升"等，它们经历了数百年风云变幻，一直传承至今。

标记和名字很容易被仿冒，于是商标就出现了。在美国，商标注册开始于 1870 年。早期典型的例子是李维斯牛仔裤，19 世纪下半叶，李维和雅各布发明了供西部淘金热使用的高耐磨牛仔裤。难能可贵的不是牛仔裤的工艺发明，而是他们用商标保护品牌的意识："除非用标志保护这一发明，否则谁都有可能去仿制生产这样的裤子，到时候我们会两手空空。"于是在 1873 年，Levis 商标与该品牌同时诞生。因此，可以说品牌更像是一个市场概念，而商标则是一个法律概念。表 9-1 对二者进行了更详细的对比。

表 9-1 品牌 vs.商标

	品牌（brand）	商标（trade mark）
相同之处	识别和表明商品来源并将一个制造商或销售者的商品与另一个制造商或销售者的商品区分开来的任何文字、名称、符号等	
不同意义	象征公司形象、文化、个性、愿景和声誉；向消费者传达功能、情感、自我表达和社会利益	代表名称、配色和符号受法律保护；防止他人对制造商产品的虚假复制和模仿
关系	品牌往往需要商标的保护	不是所有商标都能成为品牌
塑造权	由消费者的感知塑造	由制造商注册并拥有

资料来源：
[1] 卢泰宏．"名牌"一词使用中的缺陷与问题[J]．品牌研究，2016(1)：4-5．
[2] Ertekin L, Sorescu A, Houston M B. Hands off my brand! The financial consequences of protecting brands through trademark infringement lawsuits[J]. Journal of Marketing, 2018, 82(5): 45-65.

（二）品牌化的对象

一切事物都可以品牌化吗？一般而言，可以品牌化的对象包括有形商品、服务、零售商和分销商、在线服务、人与组织、体育、艺术和娱乐业、地理区域、想法和理念等。

图 9-2 展示了如何将可以品牌化的对象根据纵向层次性和横向协作性进行区分[3]。从纵向层次来说，可以把品牌化的对象划分为微观品牌和宏观品牌。从横向来看，可以把品牌化的对象划分为人相品牌（以个人、组织及族群为对象）和物相品牌（以物和空间为对象）。

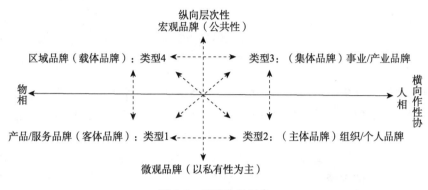

图 9-2 品牌化的对象

资料来源：张锐，张炎炎，周敏. 论品牌的内涵与外延[J]. 管理学报，2010, 7(1): 147-158。

再进一步，可以将品牌化对象区分为七个具类：产品品牌、服务品牌、个人品牌、组织品牌、事业品牌、产业品牌和区域品牌。根据不同层次的外延，每个具类又可以划分出若干细类。比如，区域品牌中所指的"区域"依次可以是一个商圈、村镇、旅游目的地、各级城市、国家甚至是跨若干个国家的区域（欧盟）等不同层次的地理空间。又如，个人品牌可以包括创始人、明星，甚至虚拟数字人[4]；产品品牌可以包括奢侈品、药品；服务品牌可以包括互联网品牌和商学院 MBA 课程等。

二、品牌为什么重要

我们可以从消费者和公司两个视角思考品牌的重要性。对于消费者而言，品牌能够保证产品质量、降低购买风险，从而简化购买决策并最终产生信任和忠诚。对某些人来说，有些品牌甚至能起到宗教性的作用，是强化其自我价值的途径。对于公司而言，强势品牌具有强大的合作和谈判能力、能维持较高的产品价位、能抵抗竞争者的攻击等。本小节接下来将分别结合"效用"和"价值"两个经济学概念进一步剖析品牌对消费者和企业的作用。

（一）消费者视角看品牌的重要性——感知效用空间

"效用"是经济学中的基础概念之一，指消费者在多大程度上可以通过拥有（或消费）商品（或服务）来满足欲望。基于品牌广告、口碑或真实使用经验，消费者会对品牌形成各种期望。这些期望被学者称为"感知效用空间"[5]，分为三个维度：产品效用、品牌功能效用和品牌象征效用（见图 9-3）。前两者与上一小节提到的产品承诺和品牌承诺概念类似，所以这里主要介绍品牌象征效用。

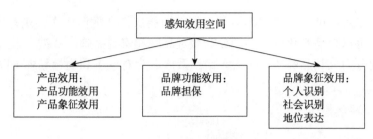

图 9-3 感知效用空间

资料来源：宁昌会. 基于消费者效用的品牌权益模型及应用[J]. 中国工业经济，2005(10): 123-128。

品牌象征效用分为个人识别、社会识别和地位表达三个方面。首先，个人识别帮助消费者投射自我形象。消费者通过购买品牌产品来传达他们是什么样的人或希望成为什么样的人。其次，社会识别是一种消费者用来表达融入某个群体的愿望，或者相反，表达自己区别于某个群体的交流工具。最后，地位表达则是指消费者在使用产品时体验到的具有良好声誉或被人羡慕等情感。

（二）企业视角看品牌的重要性——品牌财务价值

区别于从消费者视角理解品牌的重要性，从企业的视角来观察品牌的重要性则不再关注"效用"，而是关注另一个经济学概念——"价值"。品牌价值的内涵是，品牌具有用货币金额表示的财务价值。每年国内外各大机构都会发布品牌价值的排行榜，对于一些企业，品牌价值可以占据公司总资产的20%～60%[1]。

清华大学经济管理学院中国企业研究中心每年都会与每日经济新闻品牌价值研究院联合出版《中国上市公司品牌价值蓝皮书》。2023年11月17日，《2023中国上市公司品牌价值蓝皮书》正式发布[6]，研究人员通过对2023年品牌价值居前的3000家中国上市公司评估发现：

从蓝皮书总体上市公司情况看，品牌价值持续增长。3000家公司的总体品牌价值达到280 822亿元，比2022年增长了3.8%。进入蓝皮书的品牌价值门槛也提升到5.6亿元，比2022年提高了0.3亿元。从集中度情况来看，在3000家公司中，排名前100位的公司合计品牌价值为161 802亿元，占3000家公司总计品牌价值的57.6%；排名前1000的公司合计品牌价值为252 271亿元，占总计品牌价值的89.8%。同2022年相比，两者均略有下降。从变动情况来看，与2022年相比，有319家公司新进入总榜，占总计公司数量的10.6%。同时，有1752家公司的品牌价值上升，占总计的58.4%；927家公司的品牌价值下降，占总计的30.9%。从行业角度来看，在2023年的蓝皮书中，全部的37个二级行业都有公司入围。其中，品牌价值最大的三个行业依次是金融、互联网与零售，三者的品牌价值分别达到35 995亿元、26 152亿元以及25 697亿元。

营销工具9-1

《世界品牌500强》排行榜

《世界品牌500强》（The World's 500 Most Influential Brands）由世界品牌实验室

（World Brand Lab）独家编制。世界品牌实验室是世界领先的独立品牌评估及行销策略咨询机构，致力于为各类商业公司、非营利组织以及政府机构提供品牌建设建议，被公认为全球三大品牌价值评估机构之一。

《世界品牌500强》排行榜的评判依据为品牌的世界影响力。所谓品牌影响力，是指品牌开拓市场、占领市场并获得利润的能力。按照品牌影响力的三项关键指标，即市场占有率、品牌忠诚度和全球领导力进行评分，1分表示一般，5分表示极强。在衡量品牌的忠诚度时，参考了"我信品牌"（iTrust Rating）的评级数据；在衡量品牌的领导力特别是ESG（环境、社会和治理）评分时，参考了超级财经（SuperFinance）的ESG数据库。

2022年度（第十九届）《世界品牌500强》排行榜中，中国品牌入选数（45个）超越英国（35个），继续保持第四名的好成绩，其中表现亮眼的品牌有国家电网、海尔、华润、中国人寿、五粮液、青岛啤酒、周大福、中化、中国南方电网、恒力、徐工和北大荒。

如表9-2所示，近三年来《世界品牌500强》排行榜Top 10中国品牌较为稳定，国家电网坐稳榜首，腾讯、海尔、中国工商银行、华为、中央电视台、阿里巴巴、中国移动、中国人寿则是前十"常客"。此外，华润于2021年异军突起，取代联想获得前十席位。

表9-2 2020—2022年《世界品牌500强》排行榜Top 10中国品牌

中国排名	2020年排名		2021年排名		2022年排名	
1	国家电网	25	国家电网	23	国家电网	22
2	腾讯	33	腾讯	35	海尔	35
3	海尔	39	海尔	37	腾讯	38
4	中国工商银行	42	中国工商银行	40	中国工商银行	41
5	华为	53	华为	56	华为	60
6	中央电视台	62	中央电视台	61	中央电视台	62
7	阿里巴巴	68	华润	70	华润	66
8	中国移动	91	阿里巴巴	81	中国移动	83
9	联想	95	中国移动	88	阿里巴巴	89
10	中国人寿	127	中国人寿	99	中国人寿	92

资料来源：世界品牌实验室官网，http://www.worldbrandlab.com.

三、品牌资产

（一）品牌资产的定义

 概念定义：

品牌资产（brand equity）：赋予产品或服务的附加价值。它反映在消费者对有关品牌的想法、感受以及行动的方式上，同样它也反映于品牌所带来的价格、市场份额以及盈利能力。

品牌资产是学习品牌战略前需要了解的基本概念之一，它起源于 1980 年左右的营销研究和实践。本书引用了菲利普·科特勒（Philip Kotler）[7]对品牌资产的定义，但实际上，品牌资产的概念从诞生至今，一直在不断进化。

20 世纪 90 年代，现代品牌理论出现了全新格局：卡普费雷尔（Kapferer）将目光投向内部（企业）[8]；阿克（Aaker）的一只眼睛向外（市场），一只眼睛向内（企业）[9]；凯勒（Keller）则双目都注视外部（顾客）[1]。其中，凯勒提出的基于顾客的品牌资产（customer-based brand equity，CBBE）概念后来居上，获得广泛认可。这是因为"顾客导向"是现代营销的根本思想，而凯勒的 CBBE 就是将顾客导向思想贯彻到了品牌领域。

（二）基于顾客的品牌资产

 概念定义：

基于顾客的品牌资产（customer-based brand equity，CBBE）：顾客品牌知识所导致的对品牌营销活动的差异化反应。

按照 CBBE 的理念，品牌资产的两大来源分别是消费者内心深刻的品牌认知（包括品牌识别和品牌回忆）和积极的品牌形象（包括强有力的、偏好的和独特的品牌联想）[1]。具体而言：

1. 深刻的品牌认知由品牌识别和品牌回忆两个部分组成

品牌识别（brand recognition）是指消费者能否确认之前见过该品牌。当消费者对品牌有一定程度的了解和接触后，他们能够在面对品牌时迅速将其识别出来。这种识别一般基于品牌的标识、包装、颜色、字体等特征进行。品牌回忆（brand recall）是指消费者产生特定购买意图时能否回忆起该品牌。当消费者面临某个特定需求时，他们能够在记忆中找到与该需求相关的品牌回忆。

2. 积极的品牌形象通过营销活动可建立强有力的、偏好的、独特的联想

品牌联想的强度是指消费者对于品牌的属性和利益的印象深刻程度。强烈的联想可能是由于消费者对品牌的长期接触和直接的品牌体验所形成的。

品牌联想的偏好性指的是消费者对于品牌利益的联想会受购买情境的影响，并且随购买动机而发生变化。某个品牌联想在一个场合有价值，换个场合就不一定有作用。例如，果汁品牌代表的营养美味等特点对于只想购买纯净水解渴的消费者并没有更大吸引力。

品牌联想的独特性指的是品牌在消费者心目中具有与竞争对手不同的特点和价值主张。这种独特性可以基于产品特性或品牌个性等方面。

营销工具9-2

儒家缘分关系视角下品牌资产测量

尽管在"关系范式"下的品牌资产测量中，凯勒提出 CBBE 被广泛使用。但与西方的人际交往不同，中国的人际交往更多地体现"人情""面子""差序格局"等法则。因此，我国学者从中国特有的人际关系理论出发，基于儒家缘分关系视角，开发了"惜缘"和"良缘"两个阶段的品牌资产测量表。

"惜缘"量表可以测量消费者在多大程度上愿意持续地了解品牌，包括11个测量题项。"良缘"量表可以测量消费者在多大程度上信任和依赖品牌，包括15个测量题项。具体量表题项可通过中国知网获取。两套量表相辅相成且具备较高的信效度，对希望在中国市场深化品牌资产管理的品牌来说是一个有效的测量工具。

资料来源：唐玉生，张小溪，邓秋迎，等. 儒家缘分关系视角下品牌资产量表开发与验证[J]. 南开管理评论，2021, 24(2): 37-46.

四、数字时代的品牌化

（一）数字时代品牌管理的新挑战

在数字时代，品牌对消费者仍然至关重要，但品牌管理变得更具挑战性。近年来的一些数字技术使营销实践变得复杂，对品牌经理提出了新的挑战。这些挑战主要包括以下方面：消费者对传播的抗拒、网络普及、消费者便捷获取新信息和新技术、共享信息和商品更便利，以及去中介化成为现实等。

数字技术的进步使消费者能够随时随地使用多媒体互联，但这也使他们更容易受到干扰。因此，消费者有时会表现出对品牌的广告、短信等传播内容的抵触情绪。

近年来，品牌非常重视在社交网络上的传播，将越来越多的营销预算份额用于赞助微博、抖音、小红书等平台博主。但是，一些粉丝不喜欢赞助的内容。研究人员发现，博主每发布一个品牌赞助视频，一般会在接下来的三天内失去0.17%的粉丝[10]。这个数字看似不大，但会随着时间推移而增加。不论是博主还是品牌都会密切追踪粉丝数量，而他们看到这个下降的数字时都可能十分痛苦。

此外，在数字时代，不仅传统和现代的品牌传播方式可能被消费者抗拒，品牌忠诚度也在下降，随着网络连接的普及，消费者的注意力也变得分散，他们越来越频繁地更换产品和服务供应商，品牌的光环正在黯淡。

总之，数字时代给品牌管理带来了新的挑战。营销人员需要应对消费者对传播的抵触情绪，同时寻找创新的方式来吸引消费者的注意力并建立品牌忠诚度。

（二）数字时代的品牌体验

如何在数字时代使消费者信任品牌呢？答案是用"体验"代替"接触"[11]。工业化时代的特点是"媒体稀缺，注意力过剩"，而数字化时代则恰好相反，是"媒体过剩，注意力稀缺"。因此，基于工业化时代逻辑的主流品牌战略必须进行变革，否则无法在数字时代有效地建立品牌。

具体来说，在工业化时代，线下是主要的购物场景。消费者更有可能购买第一个出现在他们心目中的品牌。因此，工业化时代是品牌战略的记忆时代，即"品牌等于知名度"。在这个时代，品牌的语言、视觉、独特卖点、品牌定位和大众媒体广告都起着重要作用。

然而，在数字化时代，线上成为主要的购物场景，品牌也进入了人格化情感时代，即"品牌等于情感度"。品牌战略也从记忆时代过渡到接触时代：品牌从抽象概念和零散接触转变为具体存在和频繁感知，通过多方面的用户整体体验塑造消费者的感受和情绪。因此，品牌可以通过"接触"和"体验"直接塑造情感，跳过"记忆"和"认知"的阶段。

Mini案例9-1

故宫：数字工具强化游客体验

故宫博物院，旧称紫禁城，是世界上规模最大的宫殿建筑群，也是中国最受欢迎的旅游景点之一。近年来，故宫采用了新的数字工具，在许多方面强化消费者在故宫参观的游览体验。例如，利用增强现实技术为游客配备智能助手，提供艺术品的补充信息，并将其传递给智能手机；还应用了虚拟现实技术，让消费者可以复制、拥有和感受一个标准文物复制品。为了加强文物保护，故宫近年实施了参观限流。对此，故宫博物院联合腾讯对文物进行数字化采集，推出"数字故宫"，令游客足不出户便可游览故宫（见图9-4）。随着时间的推移，这些技术在旅游行业将变得更加通用化，同时，越来越多的新数字工具（如元宇宙）也将被用作提高消费者的品牌体验。

图9-4　数字故宫与3D文物

资料来源：故宫博物院官网.https://www.dpm.org.cn/Home.html。

（三）数字时代的超级品牌现象

在数字时代，还有一些企业不仅克服了各种挑战，还通过公司品牌或某一主品牌引领一系列紧密相关的品牌，形成多个跨类别产品的超级品牌，如海尔、小米。超级品牌区别于工业化时代的大品牌的特征包括以下几个方面[12]。

（1）市场中的全能冠军：超级品牌在多个产品类别市场上表现出卓越的市场地位，拥有强大的综合实力，包括资源、能力和网络等方面的优势。（2）爆发式增长且不断膨胀：一方面，超级品牌的市场覆盖以每月的速度迅速扩展，并保持高度的市场热度，引起市场话题和广泛关注；另一方面，超级品牌的产品类别不断增加，顾客基础不断扩大，总体规模持续增长。（3）在同行业中保持不断进取：超级品牌持续保持扩展的雄心，利用其拥有的资源不断进行战略进攻。

如何强化超级品牌力[13]呢？

第一，由于消费者是重要的战略资产，所以数字化的消费者洞察方式是未来构建品牌力的基石。消费者资产甚至值得被纳入企业公开财报，用以衡量品牌区别于竞品的核心竞争力。

第二，只拥有顾客基础是不够的，超级品牌的强化还需要产品基础。这要求品牌拥有突出的产品属性，确保产品具有先进性、独特性、优异性、正宗性，叠加信息化、智能化技术特征。

第三，品牌的塑造必定是趋向全渠道与全域性的，并且确保一致。在未来，全方位协同整合性的营销方式将是超级品牌力建设不可或缺的抓手。这背后涉及更强的"市场＋产品"职能协作、"产品＋内容"整合营销、"品牌＋电商"策略贯通等。

第四，品牌需要在投入与管理上坚持"长期主义"。品牌力作为中长期企业积累的无形资产，是与短期有形的生意资产并行的企业资产，两者共同的目标是企业生意的效率、效益与可持续性。

第五，需要更具敏捷性的组织形态匹配品牌管理。无论企业最后的组织形态如何，关键在于需要统筹与中心化的品牌价值定位与策略方向，并以此向下贯穿商品、营销和渠道等，并且在企业内部实现更好的联动与整合。应对这种需求，目前超级品牌基于各自的行业特性采取的方法包括：首席数字官（chief digital officer，CDO）统筹管理；电商能力闭环；市场与电商协同等方式。

第二节　品牌化战略：创建和传播

一、创建强势品牌

严格意义上讲，市场上的品牌没有好坏之分，只有强势与弱势之别。强势品牌就是具有高的品牌资产、能给企业带来竞争优势的品牌。强势品牌的特征一般体现为：有明确的差异化定位；一定程度上是品类的代名词；有强劲的竞争力；有深厚的防御壁垒；有忠诚的顾客等。一般情况下，构建完整的强势品牌规划体系，可以依托品牌定位、品牌共鸣和品牌价值链三大模型。

（一）品牌定位

品牌是定位的重要载体。品牌定位就是通过开发和传播独特的价值主张，在目标顾客心智中形成有价值的品牌联想。换句话说，就是通过设计公司的具体产品、服务以及形象，在目标顾客的心智中占有独特的、有价值的地位。合适的品牌定位可以阐明品牌的内涵、与竞争品牌的相似性和差异性，以及消费者购买本品牌产品或服务的必要性。而且，品牌定位十分有助于指导后续的营销战略。

进行品牌定位则需要确定一个参照框架，并在框架内选择最佳的本品牌与竞争品牌联想的异同点。具体来说，有必要依次明确四个问题。

（1）目标顾客是谁。面对这个问题，我们先定义市场、再细分市场，最后选择目标细分市场。市场（market）是指所有拥有购买欲望、购买能力的现实和潜在消费者的集合，而市场细分（market segmentation）是指将市场按消费者的相似性划分为若干不同的群体。市场细分需要在成本和收益之间进行权衡。越细分，公司越可能进行更有效的品牌管理，但也会因为缺乏标准化而增加成本。

（2）主要竞争对手是谁。进行竞争分析时要考虑很多因素，如企业各项资源、能力等。更重要的是不能忽略间接竞争，为品牌建立多重参照框架。例如，瑞幸的竞争对手不只有星巴克，还会有便利店、雀巢、奶茶店等。

（3）本品牌和竞争品牌的差异性在哪里。一般来说，产品的关键成分、品牌的关键背书等令人信服的证明点往往可以有效传递差异性。差异性是能引起消费者强烈联想的品牌属性和利益。要保证消费者不仅对差异性有积极的评价，还要使其相信竞争品牌无法达到相同水准。

（4）本品牌和竞争品牌的相似性是什么。相似性之所以重要，是因为它能抵消差异性。如果品牌不能克服相似性上的问题，那么差异性就显得微不足道了。

Mini案例9-2

拼多多的品牌定位升级

从"山寨"到"真香"，拼多多究竟如何实现了其品牌定位升级？

2015年，中国国内电商市场愈发拥挤，整体市场趋近饱和，淘宝和京东在一、二线城市竞争激烈。然而，拼多多采用了一种不同寻常的策略，将目光投向了被忽视的三、四线小城市和农村地区，认为这里蕴藏着巨大的消费潜力。这个决定让拼多多独辟蹊径，进行了错位竞争。它通过微信社交裂变和C2M模式（制造商按订单生产），建立了自己的知名度。拼多多成功突围，成为中国电商的新星，并于2018年7月26日在纳斯达克上市。然而，上市仅半天，拼多多就出现了各种问题。舆论开始指责其售卖山寨和假货，股价下跌。平台也受到了监管部门的约谈，商家受到清查。这是拼多多上市后的首次挫折。随后，拼多多还面临增长的瓶颈，用户增速减缓，而同时淘宝和京东也开始进军下沉市场。

但是，拼多多并不甘心失败，开启了"百亿补贴"计划，向一、二线市场发起攻势，实施了品牌定位升级策略。这个策略以推出"百亿补贴"为核心，口号是"无套路不怕比，无定金不用等"。它还选定了高客单价的大牌商品，特别是苹果手机，承诺100%正品和售后无忧。这一策略引发了消费者的热情，拼多多在"6·18"期间卖出了数十万部iPhone。

品牌定位的升级也让拼多多的股价节节攀升。公司随后再次升级补贴力度，于2020年8月正式上线"百亿补贴节"，许多高端商品都因此迎来了"全网最低"和"历史新低"，例如，别克英朗2021款1.3T自动轻混动轿车对比官方售价125 900元，平台售价仅为73 400元，优惠幅度高达41%。拼多多还扩大了补贴范围，涵盖数码家电、食品饮料、美妆个护等领域的数万款商品。这一系列活动让拼多多重新获得了消费者的信任，截至2023年，拼多多平均月活跃用户数达到7.9亿，总买家数9.1亿。在消费者的心中，它终于不再是那个只有山寨货的"拼夕夕",而是中国最大的安心电商平台之一。

资料来源:拼多多官网. 关于我们.https://www.pinduoduo.com/home/about/.

(二)品牌共鸣模型与品牌价值链模型

建立强势品牌,除了基于品牌定位模型确定品牌与竞争者的差异点、共同点以外,还需要依据另外两个模型,从企业内部构建完整的强势品牌规划体系。

品牌共鸣模型(brand resonance model)旨在介绍品牌如何与消费者形成一种正面、亲密的忠诚关系。该模型考虑了品牌对消费者所思、所感、所为的各种影响,以及消费者和品牌连接的紧密程度。

品牌价值链模型(brand value chain model)则有助于品牌管理人员追踪品牌的价值创造过程,从而更好地理解营销费用的使用,以及品牌带来的利润和投资对公司财务的影响。

1. 品牌共鸣模型

品牌共鸣模型(见图9-5)给出了创建强势品牌的四部曲。本质上说,这四个问题定义了一个品牌。

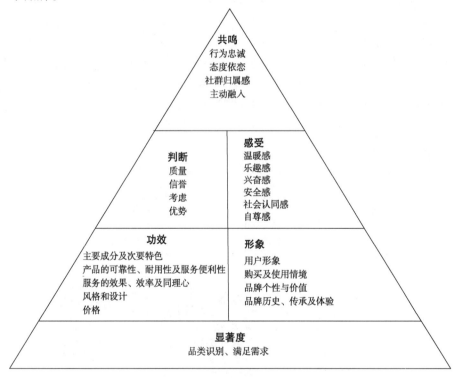

图 9-5 品牌共鸣模型

资料来源:凯文·莱恩·凯勒,沃妮特·斯瓦米纳坦. 战略品牌管理(第5版)[M]. 何云,吴水龙,译. 北京:中国人民大学出版社,2020:72。

(1)你是谁?明确品牌身份。
(2)你是什么?建立品牌内涵。

（3）你怎么样？引起品牌反应。

（4）你和我怎么样？建立品牌关系。

完成品牌身份、品牌内涵、品牌反应和品牌关系这四个步骤涉及六个品牌创建阶段：显著度、功效、形象、判断、感受和共鸣。

（1）品牌身份以显著度为代表，是指品牌能否容易被消费者识别出来，是否经常被消费者提及。当购买同类产品时，消费者会第一个想到你吗？这就是显著度，它在金字塔的底部，但却是最重要的部分，必须牢固强大且正确，才能支撑其向上发展。

（2）对于品牌内涵：功效主要指品牌物理层面，涵盖产品功能、服务效率、可靠性、耐用性、可维修性、价格等，它是品牌满足消费者功能性需求的外在表现；而形象主要指品牌精神层面，强调的是品牌在情感层面带给消费者的感受，是品牌人格化的表现，包含品牌个性与价值、历史传统等。

（3）对于品牌反应：判断主要指消费者对于产品或服务的一系列的评价和态度，涉及产品质量和优于其他产品的感觉等；而感受主要指消费者对品牌的依恋程度、体验感和情感，涉及品牌是否让消费者感到兴奋、受人尊重、受社会认可等。

（4）金字塔的顶部是共鸣：当消费者和品牌达成共鸣时，会形成一种紧密的心理联系和情感，同时对品牌会有较高的忠诚度甚至依恋，消费者会认为品牌是无比卓越的，还会向他人推荐。

2. 品牌价值链模型

前文提到过，品牌竞争力直接表现为溢价带来的品牌价值。为了回答品牌价值的来源问题，凯勒和雷曼（Lehmann）提出了品牌价值链模型，如图9-6所示。品牌从投入成本创建到带来实际价值，主要包括投资营销活动、占据顾客心智、获得市场业绩和带来股东价值四个阶段，每个阶段的活动又为下一个阶段增值。

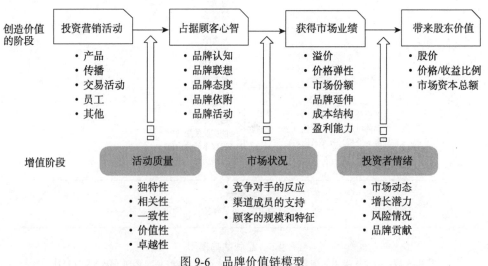

图9-6 品牌价值链模型

资料来源：凯文·莱恩·凯勒，沃妮特·斯瓦米纳坦. 战略品牌管理（第5版）[M]. 何云，吴水龙，译. 北京：中国人民大学出版社，2020：89。

同时可以看出，品牌价值形成的源头在于设计并投资高效的营销活动。并且，品牌价值链还表明，组织中有许多人（品牌经理、首席营销官、总经理和首席执行官）都能够潜在地影响品牌资产。这些人有必要认识到这种潜在的影响所带来的品牌效应。

二、选择品牌元素

 概念定义：

品牌元素（brand elements）：那些用以识别和区分品牌的设计。主要的品牌元素包括品牌名称、URL、标识、符号、代言人、品牌口号、广告曲、包装和符号等。

品牌总是需要选择最合适的品牌元素来强化品牌身份（显著度），或者形成正面的品牌反应（包括判断和感受）。在顾客只观察到品牌元素却对品牌的其他情况如产品或市场状况一无所知的情况下，问他们对该品牌的所想、所感，即可检验品牌元素对品牌资产的贡献。

品牌学家指出，选择品牌元素一般应遵循六条标准：可记忆、有意义、可爱、可转换、可适应、可保护[1]。可记忆（memorable）是指一个容易记住的品牌元素可以帮助消费者在众多竞争对手中快速识别和回想起品牌。有意义（meaningful）是指品牌元素应具有说服力。它应该准确描述出品牌的特点和优势，并与目标受众的需求和价值观相契合。可爱（likeable）是指品牌元素富有乐趣、富有视觉和听觉形象的特质，或给人美学上的享受，能够赢得消费者的好感和喜爱。可转换（transferable）和可适应（adaptable）是指品牌元素应该是灵活的，不仅能在各品类间通用，还能够适应不同的文化和市场背景。可保护（protectable）要求品牌元素应该是独一无二的，能够受到法律保护。它应该与其他竞争品牌选择的元素有所区别，以避免混淆和侵权。

整体上看，前三个标准（可记忆、有意义和可爱）属于创建品牌资产的进攻策略，后三项标准（可转换、可适应、可保护）则在品牌面临不同的机遇和限制时，在提升和保持品牌资产方面起到防御性作用。接下来我们将进一步分析如何选择"品牌名称"和"品牌标识"这两个最重要的品牌元素。

（一）品牌名称

1. 品牌名称的重要性

品牌名称通常以非常简洁的方式，反映产品特点和主要品牌联想。在消费者心中，品牌名称与产品紧密相连，因此，很多管理者发现很难在产品推出后改变品牌名称。更换一个品牌名称可能会导致销售额立即下降，而且新品牌的形象可能不像以前那么强。

2. 品牌命名的策略

品牌经理常常要经过一番系统的研究后才能确定使用何种命名策略，学者总结了以下四种策略[14]。

（1）目标市场策略。品牌名称在此策略下起到了指示产品消费对象、迎合目标受众等特定需求的作用。以阿里云为例，名称中的"云"指代云服务器，也明确了目标是云市场。

（2）产品定位策略。此策略指品牌名称引发消费者对产品特征、利益、使用场合、价格等方面的有利联想。以云南白药牙膏为例，消费者在面对牙龈出血等问题时，很容易将其与"药"的作用联系起来。

（3）独立随意性与描述性的策略。这种策略既让人容易记忆，又能传达精准的品牌利益给消费者。例如，饿了么、舒肤佳、养生堂，这些品牌名称既暗示了与业务相关的特点，又具有特色。

（4）当地化与全球化的策略。该策略采取"全球兼顾当地"的方式。例如，阿里巴巴无论是在中国还是其他国家，都是一个容易被大众记忆的品牌名称。

营销洞见9-2

品牌命名研究前沿三则

1. "雀巢"是一位女士吗？女性品牌名称优势

品牌名称的"语言特征"传达了独立于名称"含义"的品牌联想。例如，名字的长度、发音和重音可以引发男性或女性的联想。波加查（Pogacar）等人使用对真实品牌的观察分析和对虚构品牌的实验操作，发现语言上女性化的名字会增加"感知温暖度"，从而增强了品牌态度和品牌选择意愿。他们还发现了此现象的边界条件，即当典型用户是男性且产品是实用时，女性品牌名称的优势会减弱。他们对管理者提出两则建议：①对于享乐型产品，女性品牌名称带来的市场优势更加明显。②不同语言之间命名习惯有差异，不同文化之间性别刻板印象有差异。如果品牌名称不是跨语言固定而是被翻译的，品牌经理应该密切关注翻译的效果和本地命名偏好。

2. Mickey D's 比 McDonald's 更可靠？

消费者经常观察其他消费者如何与品牌互动，以形成自己的品牌判断。张（Zhang）等人的研究表明，作为品牌关系质量的指示线索，品牌昵称（如麦当劳的"Mickey D's"、沃尔玛的"Wally World"）增强了在线交流中感知信息的真实性，并带来积极的下游后果，如购买意愿和信息共享。

作者提醒品牌管理人员：①应该接受流行的昵称，并在依靠昵称来传达可信赖的品牌信息方面更具有战略性和创造性。例如，使用品牌昵称的消费者评论可以放在网页顶部并标记为"热门评论"。还可以考虑在其他类型的点对点互动（如推荐计划）中突出昵称，以传达消息的自然和真实性。②虽然品牌官方使用昵称甚至注册昵称似乎是品牌吸引消费者或重塑品牌的一种便捷方式，但它可能会降低这些绰号的街头信誉。③品牌应利用基于消费者的语言（如品牌昵称）的力量，最大限度地提高品牌在数字领域的影响力。例如，消费者可以在搜索引擎上输入昵称来查找品牌相关信息，而不是输入品牌的正式名称。

3. 品牌名称类型和消费者需求：来自中国汽车市场的证据

与表音语言（如英语）相比，品牌命名在徽标语言（如中文）中更具挑战性，因为后者的发音和含义之间的对应关系较为松散。有了声音和意义这两个维度，吴（Wu）等人提出了品牌名称类型的四向分类：字母数字（CR-V）、语音（优利欧）、语音语义（凯美瑞）或语义（探路者）。使用来自中国的汽车销售数据和差异化产品的离散选择模型，作者将品牌名称类型与需求联系起来，有证据表明"中国消费者更喜欢具有语义品牌名称的车型，最不喜欢语音名称"。

研究进一步指出，高端车消费者更喜欢听起来像外国的名字，因此，字母数字和拼音名称可能更适合超豪华汽车细分市场。然而，在经历了多年增长之后，中国汽车市场出现了一个新态势：尽管国内汽车制造商主导着低端市场，但该市场的增长正越来越多地吸引外国品牌。中国购车者变得更加务实，地位意识降低。文章表明，中国汽车市场低端的消费者更喜欢语义名称，这些以功能为导向的消费者的异国情调追求较弱。因此，作者预计，针对低端市场的外国汽车品牌将在中国更广泛地采用语义名称。

资料来源：

[1] Pogacar R, Angle J, Lowrey T M, et al. Is Nestlé a lady? The feminine brand name advantage[J]. Journal of Marketing, 2021, 85(6): 101-117.

[2] Zhang Z, Patrick V M. Mickey D's has more street cred than McDonald's: Consumer brand nickname use signals information authenticity[J]. Journal of Marketing, 2021, 85(5): 58-73.

[3] Wu F, Sun Q, Grewal R, et al. Brand name types and consumer demand: Evidence from China's automobile market[J]. Journal of Marketing Research, 2019, 56(1): 158-175.

（二）品牌标识

1. 品牌标识的概念

区别于名称，品牌标识（brand logo）是一种更强调视觉体验的品牌元素。它包含文字标识（如公司的名称全拼）和非文字标识（通常为符号标志）。一个品牌标识可以包含以上两者或选取其中之一。比如，中国工商银行的 logo 中既有 ICBC 的文字标识，又有内镶嵌工字的红色圆圈这一非文字图形标识；而联想的 Logo 中仅有文字标识（见图 9-7）。

图 9-7　中国工商银行 logo（左）与联想 logo（右）

资料来源：作者整理。

2. 品牌标识的制定原则

品牌标识的选择基本上也遵循可记忆、有意义、可爱、可转换、可适应、可保护的原则。需要注意的是，在可记忆的基础上还要做到 logo 简洁、明了，避免歧义和累赘。在进入海外市场时还要格外注意：一些字符和图案需尊重当地消费者偏好以及传统文化。

最后要注意，标识微调令人耳目一新，但完全重新设计存在风险。尽管品牌标识的不定时更新可以适应新的环境并避免消费者的视觉疲劳，但重新设计标识仍存在一定的风险。对于非忠诚顾客而言，由于他们与旧标识没有建立强烈的情感联结，反而更容易接受新标识。但对于忠诚顾客，则需要向他们详细解释更改的原因，以避免忠诚顾客进行品牌转换。

三、品牌传播

（一）品牌传播的主要方式

1. 广告

广告作为品牌传播的主要方式之一，具体包括媒体广告（包括电视、广播、报纸、杂志）、直接反应式广告（包括邮寄、电话、印刷品）、地点广告（包括广告牌和海报、电影院、候机室、植入式广告）、销售点广告（包括货架解说员、购物车广告、店内广播或电视）和手机广告（包括短消息和多媒体信息、定位服务）等。

> 概念定义：
>
> 品牌传播（brand communication）：企业告知消费者品牌信息、劝说购买品牌以及维持品牌记忆的各种直接及间接的方法。品牌传播的方式包括但不限于广告、促销等。

营销洞见9-3

广告空间距离对品牌评价的影响

有研究表明，不同品牌形象（高端或大众）的广告中，产品与消费者之间的空间距离可能会影响消费者对品牌的看法。结果表明，当品牌形象强调地位和奢华时，广告中的空间距离代表"声望"，并且随着广告中产品的视觉表现与消费者形象之间的距离增加（见图9-8左），会提高消费者的品牌态度，同时增加他们愿意为产品支付的溢价。而当品牌形象强调大众吸引力和社会联系时，空间距离的缩短代表"社会亲近"，此时距离越近，消费者的态度越好（见图9-8右）。

图9-8　长空间距离同高端品牌（左）与短空间距离同大众品牌（右）

资料来源：Chu X Y, Chang C T, Lee A Y. Values created from far and near: Influence of spatial distance on brand evaluation[J]. Journal of Marketing, 2021, 85(6): 162-175.

2. 促销

促销包括两个方面。对中间商的促销包括批发补贴、销售点展示补贴、促销补贴、比赛与经销商激励、培训项目、贸易展览、合作广告等。而对消费者的促销则可以表现为样品、优惠券、奖品、返款和折扣、竞赛和抽奖、红包、降价等形式。

3. 其他传播方式

其他传播方式则包括电子营销（搜索、展示、社交媒体、电子邮件、视频、博客）、事件营销和赞助（体育、艺术、娱乐、节庆）、公共关系营销、口碑营销等。

（二）数字时代的品牌传播

在数字时代，品牌传播呈现社交化、移动化、应用大数据的倾向，越来越多的企业将社交媒体营销作为整合营销传播的主要方式。

社交媒体营销（social media marketing）是指利用社交网络、在线社区、博客、百科或者其他互联网协作平台，进行营销、销售、公关和客服运营和维护的一种方式。常见的社交媒体有微博、小红书、抖音、今日头条、百家号等。如今，传统媒体受众开始走向老龄化，而社交媒体受众趋于年轻化。年轻一代受众的品牌消费意识更强，也更容易接受新事物，为品牌传播带来新的机会。

营销洞见9-4

品牌自拍的力量

近年来，除了packshots（独立的产品图片）之外，还有两种与品牌相关的自拍图片出现在社交媒体上：消费者自拍（以品牌和消费者的面孔为特色）和作者称之为"品牌自拍"的新兴现象（隐形消费者手持品牌产品）（见图9-9）。

图9-9 品牌自拍（左）、消费者自拍（中）、产品图片（右）

资料来源：Hartmann J, Heitmann M, Schamp C, et al. The power of brand selfies[J]. Journal of Marketing Research, 2021, 58(6): 1159-1177。

哈特曼（Hartmann）等人使用卷积神经网络来识别这些图片原型并训练语言模型来检验社交媒体上的用户对超过25万个品牌形象帖子（Twitter和推特上的185个品牌）的反应。他们发现，消费者自拍图像（中）会获得更多"发送者参与"（即点赞和评论），而品牌自拍（左）会导致更多"品牌参与"，并转换为购买意向。

 概念定义：

> 病毒营销（viral marketing）：是一种利用公众的好奇心和人际关系，让营销信息像病毒一样快速扩散的传播方式。

在数字时代，经理们都希望自己的品牌传播内容可以通过病毒式传播来吸引流量。最近，有学者进行了两项实地研究，使用了11种情绪和60多种广告特征来检验究竟是什么推动了品牌广告在多个社交媒体平台上的共享[15]。研究发现了多个有趣的现象，并提出了相应的管理启示：①唤起"积极情绪"的内容通常比"以信息为中心"的内容更能推动社交分享；②名人、婴儿和动物的使用以及强烈的戏剧性和惊喜更容易唤起积极情绪；③应针对不同的社交媒体发布不同的广告，例如，"情感广告"在通用型平台（百度、微博）上比在知乎这种专门领域型平台上被分享得更多，但"信息广告"则相反；④分享不一定代表喜爱；⑤病毒式广告的时长一般在1.2至1.7分钟；⑥最好将品牌名称放在广告的末尾。

四、次级品牌联想

创建强势品牌，只"选择品牌元素"和"制定整合营销传播"是不够的，成功的品牌经理还十分善于"利用相关的次级品牌联想"来强化公司的品牌资产。

 概念定义：

> 次级品牌联想（secondary brand associations）：是指消费者将某个品牌与第三方元素（如名人、事件、地点等）联系起来，从而影响对品牌的认知和态度。

消费者大脑中具有多种多样的实体相关认知，品牌可以和这些实体联系起来，因为有这种联系，消费者就可以想象或推断："这些实体所具有的一些特征也许是某品牌同样具有的。"一般地，品牌可以与至少4个类别、11种具体类型的实体发生关联[1]，从而产生次级品牌联想，强化品牌资产。如图9-10所示，这些实体分别为：①公司职员；②背书人；③原产地，如五常大米；④分销渠道，借助零售商的定价和服务质量等在消费者心中形成品牌形象，如盒马生鲜；⑤体育、文化或其他活动，如青岛啤酒音乐节；⑥慈善事业；⑦第三方资源，如杂志、专家、专业组织；⑧品牌联盟，如建设银行与中国石化推出汽车卡；⑨成分品牌；⑩公司：建立子品牌或许可授权；⑪品牌延伸。

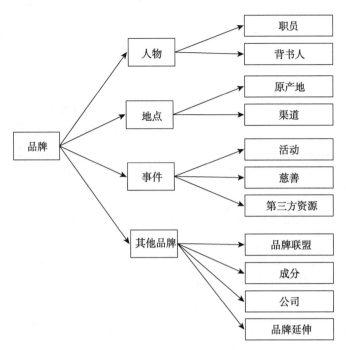

图 9-10　品牌知识的次级来源
资料来源：作者整理。

营销洞见9-5

品牌酷感

消费者在"酷品牌"上花钱从不吝啬，从 Off-White 和苹果，到 Instagram 和 Jay-Z，这些品牌之所以能蓬勃发展，在一定程度上是因为消费者认为品牌很"酷"。相反，如果不够"酷"，即使是曾经很受欢迎的、资金雄厚的品牌（如 Zune、李维斯），也最终失去了市场。那么，什么是"酷品牌"、什么让消费者对品牌产生了"酷"的联想？对于这些问题，沃伦（Warren）的研究团队通过文献综述、焦点小组和访谈法，归纳出了酷品牌的十大特征（见表9-3）。

表 9-3　酷品牌十大特征

特　征	代表品牌	消费者观点
有用的/非凡的 useful/extraordinary	Chrome Industries、苹果	以耐用性和功能性而闻名、推动了电子行业的极限
审美吸引力 aesthetically appealing	苹果	设计优雅
有能量 energetic	红牛、GoPro	它们与令人兴奋的活动有关，比如特技和极限运动
社会地位高 high status	路易威登	因为它的排他性，不是每个人都有路易威登的东西
原创性 original	乐高	不酷的人明天会做酷的人曾经做过的事情
真实性 authentic	杰克丹尼	不会为了酷而酷，就是它本来的样子

续表

特　征	代表品牌	消费者观点
叛逆的 rebellious	红牛哈雷戴维森	在很多情况下，有争议的东西是最酷的
亚文化 subcultural	攀岩文化（黑钻石）另类音乐文化（匡威）	成为不同亚文化的一部分的满足感
标志性 iconic	迪士尼、GlobeHope	是童年和青春的象征 有社会意识和环保的品牌
流行性 popular	耐克	它必须得到全世界的认可

资料来源：Warren C, Batra R, Loureiro S M C, et al. Brand coolness[J]. Journal of Marketing, 2019, 83(5): 36-56.

第三节　品牌化战略：维系和提升

当品牌创建完成后，如何在不同条件下维系和提升品牌以实现增长？这一阶段主要涉及包括品牌延伸、品牌组合、品牌架构、品牌联盟、品牌激活以及品牌关系在内的几个重要战略。

一、品牌延伸

（一）品牌延伸的定义

 概念定义：

品牌延伸（brand extension）：是指公司利用现有品牌推出新产品或新品类。

在奢侈品行业，品牌延伸由来已久：由高级时装建立起来的奢侈品品牌延伸到附属物，如皮具、珠宝首饰、钟表、化妆品、餐具等。品牌延伸的初衷是实现增长，延伸往往是进入未知的市场，本身是一种战略性举措。

品牌延伸可以分为两大类：产品线延伸和品类延伸，产品线延伸一般是为了增加品牌产品的口味、成分、尺寸或用途而进行的。品类延伸就是在完全不一样的品类上应用品牌。

阿克的研究发现，行业领先的消费品公司在开发新产品时，95%是通过品牌延伸进入市场[9,16]。尼尔森公司的另一项调查显示，进入超级市场的新产品中，有40%运用了品牌延伸战略[16]。因此，品牌延伸早已成为许多公司实现战略性增长的源泉。

此外，统计显示，在增长型市场，推出新品牌（即不使用原品牌名）的成功率（57%）大于品牌延伸（46%）；而在成熟型市场，品牌延伸成功率（68%）大于推出新品牌（43%）[8]。

（二）品牌延伸的优缺点

成功的品牌延伸除了能为公司带来不菲的收益，还具有诸多优势，主要包括两个方面：一是增加子品牌的市场接受度，二是为母品牌或公司整体提供利益回馈。而品牌延伸也存在缺点，主要表现为伤害母品牌形象等，表9-4详细比较了品牌延伸的优缺点。

表 9-4 品牌延伸的优缺点

优　　点		缺　　点
提高子品牌的可接受度	为母品牌和公司提供回馈利益	1. 可能使顾客感到困惑；
1. 提升品牌形象； 2. 减少消费者的风险感知； 3. 增加分销和试销的可能性； 4. 提高促销费用的使用效率； 5. 降低产品导入及后续营销活动的成本； 6. 满足消费者多样化需求	1. 明确品牌含义； 2. 提升母品牌形象； 3. 新顾客的吸引，市场覆盖面扩大； 4. 激活品牌； 5. 为后续延伸做铺垫	2. 可能遭到零售商的抵制； 3. 可能伤害母品牌形象； 4. 可能成功但挤占了母品牌的销售； 5. 可能成功但削弱了品类的认同； 6. 可能稀释母品牌的含义； 7. 可能错过开发新品牌的机会

资料来源：凯文·莱恩·凯勒，沃妮特·斯瓦米纳坦. 战略品牌管理（第5版）[M]. 何云，吴水龙，译. 北京：中国人民大学出版社，2020：368-373.

（三）基于匹配性的品牌延伸

品牌延伸成功与否很大程度上取决于消费者对延伸品牌和母品牌之间的匹配性（Fit）的感知，如果具有较高的匹配性，则消费者对于延伸品牌具有较好的评价。

品牌学者卡普费雷尔[8]认为，品牌延伸并非只简单借用表面上已经存在的品牌名称，而是需要从品牌、消费者需求、市场竞争三个角度评估品牌延伸。本书进一步提出，企业在实施基于"匹配性"的品牌延伸策略时可以考虑遵循以下基本原则：①科学评估企业及其品牌实力；②选择较一致的行业；③采取相近的分销渠道；④产品具有共同的主要成分；⑤具有相同的服务支持系统；⑥具有相似产品定位或品牌联想定位；⑦避免母品牌已高度定位（即母品牌已成为了某行业的代名词）。

营销工具9-3

品牌延伸计分卡

用量化工具去评价品牌延伸的可行性会方便很多。品牌延伸计分卡（见表9-5）旨在帮助品牌经理对品牌延伸进行更全面的分析。品牌延伸计分卡中，四个主要标准中的三项遵循经典的"3C"观点，即消费者、公司和竞争，来判断延伸产品或延伸品牌的定位。而第四个标准则衡量延伸策略对品牌资产的反馈。每一个标准都包括两个主因素和一个次因素。主因素为10分制，次因素为5分制。无论是采用公司还是行业标准，如果被评价的延伸策略在某点上表现突出则给出最高分。

表 9-5 品牌延伸计分卡

消费者角度
10分　_____分　产品类别吸引(规模、增长潜力)
10分　_____分　品牌资产转让(品牌的知觉契合度)
5分　　_____分　感知到的消费者目标契合度

续表

公司角度:产能		
10分 _____	分	资产运用(产品技术、组织能力、渠道和沟通的营销效率)
10分 _____	分	盈利潜力
5分 _____	分	推出的可行性
竞争的角度:差异性		
10分 _____	分	比较性吸引(很多优势、很少劣势)
10分 _____	分	竞争反应(可能性、免疫力、不受伤害)
5分 _____	分	法律、法规、制度壁垒
品牌角度:资产反馈		
10分 _____	分	强化母品牌的品牌资产
10分 _____	分	促进额外的品牌延伸机会
5分 _____	分	提升资产基础
总分 _____	分	

根据分数为候选的多个延伸策略排名能够提供清晰的优先选择。当候选的延伸策略数量不足时,也可以将本公司或竞争对手在最近进行的一个成功或不成功的延伸当作参照物以指导延伸决策。

资料来源:凯文·莱恩·凯勒,沃妮特·斯瓦米纳坦. 战略品牌管理(第5版)[M]. 何云,吴水龙,译. 北京:中国人民大学出版社,2020:380.

(四)低匹配度的品牌延伸

上文提到,品牌延伸成功与否很大程度上取决于消费者对延伸品牌和母品牌两者之间匹配性的感知,低匹配的延伸更容易失败。然而近年来,低匹配度(low fit)的品牌延伸却越来越多。比如,3M安全产品(如焊接安全帽)和3M办公用品几乎没有共同特征,但作为母品牌3M的延伸产品同样被消费者所接受。这是为什么呢?

实际上,扩展到不同产品类别风险很大,但潜在收益也很大。这些收益包括扩大品牌吸引力、提高财务盈利能力以及利用新兴消费趋势等。例如,苹果公司(Apple)主要以其电子产品而闻名,但也一直在通过多元化经营Apple Pay、Apple Music、Apple News和Apple TV来扩大其品牌吸引力。同样,户外服装品牌巴塔哥尼亚(Patagonia)也经营啤酒,这是一个比其核心服装业务规模更大、利润更高的不同类别。品牌还扩展到新的类别以响应新兴的消费趋势,例如,以鸡肉产品闻名的泰森食品推出植物性汉堡以满足美国消费者对素食蛋白不断增长的需求,可口可乐也在考虑开发一款含酒精饮料以响应年轻人的硬苏打水消费新需求。因此,如何成功进行低匹配度的延伸成为品牌研究的新热点。

营销洞见9-6

生活角色转变如何影响消费者对品牌延伸的看法

人在不同的人生阶段总会经历身份、角色和责任的变化。苏(Su)等人的研究表明,与未处于生活角色转变中的消费者相比,处于生活角色转变中的消费者对低匹配度品牌延伸的态度更好。这种效果是由"自我概念模糊感"驱动的,这种情感会进一步激发人们的辩证思维，进而有助于提高母品牌与其延伸品牌之间的匹配性的感知，最终促成更好的品牌评价。

一些品牌和产品（如婴儿尿布、结婚戒指）与生命角色转变自然相关，它们在推出品牌延伸方面可能具有优势。其他品牌的经理也可以在婚礼网站、搬家网站或求职网站上发布延伸品牌的广告，或者可以利用这个原理，直接在品牌传播（如内容营销）中暗示生活角色转变的体验等。

资料来源：Su L, Monga A S B, Jiang Y. How life-role transitions shape consumer responses to brand extensions[J]. Journal of Marketing Research, 2021, 58(3): 579-594.

二、品牌组合

 概念定义：

品牌组合（brand portfolio）：公司同一品类下销售的所有品牌的集合。公司品牌组合中各品牌承担不同的角色，并发挥不同的作用。

公司在制定品牌组合战略时或判断现有品牌组合质量时，一般遵循两个原则：第一，品牌组合中的任意一个品牌都不能损害其他品牌的资产。第二，最理想情况的情况是，组合中每增加一个品牌都能够与其他品牌互为补充，进而实现品牌资产的最大化。

Mini案例9-3

字节跳动短视频产品的品牌组合

字节跳动是一家成立于2012年、总部位于中国北京的全球知名科技公司。字节跳动一直以旗下多个知名互联网品牌而闻名，但实际上，公司的核心产品一直就是"视频"平台，却通过"一品多牌"在市场竞争中脱颖而出。

字节跳动的短视频业务主要有"个性化推荐短视频平台"的西瓜视频、"拍视频能赚钱"的火山小视频、"记录美好生活"的抖音，以及"好友小视频社交"的多闪这四个品牌。在国际市场，这些产品对应不同的名称，如Buzz Video（国际版头条视频）、Vigo Video（国际版火山小视频）、Tik Tok（国际版抖音），以及收购的美国音乐视频社交产品musical.ly等。

在市场定位上，西瓜视频与YouTube有相似之处，它是一个信息流平台，主要服务大众互联网用户，旨在提供更加精致的PUGC（专业用户生产内容），定位为视频版的今日头条。与快手呈竞争关系的火山小视频则定位UGC（用户生产内容）平台，以15秒原创生活小视频社区为核心，主要针对三、四线小城市用户。而抖音的竞争对手类似Instagram，目标是成为年轻人钟爱的时尚短视频分享社区平台。

这一系列的移动端短视频品牌不仅为用户提供了多样的功能和满足不同喜好的选择，还以多品牌战略的方式，分别在各自的细分市场中占据了相当大的份额，形成了高效的战略模式并带来利润回报。

资料来源：字节跳动官网.https://www.bytedance.com/zh/.

可见，促进品牌之间的协同作用、充分利用品牌资产、创造并保持市场的相关性以及创建和提升强势品牌，才是品牌组合管理的目标所在。在设计最优的品牌组合时，销售人员必须首先定义相关顾客群并调查细分市场存在多少重叠。最优的品牌组合应当同时满足两个标准：一是市场的最大化，二是相互重叠的最小化。

三、品牌架构

（一）品牌架构战略

 概念定义：

品牌架构战略（brand architecture strategy）：是指界定公司的品牌与产品的关系、各个品牌的角色以及它们之间关系的系统品牌管理战略。

至此，我们已经学习了品牌延伸和品牌组合的定义和实施方法，在现实生活中，当公司希望进行或已经进行了大量的品牌延伸和品牌组合尝试时，品牌经理就必须厘清公司究竟有多少个品牌，以及各品牌之间是什么关系。

公司的品牌架构不仅仅是一项工具，更是一种战略。品牌架构主要具有两方面的意义：对外，品牌架构建立起品牌的认知秩序（见图 9-11）；对内，品牌架构建立起品牌的管理秩序（见图 9-12）。

图 9-11 中粮集团旗下品牌

资料来源：中粮集团官网.http://www.cofco.com/cn/AboutCOFCO/。

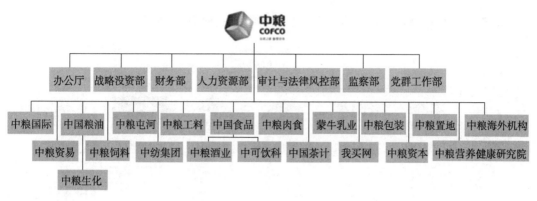

图 9-12 中粮集团管理架构
资料来源：中粮集团官网. http://www.cofco.com/cn/AboutCOFCO/。

这里简单地展示了中粮集团的品牌架构，在章末案例中，我们对其进行了更深入的分析。总而言之，品牌架构的战略的根本目的是通过建立品牌的认知秩序和管理秩序将品牌资产最大化。为了掌握品牌架构战略的制定方法，接下来我们将了解品牌架构有哪些主要模式（横向），以及如何确定品牌层级（纵向）。

（二）品牌架构的横向模式

关于品牌架构究竟有多少种类型，学者一直没有统一的答案[17]。本书最终整理总结了四类主要的品牌架构类型：单一品牌；主副品牌；背书品牌；多品牌。总的来说，从单一品牌到主副品牌，到背书品牌，再到多品牌，母品牌对子品牌的驱动作用逐步减弱，子品牌的独立性不断增强。举例来说：

单一品牌，或 branded house，也称为统一品牌策略，是指一个品牌统领旗下所有"不同类"业务的架构战略，例如，鲁花食用油、酱油、调味品都使用一致的品牌标识，又如，腾讯新闻、腾讯游戏、腾讯视频，子品牌无法脱离母品牌而存在。

主副品牌，或 sub-brands，是指将公司品牌于旗下所有业务，但业务本身"增加"了独立的标识或名称，如小米手机、米家、小爱音箱。有时则是为了区分具有不同档次和特点的"同类"产品，如郎酒旗下的红花郎、青花郎、老郎酒、郎牌特曲。

背书品牌，或 endorsed brands，是指品牌不明显展示母品牌，但在"借用"背书品牌的信誉的同时彰显新的个性和价值的战略，例如，雀巢的巧克力品牌名为奇巧，调味品品牌名为美极，在品牌传播时透露其同为雀巢旗下。区分主副品牌架构和背书品牌架构很简单，主要在于观察母品牌是否在标识展示或核心价值观上占据主导地位。背书品牌往往对子品牌资产不产生核心驱动作用。

多品牌，或 house of brands，则是所有业务针对各自目标市场，进行"独立"的品牌设置，并不与母品牌保持明显关联，如中粮旗下的福临门、蒙牛、长城葡萄酒。

（三）品牌架构的纵向层级

品牌架构图一般是以母品牌在上，业务板块或子品牌在下纵向绘制，如图 9-13 所示的比亚迪的品牌架构（部分）。公司通过品牌层级（brand hierarchy）描绘出公司的品牌架构战略，系统地展示公司拥有的全部品牌的数量及种类。

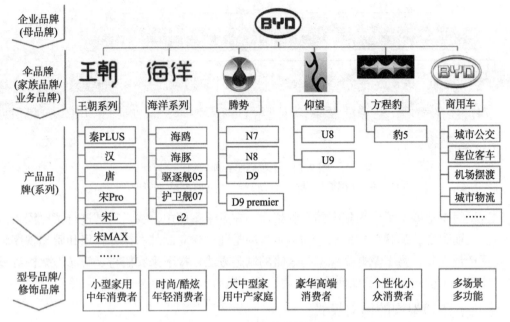

图 9-13 比亚迪的品牌架构

在绘制品牌层级图时，我们通常将品牌架构分为五个纵向层次：公司品牌、家族品牌（伞品牌、业务品牌）、品类品牌（产品品牌）、修饰品牌和产品描述。

以华润公司的怡宝魔力电解质水为例，公司或公司品牌是"华润"，家族品牌是"华润怡宝"，单个品牌是"怡宝魔力"，修饰品牌则分为"怡宝魔力电解质/怡宝魔力维他命/怡宝魔力氨基酸"，产品描述为"为日常运动爱好者提供的各阶段补给运动饮料"。

四、品牌联盟

（一）品牌联盟的定义

 概念定义：

品牌联盟（brand alliance）：是由两个或多个品牌通过合作实现共赢的品牌策略。

如今，品牌联盟已成为企业为实现品牌增长而常用的战略之一，广泛应用于餐饮、零售、航空和金融服务等行业。与品牌延伸和品牌组合不同，品牌联盟战略的视角不再是"对内"，而是强调联合外部的成功品牌实现共赢。

学术界对品牌联盟的研究与对品牌延伸的关注点类似，重点在于品牌联盟成功的条件、品牌联盟的适用情境、品牌联盟后的消费者态度以及品牌联盟对参与品牌产生的"外溢效应"。这些研究主要解答了三个问题。

1. 品牌联盟的不同情境

品牌联盟可应用到以下多种情境：广告、品牌延伸、服务业品牌之间联盟、全国性品牌与地方性品牌之间联盟、不同市场地位品牌之间联盟（强势与强势品牌联盟、强势与弱势品牌联盟、弱势与弱势品牌联盟）等。

2. 品牌联盟的下游影响

品牌联盟造成多种好的或坏的下游影响，如影响品牌态度、品牌形象、品牌识别、品牌信任、品牌忠诚、品牌资产等。

3. 品牌联盟成功的因素

产品拟合度（product fit）或产品互补性（product compatibility），如汉堡和可乐、品牌匹配性（brand fit），包括品牌形象匹配性、目标市场匹配性、品牌价值观匹配性等均正向影响消费者对品牌联盟的态度。

（二）品牌联盟的优缺点

与所有品牌战略一样，品牌联盟也是一把双刃剑。品牌联盟的优点很多，包括借用所需要的专长、利用本不具有的品牌资产的杠杆效应、降低产品的导入费用、将品牌含义扩展到新品类中、增加品牌接触点、增加额外收入的来源等。

品牌联盟战略的缺点则体现在品牌的控制力减弱、公司注意力的分散转移、品牌缺乏聚焦性和清晰度而面临品牌资产稀释的风险等。

（三）跨界品牌联盟

近年来，比起品牌延伸的"跨界"，品牌联盟的"跨界"有过之而无不及。跨界品牌联盟的投入成本远小于跨界品牌延伸（因为一般不需要新建立整套生产体系），但战略失败也会对品牌形象造成巨大打击，所以选择合适的联盟伙伴显得尤为重要。跨界联盟作为品牌联盟的特殊形式，近年日益受到企业青睐，同时也涌现诸多联盟伙伴身处完全不同领域、主营不同业务但仍然成功的品牌跨界联盟案例。

Mini案例9-4

"王者集结，顶峰象见"：白象与王者荣耀的品牌联盟

跨界品牌联盟在餐饮行业越来越常见，许多包装食品厂家开始寻找代表流行元素的联盟伙伴，希望能够在年轻消费群体中占据一席之地。然而，很多联盟都只是流于表面的"贴标"，没有真正达到"共鸣"。其实，品牌联盟的意义不仅在于关注短期的"流量"和"声量"，更在于长期的价值传递。

2023年5月，主营方便面产品的中国品牌白象旗下的"大辣娇"系列与游戏IP"王者荣耀"联名推出了5款限定合作款拌面（见图9-14），引发了全网热议。王者荣耀是由腾讯游戏天美开发并运行的一款运营在Android、IOS平台上的多人在线战术竞技类手机游戏。活动中，白象与王者荣耀在"五五朋友节"上推出的五种口味产品，分别与游戏中的狄仁杰、李元芳、后羿、云缨、嫦娥五个东方英雄形象相对应。为增加趣味性，白

象结合了王者荣耀的游戏特性,设置了抽取"荣耀水晶""英雄皮肤""游戏道具"等100%有奖好礼的互动机制,将流量成功转化为销量。相关微博话题"王者集结,顶峰象见"在上线仅24小时内阅读量就突破1亿;而在"五五朋友节"期间,白象更是荣获天猫方便面类目商品流量榜和成交榜的双第一,以及天猫直播间单日品牌粮油速食总榜和小时榜的双第一。

图9-14　白象X王者荣耀

资料来源:作者整理。

白象联名王者荣耀取得成功的关键在于,它们虽然在主营业务上不具备匹配性,但却以产品创新为基础,挖掘了二者在品牌积极形象上的匹配性。两者不仅在核心消费者人群画像上重合度很高,在中国传统文化输出理念上也不谋而合。王者荣耀基于中国文化构建了一个庞大的游戏世界,设计了上百位东方英雄形象。在他们的故事中,有很多关于江湖侠客"肝胆相照、快意人生"的内容表达。而国民品牌白象也十分擅长从中国传统文化里汲取灵感,用"一碗面"解锁英雄气概,向大家传递出"大口吃面,快意人生"的价值主张,鼓励大家在人生这场江湖中快乐相逢、自信而为。

"王者集结,顶峰象见"不只是一句简单的联盟口号,更是一种生活态度的表达,它既体现了品牌双方对彼此的高度认可和赞扬,也鼓励消费者在精神层面上积极向上。

资料来源:白象官网. http://www.baixiangfood.com/.
　　　　　王者荣耀官网. https://pvp.qq.com/.

五、品牌激活

(一)品牌激活的定义

 概念定义:

　　品牌激活(brand revitalization):是指让进入老化期或休眠期的品牌重获生机的战略。

尽管品牌管理者不遗余力地防止品牌的衰退,但即使是领导品牌也会面临被市场淘汰的可能。品牌老化是指由于没有实现长期有效的品牌管理，品牌知名度、美誉度以及市场占有率下降，使品牌资产贬值。其实，任何品牌如果没有得到长时间的良好管理，都会有品牌老化的隐患。由于推出新品牌的成本过高并且存在风险，所以，当品牌遭遇衰退或老化时，品牌激活便成为解决品牌老化问题的较好途径和方法[18]。

品牌激活之所以能成为具有持续吸引力的营销战略[19]，主要原因是：①技术进步和他人模仿很快就会消除先行者的优势，但依靠消费者对老品牌的忠诚却能获得竞争优势；②人们的怀旧情绪。这种怀旧情绪被进一步分为三类：a.渴望过去但又难以重温的情感；b.在未来和过去之间平衡的情感；c.对过去再现但与情感无关的审美反应。

品牌学家让–马克·勒胡（Jean-Marc Lehu）曾通过对法国食品行业经理的深度访谈提出了经典的品牌激活的成因与补救策略图[18]（见图 9-15）。他认为应该从产品服务、目标市场和传播三个方面着手进行品牌激活。

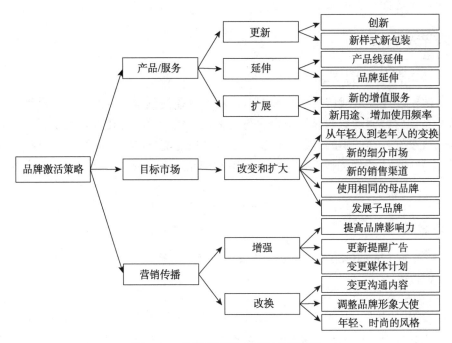

图 9-15　品牌激活的成因与补救策略

（二）中国老字号品牌激活

随着社会环境和消费文化的演变，我国一些曾经辉煌灿烂、在国内外享有盛誉的老字号面临生存危机和发展困境，许多老字号已逐渐消失，而另一些则陷入无法突破的发展瓶颈，整体呈现衰退的态势。例如，广州老字号云香楼创立于 1904 年，拥有 111 年历史，然而因经营困境不得不悄然关门；全聚德作为北京的名片，从 2019 年开始利润急剧下降，经营日渐黯淡；2020 年，老字号狗不理开始收缩门店。

老字号与新兴品牌不同，拥有品牌传承这一独特的战略资源，历经历史检验后，对企业获得市场认同具有杠杆放大效应，形成其他品牌难以比拟的竞争优势。然而，尽管品牌传承是一种独特资源，却未能被老字号企业充分挖掘和利用。大部分老字号企业仅仅将品牌传承作为一句口号或者销售活动的标识，对于品牌传承到底传承什么，还处于一种困顿和迷茫状态，以致时至今日老字号对自身品牌传承依然缺乏系统和深入的认识。

为解决这一问题，我国学者运用定性与定量相结合的研究方法，采用扎根理论和高阶因子分析作为研究工具，对老字号品牌传承进行了规范的维度构建和量表开发[20]。研究开发的老字号品牌传承维度和量表将抽象而复杂的老字号品牌传承分析推进到可分解和定量测量的阶段。具体来说，老字号品牌传承是一个多维结构，可分为商道传承、历史传承、产品传承、精神传承以及地域传承5个维度。这5个维度又包含14个子维度，分别为诚信仁义、中庸之道、重义轻利、品牌故事、历史责任、社会责任、技艺传承、主业传承、品质传承、尚德精神、工匠精神、创新与创业精神、地域文化传承以及地域资源传承。老字号品牌的管理者不妨从这些维度对品牌传承状态进行测评，从而发现企业在品牌传承方面存在的优势和不足。

六、品牌关系

（一）品牌关系的定义

关系营销在逐渐取代传统的交易型营销后，日益受到学术界和企业的重视。所谓关系营销，是把营销活动看成是一个企业与消费者、供应商、分销商、竞争者、政府机构及其他公众发生互动作用的过程，其核心是建立和发展与这些公众的良好关系。20世纪90年代以来，关系营销的概念被运用到品牌和产品层面并形成了品牌理论研究的最新前沿课题——品牌关系。

 概念定义：

品牌关系（brand relationship）：是指消费者与品牌之间基于信任、情感和互动产生的深度联结。

卢泰宏等[21]认为，品牌关系之所以能开辟最新的学术领域，至少因为以下五方面的背景：①体验经济的到来；②品牌的消费者导向；③关系营销的盛行；④顾客关系资产受到认同；⑤品牌个性的奠基性研究。

（二）消费者—品牌关系类别

类别研究是品牌关系研究中一个非常重要的部分，因为关系差异首先表现为类别差异。布莱克斯顿最先构建了品牌关系概念模型[2]，并根据品牌关系模型设计了由两个坐标构成的品牌关系分析图。富尼耶（Fournier）进一步深化了品牌关系研究[22]，并开创性地采用隐喻（metaphor）的方法，将品牌关系类比为社会人际交往中的15种关系模式，包括包办婚姻、临时朋友、权宜婚姻、专一伙伴、最佳友谊、有区别的友谊、血缘关系、回弹关系、儿时友谊、求爱关系、依赖关系、放纵关系、敌意关系、奴役关系和私密交易关系。

近年来，一些关于拟人化品牌的研究为品牌关系类别研究带来新洞见。例如，朱翊敏和刘颖悦将拟人化品牌分为"伙伴"角色和"仆人"角色两类[23]，并基于需求强化假说，通过实验发现，受到不同类型社会排斥（可分为人在社会受到拒绝或受到忽视）的消费者对拟人化品牌角色的偏好不同，其中，"受拒绝"的消费者更喜欢"伙伴"角色的拟人化品牌，而"受忽视"的消费者则更青睐"仆人"角色的拟人化品牌。

（三）品牌关系的作用

消费者与品牌建立关系是一个渐进的过程，因此收获的结果也是逐步递进的。在消费者与品牌关系的形成的初期，消费者识别品牌定位和品牌个性；随后则开始形成品牌认知、品牌态度、和品牌情感；最终，消费者形成品牌忠诚度。

为了进一步了解不同类型的品牌关系如何推动顾客品牌忠诚度并帮助公司提高关系建立投资的有效性，哈米托夫（Khamitov）等对五种消费者品牌关系结构与顾客品牌忠诚度之间的联系进行了元分析[24]。对 24 年来 255 份出版物中报告的 290 项研究的 588 项弹性的分析结果表明，一般而言，品牌关系强度提高 1%，顾客品牌忠诚度提高 0.44%。

更重要的是，研究指出在什么条件下各种类型的品牌关系可以提高忠诚度[24]。例如，基于爱和依恋的品牌关系的弹性通常最高；相比早些年，品牌关系对顾客品牌忠诚度的积极影响在最近几年的弹性更强（即品牌关系战略更有效）；相对于地位消费，非地位消费时的弹性更强；相对于私人消费，公开消费时的弹性更强等等。

最佳实践 9-2：中粮集团：自然之源，重塑你我

研究结果还发现，低端品牌建立品牌关系后的收益是更大的。而反观奢侈品品牌，由于弹性更小，所以为了保证忠诚度，品牌经理不得不加大关系管理的投入。

最佳实践9-1

比亚迪的品牌重塑：科技·绿色·明天

自 1995 年成立以来，比亚迪始终坚持自主发展，目前业务布局涵盖电子、汽车和轨道交通等领域，刀片电池、DM 混动技术代表着全球汽车行业前沿水平。其业绩卓越的背后则是对市场内外部环境和消费者需求变化的精准把握以及在关键节点上的品牌重塑。2023 年，比亚迪推出了品牌重塑新里程碑——仰望 U8。其实，从"廉价"到"高端"，比亚迪一直在坚持进行品牌标识、品牌传播、产品创新、市场布局等多方面的改革。比亚迪 2023 年销售收入 6023 亿元，增长 42%，新能源汽车销量达 302 万台，增长 67.8%。

品牌标识改革

比亚迪推出第一款新能源车的时候采用了主副标识设计，即"BYD-秦"。然而，他们发现消费者将车买回去后，总是急着把车送到修车铺或自行想办法将把"BYD"标牌拆下来，然后将篆体字"秦"或"唐"镶嵌到车头车尾的正中央。究其原因，是消费者

认为,"比亚迪"并不能给其带来荣耀,反而感到掉价,还不如用"秦"或"唐"的标志来使自己的座驾显得个性十足。在网上,有大量的车主晒出自行更换 logo 的心得体会和更换后的效果欣赏。因此,比亚迪早期的品牌标识策略可谓失败。随后,当公司推出新产品的时候则顺应了"民意",去除了"BYD"标识,只使用篆体的"宋"和"元"。

"542"战略

比亚迪的品牌中心还提出了三大领先,即"科技领先""品质领先"和"市场领先",这离不开比亚迪一如既往对性能的追求。2014 年 4 月发布的"542"战略为比亚迪后续的新能源产品设定了性能目标,通过三项性能指标的颠覆性提升来吸引消费者。"5"代表百公里加速 5 秒以内,"4"代表全时电四驱,"2"代表百公里油耗 2 升以内。比亚迪董事长兼总裁王传福曾说:"让消费者为环境买单其实是不够的,还要给消费者提供更强的性能和超值的价值,这样消费者才更能接受。"

"7+4"战略

2015 年 4 月,比亚迪发布了新能源车"7+4"全市场战略布局,对外宣告全面进军新能源汽车市场。其中"7"代表 7 大常规领域(私家车、城市公交、出租车、道路客运、城市商品物流、城市建筑物流、环卫车),"4"代表 4 大特殊领域(仓储、矿山、机场、港口)。比亚迪的目标是把中国道路交通领域所有用油的地方全部用电来替代,逐步实现全市场电动化布局。同时,在海外,比亚迪新能源公共大巴和 e6 出租车已然行驶在美国、日本、英国、巴西、荷兰、澳大利亚等全球逾 50 个国家和地区、超过 200 个城市的街头。

品牌传播改革

在品牌形象上,多年来比亚迪常与"性价比"甚至"廉价"联系在一起。2020 年底,比亚迪开始强调品牌年轻化和自信心。比亚迪发现年轻人对新技术更为关注,于是开始开发游戏车、音乐车等全新产品,定期举办与年轻车主的见面会。在广告中,过去人们看到的是"比亚迪的车配置高、便宜,又促销了",现在则更多地强调科技自信、品质自信、中国自信。同时,公司还与经销商举办"铁军训练营"以加强对品牌的理解和提升服务能力。比亚迪的品牌年轻化重塑还触及更多泛娱乐生态:为比亚迪-汉创造国风电音歌曲;合作国风漫画《刀行天下》,谱写秦汉唐宋元的江湖宇宙;进驻 ChinaJoy,对话二次元,沟通 Z 世代;携手顶级俱乐部伙伴,与中国电竞双顶流赛事一同向前……

品牌重塑新里程碑:仰望 U8

仰望 U8 于 2023 年在中国市场上市,是比亚迪在电动车领域的最新力作之一。仰望是比亚迪集团旗下百万级高端新能源汽车品牌,致力于为用户带来前所未有的极致安全、极致性能、极致体验。构建全新百万级高端品牌,成为比亚迪品牌重塑的新里程碑。

曾经与"廉价"联系在一起的品牌为何有勇气标价百万?答案还是:性能。首先,仰望 U8 展现出非凡的动力性能。它每个轮胎都装备了一个独立的电动机,使四轮独立驱动和转向成为可能,从而提供了卓越的操控灵活性和稳定性。仰望 U8 令人惊叹的 0—100 公里/小时加速时间只需 3.6 秒,超越了许多跑车。此外,它还具备四轮侧移、原地转圈等引人注目的特技动作。其次,仰望 U8 拥有卓越的越野性能。它采用了全地形自适应悬挂系统(ATAS),能够根据路况自动调节悬挂高度和刚度。同时,它还配备了多种越野模式和辅助系统,能够应对沙漠、雪地、山地等各种复杂路况。仰望 U8 的最大涉水深度可达1米，超过了许多SUV的能力。再次，仰望U8提供了出色的安全性能。它采用全铝合金车身结构，拥有极高的刚性和强度。此外，它配备了多达12个气囊。仰望U8还搭载了仰望智能驾驶系统（YAS），整合了多种主动安全和辅助驾驶功能，如自动紧急制动、车道保持、自适应巡航和自动泊车等。最后，仰望U8提供卓越的乘坐舒适性能。车身提供宽敞的内部空间，内饰采用高级真皮和木纹材料，营造出奢华的氛围。座椅的多向电动调节和按摩功能提供出色的支撑和舒适感。仰望U8还配置了全景天窗、空气净化器、无线充电器和智能语音控制等便利设施，进一步提升乘坐体验。

仰望的品牌标识设计也有着深刻内涵。"仰望标识灵感源自甲骨文'电'（见图9-16），表明了新能源的技术和产品路线；闪电线条干练，寓意产品的极致性能；触角向四方延伸，代表品牌对未知的无畏探索。"这是仰望官网对品牌标识的诠释。

图9-16 仰望品牌标识
资料来源：作者整理。

从中我们可以看出两个关键点，"电"和"中国文化"。"电"已成为比亚迪当前和未来很长一段时间构建美好生活的核心。通过前瞻性的战略布局和多年的积累，比亚迪在电动车高速发展的今天毫无疑问地代表了中国向世界第一的冲击。通过长期的厚积薄发和跨越式的发展，比亚迪取得的一切成绩让其打造百万级品牌成为理所当然，赢得了广泛的人心。新标识的另一个关键点是其灵感源自甲骨文。标识公布后，大多数消费者对新标识在辨识度和美观度上都表示认可。而灵感源自甲骨文的设计则再次展示了比亚迪将中国传统文化融入产品的决心和能力。在汽车行业，比亚迪是与传统文化和中国元素融合最为丰富、极致的品牌之一。大胆创新的中文按键设计、王朝系列车型以及源自古代建筑设计的内饰等等，无一不展现出比亚迪对融合中国文化的坚定承诺和坚持。

讨论题：

1. 从最初的主副品牌标识被消费者"抛弃"，到使用独立品牌标识受到消费者认可，再到仰望的标识设计大受好评，这一过程体现了选择品牌元素的哪些原则？

2. 根据勒胡提出的"起因—策略品牌活化框架"，能否从产品、目标市场、营销传播三个方面具体阐述比亚迪如何实现品牌的重塑？

3. 假如你是仰望的品牌经理，你认为下一步为品牌取得增长应采取什么品牌化战略（例如但不限于品牌延伸、品牌联盟、品牌关系等）？

资料来源：

[1] 陈渊. 比亚迪品牌策略分析[J]. 企业研究，2017(8): 26-29.
[2] 比亚迪官网. 品牌中心. https://www.byd.com/pc/.
[3] 仰望官网. 品牌中心. https://www.yangwangauto.com/brand.html.

本章小结

（1）品牌是一个名称、术语、标记、符号，或设计，或是这些元素的组合，用于识别一个销售商或销售商群体的商品与服务，并且使它们与其竞争者的商品与服务区分开来。对于公司而言，强势品牌能维持较高的产品价位、具有强大的融资能力、能抵御竞争者的攻击、持续不断地为公司创造利润。对于消费者而言，品牌能够简化顾客购买决策、保证产品质量、降低购买风险并最终产生信任和忠诚等作用。

（2）在数字时代，新信息和新技术的获取更便捷、消费者共享信息和商品更加容易、一些消费者对传播更抵触。品牌管理者要更强调"体验"的作用，一方面在线下场景应用新技术；另一方面在线上场景加强产品和服务的有形化，使用户沉浸在品牌背景中。

（3）建立强势品牌规划体系可以依托三个模型。品牌定位模型通过确定一个参照框架，寻找最优的品牌联想的异同点。品牌共鸣模型用于建立和顾客间积极、紧密的忠诚关系。品牌价值链模型则有助于营销人员追踪品牌的价值创造过程，从而更好地理解营销费用和投资的财务影响。

（4）在创建和传播品牌时要注意：品牌元素的选择遵循可记忆、有意义、可爱、可转换、可适应、可保护的原则。整合营销传播方案依据覆盖率、贡献率、一致性、互补性、通用性、成本的标准。要善于利用次级品牌联想杠杆强化品牌资产。

（5）通过品牌化实现业务增长可以采用的战略分别有：品牌延伸、品牌组合、品牌架构、品牌联盟、品牌激活、品牌关系。具体而言，品牌延伸帮助新产品获得竞争优势，品牌组合实现市场范围最大化，品牌架构厘清公司旗下品牌关系，品牌联盟实现"1＋1＞2"的营销效果，品牌激活挽救老化的品牌，品牌关系强化品牌忠诚。每一个策略都具有优缺点和适用的条件，管理者需要谨慎使用这些方法。

关键术语

品牌（brand） 品牌资产（brand equity）
品牌定位（brand positioning） 品牌共鸣（brand resonance）
品牌元素（brand elements） 品牌传播（brand communication）
品牌延伸（brand extension） 品牌组合（brand portfolio）
品牌架构（brand hierarchy） 品牌联盟（brand alliance）
品牌激活（brand revitalization） 品牌关系（brand relationship）

回顾性问题

1. 品牌的本质内涵包括哪三个方面？为什么要打造强势品牌？
2. 数字化背景下的品牌化面对哪些挑战和机遇？
3. 创建品牌的核心步骤是什么？
4. 维系和提升品牌资产的战略有哪些？

辩论性问题

品牌联盟应否跨界？

研究表明联盟伙伴的相似性和契合性是影响品牌联盟成功的重要因素，因此同行业内的品牌联盟十分奏效，如健怡可乐和纽特健康糖联合、华为和东风汽车联合等。但现实中，越来越多的品牌开始寻找"跨界"联盟的机会，如信用卡和影视、游戏角色的联合，它们认为跨界才能带来话题，进而提高品牌知名度。

正方：品牌联盟对象应优先选择业内品牌。

反方：品牌联盟对象应优先选择跨界品牌。

实践性问题

1. 你最喜欢的品牌是什么？能否根据品牌共鸣模型描述这个品牌（包括它的显著度、品牌定位特点，以及你与它之间的关系）？

2. 假设你要开一个任意菜系或品类的中餐馆，请为它设计名称、标志、口号和选择代言人，并说明理由。

3. 你能否选取一个品牌资产评估模型（如 CBBE 或自查其他模型），通过定性或定量调研对一个具体品牌进行评估。

4. 选择一个你喜欢的品牌，设计一个品牌延伸方案（可以是产品线延伸或品类延伸），并评估可行性。

延伸阅读

[1] 何佳讯. 国家冠军品牌：品牌的国家级地位及其战略启示[J]. 清华管理评论，2023(5): 34-41.

[2] 蒋廉雄，蓝紫苑，徐一帆，等. 品牌架构战略对公司价值的影响及其机制研究[J]. 外国经济与管理，2022, 44(11): 3-28.

[3] 凯文·莱恩·凯勒，布耐恩·斯特恩塔尔，艾丽斯·蒂博特. 三问品牌定位[J]. 哈佛商业评论（中文版），2004(10): 95-102.

[4] Rajavi K, Kushwaha T, Steenkamp J B E M. Brand equity in good and bad times: What distinguishes winners from losers in consumer packaged goods industries?[J]. Journal of Marketing, 2023, 87(3): 472-489.

参考文献

即测即练

自学自测　扫描此码

第十章

全球营销战略

四海之内皆兄弟也。

——《论语·颜回篇》

全球化是一种服务世界的能力。

——马云（阿里巴巴创始人）

◆ 学习目标

1. 理解全球营销战略的概念和内涵；
2. 了解公司开拓海外市场之前需要考虑的因素；
3. 掌握评估并选择海外目标市场的方法；
4. 熟悉进入全球市场的不同模式；
5. 了解公司的全球营销组合策略。

◆ 开篇案例

大疆：为世界带来全新视角

大疆创新科技有限公司（以下简称"大疆"）创立于2006年。在创立之初，大疆以生产和销售航模零件、组件为主。当时，航模是一个小众市场，国内玩家较少，国外玩家相对较多。因此，在企业成立之初，大疆主要向欧美发达市场提供航模元件，海外消费者逐渐形成了"大疆产品不错"的认知。随着大疆一体化产品——消费级无人机的推出，大疆将目标市场锁定在了美国等发达市场。

彼时，国内无人机市场规模极小，难以满足大疆的生存和发展需求，而美国是全球最大的民用无人机市场。大疆通过北美DIY Drones等无人机论坛以及国际展会，接触到了无人机发烧友，向他们免费提供产品试用，并积极与这些用户进行价值共创。大疆基于用户反馈，不断完善产品性能，提升用户体验。通过这些举措，大疆有效发挥了海外市场优质用户和意见领袖的影响效应，积累了最初的无人机用户口碑。

2012年，大疆的第一款畅销产品精灵Phantom 1（见图10-1）无人机诞生。它基于大疆自研的多旋翼飞行控制系统与稳定航拍云台等领先技术，实现了"到手即飞"。不同于同类产品动辄上千美元的售价，大疆精灵 Phantom 1 售价为 679 美元。它以领先的性能、易于上手的操作、适中的价格，推动着美国的消费级无人机市场从专业小众市场走向大众消费市场。之后，大疆坚持创新，通过领先的核心技术提升了用户体验，以略低于同类竞争产品的价格持续提供高性能的产品。

图 10-1　大疆精灵 Phantom 1
资料来源：大疆公司官网。

在渠道策略上，最初，大疆在专业论坛上发帖，告诉大家可以通过邮购等方式购买无人机，并联系当地的航模经销商，询问它们是否有兴趣订购大疆的产品在当地销售。这样，大疆的消费级无人机产品逐渐进入了北美等发达市场。随着市场洞察的深入，大疆发现美国等发达市场的无人机用户更偏好网上消费。大疆开始积极布局线上渠道，逐渐形成了包括大疆线上商城、亚马逊、eBay 等电商平台的线上渠道体系。为进一步提升品牌形象和用户购买体验，大疆在 2015 年前后加大了对线下旗舰店的布局。2016 年，大疆开始在苹果线下店展示并销售无人机产品，与苹果公司开展了联合营销。通过线下渠道的布局，大疆为顾客提供了产品展示、产品体验、面对面沟通、售前咨询与售后服务等多位一体的线下服务，提升了顾客体验。

在宣传推广上，大疆运用社交媒体，基于当地的文化特色打造精品广告，使营销信息精准触达并打动目标用户。大疆借助各类航拍比赛，鼓励用户将作品上传至 YouTube、脸书、Vimeo 和照片墙，有效扩大了产品影响力。同时，大疆积极参与全球赛事，开创了用无人机进行大型现场直播的先河，引发了媒体的广泛关注。通过在《摩登家庭》《神盾局特工》等热播美剧中进行产品植入，进一步提升了品牌知名度。

截至 2023 年，大疆在全球消费级无人机市场中的份额超 80%，是我国消费电子行业领先的国际化企业。

思考题：
1. 大疆为何要进入海外市场进行全球营销？
2. 大疆的全球营销遇到了哪些困难和挑战？
3. 大疆是如何开展全球营销的？

资料来源：

[1] 大疆官方网站[EB/OL]. (2023-03-21)[2024-10-01]. https://www.dji.com/cn.

[2] 胡左浩，洪瑞阳，朱俊辛. 中国领先企业的品牌国际化营销之道——以消费电子行业为例[J]. 清华管理评论，2021(3): 14-23.

[3] 于舰，李嘉怡. 跨越山海：中国企业全球化调研[R]. 第一财经研究院，2022, 7.

[4] 张兴旺. 从深圳直奔欧美，大疆凭什么成为世界第一？专访大疆创新副总裁王帆[N]. 中国城市报，2016, 7.

第一节　全球营销概述

全球化（globalization）正悄然改变着企业的竞争环境。全球贸易的深化、信息技术的扩散、交通设施的不断完善驱动着全球市场的发展。在激烈的全球竞争中，中国企业的国际化进程不断加快。中国的对外投资规模由2001年的69亿美元增至2022年的1631.2亿美元[1]。中国企业正大规模地进入全球市场并参与全球竞争。在这个过程中，具有全球竞争力的中国企业不断涌现。2001年中国仅12家企业进入《财富》（*Fortune*）全球500强榜单，而在2023年的榜单中，中国的上榜企业已增至142家，位居榜首[2]。大量的中国企业参与到全球市场的角逐中，它们营销战略的制定面临着新的挑战。

营销洞见10-1

全球化与逆全球化

全球化浪潮的兴起可追溯到欧洲工业革命时期，它推动着经济贸易活动与文化交流活动不断跨越国界。各国在经济发展、贸易往来、价值观念等方面不断融合，全球整合与一体化成为发展趋势。然而，随着全球化的深化，经济发展不平衡、发达市场经济增长乏力等问题日益凸显，加之2020年新冠疫情席卷全球，全球发展的不确定性增强。在此背景下，逆全球化（de-globalization）浪潮涌现。

逆全球化是指全球化趋势在某种程度上逆转。近年来，越来越多的迹象表明，逆全球化问题日益突出。例如，2020年1月31日，英国正式"脱欧"，结束了多年的欧盟成员国身份。2016年，新当选美国总统的唐纳德·特朗普（Donald Trump）在上任后连续退出了一系列国际组织与协定。从全球趋势上看，近年来全球范围内的外国直接投资呈下降趋势，全球制造业产业链不断收缩，美国奉行单边主义，发动贸易战与科技战。

尽管存在逆全球化的冲击，但全球化依旧是不可阻挡的发展趋势。在不确定性日益增强的全球市场中，受全球经济复苏需求的影响，全球化可能会发挥比以往更强大的作用。这为中国等新兴市场的快速发展带来了新的机遇。

资料来源：

[1] Contractor F J. The world economy will need even more globalization in the post-pandemic 2021 decade[J]. Journal of International Business Studies, 2022, 53(1):156-171.

[2] 陈燕红. 逆全球化现象及我国的应对策略[J]. 人民论坛·学术前沿，2022(1): 109-111.

[3] 盛斌，黎峰. 逆全球化：思潮、原因与反思[J]. 中国经济问题，2020(2): 3-15.

一、全球营销战略

（一）概念内涵

 概念定义：

全球营销战略（global marketing strategy）：是指企业在全球市场规划和实施营销活动以便通过顾客价值创造在全球市场实现营销目标的整合决策过程。

全球营销是指在全球范围内进行营销活动的整合与控制[3]。相比于在本土市场开展营销活动，伊兰·阿隆（Ilan Alon）等学者指出，全球营销所面临的市场和环境的不确定性更大[3]。尤其是在后疫情时代，全球经济复苏与频发的地缘政治危机加剧了全球营销的复杂性与不确定性。不同国家的经济、文化、社会、法律等差异性使全球营销的多样性和动态性更强。

（二）标准化与适应化

全球营销战略对企业全球营销活动的有效性起到了关键作用。其中，全球营销标准化与适应化（standardization-adaptation）模式通过标准化—适应化的平衡构建全球竞争优势，是企业全球营销的重要战略决策。

1. 全球营销中的标准化

在全球营销战略的制定过程中，标准化模式包括营销过程标准化与营销内容标准化两个层面[4]。营销过程的标准化（process standardization）涉及全球营销计划和决策过程的标准化。它通过开展工作轮换、标准化的训练、员工培训等方式，在总部和各分支机构建立共同的企业语言、企业文化、决策过程与绩效评价方式，进而开发全球营销战略。营销内容的标准化（program standardization）涉及在全球不同的市场中开发相同的、标准化的营销组合策略。

在全球营销的标准化模式下，企业可以通过规模经济，降低成本和产品价格，实现市场份额、销售收入与利润的提升。然而，这在实践中依赖于两个前提。其一是同质化的全球市场。信息技术、通信技术、交通设施的发展与完善能够加快人员和物品在全球范围内的流动，使全球市场的跨国细分成为可能。同时，全球各地的顾客将逐渐放弃自己独特的消费偏好，转而追求世界范围内的高质量、低价格的产品。其二是成本的降低，在实现低价格的同时保持或提升质量。成本的降低是通过规模经济增加销售的前提。

一些公司主张在全球市场推行标准化的产品。尽管各国市场内部存在多个细分市场，但各国市场之间往往存在具有共同特征、交叉重叠的细分市场。这些相似的、交叉重合的细分市场实际上就是跨国的同质化市场。因此，企业可以向这些同质化的市场提供标准化的产品。从产品类别看，提供耐用消费品的企业在全球市场采用产品标准化策略的倾向性更强[5]。

营销工具10-1

EPRG 框架

EPRG（ethnocentric，polycentric，regiocentric，geocentric，EPRG）框架是波尔马（Perlmutter）于 1969 年在"跨国企业的曲折演进"中提出的。该理论将企业的国际营销战略分为四类。它为企业的标准化—适应化策略制定提供了指引（见表 10-1）。

母国中心导向（ethnocentric orientation）。采用母国中心导向的公司将重点放在母国市场，母国经营的重要性优于海外经营。在目标顾客需求与市场环境等因素具备相似性的前提下，采用母国中心导向的公司会在海外市场采用与母国市场相似的营销策略。

多国中心导向（polycentric orientation）。持多国中心导向的公司采取分权式管理，允许分公司制定自己的营销战略。但是，管理者的思维还是集中于母国市场。这一导向下企业基本上不实行标准化营销，各个市场独立运营，彼此之间不进行任何实质性协调或整合。

地区中心导向（regiocentric orientation），指某特定地区被看作一个单一市场。与多国中心导向不同，地区中心导向战略主张对地区营销活动进行协调，并尽可能在区域内采用标准化策略。

全球中心导向（geocentric orientation）。采取这一导向的企业将全球视为一个整体性市场。企业为了实现规模经济而大量生产全球产品和品牌，在所有市场上提供标准化产品，传播统一的品牌定位，树立统一的品牌形象。

表 10-1　ERPG 与标准化—适应化策略

导　向	标准化—适应化策略
母国中心导向	取决于母国消费者需求
多国中心导向	根据当地需求开发适应当地的产品
地区中心导向	地区内标准化程度高，区域间存在差异
全球中心导向	标准化程度高，个别策略、个别市场有变化

资料来源：伊兰·阿隆，尤金·贾菲，多娜塔·维亚内利. 全球营销[M]. 郭晓凌，龚诗阳，译. 北京：中国人民大学出版社，2016: 12-13.

在全球营销中，受文化、制度等因素的影响，实现渠道标准化是十分困难的。企业只能根据当地国的情况制定具体的渠道策略。例如，小米手机最初主要通过线上渠道在国内销售，2014 年进入印度市场后，小米采用了相似的线上渠道策略，但却遭遇了阻力。当时，线上渠道并不是印度消费者购买手机的主要渠道，当地消费者更习惯在个人零售店、大型卖场等线下渠道购物。因此，小米从 2015 年开始便与当地运营商 Airtel、手机零售公司 The Mobile Store、分销商 Redington 等展开合作，积极布局印度市场的线下渠道[6]。

受不同国家税收制度、汇率、渠道体系、文化等因素的影响，在全球营销中实现价格的标准化是极为困难的。有学者提出，在所有营销组合要素中，价格可能是最难实现全球标准化的要素[7]。

2. 全球营销中的适应化

在全球标准化主张提出之初便出现了反对的声音[8],因为世界市场的同质化假设可能并不成立。尽管各国市场中存在有相似性的细分市场,但各国市场间的差异性以及顾客需求的异质性不应被忽略。同时,顾客往往并不愿意牺牲产品设计、产品特质等特征去交换更低的产品价格。规模经济的实现也并非只能依靠标准化的生产系统,柔性化的制造体系同样可以在保证成本与效率的同时满足差异化的市场需求。

与全球标准化不同,适应化是建立在细分与定位理论、摩擦理论基础上的模式。细分与定位理论认为,全球市场是异质性的,采用适应当地细分市场异质性的定位战略,是实现差异化、建立垄断地位并建立价格歧视的前提。在此基础上,企业可以通过设定较高的价格以抵消标准化模式下节约的成本。尽管标准化模式下的规模经济能够带来成本的降低,但摩擦理论认为,实现标准化的过程会导致总部与各国分支机构之间产生摩擦(如协调与配置),这极有可能带来隐性成本的增加。因此,与全球营销中的标准化模式相反,适应化模式主张针对当地市场定制营销组合,满足多个国家的异质性需求。

各国在产品标准、准入条件、技术要求、文化习俗等方面存在的差异,促使企业采用适应化的产品策略[4]。例如,肯德基根据中国人的早餐习惯,推出了油条、豆浆等具有本土特色的产品,融入了中国市场。各国在税率、物流成本、消费水平等因素上的巨大差异,也决定了企业的价格策略需要根据当地市场进行适应化调整。而各国顾客的购买渠道偏好以及不同国家在文化等因素上的差异,也决定了企业需要制定适应化的传播策略[9]。

通常,实现全球营销的完全标准化或完全适应化存在困难和阻碍,更多的是在全球标准化—适应化两极之间进行决策,决定在哪些方面、在多大程度上进行标准化(或适应化)。因此,全球本土化(glocalization)的折中策略应运而生。全球本土化主张"全球化思维,本土化行动"(think globally and act locally)。企业需要在全球范围内进行营销战略部署,基于当地市场进行营销活动的本土化运营,以实现全球性协调。在全球营销中,产品价值、品牌的全球定位、品牌识别系统三个维度通常可以实现较高程度的标准化,而具体的品牌营销活动则需要适应东道国特点进行本土化运营[10]。

对决定开展国际营销的公司来说,标准化—适应化决策贯穿其营销战略的不同方面。这些营销战略包括一系列决策(见图10-2)。

图10-2 国际营销中的主要决策

二、全球营销动因

(一)企业进入国际市场的动机

受企业经营的内外部环境影响,市场寻求、资源寻求、效率寻求是驱动企业进入国际市场的三类典型动机。具有市场寻求(market seeking)动机的企业在全球范围内寻求市场机会，通过进入新市场获得增长动力，扩大企业的全球市场份额。小米、OPPO 等国内手机企业开拓国际市场就是典型的例子。工信部中国信息通信研究院数据显示，2014 年我国手机用户数量已接近 13 亿，智能手机用户超 90%，国内手机累计销售 3.87 亿部，同比仅增长 2.9%。国际市场调研机构 Canalys 的研究数据同样表明，我国智能手机增速已从 2011 年的 150%下降为 2014 年的 16%。2014 年，我国的手机市场已接近饱和，增长乏力。在此背景下，为了进一步拓展市场空间，小米、OPPO 等国内手机企业开始加速开拓国际市场，迅速进入了马来西亚、菲律宾、印度、新加坡、泰国等海外市场[6]。

具有资源寻求（resource seeking）动机的企业通过国际化扩张获取资源，实现企业战略目标并获得竞争优势。当企业在国际市场中能够以低于国内市场的比较成本获得经营所需的资源（如原材料、低工资且密集的劳动力、技术、品牌、管理经验等）时，资源寻求成为这些企业进入国际市场参与竞争的主要动机。例如，为降低生产成本，我国知名的轮胎企业青岛双星于 2023 年发布公告，将投资 14.38 亿元在柬埔寨设立子公司并投资建厂。轮胎生产线的自动化程度较高，原材料是最主要的生产成本，而柬埔寨是全球第六大天然橡胶基地，人工成本也远低于国内，且柬埔寨政府给予了多重优惠政策。青岛双星选在柬埔寨建立工厂，临近原料产地，增加了原料采购的灵活性和生产成本的竞争性。

具有效率寻求（efficiency seeking）动机的企业通过横向一体化或垂直一体化整合，提升采购、研发、生产、营销等的运营效率，获得规模经济和范围经济。例如，比亚迪为了提升全球运营效率，从大规模的零部件外包逐渐向垂直一体化整合，自己生产电池、车架等零部件。

企业的国际化动机可进一步细分为前瞻性动机（proactive motive）与反应性动机（reactive motive）[11]。前瞻性动机是指企业基于公司的能力或机遇，积极主动地寻求战略改变的动机。反应性动机是指企业在国内（或国外）市场的压力（或威胁）下作出的战略应激性调整。表 10-2 呈现了不同的前瞻性动机与反应性动机。

表 10-2 前瞻性动机与反应性动机

前瞻性动机	反应性动机
渴望寻求利润与增长	应对竞争压力
渴望参与全球竞争	应对狭小饱和的国内市场带来的压力
渴望生产全球领先的技术或产品	应对产能过剩
渴望获得海外市场机会	应对自发寻来的海外订单
渴望实现规模经济	应对季节性产品带来的波动
渴望获得税收优惠	应对地理距离与心理距离带来的挑战

营销洞见10-2

中国互联网企业进入国际市场的主要动机

近年来，越来越多的中国互联网公司在全球市场中建立了自己的生态系统和市场力量，引领了新的全球创新革命。但与西方互联网公司相比，中国互联网公司的国际化程度往往较低。例如，2018年，亚马逊约30%的收入来自美国以外的市场，Facebook和谷歌的海外收入占其总收入的50%以上。然而，阿里巴巴只有8%的收入来自海外市场，腾讯和百度的这一比例分别为3%和1%。

尽管中国互联网企业的国际化发展起步较晚，但发展势头强劲。国外学者维奇（Vecchi）和布伦南（Brennan）于2022年对阿里巴巴（AliExpress）、腾讯（微信）、字节跳动（TikTok）进入欧洲市场进行了深度案例分析，整理了中国的互联网企业进入欧洲市场的动机，并与发达市场的互联网企业进入发达市场的动机进行了对比（见表10-3）。

表10-3 互联网企业进入发达市场的主要动机

中国互联网企业进入发达市场的动机	发达国家互联网企业进入其他发达市场的动机
国内市场饱和	开拓新市场
具有国际化基因	企业特质使然
延续国内已经树立的公司声誉	母国政策支持
手头现金富余	业务的可扩展性强
掌握了面向世界的新技术	渴望国际化
获取新技术	
组织学习	
产品生命周期的影响	
提升创新能力	
对数据智能的追求	

资料来源：Vecchi A, Brennan L. Two tales of internationalization——Chinese internet firms' expansion into the European market[J]. Journal of Business Research, 2022, 152: 106-127.

（二）影响企业是否进入国际市场的关键因素

企业之所以进入国际市场参与角逐，是因为国际市场中存在的机遇触发了企业国际化的不同动机。科特勒认为，这些具有吸引力的因素包括以下五类[12]：①相比于国内市场，特定的海外市场能够提供更好的盈利机会；②国际市场相比于国内市场更为广阔，更广阔的市场为企业提供了更广泛的顾客基础，为规模经济的实现提供了可能；③进入国际市场能够减轻企业对特定的单一市场的依赖，分散经营风险；④进入竞争对手的母国市场对竞争对手进行有力的反击；⑤进入国际市场能够更好地为那些具有全球需求的顾客提供服务。

当然，进入国际市场也存在风险，这些风险因素主要包括一般性风险与特定风险。其中，一般性风险包括：①海外顾客与国内顾客需求差异巨大；②企业现有的资源和能力难以开发出能够满足这些需求的产品；③信息不对称使企业难以准确识别竞争威胁；④难以建立有效的供应系统与分销系统；⑤无法经济高效地在当地开展整合营销传播。以上这些风险性因素在企业决定是否进入国际市场时同样重要。

大多数情况下，企业在决定是否进入国际市场时往往受到多重因素的影响[13]。从理论层面看，交易成本、比较优势、国际产品生命周期理论提供了理论分析视角。

企业的国际化需要考虑交易成本。交易成本（transaction cost）是商品和服务跨越组织边界发生经济转移和交换时产生的成本。企业在决定是否进入国际市场时，跨国经营产生的信息搜索、经销商议价等事前成本，以及跨国治理等事后成本均会对其决策产生重要影响。地理距离或文化距离较远的海外市场的信息搜索成本往往更高。在跨国经营中企业与经销商议价、在达成合作后的可预见的监管与治理费用，均是企业在进行国际化决策时不可忽略的交易成本。交易成本理论指出，企业在决定是否进入国际市场时，会试图将这些成本组合最小化，通过总成本的比较决定是否采用具体的国际化策略。

比较优势理论（theory of comparative advantage）认为，企业是否以出口等方式进入海外市场，取决于产业或产品的比较优势而非绝对优势。受产业结构、地域特点等因素的影响，不同产业、不同产品在本土市场与海外市场存在相对优势差异。因此，企业会集中生产并出口那些具有比较优势的产品，从而在全球竞争中获益。例如，依靠充裕且具备成本竞争力的人力优势，20世纪后期，我国的许多劳动密集型企业参与到国际分工中并在国际竞争中获益[14]。然而，随着我国人口老龄化程度的不断加深，劳动力供给数量下降，劳动力年龄结构老化，劳动力成本也不断上涨[15]。劳动力比较优势的丧失使一些 OEM 企业转而采用逆向国际化的策略，它们依托国际化阶段积累的资源与能力，在国内市场研发并制造销售自有品牌产品[16]。

雷蒙德·弗农（Raymond Vernon）1966年基于美国企业的新产品开发与出口行为提出了国际产品生命周期理论（international product life cycle theory）。这一理论认为，只有当新产品的海外市场需求不断凸显、国内生产过剩时，企业才会决定进入海外市场。在这个过程中，随着产品的成熟与技术的扩散，产品的生产与销售往往呈现出从"产品创新原产国（发达国家）—有需求的其他发达国家—发展中国家"迁移的特点。最终，不再具有成本效益的发达国家，将从它们曾经的顾客——发展中国家进口产品。

营销洞见10-3

影响中国企业进入国际市场的关键因素

一些以中国民营企业为样本的研究发现，除上述一般性影响因素外，政府的政策支持、本土资金的不足、产能过剩、低利润率、竞争激烈等外部因素"推动"中国企业进入海外市场参与竞争；而快速增长的全球市场、不断涌现的本地与海外合作伙伴成为"拉动"企业开展国际化活动的关键因素。除外部因素外，中国企业对品牌与技术等资源的渴望、企业家强烈的海外市场创业意愿等内部因素也影响中国民营企业的国际市场进入决策。

从更广泛的范畴看，企业因素、行业因素、交易因素、制度因素，以及近年来快速发展的移动互联网等技术，共同影响着中国企业的国际市场进入决策（见表10-4）。有学者在2012年对1991—2010年在国际主流学术期刊中发表的有关中国企业国际化的文献进行了综述性分析，印证了这些因素的影响效应。

表10-4　影响中国企业进入国际市场的关键因素

影响因素		影响效应列举
企业因素	企业规模	销售额、资产规模或市场份额更大的企业往往拥有更多的资源，更可能进入国际市场参与角逐。但实践中也涌现出很多中小型企业在成立之初便进入海外市场，即天生国际化企业（born-globals）

续表

影响因素		影响效应列举
企业因素	所有权	国有企业与非国有企业在国际化动机与国际化模式选择上存在不同
	网络关系	网络关系资源促使中国的中小企业尽早地、更快地进入国际市场
	国际化经验	企业与高管的国际化经验直接促进了中国企业的国际市场进入决策
	高管主观认知	中国企业高管人员的主观认知在国际化决策中发挥了巨大作用,这在跨国并购中尤为明显
行业因素	行业结构	国内行业的领导者更可能进入海外市场从事国际营销活动
	行业竞争	过饱和的国内市场和残酷的价格战对企业进入国际市场影响重大
交易因素	国际业务的紧迫性和重要性	拓展海外业务的重要性与紧迫性正向影响企业进入海外市场的决心
	交易成本	中国企业在国内的跨省际成本超过跨国成本时,会在较早阶段就实现国际化
制度因素	母国制度	中国的制度环境与政策支持促进了中国企业进入国际市场参与竞争
	东道国制度	与母国制度环境的相似性能够吸引中国的企业进入该市场开展跨国业务
	文化和其他非正式制度	海外市场与中国的文化相似性对中国企业的国际化决策具有稳定的影响力,它能够持续有效地促进中国企业进入该市场
技术因素	数字化技术比较优势	掌握人工智能、物联网、云计算、大数据和区块链等先进技术的中国互联网企业纷纷进入海外市场

资料来源:

[1] Deng P. The Internationalization of Chinese firms: A critical review and future research[J]. International Journal of Management Reviews,2012, 14(4): 408-427.

[2] Jansson H, Söderman S. Initial internationalization of Chinese privately owned enterprises—the take-off process[J]. Thunderbird International Business Review, 2012, 54(2): 183-194.

[3] Vecchi A, Brennan L. Two tales of internationalization–Chinese internet firms' expansion into the European market[J]. Journal of Business Research, 2022, 152: 106-127.

第二节 全球市场分析

如果企业认为走出国门进入国际市场是最佳策略,那么在实施国际化战略前,企业首先需要对全球市场进行分析,明确全球市场与国内市场之间存在的差异,审慎评估潜在的国际市场,确定将要进入的海外市场,为之后市场进入模式的选择以及全球营销方案的制定做准备。

一、全球市场的特点

相比于在国内市场开展营销活动,国际化企业面临的全球市场具有以下特点。

首先,市场的不确定性更大。地缘关系、全球经济动荡、地区冲突等因素使国际市场环境的不确定性远高于国内市场。尤其在 VUCA 时代,国际化企业面临着适应快速变化的国际市场的巨大压力。这对进入国际市场的企业提出了新的要求:不仅要能应对国际市场不确定性带来的风险,还要能够在不断变化的国际市场中改革创新、实现新的增长。正如麦肯锡分析员所指出的,在充满不确定性的国际市场中,只有塑造组织韧性、布局创新、开拓新的增长路径、发挥领导力并驱动战略落地,才能快速适应不确定性带来的挑战[17]。

其次,市场的多样性和动态性更强。与国内市场相比,不同国家与地区在政治、经济、文化、社会等方面的差异给全球营销活动带来了巨大挑战。尽管不同的海外市场之间存在一定的相似性,为标准化的营销活动与治理机制提供了可能,但它们间的差异性依旧不容忽视。与此同时,全球市场的多样性与动态性促进了创意、数据、人才、服务等无形资产的全球流动,使企业积累了国际化经营所需的资源与经验,也培育了它们的动态能力。正如麦肯锡全球研究院董事合伙人成政珉(Jeongmin Seong)等所指出的,国际化企业的出口总额占到了全球出口总额的三分之二,它们在全球贸易中的角色举足轻重。国际市场环境动态性与多样性,正推动着国际化企业积极调整发展战略,不断寻求本地化的、多元分散化的发展路径[18]。

最后,市场被更大的空间距离、文化距离与心理距离分隔。与国内市场不同,国际市场是由一个或多个国家与地区组成的区域集合,它的地理空间跨度、文化距离跨度、心理距离跨度更大。其中,文化距离反映了不同国家/地区间的文化相似性(或差异性)程度,而心理距离反映的是个体对母国文化与东道国文化之间的感知距离[19]。更大的距离区隔往往意味着较大的顾客偏好差异,这对企业在国际化经营过程中的组织结构调整、营销战略制定、海外经营管控等提出了挑战。

二、评估潜在市场

(一)宏观环境分析

当企业计划进入并不熟悉的海外市场时,PESTEL 模型被广泛用于全球营销的宏观环境评估。它基于国际化情境特点对 PEST 模型进行了完善,从政治、经济、社会文化、技术、环境、法律六个维度为企业在特定国际市场中面临的宏观环境分析提供了分析框架。

政治环境。政治环境的分析可着重关注东道国国内的政府组织架构、政局的稳定性、与商务贸易活动高度关联的国内政治事件、工会力量、东道国的国际关系、政治风险等关键因素。

经济环境。对东道国经济环境的分析可从以下方面展开:属于发达经济体还是新兴经济体、经济周期与经济波动、经济增长趋势、利率、汇率、通货膨胀率、投资水平、贸易水平与贸易政策、政府对经济的调控状况、税收政策、消费水平与消费趋势、就业/失业状况、国际收支等。

社会文化。社会环境和文化环境的分析可着重关注人口指标、语言体系、宗教信仰、生活方式、社会福祉、社会流动性、价值观、文化习俗、社群关系、文化导向等关键因素。

技术环境。对技术环境的分析可着重关注技术基础设施、政府的研发支出力度与投入重点、产业研发支出水平和支出重点、技术转移的速度、产品生命周期、技术风险,以及生物科技、信息技术、金融科技、绿色经济等关键领域与重点市场的技术发展状况。

环境因素。在宏观环境分析中,有关东道国自然环境和可持续性发展的因素不容忽视,具体包括:东道国的可持续发展法规、环保法规、能源供给、碳减治理、绿色消费等。

法律环境。对东道国的法律环境分析可从以下方面展开:东道国的法律体系、立法结构、商业法规、反垄断法、贸易政策、就业法规、对外贸易监管、消费者权益保障法规、知识产权等。

营销洞见10-4

数字时代的全球市场变革

麦肯锡全球研究院的一项分析报告指出,2006—2016 年,全球资本的流动使世界GDP至少提高了10%,其中,数字化技术推动下的数据流通带来的份额已超过全球货物贸易所占份额。数字时代的到来使信息、思想、创意能够在世界范围内快速传递。数字技术正悄然改变着全球贸易环境,它为跨国企业提供了新的机遇。数字化深刻改变着法律、协同、市场、文化等因素对企业国际化经营产生的影响。

法律环境。数字化环境下产生的信息流受到不同国家/区域市场的不同监管。当地政府可能会对来自不同国家的企业表现出不同的网络经营开放程度,并采用不同的方法来进行数字化版权监管。这对进入不同海外市场的企业在合规性上提出了不小的挑战。同时,经营环境数字化程度的提升也使跨国企业更重视对基于网络环境的知识产权、数字产品等无形资产的保护。

协同机制。数字化技术深刻改变了企业与顾客、企业与合作伙伴之间的沟通协调机制。移动互联网等技术的发展使企业与全球顾客之间的地理距离不再是企业进行顾客价值创造活动的阻碍。顾客全时全域信息数据的可用性增加了跨国企业对新市场和新客户的知识积累。数字基础设施的完善使企业能够在海外市场快速找到新的渠道合作伙伴,也使企业能够轻松地跨越国界建立新的纯数字商业模式。

市场环境。数字技术的发展一定程度上减少了交易双方的信息不对称,提高了营销效率,因此,越是依赖数字技术的企业,顾客可能受益越多。数字技术在提高买方、卖方匹配性的同时,可能也会带来更激烈的市场竞争。这为企业快速适应东道国的数字化市场环境提出了新的挑战。

文化环境。企业的数字化能力是一种稀缺资源,它与海外市场信息相结合时,能够有效减少海外跨文化环境对企业经营带来的冲击。同时,数字技术的发展能够助力企业对海外潜在顾客的文化、习俗等进行深入洞察。

资料来源:

[1] Manyika J, Lund S, Bughin J, et al. Digital globalization: The new era of global flows[R]. McKinsey, 2016, 5.

[2] Petersen B, Welch L S, Liesch P W. The internet and foreign market expansion by firms[J]. Management International Review, 2002, 42(2): 207-221.

[3] Watson IV GF, Weaven S, Perkins H, et al. International market entry strategies: Relational, digital, and hybrid approaches[J]. Journal of International Marketing, 2018, 26(1): 30-60.

对以上因素进行分析,将有助于我们认识企业在特定市场中面临的宏观环境。那么,如何更准确地衡量和比较不同海外市场间的环境差异呢?通常,我们会通过评估两个或两个以上的国家在不同因素上的距离(如文化距离、地理距离等)来预估不同国别市场的差异。在实践中,我们可借助 CAGE 距离测量模型进行更深入的分析。

营销工具10-2

CAGE 距离测量模型

CAGE(culture,administration,geography,economy,CAGE)距离测量模型认为,两个国家之间的距离可以从文化、行政、地理、经济四个维度进行测量。其中,文化距离反映的是规范、种族、宗教、价值观等构成的文化环境间的差异;行政距离体现的是法律法规、政治风险、政府治理等构成的行政管理环境间的差异;地理距离测量的是客观的空间距离;经济距离测量的是由国民收入、跨国生意成本等构成的经济环境之间的差距。每个维度的测量指标如表 10-5 所示。

表 10-5 CAGE 距离测量模型

维 度	指 标
文化距离	权力距离
	对不确定性的规避
	个人主义/集体主义
	男性气质
行政距离	政府治理与政策风险
	语言
	法律体系
地理距离	大圆距离
经济距离	收入水平
	通货膨胀
	出口
	进口

资料来源:Berry H, Guillén M F, Zhou N. An institutional approach to cross-national distance[J]. Journal of International Business Studies, 2010,41(9):1460-1480.

(二)市场潜力分析

在企业国际化过程中,市场潜力与东道国的经济发展状况、潜在的市场规模、潜在的市场机会息息相关。如前文所述,我们可通过东道国的各项经济发展指标对其经济发展状况进行初判,同时,也可以结合相关的代理指标(proxy indicators)进行辅助性判断。例如,耐用消费品的家庭拥有量被认为可以作为衡量一个国家经济发展水平的代理指标。又如,冰箱或其他耐用电器的家庭持有量可以很好地预测洗衣机市场的市场规模[13]。代理指标可以便利快捷地对东道国的经济发展状况和特定市场的市场规模进行预测,预测的精确度取决于代理变量的选择是否恰当。

在实践中，类比法也常被用于评估东道国特定市场的市场规模。例如，我们知道德国的冰箱市场规模，但缺少法国的数据，想估计一下法国市场的冰箱需求量。考虑到两国几乎所有家庭都有冰箱，那么两国的家庭数量或人口规模可能是一个很好的相关性类比指标，通过两个国家家庭或人口数量的比例可推断法国的冰箱市场规模[13]。

对于具备一定规模的市场，该如何识别"最佳市场"呢？此时，潜在市场机会的吸引力分析尤为重要。市场的增长潜力、市场的季节性或波动性，市场中现存顾客的购买力等因素都会影响细分市场的吸引力。企业对市场吸引力的评估应当与企业自身的能力相结合，基于企业的资源、能力现状评估潜在的市场机会。具体而言，可采用市场吸引力—企业竞争力矩阵进行分析。

营销工具10-3

市场吸引力—企业竞争力矩阵

企业可对企业竞争力以及特定市场的吸引力指标进行评分（见表10-6、表10-7）。基于评分结果，将特定国家/市场匹配在3×3的矩阵中（见图10-3），并划分为主要市场、二级市场、三级市场三类。其中，主要市场（即关键市场）是具备持续成长性的、能为企业带来长期价值的海外目标市场，是公司长期投资的最佳选择。这些国家的市场吸引力高，且企业具备了匹配市场需求的能力。二级市场是可供企业选择的潜在市场，它有市场机会，但通常被认为存在风险，企业应该慎重地选择这类海外市场。三级市场是可以收获或剥离的国家/地区市场。一些企业会选择直接忽略这类市场，但也有企业会选择基于机会主义的方法在这类市场中进行短期投资。

表10-6 市场吸引力评分表

评估时间：_____
评估的产品：_____
目标市场：_____

市场吸引力指标	1 非常差	2 较差	3 中等	4 较好	5 非常好	权重 （%）	结果 （权重*得分）
市场规模							
市场增长力							
购买结构							
价格							
买方议价能力							
市场准入							
竞争强度							
政治风险							
经济风险							
…							
总计	—					100	

表 10-7 企业竞争力评分表

相较于竞争对手_____

企业竞争力指标	1 非常差	2 较差	3 中等	4 较好	5 非常好	权重 /%	结果 （权重×得分）
产品与市场需求匹配度							
价格							
市场份额							
可获得的潜在市场份额							
营销能力							
财务业绩							
企业形象							
技术实力							
产品质量							
市场支持							
分销渠道							
资金实力							
……							
总计			—			100	

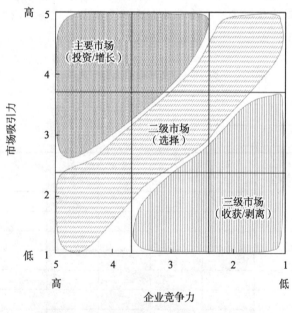

图 10-3 市场吸引力—企业竞争力矩阵

资料来源：

[1] Harrell G D, Kiefer R O. Multinational market portfolios in global strategy[J]. International Marketing Review, 1993,10(1): 60-72.

[2] Hollensen S. Global Marketing[M]. (6th edition) Pearson Education, 2014: 288-289.

在市场潜力的分析中，目标市场中存在的潜在风险因素不应该被忽视，这在筛选海外目标市场时尤为重要。这些潜在风险主要体现在市场风险、法律风险、政治风险等领域。

市场风险包括文化差异、地理与文化距离、产品使用差异、找到合适渠道商的可能性、运输复杂性、用外币签订合同时的汇率波动等企业日常经营中潜在的风险因素。这些市场风险因素会对企业进入该国市场造成一定的阻碍。

法律风险主要包括海外目标市场的知识产权、营销组合、沟通等不同领域的法律法规所带来的潜在风险。例如，商标和专利遵循领土原则，它们被企业视为最有价值的无形资产。然而，不同的国家市场有关商标和专利的法律法规存在差异。一些国家对商标权的保护遵循"注册在先"（first to file）的原则，而在另一些国家却遵循"使用在先"（first to use）原则。专利保护了在一定时期内产生、使用、出售某种概念或发明的独有权。在营销组合法规中，产品标准规定了企业在特定国家生产销售产品必须满足的标准。对一个跨国企业而言，将产品销往不同的国家意味着产品要符合不同国家的标准，而这些标准往往存在较大的国别差异。企业的营销沟通也需要遵循相应的沟通标准。例如，企业跨国业务的内部信息沟通至少涉及到三个国家的监管：信息接收人所在国家的监管、服务器所在国家的监管、交易发生国的监管。不同的监管体系给企业的全球沟通带来了不小的挑战。

政治风险是在评估目标市场潜在风险时不容忽视的因素。限制利润汇回本国、国内政局动荡性、特定产业国有化等因素是一国市场中的潜在政治风险因素。对具有以下特征的企业，政治风险的评估对潜在目标市场的选择尤为关键：第一，国际与国内受益比率高的企业；第二，进行了大量海外投资的企业；第三，严重依赖全球供应链的企业；第四，业务或资产集中于特定区域或国家的企业；第五，企业发展严重依赖于国际增长的企业。通常，企业可以通过专家（如经济专家、政治家、国际化经验丰富的企业家等）访谈等定性分析方法评估特定国家的潜在政治风险；也可以通过定量分析方法进行量化考核。例如，经济学人智库（Economist Intelligence Unit，EIU）采用EIU模型对政治风险、政策风险、经济结构风险、流动性风险进行了定量测量。

营销工具10-4

商业环境风险指数

商业环境风险指数（business environment risk index，BERI）在市场风险分析中较具代表性，它着重关注进入新市场的商业风险。BERI评估中每个指标的评分范围为0～4（1＝条件较差，2＝平均水平，3＝中上水平，4＝条件优越），乘以对应的权重后加总，最终整体BERI指数范围为0～100，指数越高，意味着风险系数越低，商业环境质量越高（见表10-8）。指数得分大于80，表明该海外市场经济发达，投资环境良好；70～79分，表明海外投资环境没有那么有利，但仍然是一个相对成熟的经济体；55～69分，表明是具有投资潜力的不成熟经济体，可能是新兴的工业体；40～54分，表明该市场为高风险国家市场，可能是欠发达国家；得分低于40，意味着商业风险非常高，只有在有特殊理由的情况下才会选择进入。

表 10-8 BERI 指数评估表

指 标	权 重	得 分	总体 BERI 指数
政治稳定	3		
经济增长	2.5		
货币自由兑换	2.5		
劳动力成本与效率	2		
短期信贷	2		
长期贷款/投资风险	2		
对待外国投资者的态度	1.5		
国有化	1.5		
通货膨胀	1.5		
国际收支	1.5		
合同的可执行性	1.5		
官僚性	1		
沟通效率	1		
当地管制	1		
服务商专业性	0.5		
总计	25	4（最大）	=总体指数（最大值为100）

资料来源：Hollensen S. Global Marketing[M]. (6th edition) Pearson Education, 2014: 287-288.

第三节　进入全球市场

当企业确定海外目标市场后，接下来面临的挑战是如何选择进入这些市场的最佳方式。在本节中，我们将介绍主要的市场进入模式和进入过程。企业进入国际市场的模式通常包括出口（直接出口和间接出口）、授权经营、建立合资企业、直接投资。这四类模式在企业投入、经营风险、企业控制力、盈利潜力上是依次递增的。

一、国际市场进入模式

（一）出口

在出口模式下，企业在本国或第三国生产制造产品，然后直接或间接地转移到东道国市场。出口是企业在国际化初期最常采用的市场进入模式，它包括间接出口（indirect exporting）和直接出口（direct exporting）两种主要模式。

1. 间接出口

间接出口是指企业通过位于本国或第三国的独立的中间商开展出口业务。通过间接出口，企业能够利用中间商的出口经验和资源，将业务扩张到其他国家。常见的出口组织有出口代理公司、外贸公司等。出口代理公司为不熟悉出口业务或是没有进出口权的企业代理出口业务。例如，出口代理公司根据客户需求进行海外目标市场调研并提供出口方案、代理商检、代理报关和清关、代理国际仓储和物流、代理收付外汇、代理国际保险以及出口退税垫付等服务。在代理过程中，出口代理公司收取佣金或服务费，一般不承担信用、汇兑和市场风险。外贸公司将国内厂家生产的产品销售至国外，从中获取差价。外贸公司通常不进行产品生产，而是通过掌握的海外市场客户需求，为海外客户寻求国内供应商，将供应商的产品销售至海外。同时，外贸公司也会为国内具有出口需求的厂家寻找海外目标顾客，实现业务往来。

间接出口有以下几个优势：①企业不需要专门组建海外销售队伍，企业的投资金额相对较少；②由具备出口经验和资源的专门组织和机构负责出口活动，企业开展出口业务的风险相对较小，即便是规模较小的、没有海外营销经验的企业，也能够通过间接出口的方式"试水"国际化。

间接出口也面临一些风险：①公司很少或根本无法控制产品或服务在海外市场的具体营销活动。例如，产品可能通过不适当的渠道销售，服务或销售支持差，促销力度不足，定价过低或过高，从而损害企业和产品在海外市场的声誉与形象。②对于有意进入国际市场参与全球竞争的企业而言，间接出口模式下企业与国外市场的联系较弱，企业对前端海外市场的了解有限，可能会错失潜在的市场机会。

2. 直接出口

直接出口是指企业直接向位于国外目标市场的代理商或分销商销售产品。代理商和分销商熟悉当地市场和当地文化，它们在当地国市场有一定的业务关系网络，可以快速有效地在当地销售产品。但由于它们的收入与销售额直接挂钩，代理商和分销商可能不愿意投入大量的时间和精力为新产品开拓市场。

在出口模式下，如何选择合适的出口合作方是企业面临的一大挑战。企业可参考以下因素进行选择[20]：企业规模，硬件条件，持有存货的意愿，在供应商、客户和银行中的声誉，历史销售业绩，运营成本，出口业务经验，目标市场知识，对制造商所在国的商业知识等。

Mini案例10-1

老干妈的出口营销

为了满足生活在海外的华人对辣椒酱的需求，老干妈于1999年进入了香港市场，并逐渐出口至东南亚市场。受世界金融危机的影响，从2007年开始，老干妈在日本、美国、澳大利亚等重点市场设立了海外代理商。为了提升出口营销的有效性，老干妈与海外代理商签订了严格的代理协议，通过代理保证金制度、月度考核制度、市场拓展月度报告制度、质量追踪制度，加强了与海外代理商之间的沟通和协调，确保能够通过海外代理商及时有效地获取海外信息。

到2010年，老干妈已由东南亚市场拓展至美国、加拿大、南非、中东等地，出口业务覆盖各大洲的40多个国家和地区，并在美国等16个国家和地区注册了"老干妈"商标。2010年，老干妈的出口量超3000万元，是国内最大的辣椒制品生产、出口企业。

在海外市场，除了入驻传统的线下商超和本土主流大型电商平台以外，2018年4月，老干妈正式登录推特、脸书、Instagram等国际社交平台，通过内容营销有效触达海外目标顾客。同时，在美国市场，老干妈与知名厨具和家居用品平台（iHome Houseware）进行合作，在有效分销产品的同时及时获取用户反馈和建议。

截至2022年9月，老干妈的多款新产品在海外上市，海外市场数量由2019年的不到90个国家和地区扩展至130个。

资料来源：
[1] 潘德鑫."老干妈"：在"变"与"不变"中独守匠心[N]. 经济参考报，2022-11-02.
[2] 王志文. 让"老干妈"成为众人喜爱的老干妈——贵州检验检疫局帮扶贵州"老干妈"出口发展纪实[J]. 中国检验检疫，2010（1）：33-34.
[3] 吴超睿."隐形冠军"企业的国际市场进入战略选择研究[D]. 北京：北京外国语大学，2022.
[4] 杨静，李宇茜，徐梅."老干妈"何以结缘40国[N]. 贵州日报，2009-11-23.

（二）授权经营

许可（licensing）、合同制造（contract manufacturing）、特许经营（franchising）是企业进入国际市场常用的授权经营方式。在许可模式下，企业将许可证颁发给海外公司，海外公司作为被许可方，将有权使用许可方的制造工艺、商标、专利或其他有价值的项目。同时，许可方将向海外被许可方收取一定的费用。为了有效控制被许可方，许可方会直接提供涉及核心专利的原材料，许可证也会定期更新，从而使被许可方依赖于许可方。

合同制造是将生产制造外包给海外合作伙伴，由它们负责生产制造产品。对于以营销和分销能力见长的公司来说，合同制造一定程度上弥补了它们在生产制造环节的不足，为企业提供了一个快速起步的方法。但合同制造模式也存在风险，它降低了企业对生产制造环节的过程控制。因此，制定有效的过程监管机制，确保合同制造商提供符合企业质量标准和交货标准的产品尤为重要。

特许经营是一种更为全面系统的授权方式。特许方（franchisor）向被特许方（franchisee）提供一整套完整的品牌概念和具体的、标准化的运营体系（如选址、门店装潢、供应系统、促销、培训等），而被特许方则向特许方支付一定的特许经营费用。被特许方的财务状况、商业知识、当地知识、对业务和品牌的共同理解、与合作伙伴之间的默契程度是特许方在选择被特许方时着重考虑的因素[21]。

（三）合资企业

合资企业（joint venture）是指两个或两个以上的企业成立一家新公司，共享所有权和控制权。企业通过合资企业的方式进入海外市场，能够实现风险共担、知识共享，较快地进入那些自己缺乏经验和当地网络的海外新市场。同时，合资的形式也能够进行信任背书，尤其是在将信任作为文化的国家[22]。

企业往往出于不同的原因以建立合资企业的方式进入海外市场。例如，将企业现有的产品推向新市场、扩大业务规模，或是在公司目前的市场中引入海外产品、开展新的业务。在某些国家，政府会将成立合资企业作为企业进入当地市场的前提条件，因而，政治因素是企业采用合资形式的重要因素之一。

在国际市场中，合资企业存在不同的形式。例如，企业与当地国的企业成立合资公司进入该国市场；同一个国家的不同企业以建立合资公司的形式进入另外一个国家市场；来自不同国家的企业以合资公司的形式进入第三国市场。无论是采用何种形式成立的合资企业，都能够实现在财力、物力、管理资源、经营风险上的共同分担。企业能够从合作方具备的文化、市场竞争等知识中获益。但同时，合资企业在投资、营销等管理过程中也可能遇到分歧。

Mini案例10-2

美的在海外市场的合资模式探索

美的早在1981年便拿到了自营进出口权，成为当时广东省第一家获得自营进出口权的民营企业。随着国内人口红利的消减和市场竞争的加剧，进入21世纪后，美的成为中国家电行业中较早在海外市场建立合资公司的企业。

美的于2007年在越南设立了第一个海外工厂，但越南工厂的发展却频遇阻力，直到10年后才正式盈利。尽管过程并不顺利，但美的并未因此暂停国际化进程。在2010年到2012年3年间，美的先后在巴西、阿根廷、印度、埃及4个国家设立了5个工厂。但不同于越南工厂的独资模式，美的新开设的这5个工厂均采用了合资模式。

模式转变的背后是美的对越南工厂的深刻反思。美的发现，不同于独资模式，合资模式下，企业的经营风险更低、经营效率更高。选择当地的合作伙伴，可以大大节省市场进入前期的探索，合资伙伴熟悉当地的制度环境与商业生态，大大降低了市场进入的风险和挑战。

在合资伙伴的评估和选择上，美的看重的是对方的国际化合作经验以及在当地的网络资源。例如，美的选择和开利公司合作，是因为该公司是全球最大的暖通空调和冷冻设备供应商，在与美的合作之前，已经在全球180个国家和地区设立了生产或销售点，国际化合作经验丰富，海外布局能力强。

截至2023年，美的20多个海外工厂多以合资为主，内部公认做得最好的埃及工厂，也是合资工厂。但美的认为，这两种模式各有优劣。独资公司最大的好处是决策的独立性。在体现美的战略意志时，独资模式仍然是非常重要的经营策略。

资料来源：
[1] 黄文静. 美的集团国际市场进入方式研究[D]. 广州：暨南大学，2014.
[2] 刘云飞. 美的集团国际化战略研究[D]. 长春：吉林大学，2019.
[3] 美的中央空调与日本希克斯再度成立合资公司[J]. 机电信息，2018, 13(8).
[4] 美的，家电巨头的全球化手册[N]. 南方日报，2022-08-24.

（四）直接投资

在直接投资（direct investment）模式下，企业购买东道国企业的部分或全部股权，或是在当地建立生产基地，这涉及对当地市场的高度参与与承诺。直接投资模式有以下优势[23]：企业可以利用当地市场的优势资源，如充足且高性价比的劳动力、丰富的原材料、当地政府的大力支持等，实现成本的经济性。同时，企业在东道国市场的直接投资为当地市场创造了就业机会，提升了企业在当地的形象。在直接投资模式下，企业可以控制投资、生产、营销等环节，为企业的长期海外扩张战略服务。然而，直接投资模式下，企业的退出成本可能相对比较高昂。例如，东道国可能会要求企业为当地员工支付高昂的遣散费。

一些企业采用收购当地品牌的方式进入东道国市场。通过收购当地企业，企业能够快速获得技术、品牌、管理经验等无形资产，顺利进入当地市场。同时，可以利用消费者对本土品牌的信任，避免自己品牌直接进入的困难。收购意味着企业在被收购企业所在国家的长期经营的承诺。企业收购将占用企业大量资金，双方在文化融合上也面临不小的挑战。

麦肯锡公司基于2010—2020年我国企业进行的120多项重大海外交易的分析，得出了我国企业海外并购的主要类型（见图10-4）[24]，发现两类因素对我国企业的海外投资产生了重要影响：令人信服的并购战略与清晰的交易逻辑、并购后缜密规划且有效执行的整合策略。它们发现，在中国企业的海外并购中，通常采用以下三种并购逻辑。

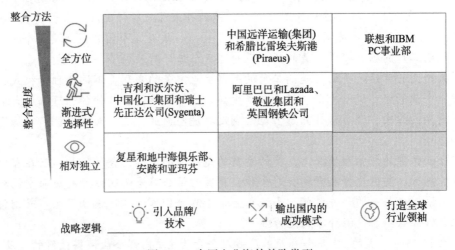

图10-4 中国企业海外并购类型

一是并购全球品牌或技术。在这一逻辑指导下，中国企业基于国内市场特点和需求痛点，通过并购获取相应的品牌资源和技术资源，并将这些资源顺利移植到中国的市场情境中。

二是输出国内成功模式。基于这一逻辑，中国企业通常希望将国内的成功模式、成功经验移植并复制到海外市场，扩大业务范围和品牌的全球影响力。然而，受制度环境差异等客观因素的影响，这一类海外并购项目往往会遇到文化与制度逻辑融合的挑战。

三是打造全球行业领袖。基于这一逻辑，那些在中国市场已经取得了主导地位，且在全球市场也已占据一定市场份额的企业，渴望通过一系列跨国并购，整合海外企业，从而成为全球冠军。

麦肯锡研究发现，拥有单一且明确的并购目标的中国企业，往往更容易在并购中获得成功。根据对并购对象的整合速度与整合程度的不同，中国企业在海外并购中有三种主要的模式。

一是进行全方位整合，即在并购后 1~2 年内完成整合，由买方任命新的管理团队，全面整合各职能部门，尽快实现多元文化的融合，提升跨国团队的专业能力。

二是进行渐进式或有选择地进行整合。在并购后的 3~5 年甚至更长周期内完成整合，由并购与被并购的双方共同商讨并共同组建新的管理团队，采用分阶段的、有选择地整合不同的职能部门，形成双方都认同的新的企业身份。

三是采用相对独立的整合方式。收购双方各指派 1~2 名高管作为沟通桥梁，就企业治理与公司发展战略进行深度讨论并达成共识，企业的大多数职能部门依旧保持相对独立的运作。

二、国际市场进入过程

企业进入国际市场开展国际业务并非一蹴而就，而是按照战略部署分阶段展开。从企业进入国际市场的过程来看，渐进式国际化与跨越式国际化是两种典型的模式。

（一）渐进式国际化

20 世纪 70 年代，瑞典乌普萨拉大学（Uppsala University）的一些学者以瑞典的国际化企业为研究对象，提出了阶段式国际化模式（stage model），也被称为渐进式国际化模式或 Uppsala 模式。渐进式国际化模式的一个基本假设是，企业的国际化是一个缓慢的、耗时的和反复的过程[13]。尤其是在具有高度不确定性和复杂性的行业，太快和过于大胆的国际化决策具有很大的风险，并且可能带来巨大的负面结果[25]。

企业的渐进式国际化模式体现在海外市场拓展顺序和市场进入模式演变两方面。从海外市场拓展顺序看，企业通常选择从地理上非常接近的一国开始其海外业务，然后才逐渐渗透到更遥远的市场，并向着从一国市场到多国市场以及全球市场的国际市场进入次序发展。从海外市场进入模式演变看，企业很少通过自己的销售机构或制造子公司直接进入海外市场，而是通过出口进入海外市场。在同一市场持续出口几年后，才会建立全资或股权模式的业务。渐进式国际化模式可进一步细分为四个阶段，每个阶段企业的国际参与度和市场承诺依次递增[26]。

第一阶段：不定期出口活动（零星出口）。这一阶段以自发订单为主。

第二阶段：独立代理出口。在这一阶段中，企业与海外的独立经销商、销售代表等签订定期的出口合同。

第三阶段：设立海外销售子公司。

第四阶段：设立海外制造子公司。

采用渐进式国际化模式的企业在国际营销中往往需要经历四个阶段[4]：第一阶段是预国际化阶段。这一阶段中，企业以本国为中心开展营销活动，国内市场是企业的重点市场。第二阶段是初始国际化阶段。这一阶段仍然以本国为中心，但是开始通过自主品牌出口进入海外市场开展国际营销活动。第三阶段是当地市场拓展阶段。这一阶段企业的营销以各东道国为中心，针对当地市场开发适应性的营销战略、树立自主品牌或者收购当地品牌。第四阶段是全球合理化阶段。这一阶段企业的营销导向是以全球为中心，跨国跨区域协调经营策略，整合采购、生产和营销等关键环节，打造全球品牌，通过在全球范围内进行资源配置来实现业务组合的平衡与增长。

在实践中，中国企业进入国际市场的过程呈现出了一些不同于发达市场跨国企业的特点。国内学者韩中和认为，中国企业品牌国际化发展过程划分为三个阶段[27]：第一阶段是出口贸易阶段（20世纪80年代）。出口贸易主要通过两条路径来实现：一是通过从事贴牌生产参与跨国公司的全球供应链，实现"借船出海"；二是通过自主品牌直接出口，实现主动出击。第二阶段是初期国际化阶段（20世纪90年代）。在该阶段，企业积极扩大出口，寻找合适的国际市场进行直接投资，并积极树立自主品牌。在国际市场进入策略上，一般是先进入发展中国家和周边国家市场，然后进入发达国家和较远国家市场。第三阶段是品牌国际化阶段（2001年以后）。随着国家"走出去"战略的实施，大量企业参与国际市场竞争，涌现出一批有实力的跨国企业和知名品牌，如华为、联想、海尔、阿里巴巴等。许多企业不断巩固和扩大在发展中市场的品牌地位，并通过自主品牌或者并购国际品牌的方式积极进入发达国家主流市场。

（二）跨越式国际化

企业内富有国际化经验的高管、国际咨询公司的帮助、商学院培训、信息技术的发展等诸多因素促使许多企业的国际化并不遵循渐进式模式，而是采用跨越式国际化模式[28]。这种跨越式国际化模式具有两个方面的特点[4]。第一，在目标市场选取上，这些企业一开始不是进入心理距离较近的市场，而是进入心理距离较远的市场；第二，在出口模式的选择上，这些企业不是严格遵循渐进式模式下的阶段逐级发展，而是跳过中间阶段直接进入更高一级的阶段。采用跨越式国际化模式的企业可能一开始就将国际化的目标市场瞄准距离较远的市场，并通过自主品牌进行直接出口，或是直接采取品牌联盟、并购海外知名品牌等策略进入海外市场。天生国际化企业（born globals）是采用跨越式国际化模式的典型代表。所谓"天生国际化企业"是指那些刚成立或成立不久就快速进行国际化的中小企业。

20世纪90年代以来，中小企业中涌现出了大量天生国际化企业。这些天生国际化企业的国际化过程呈现出了跨越式国际化的特征。胡左浩和陈曦等学者以中国中小企业为例研究了天生国际化企业的形成机理[28]。他们发现，创业者或管理者的先天学习、经验学习，以及网络资源与目标市场选择是驱动中国天生国际化企业出现的关键因素。

营销洞见10-5

基于互联网的天生国际化企业

随着互联网与移动互联网等技术的快速发展，加之智能手机等智能设备的普及，信息的流动效率极大提升。信息技术的发展使企业更容易快速熟悉海外市场，从而使跨越式国际化模式更容易实现。在此背景下，诸如Facebook和Groupon这样的新兴企业快速在全球扩张，成为了基于互联网的大型天生国际化企业（internet-based born globals）。与此同时，技术的发展也使中小企业能够通过电子商务网站建立全球销售平台，为他们的快速国际化提供了基础。

如今，涌现出了许多诸如SHEIN的新锐企业，它们依托互联网创立并发展，通过电子商务网站向全球销售产品。值得注意的是，许多基于互联网的天生国际化企业并非只采用网络渠道，它们采用传统渠道与互联网渠道相结合的混合渠道模式。在混合渠道模式下，生产者与渠道商共享着渠道功能，并通过网络技术进行整合。

在进入市场的选择上，基于互联网的天生国际化企业往往优先进入市场需求空间大、基础设施完善的国家和地区，这在互联网金融行业极为典型。此外，这些企业的国际化过程呈现出了海外轻资产化的特点，企业也向平台型企业转型，通过搭建用户与产品提供商之间的平台促进交易。

资料来源：
[1] Hollensen S. Global marketing(6th edition)[M]. Pearson Education, 2014: 97.
[2] Watson G F, Weaven S, Perkins H, Sardana D, Palmatier R W. International market entry strategies: relational, digital, and hybrid approaches[J]. Journal of International Marketing, 2018, 26(1): 30-60.
[3] 冯乾彬，向姝婷，蒋为. 数字经济背景下互联网金融企业海外市场进入模式研究——以蚂蚁金服进入"一带一路"沿线国家为例[J]. 技术经济，2023, 42(4): 34-54.

第四节　全球营销方案

一、全球产品策略

科特勒等提出，企业在全球市场上有三种基本的产品策略可供选择：直接延伸策略、产品适应策略与产品创新策略[12]。在直接延伸策略下，企业不对原有产品进行更改，直接引入海外市场。这种标准化程度相对较高的全球产品策略在消费电子行业、高端品牌以及奢侈品品牌中更容易取得成功。这是因为，产品的功能属性、感知价值、形象、技术等产品核心利益层更容易标准化（见图10-5）。

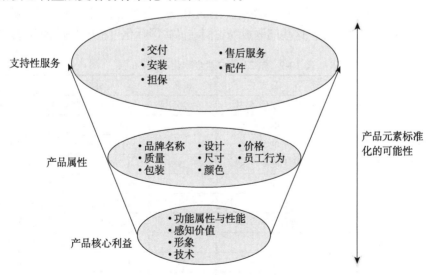

图10-5　产品层级与标准化

资料来源：Hollensen S, Global Marketing(6th edition)[M]. Pearson Education, 2014: 500.

直接延伸策略一定程度上为国际化企业节省了研发支出与营销支出，因为企业可以沿用原有的生产制造工艺与设备，并且不需要对产品属性的宣传推广做过多调整。与直接延伸策略不同，产品适应策略会根据当地的条件和当地顾客需求偏好对产品进行调整。相比于产品核心利益，产品的包装、售后服务等属性和支持性服务更可能进行适应性调整。国际化企业也往往会增加针对特殊地区的产品版本，或是在不同的国家市场推出不同的产品。

不同于直接延伸策略和产品适应策略，产品创新策略是国际化企业为海外市场开发新产品，而不是直接引入或调整现有产品。例如，小米将小米手机和红米手机推向海外市场，但海外市场中 200～400 美元的中端市场长期被其他品牌占据。为此，2018 年小米针对印度、东南亚等海外中端智能手机市场推出了手机品牌 POCO[6]。

随着国际竞争的加剧，缩短新产品研发时间、提升研发效率成为许多技术导向型企业决胜全球市场的关键。这在通信与智能化办公设备、汽车、消费电子等行业尤为典型。日本的汽车制造业在缩短新产品上市时间上尤具代表性，主要原因如下：第一，早期便将顾客需求与供应商进行了对接整合；第二，具备了具有复合技能的团队；第三，研发、生产与营销活动的高效衔接；第四，实行全面质量管理；第五，开展同步工程，将新产品开发和所需的生产设施进行同步规划；第六，外包程度较高，减少了内部制造环节。

二、全球品牌策略

发达市场中的企业通过品牌输出的方式进入国际市场已有较长的历史，但对中国等新兴市场的企业而言，在国际化的初期，许多企业采用贴牌（OEM）的形式参与国际竞争。随着中国经济的不断发展，越来越多的企业通过自主品牌的方式加入到全球竞争中，许多中国品牌开始在全球市场崭露头角。2023 年 6 月，Google 携手凯度发布《Google Kantar Brand Z 中国全球化品牌 2023》，揭晓了 2023 年的中国全球化品牌 50 强榜单（见表 10-9）。企业可以通过何种品牌化路径进入国际市场？如何在海外市场进行品牌定位、树立品牌形象、提升品牌资产？这些问题成为它们在品牌国际化过程中共同面临的议题[29]。

表 10-9　2023 年中国全球化品牌 50 强

排名	品牌	品类	排名	品牌	品类
1	ByteDance	内容娱乐 APP	26	影石 Insta36C	智能设备
2	Xiaomi	消费电子	27	Lynk & Co	汽车
3	Lenovo	消费电子	28	Magic Tavern	移动游戏
4	SHEIN	线上时尚	29	Lilith	移动游戏
5	AliExpress	电子商务	30	Midea	家电
6	HUAWEI	消费电子	31	Roborock	智能设备
7	OPPO	消费电子	32	Geely	汽车
8	Haier*	家电	33	Century Games	移动游戏
9	Hisense	家电	34	FunPlus	移动游戏
10	vivo	消费电子	35	IM30	移动游戏
11	TCL	家电	36	JAC	汽车

续表

排名	品牌	品类	排名	品牌	品类
12	Tencent	移动游戏	37	DiDi	网络生活服务
13	Anker	电子产品附件	38	Habby	移动游戏
14	Chery	汽车	39	Tsingtao Beer	酒类
15	OnePlus	消费电子	40	ECOVACS	智能设备
16	DJI	智能设备	41	37Games	移动游戏
17	Kuaishou	内容娱乐 App	42	FlexiSpot	家居园艺
18	miHoYo	移动游戏	43	Trip.com	网络生活服务
19	TP-Link	电子产品附件	44	Kunlun	内容娱乐 App
20	GWM	汽车	45	Infinix	消费电子
21	realme	消费电子	46	LightInTheBox	电子商务
22	BYD	汽车	47	Costway	家居园艺
23	MAXUS	汽车	48	ECOFlow	电子产品附件
24	WORX	家居园艺	49	MangaToon	内容娱乐 App
25	HONOR	消费电子	50	Homary	家居园艺

注：海尔的品牌力评估基于海尔单品牌的数据，未包含海尔集团其他子品牌的数据。

（一）品牌化路径的选择

库马尔（Kumar）和斯廷坎普（Steenkamp）两位学者在 2013 对来自中国、印度、巴西等 8 个新兴国家市场的 16 个知名跨国企业品牌的国际化路径进行了深入的调研，总结出了新兴国家的跨国企业品牌在国际化过程中采取的 8 种品牌国际化的路径[30]。

①亚洲龟路径。企业先以很低的价格在他国的某个利基市场上站住脚跟，然后逐步提升质量、价格，直到占据市场的主导地位。②B2C 路径。B2B 企业通过发挥自己在 B2B 市场上建立起来的优势，逐步将自己打造成相邻产品类别或附加值更高的消费市场品牌。③海外侨胞路径。企业充分利用生活在海外的原籍侨胞的消费模式以及他们对本国品牌的偏好，逐步将品牌从海外侨胞推广到其他的海外消费者群体。④品牌收购路径。企业通过收购成熟的国外跨国企业在相关领域的重要资产，实现国际化。⑤正面宣传路径。企业在海外市场进行大规模的营销宣传活动，克服来源国效应的负面影响，同时向海外市场推广品牌。⑥文化资源路径。强调特定行业或产品类别与来源国的正面联想（如中国的丝绸、印度的瑜伽等），以此开展品牌宣传。⑦自然资源路径。运用本国独特的自然资源来向国际市场推广相应的品牌。⑧国家支持路径。企业设法获得国家的实质性支持，包括直接支持（如补贴）或间接支持（如特惠待遇），降低竞争成本来进行品牌国际化。

其中，来源国效应（country-of-origin effect）是指特定来源国激发出的顾客的心理联想和信念，来源国既可以是产品的制造生产国（制造来源国），也可以是品牌创建的国家（品牌来源国），或是产品设计国（设计来源国）等[31]。顾客对来源国元素的感知一般是来源国的国家形象或与该国特定元素关联的形象或联想。

通常，发达市场的品牌更容易与积极正面的来源国形象相关联。例如，法国的品牌更具时尚和前沿，德国制造意味着高质量和耐用。然而，顾客对新兴国家的品牌往往持有消极的来源国刻板印象。例如，中国制造在很长时间内都与价格低廉、质量欠佳相联系。

马格努森（Magnusson）等学者在 2019 年的一项研究表明，一国企业的品牌（特别是具有强烈国家形象印记的企业品牌）在国际市场中的表现也在塑造和改变着海外消费者对该来源国形象的评价和看法[32]。因而，全球领先的中国国际化品牌的出现将会推动中国来源国形象的提升。独特的、与国家特定优势相关联的中国元素将成为中国品牌角逐国际市场的竞争优势新来源。例如，随着近年来华为、联想、小米、大疆等消费电子品牌在全球市场中品牌实力的提升，越来越多的海外顾客开始转变对中国品牌、中国制造的态度与看法。

（二）品牌定位与品牌形象策略

基于企业在全球不同市场中品牌定位的标准化—适应化程度，全球品牌定位（global positioning）和当地品牌定位（local positioning）是可供选择的两种品牌定位策略[33]。采用全球品牌定位策略的企业会在所有海外目标市场中采用相同的品牌名称和品牌 logo，开展相似的营销活动，品牌营销的全球标准化程度高[34]。全球品牌定位策略主张企业在全球市场中树立统一的、一致的品牌形象，从而获得品牌资产的规模效应；采用当地品牌定位策略的企业会基于当地市场的特点以及当地消费者的独特需求来调整品牌定位，适应当地市场并灵活开展营销活动[34]。

基于消费者文化（consumer culture）的不同，企业在国际市场中的品牌定位策略可分为全球消费者文化定位（global consumer culture positioning，GCCP）、当地消费者文化定位（local consumer culture positioning，LCCP）以及外国消费者文化定位（foreign consumer culture positioning，FCCP）三类[35]。消费者文化阐述的是顾客对有形与无形产品、图像、符号以及生活方式中蕴藏的象征性意义的塑造与诠释方式。GCCP 策略是企业突出世界各地的消费者都在消费这一品牌，强调品牌吸引了全球消费者的某些共性特征，并赋予品牌一种全球消费者已达成共识的文化内涵的定位策略。例如，可口可乐是全球流行的碳酸饮料，T 恤和牛仔裤是典型性的休闲穿搭。这些都是全球消费者已经达成的文化共识。

LCCP 策略是企业将品牌与当地特有的文化相关联，使品牌能够反映当地的规范或共识的定位策略，强调将品牌定位于满足当地消费者的特定需求。例如，在美国市场中，雪佛兰皮卡车（Chevy Trucks）和胡椒博士汽水（Dr Pepper soft drinks）都被当地顾客认为是"美国式"生活方式的一部分，因而，它们在美国市场中便基于这种本地消费文化进行品牌定位[35]。

FCCP 策略是将品牌与外国文化相关联的定位策略，赋予品牌鲜明的"外国"身份与形象。例如，佰草集在海外市场的定位突出了中国悠久的中草药历史，并强调它是中国第一个草本护肤品牌。可见，当采用 FCCP 策略时，企业不可避免地会在品牌定位中体现来源国元素，发挥来源国的影响效应。

对于上述可供选择的品牌定位策略，受情境因素以及消费者身份属性等个人因素的影响，不同的顾客对品牌全球性与本土象征性的感知存在差异。例如，顾客通常认为，相比于采用当地品牌定位、突出当地元素的品牌，采用全球品牌定位的产品应该具备高感知质量、高品牌声誉、高社会责任以及全球身份认同[36]。除此之外，也有研究者发现，企业全球品牌形象的树立依托于该品牌的全球普遍性、顾客是否认为它是一个全球性品牌、是否标准化、以及是否具有高尊重度[37]。

营销洞见10-6

数字时代的全球品牌建设

1995年，全球大约有1600万人（占世界人口的0.4%）使用互联网，到2019年6月，这一数字已增长到45亿人（占世界人口的58.8%）。数字时代的到来对企业建立和管理全球品牌提出了新的要求。在此背景下，国际营销学者斯廷坎普（Steenkamp）通过研究提出，数字化趋势下五个核心因素会对企业的全球品牌建设产生深远影响：数字全球销售渠道的兴起，全球品牌战略共创，品牌活动的全球透明度，品牌与消费者之间的全球连通性，以及物联网。

数字全球销售渠道的兴起。全球通达的线上渠道改变了过去只能通过门店触达顾客的方式，但这也对企业的售后服务能力提出了挑战，企业该如何妥善处理线上购物带来的顾客投诉？此外，线上渠道的发展给新品牌以及来自新兴市场的品牌的全球化提供了机遇，它削弱了传统全球品牌的线下渠道优势，为品牌的全球扩张提供了助力。

全球品牌战略共创。通达的网络环境便利了顾客参与到跨国企业的新产品开发、品牌定位、广告沟通等战略决策中。企业可以通过互联网招募世界各地的顾客收集想法和信息，这将大大降低全球品牌的研发和营销成本。

品牌活动的全球透明度。数字化的发展降低了信息不对称，线上零售渠道和比价网站为顾客决策提供了信息支持。如何调整战略以适应全球品牌活动透明度的提升（如产品全球定价透明度的提升）成为企业面临的问题。

品牌与消费者之间的全球连通性。数字化推动下的电子口碑的发展降低了传统广告的有效性，也改变了顾客与全球品牌之间的相对力量与平衡关系。同时，这也促进了那些基于互联网的、致力于降低信息不对称、降低交易成本的平台型企业发展成为全球性品牌。

物联网。物联网改变了人与人、人与产品之间的互动方式，它在为顾客体验提供助力的同时，也使顾客对数据安全、个人隐私的担忧与日俱增。这对全球品牌如何在数字时代保护顾客利益提出了新的挑战。

资料来源：
Steenkamp J-B E M. Global brand building and management in the digital age[J]. Journal of International Marketing, 2020, 28(1): 13-27.

三、全球定价策略

在国际市场中，企业价格策略的制定要比在国内市场复杂得多，因为相比于国内营销，国际营销中的产品价格受到更多额外因素的影响。这些因素既包括企业层面和产品层面的内部因素，也包括宏观环境和市场竞争等外部因素。

企业的经营目标、在国际市场中的竞争战略、企业定位，以及市场进入方式等与生产制造成本、运输成本密切相关的企业层面因素，对企业在不同海外市场的定价策略产生了直接影响。产品层面上，影响价格的关键因素包括产品的独特性、新颖性、替代性产品的可获得性等。这些因素将对产品在国际市场中的生命周期产生重大影响，进而影响产品在不同海外市场中的定价。同时，产品定位、市场对质量与服务的要求程度也会影响产品的成本构成，进而影响定价。通常，产品在海外的分销渠道越长、渠道层级越多，产品在海外市场的最终价格也越高[13]。

不同于企业和产品层面的内部影响因素，宏观环境与市场竞争等外部因素是影响企业价格策略的不可控变量。一般来说，政府政策，如关税，直接增加了进口商品的价格，除非出口商或进口商愿意承担关税并接受较低的利润率。由于各国的关税政策并不相同，出口企业通常会调整产品在不同国家的售价。例如，在一些高关税和高价格弹性的国家，如果想要获得令人满意的销量，产品价格就需要低于其他国家。此外，通货膨胀率、汇率波动以及商业周期等环境因素会直接影响产品在不同国家市场的定价。在市场竞争层面，顾客的购买力、市场竞争状况与竞争对手的定价策略同样影响着企业的产品定价。

就全球市场中具体的定价策略而言，除了成本加成定价、目标利润定价、撇脂定价、渗透定价等通行的定价策略外，当地价格追随者定价、全球价格追随者定价、当地价格领导者定价、全球价格领导者定价是四类常见的价格策略[13]。

当地价格追随者定价。对于处于行业多国属性强、企业国际化经验有限的公司而言，它们更可能采用当地价格追随者的定价方式。由于海外市场知识不足，这些企业的海外市场价格信息多来自中介或分销商，基于这些价格信息，企业采用当地市场成本导向或当地市场竞争导向的方式确定产品销售价格。最终，企业在不同的海外市场制定了不同的价格。

全球价格追随者定价。当企业所处的行业受全球市场推动、企业参与全球竞争意愿强烈时，企业可能会采用全球价格追随者定价策略，在国际市场中采用全球市场领导者设定的行业价格水平。通常，这类企业在国际市场中的市场份额有限，议价能力也有限，只能被动接受全球行业领导者设定的价格标准。

当地价格领导者定价。对于那些国际经验丰富、在当地市场占据主导地位的企业，它们能够从经销商、最终顾客等不同渠道获取丰富的市场信息，可以针对不同海外市场的实际情况灵活调整价格策略。通常，这类企业会基于不同的东道国市场制定不同的价格策略，是当地市场的价格领导者，海外分支机构的管理者拥有一定的直接定价权。

全球价格领导者定价。采用全球价格领导者定价策略的企业通常在全球主要市场中占据强势地位。它们以相对较高的、所有国际市场基本持平的价格占领全球市场。但相比当地价格领导者，全球价格领导者在满足当地市场与分销商需求时存在相对劣势。

四、全球分销策略

当国际化企业采用不同的模式进入海外市场后，随之而来的一大挑战是如何选择分销策略。全球市场中，不同国家的分销渠道体系差异很大，零售商的规模、特点也存在较大差异。图 10-6 列出了影响企业全球分销策略的关键因素以及关键决策。

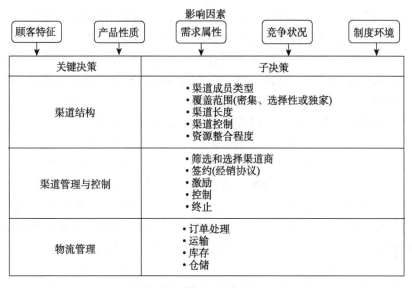

图 10-6　全球分销策略影响因素与关键决策

资料来源：作者基于"Hollensen S. Global Marketing[M]. (6th edition) Pearson Education, 2014: 598."整理。

企业的全球分销策略受海外顾客特征、产品性质、需求属性、竞争状况、制度环境五大关键因素的影响。在进行全球分销决策时，企业需要考虑目标市场的顾客规模、顾客的地域分布特点、购买习惯等因素。例如，全球营销中消费品的销售渠道往往比工业品更长。因为消费品市场中的顾客数量更多、目标顾客的地域分布也更加分散。而在基础设施、文化等多重因素的影响下，不同国家消费者的渠道偏好与购买习惯也存在较大差异。

产品性质在决定企业的全球分销策略中起到了关键作用。产品的价格、体积、耐用性、运输与仓储、产品的售后要求等因素都会对产品的分销策略产生影响。例如，对于低价走量的快消品来说，需要在海外目标市场建立一个密集的分销网络；而对于高价产品或奢侈品，企业有时并不希望建立广泛的分销渠道[13]。同样，顾客的需求，尤其是顾客对消费地点的偏好将影响企业的分销布局。除此之外，竞争对手可能会通过制造分销壁垒构建自己的渠道优势，因而，现存的竞争对手的分销策略也会影响企业分销体系的搭建。最后，当地国的制度环境，如法律法规、商业惯例等，也对企业在当地市场分销系统的搭建形成了约束。

在上述因素的共同影响下，企业的全球分销策略决策主要涉及以下几个关键决策点：第一，全球分销渠道的结构，如渠道体系的全球市场覆盖范围、分销渠道中的层级（中间商）数量、渠道的纵向/横向整合程度等。第二，全球分销渠道的管理与控制，如渠道成员的选择、控制、激励、退出等机制。第三，全球物流运输体系的管理，如订单处理、付款与发货流程、交货期、仓储配送等。

五、全球沟通策略

在全球营销情境下,除企业和产品因素外,不同国家的文化差异、经济与法律监管差异等均会影响企业在海外市场中的沟通策略。东道国的文化因素会影响当地顾客对环境的感知和对信号与符号的解释。受语言等文化差异的影响,在母国语言体系中有效的品牌口号或沟通文案在东道国市场环境下可能具有不同的含义甚至失效。因而,企业在国内市场中使用的品牌名称、宣传物料、广告语等需要结合当地市场的语言体系进行翻译或改编。即便是具有强烈来源国文化特色的产品,在进入海外市场时,也会基于当地的语言文化对文化符号加以解释,以方便当地顾客理解。例如,饮料品牌元气森林在进入海外市场时,采用了"Chi Forest"的音译产品名称,但在其瓶身外包装上依旧保留了汉字"気",并通过品牌故事的形式向海外顾客诠释了"気"在中文语境下的含义[38]。

不同国家经济发展的差异影响互联网、移动互联网、智能手机等信息技术、软硬件的发展和普及,进而影响当地顾客的媒介偏好,而当地的广告法规和行业规范则直接影响宣传内容与媒介的选择。例如,在多数国家中,香烟、酒类产品的广告促销受到严格的管制。相比于新兴市场,发达市场中广告业务发展更为成熟,相关的法律法规更为完善,监管力度往往也更大。

在这些关键因素的共同影响下,企业在全球市场中的沟通策略包括以下关键决策点:第一,目标设置,即结合传播目标和业务目标(如销售目标)设定沟通策略的具体目标。第二,明确预算,即通过销售百分比法(自动分配固定百分比的销售额到宣传沟通费用中)、目标任务法(基于目标细化各项任务和成本,在此基础上确定预算)等方法确定沟通宣传的预算。第三,内容决策,即创造并确定传播内容,并考虑传播内容的标准化—适应化程度。第四,媒介决策,即确定以何种媒介、何种频率、何种方式与时间触达目标顾客。第五,传播评估,即对此次传播在当地市场以及全球市场的影响与效果进行有效评估。

最佳实践10-1

传音:走进非洲

传音控股主营以手机为核心的多品牌智能终端产品和移动互联服务。传音创始人竺兆江具有国际视野和丰富的国际化经验,创业之初就抱有聚焦海外市场的强烈动机和决心。传音的业务集中在全球新兴市场,"Glocal"代表了公司的国际化战略核心,即以全球化的思维做本土化的创新。作为最早进入非洲的中国手机品牌之一,传音已在当地市场确立了极具竞争力的品牌地位,旗下三大手机品牌均连续多年入选非洲权威商业杂志 *African Business* 的"最受消费者喜爱品牌"榜单。截至2023年,传音销售收入624亿元,其全球销售网络已覆盖超过70个国家和地区,包括非洲、南亚、东南亚、中东及拉美等,并在中国、埃塞俄比亚、印度、孟加拉国等国家设立多个生产制造中心。

进入非洲市场

传音成立之初,国内手机市场虽然规模巨大且增长迅速,但市场竞争也异常激烈。

彼时的非洲市场通信行业（尤其是移动通信行业）潜力巨大。由于非洲许多地区被沙漠覆盖，且80%的人口生活在农村地区，铺设固定电话网络成本巨大。因此，非洲顾客对移动通信设备有很强的需求。在非洲50多个国家中，有超过40个国家移动电话比率高于固定电话，超过70%的通信基于移动设备。2005年，撒哈拉以南地区，移动电话用户数增长接近40%，是当时世界上移动通信增长最快的地区之一。同时，非洲人口规模大，但人均收入低，对高品质、可负担的手机产品需求量巨大，并且非洲消费者对手机产品的差异性需求明显。当时非洲手机市场以国际品牌为主，所提供的产品无法很好地满足非洲市场需求。因此，传音在创建初期就另辟蹊径，将目光瞄准了潜力巨大的非洲市场。

深耕非洲市场

在进入非洲市场之前，传音市场调研队伍深入非洲多个国家，了解市场需求，洞察消费者使用习惯，并依据这些反馈进行针对性的产品开发与制造。由于非洲信号差，当地消费者需要准备多张 SIM 卡以切换使用不同运营商的服务。但对于大多数消费者而言，为此准备两部手机是不现实的。传音在调研阶段便精准洞察到了消费者需求，并将国内已经很成熟的双卡双待技术作为自己第一款产品的卖点。产品一经上市，便吸引了众多消费者。同时，非洲基础设施落后，电力供应极度不稳定，当地消费者对于手机续航有着较高的要求。传音针对这一问题，为旗下手机配了大容量电池，并研发出了高压快充技术，顺利解决了这一难题。这些极具本土化的产品功能让传音旗下的 TECNO、itel 手机品牌迅速获得了当地消费者的认可。

在 TECNO 及 itel 手机品牌的基础上，传音进一步创建 Infinix 品牌，完善了品牌体系。在传音的品牌矩阵中，TECNO 品牌定位中高端，目标人群为非洲等新兴市场的中产阶级消费者，主打拍照影像技术和用户体验。itel 品牌则针对普通以及低收入消费者，为他们提供基础的通信服务，主打性价比。Infinix 品牌则是传音为了顺应互联网发展的趋势所推出的互联网手机品牌，目标人群为新兴市场的年轻人，以科技与时尚作为主打元素。整体来看，传音品牌的手机基本集中于中低端市场。近年来，传音顺应市场需求变化，积极推进产品结构升级，秉承用户和技术双驱动的原则，进行产品升级换代，加强中高端产品竞争力。

凭借对非洲市场的深刻理解，传音在进入非洲市场早期就迅速切入了最适合当地市场的渠道。相比于欧美等高度统一的市场，非洲各个国家都有着分散于各城市、乡村的经销商、零售店。为此，传音采取了我国手机行业传统的分销模式，逐步建立起自身庞大的分销网络，在城市角落或是偏远乡村，几乎随处可见传音手机的零售店。在一些重点区域，传音在组织内部设置营销专员岗位，专门与下沉渠道商进行对接，以提高效率。随着非洲电商的兴起，传音也积极进行线上渠道的拓展。2016年，传音与非洲当地大型电商 Kilimall 和 Jumia 达成了战略伙伴协议，将在二者的电商平台上销售自己的品牌手机。

在进入非洲市场早期，遍地的广告牌、宣传板以及能够进行涂写的墙成为传音的宣传渠道。深入乡村棚户区的零售商门店也成为传音与消费者进行品牌沟通的前站。2010年，TECNO 品牌手机的销售量已进入非洲市场前三名。在初期大规模广告板宣传的基础上，传音开始在各国家举办新品发布会，并邀请当地明星助阵。2016年 TECNO 品牌的 Boom J8 手机发布会上，传音邀请了 Jaywon 等十多位非洲一线明星进行宣传，通过网络平台进行全程直播，成为当天社交媒体热榜的第一名，取得了极好的宣传效果。

海外拓展再出发

随着经济发展水平和人均消费能力的提升，在手机智能化发展的大趋势下，新兴市场的智能机市场潜力较大。基于非洲市场的成功经验，近年来，传音将业务延伸至南亚、东南亚、中东、拉美等市场。经过多年发展，传音已成为全球新兴市场手机行业的中坚力量之一，在持续开拓新兴市场的同时，全球手机市场市占率稳步提升。据 IDC 全球手机季度跟踪报告，2023 年第三季度，传音在全球手机市场的占有率为 14.6%，排名第三；传音智能机在全球市场的占有率为 8.5%，排名第五。同时，传音在非洲、巴基斯坦、孟加拉国、菲律宾智能机出货量排名第一。

同时，传音也在进行产品的高端化突围。2023 年传音正式发布首款折叠智能手机 TECNO PHANTOM V Fold，并相继推出配备相机级可伸缩人像镜头的 TECNO PHANTOM X2 系列、搭载 Sensor-shift 防抖及 RGBW 技术的 TECNO CAMON 20 Pro 系列、配备 All-Round FastCharge 全场景智慧快充技术的 Infinix NOTE 30 系列、专为年轻潮酷游戏玩家打造的高性能旗舰 Infinix GT 10 Pro 等中高端机型。产品升级助力传音进一步在新兴市场站稳脚跟，实现业绩新突破。

讨论题：

1. 传音为何选择进入非洲市场？
2. 传音作为天生国际化企业，你认为它的品牌国际营销模式有哪些特点？
3. 基于传音目前的海外营销状况，有哪些经验可供其他国际化企业借鉴？又面临哪些挑战？如果你是其营销总监，你会提出哪些解决方案？

最佳实践 10-2：联想的国际化之路

资料来源：

[1] 传音官网. 关于传音[EB/OL]. (2023-03-21)[2024-10-01]. https://www.transsion.com/about?lang=zh.

[2] 新浪财经[EB/OL]. 洲之王寻求改变(2024-08-22)[2024-10-01]. https://cj.sina.com.cn/articles/view/1279746217/4c4760a90010138zd.

[3] 胡左浩,洪瑞阳,朱俊辛. 中国领先企业的品牌国际化营销之道——以消费电子行业为例[J]. 清华管理评论, 2021(3): 14-23.

[4] 李华清. 传音控股："非洲之王"的本土化创新逻辑[N]. 经济观察报, 2022-10-10.

本章小结

（1）全球营销战略是指企业在全球市场规划和实施营销活动以便通过顾客价值创造在全球市场实现营销目标的整合决策过程。在全球营销战略的定制过程中，企业需要考虑全球标准化与适应化之间的平衡关系。

（2）企业的全球营销战略制定主要涉及是否进入海外市场、进入哪些海外市场、怎样进入海外市场以及全球营销方案四个方面的决策。

（3）不同的企业进入全球市场的动机存在差异，既有前瞻性动机，也有反应性动机，且受到不同内外部因素的影响。

（4）全球市场比国内市场更具动荡性、复杂性和不确定性。企业进入海外市场前既要能够对目标市场的宏观环境进行全面分析，又要能够准确评估市场潜力以及潜在的风险。

（5）出口、授权经营、成立合资企业以及直接投资是企业进入海外市场的主要方式。而从进入市场过程来看，渐进式国际化与跨越式国际化是主要的模式。

（6）全球营销方案的制定涉及产品、品牌、价格、渠道、沟通等不同策略，需要综合考虑特定因素可能产生的潜在影响。

关键术语

全球营销战略（global marketing strategy）　　全球标准化（global standardization）
适应化（adaptation）　　全球本土化（glocalization）
全球品牌（global brand）　　来源国效应（country-of-origin effect）
天生国际化企业（born globals）　　消费者文化（consumer culture）

回顾性问题

1. 什么是全球营销战略？全球营销战略的制定过程有哪些关键决策？
2. 企业为何要开展全球营销？主要动机是什么？受哪些因素的影响？
3. 企业应该从哪些维度对海外目标市场进行评估？具体方法是什么？
4. 国际市场进入模式有哪些？各有什么特点？
5. 如何有效制定全球营销方案？

辩论性问题

辩论题：国际营销：标准化还是适应化？

一种观点认为，国际营销应该采取全球标准化战略，这样企业可以通过规模经济和学习效果实现成本优势，同时，也可以形成全球统一的品牌形象。而另一种观点则认为，国际营销应该采取当地适应化战略，这样企业可以定制营销组合满足各个国家当地市场所特有的需要，同时发挥当地分支机构的积极性和创造性。

正方：国际营销应该采取全球标准化战略。
反方：国际营销应该采取当地适应化战略。

实践性问题

1. 选择你最熟悉的两个全球品牌，对比分析它们在国际化动机、目标市场选择、市场进入模式上有什么异同？为什么会产生这些差异？
2. 想一想具有代表性的中国国际化企业，它们在全球营销过程中遇到了哪些发达市场全球品牌没有遇到的困难？是如何克服的？
3. 结合腾讯、字节跳动等有代表性的互联网国际化企业，想一想它们在数字化时代的全球营销战略与传统的国际化企业有哪些不同？

延伸阅读

[1] 胡左浩，洪瑞阳，朱俊辛. 中国领先企业的品牌国际化营销之道——以消费电子行业为例[J]. 清华管理评论，2021(3): 14-23.

[2] 于春玲，梁璐琪，张硕，等. 中央企业在"一带一路"市场品牌国际化路径双案例研究——以中材水泥和中油瑞飞为例[J]. 营销科学学报，2024，4(1): 139-157.

[3] 邬爱其，刘一蕙，宋迪. 跨境数字平台参与、国际化增值行为与企业国际竞争优势[J]. 管理世界，2021, 37(9): 214-233.

[4] 杜雨轩，胡左浩. 数字化驱动加速国际化之道：以 SHEIN 为例[J]. 清华管理评论，2024(1-2): 112-121.

参考文献

即测即练

自学自测　扫描此码

第四篇

制定营销策略

第十一章

管理产品与服务

好产品自己会走路，好产品自己会说话。

——宁高宁（华润集团原董事长）

人们购买的不是钻头，而是钻孔。

——西奥多·莱维特（《营销近视症》作者）

学习目标

1. 了解产品概念和产品分类；
2. 熟悉新产品开发上市流程以及新产品采用模型；
3. 掌握产品生命周期各阶段的特点及相应营销策略；
4. 熟悉产品组合策略和产品组合决策；
5. 了解服务流程管理、服务—利润链模型及服务质量差距模型。

开篇案例

上汽大众：技术创新助力转型升级

上海大众汽车有限公司（以下简称"上汽大众"）创立于1985年3月，是中国改革开放后最早的轿车合资企业，也是国内规模最大的现代化轿车生产基地之一。经过多年的探索与实践，上汽大众培养了一支高效率、高素质的研发队伍，建立了功能完善、具备国际水平的技术中心，已形成能满足中国用户出行需求、创造最佳顾客体验的整车研发能力，以及在新能源、智能驾驶和移动在线服务领域的技术创新能力。

上汽大众主要生产和销售的产品包括大众和斯柯达这两个品牌，覆盖A0级、A级、B级、C级、SUV、MPV等各细分市场。其中，大众品牌车型有Polo、桑塔纳家族、Lavida家族、帕萨特、途观、途昂等产品系列；另外，ID.纯电系列包括ID.6X、ID.4X、ID.3；新能源系列包括帕萨特插电混动、途观L插电混动等。

2010年，上汽大众在市场调研和精准的市场定位基础上推出了首款SUV车型——途观。通过其所搭载的TSI发动机以及众多前瞻的智能科技，途观系列产品作为运动型多用途汽车，为用户带来强大的动力和舒适性。途观上市后，其市场份额多年处于SUV市场的前列。

随着国内二孩政策的放开，以及社会消费能力的提升，家用 MPV 领域越来越受到更多消费者的关注。在 2016 年 3 月 18 日，上汽大众途安 L 正式上市，瞄准的正是这块国内市场的空缺。这次途安 L 针对摩登家庭这个概念推出，上汽大众也的确看中了这一点。而且，伴随二孩家庭的增加以及消费者对休闲消费的渴望上涨，上汽大众找到了卖点，使途安 L 的市场竞争力大为增强。

同时，从 2021 年开始，上汽大众陆续推出了 ID.4X 以及 ID.6X 两款纯电新能源车型，凭借其品牌力和产品力，全面向中国新能源汽车市场进军。大众汽车集团的全球首个 MEB 纯电动车工厂于 2018 年 10 月开工，并于 2019 年 11 月落成，位于上海安亭。

当前，全球汽车行业正在经历一场百年一遇的革命。造车新势力、互联网科技品牌、传统汽车厂商都涌入这个新战场。上汽大众采取的对应措施，除了布局 MEB 纯电平台打造的 ID 系列车型，更推出了途观 L 插电式混合动力版、帕萨特插电式混合动力版（见图 11-1）、朗逸纯电等以传统燃油车平台为基础升级的车型。

图 11-1　上汽大众帕萨特 2024 款
资料来源：上汽大众官网截屏。

随着上汽大众"共创 2025"战略进入第二阶段，上汽大众将在保持传统燃油车市场优势的同时，全面向电动化、智能网联化领域进军。展望未来，在汽车行业转型变革的新时期，上汽大众将坚持以创新驱动发展，并始终以市场为导向，不断提升用户满意度，努力成为"值得信赖、最具价值、富有创新精神"的汽车合资企业。

资料来源：

[1] 上汽大众官网. 品牌中心. https://www.svw-volkswagen.com/.

[2] 陈翰祺. 上汽大众开创中国汽车产业合资先河 让中国汽车真正与世界接轨[N]. 汽车商报，2021-07-26(B2).

[3] 刘畅. 上汽大众"途"谋[J]. 汽车观察，2016(4): 61.

第一节　产品概念与产品分类

> 概念定义：
>
> 产品（product）：是指任何能提供给市场以满足需要的东西。

一、产品整体概念

菲利普·科特勒、凯文·凯恩·凯勒著的《营销管理》（第 15 版）中对产品的界定是：任何能提供给市场以满足需要的东西，包括有形物品、服务、体验、事件、人物、地点、资产、组织、信息和创意等。

关于产品整体概念，科特勒在其著作《营销管理》1976 年版中最早提出了三层次划分：核心产品、有形产品和附加产品。之后，莱维特（1986）提出四层次划分：核心产品、期望产品、附加产品和潜在产品。其后，科特勒和凯勒提出五层次划分（见图 11-2）：核心产品、基础产品、期望产品、附加产品和潜在产品。

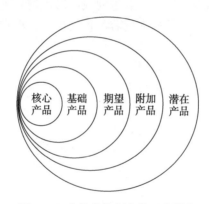

图 11-2　产品整体概念的五个层次

资料来源：菲利普·科特勒，凯文·莱恩·凯勒. 营销管理（第 15 版）[M]. 何佳讯，等译. 上海：格致出版社/上海人民出版社，2017：342-343.

（一）核心产品

其是产品最基本的层次，也是产品的核心利益，即向消费者提供产品的基本效用，也是消费者真正要购买的利益。消费者购买某种产品并非为了拥有该产品的实体，而是为了获得能满足自身某种需要的效用和利益。例如，食品的核心是满足顾客充饥和营养的需要；化妆品的核心是满足顾客护肤和美容的需要。

（二）基础产品

其是核心产品借以实现的形式，或目标市场对某一需求的特定满足形式，包括产品的品质、式样、特征、商标及包装。例如，洗衣机、电视机、电脑和手机等电子电器类产品，它们的形式产品包括品牌名称、产品包装、产品手册和软硬件配置等。基础产品是核心产品得以实现的载体，也是企业向市场提供实体和服务的外在呈现。

（三）期望产品

其是指消费者在购买该产品时，期望得到的与产品密切相关的一整套属性和条件。可以理解为对核心利益和基础产品的感知和要求，主要体现在产品功能、价格、便利性等方面。例如，旅客期望酒店拥有干净的床、无线网络、安静的环境等。然而，不同的顾客会有不同的期望。

（四）附加产品

其是指消费者在得到期望产品时，所得到的增加的服务和利益。例如，酒店除了提供期望产品外，还可以提供附加的产品和服务，包括美味的早餐、游泳池、健身房等。附加产品往往能够超越消费者的期望，从而减少顾客抱怨，提升顾客满意度。在日益激烈的市场竞争环境中，产品给顾客带来的附加利益已成为竞争的重要手段。

（五）潜在产品

其是指产品未来可能会实现的全部附加部分和将来会转换的部分。例如，相对于手机的传统功能打电话或发信息，拍照、看电视或电影可视为潜在产品。附加产品提供给消费者的需求和满足，只表明产品现在内容的横向扩展，潜在产品表明产品可能的纵向发展。

二、产品分类

（一）消费品

消费品是指用来满足人们物质和文化生活需要的那部分产品，由最终消费者购买并用于个人使用的产品。按照需求层次可划分为：生存方面的产品，如衣、食、住、行等；发展方面的产品，如智力、体力、文化等；享受方面的产品，如艺术珍藏品、华丽服饰、高级营养品等。按照购买频次和产品的使用生命周期又可分为快消品和耐用品。

快消品是指那些使用寿命较短，消费速度较快、购买频率高的消费品，如食品、烟酒、饮料等。生产这类商品的企业，要注重渠道网点的密集建设以及终端场景氛围的营造。耐用品是指能多次使用、寿命较长的消费品，如电视、手机、电脑、汽车等。消费者购买这类商品时，与快消品相比，决策较为慎重。生产这类商品的企业，要注重技术创新，提高产品质量，同时做好售后服务，满足消费者的购后需求。

（二）工业品

工业品是指各种组织（如企业、机关、学校、医院）为生产或维持组织运作需要购买的产品。消费品和工业品的主要区别在于买方的购买目的不同。例如，如果一个消费者购买一台小麦收割机在自己的地里使用，这台小麦收割机就是耐用消费品；如果这个人购买小麦收割机主要目的是为了做生意，以收割他人的麦子来赚取利润，那这台收割机就是工业品。

根据它们参与生产过程的程度和价值大小可划分为:

(1) 材料和部件。材料和部件指完全参与生产过程,其价值全部转移到最终产品的那些物品,又可以分为原材料以及半制成品和部件两大类。

(2) 资本项目。资本项目指辅助生产进行,其实体不形成最终产品,价值通过折旧、摊销的方式部分转移到最终产品之中的那些物品,包括装备和附属设备。

(3) 供应品和服务。供应品和服务指不形成最终产品、消耗较快的那类物品。

工业品营销的特性:产业顾客,团体采购,供购双方关系密切,目标顾客群体相对明确,购买者数量少但购买量大。工业品的采购是衍生需求,即工业品市场的需求随消费者市场的变化而变化;从消费弹性来看,工业品的市场需求缺乏价格弹性。

(三) 数字产品

卡尔·夏皮罗和哈尔·瓦里安在《信息规则:网络经济的策略指导》一书中提到数字产品具有狭义和广义之分。如果根据有形和无形来划分,无形的数字产品又称数字化产品,是指可以经过数字化并通过数字网络传输的产品,如网络上图文、音频、视频和各种 App 等产品;有形的数字产品是指基于数字技术的电子产品,如手机、数字电视、数码相机等。

 概念定义:

狭义的数字产品(digital product):信息内容基于数字格式的交换物或通过互联网以比特流方式运送的产品。

广义的数字产品:除了包括狭义的数字产品外,还包括基于数字技术的电子产品或将其转化为数字形式通过网络来传播和收发,或者依托于一定的物理载体而存在的产品。

数字产品的特性:第一,快速迭代更新。研发者可以对数字产品不断进行升级迭代和微创新,也可以定制化和个性化。第二,快速交换共享。虚拟的数字产品可以通过网络在极短的时间内,在不同地区和不同消费者之间进行交换和共享,具有非数字产品无法比拟的速度优势。第三,成本结构特殊。表现为生产第一个产品的成本非常高,但用于拷贝生产的成本却极其低廉,比如,一款 App 的研发成本很高,但拷贝生产和传播的成本几乎为零。

(四) 全面解决方案

全面解决方案是指以顾客需求为中心、为顾客提供"一站式"的产品和服务。它不仅提供产品的销售,还提供相关的技术、维修保养、使用培训、金融保险等系列服务,目的是在扩大产品销售的同时从服务上实现增值。它的基础构成是产品,并且加入了某些附加的元素,即由用户使用基础产品而派生出来的需求所创造出的待满足的衍生产品。所以,要使一个产品升级为"全面解决方案",其关键在于厂商所能添加的衍生产品是否能构成一个整体。

Mini案例11-1

日辰股份：大客户定制解决方案

"当客户问你要产品的时候他在要什么？"透过客户的表象需求去了解客户的真实需求，这是日辰股份在面对大客户定制需求业务时的思考方式。作为一家深耕复合调味品定制化行业的企业，其在过去20多年里都以最终用户需求为导向来对客户提出的产品需求进行思考。

日辰股份在服务大客户时，先做比较系统的市场调研，再基于大客户需求定制产品解决方案。该产品解决方案并非仅仅是日辰股份所能提供的调味料产品，而是通过使用这些产品能够制作出满足其用户的菜品方案以及菜品所能创造出的市场价值。在服务国内一家拥有千家门店规模的知名快餐连锁企业时，日辰股份对客户的门店分布、产品风格、目标客群和产品价格做了详细的市场调研。结合国内餐饮行业的发展方向、餐饮的风味流行趋势以及国外的健康饮食理念对市场的影响，构思出其用户的消费场景。再考虑到客户门店的加工设备和出餐流程，为客户提供了包括主题菜单设计、菜品企划、制作工艺标准和出品形式等全方位的产品解决方案。这不仅超预期满足了客户的产品需求，甚至还为客户的菜品创造出溢价空间提供了可能。通过这一方式，日辰股份在其众多供应商中脱颖而出，并且一直成为该客户的主要供应商。

资料来源：基于日辰股份资料整理。

三、包装外观设计

包装设计是产品构成的重要组成部分，是美学与自然科学完美结合，是实现产品价值和使用价值的手段。它是综合了科学、艺术、材料、经济、心理、市场等综合元素的多功能整体体现，已成为现代产品生产和营销重要的环节之一。任何一款成功的产品包装，一定是以适应市场的需求为准则，架起产品生产与消费之间的沟通桥梁，与人们的生活息息相关。

（一）产品外观的包装设计要点

（1）材料选择。产品设计师在进行产品外观设计时，需要综合考虑如何选择设计材料、材料的加工工艺、产品的视觉表现、这些能不能满足产品用于各种环境中的功能及实现设计目的等。因此，产品设计师需要掌握各种不同材质的特性及加工方式。

（2）色彩选择。色彩通过用户的感官直接将设计师的设计信息传达给用户，对用户是否想拥有产品起到根本的作用。色彩在外观设计中发挥的作用主要有保护材料和对产品造型的装饰，这不仅美化了产品外观，也美化了用户心理，所以在产品外观设计过程中，要采用灵活多样的色彩组合设计，使用户对一款产品有更多的选择，从而增加产品的市场竞争力。

（3）形态选择。产品外观设计的核心是产品的形态美设计，例如，拟人化或各种造型的设计，它是产品设计师在系统的市场调研分析后，在产品外观设计精确定位的基础上开展的设计。产品外观设计应当符合创新性和体量感。

(二)产品外观的包装设计策略

从产品的名称入手,以品牌标志为灵感设计元素进行创意构思。从产品的原材料入手,进行综合性的考虑。目前这种设计手法的运用在包装设计领域非常广泛,如,各种果汁的包装运用其水果原料的写实形象等。从产品的产地入手考虑,把原料产地富有特色的异域风情、风景、田园风光等作为视觉元素来吸引受众的视线。从产品的使用场景入手,以使用形态为出发点,联想设计元素,可以让人产生身临其境之感。从产品的使用对象入手,了解他们的兴趣、倾向,寻找适当的表现元素来加以表现。例如,男性用品采用粗犷的视觉形象,而年轻女孩的用品则采用有青春活力的视觉符号。善于利用与产品相关的图形来表现产品。例如,以雪山、清澈湖水的图形表现纯净水、以精彩刺激的比赛场景表现饮品和体育用品等。利用人们喜闻乐见的,具有美感的图形形象。如美女、花卉、动物、风景、民族风俗等。

从包装信息中的标签来看[1],产品外观包装设计中的品牌信息、日期标签以及有机标签等会影响消费者对产品的信任;消费者普遍认为贴有有机标签的食品会比传统食品品质更加安全健康;贴有转基因食品标签和生态标签的存在均会唤起消费者的道德感知,转基因食品标签更多地会引发消费者的负面道德感知且会减少其支付意愿,因为消费者普遍认为转基因技术是对自然规律进行操纵的一种不道德行为。而生态标签的存在则会提高消费者对零售商的道德感知,一方面,生态环保产品本身彰显了企业的社会责任意识;另一方面,对于购买这类产品的个体来说,也会显著增加其社会认同感,即个体对自己属于环保主义者群体的认知和情感价值。

第二节 新产品开发

一、新产品开发与顾客参与

(一)基本概念

随着技术不断进步,产品复杂程度不断提高,从企业角度很难体会到顾客的多样化需要,市场对新产品的接受程度难以把握,产品开发成为有较大风险的活动。要进行成功的产品开发,企业必须认识到顾客参与在产品开发中的重要作用。

> **概念定义:**
>
> 新产品开发(new product development):从研究选择适应市场需要的产品构思开始到产品设计、工艺制造设计,直到投入正常生产的一系列决策过程。
>
> 顾客参与(customer involvement):一种在产品或服务生产过程中顾客承担一定生产者角色的行为。

以顾客参与为基础,又可以把生产分为企业生产、共同生产和顾客生产。顾客参与新产品开发属于共同生产。顾客卷入新产品开发过程涉及宽度和深度。宽度指顾客参与的范围、参与行为涉及产品开发全过程或部分过程。深度指顾客参与的卷入水平、顾客卷入产品开发过程水平的高低。

（二）顾客参与动机

从顾客视角来看主要包括[2]利益动机和心理动机。前者指获得与产品相关的利益，主要包括减少成本、提升产品性能等；后者指会有更多选择机会和更高的定制水平，顾客控制感增强，自尊得到提升。从企业视角来看主要包括[2]产品创新的需要和新产品市场的需要。前者指新产品开发需要在外部寻求知识和技术，吸收顾客知识加强公司核心竞争力；后者指新产品市场接受的程度。让顾客参与开发的过程，无疑会帮助企业了解市场动向、技术发展、顾客偏好等影响新产品开发和市场接受的关键因素。

（三）顾客参与过程

新产品开发的过程可以简化为以下三个阶段[3]（见图11-3）：创意阶段、设计开发阶段、产品测试支持阶段。创意阶段，顾客参与是新产品构思的来源。设计开发阶段，顾客参与可以缩短开发时间和减少开发成本，提高开发过程中的质量，提升产品开发过程的效率。产品测试支持阶段，顾客作为测试在不同使用情况下新产品关联和接受程度的试验场，对新产品进行测试，反馈并商讨改进建议。

（四）顾客参与结果

顾客参与结果有两种[2]（见图11-3）。正面结果：提升顾客满意，增加顾客购买的可能性；增进信任，着眼于长远利益，减少机会主义行为，提升资源投入和双方合作水平；加速新产品开发进度，有效改进新产品开发的效果。负面结果：在大量顾客参与时，带来过多的新想法，企业会出现信息过载的情况，引起开发过程混乱或不作为，对这些情况的控制取决于企业的吸收能力，即处理、选择想法及把想法付诸实施的能力[4]。

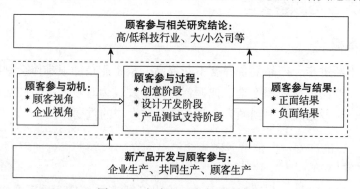

图11-3 新产品开发与顾客参与

二、新产品开发上市流程

新产品开发上市流程的七个步骤包括构思产生与筛选、概念开发与测试、营销战略制定、商业分析、产品研发、市场测试和商业化。

（一）构思产生与筛选

构思产生与筛选即系统地寻找新产品的设计构想。从内外部寻找消费者的需求，来源包括顾客、竞争者、分销商、供应商及企业自己。企业可以分析消费者的提问和抱怨，找到能够更好解决消费者问题的新产品。但是，构思不是凭空瞎想，而是有创造性的思维活动。一方面根据得到的各种信息发挥人的想象力，提出初步的设想；另一方面考虑市场需要什么样的产品及其发展趋势，提出具体产品设想方案。

当产生构思后，是否就代表着可实行呢？接下来就需要从已经产生的需求中进行筛选。你是否想过，你是真的需要新产品吗？在正式启动产品开发过程之前，请先问自己以下几个问题：这个构思能实现吗？这个产品创意能解决什么问题？这个产品是否会吸引到新的顾客？我们有时间和金钱投资这个产品吗？我们的付出值得吗？最后，还需要了解自己对风险的承受能力以及对开发新产品有多坚定。开发新产品是一种投资，并且无法保证快速获得收益。

（二）概念开发与测试

概念开发与测试包括确定新产品理念；设计新产品名称、包装、logo 标识；制定产品描述表、进行概念测试。

（1）确定新产品理念。这是企业的旗舰产品吗？从确定以下几个问题开始：你的产品是否真的能解决什么问题？你能看到哪些别人看不到的盲点吗？与你认识的其他人相比，你的知识优势是什么？是什么让你的企业与众不同？你能用你的产品包装来传递特定的信息吗？如果新产品与企业的核心价值不一致，那么将很难赢得受众的信任。

（2）设计新产品名称、包装、logo 标识。包装是产品与顾客的第一个接触点，要把它看成是产品的延伸；在设计 logo 标识时，如果是个老品牌，新产品可以采用同一体系的外观和设计。另外，如果允许的话，不妨问问现有顾客，他们想要怎样的新产品包装、颜色和名称等。

（3）制定产品描述表。在与供应商联系、培训团队、测试产品以及向投资者推介产品时，都需要一份完善的产品规格参数表。它应该包括以下细节内容：企业名称和信息；产品描述及其功能；用户画像；产品是由什么制成的；产品的功能和使用方法；产品的维护方法；废弃的产品要如何处置；产品概念图；有助于解释产品的任何其他信息。

（4）进行概念测试。许多企业在开发新产品之前，都会与消费者一起进行有关新产品概念的常规测试。对于一些概念测试，使用文字或图片描述就足够了。如果有实物展示，则会增加测试的准确性。消费者对概念测试问题的回答，将有助于企业确定哪种产品概念对消费者最有吸引力，并预测市场潜力。

（三）营销战略制定

市场营销战略制定可以包括三个部分。

（1）描述目标市场，包括初期调研、确定新产品用户画像。初期调研：用户是谁？他们的核心需求是什么？付费用户从哪儿认识你？你的产品为什么能吸引用户？用户认为产品的价格太贵了，还是非常超值？在确定用户画像方面，问自己这些问题：我服务的人群是谁？他们的性别和年龄如何？他们的职业是什么和收入水平怎样？他们经常去哪里玩？他们会怎么花费可支配收入？这些活动通常是集体进行还是独自一人？他们经常一起购买哪些物品？

（2）进行新产品的竞争分析。有了理想用户画像，就可以做更有针对性的竞品研究了。研究竞品的步骤包括：购买竞品，阅读竞品的评论，阅读竞品的销售文案，与它们的销售代表交谈，把你对竞品喜欢和不喜欢的点罗列出来，弄清楚自己产品创意的优势。

（3）确定自己的营销策略。营销策略涉及品牌与产品定位，产品组合与定价策略，促销与渠道策略等。决定营销策略的因素可以包括产品性质、消费者特点、竞争者因素、企业状况。产品性质包括易腐性、季节性、流行程度、体积、重量、价格、附加服务、购买频率等。消费者特点包括分布状况、购买心理、文化特征、态度倾向等。竞争者因素包括竞争者是谁、相对优劣势是什么等。企业状况包括自身的规模、能力与信誉等。

（四）商业分析

商业分析包括审查新产品的销售量、成本和利润计划。通过商业分析可以确定该新产品是否符合企业的目标。想要估计销售量，企业可以查看以往同类产品的销售记录，并且进行市场调研。同时，通过确定最大销售量和最小销售量来确定风险范围，并结合该数据来进行预测，估计新产品的预期成本和利润。

（五）产品研发

通过商业测试的产品概念将进入产品研发阶段。此时，研发部门或制造供应商需要将产品概念转化为实体产品。这一阶段现在往往需要大量的投资，其工作效果将决定产品构思能否转化为技术和商业上可行的产品。在为你的新产品选择供应商时，请注意：准备好你的规格表、技术资料和报价单；与符合你们目标的供应商结盟；你的订单是只有 MOQ（最小订货量），还是非常重大的订单？关注制造供应商的从业年限；了解它们还有哪些顾客，还向谁供货；问问你的供应商它们一直在做什么；向供应商寻求产品研发的细节建议；如果可以的话，需要实地拜访了解更多。

（六）市场测试

验证和测试意味着要确保原型按计划工作，还意味着需要站在顾客和市场的视角验证使用产品，同时测试商业模式的可行性。新产品的所有需求以及在开发阶段从顾客处获得的反馈都需要经过审核，并尽可能在"真实世界"条件下进行测试。营销策略也在这一阶段得到优化和确认，如果有任何需求要修改，这也是团队进行修改的最后机会。这是产品上市前的最后一步，通常在此阶段进行测试营销以帮助验证产品上市情况。

（七）商业化

如果企业决定将产品进行商业化，即将新产品推向市场，则需要确定上市计划、渠道的搭建以及产品的反馈等环节。

（1）制订产品上市计划。越早思考上市计划越能为后期调整方案留足时间；学会借力充分借助原有渠道资源。可以从以下几点进行考虑：销量和营销费用估算；内部讨论上市营销策略和主题；制订新品上市计划（主题、人群、媒介、周期）包括线上的投放计划，线下针对代理、零售渠道的推广计划；制作线上线下物料，特别是零售和代理渠道的物料需要提前送达（产品手册、折页、横幅、单张等）。

（2）进行线上线下渠道的搭建和推广执行。经过产品开发流程，当新产品准备投入市场之前，就需要进行产品上市准备，首先要进行线上线下渠道的搭建和推广执行。具体包括：线上电商店铺注册申请、店铺设计；线下联系各个代理商、零售渠道，商谈进入门槛和费用；按照既定计划推动线上线下计划落地。

（3）进行产品培训、产品反馈及调整。从以下几点着手：公司内部团队关于产品（定位、价格、卖点、推广计划）的培训；合作渠道、代理的培训（告知产品代理政策、核心卖点）；线上重点跟进消费者使用反馈（电商评论区、小红书评论区）；线下每日跟进零售渠道动销情况；联系销售、代理商了解产品在终端销售、使用体验和反馈；广泛收集线上线下产品使用体验，进一步改进和调整第二批产品。产品上市后，重点要关注以下数据：了解投入产出比，产品卖点、设计、口感以及点击、转发、下单等。

营销工具11-1

集成产品开发核心流程

集成产品开发（integrated product development，IPD）的核心流程包括概念、计划、开发、验证、发布、生命周期六个阶段（见图11-4）。每个阶段都有定义清晰的决策评审点（DCP）和技术评审（technology review，TR）。决策评审点与技术评审点的区别在于：前者是业务评审点，它更关注产品的市场定位和盈利情况；后者有一致的衡量标准，达成标准要求后才能进入下一个阶段开发。

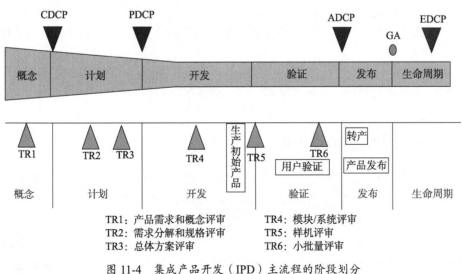

图11-4 集成产品开发（IPD）主流程的阶段划分

集成产品开发过程中的决策点评审：

（1）概念决策评审点（concept decision check point，CDCP）。由组成产品开发团队（PDT）正式向集成产品管理团队（integrated product management team，IPMT）报告初

始的业务计划,由 IPMT 决定项目是继续还是终止。CDCP 通过意味着决策团队同意 PDT 计划阶段的资源投入。

(2)计划决策评审点(plan decision check point,PDCP)。PDT 向 IPMT 展示最终的业务计划和决策合同,由 IPMT 做出继续或终止的决策,业务计划获得批准,则新产品项目进入开发阶段。

(3)可获得性决策评审点(availability decision check point,ADCP)。它是产品公开发布、推向市场前的最终决策评审,需要 IPMT 明确做出继续或者终止的决策。ADCP 通过意味着决策团队同意 PDT 发布阶段的资源投入,产品可大批量上市。

(4)提前销售支持决策评审点(early sales support decision check point,EDCP)。EDCP 通过意味着决策团队同意该产品提前进入市场。

企业采用 IPD 流程体系后,产品开发工作不再只是由研发部门单独承担,而是各部门之间的协同作战。各阶段的主要工作和目的是:

(1)IPD 概念阶段:市场、产品规划、产品研发之间就确定的产品需求信息达成一致。

(2)IPD 计划阶段:对产品包进行明确的定义,包括对成本、质量、销量、收入、产品发布日期的承诺。

(3)IPD 开发阶段:执行通过审批的最终产品包所定义的产品设计。

(4)IPD 验证阶段:完成测试、验证产品、发布最终的规格和相关文件,验证制造和市场的准备情况。

(5)IPD 发布阶段:产品按时保质达到 GA 评审点的要求,并将产品包过渡到正常的产品生命周期管理。

(6)IPD 生命周期管理:批量生产的产品到产品生命周期终止的过程管理概念阶段:策划想开发什么样的产品,组成产品开发团队(PDT),获得集成产品管理团队(IPMT)的批准。

资料来源:
郭富才.新产品开发管理,就用 IPD[M].北京:中国青年出版社,2019:532-562.

三、新产品采用的罗杰斯模型

所谓新产品采用是指新产品上市后,随着时间的推移,不断地被越来越多的消费者所采用扩散的过程。罗杰斯模型(Rogers' Model)以美国学者埃佛雷特·罗杰斯(Everett Rogers)名字命名。其基本假设为:它是一条平滑曲线,创新者、早期采用者、早期多数、晚期多数、落后者依次采用新产品。其理论解释为:①标杆效应:前一个阶段的用户群成为下一个阶段用户群的参照系;向先行者学习,逐渐推进。②从众效应:群体内部大家都采用新产品,形成内部压力。营销启示:把握机会窗口,尽早掌握下一个即将兴起的新技术,通过成为技术领导者带来独特市场优势,进而成为市场领导者。

根据采用新产品的时间,罗杰斯模型将消费者分为五类(见图 11-5)。

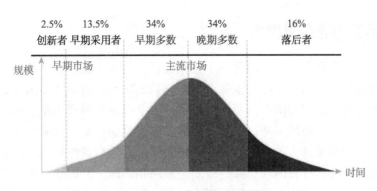

图 11-5 新产品采用的罗杰斯模型

资料来源：

胡左浩. 营销战略制定的七步成诗法[Z]. 清华大学经济管理学院 EMBA 营销管理电子课件, 2023. 原出处：E. Rogers. Diffusion of Innovations[M]. London: Free Press, 1962.

（一）创新者

该类采用者约占全部潜在采用者的 2.5%。任何新产品都是由少数创新采用者率先使用，因此，他们具备如下特征：极富冒险精神；收入水平、社会地位和受教育程度较高；交际广泛且信息灵通。

（二）早期采用者

早期采用者是第二类采用创新的群体，占全部潜在采用者的 13.5%。他们大多是某个群体中具有很高威信的人，受到周围朋友的拥护和爱戴。正因如此，他们常常去收集有关新产品的各种信息资料，成为某些领域的舆论领袖。

（三）早期多数

这类采用者的采用时间较平均采用时间要早，占全部潜在采用者的 34%。其特征是：深思熟虑，态度谨慎；决策时间较长；受过一定教育；有较好的工作环境和固定收入；对舆论领袖的消费行为有较强的模仿心理。

（四）晚期多数

这类采用者的采用时间较平均采用时间稍晚，占全部潜在采用者的 34%。其基本特征是多疑。他们的信息多来自周围的同事或朋友，很少借助宣传媒体收集所需要的信息，其受教育程度和收入状况相对较差，所以，他们从不主动采用或接受新产品，直到多数人都采用且反应良好时才行动。

（五）落后者

这类采用者是采用创新的落伍者，占全部潜在采用者的 16%。他们思想保守，拘泥于传统的消费行为模式。他们与其他的落后采用者关系密切，极少借助宣传媒体，其社会地位和收入水平最低。

四、新产品采用的摩尔模型

罗杰斯模型假设新产品的采用是一个连续过程，当新产品在一个细分市场达到饱和后，它会滚动到下一个细分市场。然而，杰弗里·摩尔（Geoffrey Moore）认为：新产品的采用是一个包含一定"间隙"的不连续过程，一个细分市场采用创新并不一定意味着该创新将被另一个细分市场采用。摩尔模型的基本假设为：新产品采用曲线存在鸿沟，尤其是早期采用者与早期多数之间存在巨大的鸿沟。具体观点包括：①两个相邻的细分市场往往不是连续的，存在断层；②这个断层是由相邻两个群体的行为特征存在不同所导致；③创新者与早期采用者群体联系更为密切，而早期多数群体与晚期多数群体之间联系更为密切，但是早期采用者与早期多数群体之间用户行为特征差异巨大，存在"鸿沟"；④针对某个群体的营销方式并不适合于另外一个群体。

于是，摩尔也提出了新产品的五类采用者（见图 11-6）。

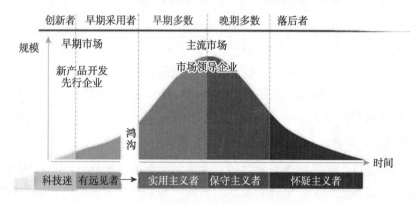

图 11-6　新产品采用的摩尔模型

资料来源：杰弗里·摩尔. 跨越鸿沟：颠覆性产品营销指南（第 3 版）[M]. 祝惠娇，译. 北京：机械工业出版社，2022：22。

（1）科技迷（technology enthusiasts；创新者）是致力于技术创新的新产品采用者，通常是第一批想要体验新技术的群体。

（2）有远见者（visionaries；早期采用者）也是最先采用新技术来解决问题、满足需求并利用新兴市场机会的人。

（3）实用主义者（pragmatists；早期多数）依靠创新作为生产力工具。他们与技术狂热者的不同之处在于，他们不会为了自己的利益而采用技术创新。他们与远见者的不同之处在于，他们应用技术来增强现有的商业模式，而不是改变它们。

（4）保守主义者（conservatives；晚期多数）对从新兴技术创新中获得显著收益持悲观态度，因此采用它们的速度很慢。

（5）怀疑主义者（skeptics；落伍者）往往对技术创新持批评态度，不太可能采用这些创新，尽管创新能带来好处。

"鸿沟"是技术先驱让其新产品被广泛接受必须克服的关键障碍。图 11-6 中曲线上的每一个拐点或者裂缝都代表了企业的营销力量可能失去前进势头的一个时机，这样一来企业就不能够顺利地过渡到下一个消费者群体，从而无法到达正态曲线最中间的主流市场这个"梦想的国度",也就更无法获得领先于其他竞争者的边际利润率。因此,实际上每项新产品的采用和扩散过程都会经历"鸿沟",关键在于采取适当的策略令企业成功地"跨越鸿沟"。

第三节 产品生命周期

一、产品生命周期的概念

产品生命周期由需求与技术的生命周期所决定,指的是产品在市场中的经济寿命。产品生命周期的引入为企业明确了三个问题:产品的生命是有限的;产品销售需要经历不同阶段,每一个阶段对销售的要求不同;在产品生命周期的不同阶段,利润有升有降,产品需要不同的市场营销、财务、制造等方面的策略。产品生命周期和产品使用寿命是两个不同概念。

> 概念定义:
>
> 产品生命周期(product life cycle):产品从准备进入市场开始到被淘汰退出市场为止的全部过程。
>
> 产品使用寿命(product usage cycle):从产品投入使用到产品报废所经历的时间,其长短受产品自然属性、使用频率等因素的影响。

产品生命周期一般可分为导入(进入)期、成长期、成熟期(饱和期)、衰退(衰落)期四个阶段(见图11-7)。

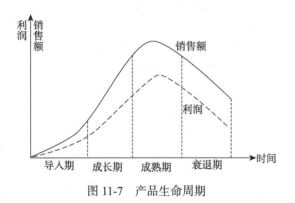

图 11-7 产品生命周期

(一)导入期

新产品投入市场,便进入了导入期。此时,顾客对产品还不了解,只有少数追求新奇的消费者可能购买,销售额很低。为了扩展销路,需要大量的促销费用,对产品进行宣传。在这一阶段,由于技术方面的原因,产品不能大批量生产,因为成本较高,销售额增长缓慢,企业不但得不到利润,反而可能亏损。产品也有待进一步完善。

（二）成长期

当产品在导入期的销售取得成功以后，便可以进入成长期，这时消费者对产品已经熟悉，大量的新顾客开始购买，市场逐步扩大，产品已具备大批量生产的条件，生产成本相对降低，企业的销售额迅速上升，利润也迅速增长。在这一阶段，竞争者看到有利可图，也纷纷进入市场参与竞争，使同类产品供给量增加，价格随之下降，市场规模迅速扩大。

（三）成熟期

在经过成长期之后，市场需求趋向饱和，潜在的顾客已经很少，销售额增长缓慢直至下降，标志着产品进入成熟期。在这一阶段，竞争逐渐加剧，产品售价降低，促销费用增加，企业利润开始下降。

（四）衰退期

随着科学技术的发展，新产品或新的替代品出现，将使消费者的消费习惯发生改变，转向其他产品，从而使原来产品的销售额和利润迅速下降。于是，产品进入了衰退期。

营销洞见11-1

行业进入应该先发还是后发？

先发优势（first-mover advantages）是设法使自己成为一个新开发市场或新产品的先驱者，以获取优势回报的一种战略。这种回报是持久的，长期的市场控制力，令竞争对手无法或难以仿效，企业因此能够生存，盈利和发展[6]。先发优势的来源主要有：（1）技术专有和技术领导：先发企业的科技创新将为企业提供专有技术，从而为企业确立技术领导的地位。（2）产品和工艺创新的学习曲线效应。（3）资源先取：先发企业可抢先获取或建立诸如声誉、品牌、企业文化、技术资源、专利，以及日积月累的知识和经验等无形资产。（4）成本优势：先发企业有利于抢先开发市场，提高市场占有率，降低产品的成本，从而提高企业的经济效益，进一步促进企业开发新的市场，良性循环为企业长期发展带来了更大的竞争优势。

后发优势（late-mover advantage）是指相对于行业的先进入企业，后进入者由于较晚进入行业而获得的先动企业不具有的竞争优势。通过观察先动者的行动及效果来减少自身面临的不确定性而采取相应行动，以期获得更多的市场份额[7]。后发优势的来源主要有：（1）后发企业的"免费搭乘"效应：后发企业可能会在产品和工艺研究与开发、顾客教育、员工培训、政府审批、基础投资等很多方面比先动者省大量的投资，却可以从中获益。（2）先发企业锁定了错误的技术或营销战略：由于市场初期，技术和顾客需求的不确定性和非连续性往往导致先发企业的错误决策，而后发企业可以从先动者的错误中吸取这些教训，不再犯先动者曾经犯过的错误。（3）在位者惯性：由于沉没成本的存在，组织僵化，先发企业不愿引进新产品或改进产品，不愿改革，而后发企业作为一个追赶者，时刻都想抓住机遇从而取代先发企业的地位，因而对企业的组织结构、技术、产品等都进行大量的革新，从而在与先发企业的竞争中占有优势[8]。

资料来源：

[1] Marvin B. Lieberman, David B.Montgomery. First-mover（dis）advantages：retrospective and link with the Resource-based view[J]. Strategic Management Journal, 1998(19): 191-232.

[2] Venkatesh Shankar. Late mover advantage: How innovative late entrants outsell pioneers[J]. Journal of Marketing Research, 1998, 35(1): 54-54.

二、导入期特点及营销策略

（一）导入期的市场营销特点

消费者对该产品不了解，大部分消费者不愿放弃或改变自己以往的消费行为，销售量小，单位产品的成本高；尚未建立理想的营销渠道和高效率的分配模式；价格决策难以确立，高价可能限制了购买，低价可能难以收回成本；广告费用和其他营销费用开支较大；产品技术、性能还不够完善；利润较少，甚至出现经营亏损，企业承担的市场风险最大。但这个阶段市场竞争者较少，企业若能建立有效的营销系统，就可以将新产品快速导入市场进入成长阶段。

（二）导入期的营销策略

根据上述特点，导入阶段一般有四种可供选择的策略（见表11-1）。

表 11-1 导入期营销策略

促销水平	价格水平	
	高	低
高	快速撇脂策略	快速渗透策略
低	缓慢撇脂策略	缓慢渗透策略

（1）快速撇脂策略，即以高价格和高促销推出新产品。实行高价格是为了在每一单位销售额中获取最大利润，高促销费用是为了引起目标市场的注意，加快市场渗透。成功地实施这一策略，可以赚取较大的利润，尽快收回新产品开发的投资。实施该策略的市场条件是：市场上有较大的需求潜力；目标顾客具有求新心理，急于购买新产品，并愿意为此付出高价；企业面临潜在竞争者的威胁，需要及早树立品牌。

（2）缓慢撇脂策略，即以高价格低促销费用将新产品推入市场。高价格和低促销水平结合可以使企业获得更多利润。实施该策略的市场条件是：市场规模相对较小，竞争威胁不大；市场上大多数用户对该产品没有过疑虑；适当的高价能为市场所接受。

（3）快速渗透策略，即以低价格和高促销费用推出新产品。目的在于先发制人，以最快的速度占领市场，该策略可以给企业迅速带来市场渗透率和市场占有率。实施这一策略的条件是：产品市场容量大；潜在消费者对产品不了解，且对价格十分敏感；潜在竞争比较激烈；产品的单位制造成本可随生产规模和销售量的扩大迅速下降。

（4）缓慢渗透策略，即以低价格和低促销费用推出新产品。低价是为了促使市场迅速接受新产品，低促销费用则可以实现更多的利润。企业坚信该市场需求价格弹性较高，而促销弹性较小。实施这一策略的基本条件是：市场容量较大；潜在消费者容易或已经了解此项新产品对价格十分敏感;有相当的潜在竞争者准备加入竞争行列。

三、成长期特点及营销策略

(一)成长期的市场营销特点

消费者对新产品已经熟悉,销售量增长很快;大批竞争者加入,市场竞争加剧;产品已定型,技术工艺比较成熟;建立了相应的营销渠道;市场价格趋于下降;为了适应竞争和市场扩张的需要,企业的促销费用基本稳定或略有提高,但占销售额的比率下降;由于成本费用分摊到更多销售量上,产品单位成本迅速下降,企业利润迅速上升。

(二)成长期的营销策略

核心是尽可能地延长该阶段。具体来说,可以采取以下营销策略:根据用户需求和其他市场信息,不断提高产品质量,努力发展产品的新款式、新型号,增加产品的新用途。加强促销环节,树立强有力的产品形象。促销策略的重心应从建立产品知名度转移到树立产品形象,主要目标是建立品牌偏好,争取新的消费者。重新评价渠道、选择决策,巩固原有渠道,增加新的销售渠道,开拓新的市场。选择适当的时机调整价格,以争取更多消费者。

企业采用上述部分或全部市场扩张策略,会加强产品竞争能力,但也会相应地加大营销成本。因此,在成长阶段,面临"高市场占有率"或"高利润率"的选择。一般来说,实施市场扩张策略会减少眼前利润,但增强了企业的市场地位和竞争能力,有利于维持和扩大企业的市场占有率,从长期利润观点看,更有利于企业发展。

四、成熟期特点及营销策略

(一)成熟期的阶段划分和市场特点

成熟期可以分为三个阶段。

(1)成长成熟期:此时各销售渠道基本呈饱和状态,增长率缓慢上升,还有少数后续的购买者继续进入市场。

(2)稳定成熟期。由于市场饱和,消费平稳,产品销售稳定。销售增长率一般只与购买者人数成正比,如无新购买者,则增长率停滞或下降。

(3)衰退成熟期。销售水平显著下降,原有用户的兴趣开始转向其他产品和替代品。全行业产品出现过剩,竞争加剧,一些缺乏竞争能力的企业将渐渐被取代,新加入的竞争者较少。竞争者之间各自有自己特定的目标顾客,市场份额变动不大,突破比较困难。

(二)成熟期的营销策略

鉴于上述情况,有三种基本策略可供选择:市场改良、产品改良和营销组合改良。市场改良策略也称市场多元化策略,即开发新市场,寻求新用户。产品改良策略也称"产品再推出",是指改进产品的品质或服务后再投放市场。营销组合改良,是指通过改变定价、销售渠道及促销方式来延长产品成熟期。

五、衰退期特点及营销策略

（一）衰退期的市场营销特点

产品销量由缓慢下降变为迅速下降，消费者的兴趣已完全转移；价格已下降到最低水平；多数企业无利可图，被迫退出市场；留在市场上的企业逐渐减少产品附带服务，削减促销预算等，以维持最低水平的经营。

（二）衰退期的营销策略

（1）集中策略，即把资源集中使用在最有利的细分市场、最有效的销售渠道和最易销售的品种、款式上。概言之，缩短战线，以最有利的市场赢得尽可能多的利润。

（2）维持策略，即保持原有的细分市场和营销组合策略，把销售维持在一个低水平上。待到适当时机，便停止该产品的经营，退出市场。

（3）榨取策略，即大大降低销售费用，如广告费用削减为零、大幅度精简推销人员等，虽然销售量有可能迅速下降，但是可以增加眼前利润。如果企业决定停止经营衰退期的产品，应在立即停产还是逐步停产问题上谨慎决策，并应处理好善后事宜，使企业有秩序地转向新产品经营。

营销洞见11-2

衰退时期企业的应对之策

在经济衰退期间，消费者自然会以更苛刻的态度来审视自己的消费并减少开支。而随着销量开始下跌，企业则会削减成本、降低产品价格并推迟新项目投资。控制成本是明智之举，能够细致考虑消费者需要的企业，在削减营销预算时用的是"手术刀"而不是"切肉刀"。在经济衰退期间，消费者行为模式和公司营销策略都发生了改变。公司如果能够洞察衰退期消费者心理，并相应调整营销措施和产品组合，就最有可能在经济衰退期间及以后实现蓬勃的发展。

洞察衰退心理：根据消费者对经济衰退的情绪反应，把他们分成四类：损失惨重、削减所有开支的"猛踩刹车"型；选择性节省开支的"苦恼仍有耐心"型；继续高消费的"小康"型；开支基本没什么变化的"活在当下"型。接下来，再评估每个消费群体将如何在四类产品与服务（必需类、享受类、可推迟类、消耗类）中分配他们的花费。

管理投资：分析判断哪些品牌收益前景最暗淡，然后放弃这些品牌。要稳定核心品牌，进行战略性收购以及谨慎推出新产品。同时，也要平衡地把握广告宣传的预算，把预算放在更具可测性和投资回报率更高的广告上。

经济衰退时的营销：公司在推动短期销售的同时，还要对品牌的长期发展进行投资，这需要从以下三方面入手：一是降低产品组合的复杂性，方法是砍掉一些产品（如差别细微的不同型号产品）；二是使产品和服务的定价更符合消费者的承受力（如降低获得折扣的数量起点）；三是加强信任度（通过善待消费者并强化他们与品牌的情感联系来实现）。

资料来源：约翰·奎尔奇，凯瑟琳·乔克斯. 衰退时期的营销之变[J]. 商业评论，2009：102-115.

第四节 产品组合策略

一、产品组合概念

产品组合是指企业生产和销售的全部产品的结构,它由全部产品线和产品项目构成。产品线也称产品大类或产品系列,是指一群相关的产品。这类产品的功能具有一定的相关性,销售给同一顾客群,经过相同的销售途径,或者在同一价格范围内。例如,上海家化的产品线有男士护肤、女士护肤、婴儿用品、家居清洁、沐浴洗发、香水等。产品项目是指产品线内不同品种、规格、质量和价格的特定产品,很多企业都拥有众多的产品项目,例如,上海家化公司佰草集品牌下的太极肌源修护系列就拥有精华水、精华蜜、眼霜、面霜、面膜5个产品项目,家安品牌下的家居清洁用品有冰箱清洁剂、洗衣机清洁剂、空调清洁剂3个产品项目(见表11-2)。

表11-2 上海家化的产品组合宽度和产品线长度

	产品组合的宽度				
	女士护肤	男士护肤	沐浴	家居清洁	婴儿用品
产品线长度	佰草集品牌:太极肌源修护系列眼霜、面霜、面膜等;新七白系列眼霜、面霜、面膜等;玉泽品牌:清痘调护系列喷雾、爽肤水等	高夫品牌:恒润保湿系列面霜、净源控油系列洗面奶、锐智多效系列洁面乳;恒时水润系列清透洁面啫喱等	六神品牌:六神温润菁萃沐浴露、六神舒缓菁萃沐浴露、六神滢亮菁萃沐浴露、六神清痘菁萃沐浴露	衣物除菌液、内衣慕斯、餐具净、蔬果净、多功能酵素、洁厕霸等。家安品牌清洁剂	常护霜、特护霜、爽身粉、洗发露、沐浴露等

资料来源:上海家化公司官网. 品牌中心. https://www.jahwa.com.cn/.

产品组合的宽度是指企业拥有的不同产品线的数目,例如,上海家化有9条产品线,那么它的宽度就为9。产品组合的长度是指每条产品线内不同规格的产品项目的数量,例如,上海家化洗发护发系列有5个产品项目,那么它的长度就为5。产品组合的深度是指产品线中每一个产品项目有多少规格或型号,例如,某牙膏产品线下的产品项目有4种,a牙膏是其中一种,而a牙膏又有4种规格和3种配方,那么a牙膏的深度为12。产品组合的关联性是指企业各条产品线在最终用途、生产条件、分配渠道或其他方面的密切相关程度。例如,宝洁公司的产品都是消费品,而且都有相同的分销渠道,产品组合的关联性大。产品组合的宽度越大/窄,说明企业的产品线越多/少;产品组合的深度越大/浅,企业产品的规格、品种就越多/少。

二、产品组合评价

(一)从经营结果的维度进行评价

(1)销售额:首先是产品线的销售额,这是绩效指标中最为直观的一个。产品线其实是一个经营的单位,只要是经营就一定与经营结果相挂钩,而说到经营结果,第一要点就一定是销售额,只有所有的经营行为都转化为销售额,企业的行为才真正进入价值转化的环节。

(2) 毛利率:反映了所对应产品线的一个可能的利润水平,不同的行业和不同的产品都对应不同的毛利率,而综合毛利率不仅体现经营的水平,其实也和市场竞争强度相关,也可以说是竞争状态决定了企业所经营产品的毛利率水平。

(3) 利润率:企业真实盈利水平的体现,是企业整个运营水平的综合体现,但是现实中必须要明确,利润率也不一定是越高越好。企业真正的盈利状态还和周转率、销售额等一系列因素有关。

(4) 投入产出比。指企业为了达成经营目标所付出的投入。相对来说,同样的经营结果,投入越少,则相应的投入产出比就越高。

(二)从产业链的维度展开思考

产品线运营其实不仅仅是产品的运营,也不仅仅是公司内部生态的运营,更多的是需要思考产业生态的运营。具体产业生态思考以下几方面。

(1) 商业模式的变化。在做产品线运营时,企业也需要思考产品所对应商业的模式的变化。比如,有些市场逐步从设备采购向设备租赁转变;有些市场逐步从销售设备(卖复印机)向销售服务(卖复印服务)转变。企业需要有敏锐的洞察,这些变化背后代表价值链的转移,而价值链转移所带来的产品决策链的变化、产品功能或者是架构的变化,将带来行业的洗牌。如果企业没有跟进,可能会很快落伍。

(2) 产业链上游的变化。上游对产品线来说就是供应链的变化。供应链主要体现为一些新器件、新工艺的出现,一些新技术的变化,带来了原有产品的产业升级或者是集成度变化等。如果企业没有有效跟进,即便在传统架构上是业界领先,但落后也就是一年半载的事情。正如大家所看到的,诺基亚在从功能机向触屏机转化过程中落伍。

(3) 产业链下游的变化。电梯产品经历了从传统的控制器到变频器的变化,也经历了从异步机向同步机的转换,而这些转换都是企业的下游设备制造商之间竞争和产业迭代所带来的进步,这些进步带来了产品的迭代,这也是企业产品线运营必须要考虑到的变量。

(4) 相关产业的迭代变化。有很多时候,真正将企业击败的并不是它们的竞争对手。比如,车载导航仪是被智能手机所替代的。

Mini案例11-2

洲明科技:创意组合产品开发

洲明科技是一家LED应用产品和解决方案的全球供应商。创意展示业务是洲明科技的主要业务之一。针对用户需求的创意组合产品开发驱动该业务快速发展。

一直以来,创意展示是展示屏幕租赁行业备受关注的焦点。经过对国内外LED显示屏租赁市场需求以及场景的调研分析,洲明科技开发团队发现,全球的租赁客户期望通过创意展示产品提升整体展示的吸引力以及单个项目的客单价,同时也期望降低使用成本,提高产品使用频率。对此,洲明科技开发团队改进、融合切角箱体产品和柔性租赁产品,将其集成为综合解决方案型产品系列。洲明科技定义该系列为"会展演艺星光系列",作为创意型产品与其他平面型产品组合使用,形成创意组合解决方案,满足客户的多样化需求。由于该产品系列具有兼容性,能满足会展演艺等场景的各类需求,从而增加使用频率,降低使用成本。比如,客户有800平方米的平面型产品以及200平方米的会展演艺星光系列产品,通过平台化设计,客户可以拼接出1000平方米的创意型组合展示屏幕。创意组合产品开发具有可以按需要组合出各种解决方案的特点,为设计师提供极大的设计便利,也为客户的项目增加了更多的附加值。

资料来源:基于洲明科技资料整理。

三、产品线决策

产品线决策包括产品线长度决策、核心单品策略、产品淘汰决策、调整价差决策。

(一)产品线长度决策

产品线长度决策是指根据产品线诊断结果决定延伸或缩减产品线长度的方式。如果诊断结果是产品线短、缺少高端产品的话,就应该采取产品线向上延伸策略;如果是产品线短、缺少低端产品的话,就应该采取产品线向下延伸策略;如果是产品线短、缺少高低端产品的话,就应该采取双向延伸策略;如果是产品线短、缺少中端产品的话,就应该采取中间填补策略。

产品线管理的一个重要任务是给每个产品分配角色,在一条产品线中有4种产品角色:形象性产品、利润性产品、份额性产品和战斗性产品。形象性产品作用是树立品牌形象;利润性产品作用是获取利润;份额性产品作用是抢占市场份额;战斗性产品作用是对应竞争。

(二)核心单品策略

在每一条产品线中都需要培育1~2个核心单品,以带动企业品牌和产品线发展。对于大多数企业来讲,聚焦区域、聚焦细分顾客、聚焦核心单品才是最有效的竞争策略。然而,真正领会并执行这种策略的企业并不多,许多企业甚至不了解什么是核心单品,根本就没有这一概念,所以这些企业虽然有很多产品,也有几个销售占比很高的单品,但是这几个单品不能算是核心单品,因为它们的利润率很低,只能算是走量产品。什么才是核心单品呢?它应该满足3个基本条件:一是有足够大的市场规模与稳定的消费;二是产品精准定位,保证销量和利润;三是卖点符合消费需求。围绕这3个基本条件首先从企业现有产品中寻找、挖掘核心单品,如果有这样的潜在产品,下一步工作就要对它的卖点、支持点、品质、品相等进行改造。如果从企业现有产品中无法找到合适的核心单品,就需要开发新产品来实现这一目标。

核心单品能为企业带来销量与利润,带动整条产品线的发展,是某个细分市场的"领头羊"。核心单品与重点产品的区别在于:核心单品是企业核心竞争力所在,重点产品不一定反映出企业的核心能力;核心单品是企业实现品类突破的关键,重点产品往往扮演跟随者或挑战者的角色。一个产品要想成为核心单品，它必需具备以下特质：最好是基础性品类，保证足够大的市场规模与稳定的消费；利润性产品角色、精准市场定位，保证销量和利润；卖点符合消费需求。

（三）产品淘汰决策

理想状况是企业应该每年淘汰一些销售不佳的产品，保证产品线处于不断更新升级中。淘汰产品的宗旨就是不要把人财物浪费在没有前景的产品上，需要同时考虑近几年产品销售趋势和产品角色的因素。应该淘汰的产品分几类：销售疲软、不是形象产品；销售下降的双低产品；销售疲软的跑量产品。

（四）调整价差决策

调整价差的重点在于纵向角度的价差，包括价格阶梯、替代品价差、核心单品价格保护以及中低档产品间的价差。价格阶梯调整取决于产品线延伸与填补。替代品价差调整是在判断产品之间替代性强弱的基础上进行调整，如果替代性强的产品之间价差大就要调小，如果替代性弱的产品之间价差小就要调大。核心单品价格保护在于两方面：一是扩大形象产品与核心单品之间的价差，让消费者感到核心单品的价格便宜，二是缩小核心单品与中档产品之间的价差，让消费者感到核心单品的性价比高。总之，通过上拉下拱的方法让更多消费者向核心单品聚拢。中低档产品间的价差调整视营销目标而定，如果企业不想让低档产品影响中档产品销售，可以缩小两者之间的价差，如果企业想拉住低端消费者，阻止他们流向竞争者，可以扩大两者之间的价差[9]。

第五节　管　理　服　务

一、服务特征

 概念定义：

服务（service）：一方提供给另外一方的活动或行为。虽然（服务）过程可以与实体产品相联系，但是（服务）行为本质上是不可触知的，并且通常不会导致任何生产要素的所有权（转移）。

克里斯托弗·洛夫洛克和约亨·沃茨所著的《服务营销》（第6版）中对服务的定义是：服务是一方提供给另外一方的活动或行为。虽然服务过程可以与实体产品相联系，但是服务行为本质上是不可触知的，并且通常不会导致任何生产要素的所有权转移。被服务的顾客用他们的金钱、时间和精力作为交换条件，希望通过使用物品、劳动、专业技能、设备、网络和系统获得价值，但他们通常并不取得所涉及的任何实体因素的所有权。

服务业与人们的日常生活息息相关,而人们常说的服务一般有四个特征,即无形性、异质性、同时性、非存储性。

(1)无形性。服务是由一系列无形的活动所组成的过程,这个过程是需要在服务提供者和被服务者的互动中进行的。所以无形性是服务的根本性特征,也是其特殊性的根源。

(2)异质性。具有多样性的被服务者参与到服务过程之中,服务质量随服务提供者、顾客、时间以及地点的不同而会发生变化。因此,服务具有典型的异质性,也可以称作易变性。

(3)同时性。在服务产生的同时,往往伴随着消费,因此,服务和消费具有不可分离性。它必须依靠支付系统、提供者和被服务者的共同作用,才能确保服务质量。

(4)非存储性。又称为易逝性。由于服务的生产和消费同时发生,服务往往是非存储的,因此服务行业不同于制造业,无法依靠库存的调节来缓冲需求的变化。

二、服务流程管理

通常而言,流程就是从输入到输出,由一系列活动组成的过程。它包括活动的对象、活动的实施者、活动及活动之间的逻辑关系。一个完整的流程还可细分为业务流、信息流、知识流、资金流、物品流等,其中最为关键的核心就是业务流。业务流程是为了实现某种业务目的、按照一定逻辑组织起来的、可重复的系列活动的集合。一般而言,每个业务流程都有一个起点和一个终点,按照一定的业务逻辑关系,将多个相互关联、功能各异的活动按照一定的顺序连接,最终输出顾客需要的特定产品或服务。

生产制造企业按照确定的生产流程组织生产,同理,服务企业也需要按照服务流程组织服务。生产制造企业的产出是产品,投入的是资金、原材料、加工设备和熟练的劳动力等资源。而服务企业的产出是服务,其工作任务主要包括接待顾客,与顾客沟通,按照顾客要求提供服务等。它也需要按照正常顺序将服务所经历的各个步骤,有机地串接形成服务流程。例如,当顾客来到一个酒店住宿时,首先是网站或者接线员进行记录和确定,其次是门卫或者服务生进行问候和帮助泊车,再由接待员核实办理手续、交付钥匙,最后当顾客进入房间之前清扫人员已事先整理好房间,这就是一个酒店服务流程的简单描述(见图11-8)。

如果缺少明确规定的服务流程,服务人员就不知从何入手和如何操作,他就会按照自己的理解,发挥个人的才智来设计适用其自己的服务流程。但不要奢望他设计的服务流程会从企业或顾客的角度出发,实际往往是从他个人的利益出发,是为了他自己工作的方便和省力。更不要奢望其科学性,也不可能达到企业服务的统一性和专业化。所以有必要事先由企业设计好规范的服务流程。并且,从顾客角度出发,设计实施一个科学、合理、方便、细致的服务流程,对于提高专业化水平,提高服务质量、顾客满意度和服务效率,提升企业形象,是至关重要的。

第十一章 管理产品与服务

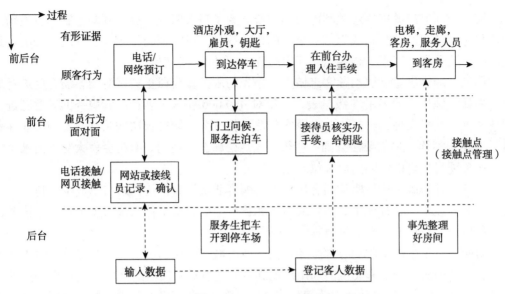

图 11-8 流程管理：住宿酒店的流程（局部）

资料来源：克里斯托弗·洛夫洛克，约亨·沃茨. 服务营销（第 6 版）[M]. 赵伟韬，谢晓燕，译. 北京：中国人民大学出版社，2010：192-195。

三、服务—利润链模型

服务—利润链模型揭示企业盈利能力与顾客满意度和忠诚度以及员工满意度和忠诚度的闭环关系。该链条上的各个环节是这样的：利润和增长主要由顾客忠诚度来驱动，顾客忠诚度是顾客满意度的直接结果，顾客满意度在很大程度上受顾客得到的服务价值的影响；服务价值是由满意、忠诚而且生产率高的员工创造的；员工满意度又主要来自高质量的支持性服务和政策，这些服务和政策使员工能够为顾客创造价值（见图 11-9）。

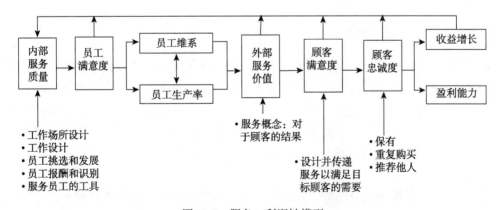

图 11-9 服务—利润链模型

资料来源：詹姆斯·赫斯克特，托马斯·琼斯，加里·洛夫曼，等. 让"服务—利润链"高效运转[J]. 哈佛商业评论（中文版），2006(6): 44-56。

第一，顾客忠诚度驱动盈利能力和增长。为了最大限度地提高利润，管理者追求的最高目标是让自己的公司成为数一数二的行业翘楚。研究表明，顾客忠诚度才是决定利润的一个更重要的因素，顾客忠诚度提高5%，利润就能增加25%～85%。

第二，顾客满意度驱动顾客忠诚度。领先的服务型公司正尝试对顾客满意度进行量化。例如，施乐公司采用5级量表，每年对480 000位顾客就产品和服务的满意度进行问卷调查。结果发现，与打4分的顾客相比，打5分的顾客再次购买其设备的可能性高出了5倍。然而，也需要注意到一些很不满意的顾客，他们一有机会就大肆攻击某个糟糕的服务项目，可以影响到数百位潜在顾客。

第三，外部服务价值驱动顾客满意度。顾客非常看重价值，即与总成本（包括货币成本、时间成本、精神成本和体力成本）相比，他们获得了什么价值（包括产品价值、服务价值、人员价值和形象价值等）。

第四，员工生产率驱动外部服务价值。西南航空公司的员工每天都保持着惊人的生产率，该公司对驾驶员和飞机的利用率比其主要竞争对手高出约40%，它的驾驶员平均每月飞行70小时，而其他航空公司只有50小时。由此可见，与大多数竞争对手员工相比，该公司员工为顾客创造了更高的价值。

第五，员工满意度驱动员工生产率。美亚保险是一家通过直邮和电话方式提供保险及其他金融服务的大型公司，它确保自己的员工有很高的满意度，从而也实现了较低的员工离职率。但又是什么因素在推动员工满意度呢？是薪酬，还是舒适的工作场所？

第六，内部质量驱动员工满意度。工作环境的"内部质量"对员工满意度的影响最大。内部质量是用员工对工作、同事和公司的感觉来衡量的。服务行业的员工最看重工作中的哪些方面？内部质量的好坏与人们在组织内互相对待和互相服务的方式有关。

第七，领导者是服务—利润链成功的基础。理解服务—利润链的领导人会建立并维持一种以服务于顾客和员工为核心的企业文化。他们乐于倾听，而且善于倾听。大多成功的CEO都花大量的时间同顾客和员工相处，以便体验自己公司的服务流程，同时听取员工改进建议。

四、服务场景改进方向

以移动互联网为基础，在人工智能、大数据等技术的融入和应用下，各行各业在前端服务场景设计中均可做出不同程度的改进，但又困于找不到清晰的思路和方向。下面以餐饮行业为例，通过线上线下和店内店外组合的四个象限（见图11-10），来分析一下服务场景改进的方向和空间。大家也可以根据行业或品类的不同，把图中店外/店内改成公司内/外，或景区内/外等，灵活运用进行分析，找到不同服务场景中需要改进的具体工作内容。

第①象限：店外和线上。这个是未来的方向和机会所在。业务主要集中于外卖，顾客下订单，门店生产送餐。所遇到的问题主要是送餐的辐射范围不大，订单金额和量都比较小，顾客分散，送餐成本比较大。要思考：如何解决这些问题？如何借助信息系统优化送餐路线？如何保障送餐过程中或送餐后顾客的体验？

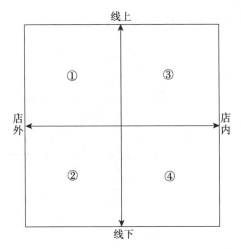

图 11-10　服务场景改进方向
资料来源：王新刚. 场景选择与设计：内外兼修方得正果[J].
清华管理评论，2021(6)：80-86。

第②象限：店外和线下。经营者要思考：店外线下能做什么呢？是否可以与周边各方主体发生互动，形成良好和谐的关系环境？是否可以主动出击开发更多的团餐市场？通过签订团餐协议或合同，建立稳定的关系，这样也会使门店生产更加有计划且合理。另外，是否可以改进外卖的配送，并搜集顾客反馈的信息？等等，这些都属于这个象限中努力的方向。

第③象限：店内和线上。经营者要思考：科技该如何融入传统的业务？微信公众号或小程序是否应该增加一些功能？例如，顾客在家中、街上、路上等店外场所，是否能看到门店中，哪些具体的台位是空着的？哪些菜品沽清了？这样可以节省服务时间，减轻服务员的工作压力。

第④象限：店内和线下。经营者要思考：店内线下重点要做好哪些工作？比如，产品和服务。如何维系较高的产品销量和服务质量呢？在此基础上，又该如何根据季节来调整产品结构、严格控制店内的成本、提高店面的利润空间？

五、服务质量差距模型

服务质量差距模型是专门用来分析服务质量问题根源的工具[5]。顾客期望与顾客感知的服务之间的差距，是差距模型的核心。要弥合这一差距，就要对四个差距进行弥合：管理者理解的差距；质量标准差距；服务交付差距；营销沟通的差距（见图 11-11）。

第一，管理者理解的差距。它是指管理者对顾客期望质量的感觉不明确。产生的原因包括：对市场研究和需求分析的信息不准确；对期望的解释信息不准确；从企业与顾客联系的层次向管理者传递的信息失真或丧失；臃肿的组织层次阻碍或改变了在顾客联系中所产生的信息。

第二，质量标准差距。它是指服务质量标准与管理者对质量期望的认识不一致。产生的原因包括：计划失误或计划过程不够充分；计划管理混乱；组织无明确目标；服务质量的计划得不到最高管理层的支持。

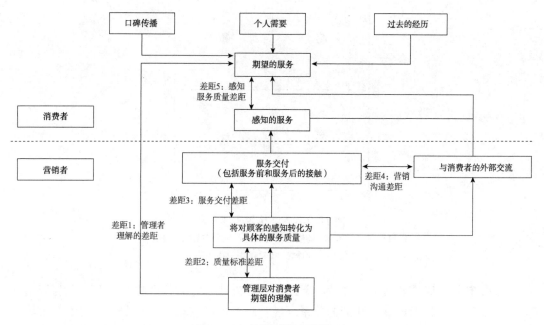

图 11-11　服务质量差距模型

第三，服务交付差距。它是指在服务生产和交付过程中员工的行为不符合质量标准，因为标准太复杂或太苛刻；员工对标准有不同意见，例如，一流服务质量可以有不同的行为；标准与现有的企业文化发生冲突；服务生产管理混乱；内部营销不充分或根本不开展内部营销；技术和系统没有按照标准为工作提供便利。

第四，营销沟通的差距。它是指营销沟通行为所作出的承诺与实际提供的服务不一致。产生的原因包括：营销沟通计划与服务生产不统一；传统的市场营销和服务生产之间缺乏协作；营销沟通活动提出了一些标准，但组织却不能按照这些标准完成工作；有故意夸大其词、承诺太多的倾向。

第五，感知服务质量差距。它是指顾客感知或经历的服务与期望的服务不一样。它会导致以下后果：消极的质量评价和质量问题；口碑不佳；对公司形象的消极评价；丧失业务。

六、服务失败和服务补救

（一）服务失败和服务补救的定义

服务失败可划分为结果失败与过程失败两大类。前者是指在服务接触过程中，顾客并未得到应有的服务或对实际获得的服务并不满意；而后者则着重于顾客如何被服务，即对服务的方式、过程或态度的不满意。还可分为服务失败和服务接触失误，前者包含所有与服务本身有关的失败，后者则指顾客在与一线服务人员互动过程中所发生的服务问题。

> **概念定义：**
>
> 服务失败（service failure）：企业所提供的服务没能达到顾客可接受的最低标准，不能满足顾客的要求和期待而导致顾客产生不满意情绪的结果[11]。
>
> 服务补救（service recovery）：服务企业在给顾客提供服务出现失败和错误的情况下，对顾客的不满和抱怨当即做出的补救性反应[11]。

服务补救的目的是通过这种反应弥补过错，挽回顾客，重新建立顾客满意和忠诚。当企业提供了令顾客不满的服务后，这种不满能给顾客留下很深的记忆，但随即采取的服务补救会给顾客更深的印象。服务补救矛盾论指出，那些经历了服务失败后又得到满意解决的顾客，比那些没有经历过服务失败的顾客有更强的再购买意愿。

Mini案例11-3

希尔顿的服务补救体系

希尔顿酒店的经营理念是："你今天对客人微笑了吗？"希尔顿酒店非常关注消费者体验，在顾客关系管理中不断提升企业的服务补救能力。

我们可以从补救前阶段、即刻补救阶段、后续阶段等这三个阶段理解希尔顿酒店的服务补救体系。在补救前阶段，酒店会对新员工进行顾客关系管理入门培训，强调维护顾客关系的重要性，使服务补救理念融入企业文化中；酒店还制定严格统一的服务标准，设立宾客档案经理的职位，负责宾客信息的汇总并建立数据库，从而保障在每个顾客接触环节，都可以识别宾客个人偏好及特殊要求，对各个接触点过往容易出现的服务失误，采取有针对性的补救措施。在即刻补救阶段，美国希尔顿酒店的员工被授权2000美元的赔偿额度为顾客解决问题。这一激励措施授予员工解决问题的权力，使员工行使其补救权力时不用担心受罚，实现快速响应，更及时地解决顾客的抱怨与投诉，真正做到在顾客结账之前解决问题。在后续阶段，酒店积极开发顾客投诉渠道，为顾客建立了"服务补救工具箱"，供顾客投诉和反馈。能及时了解顾客体验和服务补救的成效，消除客人因服务失误造成的不快，更好地留住顾客。希尔顿酒店将服务补救融入企业文化中，授予员工解决问题的权力，对顾客的不满做出积极主动的回应，实现了较高的顾客满意度。

资料来源：希尔顿官网. 品牌中心. https://www.hilton.com.cn/zh-cn/.

（二）服务失败的类型

根据导致服务失败的原因不同，可以将服务失败分为四大类。

（1）服务交付系统的失败。它是指企业在核心服务提供方面的失败，包括服务不可获得、不合理的服务延误、其他核心服务失败等。比如，你想坐高铁去旅游，但买不到票；或者你买到了机票，赶到了机场，结果飞机晚点。这些都是服务交付系统问题导致的服务失败。

（2）员工行为不当导致服务失败。比如，服务员端菜时，菜汤泼洒在顾客身上了；

准备吃基围虾的客人误将洗手的水当茶喝了,服务员笑出了声,让客人很尴尬。

(3)顾客需要以及请求的失败。表现为员工对顾客需要及请求的回应不当。例如,你带着两岁的孩子出去吃饭,需要一个宝宝椅,结果饭店没有;或者你带孩子住酒店,想要一个无烟房,结果酒店没有。

(4)顾客问题导致服务失败。这是由于顾客自身的错误行为引发的,例如,喝醉酒的乘客打车时无理取闹,不付车钱;顾客对服务员进行口头和身体伤害;顾客肆意破坏企业政策等。

(三)服务补救的实施步骤

服务补救是一个持续的质量改进过程,它不仅仅停留在对一次服务问题或服务失败的纠正上,更重要的是找出问题或失败原因,对服务程序或相关方面进行重新设计和改善。一般的服务补救实施步骤如下。

第一步:确认顾客不满意和服务失败的原因。

第二步:尽快解决顾客的问题。

第三步:将服务失败或问题相关原因进行整理、分类,并分送到相关的部门、人员。

第四步:将服务补救中的相关信息作为改进服务的重要信息,确定对企业有最高收益的改进措施,不断地循环、持续地改进。

良好的服务补救能挽留顾客,提高顾客忠诚度;能使企业发现引发问题的原因,为企业提供其他潜在的有价值的信息;能增强员工服务补救的信心,使员工更愿意为顾客提供满意的服务和服务补救,进入员工满意、顾客满意的正循环。

(四)服务补救的具体策略

服务补救可以概括为两大类:有形补救和无形补救[12]。其中,有形补救主要涉及赔偿、礼物、折扣、免单、退款以及社会补偿等,而无形补救主要包括道歉、解释、补救速度、关心、礼貌等心理层面。两类补救策略经常需要结合使用。在餐饮业、酒店业和航空业的服务失败之后,承认并道歉、向消费者解释原因并给予补偿等措施是成功服务补救的策略,态度在服务补救中尤其重要,当服务失败发生时,诚恳的道歉往往能有效地解决问题[13]。在以零售行业为调查对象的研究中,将补救策略细分为三大类服务补救形式,如表 11-3 所示。但其中更换或替换用得最多,但效果却并不是最好的。效果最好的是折扣和更正,最差的是不做任何处理。

随着网络的发展,有学者对线上的服务补救形式进行了探究,并指出补偿、快速回应和道歉三种策略配合使用,才能起到最优的补救效果[15]。也有学者认为,对趋利导向的顾客,多获利型补救方式效果更好,对避害型导向的顾客,少损失型补救方式更加有效[16]。在群体服务失败的背景下,对经济补偿,公开模式比私下模式更好;对社会补偿,私下模式比公开模式更好[17]。面对服务失败,我们都认为及时补救是最好的策略,但有学者研究表明,服务分离在其中会产生调节作用,在非分离服务失败情况下,立即响应会显著降低消费者的负面情绪,但是在分离服务失败情况下,延迟响应反而会起到更好的效果[17]。

表 11-3　服务失败后的补救应对部分示例

补救类型	服务补救策略示例
有形补救和无形补救	承认、道歉、解释原因、给予补偿
	更换或替换、折扣、更正
	补偿、快速回应和道歉
	对于趋利型顾客，多获利型补救；对于避害型顾客，少损失型补救
	非分离服务失败情景，立即响应；分离服务失败情景，延迟响应
	群体服务失败背景下，对经济/社会补偿，公开/私下模式更好
情绪补救	服务人员正面情绪会显著影响顾客正面情绪和满意度[14]；自嘲式幽默对顾客产生积极影响
感官补救	软（vs.硬）触觉体验会使消费者对服务失败的容忍度更高

除此之外，还有学者从情绪和感官方面提出了服务补救策略[18]。比如，自嘲式幽默对顾客有积极影响，但同时也表明，这种幽默必须被消费者感知为特别有趣。服务人员的正面情绪会显著影响顾客的正面情绪和补救后的满意度。与硬触觉体验的消费者相比，软触觉体验的消费者对服务失败的容忍度更高[19]。

最佳实践11-1

从偶然到必然：华为 Mate 系列的诞生

华为创立于 1987 年，是全球领先的 ICT（信息与通信）基础设施和智能终端提供商。华为 Mate 系列是面向消费者发售的高端平板手机系列，与华为 P 系列同为华为旗舰级别的高端智能手机。Mate 系列是华为目前比较成功的手机之一，可很多人不知道，在问世之初它并不如人意，华为也遭受了很多质疑和挫败。但华为自始至终秉承一条信念：紧紧瞄准消费者最迫切的需求来打造 Mate 的 DNA。

Mate 系列诞生初期

第一款旗舰机的失败经验：故事要从 P1 说起。对华为而言，P1 标志着从零到一，从以运营商定制联合品牌为主转向打造华为自主高端品牌，是一个划时代的转折。

2011 年的华为，市面上销售的只有中低端入门智能机型和一些功能机，当时团队紧急学习和补课，对打造一款旗舰智能机略微有些想法后开始着手规划，瞄准已经上市的旗舰机，把所有能用的最领先的技术都用上。但产品开发难度之大远超过想象，最终产品上市时成本也超出了预期。

2012 年，华为高层满怀信心迎来 P1 上市，结果市场反应不啻当头一棒，全球总共只销售了 50 多万台，销量根本无法与友商竞争，比华为的中低端智能机也差了不少。

从期望到失望，华为管理层深刻反思：做手机不能只考虑产品规格，还涉及方方面面，如品牌能力。P1 的定价在当时国产手机里是最高的，可消费者对华为品牌还停留在"办宽带送手机"的阶段，多数人不会愿意掏 3000 块钱买华为。再比如，零售能力，那时华为刚从 2B 转向 2C 市场，由于品牌认知度差，大部分的手机卖场都不屑于和华为合作。从这一次失败吸取了经验教训，华为旗舰机算是启航了。

Mate 前两代的奠基：未曾料到，之后的近一年里，华为多款高端机接连折戟，团队压力极大，士气降至谷底。除此之外还有资金问题，再不做出能挣钱的手机，团队即将花光资金。在这种背景下，Mate 1 代低调地开始孕育。当时，手机屏幕尺寸每年都在小幅增长，另外，智能手机最大痛点就是电池不耐用，超大屏幕、超强续航手机在当年还是一个空白。华为紧扣这两点，主打"6.1英寸大屏"卖点，除屏幕和电池外，其他方面严格控制成本。产品出来后，第一代 Mate 的销量虽不算优秀，倒也还算及格，但多出的物料把之前的利润全部搭进去还不够赔。

由于仓库库存的屏幕和电池必须想办法消耗掉，于是华为"被迫"开发了 Mate 2。卖点依旧是超值"大屏"，不过这次使用了当时在业界领先的 SoC 芯片麒麟910。但 Mate 2 整机竞争力不足，销量依旧不温不火，把两代手机打包综合起来看，经营上只能算盈亏平衡。

然而华为都没想到，这不算成功的前两代手机，竟为 Mate 找准了今后的方向。在智能机普遍续航能力不足的年代里，Mate1 和 2 拥有大屏还保持强大续航能力，因此收获了第一批"Mate 粉"，为 Mate 7 的爆发奠定了良好基础。

Mate 系列的转折点

Mate 1 和 2 为华为攒下一批以职场人士为主的忠实消费者。华为通过用户调研明确了用户画像，确立了以屏幕大机身和长续航性能为手机卖点来迎合目标用户的消费偏好。于是代号"Jazz"的手机开发项目正式启动，其保持了大屏、续航好的强项。为了高性能，华为采用了最新自研麒麟 920 芯片，这也是华为第一次在处理器方面真正领先竞争对手。此外，还有一处背部指纹解锁的全新功能。当然，这并不是一款十全十美的手机，华为基于成本上的考量和考虑到职场人士对拍照的弱需求，所以在摄像头方面没有很大投入。

对于命名，在产品上市前的操盘决策会上，好多人反对这款手机叫"Mate 3"，原因是前两代都销售欠佳，沿用名称很可能依旧卖不好。这款手机不需要用户经常担心它的电量和卡顿，让用户省心，是忠实的伴侣。"Mate"是伴侣的意思，为了表达设计理念：最后还是给手机正式命名为 Mate 7。Mate 7 虽然从产品角度来说算是业界领先，但屡次失败的经历告诉华为，手机卖得好不好，产品好是竞争力的必要条件，但不是充分条件。

当发布会上高配版3699元的定价宣布时，很多人表示质疑，认为华为的品牌能力不足以支撑超过3000元的手机，认定它会延续 Mate 系列的失败传统。结果产品上市仅一周，全国各地就传来 Mate7 已经售罄要求补货的消息；再一周后，已经一机难求。最终，Mate 7 全球销售 700 万台，超出所有人预期。由于 Mate 7 大卖，让华为在品牌、营销、渠道、零售等各方面能力都得到进一步积累和提升。

Mate 系列的稳步发展

Mate 7 成了"爆款"，Mate 系列自此得到更多的资源投入。大屏、强续航、高性能、机身紧凑，也成为沁入 Mate 骨髓的 DNA。从 Mate 8 到 Mate 10，华为一直顺着这条路，不断升级，每一款都用当时业界最领先技术，给消费者最极致体验。Mate 9 Pro 尤为特殊，它是 Mate 系列向小屏进军的第一款产品。这一转变源于用户习惯，全世界除了华为，所有品牌销售量都是小屏（5.5 英寸）比超大屏高。从这个角度讲，大屏手机是个细分市场，消费者的主流倾向还是小屏。Mate9 Pro 上市后华为做过用户调研，Mate 9 Pro 的确是吸引高端友商用户比例最高的产品。

从 2013 年 Mate 第一代上市，到如今 Mate 10 系列，短短 5 年，华为推出的手机里，有的市场大热，有的不尽如人意。单款手机能否成功，牵涉的因素非常复杂，是必然性和偶然性的结合，华为也还在一直摸索。但纵观整个 Mate 系列，能取得今天的成绩是必然的，因为无论华为摔过多少跤，每次站起来时，目光始终盯着一个方向：看，华为的消费者在那儿。

讨论题：

1. 从 Mate1 至 Mate9 Pro，华为 Mate 系列的新产品开发是如何演进的？有何特点？

2. 从 Mate7 的成功开发来看，你认为保证新产品开发成功的关键因素有哪些以及应该采取什么样的开发流程？

3. 从本案例分析中，可得到何种启示？你认为在竞争激烈的手机市场中，华为手机面临的最大挑战是什么？还会持续成功吗？

最佳实践 11-2：招商银行：数字有招、服务无界

资料来源：华为官网. 品牌中心. https://www.huawei.com/cn/.

本章小结

（1）产品整体概念包括五个层次：核心产品、基础产品、期望产品、附加产品和潜在产品。产品分类包括消费品、工业品、数字产品、全面解决方案。

（2）新产品开发上市流程的七个步骤包括：构思产生与筛选、概念开发与测试、营销战略制定、商业分析、产品研发、营销测试、商业化。

（3）新产品采用的罗杰斯模型假设消费者采用是一条平滑的曲线，而摩尔模型假设新产品采用曲线不是平滑的，存在"鸿沟"。

（4）产品生命周期一般可分为导入（进入）期、成长期、成熟期（饱和期）、衰退（衰落）期四个阶段。

（5）产品组合指企业生产和经销的全部产品的结构，由全部产品线和产品项目构成。产品线决策包括产品线长度决策、核心单品策略、产品淘汰决策、调整价差决策。

（6）服务—利润链的递推逻辑：利润和增长主要由顾客忠诚度来驱动，顾客忠诚度是顾客满意度的直接结果，顾客满意度在很大程度上受顾客得到的服务价值的影响；服务价值是由满意、忠诚而且生产率高的员工创造的。

关键术语

产品整体概念（overall product concept）　　新产品开发（new product development）
集成产品开发（integrated product development，IPD）
顾客参与（customer engagement）　　罗杰斯模型（Rogers model）

摩尔模型（Moore model）　　　　　　产品生命周期（product life cycle）
产品组合（product portfolio）　　　　服务流程管理（service process management）
服务—利润链模型（service-profit chain model）
服务质量差距模型（service quality model）
服务失败（service failure）　　　　　服务补救（service recovery）

回顾性问题

1. 如何定义产品？产品有哪五个层次？如何分类产品？

2. 新产品开发的流程包括哪些？如何鼓励顾客参与新产品开发？在新产品开发过程中，顾客参与的"度"该如何把握？

3. 产品生命周期包括哪些阶段？不同阶段应该采取哪种营销策略？如何尽可能地延长产品成长期和成熟期，以获得更多的利润或市场份额？

4. 从经营绩效和产业链两个视角，如何对现有产品组合进行评价？

5. 服务—利润链模型的递推逻辑是什么？服务质量差距模型中不同差距间的逻辑关系是什么？

辩论性问题

辩论题：新产品开发应该听谁的？

一种观点认为，贴近顾客，倾听其需求，是成功开发新产品的唯一途径。而另一种观点则认为，顾客对他们不熟悉的产品难以提供有效的反馈，有时甚至还说不清楚自己需要什么。倾听顾客声音对新产品开发成功的作用非常有限。

正方：倾听顾客需求对新产品开发成功非常重要。

反方：倾听顾客需求对新产品开发成功并不重要。

实践性问题

1. 手机市场每年有许多新机型推出。你认为新手机的采用过程是符合罗杰斯模型还是符合摩尔模型？为什么？

2. 选择一个熟悉的品牌，分析其产品组合是否合理？并提出改进建议。

3. 你遇到过非常糟糕的服务吗？如果曾经经历过，请回忆并分析企业服务失败的原因。

延伸阅读

[1] 杰弗里·摩尔. 跨越鸿沟：颠覆性产品营销指南（第 3 版）[M]. 祝惠娇，译. 北京：机械工业出版社，2022.

[2] 詹姆斯·赫斯克特，托马斯·琼斯，加里·洛夫曼，等. 让"服务—利润链"高效运转[J]. 哈佛商业评论（中文版），2006(6): 44-56.

[3] 王新刚. 场景选择与设计：内外兼修方得正果[J]. 清华管理评论，2021(6): 80-86.
[4] 王毅. 精准经济时代的智能产品平台创新[J]. 清华管理评论，2023 (11): 64-73.

参考文献

即测即练

扫描此码自学自测

第十二章

管 理 定 价

贵上极则反贱,贱下极则反贵。

——司马迁《史记·货殖列传》

比竞争对手更好地控制成本。

——山姆·沃尔顿(沃尔玛创始人)

◆ 学习目标

1. 掌握价格定义和影响因素;
2. 熟悉定价过程和定价步骤;
3. 掌握常用的定价方法;
4. 熟悉价格体系和定价策略。

◆ 开篇案例

李宁:让改变发生

李宁,是由"体操王子"李宁先生于 1990 年创立的专业体育用品品牌。2004 年 6 月,公司在香港成功上市,成为第一家在港交所上市的中国内地体育用品企业,李宁品牌也逐步成长为国内领先的国潮运动产品品牌。在此过程中,产品价格也随着市场定位的改变而进行了相应的调整。

1. 李宁的品牌升级战略

李宁公司自 2002 年以来,以"李宁,一切皆有可能"为品牌定位,致力于塑造世界知名运动品牌形象。公司成立产品研发中心,与国外知名设计师合作,赞助中国奥运代表团和多项世界级体育赛事,并与施华洛世奇公司、NBA、国际男子职业网球选手联合会、瑞典奥委等公司或机构签约。李宁品牌高性价比的形象获得消费者认可。

随着市场环境的变化,李宁公司在 2010 年提出"90 后李宁"品牌重塑战略,试图退出低端市场并提高产品售价。然而,市场表现不佳。为了应对这一挑战,李宁公司在 2014 年提出了"李宁潮牌"品牌形象,并实施了品牌跨界联名和全渠道营销策略。在 2015 年 7 月,公司宣布将转型为"互联网+运动生活体验"提供商,打造一个数字化

图 12-1　中国李宁 2024 年新款服装
资料来源：李宁公司官网截屏。

的生意平台。公司在产品、渠道、O2O 模式、消费者互动方式以及数字化生意平台的构建等方面进行全面升级。提升自营比例，扩张直营网络，同时推行单店订货管理，并由全国性的物流中心向门店发货。优化线下渠道，对门店重新评估，提高了直营店铺的销售和盈利能力。与此同时，拥抱互联网，发力电商业务，李宁将电商融入公司的核心业务，大力开拓线上业务，电商销售额由 2014 年的 5%提高至 2015 年的 25%～30%。在品牌营销层面，公司重新使用了"一切皆有可能"的口号，并将品牌定位调整到以高性价比为优势的中端市场。

为了进一步探索运动基因、中国文化和潮流元素的融合，李宁公司在 2017 年推出了"中国李宁"系列。这一系列的产品符合中端市场需求，其新颖独特的造型设计，"番茄炒蛋"的颜色搭配、"中国李宁"四个铿锵有力的大字，在 2018 纽约时装周上获得了巨大的反响。"中国李宁"这个话题瞬间刷爆社交网络，产品曝光结束后的四天内，#中国李宁#微博话题讨论阅读量达 7800 万，微信上出现了 19 篇阅读量超过 10 万的热门文章。2021 年，李宁公司持续优化升级产品、渠道与零售运营以及供应链，并推出了全新的独立高级运动时尚品牌"LI-NING 1990（李宁 1990）"，主打高端轻奢风。产品价位大多为中国李宁原有产品线的 1.3～1.5 倍。2023 年，李宁营收达 276 亿元，净利润达 31.87 亿元。

2. 李宁品牌升级的挑战

近年来，李宁公司的品牌定位逐渐向中高端迈进，并获得了消费者的认可。然而，我国体育用品市场正在发生翻天覆地的变化，消费者对产品的需求日益多样化和个性化。同时，从竞争格局来看，李宁还面临 361 等本土品牌从低端向上、阿迪与耐克等高端向下的竞争态势，市场竞争愈发激烈。在此背景下，李宁品牌想要脱颖而出站稳中高端市场，就必须要在产品研发、产品设计、产品品质、品牌形象等方面持续进行全面提升，从而实现品牌重塑和价格升级。

思考题：

1. 李宁公司的产品价格是如何随着品牌升级而调整？
2. 进入中高端市场，李宁公司面临的挑战是什么？
3. 李宁公司的品牌升级给其他企业的借鉴是什么？

资料来源：

[1] 李宁公司官网. https://www.lining.com/.

[2] 孙冰. 拼价格不是李宁的目标——专访李宁公司CEO张志勇[J]. 中国经济周刊,2007, (11):48-49.

第一节 价 格 概 述

一、价格的定义

 概念定义：

价格（price）：是指顾客为获取产品或服务而支付的货币或货币等价物的金额[1]。

价格是顾客为获取产品或服务而支付的货币或货币等价物的金额。价格的含义可以从几个方面来概述。首先，价格是市场经济中产品和服务的交换价值，是供需关系在市场上达成的一种平衡；其次，价格影响顾客的购买决策和消费行为，由于价格很容易观察到，顾客通常依靠价格来推断产品在不可观察的属性上的表现；再次，价格是企业盈利和市场竞争的重要因素之一，企业需要根据市场需求和竞争环境来制定定价策略，以达到最优的销售效果；最后，价格与社会发展和经济稳定密切相关，价格的变化和波动会对经济和社会产生影响。

在商业领域，价格的设定是一种策略性平衡行为，旨在优化产品或服务对于目标消费者、企业及其合作伙伴的价值（见图12-2）。定价决策并非轻率之举，而是一个涵盖五个关键考虑因素，即"5C"的深思熟虑过程，包括目标顾客（customers）、企业（company）、合作伙伴（collaborators）、竞争对手（competitors）以及企业所处的运营环境（context）。这五个元素共同构成了一个动态的价格制定框架，以实现对消费者、企业和合作伙伴的最优价值主张（optimal value proposition，OVP）[1]。

在确定和管理价格的过程中，"5C"起到了决定性的作用。当顾客对产品或服务的需求更为强烈时，我们通常可以设定一个更高的价格。同样，企业的目标和资源也会影响定价，一个激进的销售目标或者优化的成本结构可能导致更低的价格。企业的合作伙伴，如分销渠道合作伙伴，也会对价格有所影响。另外，由于顾客在购买时通常需要在各种竞争产品或服务之间进行选择，所以竞争对手的价格也会影响企业的定价。企业所处的运营环境，包括经济、商业、科技、社会文化和法规等各种因素，都会对价格产生影响[1]。

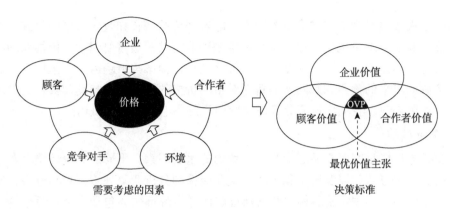

图 12-2　动态价格制定框架

资料来源：亚历山大·切尔内夫. 战略营销管理（第八版）[M]. 北京：北京大学出版社，2018：106。

二、影响价格的因素

企业的定价决策是一项复杂的任务，需全面考虑顾客、企业、合作伙伴、竞争对手以及运营环境等多种影响因素。尤其重要的是，企业的定价策略必须与其营销战略、目标市场和品牌定位保持一致，以确保企业在市场上获得最大的收益。

（一）内部因素

1. 定价目标

定价目标是企业通过特定水平价格的制定或调整所要达到的预期目标。定价目标是影响产品定价的首要内部因素。不同的企业处于不同的发展阶段，经营不同的产品，有截然不同的目标，因此在制定产品价格时也会有不同的导向。企业定价的目标通常包括实现利润最大化、追求市场占有率最大化、维持生存、应对竞争、体现产品质量以及达到既定的投资收益率等。

2. 企业成本

企业成本是影响产品定价的最基本的因素之一。虽然很多产品和服务并不是完全依据其成本进行定价，但企业成本仍然是这些企业定价的重要参照点。成本分为短期成本和长期成本。短期成本是指在较短时间内企业经营所发生的固定成本和可变成本。长期成本是指在较长时期内，企业根据经营需要自由调整生产规模、生产要素组合，以达到最优经济效益，在此期间经营所形成的综合成本。一般可以认为，企业长期成本中不存在固定成本，所有的成本都是可变成本。

（二）外部因素

1. 市场需求

市场需求是指顾客在特定的地区、时间、环境下对某种商品或服务愿意且有能力购买的意愿。市场需求的形成受消费者个人情况及市场竞争状况等多重因素的影响。消费者偏好是消费者性格和爱好的体现，会影响其对商品和服务的需求，从而影响市场需求。

消费者的个人收入是影响需求的重要因素，随着经济的增长和收入水平的提高，市场价格会上升，商品需求量也会增加。产品价格是影响需求的最重要因素，价格变动会对市场需求产生反向影响。替代品和互补品的价格变动也会影响市场需求。预期是人们对于某一经济活动未来的预测和判断，消费者对市场价格的预期会影响其购买行为。因此，在制定市场策略时，企业应该充分考虑这些因素的影响，以满足市场需求。

2. 竞争环境

企业竞争环境是制定产品定价时必须考虑的重要因素。不同的竞争环境存在不同的竞争强度、竞争方式，以及机会和挑战。企业应精细分析竞争环境，趋利避害，通过合理制定产品价格，实现定价目标。企业所面临的竞争环境主要包括完全竞争市场、垄断竞争市场、寡头垄断市场和完全垄断市场。

完全竞争市场是买卖人数众多、不受干扰、资源自由流动、信息完全的市场。在该市场中，由于信息透明、竞争充分，市场价格明显处于比较低的水平。垄断竞争市场是既有垄断又有竞争的市场。如果企业处于相对垄断地位，那么企业的产品定价具有较强自由度，可以制定较高的价格。如果企业处于相对竞争低位，那么企业产品定价也就较低。寡头垄断市场是少数几家厂商供给行业大部分产品的市场，相互依存是基本特征，每个寡头在决定定价策略时都非常重视对手的态度和反应。完全垄断市场是整个行业中只有一个厂商的市场类型，完全垄断厂商可以通过控制价格和原材料来保持垄断地位，是价格制定者，可使用各种手段定价。因此，完全垄断市场上企业的定价理论上是四种市场中最高的。

3. 合作伙伴

企业的合作伙伴，无论是供应商、分销商，还是战略联盟伙伴，均可能深刻影响企业的定价决策。

第一，供应链的成本结构直接影响企业的定价策略。供应商提供的原材料价格、运输成本以及分销商的运营成本等，都是企业在制定价格时需要考虑的重要因素。因此，在确保产品质量和服务质量的基础上，企业需要与上下游合作伙伴充分协商，以寻求最优的成本解决方案。

第二，合作伙伴的议价能力间接影响企业的定价决策。例如，若企业能够从供应商处获得更优惠的价格，则可能降低产品成本，从而在定价上拥有更大的灵活性。反之，若供应商议价能力强，将导致企业成本上升，可能限制企业在定价上的选择空间。

第三，合作伙伴的市场地位和影响力也是影响企业定价决策的重要因素。若企业的分销商网络覆盖面广，市场影响力强，则企业可能具备更高的定价底气。这是因为，强大的分销商网络有助于企业将产品推广至更广泛的市场，提升产品知名度和接受度，从而支撑更高的定价策略。

第四，合作伙伴的战略目标和利益诉求也会对企业的定价决策产生影响。例如，当企业与某一重要战略联盟伙伴拥有共同的市场目标时，双方可能会通过协调定价策略以实现共同利益最大化。这可能涉及复杂的定价安排，如联合定价、歧视定价等。

4. 政府政策

政府政策是企业定价的重要影响因素。政府政策的变化会影响企业的经营环境和市场竞争环境，甚至直接影响企业的定价策略。政府政策的影响主要表现在以下几个方面。

第一，政府政策对市场竞争环境的影响。政府可以通过制定和实施相关政策来影响市场竞争环境，从而影响企业的定价策略。例如，政府可以对市场进行管制，限制市场进入的新企业数量，从而形成垄断或寡头垄断市场，使市场上企业的定价策略受到限制。政府还可以通过减少行业准入门槛、推动市场竞争、打击垄断行为等手段来促进市场竞争，使市场上企业的定价策略更加灵活。

第二，政府政策对企业成本的影响。政府政策可以影响企业的生产成本，从而影响企业的定价策略。例如，政府可以通过税收政策、财政补贴、能源价格等手段影响企业的生产成本，从而影响企业的定价策略。政府还可以通过环保政策、劳动法规等手段要求企业保护环境、保障员工权益，从而增加企业的社会责任成本，影响企业的定价策略。此外，政府还可以通过监管措施来影响企业的运营成本，从而影响企业的定价策略。

第三，政府政策对市场需求的影响。政府政策可以影响市场需求，从而影响企业的定价策略。例如，政府可以通过宏观经济调控、金融政策、社会保障政策等手段影响市场需求，从而影响企业的销售收入和利润水平。政府还可以通过贸易政策、关税政策等手段影响市场需求，从而影响企业的出口业务和市场定位。

第四，政府可以直接影响企业的定价决策。政府可以通过多种手段来直接影响企业的定价决策，其中包括政府定价、政府限价、反垄断法、反倾销法等手段。例如，对于水电气等基础公共产品，一般采取政府定价的方式，其目的是保障公共利益和消费者权益，避免市场出现价格波动影响民生经济等问题。

营销洞见12-1

三环定价法

由于市场环境改变，传统的定价方法已很难契合企业发展的需要。三环定价法是一种具有严密逻辑关系的定价新方法，其中模式、价位和价格三个环节相互影响、环环相扣（见图12-3）。

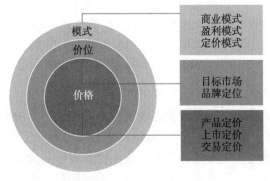

图12-3 三环定价模型

在三环定价法中，模式是核心，它决定了企业的盈利方式和收入来源。因此，在制定定价策略时，企业需要先考虑自身的商业模式、盈利模式和定价模式，并针对不同的目标市场和客户需求进行选择和调整。

价位是价格定位的高低，它与目标市场和品牌定位密切相关。不同价位的存在是因为不同目标市场的客户需求差异有所不同。在确定价位时，企业需要考虑客户的价值感知、购买预算等因素，并针对不同的价位制定相应的产品和服务的价格策略。

价格是以货币所表现的商品价值，它是基于模式和价位设定的。在确定价格时，企业需要考虑产品定价、上市定价和交易定价等多个环节，并针对不同的环节制定相应的策略。同时，企业还需要根据市场需求和竞争情况等因素进行价格调整和优化。

三环定价法不仅是商业模式与企业经营的纽带，还是企业战略选择和商业落地的关键环节。企业应根据自身战略选择、目标市场和客户需求等因素，综合分析定价的影响因素，制定合理的定价策略。

资料来源：符志刚. 三环定价法[J]. 清华管理评论，2021（12）：40-47.

第二节 定价过程与定价方法

一、定价过程

企业的定价过程可以分为六个主要步骤（见图12-4）。

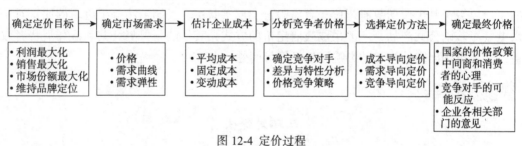

图12-4 定价过程

（一）确定定价目标

定价目标应反映企业希望通过产品在其目标市场中实现的目标。定价目标应该与企业的整体战略目标相一致，当企业的业务战略、目标市场和市场定位策略都已经明确时，企业就可以确定其定价目标了。常见的定价目标包括以下几种。

1. 利润最大化

追求利润最大化是许多企业定价策略的主要目标。这种目标的核心理念是尽可能地提高企业的收益。企业希望在投资后快速收回成本并获取丰厚的利润回报。在这种目标导向下，企业通常倾向于制定高价格，但是最大化利润并不仅仅意味着设置最高的单价，而是需要在合理的价格范围内实现销售规模最大化。有远见的企业经营者通常会着眼于追求企业长期利润的最大化。然而，在某些特定的时期和情况下，他们也可能会为产品设定高价格以获取短期最大利润[2]。

2. 销售最大化

当一家企业期望成为潜力巨大的新产品市场的先驱者时，其主要目标可能是尽可能扩大产品的销售量。这意味着企业可能需要设定相对较低的价格，以便迅速吸引大量新顾客，并在竞争者涌入前占据市场的大部分份额。然而，以低价格实现短期销售增长并以此作为未来利润的基础，存在显著的风险。如果市场状况、竞争环境或技术条件发生变化，预期的未来利润可能难以实现。因此，企业在采取这种通过低价格来扩大销售的策略时必须谨慎，并对各种可能的情况进行周全考虑和预测。

3. 市场份额最大化

将占有和提高企业市场份额作为企业定价的目标。这种策略通常用于竞争激烈的市场，或者当产品或服务处于市场成熟阶段时。采取这种定价目标的企业往往通过降低价格来吸引更多的消费者，从而提高产品或服务在市场中的份额。然而，这种策略需要谨慎使用，因为它可能导致价格战，并且，如果企业无法通过提高销量来抵消价格下降带来的收入降低，那么这种策略可能会损害企业的盈利能力。

4. 维持品牌定位

定价策略不仅是企业决定商品售价的方式，更是维持和建立品牌定位的重要手段。在市场环境中，消费者往往会根据商品的价格来判断其质量。因此，一家知名企业或者优质品牌，往往会选择与其品牌形象相符的定价策略，同时，其他企业也会依据自身在市场中的地位和消费者心目中的品牌形象来设定商品价格[2]。例如，著名汽车制造商梅赛德斯-奔驰与顶级手表制造商 SWATCH 共同成立 MCC 公司，它们合作研发的超微型紧凑车型"SMATCHMOBILE"也被称为"SMART"，其定价远高于同级汽车的价格，但是备受消费者的欢迎。

（二）确定市场需求

市场需求的状况对价格策略有直接影响，因此，企业需要了解和掌握产品需求的动态。通常，商品的市场需求与价格呈现出逆向关系，即当价格升高时，需求会相应减少；而当价格下降时，需求则会相应增加。然而，这并非绝对，如奢侈品和投机性商品，价格升高反而可能带来需求的增加。除了价格，市场需求也受收入的影响，一般来说，商品的需求量与收入呈正相关。在制定价格时，企业不仅需要明确需求与价格和收入变动的方向，还需要了解价格、收入变动的程度如何影响需求变动的幅度，这通常用需求弹性概念来表示。需求弹性包含需求价格弹性、需求收入弹性和需求交叉弹性，它们都会对企业的营销目标产生影响。

为了准确预测不同价格带来的需求量，企业会通过需求曲线和价格敏感性分析来了解不同价格下的市场购买量。同时，企业也会采用调查、价格实验、统计分析、大数据挖掘等多种方式来估计需求曲线。

（三）估计企业成本

在确定产品价格时，企业应平衡外部需求与内部成本之间的关系。设定一个既能涵盖生产、分配和销售成本，又能为企业带来适当利润的合理价格。产品成本可以看作是产品的平均成本，即总成本（固定成本和变动成本的总和）除以产量。有些企业会根据大量生产数据绘制经验曲线，描述生产成本随生产规模和经验积累的下降趋势。除了生产成本，如何计算各种管理成本和营销成本也是一个问题。一些企业会采用作业成本会计法（见第十六章第三节），将各种办公和营销费用按照其对产品的贡献程度分摊到每个产品中。企业需要审查每一项成本，寻找所有可能降低成本的方法，以将最终成本控制在预期的范围内。如果无法实现这一目标，那么应该停止开发该产品，因为该产品无法以预期价格销售，也无法带来预期的利润。

（四）分析竞争者价格

企业还需要充分衡量竞争者的成本、价格及可能的价格反应。首先，企业需要确定其竞争对手，然后选择最相似、竞争最直接的竞争者的价格。竞争对手的定价是企业制定价格的重要参考，企业需要比较各自在产品质量、服务、品牌形象、声誉等方面的特性和差异，以制定有竞争力的价格[3]。其次，还需要考虑不同的定价将会引发竞争对手的何种反应。例如，宝洁公司在产品上市前会进行内部的竞争模拟，以预测竞争对手可能的反应。最后，企业需要避免陷入过度关注竞争者的陷阱。激烈的价格竞争可能导致消费者的购买决策过于关注价格，而忽视产品质量、品牌等因素，这可能会让整个产品类别变成大众化的商品，缩小企业的长期盈利空间。通常，企业应避免过度降低价格以击败竞争者，而应通过提升产品、服务以及其他营销组合元素来击败竞争者。

营销工具12-1

价格跟踪工具

在竞争激烈的市场环境中，具备对市场价格波动的了解和适应能力对于企业的生存和发展具有重要意义。价格跟踪工具能够自动监控指定网站的商品价格和库存信息，为企业提供实时、准确的竞品价格数据。通过这些数据，企业可以更好地把握市场动态，制定更加精准的营销策略，从而在竞争中保持领先地位。

国际上知名的价格跟踪工具包括Prisync、Price2Spy和Tracktor等，在国内也有艾瑞数据、亿邦动力网、DataC数据侠等公司提供的相关产品和服务。这些工具通常支持全球多个电子商务平台，为企业提供电商价格监控、竞品分析、销量预测等功能。同时，根据企业的需求还可以定制价格跟踪频率，甚至根据价格变动发送实时通知。这些工具的数据可视化功能也非常强大，可以生成直观的图表和报告，帮助企业更好地理解市场趋势，制定有效的定价策略。一些高级的价格跟踪工具还具备机器学习能力，能够基于过去的数据预测未来的价格趋势。

资料来源：Geekflare. Ultimate Guide to Using Price Tracking Tools[EB/OL]. (2022-11-18)[2024-10-01]. https:// geekflare. com/price-tracking-tools-visualping/.

(五)选择定价方法

在市场需求、成本结构和竞争者价格已经明确的情况下,企业就可以开始选择定价方法了。在这个过程中,通常需要关注三大关键问题:首先,成本构成了价格的基础线;其次,竞品和替代品的价格为企业定价提供了参考标准;最后,消费者对产品的需求决定了价格的上限[6]。因此,在选定定价策略时,企业需要充分考虑这些因素的影响。在实际运营中,企业往往只能聚焦于这些因素中的某一个,从而形成了三种不同的定价策略:以成本导向定价、以需求导向定价和以竞争导向定价。这三类定价方法将在下一个部分详细进行介绍。

(六)确定最终价格

在确定最终价格时,还需考虑国家的价格政策、中间商和消费者的心理、竞争对手的可能反应以及企业各相关部门的意见等因素。这样,确定出的价格才能真正有效,且符合定价目标。在考虑了这些变量后,企业的定价方法将缩小到一个更具体的价格区间,从而可以确定产品的最终价格。需要注意的是,价格并非固定不变,它应随环境因素的变化而做出相应的调整。价格实施过程中的反馈也是一个重要环节,它要求企业根据不断变化的环境,适时调整定价目标,并采取适当的定价方法和策略,以保证企业经营目标的实现。

营销洞见12-2

战略性定价的步骤

战略性定价是一种基于企业整体营销战略,充分考虑市场竞争状况、客户需求、产品成本和公司战略等多重因素,以制定出最佳定价的策略。战略性定价具有两个基本特征:一是定价方针与企业的整体营销战略相辅相成,二是定价过程具有协调性和整体性。在实施战略性定价时,需要遵循以下八个步骤[5]。

第一步,估计顾客对产品或服务价值的看法。通过市场调研或者与顾客直接接触的员工获取关于顾客需求和期望的全面信息。

第二步,发现不同顾客在产品价值看法上的差异。"理想"顾客对产品价值的评价通常远远高于普通顾客,企业最好对市场进行细分并设定不同的价格。

第三步,估测顾客的价格敏感性。在分析影响价格敏感性时,可以从顾客经济学、顾客对产品的搜寻和使用,以及竞争状况三个因素着手。

第四步,确认最佳定价结构。在定价过程中,企业应当合理分配定价资源,并考虑两个重要问题:是否提供数量折扣和是否进行捆绑式定价。

第五步,考虑竞争对手的反应。如果竞争对手有机会做出竞争性反应,那么看似精明的定价策略可能会变得毫无意义。

第六步,监控交易中的实际成交价格。定价人员必须全面分析定价方案可能产生的影响,并预测和评估它对企业最终利润的影响。

第七步,考虑顾客的情绪反应。在分析顾客对产品价格的反应时,经理们需要同时考虑短期的经济成效以及顾客情绪反应的长期影响。

第八步，分析企业在各类顾客上的收入与成本比。在制定价格时，不仅要考虑客户的价值，还需要考虑成本，以避免陷入投资回报不足的境地。

资料来源：罗伯特·罗兰. 如何定价[J]. 哈佛商业评论（中文版），2005（2）：44-56.

二、定价方法

定价方法是企业为实现其定价目标所采取的具体方法，通常定价方法包括成本导向定价法、需求导向定价法、竞争导向定价法[6]。

（一）成本导向定价法

成本导向定价法（markup pricing）是根据成本来设定价格的策略。成本导向定价法通常用于稳定和成熟的行业中，其产品或服务的成本相对容易计算。这种定价方法可以帮助企业确保利润，同时避免价格过高或过低对销售产生负面影响。

（1）成本加成定价法。成本加成定价法基于单位成本，加上一定的预期利润作为产品销售价格[6]。因此，成本加成定价的公式可以表示为

$$P = C(1 + R)$$

其中 P 是单位产品的销售价格，C 是单位产品的成本，R 是成本加成率。

成本加成定价法的优点体现在以下几个方面。首先，对卖方而言，其成本的确定性高于需求的确定性，该定价方法简单易用；其次，当行业普遍采用该定价方法，将显著降低价格竞争的强度；最后，许多人认为这种定价方式对买家和卖家都较为公平，即便在买家需求旺盛的情况下，卖家不会利用这一优势获取额外利润，而仍能获取公平的投资回报。

（2）目标收益率定价法（Target-rate-of-return Pricing）。目标收益率定价法是企业根据成本曲线和预期收益率，来确定价格[6]。目标收益率定价法的公式可以表示为

$$P = C + (I \cdot R)/Q$$

其中 P 是单位产品的销售价格，C 是单位产品的成本，I 是投资额，R 是预期投资回报率，Q 是产品销售量。

在目标收益率定价法中，首先要估计各种不同产出水平的成本。其次，要预测未来一期的销售量。接下来，设定预期的投资回报率。最后，根据以上数据计算单价。目标收益率定价法中，企业根据预估的销售量来设定价格，而价格本身又是影响销售量的关键因素。因此，预估的销售量可能会因为价格过高或过低而无法实现。在这种情况下，企业需要认真构建需求函数，也就是在不同价格下可售出的数量，才能决定最终价格，实现预期收益。

（二）需求导向定价法

需求导向定价法是以消费者的需求强度和产品价值感知为基础的定价方法。与以成本为基础的定价法不同，需求导向定价法关注的是消费者的价值感知和需求，而不是产

品的生产成本。

（1）感知价值定价法（perceived value pricing）。感知价值定价法是一种以消费者对产品或服务的感知价值来设定价格的策略，而不是基于成本或市场定价[6]。这种定价法强调的是消费者的需求、期望和感知，其核心在于理解消费者对产品或服务的价值感知。

消费者对商品价值的理解不同，因为它取决于消费者的个体经验、期望、需求和购买力，从而会形成不同的价格限度，这个价格限度就是消费者愿意支付的价格。企业必须深入理解其目标市场和消费者，才能设定出最合适的价格[6]。

然而，感知价值定价法也有其挑战。第一，消费者的价值感知很难量化，这对企业来说是一项挑战。第二，消费者的价值感知易受多种因素影响，如个人喜好、社会影响、经济状况等，这使价值感知有可能随时间变化[7]。因此，企业需要不断调整其定价策略，以适应消费者的变化。

（2）倒推定价法（backward pricing）。又被称为反向定价法。企业首先确定产品在市场上的期望零售价格，然后反向计算产品的生产成本、分销成本和利润率，以确定产品的批发价格和出厂价格。

这种方法强调的是市场需求和消费者价值，而不是内部成本，力求使价格为消费者所接受。这种定价方法在许多市场环境中都被证明是有效的，特别是在竞争激烈、消费者对价格敏感的市场环境中。

（三）竞争导向定价法

在瞬息万变的市场环境中，企业的定价策略需要灵活应对各种竞争态势。竞争导向定价法是根据同类产品或服务的市场竞争状态为主要依据的定价方法，在实践中得到广泛应用。

（1）随行就市定价法（going-rate pricing）。又称通行价格定价法，是以行业平均价格或竞争对手的价格为主要依据的定价策略[6]。许多企业选择采用随行就市定价法，将自身产品价格保持在市场平均价格水平，以此获得平均报酬。

这种定价方法的优势在于，这种定价可以反映产业内的集体智慧，不但可让厂商获得合理利润，也可避免破坏同业间的和谐。这种"随大流"的定价方法主要适用于需求弹性较小或供求基本平衡的商品。例如，在石油行业，由于产品同质性强，市场竞争激烈，大多数企业通常会采用随行就市定价法。如果市场需求旺盛，企业就会提高产品价格，以获得更高的利润；如果市场需求不足，企业就会降低产品价格，以吸引更多的消费者。因此，随行就市定价法被视为一种较为稳妥的定价策略。

（2）投标定价法（auction pricing）。常见于政府采购、建设项目、大宗商品和原材料交易等领域。采购机构通过发布公告或发送函件的方式，明确阐述所需采购物品的详细要求，并向符合条件的供应商发出投标邀请。在规定的时间期限内，各供应商将提交它们的投标文件。采购机构将在指定的开标日对各供应商的报价及其他条件进行综合评估。通常，将选择报价最低且供应条件最为有利的供应商进行交易，并与之签订正式的采购合同。在这种情况下，招标方通常只有一个，处于相对垄断的地位，而投标方有多个，处于相互竞争的地位。报价最低的投标者通常会获得合同，其报价即成为承包价格。这种定价策略的核心是，在满足购买者对产品或服务需求的同时，尽可能降低价格以赢得合同。因此，企业在参加竞标时，需要在报价过低导致利润减少和报价过高减少中标可能性之间找到平衡。

营销洞见12-3

如何扩展你的定价模式

在各行各业中，传统的商品和服务定价策略仍然占据主导地位。然而，面对激烈的竞争形势，一些企业已经开始重新评估并创新它们的定价模式，旨在提高顾客满意度、吸引新客户并提升收入和利润率。

（1）顺应不同的使用水平和偏好

①不限量或一价全包方案：如公园年卡、无限量自助餐等。

②菜单式或分类计价：如机票的基本票价之外的附加费等。

③打表计量：如出租车收费等。

④以非常规的时间增量来定价：如视频月付会员等。

⑤分割使用、租赁和出租：如道具出租等。

（2）吸引预算紧张的客户

①延后付款：如先买后付等。

②预付费用：如不可退款的门票预订等。

③价格封顶或固定价格：如固定服务收费等。

④未来选项：如唯品会购买商品前锁定商品的功能等。

（3）提供批发折扣价机会

①混合捆绑：如美团团购套餐等。

②批量折扣：如仓储式商店购物等。

③渐进式定价：如主题乐园当日票价最高等。

（4）在价值不确定时确立价格

①拍卖等。

②提成和销售佣金：如餐饮加盟费等。

③动态定价：如机票等。

（5）利用定价来提升企业效率

①非高峰期定价：如冬季游泳馆票价等。

②预订：如餐厅包间预订等。

③入会费：如健身房会员等。

对于每一种类型的顾客，企业都有相应的定价策略来吸引他们。如果单一的定价模式无法满足需求，企业可以考虑采用混合定价计划，以寻找新的收费方式来满足不同顾客的需求，从而获得丰厚的回报。

资料来源：拉菲·穆罕默德. 如何扩展你的定价模式[J]. 哈佛商业评论（中文版），2023（2）：116-130.

三、数字时代的定价方法

在数字时代，定价方法已经发生了显著的变化。现在，企业可以利用大数据和先进的分析工具来制定更为精细和个性化的定价策略。以下是数字时代的几种主要定价方法。

（一）定制化定价

又称价格定制，是一种基于每个消费者的特定需求和场景定制价格的策略。在数字时代，企业有能力以前所未有的方式个性化其产品及服务。这种能力也延伸到定价，允许企业根据每个消费者的特定场景和需求来设置价格。

定制化定价可以帮助企业更好地满足消费者的需求，提高消费者满意度，并增加企业的盈利能力。通过大数据和先进的分析工具，企业可以深入了解消费者的购买行为、价格敏感度和需求，从而为每个消费者提供最合适的价格[8]。例如，一家名为 Stitch Fix 的在线服装零售商就采用了定制化定价策略。Stitch Fix 通过其网站收集消费者的个人信息和偏好，然后使用这些数据来推荐最适合消费者的服装，并根据这些信息来制定价格。这种定价策略使 Stitch Fix 能够精确地匹配消费者的需求，提高消费者满意度，从而增加其销售和利润。

（二）参与式定价

又称用户定价或众筹定价，是一种允许消费者参与并影响价格设定的定价策略。这种定价方法允许消费者参与定价过程，通常通过在线投票、拍卖或众筹等方式，主要适用于提供有独特性和创新性的产品服务的企业。

这种定价策略可以提升消费者的参与度，进一步提高其对产品或服务的满意度和忠诚度[9]。同时，这种定价方式也可以帮助企业更有效地确定产品或服务的市场价值，从而提高其盈利能力[10]。Priceline 公司是一个在线旅游服务平台，它允许消费者提供他们愿意支付的价格，然后尝试找到愿意接受这个价格的供应商。这种"Name Your Own Price"模式使消费者能够在旅行预算内找到满意的服务，同时也使供应商能够出售其未售出的库存，从而提高其收入。

（三）智能定价

又称动态定价或实时定价，是一种利用先进的算法和机器学习技术根据市场需求和供应情况实时调整价格的策略。随着人工智能和机器学习技术的发展，企业现在可以使用复杂的算法来自动确定价格。这些算法可以分析大量的数据，包括市场需求、竞争态势、季节性影响等，以实时更新价格。在许多行业中，这种定价模式已经被广泛使用，如电子商务、酒店、打的出行和航空企业[10]。

智能定价可以帮助企业根据市场的变化和竞争环境来优化价格，从而提高销售和利润。比如，通过使用机器学习算法，企业可以预测市场需求和价格敏感度，从而设定最优的价格。亚马逊（Amazon）是智能定价策略的典型例子。亚马逊使用先进的算法和大数据分析来动态调整其产品的价格。这些价格会根据竞争对手的价格、库存状况、产品销售情况等因素进行实时调整。此外，亚马逊还使用机器学习算法来预测消费者的需求和价格敏感度，从而提供最优的价格。

（四）付费墙

付费墙（paywall）是一种在数字媒体领域常见的定价策略，尤其在新闻出版和视频流媒体服务中。它将某些内容或服务隐藏在需要付费的"墙"后面，用户需要支付一定的费用才能访问付费墙后的内容。这种定价策略在新闻出版、在线娱乐和数字学习平台等领域得到了广泛的应用，网站提供一定数量的免费文章，之后就需要订阅付费才能阅读。

付费墙不仅可以为企业提供稳定的收入来源，而且还可以提高其产品或服务的感知价值，从而提高用户的付费意愿。为了应对传统报纸销售下滑的挑战，从2011年开始，《纽约时报》在其网站上设立了付费墙，用户在浏览文章的一段免费段落后，必须订阅并支付一定的费用，才能阅读新闻报道全文[11]。这种定价策略使《纽约时报》成功地将其业务转向了数字订阅，现在它的数字订阅收入已经超过了传统报纸的广告收入。

Mini案例12-1

知识付费平台的兴起

知识付费平台，即提供知识内容并据此收费的平台，不仅为知识分享者提供了创收的渠道，也为知识需求者提供了高效便捷的获取方式。这些平台通过提供优质的音乐、有声书籍及其他知识内容，吸引了大量用户，并实现了商业化运营。

这些知识付费应用的成功关键在于提供了用户愿意为之付费的优质独特内容。比如，腾讯音乐提供了丰富多样的音乐作品，喜马拉雅则提供了各种类型的有声书籍和知识内容，而樊登读书则提供了知名作者的书籍和讲座。这些应用通过与艺术家、作家及专家合作，为用户提供了独特且有价值的知识和娱乐内容。

用户可以通过订阅或购买内容来获得更深入广泛的知识体验。付费模式不仅能够为应用带来收入，也能为用户提供更个性化和定制化的服务。用户可根据自身的兴趣和需求选择适合自己的内容，从而提高知识获取的效率和质量。

这些知识付费应用充分利用移动互联网的普及和便利性，使用户可以随时随地通过手机或平板电脑访问这些应用，获取所需的知识和娱乐内容。这些知识付费应用程序的成功，还归功于其社群和用户参与度的优势。这些应用通过提供社交功能和互动平台，使用户能够方便地进行交流和分享。用户可以发表评论、点赞以及分享自己的喜好和观点，从而形成一个充满活力的社群。这种用户参与不仅增加了用户体验的趣味性，还有助于促进内容的传播和推广。

资料来源：
[1] 腾讯音乐官网 https://www.tencentmusic.com/.
[2] 喜马拉雅官网 https://www.ximalaya.com/.

第三节 价格体系与定价策略

一、价格体系

在企业的营销策略中,除了为单个产品设定价格外,还需要为产品组合中的多个产品根据不同细分市场以及市场环境制定差异化的价格体系。企业的价格体系由各种产品价格通过纵向衔接和横向联系连接而成。横向的比价关系反映了各类商品的价值比例关系,而纵向的价差关系反映了同类商品在不同生产阶段、地区、季节和质量下的价值差异。价格体系包括产品价差体系和流通价差体系。

(一)产品价差体系

在企业的经营中逐渐形成了多系列、多品种的产品线组合。企业通常会根据产品的特点、生产成本、品牌定位、市场需求、竞争情况等因素来给产品线下的不同产品制定不同的价格。产品线定价属于横向比价关系。例如,对于一些创新型产品或高附加值产品,企业可能会设置较高的价格,以体现产品的独特性和价值;而对于一些常规产品或大众化的产品,企业可能会设置相对较低的价格,以吸引更多的消费者。通过合理设置产品价差体系,企业可以更好地满足市场需求,提高销售额和收益。

(二)流通价差体系

产品从生产、流通最后进入消费的过程中,发生了时间与空间的运动,产生了价值和效用的变化,从而形成了流通过程中价差体系。流通领域定价属于纵向价差关系。合理的购销价差和批零价差,是协调渠道上下游的合作者的利益关系,保证产品从生产环节安全、快捷、高效地抵达消费环节,使其效用和价值充分实现的重要条件,也是在现行价格体系中控制销售价格水平的重要工具。按照产品在流通过程中的环节,价格可以分为出厂价格、批发价格和零售价格。

(1)出厂价格。出厂价格是工业企业向商业部门或其他生产单位、个人出售产品的价格。它是产品进入流通领域的第一个价格,是制定产品批发和零售价格的基础。合理的出厂价格,有利于正确处理工商关系、加强工商协作、促进各种工业品生产和流通的均衡发展。

(3)批发价格。零售商业企业从批发企业进货的产品价格,称为批发价格。批发价格一般由批发商的进货价格加上流通费用和利润构成。批发价格是处于进货价格和零售价格之间的中间价格。批发价格要规定批发起点,即按产品品种规定的一次购买的最低数量限额。适当的批发价格,有利于产品的正常流通和地区间的产品交流,有利于稳定市场物价和加强零售商的经营动力。

(3)零售价格。零售价格是零售产品出售的价格,也叫最终价格。它由批发价格(即零售商业企业的进货价格)和批零价差构成。在价格体系中,零售价格同时处于流通和消费两个领域。适当的零售价格,一方面可以帮助企业达到最终的创造实现;另一方面还关系企业价格体系的稳定及消费者需求的最终满足。

营销工具12-2

价格瀑布图

价格瀑布图是一种有效的价格管理工具，它以图表形式清晰地展示了产品定价的各个组成部分，帮助企业更好地理解和管理产品定价（见图12-5）。价格瀑布图通过纵轴表示价格，横轴则展示了不同的价格组成部分，如成本、折扣、促销、税费和渠道费用等。这些组成部分以图形或符号的形式表示，各自的尺寸或高度则反映了其在定价中的比例或金额。

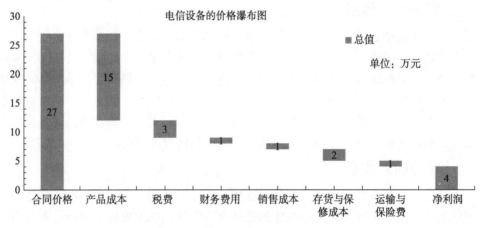

图12-5　价格瀑布图示例

注：图内相关数据为模拟数值。

价格瀑布图可以帮助企业了解不同价格组成部分对利润的贡献。通过比较各个组成部分的金额或比例，企业可以确定哪些部分对利润的贡献较大，从而优化资源配置和收益管理。

价格瀑布图能帮助企业更好地了解市场和竞争环境。通过比较自身与竞争对手的定价策略、折扣水平和促销活动等，企业可以确定自身的优势和劣势，并采取相应的措施提高竞争力。

价格瀑布图还可以支持决策制定。通过将数据和事实以直观和可视化的方式呈现出来，价格瀑布图可以帮助决策者更好地理解产品定价的复杂性和影响因素。这有助于提高决策的准确性和可信度，减少决策风险。

资料来源：

[1] Revenue Management Labs. What is a Price Waterfall Analysis?[EB/OL]. (2022-11-18) [2024-10-01]. https://revenueml.com/2020/04/price-waterfalls.

[2] 人人都是产品经理社区.可视化分析：瀑布图的使用 场景及实现原理[EB/OL]. (2023-09-17) [2024-10-01]. https://www.163.com/dy/article/I18N3SHO0511805E.html.

二、产品组合定价

当企业有多条产品线或者多个产品的组合时,定价就需要统筹考虑整个产品组合的相互关联性,以达到最佳的整体营销目标。

(一)产品线定价

企业通过对同一产品线中的多个产品项目进行差异化定价,以实现整体的市场目标和利润最大化。这种策略需要企业对各个产品项目的成本、价值和市场需求有深入的理解,并能灵活地调整和优化产品线和定价。

首先,企业需要合理确定各产品项目间的价格差额。这一价格差额不仅要体现消费者对各产品项目的价值理解,而且要反映各产品项目之间的成本差异及竞争对手的产品价格。例如,比亚迪汽车旗下的秦、汉、唐、宋、元等就形成了层次分明的价格序列,这反映了这些品牌之间的价值和成本差异,也符合消费者的价值认知。其次,企业需要考虑产品线的价格形象。低价产品可以吸引消费者,同时高价产品可以展示品牌的质量和价值。例如,一家制造箱包的企业可能会推出一款高端产品,以展示其产品线的顶级地位,并通过这款产品的高价位来塑造和展示品牌的形象。企业的其他产品在结构和耐用程度上可能与高端产品相同,仅在外观上存在差异,这使消费者可以根据自己的需求和预算选择不同的产品。最后,企业需要根据产品在产品线中的角色来制定价格。例如,旗舰产品是企业产品线中的高端产品,通常具有更高的性能、功能和品质。由于其高端定位,企业通常会为旗舰产品制定较高的价格,提高产品线的整体价值和品牌形象。入门级产品是企业产品线中的低端产品,通常具有较低的性能和品质。由于其低端定位,企业通常会为入门级产品制定较低的价格,以吸引更多的消费者,帮助企业扩大市场份额。

(二)附属产品定价

附属产品定价是一种以主产品和附属产品共同构成的定价策略,它在各类消费品的销售中扮演着重要的角色。这种策略的有效运用,能够帮助企业在竞争激烈的市场中获取竞争优势,并实现利润最大化。

附属产品定价策略通常涉及两类产品:主产品和附属产品。主产品的定价通常较低,甚至是免费,以吸引消费者。而附属产品,如剃须刀的刀片、照相机的胶卷、打印机的墨盒等,则通常定价较高。这种策略的目的是通过附属产品的高价销售补偿主产品的低价甚至赠送所带来的损失,从而实现整体的利润最大化。然而,这种策略的实施需要考虑到不同的市场和消费者偏好。例如,在发达国家,消费者可能较接受"低价主产品+高价附属产品"的组合,而在中国,消费者可能更倾向于接受"高价主产品+低价附属产品"的组合。因此,企业在实施这种策略时,需要根据不同的市场和消费者偏好进行调整[12]。此外,企业在定价时也需要注意附属产品价格过高可能带来的风险。过高的附属产品价格可能会吸引非法仿制者,导致原厂商的销售受损。

(三)两部定价

两部定价是一种常见的定价策略,特别是在服务业中广泛应用,它包括一个固定费用部分和一个根据使用情况变动的费用部分。这种定价策略帮助企业吸引消费者,同时确保收入的稳定性和可预测性,使企业能够在保证基本收入的同时,根据消费者的实际使用情况收取额外的费用,从而实现收入最大化。

例如,出租车服务通常会有一个固定的起步价,这是无论行驶距离如何,乘客都需要支付的费用。然后,超出起步距离后,会根据行驶的公里数收取额外的费用。这样的定价策略既考虑了出租车服务的基本成本,又能根据乘客的实际使用情况收取额外的费用。游乐园的门票定价,通常会有一个固定的入场费,这是所有游客都需要支付的。然后,如果游客希望参加特定的娱乐项目,可能需要支付额外的费用。电信服务也是采用两部定价的一个典型例子,如中国电信的固定电话业务,用户每月需要支付一笔固定的座机费,超过一定的通话时间或通话次数后,再根据实际通话情况收取额外费用。

(四)捆绑定价

捆绑定价是企业将一组相关的产品或服务捆绑在一起出售,其实际定价通常低于各单独产品或服务的价格之和。这种定价策略有助于刺激产品线的需求,充分利用整体运营的成本经济性,同时提高利润净贡献[13]。

在化妆品行业,企业经常使用捆绑定价。化妆品套装可能包括护肤品、眼影、眉笔、口红等多种产品,而这个套装的价格通常会低于消费者单独购买每种产品的价格总和。这样的定价策略可以吸引那些原本可能不打算购买所有产品的消费者,因为他们可以通过购买套装节省一定的费用。旅游公司的套餐服务采用的也是捆绑定价。旅游套餐可能包括酒店住宿、餐饮、交通、景点门票、保险等多项服务,而这个套餐的价格通常会低于消费者单独购买每项服务的价格总和。这种定价策略可以吸引消费者购买更全面的服务,同时也节省了消费者自己组织和规划旅行的时间和精力。电信公司的套餐服务也是捆绑定价的典型例子。通信套餐可能包括语音、数据、短信等多种服务,而这个套餐的价格通常会低于消费者单独购买每种服务的价格总和。这种定价策略可以吸引消费者购买更全面的通信服务,同时也降低了消费者的通信成本。

Mini案例12-2

IT企业的解决方案定价

随着时代的演进,IT行业的定价策略已从传统的成本导向定价和竞争导向定价逐渐转向基于顾客价值的多种定价方法。国内外IT企业如阿里、华为、IBM、微软等科技公司提供了多种数字化、个性化的定价方案,包括流量定价、免费定价、租赁、使用费等。

1. 基于数字定价器的流量定价

流量定价是指按照实际使用量灵活定价。例如,阿里云提供了灵活的计费方式,用户可以根据业务场景选择最合适的购买方案,并通过价格计算器自动估算价格,下载选配清单,实现高效采购。

2. 免费试用与永久免费

免费定价策略用于鼓励客户试用、培养消费习惯、增强客户体验。例如，IBM 提供了多款产品免费试用服务（一般为 30 天）。对于开通 IBM 云账户的客户，还提供部分产品永久免费服务。

3. 租赁定价

为了帮助客户明确产品的实际效益、减少客户成本、加快项目落地，IT 公司推出租赁定价解决方案。租赁使用费是指按照公平的市场价值（fair market value，FMV）租赁提供使用费，而不是为本地服务器或存储 IT 基础架构的所有权付费。在租赁期内，还可以扩展容量或更新技术以满足新的业务需求。

4. 解决方案定价

解决方案定价是 IT 业一种常见的定价策略，它基于为客户提供定制化的总体解决方案来满足其特定需求。这种定价方式通常不是基于产品成本或市场价格，而是基于客户对解决方案的价值认知和支付意愿。IT 公司通过成立融资部，提供经验、专业知识和解决方案，帮助客户改善现金流并加快所购买的解决方案落地实施。

资料来源：

[1] 刘洋，廖貅武. 基于在线评分和网络效应的应用软件定价策略[J]. 管理科学，2013(4)：60-69.

[2] 陈虹桥，沈厚才，于明汇，等. 软件交付模式和定价策略研究：SWS 或 SaaS[J]. 管理工程学报，2023，37(5)：200-216.

三、差别化定价

差别化定价，是一种企业根据不同的市场条件和消费者需求，对同一产品或服务制定两种或更多价格的策略。常用的差别化定价方法包括以下几种。

（一）顾客差别化定价

顾客差别化定价是企业以不同的价格将同一产品或服务销售给不同的顾客。这种定价策略的基础在于顾客的需求强度和产品知识有所不同，因此，企业可以对不同的顾客，因其重要性不同，或购买量不同，或需求的强度不同，或对产品的知识不同，而制定不同的价格。

例如，许多公园、旅游景点和博物馆会对不同类型的顾客收取不同的费用。一般来说，它们会对学生和年长者这两类通常有较高价格敏感度的顾客提供比一般顾客更低的价格。这种定价策略不仅可以吸引更多的学生和年长者访问，也可以提高他们的访问频率。航空公司也常采用类似的定价策略。例如，某些航空公司会在学校的寒暑假期间，提供给教师和学生比普通乘客更高的价格折扣。此外，企业也可以根据顾客的等级设定不同的价格，即顾客等级越高，单位价格越低。这种定价策略可以鼓励顾客购买更多的产品，从而提高企业的销售量。

（二）产品差别化定价

产品差别化定价是企业根据产品的型号、式样、配置等因素制定不同价格的策略。需要注意的是，这种定价模式下不同产品之间的价格差额与成本差额并不成比例。这种策略的主要目的是根据消费者对产品特性和价格的不同需求和敏感度，来最大化企业的利润。

例如，许多书籍和杂志的出版商会为同一本书或杂志的不同装帧（如精装和简装）设定不同的价格。精装书通常价格更高，而简装书则价格较低。然而，精装和简装之间的价格差距通常远大于它们的成本差距。汽车制造商也常采用产品差别化定价策略。它们会根据汽车的配置、款式和颜色等因素设定不同的价格。例如，高配置的轿车价格通常会远高于基本配置轿车的价格，而这种价格差距通常远大于它们的成本差距。这样做的目的是满足不同消费者的需求，同时最大化企业的利润。

（三）地点差别化定价

地点差别化定价是企业根据产品或服务所处的不同位置或地点制定不同价格的策略。这种策略的基础在于消费者对相同产品或服务在不同位置的偏好有所不同，因此，即使产品或服务的成本没有任何差异，其价格也可能根据位置的不同而变化。

例如，影剧院通常会为不同座位设定不同的票价。尽管所有座位的成本相同，但由于观众对座位位置的偏好不同，观影效果的差异化也会导致票价的差异。类似地，在明星的演唱会上，不同位置的座位票价也会有很大的差距。更接近舞台的座位，由于能提供更好的视觉和听觉体验，通常会比远离舞台的座位价格更高。除此之外，同一种产品在不同的地点或营业场所，其价格也可能会有很大的差异。例如，一种饮料在超市的价格可能会比在游乐场所或旅游景点的价格低。这是因为，在游乐场所和旅游景点，消费者对价格的敏感度可能会降低，而且他们的购买行为也可能会受到环境的影响。

（四）时间差别化定价

时间差别化定价，是在不同的时间段，如不同季节、日期或者小时，对同一种产品或服务设定不同的价格。这种策略可以帮助企业管理销售量的波动，促使消费需求更为均匀，避免资源的闲置或超负荷运转。

例如，航空公司和旅游公司常常会在旺季时提高价格，而在淡季时降低价格，以此吸引消费者在非繁忙时间出行，从而均衡需求和供应。电力公司也常采用这种定价策略。它们会在电力需求高峰时段提高电价，而在低谷时段降低电价，这被称为峰谷电价。这样可以鼓励消费者在需求低谷时使用电力，从而降低电网的压力。健身和娱乐场所通常会在一天中的不同时段实行不同的价格，如在工作日的上午和下午设定比晚上和周末更低的价格，以吸引更多的消费者在非繁忙时间段来使用它们的服务。超市也会对需保鲜的产品在一天中的不同时段设定不同的价格，如在早市和晚市时段提供优惠价格，以鼓励消费者在这些时间段购买商品。

差别化定价能够最大化企业的收入和利润。然而，为了成功实施这种策略，必须注意满足以下条件。

（1）市场可细分。企业必须能够将市场分割成具有不同需求强度的子市场，这样才能根据每个子市场的需求和支付能力设定不同的价格。

（2）市场间的分离。各个子市场之间应相互独立，以低价格购买产品的顾客不应能够以高价格将产品转售给其他市场的消费者。

（3）竞争者无法低价竞销：在企业设定较高价格的市场中，竞争者不应能以低于该价格的价格销售商品。

（4）差别化定价的收益要大于成本：实施差别化定价的额外收入应大于细分市场和管理市场的成本，否则这种策略将得不偿失。

（5）顾客接受度：差别化定价不应引起顾客的反感或放弃购买，这可能需要企业进行适当的市场调研和顾客教育。

（6）法律合规：差别化定价的形式和实施方式不应违反相关的法律法规。

Mini案例12-3

数字时代的大数据杀熟

大数据时代的到来使电子商务平台与消费者之间的信任问题日益凸显。消费者有时会感受到被针对性地抬高价格或者多收费用：手机设备越贵，浏览的商品价格越高；浏览次数越多价格越高，VIP会员的价格比一般用户贵；新客卖低价，熟客卖高价等情况，让消费者有了被宰客的感受。这些现象被生动形象地称为"大数据杀熟"。

大数据是把双刃剑，它打开了新的"数字经济"之门，也揭开了价格乱象等的"潘多拉魔盒"。算法公平性是平台消费者权益保护的核心问题。根据算法进行个性化内容推送，虽然可以扩大个体间的认知偏差，但平台出于商业目的的算法歧视，可能会制造"信息茧房"，损害消费者的知情权。此外，基于歧视性算法的价格组合，也可能会对消费者的公平交易权造成侵害。算法在处理数据、评估和分析的过程中，会形成"黑箱"现象，外界无法获知其内部的处理过程和决策依据。这种非透明性使大数据杀熟行为更加隐蔽、难以察觉。

差别化定价是企业合理的经营手段，但是差别化并不是歧视定价，差别化定价的本质是为不同客户提供差别化的价值。平台企业应从数据权利的角度，而非垄断的角度去看待价格歧视问题。保持竞争而不是价格干预，才能更全面地在平台利润、创新与消费者利益，甚至社会公平之间，寻求一个长期的整体性平衡。

资料来源：
[1] 田蕾, 洪晟. 大数据杀熟的法律规制研究[J]. 信息技术与网络安全, 2022, 41(7)：41-46.
[2] 王美云, 苏永华. 大数据杀熟对顾客公民行为的影响——以在线旅游消费为例[J]. 企业经济, 2023, 42(1)：132-140.
[3] 张家琛. 大数据杀熟与消费者权益保护[J]. 中国质量万里行, 2023(4)：56-58.
[4] 徐晶卉. 破解二代大数据杀熟，需要算法公平性[N]. 文汇报, 2021-03-15.

四、促销定价

在竞争激烈的市场环境中，企业需要采取各种促销定价策略来吸引消费者和增加销售。促销定价策略通过价格折扣和折让，可以鼓励消费者大量购买、提前支付货款或在淡季购买[14]。

(一) 现金折扣

现金折扣是一种普遍的商业定价策略，旨在鼓励消费者在预定的期限内提前或使用现金付款。这种策略可以加速企业的资金周转，降低销售成本，减少利息支出，并降低财务风险[15]。

现金折扣的表示方式通常为"2/10，n/30"，这意味着如果消费者在 10 天内付款，可以享受 2%的折扣，否则全额付款必须在 30 天内完成。例如，如果一家企业向另一家企业销售价值 5 万元的商品，付款条件为"2/10，n/60"，那么如果买方在 10 天内付款，可享受 1000 元的价格折扣。如果在 60 天内付款，则须全额支付。

企业在提供现金折扣时需要谨慎。虽然这种策略可以加快资金周转，但如果折扣过高，可能会降低利润。此外，如果顾客习惯于折扣，他们可能会等待折扣出现，这可能会对企业的正常销售周期造成干扰。

(二) 数量折扣

数量折扣是企业通过给予购买大量商品的顾客一种价格优惠，以鼓励消费者购买更多的商品。在数量折扣策略中，购买数量越多，折扣就越大。这种策略的目的是鼓励大量购买或集中购买，从而可以直接促使产品的销售数量增加、销售速度加快，使企业的资金周转次数增加，总盈利水平上升。

（1）累计数量折扣。当顾客在特定时间段内（如一年）的累计购买量达到或超过规定水平时，企业会给予顾客一定的折扣。这种策略旨在鼓励顾客增加对本企业产品的购买频次，形成顾客忠诚。例如，某汽车租赁公司规定，如果会员在一年内的租车总费用达到 5000 元，那么第二年可以享受 5%的优惠。

（2）非累计数量折扣。在顾客一次购买一定数量或购买不同产品达到一定金额时，商家给予顾客一定的折扣，以鼓励顾客进行大批量购买。这种定价策略在电子商务网站上被广泛使用。例如，某网站可能会标注：如果一次性购买两件商品，那么第二件商品可以享受半价的优惠。

企业在实施数量折扣策略时，需制定合理的折扣标准和实施方案，以在保证自身利润的前提下有效鼓励消费者购买更多的商品。此外，还需要考虑产品的生命周期和市场需求的变化，适时调整折扣标准和实施方案，以保持策略的有效性[16]。

(三) 功能折扣

功能折扣，也称业务折扣或贸易折扣，是生产企业对中间商的一种价格优惠策略。由于中间商在商品流通过程中承担了许多生产企业的职能，如销售、储存和服务等，为了回报这些中间商，生产企业会给予它们一定的折扣。

功能折扣的主要目标是鼓励中间商认真履行预定的市场营销职责，并与生产企业建立长期稳定的合作关系。这种折扣的大小通常取决于中间商在商品流通中的作用以及它们所承担的职能、责任和风险大小。企业在给予功能折扣时，通常会根据中间商在产品分销过程中所处的层次、重要性、购买批量和最终售价等因素来决定折扣的大小。例如，一级批发商（代理商）的价格折扣通常会高于次一级的批发商（代理商）。功能折扣不仅能够补偿中间商的成本和费用，而且有利于刺激它们销售产品的积极性，加速产品的流通。

（四）季节折扣

季节折扣在有明显淡旺季的商品或服务行业中被广泛采用。其主要目的是鼓励消费者在淡季购买，帮助企业更好地调整和利用现有资源，减轻仓储压力，平衡生产，回笼资金，以实现销售计划[17]。季节折扣的实施通常与产品或服务的季节性需求变化有关。例如，钢铁厂可能会对在冬季进货的建筑公司给予大幅度的优惠，以保持销售的稳定；航空公司在淡季时通过提供季节折扣，可以吸引更多的顾客乘坐飞机旅行，从而保持年度销售的稳定[18]。

在制定季节折扣比例时，企业通常会考虑诸多因素，包括成本、储存费用、基价和资金利息等。通过合理设置季节折扣，企业可以有效地调节供需矛盾，使生产和销售在一年四季保持相对稳定。

营销洞见12-4

"亲，包邮哦"是明智的促销策略吗？

包邮策略作为电商广泛采用的一种低成本促销策略，已经逐渐成为电商进行促销。在淘宝网上，众多卖家纷纷打出类似"全国包邮！"的宣传语来吸引顾客，拼多多等平台甚至推出了9.9元包邮的营销策略。

消费者在购买商品时，对于免邮和支付邮费的商品，常常会受到"厌恶损失"心理的影响。虽然从市场理性的角度来看，包邮与否并不会改变商品的总价，但消费者在购买过程中却会因为"邮费另算"而产生二次"厌恶损失"，从而影响他们的购买决策。

在营销实践中，企业如何利用包邮策略促进商品销量的提升？对于容易获取参考价格的商品（一般为标准类、有严格参数可供对比的商品，如3C数码类产品），商家应该专注于提升店铺的吸引力、商品的内在价值、保证商品质量、发掘整体价格优势。而对于不容易获取参考价格的商品（一般为非标准类商品，如服装类、礼品类商品），商家在销售此类商品时，采取类似包邮的策略更有优势。

电子商务和零售行业，包邮策略可以在吸引顾客、提高销售、改善客户体验和增强品牌形象等方面产生显著的积极影响。也要注意到，包邮作为一种促销策略，不能一刀切地适用于所有商品和所有市场环境，企业需要结合自身实际情况灵活运用。

资料来源：
黄敏学，綦欣德."亲,包邮哦"是明智的促销策略吗？[J]. 清华管理评论，2013(6)：14-18.

五、价格调整

企业的价格体系并不是一成不变的，需要在不断变化的市场环境中寻求最佳的盈利点。价格调整的动力可以来自内部或外部的因素，包括企业自身的成本结构、市场需求、竞争者的策略等。在进行价格调整时，企业需要密切关注市场反应，包括竞争者和消费者的反应[19]。如果新价格引发了消费者的抵制或竞争者的激烈反击，企业可能需要重新考虑其价格策略。价格调整是一个动态的过程，需要企业有灵活的策略和敏锐的市场洞察力。

（一）降价与其后果

为了应对各种内外部因素的变化，包括市场需求、竞争环境、内部成本和战略转变，以及国家政策和法规的影响，企业可能出于多种原因选择降价，如急需回笼现金、开拓新市场、排斥边际生产者、应对生产能力过剩、预期销售增长、成本降低，或者满足中间商和政府的要求。例如，由于科技进步和管理水平提高，许多企业能够降低单位产品的成本和费用，从而有条件降价。这种情况在科技密集型行业尤为常见，如电子产品制造业。随着生产规模的扩大和技术的进步，企业能够降低生产成本，从而降低产品价格以吸引更多消费者。

然而，企业的降价行为并非总是能达到预期的效果。消费者可能会对降价产生误解，如认为产品质量有问题、企业财务困境、产品将被新型产品替代、价格还会进一步下跌，或者产品质量下降。这可能导致消费者对降价产品产生疑虑，从而影响销售。此外，竞争对手的反应也会影响降价的效果。如果竞争对手能够以更低的成本提供同类产品，或者有足够的现金储备来承受价格战，那么企业的降价行为可能会引发激烈的价格竞争，从而降低了降价带来的收益。

（二）提价及其后果

在企业经营过程中，如果遇到汇率变化、通货膨胀、原材料价格上涨和国家经济政策调整等外部环境变化时，企业可能会做出提价的决策。提价有可能带来利润的增加，但同时也可能引发一系列不良反应，如消费者不满、销量下降、社会舆论、政府压力等。企业提价的主要原因可以概括为以下三点。

（1）消化成本增加压力。当面临通货膨胀、原材料价格上涨、人工成本增加、销售费用升高等情况时，企业为了保证正常运营，优化利润水平，便可能选择提价。例如，当原油价格上涨时，航空公司可能会提高机票价格以应对成本压力。

（2）应对产品供不应求。当产品需求旺盛，而生产规模无法及时扩大以满足需求时，企业可能会通过提价来抑制需求，同时也能获得更高的利润。例如，当某些金属原材料和化工原料由于需求旺盛而供应有限时，企业可能会提高价格来平衡供需。

（3）塑造高端品牌形象。当企业面临品牌定位提升的战略目标时，提价可以帮助企业提升品牌形象并增强消费者对品牌的认知度。例如，近年来，随着国产手机的技术水平和产品设计的稳步提升，华为、小米等知名品牌逐渐采用发展高端机型的方式进入中高端手机市场，这种高价策略有助于塑造其产品的高质量和品牌形象[20]。

企业在决定提价时，需要充分考虑各种因素，并采取适当的策略。第一，提价的时机需要谨慎选择，如当产品进入成长期、产品更新换代或竞争对手产品提价时。第二，企业在提价方式选择上，应尽可能采用间接提价，如提高产品质量或增加服务来提升产品的整体价值，从而降低提价带来的不利影响。同时，企业也需要通过各种途径向顾客清楚地解释提价的原因，并提供相应的节约途径，以减少顾客的不满，维护企业形象，并刺激消费者的需求和购买行为[21]。

不可忽视的是，提价行为可能会引发消费者和竞争对手的反应。消费者可能会对提价产生误解，认为产品过于昂贵或质量未有提高。对此，企业需要通过提供更多的产品信息和优质的服务来改变消费者的观念。而对于竞争对手，它们可能会通过降价来吸引消费者，从而对企业的市场份额产生威胁。因此，企业在制定提价策略时，需要充分考虑竞争对手的可能反应，并做好应对准备。

营销洞见12-5

打赢价格战——狭路相逢智者胜

在市场竞争的激流中，价格战往往成为企业间一场难以避免的较量。众多企业倾向将价格作为市场竞争的有力武器。然而，不理智的价格战可能导致整个行业利润下滑。在应对价格战问题前，企业需要认清其产生的根源，并积极做好应对规划。企业可从以下四个方面进行分析，从而寻找解决价格战问题的有效途径。

（1）客户及其价格敏感性：了解客户对价格的敏感程度以及他们的需求特点，为制定策略提供重要依据[22]。

（2）企业能力：明确自身优势和劣势，以便在制定策略时充分发挥自身优势，同时有效应对潜在的挑战。

（3）竞争对手的反应：对竞争对手的动态和可能的反应进行预测和分析，以便在制定策略时考虑到这些因素。

（4）行业内其他企业：了解行业内其他企业的战略和可能的合作与竞争关系，以便在制定策略时进行参考和借鉴。

当价格战已经不可避免时，企业可以考虑运用以下策略来进行应对。

（1）非价格反击：强调产品的质量因素和其他附加价值，弱化价格因素。

（2）选择性价格反击：通过改变消费者的选择、调整部分产品的价格、运用竞争品牌等手段来吸引顾客。

（3）实施报复性降价：企业通过大幅度降低某些关键产品的价格来吸引消费者，以此反击竞争对手的挑战。

（4）不参战：从价格战的旋涡之中跳脱出来，转向其他方向，有时反而能突出重围，重见光明。

（5）做好准备：居安思危可以让企业确保在价格战时能够迅速应对。

"退一步，海阔天空。"或许是应对价格战的一句箴言。企业也必须明白，你可以通过多种行动保护自己。有时，旁观者反而可以成为战争中的最大赢家。

资料来源：Rao A R, Bergen M E, Davis S. How to fight a price war[J]. Harvard Business Review, 2000, 78(2): 107-120.

最佳实践12-1

中国国航：宾四海，礼天下

中国国际航空股份有限公司（以下简称"国航"）1988年在北京正式成立，是中国唯一载国旗飞行的民用航空公司，也是全球航空联盟的成员。2006年8月，国航成功在上海证券交易所挂牌上市。

一、国航业务介绍

国航的主要业务领域涵盖国内外航空客货运输、地面服务、综合支持以及航空旅游等。其中，航空客运业务是公司的主要利润来源。通过不断拓展业务范围，国航成功建立了广泛的航线网络，覆盖了国内外众多城市。

作为星空联盟的成员，国航始终致力于为客户提供优质的服务和产品。这包括独特的客户体验、高效的航班运营以及优质的客户服务。在航空运输技术方面，国航积极创新，不断引入先进的航空技术和设备，以提高航班的安全性、可靠性和效率。同时，公司注重通过创新方式提高客户服务质量，如优化票务和值机流程、提供便捷的航班信息查询服务等。为了提高航班准点率，国航加强了与气象部门的合作，提前预测天气状况，并针对可能出现的恶劣天气制定了相应的应对措施。此外，国航还加大了航班计划的制定和执行力度，尽量避免因航班延误等原因给客户带来不便。

在国际市场上，国航通过与星空联盟其他成员的紧密合作，得以进入全球广泛的航空市场。这不仅为国航带来了更多的业务机会，也提升了其在全球舞台上的竞争力。

二、国航机票定价策略

国航的主营业务营收主要来源于航空客运业务，在制定价格策略时，航空业主要基于五个原则：成本、市场需求、竞争、时效和灵活性。

成本原则是确定机票价格的基础，需要能够全面覆盖运营成本，包括飞机购置、维护、燃油费用以及机组人员的工资和训练费用。市场需求原则考虑了乘客的出行目的、出行时间、经济状况等多种因素，以确定适当的价格来满足市场需求并实现收益的最大化。竞争原则使航空公司需要关注与其他航空公司的竞争状况以及市场上的其他运输方式，以制定合理的价格。在市场竞争激烈的环境下，航空公司需要展现更大的定价灵活性以提升市场占有率。时效原则是根据出行时间的不同来调整机票价格，以适应不同的市场需求。例如，在节假日或旅游旺季，航空公司可能需要提高机票价格。灵活性原则是根据不同的客户需求和航线特点来确定不同的机票价格，以满足市场的多样化需求。

随着航空市场的持续扩张，各大航空公司之间的竞争日趋激烈。为了在竞争中脱颖而出，国航将视线投向收益管理（yield management），借助科学、合理的定价和销售策略，实现公司收益的最大化。对于客运航空公司而言，其提供的产品为特定时间从一个地点飞往另一个地点的航班，该产品特性包括需求波动较大、产能固定、时间敏感，因此收益管理具有显著的应用价值。

首先，会员制度扮演了关键角色。中国国际航空的会员制度主要依赖消费里程和升级里程来衡量会员级别和权益。会员机票价格与累积的消费里程和升级里程紧密相连，而不同子舱位获取的里程数和航段数也有所差异。国航还根据客户需求提供了一系列附加服务，如优先登机、额外行李托运、贵宾室休息等，以满足客户的个性化需求。这种制度赋予会员个性化的服务和优惠，有效提高了客户的忠诚度和满意度。

其次，国航根据实际情况灵活实行差异化定价。机票价格受到出发地、目的地、出行时间、舱位需求等多种因素的影响。通常来说，旺季的机票价格较淡季要高出许多。

此外，提前预订和促销活动也会导致机票价格的差异。中国国际航空通过"随心飞"等特殊的售卖方式来满足旅客在不同时间段和不同舱位的需求，提供了更加灵活和自由的飞行方式。旅客可以根据自身的需求和时间安排选择不同的"随心飞"套餐，享受更加个性化的飞行体验。

最后，国航还采用渠道定价策略来进一步完善其定价体系。不同的销售渠道可能采用不同的定价策略和优惠力度。例如，官方网站、App、电话客服等直销渠道的机票价格可能会与其他代理渠道的价格有所不同。此外，不同的优惠政策和促销活动也会导致机票价格的变化。这种策略使中国国际航空能够更好地掌握机票的销售情况和市场需求，从而进行更精确的定价和优惠策略。

三、总结与展望

国航的定价策略以市场动态和客户体验为中心，通过精细化的定价策略和差异化的服务，为客户提供了多样化、个性化的选择，从而满足了不同客户群体的需求。同时，国航也十分注重提升航班准点率、提高客户满意度和忠诚度等方面的工作。这些举措不仅为国航树立了良好的企业形象，也为国航在激烈的市场竞争中赢得了优势。

最佳实践 12-2：开市客（Costco）：质量与价格的保证

讨论题：
1. 国航的机票定价原则是什么？是否体现企业的价值主张？
2. 在提升顾客满意度和忠诚度方面国航的机票定价策略起到哪些作用？
3. 上网查吉祥航空的资料，比较国航与吉祥航空的定价模式有哪些不同？

资料来源：
[1] 中国国际航空股份有限公司官网 http://www.airchina.com/index.shtml.
[2] 王晓芳. 航空公司差别票价的经济学分析——以国航为例[J]. 中国商论，2017(33)：169-170.
[3] 李飞龙. 寻找新的盈利空间——浅谈民航营销中的价格策略[J]. 空运商务，2014(8)：25-25.
[4] 李偲偲，周鹏，吴婧. 客运专线实行差别定价博弈分析[J]. 交通科技与经济，2012，14(1)：72-73+77.

本章小结

（1）价格策略指的是企业在销售产品或服务时所采取的定价策略和方法。定价是企业制定和调整产品价格的过程，旨在实现市场营销和盈利目标。

（2）价格是由多个因素综合影响和决定的，可分为内部因素和外部因素。内部因素由定价目标和企业成本构成，外部因素由市场需求、竞争环境、合作伙伴和政府政策构成。

（3）定价过程有六个主要步骤，分别是确定定价目标、确定市场需求、估计企业成本、分析竞争者价格、选择定价方法、确定最终价格。

（4）常用的定价方法包括成本导向定价法、需求导向定价法、竞争导向定价法。成本导向定价法是根据成本来设定价格的策略；需求导向定价法是以消费者的需求强度和产品价值感知为基础的定价方法；竞争导向定价法是根据同类产品或服务的市场竞争状态为主要依据的定价方法。

（5）企业的价格体系由各种产品价格通过纵向衔接和横向联系连接而成。横向的比价关系反映了各类商品的价值比例关系，也反映地区、季节和质量下的价值差异，而纵向的价差关系反映了同类商品在不同生产阶段、流通渠道的价值差异。价格体系包括产品价差体系和流通价差体系。

（6）差别化定价是一种企业根据不同的市场条件和消费者需求，对同一产品或服务制定两种或更多价格的策略。常见的差别化定价方式有顾客差别化定价、产品差别化定价、地点差别化定价、时间差别化定价。

（7）促销定价策略通过价格折扣和折让的方式来吸引消费者和增加销售，主要有现金折扣、数量折扣、功能折扣、季节折扣等方式。

关键术语

战略性定价（strategic pricing）　　定价方法（pricing method）
价格体系（price system）　　差别化定价（differentiated pricing）
促销定价（promotional pricing）　　价格调整（price adjustment）
价格瀑布图（price waterfall）

回顾性问题

1. 影响价格的主要因素有哪些？
2. 战略性定价的过程包含哪些步骤？
3. 差别化定价策略应该怎么制定？
4. 企业的价格体系该如何设计？

辩论性问题

辩论题：感知价值定价法不公平吗？

一种观点认为，应该以反映顾客支付意愿的感知价值来定价，这样定价产品才卖得出去，顾客也会满意。而另一种观点则认为，按顾客感知价值来定价会带来两种不同的结果，或是定价奇高，大大超过成本；或是定价奇低，大大低于成本。这种定价对供需双方都不公平，应该按成本加成定价。

正方：定价应该基于顾客的支付意愿。
反方：定价应该基于产品的成本。

实践性问题

1. 选择一个你熟悉的品牌。你认为该品牌的产品定价是否合理吗？为什么？你认为其如何定价更能赢得消费者的喜爱？
2. 在你的购物经历中，你是否遇到过价格歧视的情况？请结合你的经历谈谈对价格歧视的看法。

3. 结合你的消费经历，你认为哪些企业在定价策略方面做得好？哪些企业在定价策略方面有问题？为什么？

延伸阅读

[1] 马歇尔·费舍尔，圣地亚哥·加利诺. 先进 AI 驱动的实时定价策略[J]. 哈佛商业评论（中文版），2023(12)：82-91.

[2] 李建培,廉涛,张晚烛.差别定价:最新研究进展及政策启示[J].管理学刊，2021，34(2)：21-37.

[3] 拉菲·穆罕默德，如何扩展你的定价模式？[J]. 哈佛商业评论（中文版），2023(2)：116-125.

[4] Park S, Xie M, Xie J. Frontiers: Framing price increase as discount: A new manipulation of reference price[J]. Marketing Science, 2023, 42(1): 37-47.

参考文献

即测即练

第十三章

整合营销传播

> 满意的顾客是最好的广告。
>
> ——菲利普·科特勒
>
> 我知道在广告上的投资有一半是无用的,但问题是我不知道是哪一半。
>
> ——约翰·沃纳梅克(大型百货商店创始人)

◆ **学习目标**

1. 认识营销传播的含义与常见误区;
2. 了解营销传播环境变迁与挑战;
3. 熟悉整合营销传播的分析框架与执行步骤;
4. 了解整合营销传播效果评估指标。

◆ **开篇案例**

蒙牛"每日鲜语":开启生活每一天

2018年,蒙牛乳业成功推出了高端鲜牛奶品牌——"每日鲜语"。"每日鲜语"进入市场两年,销售额便实现了三位数的增长。2024年3月30日,蒙牛乳业发布了年度业绩报告,报告显示"每日鲜语"持续占据高端市场的龙头地位,无论在产品质量、销量还是品牌知名度上均位于前列。"每日鲜语"的快速发展与其整合营销传播策略密不可分。

准确定位,树立高端品牌形象

"每日鲜语"定位于满足都市精英家庭这一细分市场需求。该人群年轻且对生活有着高端和精致的追求。"每日鲜语"严格把控产品味道和产品成分,从挤奶到灌装的全过程不超过两小时,确保了产品的原始奶味和口感。原生锁鲜技术保障了"每日鲜语"的原生蛋白质含量和原生高钙含量领先于同类产品。在产品包装上(见图13-1),"每日鲜语"通过视觉设计传递高级感。外观上借鉴了香槟的瓶口封设计形态,用金箔纸包裹产品,同时融合菱形图案,形成产品特征化标志,让消费者在每一次撕开金箔纸的时候,都有一种"开启鲜活一天"的仪式感。在颜色选择上,通过白、金配色体现品牌的高端属性。瓶身贴则采用高端化妆品上经常使用的冷烫金工艺,独特的标签印刷让"每日鲜语"在货架陈列中脱颖而出。

图 13-1 "每日鲜语"产品
资料来源：蒙牛公司官网截屏。

联名营销，"节日+跨界 IP"

为进一步提升品牌影响力，"每日鲜语"选择在重要节日节点（如七夕等节日）与跨界 IP 联动，并通过朋友圈广告、内容分享平台扩大内容传播范围。比如，"每日鲜语"与"奈雪的茶"合作推出联名款 mini 鲜奶茶，并在朋友圈、小红书进行推广。迷你容量、密封瓶包装搭配"生牛乳+鲜茶+鲜果"，加上一键购买的链路，吸引了大量消费者点击下单，为"每日鲜语"带来大量新客。又比如，"每日鲜语"与迪士尼合作推出"夜光瓶"，在朋友圈使用大图、轮播、多图等多种素材进行推广，配合原生化社交场景，联合迪士尼品牌形象，使"每日鲜语"的精致品牌形象深入人心。

完善链路，促进购买

为使品牌宣传能够转化为实际购买，打破以往存在的消费者决策链路断裂问题，"每日鲜语"借助微信生态工具，搭建"每日鲜语"小程序。在每次与 IP 合作过程中，用户只要点击广告即可一键跳转"每日鲜语"小程序。该方法大幅缩短了用户的购买链路，促进用户的快速转化。而且，每日鲜语在小程序中推出周期购服务，即用户一次下单即可享受周期订购服务：用户可以自行选择配送次数、配送模式和每次配送数量。每日鲜语在与迪士尼联名期间进行了"周期购"服务的尝试，很快便获得了"平均客单价超过 200 元"的积极反馈，高客单价用户占比 30%。之后每日鲜语官方订奶平台"天鲜配"也同步开设了微信小程序，专门提供"周期购"服务。"周期购"模式也强化了用户的购买习惯，促进品牌忠诚。

事件破圈，借势巩固知名度

2022 年 FIFA 世界杯期间，"每日鲜语"以官方指定高端鲜奶的身份正式推出了号码瓶限定装。瓶身设计上以"标杆号码致敬传奇"为主题，创新性地运用了赛场"标杆"人物球衣的概念，选择7、9、10、11等四个为标志性的号码作为主体，将高端鲜奶与足球元素有机融合。之后，"每日鲜语"还开展了系列趣味互动，吸引更多消费者参与到世界杯社交热潮中。在世界杯讨论热度较高的各大社交平台上，"每日鲜语"率先发起"全网集瓶活动"。消费者只要收集"任意6瓶每日鲜语世界杯标杆号码瓶"，并在微博、小红书、微信朋友圈或抖音晒出，且@每日鲜语官方账号或带上每日鲜语话题标签，就有机会领取品牌提供的优惠福利。低门槛+100%兑奖福利，简单、趣味的互动，既吸引着球迷参与，也提升了网友们的积极性和参与度。

情感唤醒，传递品牌理念美

在同质化竞争较为激烈的鲜奶赛道，定位高端的鲜奶品牌还需要传递有共鸣的品牌理念，以拉近与消费者的情感距离。比如，在上海疫情解封后，"每日鲜语"发布了"重启美好，一起抱抱"的系列海报，海报文案中描写了许多人从封控以来就非常渴望去做的事：去见想见的朋友、去找Tony老师剪头发、去吃一顿想念已久的美味大餐……"每日鲜语"以"抱抱"串联这些行动，在日常的细节中唤醒消费者美好情感，强化品牌"守护者"的品牌角色。

思考题：

1. "每日鲜语"在竞争激烈的高端鲜奶市场中得以成功的关键是什么？
2. 通过对"每日鲜语"案例分析，你认为对企业做好整合营销传播工作有哪些启示？

资料来源：

[1]每日鲜语_蒙牛官网[EB/OL]. https://www.mengniu.com.cn/product/brand/detail/18.html.

[2]王钰祺. 每日鲜语品牌传播部总监李鑫楠：高端鲜奶"鲜能力"，成就各项全优标杆品牌[J]. 国际品牌观察，2022(8)：21-23.

第一节 营销传播的定义与内涵

创立了第一家百货商店、被誉为百货商店之父的约翰·沃纳梅克曾提出："我知道在广告上的投资有一半是无用的，但问题是我不知道是哪一半。"这一问题被称为广告界的"哥德巴赫猜想"，它所涉及的是以广告为代表的营销传播效果与效率问题。好的营销传播应该是以最少的花费达成最佳的效果，但在传统营销中几乎不可能实现营销传播效果的准确测算。商家的投入产出往往不成正比，甚至产生"赢家诅咒"，即最终赢家往往投入了过高成本，但它却不一定能收回。

 概念定义：

营销传播（marketing communication）：是指企业（直接和间接）告知、说服和提醒顾客了解其产品和品牌的信息传递活动[1]。

一、营销传播定义

营销传播是企业利用每一个有可能与顾客接触的触点（touch point；如产品、广告、销售人员、公关事件等）达成告知、说服和提醒顾客的目的。营销传播代表企业的声音，是企业基于价值主张统领下的品牌定位传递。企业以此与消费者建立对话，构筑关系，但要设计出一套行之有效的营销传播方案却非易事。营销传播的基本过程如下：从初始的信息发送者开始，经过信息编码、传播媒介选择、接收者接收到信息，再进行信息解码与反馈。营销传播要求企业需要特别注意站在顾客视角，深刻解读自身信息会被如何解读，密切关注环境中可能对信息解码造成干扰的噪声因素，避免自身信息的失真与扭曲。在数字互联时代，营销传播需要更加关注环境中的噪声问题。

二、纠正营销传播常见误区

企业在营销传播中经常存在一些误区（见表 13-1），比如，将传播工作视为单向的信息传播，认为传播等于广告，传播是大企业大品牌才需要做的事情，传播需要大投入等。

表 13-1 营销传播工作误区一览表

误　区	表　现　形　式
单向信息传输	传播就是企业向目标受众的单向信息传输，忽略了传播工作的基础应该是从用户角度出发来设计与执行传播工作
传播等于广告	将营销传播工作简化为广告，忽略了诸如促销、产品包装等其他形式的传播工作
小公司不需要传播	误认为传播工作是大公司才需要考虑的工作，小公司只需要埋头把产品做好即可
非触点思维	没有将企业与用户接触的任何一个点/界面都看成是营销传播的机会

（一）传播是双向过程而非单向信息传输

企业容易将与用户之间的双向传播简单等同于企业单方面向用户传输信息。实际上，传播的关键在于"互通有无"，需要了解信息接收方的感知、感受与反馈结果。这就要求企业在营销传播过程中要从单向思维转变到互动思维。

（二）传播不等于广告

很多企业把传播简单等同于广告，这种认识将传播这一丰富的活动给简单化了。借助技术发展，企业与用户之间的传播工具越来越丰富，如广告、促销、赞助事件、公关宣传和社交媒体等。

（三）人人都需要传播

许多经营者误以为传播需要雄厚的资金支持，因此传播是大企业大品牌的专长。实际上，营销传播是营销 4P 活动中一个至关重要的活动，"酒香也怕巷子深"，任何一家企业都需要通过传播让顾客了解产品、信任产品，直至购买产品与推荐产品。

（四）触点思维

触点是指企业与用户接触的任何一个界面或交互点。企业与用户接触的任何一个点/界面都应该是营销传播的机会。以触点思维来看待传播，那么企业可用于与用户传播的方式就更加多样化了，比如，产品本身、产品包装、公司员工，甚至上下游伙伴，都可以成为用户认识企业的窗口与机会。

第二节　营销传播环境变迁与挑战

一、传播触点的多元化

企业与用户接触的触点可分为三类，分别是付费媒体端的触点、自有媒体端的触点以及免费获得媒体端的触点[2]。付费媒体（paid media）是指企业通过付费才可以实现营销传播的媒体，如电视、在线媒体、公关组织等。自有媒体（own media）是企业自身拥有的可控媒体，如企业官网、企业在第三方平台上的所有官方账号（如微信公众号）等。免费获得媒体（earned media）是企业虽无法掌控，但通过努力可以获得其支持的媒体平台，比如，企业通过积极参与企业社会责任活动获得媒体的正面报道。2021 年 7 月 21 日，运动品牌鸿星尔克因向暴雨侵袭中的河南郑州捐赠 5000 万元物资而引发社会的热议，各大媒体均正面报道了品牌。

触点多元有助于企业利用更多手段与消费者进行双向沟通，发挥每个传播平台的优势。但它也意味着管理难度的增加，包括需要了解每个传播工具的特性，做好传播工具的组合使用；获悉竞争对手的使用情况，应对更加激烈的传播竞争；提前预判潜在传播对象的可能反应，做好负面舆情管理；等等。总而言之，企业需要对所有与企业内外相关的顾客触点和渠道进行协同管理，以确保跨渠道的顾客体验以及公司内部营销活动的顺利开展[3]。

二、消费决策路径的分化

用户从产生欲望到形成购买会经历哪些过程？AIDA 模型认为包括知晓（awareness）、兴趣（interest）、欲望（desire）与行动（action）四个阶段。但在移动互联时代，由于信息爆炸、竞争激烈、消费者成长以及传播触点多元等影响，消费者很少会遵循上述线性路径完成购物行为，消费者的决策路径会更复杂，有可能从初始的兴趣立刻跳转至购买，也可能在即将进入购买环节后因手机接收到竞争品牌的折扣促销信息而放弃购买。总之，消费者从产生需求到形成购买的决策路径不同于以往，它通常变得更短，层级更少，而且更为复杂。

三、消费者赋权

在大众媒体传播时代，企业通过大众媒体单向向消费者传播企业期望的信息，而消费者只是被动接收信息。因此，企业与消费者之间的权力是非对称的，大众媒体在传播中居于中心位置。但如今已是"人人都有麦克风,人人都有发言权"的时代。消费者因新技术而被赋能,他们可以自由表达对品牌的使用观点,特别是经历负面使用体验后会通过社交媒体发表对品牌的负面评价。2008 年加拿大歌手戴夫·卡罗尔发现自己随身携带的名贵吉他被美联航的行李运输工摔坏,由于美联航拒绝赔偿维修费用,卡罗尔以自身经历创作了一首歌曲来描述这段经历,该歌曲短短 10 天内就红遍互联网,导致美联航的股票价格在几天内狂跌 10%,蒸发掉约 1.8 亿美元的市值[4]。

四、品牌趋同,消费变迁加速

理想状态下市场中的每个品牌都有其定位,各安其道,各自进行错位发展。但随着时间演进,品牌之间的差异性会逐渐消失,新进入市场的品牌也会模仿已有品牌的定位,这就导致消费者认为大部分品牌之间的差异性并不明显,品牌越发趋同。比如,为契合中国人喜欢喝煮沸后的开水的习惯,某些企业推出了"熟水"概念,今麦郎推出了"凉白开"品牌,康师傅推出了"喝开水"品牌,农夫山泉推出了类似的"白开水"品牌。品牌趋同现象增加了营销传播的难度,因为当品牌差异化特色不明显时,消费者将更加注重考虑诸如价格、购买便利性等因素。

品牌趋同的同时,消费偏好变迁的速度也在加快。比如,作为耐用品的手机,苹果公司从 2007 年发布第一代 iPhone 以来,以近乎一年一代手机的速度在更新,截止到 2024 年已经发布至第十五代 iPhone。偏好变迁加速就要求品牌传播能够实时跟上消费者的需求,捕捉到潮流与趋势的变化,这为品牌传播中的信息收集、分析、创意提出、创意执行等工作带来了更大的挑战。

如前文所述,在消费者、品牌和媒体发生的诸多深刻变化下,营销传播已经成为现代营销中最困难但也是最重要的工作之一。特别是随着新媒体的爆发,消费者的媒介使用模式发生了巨大变化,他们从不同的媒介渠道获取所需的信息,影响着他们在何时、何地以及如何选择品牌。也由于多媒介的存在,消费者的注意力往往处于分散状态,品牌也就越来越难通过单一的媒体来获取用户的注意力。消费者的决策路径也更加复杂,口碑信息对消费者的影响正变得与日俱增,品牌已经越来越成为顾客与企业共创的结果。要应对上述挑战,企业必须应用新的理论来指导传播工作。

第三节 整合营销传播:概念、框架与执行

一、整合营销传播的概念

早在 20 世纪 80 年代,营销学术界就提出了传播协同(communication synergy)的概念,整合营销传播的思想正是起源于传播协同。1992 年,美国西北大学的唐·舒尔茨等人出版的《整合营销传播》一书标志着整合营销传播理论的确立。

概念定义：

整合营销传播（integrated marketing communication，IMC）：是协同各种沟通工具和方式以确保在所有顾客接触点传递出与品牌价值主张相一致的信息从而实现营销目标的过程[5]。

以整合的视角看待传播工作，意味着企业要将传统广告、促销、公关、产品包装、新媒体宣传等所有传播活动统筹考虑，并在企业战略的指引下，将统一、完整的信息传递给消费者。整合营销传播的核心是确定统一的营销传播策略，协同使用各种传播工具，发挥不同的传播工具的优势，并降低企业的营销传播成本。

整合营销传播应秉持"媒体中立"原则，营销人员不能因为自身媒体偏好而产生媒体偏见，比如，不能因为社交媒体的火爆而忽视传统大众媒体（如电视广告和报纸）。很多热门媒体资源往往在年初进行招投标，企业可能为追逐热点而花费大量预算在这些热门媒体资源上，导致后续在其他媒体资源上缺乏资金投入，无法开展更有效的活动。正确的做法应该是根据品牌目标受众的媒体使用习惯，有针对性地使用目标媒体。同时，对包括新旧媒体在内的所有媒体组合进行投资回报评估，从效果（传播带来了多少期望的效果）和效率（要产生这些结果的成本是多少）两方面来评估媒体效用。

Mini案例13-1

风靡全国的可口可乐"昵称瓶"活动

为增强消费者的个性化体验，强化消费者与品牌的连接，可口可乐公司曾于2013年夏天发起"昵称瓶"活动。活动核心是在可口可乐瓶身上印制各种昵称，这些昵称大多源自网络热门词汇，如"高富帅""白富美""月光族""喵星人"等，这些昵称既体现了当下年轻人的生活态度和价值观，也引发了消费者的共鸣和互动。为打造传播热点，可口可乐利用借势营销，把昵称瓶和热点事件或时事结合起来。例如，在神舟十号飞船升天之前，它们就已经制作好了一张相关的海报，这张海报在飞船升天后发布到微博，短短几分钟内就获得了上百次的转发。

可口可乐公司充分采用场景营销，通过创造各种场景，将品牌融入消费者日常生活中。如在大学校园内设立了专门的"昵称瓶"互动区域，学生可以在这个区域自由留言、合影，并通过社交媒体分享互动照片。可口可乐还在各类活动和节日中运用场景营销策略，将"昵称瓶"与特定场景相结合。例如，在音乐节、体育赛事等大型活动中，可口可乐会设立专门的互动区域，提供个性化的昵称瓶、互动游戏和礼品赠送。

资料来源：本章作者归纳整理。

二、整合营销传播分析框架

整合营销传播工作的基本思路是基于各类消费者、情境以及内容因素对传播效果的影响，并考虑消费者决策过程中不同阶段（如需求产生、信息搜索、信任建立、支付意愿、消费、购后行为等）的具体目标与期望结果，以及不同媒体类型的特征，最终选择最佳媒体选项及组合。比如，当消费者产生需求或欲望之后，营销传播的目标就应该是建立消费者对品牌的认知，提升品牌的知名度；而在消费者已经对品牌有所了解并准备形成购买的考虑阶段，营销传播的目标应该是向消费者传递品牌的细节信息，确保消费者对品牌有更深刻的认识。这种基于消费者视角来考察媒体特性如何与消费者决策流程相匹配的过程可以用传播匹配模型（communications matching model，CMM；见图 13-2）来进行分析。它是一种"自下而上"的管理模式，即根据营销传播需要在消费者决策过程的不同阶段达到的传播效果来选择传播手段[2]。

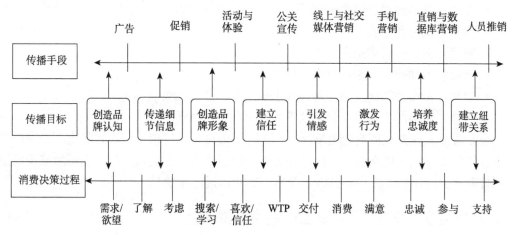

图 13-2　传播匹配模型

资料来源：Batra R，Keller K L. Integrating marketing communications：New findings, new lesson, and new ideas[J]. Journal of Marketing, 2016, 80(6): 122-145.

整合营销传播的执行要点是基于对消费者决策过程的分析，确定对应的营销传播目标，而后选择相应的营销传播工具。因此，我们首先需要了解消费者决策过程、对应传播目标以及不同营销传播工具的特点。

三、整合营销传播执行步骤一：洞察消费者决策旅程

消费者从初始的需求产生到最后的购买形成，中间会经历不同的决策阶段。传统的购买决策漏斗模型认为，消费者基于不同渠道获知的品牌信息逐渐缩小选择集，最终确定一个目标品牌。然而，传统的漏斗模型却存在不足。第一，它认为消费者决策过程是一个线性连续的过程，但实际上该过程可能是非线性非连续的过程。例如，在"双十一"、"双十二"等平台购物节中，消费者有可能因为偶然接触到产品促销信息而直接跳过初始的品牌考虑、筛选阶段，直接进入产品购买阶段。第二，漏斗模型假设消费者行为是基于理性计算后作出的符合效用理论的最佳决策。但实际上消费者的决策行为受到感性力量的影响远超我们的想象。如明星的粉丝会直接因为明星代言而更青睐某品牌。

整合营销传播的第一步是了解消费者处于决策的哪个阶段。结合现有理论研究与最佳实践，并从理论的完备性角度出发，本章将消费者决策过程细分为以下 12 个过程，后

续的营销传播工作将基于这 12 个过程展开。

- 需求/欲望：消费者的需求首先是在品类层面产生。比如，渴了后首先是考虑喝矿泉水还是饮料。
- 了解：在品类层面联想和了解品牌（在回忆和识别上有足够的品牌意识）。
- 考虑：积极地考虑（检验产品的属性与所能提供的利益）。
- 搜索/学习：根据质量表现和可信赖程度评估可得的品牌。
- 喜欢/信任：形成偏好并做出初步决策。
- WTP：确定愿意支付的价格。
- 交付：产品或服务的交付。
- 消费：试用和体验。
- 满意：形成购后满意度评价。
- 忠诚：增加购买和使用频率，形成忠诚。
- 参与：参与并与之互动（参与线上和线下的品牌相关活动）。
- 支持：积极的支持者（包括线下和线上社交媒体）。

企业需要充分重视消费者决策旅程，进行积极设计、管理、测评和优化。美国广告商协会的调查显示，优秀的企业比同行更加了解整个消费者决策旅程，也更加擅长挖掘与消费者有关的洞见，然后将其融入营销方案从而提高业绩[6]。

四、整合营销传播执行步骤二：制定传播目标

在不同的消费决策阶段，企业在考虑使用何种传播方案时还要考虑传播的目标，这些目标如下。

（一）创建品牌知名度

想要让消费者考虑品牌，得让消费者知道品牌。所有品牌建设工作的第一步是创建品牌知名度。品牌应该将自身与品类、消费场景等相联系，这样可以促进消费者对品牌的记忆。例如，功能饮料东鹏特饮将自己与"困了，累了"的身体状态联系，只要消费者进入这样的状态，品牌就容易被激活，进入消费者的考虑集。与之类似，"怕上火，喝王老吉"这句广告语既介绍了产品的属性和功能，也成功创造出独特的品牌定位，让消费者在吃火锅/烧烤时都能自然地联想到王老吉品牌，从而促成购买。

在品牌知名度创建上，一种创建做法是采用区隔的思想，将自己与其他同类品牌区分开来，甚至打造出新品类，成为品类的代名词。比如，王老吉开创凉茶饮料品类，滋源洗头水开创洗头水品类，小天才儿童电话手表开创专为儿童使用的电话手表品类。消费者在解决需求时是按照"先品类再品牌"的决策模式来思考解决方案的，所以将品牌作为品类代名词是众多品牌管理者的梦想。

（二）传递品牌信息

消费者在是否考虑购买品牌之前需要对品牌的绝对优势与相对优势进行比较，消费者做出最终购买决策前会详细了解品牌信息。因此，营销人员需要通过各种手段让消

费者对品牌有详细了解。以物联网技术为例，企业可以给每个商品赋予一个"身份证"，顾客只要扫描产品的电子标签，手机上就会呈现商品的品名、价格、单位、规格、等级、产地等传统纸质价签提供的商品信息，而且手机还会提供其他更为详细的商品信息，如以往用户购买后的口碑评价等。盒马鲜生利用物联网技术可以实现对蔬菜的种植、加工、运输、卖场四个环节的全链路数据监测。此外，当消费者利用 App 并扫描相应的店内商品后，其手机上就立即呈现关于产品的细节信息。

（三）创建品牌形象

只要提及品牌名，消费者就可以在脑海中生成关于该品牌的各种联想，这些联想的集合体就是品牌形象。品牌形象创建目标是维持积极的、强有力的和独特的形象。积极是指消费者对品牌持有正面评价，强有力是指品牌在消费者脑海中的印象是深刻的，独特意味着品牌和竞争对手是有差异的[7]。

从品牌形象创建的内容来看，有学者提出可以从真诚、兴奋、能力、精致和粗犷五种角度来创建品牌形象。进一步研究发现，文化会影响人们对不同品牌形象的接受度，比如，日本人无法接受粗犷的品牌形象，而更喜欢平和（peaceful）的品牌形象[8]。

营销工具13-1

品牌概念地图

品牌知识生成于消费者的心智中，如何从消费者的大脑中捕捉到他们对品牌的联想，并形成一幅品牌概念图呢？学者黛博拉·勒德·约翰（Deborah Roedder John）与其合作者开发出了一个名为"品牌概念地图"（brand concept map，BCM；示意见图 13-3）的工具，实施该工具有四个步骤，分别是收集信息阶段、绘图阶段、整合阶段和分析评估阶段。收集信息阶段要向顾客征求品牌联想，让顾客回答"你对这个品牌的联想是什么？"受访者对此问题的回答不受限制。该阶段中被访者提到次数最多的品牌联想必须包含在最终品牌联想图中。

在绘图阶段，受访者将会看到一个特制的概念板，上面呈现有很多卡片，每张卡片上有一个从第一阶段精选出来的品牌联想词。受访者可以从这些卡片中选择合适的联想词来描述自己对品牌的看法和感受，他们也可以在新卡片上写下原来没有的品牌联想词。接着，研究者向被访者展示一个 BCM 的例子，指导他们如何绘制品牌联想图。受访者用一、二、三条线连接各个联想项（三条线表示强联系，一条线表示弱联系）。

在整合阶段，研究者在特定规则下将所有已经获得的个人联想图整合成一个普遍品牌联想图。在最后的分析评估阶段，管理者对得到的品牌概念地图进行分析评价，比如，有哪些联想是关键联想？这些联想是积极正面的，还是消极负面的？这些联想相对于竞争对手有其独特性吗？是否可以针对不同人群得出不同的品牌概念地图？等等。

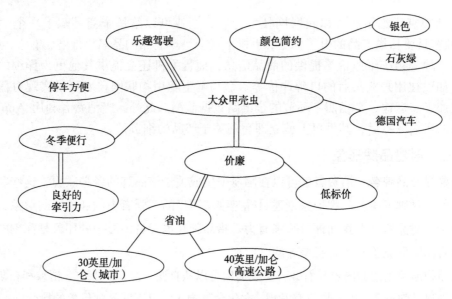

图 13-3 品牌概念地图

资料来源：John, D. R., Loken, B., Kim, K., & Monga, A. B. Brand concept maps: A methodology for identifying brand association networks[J]. Journal of Marketing Research, 2006, 43(4): 549-563.

（四）建立信任

对于品牌而言，信任是一种宝贵的品质。消费者对品牌的信任来自品牌的善意与能力，品牌善意是指消费者相信品牌愿意为消费者着想；品牌能力是消费者相信品牌有能力达成其目标。比起能力，品牌展现善意更为重要。因为善意是双方合作的基础，没有善意，合作也无从谈起。企业可以通过多种手段影响消费者的信任，如产品广告、明星代言、公共关系等。在诸多影响因素中，口碑信息是其他消费者在使用产品或服务后的评论，它对消费者的影响往往更大。正是因为口碑的重要性，才产生了诸如大众点评、小红书等用户内容生成平台，并对品牌产生了巨大影响。此类第三方平台的存在催生出了诸如"种草"营销等特色的营销实践，即朋友、同事、熟人、主播等向你分享或推荐一个商品，如果你觉得这个商品有价值、值得买，你就被成功地"种草"了。"种草"的本质是将品牌和产品信息内容化，并通过适当的渠道触达、影响消费者心智。

（五）诱发情感

人类有六种基本的情绪，分别是快乐、悲伤、恐惧、惊讶、愤怒和恶心。这些情绪按照效价（valence）和唤醒度（arousal）两个维度可以被分为四类情绪，分别是高唤醒的正面情绪（如惊讶）、低唤醒的正面情绪（如快乐）、高唤醒的负面情绪（如恐惧与愤怒）以及低唤醒的负面情绪（如悲伤与恶心）。研究发现，那些具有高唤醒特征的情绪更容易被转发和传播，比如，具有焦虑特征的信息就更容易被转发和传播[9]。

学术界一般认为，在人们决策时，情感的作用要快于认知的作用[10]。在营销传播中，有两种方法来诱发消费者的情感：一种方法是通过产品本身的特性来激发情感，比如，人们从华为品牌中感受到励志的情感；另外一种方法是通过环境因素激发情感，比如，在广告中呈现巍峨的高山、深邃的大海，通过这些元素让人感受到自我的渺小，从而产生敬畏感。品牌诱发的情感是品牌资产的重要组成部分。品牌除了为顾客提供功能价值，它还能提供情感价值。

（六）激发行动

很多的营销传播手段在创建品牌效果上的作用较好，比如，电视广告能在短期内打造品牌知名度，但它在促使消费者形成实际购买上的作用较弱。反之，促销信息的传播能促进消费者进行最终的购买。对营销人员来讲，需要研究应该通过哪些传播方式来激发消费者的购买转化。比如，在恰当的时间推出直播带货活动，促进消费者进行最后的购买。

（七）培养忠诚度

忠诚度的作用是促使消费者产生复购行为。由于吸引一个新顾客所花费的成本远高于留住一个老顾客的成本，且中国市场整体上由流量竞争模式进入存量竞争模式，因此营销人员需要研究哪些手段可以促进消费者复购。我们可以从顾客生命周期来考虑这个问题，"拉新、留存、促活、召回"是企业在顾客关系管理上的四大工作内容，"拉新"是指获取新顾客；"留存"是指通过努力，经过一段时间后能够留住新顾客的工作；"促活"是指通过营销活动促进用户的活跃，特别是促使其产生复购行为；而"召回"是指召回流失的顾客。培养顾客忠诚度的常见手段有发展顾客忠诚计划。比如，各大航空公司推出各自的会员俱乐部，会员的飞行里程可兑换奖励机票、舱位升级，以及免费享受机场贵宾休息室等。

（八）联结消费者

品牌不仅需要消费者的行为忠诚，还需要消费者的态度忠诚。在移动互联时代，激发消费者与品牌互动更是工作的重中之重。哈雷摩托机车以及小米都非常重视粉丝的作用，它们的粉丝会自动聚合在一起，形成网络社群，这些粉丝讨论品牌，分享使用经验，解决其他消费者的问题。真正的粉丝是从内心深处热爱品牌的。激发消费者与品牌互动要求品牌持有价值共创（value co-creation）的理念，即如今品牌不仅仅是品牌管理者在管理，还要求消费者共同参与品牌价值的创建[11]。典型案例就是影视作品的弹幕（源于观众）已经成为影响其他观众观看视频体验的重要因素。可见，解读品牌的权利已经部分让渡于消费者。为了促进价值共创的达成，品牌需要邀请消费者参与消费体验的各个环节，如宜家因为消费者参与而提升其品牌体验感。

Mini案例13-2

露露乐蒙的社群营销

露露乐蒙（Lululemon）是以瑜伽为灵感来源的国际运动服饰品牌，致力于传达"热汗生活方式"的品牌理念，被誉为瑜伽界的"爱马仕"。2022年7月，露露乐蒙以374亿美元的市值超过阿迪达斯，升至国际运动服饰品牌第二位。独特的社群营销模式是其赢得消费者的关键因素。露露乐蒙突破了以往将社群作为私域流量的传统运营方式，用以下策略打造了高黏性、高转化、自传播的用户圈层，创造了一种"有理念有使命有行动"的社群运营方式。

首先，露露乐蒙运用"新兴人群+垂直场景"的定位策略，聚焦于热爱在专业健身房进行瑜伽运动的新兴中产高知女性群体，将这类时尚精致的、有消费欲望和能力的群体称为"超级女孩"（super girls），通过解决她们的瑜伽运动服痛点，赋予她们独属于社群的归属感。

其次，露露乐蒙通过"空间"策略为社群打造"圣地"式地标。品牌努力寻找宣传大使，如门店教育家或是社群里的关键意见领袖（key opinion leader，KOL）。同时，品牌宣传的阵地可以是专属瑜伽馆或主题店等。打造"圣地"的目的在于给社群提供一个自带社交属性的大本营，提升社群成员的归属感与凝聚力水平。

最后，露露乐蒙采取区别于明星代言的KOL营销策略，在世界范围内寻找瑜伽师、培训师、明星运动员等构成品牌大使团队。露露乐蒙线下门店员工被称为教育家，她们通常是具有良好教育背景、认同品牌理念文化的"超级女孩"，能真正代表品牌向顾客传递品牌使命与价值，吸引更多"超级女孩"加入社群并爱上品牌倡导的生活方式。

资料来源：公司官网总结.https://www.lululemon.de/en-de/home.

营销传播首先是知道消费者处于何种状态，然后知道在这种状态下需要达成什么样的目标。所以，在营销传播中，企业不应仅仅满足于简单的品效合一。"品效合一"是近年来中国营销实践中常被提及的一个概念。"品"是指品牌效果，意指营销传播要实现树立、传递品牌形象的目标；"效"是指实际的销售效果的转化，意指营销传播要促进产品的真正销售。本章提出了管理颗粒度更加精细的营销传播指标，包括创建品牌知名度、传递品牌信息、创建品牌形象、建立信任、诱发情感、激发行动、培养忠诚度以及联结消费者。

五、整合营销传播执行步骤三：明晰传播工具的作用

不同的传播工具，如电视、广播、促销、事件营销、公共关系、社交媒体、搜索广告等在达成不同目标上各有优劣势（见表13-2）。营销人员所要考虑的就是基于自己的营销传播目标来选择相应的传播工具。

表13-2 不同传播工具的传播结果

传播目标	传播工具										
	电视	促销	事件	公共关系	社交媒体	网站	搜索	展览	移动端	直销	人员销售
创建品牌知名度	+++	++	++	++	+++	++	+++	+++	+++	++	+
传递品牌信息	+	+	+	+	++	+++	+	++	+++	+++	
创建品牌形象	+++	++	++	++	+++	++	+	++	++	+	

续表

传播目标	传播工具										
	电视	促销	事件	公共关系	社交媒体	网站	搜索	展览	移动端	直销	人员销售
建立信任	+	+	+	+++	+++	+	+	+	++	+	+++
诱发情感	+++	++	+++	+++	+++	++	+	+	++	+	+
激发行动	+	+++	+	+	+	++	+++	++	+++	+++	+++
培养忠诚度	++	+	+	+	++	++	+	+	++	++	++
联结消费者	+	+	++	+	+++	+++	+	+	+++	+++	+

备注：+++ = 影响最大；++ =影响中等；+ = least influence 影响最小

资料来源：Batra R，Keller K L. Integrating marketing communications：New findings, new lesson, and new ideas[J]. Journal of Marketing, 2016, 80(6): 122-145.

（一）广告

广告（advertising）是由品牌主向媒体资源的拥有者付费购买，对产品或服务进行各种形式的陈述或推销。广告最大的特色就是广而告之，在短时间塑造品牌形象，诱发消费者情感。广告通过不同的媒介形成不同类型的广告，每一种广告都有自己的优缺点。

1. 电视广告

电视兼容图像、声音和动画，是大众媒体传播时代面向广大消费者的最重要工具之一。在中国，看电视是家庭生活一项重要活动，在一些重要时刻，电视广告的影响力无与伦比，比如，新闻联播时刻，春节、元宵节、中秋节等重要的节假日。电视广告的首要特点是它能生动地展现产品特征、告知产品益处；电视广告还可以用戏剧化的方式描绘品牌个性、诱发消费者情感。例如，电视广告史上最为成功的一个案例是苹果公司为其麦金托什个人电脑推出的"1984"广告，它用故事片的手法刻画了奥威尔式的未来。

电视广告的一个缺点是传播的转瞬即逝，人们往往选择性地忽视电视广告；另一个缺点是制作和播出的高成本。2019 年，中央电视台新闻联播前黄金时段 5 秒的广告费用是 120 000 元，10 秒的费用是 178 000 元，15 秒的费用是 215 000 元[12]。在大众传播时代，电视广告处于营销传播的中心位置。随着社交媒体与短视频媒体的发展，中国人在电视机前停留的时间日趋减少。但我们也要具体问题具体分析，不同年龄段、不同区域的受众对电视广告的偏好有所不同。

2. 广播与印刷品

广播最大优点是灵活性。每个广播台都有其目标听众群，广告的制作成本和播放成本相对较低，而且可以较快得到响应。广播可以起到补充或者强化电视广告的作用，但是广播也有明显的缺点，如缺乏可视图像、听众较为被动。然而，广播广告没有视觉图像的缺点在某些人看来反而是一种优势，因为这样能够巧妙地使用音乐、声响效果，通过幽默的以及其他富有创造力的方式，引导听众想象出与产品相关的、宜人的情境。

印刷品广告主要有两种类型，分别是报纸广告和杂志广告。由于没有观看时间的限制，报纸、杂志可以提供非常详尽的产品信息。但其图像是静态的，无法进行动态演示和说明。印刷品的另一个缺点是它也是一种比较被动的媒介。尽管仍有相当一部分人有阅读报纸的习惯，但随着更多的消费者通过网络获取资讯，报纸阅读率也在连年下降。另外，尽管广告人在设计报纸广告方面有一定的灵活性，但比起杂志广告，报纸广告印刷质量不精、保存寿命短的特点在一定程度上削弱了其影响力。

营销洞见13-1

傻傻分不清：人类已无法区分AI创作广告文案

研究论文《人工智能与人类的创造力比较研究：基于专家和消费者的双重视角》设置了10个广告文案任务，每一个任务各包含一个人类创作的文案和一个人工智能生成的文案（由ChatGPT和文心一言生成），研究招募专家（60人，包括营销从业人士和高校营销专业教师）和消费者（1707人）就人工智能和人类在文案创作能力上的差异进行评价。

在文案可分辨性上，59%的专家能正确区分文案是来自人类还是来自人工智能；在创作者身份分辨性上，消费者把55%的人工智能文案认为是人类撰写，而消费者也把47%的人类文案认为是人工智能撰写。

从文案匹配的工作年限来看，专家认为人工智能撰写的文案对应经验年限为2.47年（标准差1.58年），而来自大学生参赛作品的人类文案对应经验年限为3.83年（标准差2.19年），即当下人类文案创作能力对应的工作年限依然高于人工智能的成果。

从文案的清晰完整、容易理解、创造性、消费者洞察和商业洞察五个维度来评价，专家认为人类文案的专业能力得分仍高于人工智能，但具体到各项专业能力维度，人工智能文案在"清晰完整""容易理解"上的得分与人类文案没有显著差异，但在"创造性""消费者洞察"和"商业洞察"三个维度目前仍显著低于人类文案。

资料来源：李育辉，庞菊爱，谭北平. 人工智能与人类的创造力比较研究：基于专家和消费者的双重视角[J]. 商业经济与管理，2023(6)：1-13.

3. 直播带货

直播带货是中国市场近几年新出现的一种新型的产品销售模式。对于直播带货是否构成广告，目前主要有两种观点。一种观点认为直播带货类似于超市卖场，主要是靠主播的现场互动来带动销售，属于人际传播，不属于广告；另一种观点认为直播带货既对商品或服务进行宣传，又使用了一定的媒介和形式，符合广告的构成要件，因此应当被认定为广告。尽管在法律层面对直播带货是否属于广告尚有争议，但从消费者角度来看，主播在直播间介绍产品是一种明显的广告行为。直播带货的优势在于它让买卖双方直接实时互动，它的效果也较容易被实时衡量。直播带货可以围绕"人文货场"四个方面开展，"人"就是打造直播团队，配置主播、助理、运营、拍摄剪辑、投流手和操盘手。"文"就是直播内容，涉及直播主题、主播人设、品牌定位以及热门内容、热门关键词等；直播内容的产生分为品牌生成内容、专业主播生成内容、观众生成内容以及人工智能生成的内容。"货"就是根据直播主题和用户画像选定直播的产品，提炼产品卖点。直播商品主要有引流款、跑量款、利润款和福利款四类，具体情况的选择根据实际需求而定。复盘时根据商品点击率和转化效率来不断优化选品策略。"场"就是指直播会场，直播间基于产品特征、目标受众特点、主播个性来打造不同的直播风格。

营销洞见13-2

数字虚拟人直播

借助人工智能、动作捕捉和面部识别等技术，虚拟直播行业总体呈现快速发展的趋势。虚拟主播的人物形象会根据不同销售场景进行适配和创造，直播的"话语"从引导消费者关注用户痛点开始，之后进行产品介绍，引出产品利益点并促成最终的交易。在上述"话术"基础上再进行声音录制，虚拟人就有了语气/语调，之后技术人员将画面、声音合并成直播内容，直播间就可以实现虚拟主播24小时不间断直播。

相对于真人主播，虚拟主播的优势在直播时长以及无"塌房"风险。真人主播的直播时长通常为3到4小时，而虚拟数字人可以做到24小时不间断直播。同时，真人主播存在被"禁言"或者高"坑位费"的风险，而虚拟人主播却可以避免这些潜在的风险。虚拟主播也存在劣势，包括"吸粉"能力欠缺、互动性不足进而阻碍一些复杂购买决策的完成。虚拟主播的发展还要寄望于未来技术的发展，将直播间的内容逐渐从以主播单方面向用户输出，转变为以内容为核心，引导用户进行共创，比如，可以像真人一样进行评论回复、聊天、恰当情感表达，等等。

资料来源：经济观察报. 直播间换角：虚拟人替代真人主播，MCN机构称"更划算"[EB/OL]. (2023-07-08)[2024-10-01]. http://www.eeo.com.cn/2023/0708/597503.shtml.

（二）促销

促销（sales promotions）是指向目标受众提供短期激励，鼓励其尝试和使用产品与服务。广告向消费者提供购买的理由，促销则提供了购买的动力。促销既可以针对中间商，也可以针对终端顾客。前者促销的目标是让中间商支持、推销本品牌；后者是鼓励终端顾客尽快发生首次购买、完成复购以及购买更多商品。企业可以采用各种方式来执行促销策略，这些策略包括两大类，分别是消费者特许促销（如样品、试用、使用教学）和非消费者特许促销（如折扣、奖品、抽奖、返款）。特许促销可以用来强化消费者对某一品牌的态度，提高忠诚度。比如，派发样品是一种创建强有力的、相关的品牌联想的方式，也有利于消费者之间的口碑传播。

但促销也存在一些缺陷，比如，它补贴了那些无论如何都会购买这个品牌的消费者，这使促销失去了其本来用意；促销使人们在购买过程中越来越考虑价格因素，增加了消费者对价格的敏感性，降低了人们对品牌的忠诚度，增加了品牌转换可能性；促销还会降低消费者对品牌质量的信任。因此，促销对品牌来讲一把双刃剑，虽然它可以在短期内获客并增加销量，但长期来看它也有可能损害品牌的高端形象[13]。

（三）网络营销

1. 公司网站

公司网站是企业与外部世界互动的关键平台之一，它既有助于塑造公司形象，又是促进销售的有力工具。如果公司网站的主要目标在于打造公司形象，那么公司网站应与品牌标识和公司文化保持一致。网站应清晰地传达公司的核心价值观、使命和愿景。在首页和关键页面上突出显示这些信息，让访问者能够迅速了解公司的核心价值。一个详细的"关于我们"的页面可以提供公司的历史、团队、核心价值观和成功案例等信息。

网站上还可以展示成功案例，以证明公司的能力和价值。公司网站还应定期发布公司新闻以展示公司的专业知识和在行业内的领导地位。

反之，如果公司网站的主要目标在于促进销售，那么公司网站应提供详细的产品和服务信息，包括规格、价格、特性和用户评价。如果适用，公司网站应提供在线购物和支付选项。简化购买流程，提供多种支付方式，以便顾客轻松购买产品或服务。网站还应提供明确的联系方式和顾客支持渠道（如在线聊天、电子邮件或电话号码）。甚至网站可以用于推广销售和促销活动，如发布特价、优惠券和限时优惠等信息，吸引顾客并促进购买。

2. 互联网广告

互联网广告是一种通过互联网渠道传播的广告形式。它可以分为多种类型，每种类型都有其优点和缺点（见表13-3）。

表13-3 不同类型互联网广告的优缺点

类型	优点	缺点
搜索引擎广告 search engine advertising	针对性强：广告根据用户搜索的关键词进行信息呈现，因此具有很高的针对性 即时效果：可快速获得流量和潜在顾客 付费模式：通常是按点击付费（pay-per-click），效果易于跟踪和控制	竞争激烈：某些关键词的竞争激烈，导致点击价格上升 成本高：长期投放需要大量预算 潜在顾客局限：仅能接触正在搜索相关关键词的用户
展示广告 display advertising	广告创意自由度高：可以使用图像、视频和富媒体广告（rich media ads），吸引顾客注意力 覆盖范围广：能够在众多网站上展示广告，增加知名度 定向选择：可以根据用户的兴趣、行为等进行精准定向	广告视觉盲点：许多用户对广告视而不见，导致点击率低 广告拦截：广告拦截软件的普及可能会减少广告的曝光 成本较高：高质量的创意和广告空间可能费用昂贵
社交媒体广告 social media advertising	社交定向：能够根据用户的兴趣、性别、地理位置等进行精准定向 互动性强：用户可以立即与广告互动，例如点赞、评论和分享 广告格式多样：可以使用图像、视频、滑动卡片等多种广告格式	广告干扰度高：社交媒体用户通常在浏览朋友的内容，对广告可能产生抵触情绪 广告过度：过多的广告可能干扰用户体验，导致流失 竞争激烈：广告主众多，竞争激烈
视频广告 video advertising	引人注目：视频广告能够吸引用户的视觉和听觉注意力 故事叙述：可以通过视频传达更多信息，讲述品牌故事 社交分享：有趣或感人的视频容易分享，扩大影响	制作成本高：高质量视频广告的制作费用较高 广告跳过：用户经常可以跳过视频广告，降低了观看率 带宽需求：视频广告可能需要更多的带宽，不适用于所有用户
电子邮件营销 email marketing	直达用户：通过邮件可以直接接触用户，传递个性化信息 高回报率：电子邮件通常具有较高的转化率和投资回报率 定制性：可以根据用户的兴趣和行为定制邮件内容	垃圾邮件：滥发邮件可能导致用户将邮件标记为垃圾邮件 取消订阅：用户可以取消订阅

资料来源：本章作者归纳总结。

营销洞见13-3

AI 智能广告

AI智能广告由大数据、算力和算法驱动，通过自动化生成个性化广告实现营销沟通目标。AI智能广告的出现将从以下几个方面改变广告行业。

第一，创作主体实现人机协同。经过大数据训练的智能模型能够快速生成文案初稿，为人类创作者提供更多灵感来源。借助AI辅助功能，输入产品与品牌的关键词，AI自动生成广告文案初稿，创作者对初稿进一步甄选、打磨与提升，这将大大提升优质广告的生产效率。例如，截至2023年7月，京东旗下言犀大模型已写出30亿字营销文案、上万个直播脚本。

第二，创作内容实现个性化。通过分析庞大数据集，AI算法能够理解个人偏好、浏览习惯和购买历史，使广告商能够根据每个消费者的独特兴趣定制信息。例如，奈飞（Netflix）使用AI根据观看历史推荐节目，为每个用户创建了个性化的广告。AI工具在产生大量的广告主题的同时，还可以进行大规模的A/B测试，从而提升广告的有效性。当然，AI生成式广告也引发了关于创意内容的真实性和独特性的担忧，因为AI生成的内容可能导致广告的同质化。

第三，广告效果衡量方式的优化。AI改变了广告商衡量和优化活动的方式。AI算法可以跟踪用户在不同平台上的参与度，实时调整广告放置和内容以最大化影响。例如，AI可以识别用户最可能与广告产生互动的时间，并相应地调整平台上的出价策略。此外，预测分析可以基于历史数据预测广告效果，帮助广告商做出更明智的决策。

第四，伦理考量：隐私与偏见。个性化广告需要访问个人数据，由此可能引发隐私与伦理问题。广告商和平台必须处理好个性化与隐私保护之间的关系，确保符合相关法规并尊重用户隐私。此外，如果训练AI的历史数据包含偏见，AI生成广告可能会延续偏见或对某些群体进行歧视。

资料来源：阴雅婷. 变革、困境与规避：人工智能生成式广告的伦理审视[J]. 中国广告，2023 (10): 83-87.

3. 社交媒体营销

社交媒体营销（social media marketing）是一种数字化营销策略，旨在利用各种社交媒体平台来推广产品、服务或品牌，与潜在顾客和目标受众进行互动，增加品牌曝光、建立关系和提高销售[14]。利用社交媒体开展营销活动首先需要确定企业的营销目标是增加品牌知名度、提高销售、增加网站流量还是其他目标。其次，制定一个详细的社交媒体营销战略，包括选择与目标受众相匹配的社交媒体平台。例如，微博的受众广泛，抖音/快手适合以视频的方式呈现内容，小红书适合年轻/时尚以及追求生活方式的女性，哔哩哔哩（Bilibili）主要面向年轻人和二次元（动漫、游戏、手办等）文化爱好者。再次是创建高质量的内容：生产有吸引力、有价值的和相关性的内容是社交媒体营销的核心。这些内容可以用文章、图片、视频和漫画等各种形式来呈现。最后，要确保内容与目标受众的兴趣和需求相关。定期发布内容，与受众进行互动，回复评论和私信，建立真正的社交互动。

4. 数字内容营销

数字内容营销（digital content marketing）是一种数字营销策略，它侧重于利用企业自有媒体，创建和分享有价值的内容，以吸引、培养和保留潜在顾客，同时提高品牌知名度和信任度[15]。越来越多的营销人员正在将他们的广告转向内容叙事，以增强吸引力，与消费者建立情感联系。开展内容营销需要明确定义目标受众并制定明确的内容营销战略（包括内容目标、内容类型、发布计划和渠道选择），并在此基础上创建高质量的内容。生产有价值的内容是内容营销的核心。企业还应使用搜索引擎优化（search engine optimization，SEO）技术来确保内容在搜索引擎中排名良好。通过关键词研究和优化标题、元描述（meta description）等提高传播有效性。同时，利用社交媒体、搜索引擎优化、电子邮件、联盟营销等多种渠道进行内容推广。

营销工具13-2

如何让品牌内容被他人疯狂传播

沃顿商学院的乔纳·伯杰（Jonah Berger）教授在其专著《疯传——让你的产品、思想、行为像病毒一样入侵》中探讨了内容具备怎样的特征可以让人转载和疯传。作者提出了包括社交货币（social currency）、诱因（triggers）、情绪（emotion）、公共性（public）、实用价值（practical value）和故事（stories）在内的六要素。

- 社交货币：人们愿意分享信息是因为它有助于自己向他人传递形象，实现互动，所以信息的社交价值是它得以流行开来的前提。
- 诱因：如果能够借助某些正在流行的内容与目标信息挂钩，那么目标信息就更有可能被关注与分享，这就是我们常说的借势营销的内核。
- 情绪：信息中越是包含强烈情绪，就越容易被转发。研究发现，惊奇、兴奋、幽默、愤怒和焦虑等强烈情绪能够促进信息的传播，幽默会提高25%的转发率，惊奇会提高30%的转发率，而悲伤则会降低16%的转发率。
- 公共性：人们会观察其他人的所作所为，并且模仿。从众可以为个体带来安全感，模仿是人之本性。
- 实用价值：有实用价值的信息更容易被转发和转载。共享有用的信息对共享者很有好处，共享者可以因此获得社交货币，提升形象。
- 故事：人类的发展史就是一部叙事史，讲故事、听故事是我们从小接收信息的有效方式。因此，如果信息能够以故事作为载体，那么当人们关注故事本身时，里面的信息也已经被悄然传开。

资料来源：乔纳·伯杰. 疯传：让你的产品、思想、行为像病毒一样入侵[M]. 乔迪译. 北京：电子工业出版社，2020.

（四）事件营销

事件营销（event marketing）是指通过公开赞助各种类型的事件或活动，将品牌与目标受众联系在一起。这个策略的魅力在于，它能够通过独特和个性化的方式将品牌引入消费者的生活，从而建立更深入、更广泛的联系[16]。比如，李宁公司经常赞助各种体育赛事，通过这些赞助不仅将其品牌与热门体育赛事联系在一起，还可以在比赛现场和广告宣传中展示最新的体育装备和服装，吸引了众多体育爱好者和潜在的顾客。

事件营销之所以备受营销人员青睐，是因为它具有多重好处[17]。第一，它允许品牌直接与特定的消费者群体互动，建立更深入的品牌认知。第二，通过慈善活动等公益事件，品牌能够表达对社会责任的承诺，增强公司的社会形象。此外，事件营销还可以用作奖励机制，既可以奖励关键顾客，也可以激励员工。品牌可以邀请顾客参加专属的赞助活动，从而增强顾客忠诚度。对于员工来说，参与公司赞助的活动可以增加他们的参与感，提升士气，有助于建立更紧密的企业文化。第三，事件营销提供了促销产品的机会，品牌不仅可以在赞助活动中展示其产品，还可以与零售商合作，将产品纳入广告宣传中。

Mini案例13-3

中国品牌"决战"2022年卡塔尔世界杯

2022年11月21日，万众瞩目的2022年世界杯在卡塔尔开幕。世界杯是全球各大品牌"硬实力"角逐的战场。全球数据分析和咨询公司GlobalData公布的数据显示，本届卡塔尔世界杯中国企业赞助了13.95亿美元，超过了美国企业赞助的11亿美元，一跃成为本届世界杯最大赞助商。本届卡塔尔世界杯官方赞助商中有4家中国企业：万达集团、海信集团、蒙牛乳业和vivo。其中万达集团是国际足联合作伙伴，而其余3家企业则是世界杯官方赞助商。万达集团是本届卡塔尔世界杯最大的中国赞助商，根据GlobalData数据，万达集团承诺为世界杯投资8.5亿美元（约合人民币60亿元）。万达也是国际足联七大官方合作伙伴之一，与可口可乐、阿迪达斯、现代起亚汽车、卡塔尔航空、卡塔尔能源和Visa并列。

万达、海信、vivo和蒙牛4家世界杯官方赞助商均为2018年俄罗斯世界杯之后第二次参与世界杯赞助的中国企业，世界杯开幕前夕亮相的BOSS直聘和雅迪为2022年卡塔尔世界杯亚太区域官方赞助商。此次卡塔尔世界杯上，蒙牛乳业与国际足联实现第二次合作。2018年牵手俄罗斯世界杯时，蒙牛乳业第一次成为中国食品饮料行业内的世界杯全球赞助商，也是国际足联史上第一家联手这项足球顶级赛事的乳品企业。

资料来源：证券日报. 角逐2022年卡塔尔世界杯，中国企业成最大赞助商[EB/OL]. (2022-11-21) [2024-10-01]. http://www.zqrb.cn/finance/sscj/2022-11-21/A1668958591061.html.

（五）公共关系与宣传

公共关系（public relation）与宣传（publicity）在增强品牌可见度、塑造企业形象以及推广产品方面发挥着关键作用。这些活动旨在与消费者、媒体、投资者和其他利益相关者建立积极的关系，从而促进企业的成功。

宣传，作为一种非人际传播方式，是将公司或产品的信息传递给广泛的受众，通常通过新闻发布会、媒体采访、专题报道、照片和电影等媒体渠道来实现。一个经典的宣传案例是可口可乐的"share a Coke"活动。该活动通过将个性化的名字印刷在产品包装上，激发了消费者之间的分享和讨论。这一宣传活动成为社交媒体上的话题，吸引了数百万人参与,并对可口可乐品牌产生了积极的影响。

公共关系是一种更广泛的策略,旨在建立和维护企业与外部利益相关者之间的长期关系。它包括年度报告、资金筹募、会员招募、游说、特殊事件管理和公共事务等活动。比如,短视频社交媒体 TikTok 一直致力于开展公共关系活动,推动科技创新和数字隐私保护工作,以展现自己是一家负责任的公司。

Mini案例13-4

君联资本公共关系营销矩阵

君联资本成立于2001年4月,是专注于早期创业投资以及成长期私募股权投资的专业投资机构。在20多年的发展历程中,君联资本通过公众平台、网站、榜单评选、举办行业峰会、生态发起、研究发布等多种途径全方位塑造自身行业影响力。

公众平台。"君联资本"微信公众平台目前原创内容已经达299篇,平均更新频率为3篇/每周,内容包括君联资本观点、被投企业动态以及其他优质投资及企业增长相关内容。

公司网站。君联资本通过 https://www.legendcapital.com.cn/详细介绍了君联资本历史沿革、企业文化、投资案例、投资理念、团队构成、新闻动态等信息,并提供了中文与英文两个版本。网站的 UI 界面做得精美且专业。

参与榜单评选。君联资本作为中国领先的专注于早期及成长期的私募股权投资的专业投资机构,积极参与各类榜单评选。

举办论坛峰会及赋能生态。君联资本有完整系统的投后赋能及增值体系,如设有企业发展研究院、CEO Club 系列活动、CEO 工作坊、线上公开课等各种赋能活动。同时定期主办论坛峰会,如每年主办君联资本 CEO CLUB 年会等。

产业联盟发起与公益基金设立。君联资本近年发起成立深圳光明科学城创投联盟、中科院科技创新投资产业联盟等。在公益领域,君联资本捐赠设立国科大"君联学者计划"公益项目以及正式设立"君联公益基金"。

内部研究及成果发布。君联资本对内部的投资成绩、主要案例等方法进行时常的研究总结与公开发布。如共同发布的《专精特新小巨人企业案例研究》《创新为先价值为本——新发展格局下中国数字经济企业观察报告》等。

资料来源:基于企业资料整理。

营销工具13-3

如何科学地进行品牌危机公关

学者乔哈尔(Johar)与合作者依据危机本身的真实性、严重性以及消费者与品牌关系这三个因素,为企业提出了七种应对负面事件的策略。

坦诚道歉。如果品牌确实犯下严重错误,唯一可行选择就是迅速道歉,向利益相关方致歉并承担责任。坦白意味着所有信息应该一次性披露。同时,企业要承诺永不再犯同样错误。企业还可以通过经济补偿等方式来赔偿受损害的消费者。

提升形象。除道歉和坦白外，品牌还需要提升形象（如针对事件策划系列广告），以防止消费者对品牌产生更消极的看法，并减轻品牌危机的泛化影响。

"不只是我"。在许多情况下，公司的过失并非该品牌独有，其他品牌也可能发生类似情况。如果消费者了解这一点，他们更不容易将问题扩大到整个品牌。

预防。预防是一种需要提前预测的策略，要求在小问题升级为可能对品牌声誉造成重大影响的大事件之前，提前与消费者进行沟通。

是的……但是。企业承认危机的发生，但强调其危害程度相对较轻，这或许可以有效减少声誉损失。然而，这一策略可能导致消费者认为企业在回避问题，没有积极应对。

驳斥。有时企业没有犯错，如果此时缺乏回应，可能让消费者误解企业默认了相关指责。如果指责严重，企业可以选择逐一驳斥。但驳斥的回应需要企业提前准备，如果没有足够有力的证据，可能会适得其反并导致更严重的信任危机，因为消费者会认为企业在回避责任。

反击指控者。在一些情况下，如果无端指责非常严重，不仅需要驳斥指责，还需要通过反击攻击者来降低其指责的可信度。但要慎重使用这一策略，因为如果被公众认为是防御性或不公平的，可能会产生反效果。

资料来源：Johar G V, Birk M M, et al. How to save your brand in the face of crisis[J]. MIT Sloan Management Review, 2010, 51(4): 57-64.

（六）口碑传播

与传统广告相比，品牌的声誉（brand reputation）和口碑（word of mouth，WOM）在影响消费者决策方面具有更大的影响力。当营销人员能够巧妙地设计一项营销策略、提供让消费者难以抗拒的价值和体验时，这个品牌就有望在消费者心中留下深刻的印象，并激发他们之间的积极讨论。这种口碑效应通常被形象地描述为"蜂鸣"，因为信息就像蜜蜂一样传播得快而广，从一个人传递到另一个人，不断扩大品牌的知名度[18]。比如，华为 Mate 60 pro 的发布引发国人的热议，人们在社交媒体上广泛讨论。蜂鸣营销是一种有力的策略，可以通过消费者之间的积极讨论将品牌推向成功。

六、整合营销传播执行步骤四：匹配传播手段与消费者需求

传播匹配模型的关键在于综合考虑各种传播工具的潜在影响和品牌传播的具体目标，以满足消费者在购买决策过程中的不同需求。这一模型将传播工具与消费者决策过程的各个阶段相匹配，以便更有效地影响消费者的决策。

表 13-4 列出了不同传播工具在消费者决策过程的不同阶段的相对优势。例如，电视广告在激发消费者需求和形成产品偏好方面表现较为出色，但在促使消费者与品牌互动、参与品牌社群活动等方面影响较小。相反，社交媒体在激发购买需求方面可能不如电视广告有效，但在建立顾客联系、激发顾客参与等方面具有独特的优势，难以被其他传播工具所替代。

表 13-4　不同传播工具在消费决策过程中的相对优势

决策阶段	传播工具										
	电视	促销	事件	公关	社交媒体	网站	搜索引擎	展览	移动端	直销	人员销售
需求/欲望	+++	+	+	++	++	+	+++	+++	++	+++	+++
了解	+++	++	+++	++	++	+++	+++	+++	+	+++	+++
考虑	++	++	+	+	++	+++	+++	+++	+	+++	+++
搜索/学习	+++	+	+	+	++	+++	+++	++	+++	+++	+++
喜欢/信任	+++	+	+++	++	+++	+++	+	+++	+	+	++
WTP	+	++	+	++	+	++	+	+	++	+++	+++
交付	+	+++	+	+	+	++	+	+	++	+++	+++
消费	+	+++	+	+	++	+	+	+	++	+	+
满意	++	++	+	++	+	++	+	+	++	+	+
忠诚	++	+++	+	++	+++	+++	+	+	++	+++	+++
参与	+	+++	+++	+++	+++	+++	+	+	+++	+++	+
支持	+	+	+++	++	+++	+++	+	+	+++	+++	+

注：+++ = 影响最大；++ = 影响中等；+ = 影响最小

资料来源：Batra R, Keller K L. Integrating marketing communications: New findings, new lesson, and new ideas[J]. Journal of Marketing, 2016, 80(6): 122-145.

（一）需求产生阶段

消费者因内在或外在的刺激而产生购买需求。这种需求会引导消费者开始思考一个核心问题：哪个品牌的产品或服务能够最好地满足这种需求？比如，当消费者感到口渴时，他们可以选择购买矿泉水、碳酸饮料或者凉茶等产品，从而解决基本的生理需求。因此，竞争首先发生在不同产品类别之间，消费者首要考虑的是哪种产品类别能够最优先地满足他们的需求。

在消费者需求产生阶段，企业可采用的媒介包括面向特定地理位置的移动应用和广告，由搜索引擎关键字触发的付费搜索广告，以及来自第三方网站的原创内容等。品牌可以通过多种媒介渠道在消费者心中塑造出"最能满足消费者需求"的品牌形象。例如，58同城通过大量电视广告、公交地铁广告以及在影视作品中的植入营销，成功地塑造出自身是信息发布平台领袖的形象，满足了潜在用户在租房、求职、二手买卖信息发布和搜集方面的需求。

（二）品牌考虑阶段

在品牌考虑阶段，消费者已经明确知道自己需要什么类型的产品或服务，他们的关注点转向了选择哪个品牌的产品和服务。举例来说，假设一个消费者已经决定不想选择碳酸饮料，而是想购买矿泉水，那么他需要在几个矿泉水品牌中做出选择。在这个决策阶段，消费者不再是广泛地搜索信息，而是会将注意力集中在几个特定的品牌上，形成一个考虑集。例如，在购买矿泉水时，考虑集可能包括农夫山泉、乐百氏和怡宝等品牌。由于能够进入消费者考虑集的品牌数量有限（通常不超过5个）[19]，营销人员的关键任务是提高品牌的曝光度和吸引力，并向消费者提供选择该品牌的理由。

为实现这一目标，营销人员需要确保品牌在各种场合都能引起消费者的注意。可采用的传播途径包括自然搜索和付费搜索广告、定向展示广告和横幅广告、微博帖子和微信公众号、面向特定位置的移动应用广告、传统媒体中有话语权的广告、有针对性的活动和赞助、在高流量的第三方网站上提供原创内容、积极的用户生成内容（如口碑和评论）、来自"意见领袖"的评论以及公司官方网站等。举例来说，相宜本草为拓展移动端用户市场，推出了趣味脸部测试，引导用户使用手机贴脸测试获得包括天气指数、紫外线指数、污染指数、海拔高度等信息，从而综合运算出一个所谓的"城市高原指数"，为用户提供防晒建议。通过整合针对女性、生活、娱乐和阅读等领域的移动媒体资源，品牌成功地实现了对年轻女性群体的广泛覆盖，使品牌保持高度曝光状态。

营销洞见13-4

"洗脑式"广告可取吗？

"洗脑式广告"是指在短时间内（15秒或者30秒）不断地简单重复广告词与广告场景，以朗朗上口的韵律加强记忆效果的一种广告形式。与那些强调品牌情感表达与精神属性的"走心广告"不同，洗脑式广告力图让大众在短时间内记住品牌的功能价值，即品牌能够为用户解决什么具体的痛点。学术界并没有"洗脑式"广告这一专业术语，原因可能在于任何广告的目的都是"洗脑"，又或者任何广告都无法达到"洗脑"的目的。

我们往往从知名度和美誉度两个角度来评估广告的效果。人们对"洗脑式"广告的不满往往来自认为其有损公众的审美品位，容易引发烦躁与不满的负面情绪，从而损害品牌形象和品牌美誉度。但正如前面所言，"洗脑式"广告的优势在于其能够让人短期内记住品牌名与品牌特性（虽然可能对品牌持有负面评价）。

要想让"洗脑式"广告发挥最大作用，以下要点需值得关注。

品牌建设阶段："洗脑式"广告有助于品牌完成品牌知名度的建设工作，而在品牌形象与品牌美誉度建设阶段应慎用"洗脑式"广告。

品牌类型："洗脑式"广告让人记住的是品牌的功能价值而非情感价值或者其他类型的价值（如社交价值等）。因此，相对于强调精神属性与社交属性的品牌，那些强调功能型属性的品牌相对更有可能使用这种类型的广告。

传播目的："洗脑式"广告重在品牌记忆/认知的打造，却无法让人主动传播广告。因此，"洗脑式"广告需要企业有足够的资金支持以便在短期内形成"铺天盖地"的轰动效应。

资料来源：
[1] 扬子晚报. "蜜雪冰城"神曲火爆全网，洗脑式广告营销能走多远？[EB/OL]. (2021-06-28)[2024-10-01]. https://www.yangtse.com/content/1223866.html.
[2] 新民晚报. 四个维度治理"洗脑"广告[EB/OL]. (2023-05-17)[2024-10-01]. https://new.qq.com/rain/a/20230517A03Q6X00?no-redirect=1.

（三）积极尝试与了解更多品牌信息阶段

在这一决策阶段，消费者的信息处理意愿进一步提高，他们可能会积极寻找更详细的产品或服务信息，减少对产品品质无关的外部线索的依赖。例如，忽略广告中的代言人是否是他们喜欢的明星这一与产品质量无直接关联的外部线索。在这个时候，消费者的信息来源多种多样，包括品牌官方网站、第三方网站（如大众点评网等）、搜索引擎（引导消费者访问品牌官网）、抖音短视频，向朋友和熟人进行线上和线下的咨询、访问经销商和零售商，以及与销售人员进行交谈等。

为了满足消费者在这一阶段的信息需求，营销人员可以采用多种策略。首先，企业可以通过长篇电视广告或视频来传达能够让消费者信服的信息；其次，企业可以实施线上和线下口碑营销或病毒营销，以提高品牌的可信度和吸引力；最后，营销人员还可以在公众号和第三方网站上发布关键的品牌信息，以确保消费者能够轻松地访问到所需信息。值得一提的是新技术的发展，尤其是虚拟现实（VR）和增强现实（AR），使消费者能够模拟体验产品的使用过程和结果，从而在实际购买和消费产品之前获取宝贵的使用经验。比如，完美日记曾使用 AR 试妆技术，允许用户在手机应用上尝试不同的化妆品，以确定最适合自己的颜色和风格；OPPO 也曾推出惊喜创意拍应用 O-Video，支持用户定制并实现实景交互，可以将任意物体拍照并叠加视频、录音。

营销工具13-4

种草营销的五大步骤

人们在社交媒体中积极地宣传、推荐或表达对某一种产品、服务或活动的想法和支持的行为被称为"种草"。种草营销通过经验、观点和意见等主观体验来影响他人的消费决策，具有快速、轻量化、低预算的特点。种草营销基本遵从以下五个步骤。

明确目标受众。品牌需要确定目标受众的特征，了解他们的需求、问题和痛点，保证自己的种草内容能够解决他们的问题或满足他们的需求，产生更大的影响力和更好的口碑。

选择合适平台。不同网络平台的用户特征存在差异，同时，关于种草文章推荐的算法也不尽相同。品牌需要选择能最有效接触到产品目标受众的平台进行投放。

挑选种草 KOL（关键意见领袖）。种草营销的主要途径是通过拥有大量曝光度的 KOL 来进行宣传。选择 KOL 需要考虑 KOL 与产品之间的联系、KOL 自身特征以及 KOL 粉丝群体特征等因素，产品与 KOL 的精准匹配能够提升品牌传播的效果。

制作有吸引力内容。创立引人入胜的内容，形式包括文字、图片、视频等。以最直观、简洁的方式介绍消费者使用产品的真实体验，迅速将产品的特点及优势传递给目标受众。

引起互动和参与。发布种草内容后，通过鼓励用户与内容互动的方式，进一步拉近产品与目标用户距离的同时建立良好品牌印象。

资料来源：艾瑞咨询. 种草内容平台营销价值白皮书[EB/OL]. https://pdf.dfcfw.com/pdf/H3_AP202111161529347370_1.pdf.

（四）信息确认阶段

在这个阶段，消费者需要进行品牌的"证伪"，也就是寻找可信的证据来确认该品牌的可靠性。这些证据可以来自多个渠道，包括客观的、第三方的测试或推荐，当前和过去的顾客的反馈（如已发布的评论），朋友的建议（通过电子邮件、面对面交流或社交媒体分享），与销售人员的对话，以及专家或名人的认可（通过广告、微博文章、公众号推文）。企业的整合营销传播计划需要在适当的时机获得这些媒体可信的、积极的评论、评价、评级和证明。

为了提高品牌的可信度，营销人员还可以采取各种策略，以增强消费者对品牌背后的企业组织的信任。特别是在购买服务的情况下，对企业组织的信任显得尤为重要，因为服务具有无形性和不可存储性等特征，顾客更依赖于对企业组织的信任。顾客对服务提供者的品牌信任和信心有助于减轻购买时的焦虑感。

（五）评估品牌价值与支付意愿阶段

在这一决策阶段，消费者开始评估他们所偏好的品牌是否具有价值，以及是否愿意以给定的价格购买。此时，品牌需要传达以下信息给消费者：品牌物有所值，品牌的价格是公平且合理的，甚至可能低于消费者所感受到的价值。许多传统媒体可以用来传播品牌的价值，例如，快餐品牌肯德基经常通过电视广告和传单来宣传价格优惠的外带全家桶或节日套餐。在众多传播工具中，一线销售人员在实体店内的直接说服效果最为显著。

值得强调的是，品牌的价值不仅仅取决于其功能性价值，还包括品牌带来的情感价值和社交价值，它们都是品牌感知价值的重要组成部分[20]。事实上，有些品牌的价值主要是由情感价值和社交价值构成的，特别是一些奢侈品牌，它们的情感价值往往超过了其功能性价值。为了增强品牌的情感价值和社交价值，品牌可以采用多种媒体手段，包括长时段的电视广告、具有高影响力的公共关系活动、名人的推文或转发、抖音上的品牌短视频、公众号主页或帖子，以及小红书等。这些媒体工具有助于品牌传达其情感价值和社交价值，从而增强消费者对品牌的认可度和忠诚度。

（六）落实行动阶段

尽管消费者可能已经有了购买意向，但从购买意向到实际购买行为之间仍然存在一定的差距。对品牌的积极态度并不能总是转化为实际的购买行为。许多因素可能阻碍消费者最终下定决心购买，如购买流程的复杂性，以及消费者对是否能以最优惠的价格购买还存在犹豫等。

在这个购买决策的阶段，品牌传播的关键任务是明确地推动消费者采取行动，确保有意购买的消费者知道在哪里可以以最优惠的价格购买产品。品牌需要提供零售店或在线商店的位置信息，提供担保和退货政策等多重保障，同时，采用限时促销等策略来鼓励消费者立刻购买（如参与团购网站的限时促销活动）。所有这些辅助信息都旨在向消费者传达立即购买的决策是明智和物有所值的。

这些信息可以通过多种渠道发布，包括付费媒体、品牌自有媒体（如品牌官方网站上的顾客案例研究和品牌详细信息、微博主页、小红书主页、绑定定位信息的手机应用程序）以及免费媒体（如第三方网站提供的购物建议、优惠券、价格比较的手机应用程序等）。这些渠道共同帮助品牌在消费者决策的关键时刻传达出"现在购买是明智的"和

"物有所值的"信息，从而促使消费者采取行动。

（七）复购决策阶段

在大多数情况下，品牌应该追求与消费者建立长期合作伙伴关系，这种伙伴关系可能会持续整个消费者的生命周期。建立品牌与消费者之间的长期伙伴关系对企业来说具有重要意义，因为它有助于提高顾客终身价值，即每位顾客在未来可能为企业创造的总收益[21]。然而，要获得"回头客"，首要条件是让消费者感到满意。只有当顾客认为品牌的表现超出了他们的期望，他们才会感到满意并产生继续购买的动机。因此，在这个阶段，品牌传播的任务是要让消费者相信，与他们的期望和竞争品牌相比，该品牌已经表现得很出色。

为了实现这一目标，品牌可以适度利用多种媒体工具来促进消费者的重复购买行为。例如，品牌可以通过发送售后直邮、短信或电子邮件来维护与顾客的联系，发布有针对性的传统媒体广告和在线广告来帮助品牌保持在消费者的视线中，通过社交媒体平台（如微博、微信等）来与顾客互动并提供卓越服务。品牌还可以积极追踪在线评论和观点，了解反馈并改进服务。此外，品牌也可以为现有的忠诚计划会员提供折扣和优惠，以激励他们更频繁地购买并增加消费总额。

（八）互动阶段

消费者购买行为只是决策过程的一部分，企业还需要积极引导消费者（甚至企业内部员工）发表正面口碑，将其化身为品牌的"品牌大使"[22]。以往，消费者的意见只能通过口头传播，很难大范围传播，但如今，消费者可以轻松将自己的看法在互联网上传播，主动或被动地参与品牌的口碑营销活动。品牌的任务是让消费者能够轻松、便捷地向其他人推荐它们的品牌，通过微信朋友圈点赞、转发推文、微博评论等方式。以海底捞为例，一些忠实粉丝在社交媒体上使用"#海底捞#"标签来分享对海底捞出色服务的正面评价。品牌口碑营销的力量在于消费者之间的互动和分享，品牌可以通过激励消费者分享他们的积极体验，提供奖励计划或特别优惠来鼓励用户积极参与口碑营销。品牌还可以使用社交媒体监测工具来追踪和管理口碑，及时回应消费者的反馈，建立更紧密的关系。

第四节 评估整合营销传播效果

传播匹配模型描述了不同类型的媒体在消费者决策过程的不同阶段所能发挥的作用。该模型要求品牌必须清晰了解其目标消费者群体所处的决策阶段，以便决定如何分配媒体预算、发布何种信息以及在何时何地发布这些信息。在完成这些决策并制定具体的传播计划后，企业面临的下一个挑战是如何评估其整合营销传播的效果。著名品牌学者凯勒提出了评估整合营销传播的 7C 标准[23]（见表 13-5）。

（一）覆盖范围

覆盖范围是指不同的传播手段在占据目标顾客市场份额方面的能力，以及这些传播

表 13-5　整合营销传播效果评估指标

标　　准	内　　涵
覆盖范围（coverage）	传播计划是否广泛覆盖到目标顾客，以确保品牌信息能够传达到潜在顾客
成本（cost）	评估整个传播计划的成本效益，确保在可接受的成本范围内实现预期的效果
贡献力（contribution）	确定传播活动对销售和品牌资产提升的贡献程度，以衡量其价值
共同性（commonality）	不同传播手段之间是否存在共同的主题和信息，以确保传播一致性
互补性（complementarity）	各种传播手段之间是否相互补充，以实现更大的效果
交互效应（cross-effects）	不同传播渠道之间是否存在相互影响，以更好地提升它们的综合效应
适应性（conformability）	传播计划是否适应了不断变化的市场和顾客需求，以确保计划的持续有效性

手段之间的覆盖程度。换句话说，它反映了不同传播手段在目标市场中的渗透程度。覆盖范围标准还要求企业考虑不同传播手段所覆盖的顾客群体之间的重叠度。如果只有少数顾客在不同传播手段之间重叠，那么传播效果可能会简单地叠加，传播计划的整体效果将是各传播手段效果的总和。然而，如果覆盖的顾客群体有很大的重叠，就需要首先考虑这些传播手段之间的关系，其次要考虑它们的使用顺序。

成功的整合营销传播首要考虑覆盖范围。举例来说，加多宝品牌在与王老吉品牌分家后需要重新建立一个新的品牌形象。它们采用了多种传播手段来覆盖不同的消费者群体。这包括电视广告，针对大众群体；在超市显眼位置摆放堆头和促销品，吸引大众群体；冠名系列综艺节目，针对年轻群体；网站横幅和海报广告，面向年轻群体；以及在大排档或烧烤摊位上放置海报，吸引易上火的"吃货"群体。通过这些多样化的传播渠道，加多宝集团能够进行广泛的营销传播活动，以重新建立品牌形象。

（二）成本

营销人员必须根据成本来评估营销传播的其他六个标准，以制定效果最好、效率最高的传播计划。计算营销传播成本需要运用各种定量分析方法，这些方法在估计各种响应函数以及评估不同传播手段的灵活性时发挥了关键作用。企业必须决定广告、公关、社交媒体、活动营销等各个传播手段的预算分配。这需要权衡各个传播手段的效益和成本，以确保整合传播的协调性和一致性。成本效益分析是评估不同传播手段的成本与效益之间关系的重要方法。通过比较不同传播手段的成本与其带来的回报，企业可以确定哪些手段在资源投入方面更具效益。ROI（return on investment）是一种用于评估投资是否划算的关键指标。在整合营销传播中，企业可以计算不同传播手段的 ROI，以确定哪些渠道的投资回报率最高。ROI 计算通常包括考虑到成本、收入和其他相关因素，以便全面评估传播活动的效益。

（三）贡献力

贡献力指的是一种传播手段在不依赖其他传播手段的情况下，独立实现预期效果和传播目标的固有潜力。营销人员在优化传播贡献力时需要考虑多个因素，这些因素将决定特定传播手段的成效。传播的内容是影响其贡献力的关键因素之一。内容应该与目标消费者的需求和兴趣相匹配，以吸引他们的注意并引发积极反应。传播手段所呈现的内容和信息在何种情境下被接收也至关重要。营销人员需要确保传播情境与目标受众的行为和期望相一致。例如，社交媒体广告在用户浏览社交媒体平台时呈现，因此需要与用户的社交互动相协调，以引起他们的兴趣。不同的传播手段可能服务于不同的传播目标。在制定整合传播策略时，品牌需要明确定义期望实现的具体传播目标，如增加品牌知名度、促进产品销售或引导消费者参与品牌社群活动。考虑目标受众的特征和需求是至关重要的。不同的消费者群体可能对不同类型的传播手段有不同的反应。例如，年轻一代可能更倾向于通过社交媒体平台接收信息，而老年消费者可能更习惯于传统媒体广告。

（四）共同性

共同性指的是不同传播手段在传递品牌形象时所共同传达的内容，这些内容既需要重复，又需要强化，以确保品牌形象在顾客心中保持一致和稳定[24]。营销者经常需要精心设计不同的传播手段，并协调它们传递的信息，以确保它们相互配合，构建出顾客心智中独特、有力且积极正面的品牌形象。

在品牌形象研究领域，一个基本结论是与品牌含义一致的信息比不相关的信息更容易被消费者习得和记忆。这意味着，营销人员在通过不同的传播渠道实施营销传播计划时，需要特别注意如何强化品牌的内涵和价值观。不同广告和传播活动之间应该具有一致的主题和信息，而不应出现不同广告传达不同品牌形象的情况。不一致和分散的品牌形象会混淆消费者对品牌的理解，削弱品牌联想的力量，最终可能减弱对品牌的偏好。

（五）互补性

不同的传播手段在整合营销传播中发挥不同的作用和产生不同的传播效果。为了充分、有效地传递品牌的定位和形象，营销人员通常需要在营销计划中采用多样化的传播手段，以传递丰富多样的信息。其中，互补性在塑造一个丰富、一致的品牌形象方面起着至关重要的作用。营销人员通常会精心组合不同的传播手段，以确保它们相互补充，以引发特定的消费者反应或建立特定类型的品牌联想，最终有效地构建一致的品牌形象。这种综合使用传播手段的策略有助于品牌更全面地触及目标受众，引发他们的情感共鸣，从而提升品牌的认可度和忠诚度。

（六）交互效应

交互效应是指不同的传播手段之间会相互影响和叠加效果。当多种传播手段被有效协调并按正确的顺序执行时，它们之间可能产生积极的交互效应，从而加强各个传播手段的效果。这种积极的交互效应有助于提升整体的传播结果，使整个传播过程产生"1+1＞2"的效果。相反，不合理的整合营销传播可能导致各个传播手段之间相互削弱，降低整体效果。

为实现积极的交互效应，需要对两种或更多传播方法进行精心设计和协调。企业需要基于整个传播周期内不同的媒体渠道和不同的内容来综合评估传播的交互性。例如，将促进产品试用的促销活动与具有说服力的广告相结合，可能会产生更显著的效果[25]。同样，品牌可以在推出一系列具有吸引力的广告后，推出限时促销活动。这些广告能够让消费者对品牌产生积极印象，激发购买兴趣。而随后的促销活动则能够迅速转化这些兴趣为实际购买行为，实现了前后传播手段的积极交互效应[26-27]。

（七）适应性

在整个营销传播过程中，顾客可能以不同的顺序接触各种传播手段，甚至有些顾客可能会跳过某些传播手段。这种情况可能是因为顾客的不同偏好或其他原因，一些人无法接触到营销人员为其设计的传播信息，或者接触到与其偏好不符的传播信息。因此，每一条营销信息都有可能是对一部分顾客是全新的，但对其他顾客而言却非常熟悉。

举例来说，品牌可能期望消费者在接触到折扣信息之前已经对其产品有一定了解，这样折扣信息才能更有效。然而，实际情况可能是某些消费者之前根本没有接触过与该品牌有关的任何信息。这种差异给营销传播工作带来了挑战，因为不同消费者在每一条营销信息之前和之后接触到的信息可能都不同。

适应性评估的是指一种传播手段是否能够说服不同类型的顾客，无论他们之前接触到什么信息。适应性强的传播方式不依赖于顾客过去或未来可能接触到的信息，仍能实现营销人员的期望效果。然而，要说服具有不同背景的广泛受众通常是具有挑战性的。不同顾客拥有不同的品牌知识和经验，因此需要采用不同的整合营销传播方案，以确保覆盖所有目标顾客并提供必要的互补信息。但是，受限于有限的预算，营销人员不可能采用所有可能的传播手段，因此，企业必须权衡各种因素，并选择几种重点传播手段，以最大限度地接触目标受众并实现其营销目标。

营销洞见13-5

阿里妈妈的DEEPLINK深链经营

阿里妈妈，作为一家数字营销服务提供商，在顾客决策旅程的基础上提出了一套以消费者为中心的数字营销指标体系，即DEEPLINK（深链经营）（见表13-6）。DEEPLINK体系包括以下阶段：discover（发现）—engage（种草）—enthuse（互动）—perform（行动）—initial（首购）—numerous（复购）—keen（至爱）。这一体系旨在全面了解消费者在购物旅程中的不同阶段，并根据其所处DEEPLINK阶段进行精细化运营。为了评估运营效果和效率，阿里妈妈采用不同层面的指标。

DEEPLINK的基础指标主要定义了DEEPLINK7个分层人群情况，计数标准基于满足相应分层行为条件的消费者数量。DEEPLINK运营指标涵盖DEEPLINK7个分层的正向流转率和分层GMV贡献率，以更全面地了解运营效果。DEEPLINK还关注心智份额，该指标定义了每位消费者与品牌互动行为占据该消费者与此品类全部互动行为的份额，从而揭示了品牌在消费者心智中的地位。

DEEPLINK指标体系使品牌管理者能够清晰地了解每个分层的人群规模、流转效率和心智份额，并结合行业标杆对比，有针对性地确定品牌增长机会。通过深入分析，品牌可以识别出对GMV贡献度最高的营销链路以及指标之间的联动关系。这有助于品牌制定出链路上的营销活动组合和量化指标目标，精确配置营销资源，优化整体ROI。

表 13-6　阿里妈妈 DEEPLINK 模型示意

DEEP LINK	前链路深浅分层				后链路深浅分层		
	A		I		P		L
	discover 发现	engage 种草	enthuse 互动	perform 行动	initial 首购	numerous 复购	keen 至爱
	对品牌建立初步认知的消费者	对品牌所属品类建立初步兴趣或诉求的消费者	对品牌产生兴趣和互动的消费者	加入品牌会员体系或是处于售前阶段的消费者	对品牌产生过首次转化行为的消费者	对品牌产生多次转化行为的非会员消费者	对品牌产生多次转化行为的会员消费者
基础维度	发现人群数（D）曝光人群数 点击人数	种草人群数（E^1）短视频观看人数 直播观看人数 店铺商品浏览人数 无品牌搜索人数	互动人群数（E^2）粉丝互动人数 品牌订阅人数 领取试用人数 商品浏览人数 品牌搜索人数	行动人群数（P）加入会员人数 收藏人数 加购人数 购前咨询人数	首购人群数（I）首次购买人数	复购人群数（N）非会员复购人数 非会员口碑传播人数	至爱人群数（K）会员复购人数 会员口碑传播人数
运营维度	D 人群运营效率 D 成交贡献率 D→E^1 流转率 D→E^2 流转率 D→P 流转率	E^1 人群运营效率 E^1 成交贡献率 E^1→E^2 流转率 E^1→P 流转率	E^2 人群运营效率 E^2 成交贡献率 E^2→P 流转率	P 人群运营效率 P 成交贡献率 P→I 流转率	I 人群运营效率 I 成交贡献率 I→N 流转率 I→K 流转率	N 人群运营效率 N 成交贡献率 N→P 流转率	K 人群运营效率 K 成交贡献率
心智维度	D-DeEP 心智份额 曝光份额 点击份额	E^1-DeEP 短视频观看份额 直播观看份额 店铺商品浏览份额 无品牌搜索份额	E^2-DeEP 粉丝互动份额 品牌订阅份额 领取试用份额 商品浏览份额 品牌搜索份额	P-DeEP 加入会员份额 收藏份额 加购份额 购前咨询份额	I-DeEP 首次购买份额	N-DeEP 非会员复购份额 非会员口碑传播份额	K-DeEP 会员复购份额 会员口碑传播份额

资料来源：阿里妈妈. 深链经营：孕育品牌发展新商机[J]. 经理人，2021，(12)：20-21.

最佳实践13-1

农夫山泉：大自然的搬运工

1996 年成立的农夫山泉股份有限公司是中国饮料行业的知名品牌。在创立之初，市场上已有康师傅、娃哈哈等巨头，农夫山泉只能在夹缝中求生，到如今其已销量处于国内包装饮用水市场的领先位置，这一切都离不开营销传播帮助。

品牌名称"农夫山泉"具有亲和力，其中"农夫"二字传达了淳朴、实在的印象，"山泉"则唤起了人们对大自然的美好回忆和向往。这个品牌名称从名字上符合了人们回归自然、渴望自然的心理需求，并引起消费者的共鸣。

多年来，农夫山泉坚持天然和健康的品牌理念，承诺不使用城市自来水生产瓶装饮用水，也不添加任何人工矿物质。为了保证持续的高品质天然水供应，农夫山泉在中国布局了 12 个稀缺的优质天然水源，形成了长期稳定的竞争优势，奠定了为消费者提供长期天然健康服务的基础和能力。

在水源地的展示上，农夫山泉推出了一项创新举措：探秘水源地并在那里建造一个"博物馆"，向用户展示农夫山泉的独特魅力。为了让更多用户了解品牌，农夫山泉将水源地的景色搬到荧幕上，让广告传达出"让顾客放心"的信息；在广告语的设计上，农夫山泉通过"我们不生产水，我们只是大自然的搬运工""什么样的水源，孕育什么样生命"等广告语，充分展现了天然、无污染的水质和口感，让天然水、健康水的形象深入人心；在产品原材料的选择上，除了在无污染的水源地建厂外，农夫山泉还投入大量人力、物力和财力，建设自己的种植基地，包括脐橙、苹果、石榴、杏、大米、茶叶等，既卖水果和粮食，又能够为自家产品提供原材料，追本溯源，好品质让用户能够看得见。

为拉近与年轻人的距离，农夫山泉赞助了系列综艺节目，如冠名《中国有嘻哈》《偶像练习生》等，并获得了良好传播效果。在赞助《偶像练习生》期间，农夫山泉推出的限量维他命水销量迅速增长，农夫山泉官方微博发文呼吁粉丝合理购买并进行了限购。农夫山泉还在网络上发起了广泛的线上粉丝互动，例如，在微博上发起了话题#你是他命#，该话题获得了1005.3万次的阅读量和21.1万人的讨论热度，农夫山泉成功地将其年轻化的品牌形象带入消费者的心中。

农夫山泉还积极进行跨界联名，深入垂直领域。农夫山泉与《阴阳师》游戏合作，针对《阴阳师》手游的广大玩家进行了细分领域的营销。除了在产品包装上采用了《阴阳师》游戏中的13位武神作为代言人，进行瓶身定制，农夫山泉还在果味水瓶盖上使用了"一物一码"技术，进行"表白阴阳师，揭盖赢大礼"的游戏互动奖励设置。农夫山泉与《阴阳师》游戏还在线上广泛营造了热度，在微博上发起的话题获得了3456.3万次的阅读量和71万人的讨论量，50多个微博和B站KOL参与了这次线上活动。类似地，农夫山泉与网易云音乐合作推出了限量版乐瓶，乐瓶设计巧妙，充满了音乐元素：瓶身采用农夫山泉经典的山水形象，配合网易云音乐黑胶唱片的图案。每个瓶身上的用户乐评直指人心，文字感人。这次跨界合作为农夫山泉瓶装水带来了超过6倍的售卖效果。此外，超过1700家媒体进行了传播，微信公众号阅读量超过200万次，微博非主动传播比例达到了97.9%。

农夫山泉还通过公关活动来展现品牌的高端品位。比如，农夫山泉高端水已成为金砖国家会议和G20峰会的专用水。这款水瓶采用晶莹剔透的玻璃材质，采用了上窄下宽的瓶身设计和精雕细琢的生肖图案。它不仅成为会议现场的一道文化风景，更是一种受到吉祥美满生肖祝福的象征。入选国宴的农夫山泉高端水不仅因其品质而备受青睐，更因其融入文化元素的匠心设计而广受赞誉。

农夫山泉积极参与公益活动。2020年农夫山泉与中国银联合作，将24首印在瓶身上的大山留守儿童的诗集合在一起，通过1亿瓶天然水作为品牌的媒介载体，感动了无数人的心。消费者只需在POS机上花费1元钱即可购买一首诗，这笔款项将全部捐赠给支持乡村儿童艺术语文素养课程的慈善机构。农夫山泉的关注点聚焦在留守儿童这个特殊群体，将留守儿童的故事通过1亿多瓶天然水讲述给所有人，使孩子们的才华得到了更广泛的展示。此外，将企业的社会责任和人文关怀融入瓶身营销的创意中，向社会传递出满满的正能量。这种与顾客价值观上的共鸣，无疑更能让品牌深入到顾客的心智中。

讨论题：

1. 农夫山泉在发展过程中营销传播的重点是什么？

最佳实践 13-2：戴尔企业购：创新互动场景，实现存量破局

2. 你认为农夫山泉的营销传播工作能够保持"与时俱进"的关键点是什么？

3. 展望未来，你认为农夫山泉的营销传播重点应该围绕什么来展开？

资料来源：

[1] 农夫山泉官网 https://www.nongfuspring.com/aboutus/introduce.html.

[2] 2018 金投赏.网易云音乐 X 农夫山泉瓶身联合营销[EB/OL]. http://winner.roifestival.com/cn/ winners/detail/966c8im?year=2018.

本章小结

（1）营销传播本质上是围绕品牌的核心诉求，通过多样化的传播方式实现品牌资产增值的过程。

（2）营销传播中要注意传播是双向过程而非单向过程，传播要用触点思维，不能简单等同于广告，并且树立人人都是传播者的观念。

（3）整合营销传播是一种协调一致的传播方式。传播匹配模型基于消费者、情境以及内容因素对传播效果的影响，考虑消费者决策过程中不同阶段的具体目标、期望达到的结果以及不同媒体类型的特征以推荐最佳媒体选项和组合。

（4）营销者必须尽可能地了解对品牌感兴趣的目标顾客，以及目标顾客对特定类别的产品/服务的购买路径与决策过程。每一名顾客购买路径皆不相同，但是我们可以根据不同顾客的决策过程以及他们在不同购买阶段的态度与行为将顾客划分为几大类，每一大类中的顾客都拥有着相似的决策过程与购买路径。企业在构建这些购买路径模型时，最重要的就是要尽可能准确地反映出顾客复杂的、非线性的决策过程。

（5）营销者必须定期对传播方案进行评估——其整合程度如何？整体效果是否大于各部分总和？七个标准（覆盖范围、成本、贡献力、共同性、互补性、交互效应和适应性）都是营销者可采用的科学有效的评估标准。

关键术语

营销触点（marketing touch point）　　营销传播（marketing communication）
整合营销传播（integrated marketing communication）
消费者决策旅程（consumer decision journey）
传播匹配模型（communications matching model）
广告（advertising）　　数字内容营销（digital content marketing）
传播效果（communication effectiveness）　　传播效率（communication efficiency）
支付意愿（willing to pay，WTP）

回顾性问题

1. 营销传播中常见的认识误区是什么？

2. 当今营销传播的环境发生了什么变化？这又给营销传播工作带来哪些挑战？
3. 整合营销传播的定义是什么？分析框架又是什么？
4. 如何评估营销传播的效果？

辩论性问题

辩论题：营销传播效果中"品效"能否合一？

近些年中国营销实践界常提及"品效合一"概念。"品"是指品牌效果，意指营销传播要能够树立良好品牌形象；"效"是指实际的销售转化，意指营销传播要促进产品的真正销售。一种观点认为广告可以实现"品效合一"，而另外一种观点则认为"品效"永远无法"合一"。对此争议，你是怎么看？

正方：营销传播的效果可以同时实现品牌效果和销售效果。

反方：营销传播的效果无法同时实现品牌效果和销售效果。

实践性问题

1. 选择某个知名品牌，考察它是如何开展整合营销传播工作的？分析其整合营销传播工作中做得好的一面，以及有待改进的一面。

2. 请选择一个最近的热点事件。在此事件中，有哪些品牌进行了事件营销，这些营销是否提升了它们的品牌资产？

3. 观察最近媒体变化的趋势，你认为下一个营销传播的主阵地媒体会是什么？

延伸阅读

[1] 阿希尔·戈帕尔达斯，安东·西伯特. 四种模式，重塑客户旅程[J]. 哈佛商业评论（中文版），2022（8）：106-113.
[2] 王永贵，郭笑笑. 数字视频营销的价值与效果评价[J]. 清华管理评论，2022（12）：41-47.
[3] 腾讯. 全域用户运营白皮书：STAR 模型——从用户运营到生意增长[R]. 2023 年 3 月.

参考文献

即测即练

第十四章

营销渠道管理

志合者不以山海为远。

——葛洪《抱朴子》

一个公司需要建立全球性的商业生态系统才能生生不息。

——任正非（华为创始人）

◆ **学习目标**

1. 认识营销渠道的重要作用；
2. 了解营销渠道的发展趋势；
3. 掌握营销渠道的设计决策；
4. 掌握营销渠道的管理策略。

◆ **开篇案例**

良品铺子：数字化助力渠道变革

2006年，第一家良品铺子出现在武汉街头。创业之初，良品铺子就决意"把全世界的美味零食带到顾客家门口"。经过十余年的持续发展，良品铺子成为国内休闲零食行业的领军企业。在发展初期，良品铺子采用直营模式，不断扩充其门店网络，构建了全面的线下销售渠道。随着线上消费的兴起，人们的购买渠道和消费习惯发生了改变。良品铺子意识到仅依赖传统的线下门店作为销售渠道已不足以支撑其快速成长及持久发展，良品铺子开始了持续的渠道变革。

阶段1：门店业务模式继续完善，独立开展电商业务

良品铺子以武汉为核心，通过直营模式积累了较高的知名度和市场渗透率。为了进一步扩大网络覆盖，企业引入了加盟模式，并确立了"深耕华中，辐射全国"的战略目标，不断完善门店业务模式（见图14-1）。

随着互联网与智能手机的广泛普及，电子商务在中国迅速发展，良品铺子也逐步开展电商业务。自2010年起，良品铺子设立了独立于门店业务系统的电商团队。2012年，良品铺子正式进入主流电商平台天猫开展线上业务，采取线上线下产品错开以及价格错开的营销策略,成功吸引了大量消费者并刺激购买,抢占了线上休闲零食消费的流量入口。良品铺子线上业务的收入从 2015 年的 8.25 亿元人民币增长到 2016 年的 14.25 亿元人民币,线上业务占比也从 2015 年的 26.53%增长至 2016 年末的 33.69%。良品铺子不断沉淀和构筑的电商能力为下一阶段的渠道融合转型提供了助力。

图 14-1　良品铺子门店
资料来源:良品铺子公司提供。

阶段 2:加强数字化能力,促进渠道融合

良品铺子打造"平台电商+社交电商+自营 APP 渠道"三位一体的全方位运营网络,以推动渠道融合,满足消费者的多元化需求。通过对各个渠道销售数据的实时监控和分析,更好地把握消费者需求和市场趋势,为消费者提供更精准、更个性化的服务。

在平台电商,良品铺子入驻包括淘宝、天猫、京东、抖音等在内的众多电商平台,借助用户规模效应,进一步扩大了其网上用户群体。在社交电商平台,良品铺子开通微信公众号、"良品铺子+"小程序、新浪微博,利用社交网络的力量,将产品推广给更多的潜在顾客,并与顾客保持紧密互动。在自营渠道,良品铺子推出官方 App 平台,为会员提供基于门店的多种场景的个性化服务,还通过提供会员专属优惠和积分兑换等活动,有效提高会员的忠诚度。

为了给消费者打造更好的体验,良品铺子从门店业务入手布局线上线下融合的新零售模式。门店不仅承担着良品铺子的销售渠道功能,也承担着良品铺子打造品牌形象建立口碑的任务。2019 年,良品铺子在深圳的门店借助阿里巴巴的数字化工具试点线上线下全方位融合的"智能店铺"升级项目。通过此项目,消费者得以体验到更便捷、更丰富的消费场景,只需在手机淘宝中搜索良品铺子,即可享受到线上旗舰店的服务,同时还能选择门店或外卖服务,实现了真正的跨渠道融合。

结语:渠道变革的模式与机遇

良品铺子的渠道变革不仅体现了中国零售业的快速发展和变革,也反映了消费者需求的变化和升级。从单一渠道到多渠道,再到跨渠道融合,良品铺子的发展过程也是其渠道不断变革和进化的过程。未来，随着技术的不断进步和消费者需求的变化，良品铺子还将继续深化渠道变革，更好地满足消费者的需求和市场的发展趋势。

思考题：
1. 良品铺子在发展线上线下渠道时分别遇到了什么问题？
2. 良品铺子如何通过跨渠道融合模式提升顾客体验、建立牢固的顾客关系？
3. 你认为良品铺子未来要实现真正的全渠道融合，还需要具备哪些条件以及采取哪些措施？

资料来源：
[1] 良品铺子官方网站. https://www.517lppz.com.
[2] 胡左浩, 孙倩敏. 良品铺子：数字化助力渠道变革[J]. 清华管理评论, 2020(9)：18-25.

第一节 营销渠道概述

营销渠道是商品和服务从生产商到最终顾客以便实现价值传递和交付的通道。近年来，随着数字技术和电子商务的兴起，数字化营销日益普及，导致营销渠道的变革呈现出多元化、复杂化和全球化的发展趋势，形成了整合各种线上和线下渠道为顾客提供定制化服务的全渠道营销模式。

一、营销渠道与价值网络

（一）营销渠道的内涵

 概念定义：

营销渠道（marketing channel）：促使产品或服务顺利地被使用或消费的一系列相互依存的组织[1]。

大多数的产品和服务需要通过流通中介从生产商手中转移到消费者或用户手中，才能实现价值，这些流通中介组成了营销渠道（也称分销渠道）。菲利普·科特勒认为，营销渠道是指促使产品或服务顺利地被使用或消费的一系列相互依存的组织，包括产品或服务从生产者向消费者移动时取得这种产品或服务所有权或者帮助转移其所有权的所有企业和个人[1]。

营销渠道的主体大多是外部组织，这使渠道管理者面临整合企业内部人员工作活动与协调外部成员工作活动的双重挑战。这也导致营销渠道管理与通常的企业内部管理有所不同，管理内容和管理手段存在明显差异。例如，对于企业内部员工，领导者可能通过日常的沟通、指导和激励来达成管理目标。然而，对于外部成员，领导者则需要通过建立信任、协调资源和解决冲突等方式来进行管理。

(二)营销渠道与价值交付

生产商为什么会将一部分销售工作转移给渠道成员呢?从生产商的角度来看,如果没有渠道中介,每个生产商将不得不与每个潜在的买者进行互动,以创造可能的交易机会[1]。这将会增加交易成本和时间成本,降低交易效率,并可能导致市场的不稳定和不透明。通过中间商进行销售比生产商直接销售往往更显得有效率,而且随着生产商、消费者数量的增加这种效率差异会越来越大。由此可见,衔接产销、降低社会流通成本、提高流通效率、实现价值传递,是渠道系统存在并随着时间的推移而继续存在的理由。

在全球化和网络化的今天,企业很少能够独自为顾客创造价值,大多数企业只是更大范围的价值链和价值网络中的一个环节。因此,营销者不仅要关注他们自身的资源和优势,更要将视野扩展到上游的供应商、下游的经销商和最终顾客所构成的价值传递网络。

核心企业、供应商、分销商和最终顾客共同构成了价值传递网络,通过成员之间的协作,致力于提升系统效率和改善系统绩效。在价值传递网络中,企业不仅需要和顾客建立关系,还需要和企业供应链中的上游关键供应商和下游分销商建立关系。上游合作伙伴是指那些提供制造产品或服务所需的原材料、零部件、信息、资金、经验的一系列企业。下游的营销渠道伙伴包括中间商和代理商,在企业和其顾客之间形成了至关重要的联系纽带。需求链驱动价值传递与交付的整个过程,营销活动起始于对目标顾客的需求,企业为了实现创造顾客价值的目标,通过组织一系列的资源和行动给予回应。

二、营销渠道的功能

营销渠道承担着将商品从生产商转移到消费者手中的任务,在此过程中必须承担便利搜寻、调节品种和数量差异、克服时间与空间差异及提供增值服务等多种重要功能,以完成交易,实现价值增值。

(一)便利搜寻

由于生产者和消费者均面临一定程度的不确定性,生产者可能无法与最终用户建立联系,而消费者也可能难以找到所需产品。在这种情况下,中介机构发挥了至关重要的作用,为生产方和消费方搭建了有效的桥梁,通过降低消费者的搜索成本,实际提高了顾客的交付价值[2]。

(二)调节产销的品种与数量差异

中介机构在调节产销的品种与数量差异的过程中发挥着至关重要的作用。它们通过产品的归集、分装、分级和汇总等工作,将厂家生产的产品种类与数量和市场需求的产品种类与数量进行有效的匹配。例如,中介机构可以对产品进行分装、打包、贴标等加工,以满足消费方对产品外观、品质等方面的要求。这样不仅可以解决生产厂家和消费方之间的矛盾,还可以提高生产厂家的生产效率和产品质量,满足消费方的需求[2]。

(三)克服产销的时空差异

营销渠道在克服产销的时空差异中发挥着重要的作用。它不仅能够协调产需时间上的矛盾，还能解决产品供需空间不一致的问题。企业生产出商品后，往往不能直接满足最终消费者的即时需求。为了将产品迅速、准确地传递到消费者手中，渠道在这个过程中扮演了至关重要的角色。渠道能够有效地协调产需时间上的矛盾，通过库存和配送等方式确保产品在合适的时间、地点出现，满足消费者的需求。同时，产品的生产地点通常受到多种因素的影响，如原材料的来源、人力资源的分布等，因此不能完全根据消费需求地点来决定。此时，一个高效、灵活的营销渠道便能够实现产品在空间上的转移，满足不同地区的消费需求[2]。

（四）提供增值服务

中介机构所提供的增值服务涵盖信用、物流、市场信息与研究、售后服务、所有权转移、促销、信息与支付等多个方面。营销渠道的功能在营销渠道中表现为多样化的流程，如图 14-2 所示，包括实物流、所有权流、促销流、信息流、支付流，这些流程将参与营销渠道的各类组织机构相互连接。在不同的营销渠道中，这些功能由不同的渠道成员承担。当渠道系统发生变化时，这些功能的组合方式也会相应调整，但所需承担的渠道功能并不会改变，只是由不同的渠道成员分担了这些功能[2]。

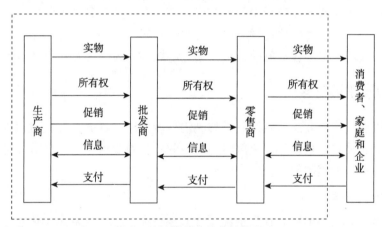

图 14-2　渠道内的营销流程

三、渠道模式的演进

随着数字化时代的到来，企业的营销渠道管理逐步从传统的单渠道向多渠道、跨渠道和全渠道转型（见图 14-3），体现出当今市场环境变化、科学技术进步及管理理念演进对企业营销渠道管理的要求[3][4]。

（一）单渠道

单渠道（single-channel）模式指企业通过唯一的渠道（如实体店面或分销商等渠道），将产品或服务交付给顾客的模式。

单渠道模式具有成本较低、易于部署和评估等优势，对于市场份额较大或品牌影响力较强的企业而言，这种模式可以帮助企业获得市场垄断地位并最大化利润。然而，单

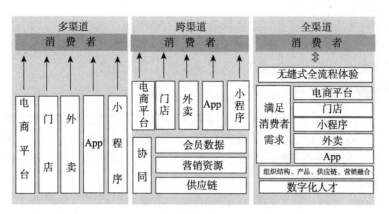

图 14-3 线上线下渠道整合的三种模式

渠道模式严重限制了企业触达更广泛和多元化顾客群的潜力。例如，在传统的实体门店时代，麦当劳采用单渠道模式，通过实体餐厅提供快餐服务，获得了市场垄断和口碑。这种模式使其成功打败竞争对手，成为全球最大的快餐连锁企业。但随着消费者需求的多样化和数字技术的发展，麦当劳也逐渐开始拓展新兴渠道，提供多种线上服务来满足顾客的需求。

（二）多渠道

多渠道（multi-channel）模式指企业采用两条以上独立的渠道，如实体店面和电商平台等，进行销售活动的模式[5]。在这种模式下，虽然企业提供了多个渠道供消费者选择，但大多数消费者通常习惯在某一渠道完成整个购买过程。多渠道模式下，不同渠道之间缺乏统一的运营标准和数据交互，如图 14-4 所示。这就要求企业在每条渠道上都能提供完成销售过程的全面服务。对企业而言，不同的渠道将为不同的顾客群提供服务。

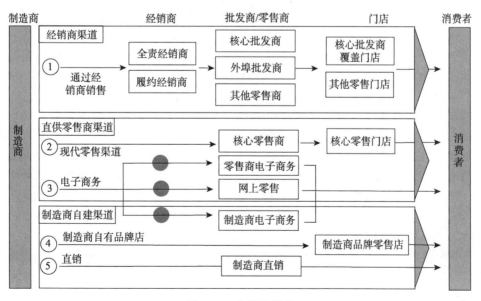

图 14-4 多渠道模式
资料来源：IBM 价值研究院。

从规模视角来看，多渠道模式是单渠道模式的升级，它有助于企业开拓更广阔的市场，触达更多元的顾客群，并在不同渠道采取定制化营销策略满足潜在需求。然而，这些相互独立的渠道可能导致营运效率低下和营销效果不理想。

（三）跨渠道

跨渠道（cross-channel）模式是多渠道模式和全渠道模式之间的一种渠道模式。跨渠道模式是指企业通过协调其多个渠道的目标、设计和布局来为企业创造协同效应以及为顾客提供独特价值的渠道模式。如果说多渠道模式的目的更多是扩大市场覆盖，那么跨渠道模式的目的更多是提高效率和降低成本。

随着新媒体的兴起，跨渠道模式最大的特征是各个渠道以及渠道各个环节的协同，换句话说，完成某个销售环节不一定完全依赖某一特定渠道。信息沟通、支付和售后服务等功能可以通过多种信息渠道如微信、App、美团等实现。例如，零售商可以用社交媒体进行信息沟通，通过实体店展示商品，通过电商网站进行支付，通过移动端 App 提供售后服务，形成跨渠道模式。

数据链接技术支持跨渠道和跨设备营销，帮助企业选择最佳渠道与顾客互动。跨渠道模式让企业可以同时在不同渠道与顾客互动，并且可以对每个环节的营销绩效进行评价和预测。相比传统零售模式，跨渠道模式通过整合不同渠道，构建一条连贯高效的渠道，在扩大市场的同时优化成本与资源配置[6]。

营销工具14-1

地理围栏技术

地理围栏技术（geo-fencing）是一种基于位置服务（LBS）的创新应用，其功能是通过创建虚拟的地理边界——或称之为"围栏"，来定义特定的地理区域。当移动设备进入、离开或在这个特定的地理区域内活动时，设备可以接收到自动通知或者警告。

地理围栏的设定不仅仅涉及经纬度和城市地图的简单匹配，它更多地是根据一个特定地理区域内业务和商业活动的分布情况进行划分。这种区隔实际上是基于不同的应用需求所形成的商业群落地图，其中主要的商业活动和需求会集中在特定的区域，从而形成一个集中的信息服务区域。

地理围栏技术在实体零售商中应用广泛，它可以使商家对处在特定地理空间中的消费者，尤其是那些在商店附近或已在店中的消费者，进行移动促销。例如，阿里巴巴的生鲜超市品牌盒马鲜生，就通过地理围栏技术为用户提供 30 分钟内送达的配送服务；星巴克利用地理围栏技术向用户推送定制的优惠活动和提醒，当用户进入星巴克的地理围栏时，他们会收到包括优惠券、新品推荐等在内的信息；麦当劳在竞争对手肯德基门店周围设置地理围栏，当顾客接近这些地点时，麦当劳的应用会发送特价优惠信息，诱导顾客改变原有的餐饮选择，转向麦当劳。

资料来源：Namiot D, Sneps-Sneppe M. Geofence and network proximity[C]//Conference on Internet of Things and Smart Spaces. Berlin, Heidelberg: Springer Berlin Heidelberg, 2013: 117-127.

（四）全渠道

全渠道（omni-channel）模式是指企业能够针对目标顾客的需求，综合利用多种渠道与顾客进行互动,从而能够为顾客提供全链路的、无缝触达的、千人千面的购物体验的模式[7]。全渠道模式的核心是以顾客为中心,通过对各种渠道的选择、组合和整合,为顾客提供持续的优质体验[8]。

全渠道模式下,企业为顾客提供丰富的交易渠道,包括门店、电商、微商城、社群营销、直播带货等,创造多样的互动场景,包括呼叫中心、智能终端、上门服务、社交媒体、服务终端等,在覆盖目标顾客的基础上提高交易效率和简化交易路径。在全渠道模式下,企业不仅向顾客展示内容,还与顾客实时交互[8]。相比传统零售模式,全渠道模式能提供顾客一体化体验,更加高效地满足顾客需求,并提高企业运营效率,是企业面向未来锻造差异化竞争力的重要手段[9]。

为此,需要企业在组织架构方面将线上线下渠道划归同一部门进行统一管理运营;在产品规划和定价、营销资源管理和客户关系管理方面,需要对线上线下营销统一规划,做到线上线下同款同价,统一规划调配线上线下的营销资源,全方位打通会员系统和会员权益管理;在供应方面,需要企业在采购、仓储和物流上高度协同;在数字化能力上,需要企业能够将各个渠道、业务部门的数据全面打通,进行全数据的分析和应用[7]。

Mini案例14-1

蒂芙尼的"全渠道营销"解决方案

蒂芙尼是一家历史悠久的奢侈品牌,成立于1837年,一直以来都是高贵、优雅、奢华的代名词。然而,随着新一代消费者的崛起和数字化时代的到来,蒂芙尼必须适应新形势,重新调整品牌形象和渠道策略,以满足消费者的需求。

蒂芙尼塑造其品牌形象,将目标客户群体定位于追求个性、自我认同和用户体验的年轻客户群体,通过推出定制化、个性化和高品质的产品,获得年轻消费者的青睐。

蒂芙尼通过构建全渠道营销体系,向消费者提供了多样化的购物方式和渠道,实现线上线下的协同配合。通过天猫奢侈品专享平台进行新品首发,同时提供贵宾专属服务等;打造全新形象的首家线下概念店,为消费者提供更加便捷和亲民的消费体验。蒂芙尼还运用快闪营销策略,通过创新空间打破了传统购买模式,增强了消费者的互动和参与感,为消费者提供了全新的购物体验。

蒂芙尼推出一系列定制服务,以满足客户的个性化需求。例如,在Make It Tiffany吧台上,消费者可以自由选择宝石、金属和设计元素等,根据自己的喜好进行搭配和定制。这种定制服务不仅彰显了消费者的个性和品位,也充分体现了蒂芙尼对客户需求的关注和满足。

资料来源:蒂芙尼官网. 品牌中心 https://www.tiffany.cn/.

第二节 营销渠道设计

生产商应该从战略的角度出发,设计能够适应市场环境变化、传递有效的顾客信息、满足顾客需求、提高效率和灵活性的营销渠道[10]。营销渠道设计包括以下几个步骤。

一、分析营销渠道缺口

营销渠道设计是企业根据其战略目标和顾客需求,评估选择不同的渠道结构,以最低总成本传递顾客价值,达成顾客满意的过程。在进行营销渠道设计时,需要考虑企业战略要素、营销战略要素和渠道缺口分析等方面。

(1)企业战略要素分析。评估企业的愿景、使命、价值观、核心竞争力、组织结构、文化、资源等因素对营销渠道设计的影响。

(2)营销战略要素分析。评估企业的营销目标、市场定位、目标市场、目标顾客、产品组合、品牌策略、价格策略、促销策略等因素对营销渠道设计的影响。

(3)营销渠道缺口分析。评估企业的渠道状况和期望的渠道状况,找出存在的差距和问题。企业需要评估渠道是否能够覆盖目标市场和顾客、是否能够有效地传递产品和服务的价值、是否能够满足顾客的需求和偏好、是否能够提高效率和降低成本、是否能够适应市场环境的变化等[11]。

Mini案例14-2

公牛:借用快消渠道模式助成长

公牛集团是中国民用电工行业的领军品牌,自1995年创立以来,一直致力于为客户提供安全舒适的用电体验,通过不断产品创新和品质提升,实现了"十户中国家庭,七户用公牛"的品牌影响力。

在20世纪90年代初家电化普及的时代背景下,中国家庭对移动插座的需求日益增长。针对当时市面上插座质量良莠不齐的情况,公牛提出了要生产"用不坏的插座"的理念,凭借领先的技术和产品质量,公牛插座逐渐树立了可靠耐用的良好口碑。为了更好地拓展市场,公牛在营销方式上进行了创新,淘汰了传统批发模式,创造性地把快消品的"配送访销"模式引入到电工产品领域,让经销商从"坐商"变成"行商",助力渠道下沉。同时,推动经销商的业务员进行日常客情维护,将传统销售卖货模式变化成为围绕门店的销售服务模式。这一策略的实施以及产品口碑的积累,相较于同品类竞争对手形成了显著的竞争优势,使公牛快速占领了插座市场。随着家庭用电需求的不断增长,用电安全问题逐渐成为消费者关注的焦点,而公牛插座所提供的三重安全防护,定义了安全插座的价值,有效解决了消费者用电安全的痛点,让公牛品牌在消费者心目中构筑起了与家庭安全用电密不可分的品牌形象。

资料来源:基于公牛集团资料整理。

二、分析顾客需求

营销渠道的设计要以终端顾客的需求为中心展开。渠道管理者要想构建一个能够满足或超越终端用户需求的高效渠道,就必须先深入了解顾客需求,为顾客提供有价值的服务产出[12][13]。

（1）批量大小。组织市场购买量较大，而消费市场的消费者往往以单件购买为多。单次购买量大小决定了其购买的频繁程度。在加拿大，由于地广人稀，家庭基本都拥有运输工具，单次购买量相对较大。相反，在人口稠密的国家和地区，单次购买量相对要少，但购买频率相对要高。

（2）等候时间。为了满足这一需求，渠道需要具备一个高效、灵活且可靠的物流系统，同时还应建立有效的顾客反馈机制。例如，在电子商务领域，京东通过建立多个配送中心和使用先进的物流技术，实现了当日或次日送达的服务，大幅缩短了顾客的等待时间。

（3）空间便利。空间便利性能够降低顾客的搜寻与运输成本，提高购买体验。一般来说，顾客希望渠道能够提供近距离、易达到、多样化的销售点或渠道。例如，在汽车行业，比亚迪拥有众多经销商，覆盖了各个地区和市场，为顾客提供了方便的选购和维修服务。

（4）产品品种。顾客通常更青睐品种丰富多样的渠道，因为这能最大限度满足其需求。例如，沃尔玛通过跨品类采购，为顾客提供海量商品选择，品种齐全是其竞争优势所在。

（5）服务支持。顾客希望渠道能够提供高质量、全面、及时的服务支持，以解决他们在购买前后可能遇到的问题或困难。例如，在家电行业，格力通过建立全国性的物流配送网络和售后服务中心，为顾客提供了上门送货、安装、维修等一站式服务。

（6）信息提供。顾客希望渠道能够提供准确、充分、有用的信息，以帮助他们了解产品特点和优势，选择合适的产品，使用和维护产品。例如，丝芙兰通过在门店设置专业的美容顾问，为顾客提供个性化的美妆建议和试用体验。

企业应根据目标顾客的需求，选择适宜的渠道服务产出水平。这涉及企业对顾客细分与行为分析，理解不同顾客群对批量、交付、空间、品种、服务与信息的要求，然后通过选择与开发渠道，为每一顾客群提供最佳的服务产出。这是企业设计渠道策略的重要考量，能最大限度满足顾客需求与提高企业渠道竞争力。

三、设定渠道目标

渠道目标是渠道策略设计过程中的关键组成部分，其主要目的是将渠道管理者对于渠道功能和效果的预期具体化，并为之制定相应的营销策略。在这一过程中，企业需通过评估目标顾客的需求、服务产出水平、相关成本和服务支持水平等因素来明确渠道目标，并在竞争环境下，对渠道成员的各项功能任务进行合理分配，以降低成本和提高顾客满意度[14]。

通常情况下，基于目标顾客对服务产出水平的不同需求，企业可以识别出各个细分市场并为之提供服务。具有有效性的渠道策略应当能够覆盖所服务的细分市场，并确保在所有场景下，采用最佳渠道方案来实现预期的渠道目标。

根据产品的特性，不同的渠道目标可能会有所不同。例如，对于易腐品而言，较直接的渠道策略更具有优势；而运输距离较长的产品则适合采取直达运输的渠道策略。此外，一些非标准化产品（如定制款机器设备）可能需要通过企业销售代表直接销售；对于单价较高的产品（如发电机、叶轮机等），通常会通过企业的直销或合作伙伴销售而非分销商渠道。

在全球化和数字化的市场环境下，企业需要根据外部环境的变化及时调整渠道目标。例如，在经济衰退时期，企业可能会倾向于选择较短且具有成本优势的渠道策略，以提高市场反应速度和降低服务成本。同时，在法律法规层面，企业需关注法律对于有可能损害竞争或产生垄断行为的渠道安排的禁止或限制条款，并根据相关法规调整渠道策略。另外，在进入新市场时，企业需要考察其他企业的渠道选择及市场表现，并根据自身的优势和目标，制定出要么差异化竞争要么模仿竞争的渠道策略。

四、确定渠道架构

当企业确定了渠道的任务以后，接下来就要通过设计渠道的层次结构来确定主要的渠道选择方案。渠道的长度、宽度和广度是渠道架构设计的三大要素（见图 14-5）。在设计渠道结构时，企业需要根据自身情况和产品特点来选择适合的渠道结构，以实现最佳的营销效果。

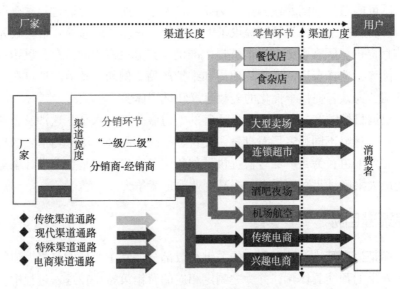

图 14-5　快消品行业常见的渠道结构

（1）渠道长度。渠道长度的选择可以从直销（零层次渠道）到多层级渠道。例如，戴尔（Dell）采用的是直销模式，通过自己官方网站销售产品，实现对产品销售的控制和管理。而联想（Lenovo）则采取多层级渠道模式，通过代理商、批发商、零售商等进行产品的分销，以达到增加产品覆盖率的目标[15]。

（2）渠道宽度。渠道宽度是指企业在某个层次的中间商的数量多少。渠道宽度与企业采取的分销政策（独家分销和密集分销）相关。一般来说，拥有较宽渠道宽度的企业能够接触到更多的潜在顾客，能够提高市场覆盖率。然而，过宽的渠道宽度也可能导致企业的销售渠道混乱、管理难度增加以及难以控制市场和顾客。

（3）渠道类型的广度。企业在市场上进行销售时采用的渠道类型的多少。一般企业采用多种类型的营销渠道，如利用线上渠道、实体店、批发商、代理商、直销渠道等，它反映了企业产品或服务在市场上的可获得性和便利性。

渠道结构的设计需要根据企业的产品特点和市场需求来确定。此外，渠道结构的设计还需要考虑到渠道成本和效益的平衡，以确保企业的营销活动能够实现最佳的投入产出比。在全渠道化的发展趋势下，企业需要将不同渠道类型进行有机结合，以实现协同效应。例如，通过线上渠道与线下渠道的结合，可以实现订单的在线上完成，而配送和售后服务则在线下完成，以提高顾客购物体验[16]。

Mini案例14-3

盒马鲜生的跨渠道模式

盒马鲜生的零售新业态采用了跨渠道模式，通过线上线下渠道的整合，实现了商品展示、交易、支付和服务的一体化。这种模式构建了一条连续高效的渠道，拓展了市场覆盖范围，并提高了盈利能力。

盒马鲜生通过线上线下渠道的融合，打破了传统零售业的局限，为消费者提供了更加便捷和优质的购物体验。线上商城和线下门店实现了商品信息、会员权益、支付系统的共享，消费者可以在不同渠道中自由切换，享受无缝的购物体验。此外，盒马鲜生还推出了"盒马鲜生+"App，进一步提高了线上线下交互的便利性。

盒马鲜生的跨渠道模式不仅提高了消费者的购物体验，还提高了企业的运营效率。通过数据分析和智能化技术的应用，盒马鲜生实现了供应链的优化和效率提升，降低了成本，并提高了盈利能力。同时，盒马鲜生的线上线下渠道整合策略也为企业提供了新的市场机会和增长点。

资料来源：盒马鲜生官网.品牌官网 https://www.freshippo.com/.

五、评估渠道方案

营销渠道结构的各种情况及基本方案确定之后，需要对渠道结构进行评价。营销渠道方案评估是企业在制定渠道策略时的关键环节，它有助于企业全面地审视并选择最佳的渠道方案。评价渠道结构的三个主要标准是：经济性标准、控制性标准和覆盖性标准。

（1）经济性标准。在渠道方案的选择和设计中，以经济效益为核心，对各种备选方案进行评价，找出最优的渠道方案。具体来说，经济性标准包括以下几个方面：渠道成本，包括渠道建设费用、运营费用、管理费用等；渠道效益，包括销售额、市场占有率、顾客满意度等；渠道利润，包括毛利率、净利率等。

（2）控制性标准。对营销渠道的评估还应该充分考虑核心企业能否对营销渠道实现有效地控制。具体来说，控制性标准包括以下几个方面：渠道控制，包括渠道的可控性、可管理性、可监督性等；渠道风险，包括渠道的风险程度、风险来源、风险控制等；渠道稳定，包括渠道的稳定性、可预测性、可持续性等。

（3）覆盖性标准。覆盖性标准反映企业通过某渠道组合实现目标市场覆盖和渗透的能力。具体评估可以从市场渗透率、终端分布密度、城市覆盖率以及顾客触达率等维度进行。市场渗透率计算品牌产品通过该渠道覆盖目标消费群的比例；终端分布密度则衡量产品在各销售终端的分布情况；城市覆盖率反映不同级别城市的覆盖情况；顾客触达率则判定品牌通过营销渠道接触目标顾客群体的比例。这些指标能较为直接地反映渠道结构对市场的有效覆盖程度。

营销洞见14-1

如何应对全渠道营销面临的挑战？

全渠道营销在数字化时代已逐步成为企业营销的主要模式。通过线上、移动和线下多渠道的整合，企业能够与消费者在各种触点上进行互动，打造统一的消费体验。然而，企业在实施全渠道营销过程中面临三大挑战。

首先，数据挑战是企业在进行全渠道营销时所遇到的主要问题之一。数据的获取和整合难度大，这就需要企业采取数据挖掘和分析的技术，如联邦学习和数据整合技术，以实现数据的统一管理和分析。同时，与第三方数据平台合作或收购数据提供商也是获取更多消费者数据的有效途径。

其次，营销归因挑战也是企业在实施全渠道营销时所遇到的问题。由于消费者在决策过程中可能同时通过多个触点与企业进行互动，企业很难准确地衡量每个触点对消费者转化的贡献。对此，企业需要建立多触点归因模型，对全渠道营销效果进行全面评估。

最后，隐私挑战也是企业在实施全渠道营销时所必须面对的问题。消费者对于企业跨设备和接触点收集、分析和同步其个人数据的行为有所抵触。因此，企业需要采取措施保护消费者隐私，如基于其他顾客的行为数据而非特定个人数据进行预测分析，使用区块链技术激励顾客分享个人数据等。

资料来源：Cui T H, Ghose A, Halaburda H, et al. Informational challenges in omnichannel marketing: Remedies and future research[J]. Journal of Marketing, 2021, 85(1): 103-120.

六、制定渠道政策

渠道政策是企业为实现其渠道战略目标，促进渠道业务发展、规范渠道业务运作的渠道业务运作政策及管理制度。渠道政策对生产企业、渠道成员和消费者起到重要的引导和规范作用，是三方利益的联结点，利用这些政策能够吸引渠道成员并确保渠道成员的稳定。常见的渠道政策包括以下几种。

1. 商品销售政策

商品销售政策是指企业与渠道成员进行交易时，关于产品、销售区域、销售服务等方面的规定。商品销售政策通常包括以下几个部分。

（1）产品政策：企业与渠道成员在产品销售方面达成的协议，包括产品的种类、规格、质量、价格等。

（2）销售区域政策：企业根据渠道成员的销售能力及不同区域市场的文化差异、市场差异等，将销售市场划分为不同的区域范围，并制定相应的销售政策。

（3）销售服务政策：企业鼓励渠道成员向顾客提供优质的销售服务，规范其服务范围与服务操作流程。为了实现这个目标，企业可能会提供相关的服务技能培训，提供专业的服务设备或工具，建立服务质量的回访和监督机制，根据服务的数量和质量给予补偿和奖励。

（4）销售管理政策：企业为了规范渠道成员的销售行为，维护市场秩序而制定的管理政策。这种政策包括对渠道成员的监督、考核、评价和奖惩等方面，以便实现科学有效的销售管理，保证市场的稳定和发展。

2. 价格政策

价格政策是企业对产品销售价格体系、折扣、返利等方面的规定，它直接影响渠道成员的利润结构，其中包括价格差、进货折扣、销售佣金、销量奖励等。企业需要平衡各方的利益，既要保证渠道成员的利润空间，又要确保产品的市场竞争力，同时也要满足消费者的期待。

企业在制定价格政策时，需要考虑保护品牌形象和市场竞争力等因素。例如，一些高端品牌为了维护其高贵形象，会实行最低零售价政策，即零售商不能低于此价格销售产品。这种政策可以防止价格战，维护品牌的高端形象。在实际操作中，企业可能会根据渠道的类型、级别、地区等因素，制定不同的价格政策。

3. 商品供应政策

商品供应政策涉及商品供应的周期、数量、补货方式以及商品质量等。例如，快时尚品牌名创优品（Miniso）采用快速补货策略，频繁更新店面商品，保持新鲜度。这就要求其供应链必须非常灵活，能够迅速适应市场变化。

（1）备货水平。是指经销商仓库中常备商品的数量和种类，以保障销售和供应链的稳定运行。备货水平的确定需要考虑到产品的销售速度、供应周期、市场需求等因素。

（2）商品质量。生产企业需要保证商品质量的合格，尤其要保障顾客了解商品性能与特征的权利、选择商品的权利以及对不适用商品的退货与换货的权利。

（3）瑕疵商品的处理。对于瑕疵商品，企业应有明确的处理程序，既要满足顾客的需求，也要增强各方保证商品质量的责任。这包括设立有效的退货、换货机制，以及对有瑕疵商品的检测、维修、报废等环节的管理。

4. 货款支付政策

货款支付政策涵盖商品货款的支付方式、期限、信用额度等因素。该政策的制定需要兼顾企业的财务安全和渠道成员的采购需求。例如，对于大型零售商，企业可能会提供较长的账期，甚至在信用额度内的信用销售，以支持其大规模的采购活动；但是对于小型零售商，企业可能会要求现金交易，以降低财务风险。

（1）支付时间：这是规定商品销售货款应在什么时间进行支付。企业需要根据自身的财务状况和渠道成员的信用状况，合理确定支付时间。

（2）逾期支付：如果发生货款支付时间延迟，即拖欠货款的情况，企业需要规定可容忍的延迟期限、延迟支付比率，以及逾期支付的罚款制度。这些规定的目的是让渠道成员明白拖欠货款的后果，促使其按时支付货款。

（3）逾期代价：对于拖欠货款的渠道成员，企业需要规定其应承担的代价。这包括在拖欠货款期间应给予的补偿，以及在最后期限之后如果仍未支付货款时，企业有权采取的法律行动[17]。

5. 铺货政策

铺货政策是指企业对其商品在零售终端陈列、展示和推广方面的规定。它有助于提升消费者的购物体验，降低渠道成员的风险，并有利于快速建立和扩大产品的分销渠道。铺货政策的主要内容包括：

（1）适用条件：这是指企业决定进行铺货的条件，如渠道成员的信用状况、市场潜力等。

（2）最高铺货水平：这是指企业对每个渠道成员提供的最大铺货数量或金额。

（3）考核标准：这是指企业对铺货效果的评估标准，包括销售额、市场份额、展示规范性、消费者满意度等。

（4）回收规则：这是指企业对未能销售出的铺货产品的回收规定，以及对延迟支付铺货款的处理方式。

6. 配送政策

配送政策主要涉及产品的运输方式、运输时间、运输成本等因素。精心设计和执行的配送政策能够显著提升顾客满意度，并促进销售的稳定增长。

（1）商品补充：每个销售门店的仓库和货架上的商品需要定期补充，以确保库存充足。

（2）特殊商品配送：对于体积大、笨重或技术复杂的商品，可能需要专业人员上门配送并进行安装调试。在非店销售场合，可能需要采用送货上门并当面支付货款的方式。

（3）角色和责任：配送政策应鼓励渠道成员承担各种情况下的商品实体转移职能。这包括对必要设备的投资、场地使用费用、人员工资和附加费用、信息沟通和管理费用的承担。

（4）配送程序和损失责任：配送政策需要明确配送的具体程序和流程，以及货物在配送过程中可能产生的损失和责任。

（5）垫付货款问题：配送政策还需要对在特定情况下，如送货上门时的垫付货款问题做出明确规定。

7. 奖励政策

奖励政策是企业对渠道成员的业绩奖励、促销奖励和市场开发奖励等。奖励的方式多种多样，可以针对某一项职能进行奖励，也可以根据多个相关职能的执行情况进行综合评估和奖励。奖励的形式主要包括物质奖励和精神奖励。

（1）物质奖励：这主要包括金钱奖励和非现金奖励。金钱奖励通常是奖金或者利润分享，而非现金奖励可能包括商品、旅行或者其他形式的奖品。

（2）精神奖励：这种奖励对于渠道成员的品牌建设和信誉提升具有重要作用，包括表彰、荣誉证书、公开赞扬等形式。

在实施奖励政策时，应明确规定费用的补偿、佣金的支付以及奖励项目等内容，以形成明确的制度，保证奖励政策的有效执行。这样可以真正达到激励渠道成员积极合作、努力履行渠道职能的目的。

第三节　营销渠道管理

一、选择渠道成员

在完成渠道设计后，企业应依据渠道建设目标和渠道方案，进行渠道成员的选择。选择合适的渠道成员有助于企业提高渠道质量、降低渠道风险，帮助企业更好地实现其营销目标，提高企业的市场占有率和竞争力[18]。

（一）渠道成员的类型

在产品或服务从生产商到用户转移的过程中，参与产品流通的各个环节中的组织或个人被称为渠道成员。渠道成员包括代理商、经销商、电子商务平台以及社交媒体平台等。渠道成员是构建营销渠道的基础单位，选择恰当的成员有助企业实现高效的价格支付，塑造清晰的品牌形象，这也为其产品获得市场认知与竞争优势奠定基础[19]。

1. 代理商

代理商与厂商签订合同，获得特定产品或服务的代理权，在特定地区或市场上，代理商代表厂商销售产品或服务，通过赚取代理佣金获取利润。代理商可以提供专业的市场分析、销售策略和顾客服务，帮助制造商更好地了解市场需求和趋势，提高产品的销售量和市场占有率。代理商的类型多种多样，包括独家代理、多家代理、区域代理、行业代理等。不同的代理商类型具有不同的权利和义务，厂商可以根据自己的需求和产品特点选择合适的代理商。

2. 经销商

经销商与厂商签订经销合同，获得商品的所有权，通过转售给下游顾客获取利润。经销商是营销渠道的核心成员，不仅负责市场推广、建立销售网络、提供售后服务，还需要及时反馈市场信息给生产商或制造商，以便生产商能够根据市场需求进行生产调整。经销商的类型多种多样，根据销售对象和销售方式的不同，经销商可以分为批发商、零售商等。批发商主要负责将产品从生产商或制造商手中批量销售给零售商、其他批发商等。零售商则主要负责将产品直接销售给最终消费者，它们通常在商场、超市、专卖店等场所进行销售，以满足消费者的需求。

3. 电商平台

电商平台是指通过互联网将产品销售给最终顾客的企业，包括京东、天猫、拼多多、抖音等。电商平台通常能够提供在线购物的便捷和快速体验，并且有些平台也负责产品的库存、配送和售后服务等。

4. 新型电商渠道

成员包括社交媒体、自媒体、微商、直播电商等，主要通过社交媒体、自媒体、微信、直播平台等渠道，将产品销售给最终消费者。渠道成员能够利用社交网络的传播效应，扩大产品影响力；渠道成员的销售方式比较灵活，能够根据市场需求进行调整；通常以个人或小团队的形式存在，成本较低。

渠道成员的选择对渠道产出质量具有重要影响。首先，企业应根据终端用户的服务产出需求选择相应的成员。例如，如果用户重视产品的空间便利性，应选择具备实物流与库存能力的成员；如果用户更看重购买体验，应选择具备强大推广与顾客服务能力的成员。其次，企业还应考虑终端用户的购买习惯与偏好。如果用户已熟悉某类型渠道，在新渠道推广上就会面临一定阻力。企业应选择与用户购买习惯相匹配的原有渠道，然后再通过有效促销引导用户接受新渠道。最后，企业需要判断不同渠道成员是否匹配产品的市场定位。某类渠道成员的形象特征可能会影响或割裂产品的市场形象。企业应选择与产品定位和质量水平匹配的渠道成员来源，避免因营销渠道的差异造成品牌形象的消解或扭曲[20]。

营销工具14-2

智能购物车

智能购物车在现代零售业中得到日益广泛应用。它不仅具备传统购物车的功能，还通过融入人工智能技术，为消费者提供了更加便捷、高效的购物体验。

智能购物车通过其配备的智能扫码设备、重量传感器、全景式摄像头以及5G+Wi-Fi网络模块和蓝牙模块等设备，支持消费者在购物过程中实时扫码。在购物完成后，智能购物车会生成详细的购物清单，方便用户核对商品信息。智能购物车还具备结账功能。用户只需将商品一件件放入智能购物车，然后选择支付方式即可完成结账。这大大简化了购物流程，减少了排队等待的时间，为用户提供了更加便捷、高效的购物体验。智能购物车具备智能推荐功能。通过分析用户的购物历史和偏好，智能购物车为每位用户提供个性化的商品推荐。这些推荐基于用户的购买记录、浏览行为等数据，确保用户能够轻松找到自己所需的商品。此外，智能购物车还能够自动记录消费者从进店到离店的所有购物过程，包括区域停留时间、购物偏好以及购物数据等。这些数据将被传输到超市的系统，以便超市和品牌商能够进行千人千面的精准营销。

未来，随着技术的不断进步，智能购物车将会更加智能化、个性化，为消费带来更多的便利和惊喜。

资料来源：Sawant M R, Krishnan K, Bhokre S, et al. The RFID based smart shopping cart[J]. International Journal of Engineering Research and General Science, 2015, 3(2): 275-280.

(二) 渠道成员的选择标准

企业应根据自身的产品特点与战略定位，选择能促进其取得成功的合作对象。在选择渠道成员时，需要考虑以下多种因素[21]。

1. 市场覆盖范围

市场覆盖范围不仅指中间商的地理位置，还涉及它们的销售对象是否是企业的潜在顾客。企业需要根据自身的产品特点、目标顾客和市场特点来选择合适的中间商，以提高销售业绩和市场份额。

2. 经销商声誉

指中间商的资金信用度和业界美誉度。企业需要选择值得信赖的中间商，他不会为了一点眼前利益破坏渠道规则，同时，企业还可以利用中间商的良好形象获取顾客的信任，促进产品的销售。

3. 从业经验

包括中间商开业时间的长短、积累的专业知识和销售经验，以及中间商的发展历程及经营表现。企业需要选择经验丰富、经营业绩良好的中间商，以降低风险并提高销售目标的达成率。

4. 合作意愿

企业需要寻找认同制造企业的发展目标、产品品牌及企业理念的中间商。此外，中间商的合作精神及企业文化也需要考虑，因为企业文化决定了企业的价值观、思维方式和行为习惯。

5. 产品组合情况

指中间商的经营范围和业态，以及中间商经营的产品结构。企业需要选择经销非竞争产品的中间商，避免因内部竞争因素导致销售不佳。同时，充分利用中间商的专业知识快速打开产品销路，还可以省去对中间商进行专业培训的成本和时间。

6. 财务状况

企业需要选择具有良好财务状况的中间商，以确保及时付款和提供部分预付款等能力。此外，企业还可以考虑与中间商共享销售费用，以降低成本。

7. 区位优势

指零售商应该位于本企业产品的目标顾客常到之处，属于顾客的活动范围，而批发商的地理位置则要考虑其是否有利于产品的批量储存、分销和运输。

8. 管理能力

指中间商的综合管理和服务能力。例如，生产饮用水的企业通常要求分销商具备较强的商品运输与储存能力，而IT厂商则要求分销商具备一定的行业背景和拥有专业的售中、售后服务人员。中间商产品销售及市场推广能力也是重要的考虑因素，例如，市场推广政策、商品配送水平和技术实力，推销商品的手段和策略以及推销队伍的规模和素质等因素。

二、渠道权力运用和渠道成员激励

稳定的营销渠道对于企业取得成功至关重要，而渠道成员激励是维持渠道稳定的关键所在。企业需要巧妙运用渠道权力，制定完善的渠道激励政策，并与渠道成员保持良好的沟通和协作，来提高渠道成员的积极性和忠诚度，从而推动企业的营销渠道健康稳定发展。

（一）渠道权力

渠道成员和生产商是各自独立的经济实体，有各自的利益。它们之间是合作关系，而不是上下级之间的命令关系。企业不能对渠道成员像内部销售部门那样实施命令与控制，需要通过有效的激励机制来调动其积极性，朝着企业预期目标发展。这要求企业理解渠道管理的权力来源和运用渠道权力策略，与渠道成员建立共同的利益诉求与发展方向。

1. 惩罚权

指生产商行使某种惩罚性的措施对渠道成员进行约束和限制的权力。例如，生产商可以规定中间商必须按照官方规定的价格销售产品，否则将取消中间商的销售资格。

2. 奖励权

指生产商通过奖励等方式来激励渠道成员的权力。例如，生产商可以根据中间商的销售业绩，提供一定的销售津贴、价格折扣、奖金和其他优惠条件，以激励中间商更积极地参与到销售工作中。

3. 合法权

指生产商依据相关法律法规及合同要求对渠道成员进行约束和限制的权力。例如，生产商对中间商的产品质量进行监督和检查，确保其符合制造商的要求。

4. 专长权

指生产商在某些方面具有专业知识和技能，从而对渠道成员进行指导和帮助的权力。例如，生产商可以为渠道成员提供产品知识、销售技巧等方面的培训，帮助渠道成员更好地推广企业产品。

5. 参照权

指生产商由于其在业界的良好声誉和影响力，获得其他渠道成员的心理认同而对它们产生的影响力，中间商因能够与之合作而感到自豪。例如，在日化领域，宝洁因其领先的地位和声誉得到渠道成员的广泛认可，加入宝洁的销售网络被经销商认为是一种荣誉。

（二）渠道成员激励策略

在营销渠道管理中，渠道成员激励是生产商运用渠道权力的一种重要形式。生产商需要根据不同情况和不同目标选择不同的激励措施，以调动渠道成员的积极性，实现企业目标。

1. 直接激励

生产商通过给予物质或金钱等奖励来激发渠道成员的积极性和动力，以鼓励其更好地完成任务或达成目标。这种激励主要有以下几种形式。

（1）返利政策。生产商可以根据中间商的销售额或者销售数量来给予不同程度的返利，以此来刺激中间商的销售活动。返利政策包括返利的标准、返利的形式、返利的时间和返利的附属条件等[21]。

（2）价格折扣。生产商通过对中间商采购价格的优惠，来鼓励中间商增加采购量和销售量，从而提高生产商的销售业绩。价格折扣的形式包括数量折扣、等级折扣、现金折扣、季节折扣和返点等。

（3）促销支持。生产商通过给予中间商一定的促销费用，来帮助中间商增加销售量和销售效果。促销活动可以包括赠品、附加服务、折扣等形式，以吸引消费者的注意力和提高产品的销售量。生产商可以通过派遣专业的促销人员、提供专业的促销方案、协助安排商品陈列和举办产品展览等措施，来支持中间商的促销活动。

（4）市场基金。生产商通过给予中间商一定的市场包销额度，来调动中间商开拓和维护市场的积极性。市场基金可以用于中间商的各个环节，以帮助中间商更好地推销和销售产品。生产商可以根据中间商的销售贡献或者其他因素，来给予一定比例的市场基金。

（5）设立奖项。生产商通过在渠道成员间设立各类奖项，来调动中间商的积极性。奖项可以包括合作奖、开拓奖、回款奖等，以鼓励中间商在某一方面的突出表现。

（6）补贴。生产商通过给予中间商一定的费用补贴，来鼓励中间商增加销售量和销售效果。

2. 间接激励

生产商还可以通过向中间商提供优质的管理和服务支持来间接激励中间商，这些支持可以包括管理援助、技术援助、售后服务等方面的支持，以帮助中间商更好地销售产品，并增强其市场竞争力。通常的做法有以下几种形式。

（1）帮助中间商进行库存管理。生产商可以通过与中间商共享销售数据和库存情况，协助中间商合理安排库存和采购计划，以优化其进货决策，提高管理效率。例如，某汽车制造商会根据销售数据和库存情况，协助经销商合理安排库存和采购计划，以保证销售和库存的平衡。

（2）帮助零售商进行零售终端管理。帮助零售商进行市场分析，了解消费者的需求和喜好，根据不同地区、不同人群的消费习惯，选择合适的商品和合适的价格进行铺货。帮助零售商设计商品陈列，根据商品的特性、价格、销售数据等因素，合理安排陈列位置、陈列方式、促销氛围营造等。

（3）帮助中间商进行客户管理。帮助中间商建立顾客信息数据库，制定顾客服务流程和标准，合理利用社交媒体平台加强与顾客的互动，可以帮助中间商更好地管理顾客资源并提高顾客满意度。

（4）产品及技术支持。产品及技术支持是指通过提供优质的产品和强有力的技术支持服务，来帮助中间商提高销售业绩和服务质量。生产商可以通过提供产品培训、售后服务和技术支持等措施，协助中间商提高销售能力和服务质量。

渠道激励策略的制定需要考虑产品特征、渠道类型与销售阶段等因素，制定直接激励与间接激励相结合的综合激励策略。直接激励能快速提高渠道商的工作积极性，而间接激励则有助其培养自主销售与管理能力。企业应根据市场环境与渠道特征选择不同激励方式，并根据销售目标与阶段要求进行动态调整。

三、评估渠道效率

渠道效率评估是渠道管理中的重要环节，它可以帮助企业了解其渠道合作伙伴的表现和贡献，从而更好地调整渠道策略，提高渠道效益。在进行渠道效率评估时，应当综合考虑渠道组织管理、运行状况、服务质量以及经济效果等多个方面，对渠道成员的经营效率进行综合分析[21]。

（一）渠道组织管理评估

渠道组织管理评估对渠道成员的管理质量和营销能力进行评估。渠道组织管理评估主要从以下几个方面进行考查。

（1）了解组织架构和运营流程：了解渠道成员的组织架构是否清晰、决策流程是否科学高效、各级管理人员是否有效地履行其职责、组织的规章制度是否完善等。

（2）考察人员管理：了解渠道成员是否具备有效的招聘和选拔机制、如何管理和培训其销售和客服团队，以及员工绩效评估和激励机制是否科学。

（3）考察合作伙伴关系：了解渠道成员与其他合作伙伴的关系，包括供应商、第三方服务提供商等。观察它们是否具备良好的合作纪录和口碑、是否能够有效地协调和管理合作伙伴关系。

（二）渠道运行状况评估

服务质量评估是评估渠道成员在价值交付过程中对生产商所创造的附加价值或服务增值的质量和效果。渠道运行状况评估主要从以下几个方面进行考察。

（1）渠道通畅性。渠道通畅性是指产品在渠道各环节的流动顺畅程度。对渠道通畅性的评估可以了解渠道的运作情况，发现可能存在的瓶颈、滞销等问题，并采取及时有效的措施来解决问题，优化渠道运作效率。

（2）渠道覆盖率。渠道覆盖率是指渠道成员在特定销售区域内的市场覆盖程度。通过评估渠道覆盖率，可以了解渠道成员在销售区域内的市场占有率和竞争力，从而制定更加精准的渠道管理策略。

（3）渠道流通能力。渠道的流通能力是指渠道成员顺畅地将产品流通到目标消费者手中的能力。通过评估渠道的流通能力，可以了解渠道成员的运营能力，帮助渠道成员制定合适的销售策略和流通计划，并实现预期的销售目标。

(三)渠道服务质量评估

服务质量评估是评估渠道成员对厂商所创造的价值或服务增值的质量和效果的重要内容之一。服务质量评估主要从以下几个方面进行考察。

(1)信息沟通质量。信息沟通质量是指营销渠道中各成员之间信息传递的准确性和及时性,以及信息沟通方式的有效性和便利性。通过评估信息沟通质量,可以了解渠道成员的反馈能力和反馈效果,及时掌握市场信息和产品信息,从而制定更加精准的渠道管理策略[22]。

(2)配送交付服务。配送交付服务是渠道的基本职能,其目的是确保产品或服务能够在正确的时间、地点和条件下,以最低的成本和最高的效率提供给顾客,涉及运输、仓储、订单处理和顾客服务等各个环节。通过评估配送交付服务质量,可以了解渠道成员的配送能力和配送效率,及时解决配送问题。

(3)渠道促销效率。渠道促销效率是指渠道成员在促销过程中,投入的促销成本与获得的销售收益之间的比例关系。它反映了企业在促销活动中的运营效率和投资回报率。通过评估渠道促销效率,可以了解渠道成员的促销能力和促销效果,及时掌握促销情况,从而制定更加精准的渠道管理策略。

(4)顾客抱怨处理。顾客抱怨处理是渠道顾客服务的重要环节。顾客抱怨不仅是渠道成员发现管理问题的重要渠道,更是获得顾客反馈创新渠道服务的信息来源。通过评估渠道成员的顾客抱怨及处理情况,可以了解渠道成员的服务质量,及时解决服务问题[23]。

(四)渠道经济效果评估

经济效果评估是评估渠道系统或渠道成员的产出和投入之间的比例关系,旨在评估渠道的盈利能力和资产管理效率。经济效果评估主要从以下几个方面进行考察:

(1)销售分析。销售分析是评估渠道成员产出的重要手段之一。通过分析销售额、销售量、库存周转率等指标,可以了解渠道成员的销售情况,及时采取措施解决问题。

(2)市场占有率分析。市场占有率分析是评估渠道成员在市场中的地位和竞争力的重要手段之一。通过分析全部市场占有率、可达市场占有率、相对市场占有率等指标,可以了解渠道成员在市场中的地位和竞争力,及时采取措施增强竞争力。

(3)渠道费用分析。渠道费用分析是评估渠道成本和效益的重要手段之一。通过分析直接渠道成本和间接渠道成本,以及渠道成本与销售额比率等指标,可以了解渠道成本和效益的比例关系,及时采取措施降低成本,提高效益。

(4)盈利能力分析。盈利能力分析是评估渠道成员盈利能力的重要手段之一。通过分析销售利润率、资产收益率和净资产收益率等指标,可以了解渠道成员的盈利能力,及时采取措施提高盈利能力。

(5)资产管理效率。资产管理效率是评估渠道成员资产管理水平的重要手段之一。通过分析资产周转率、存货周转率和资金周转率等指标,可以了解渠道成员的资产管理水平,及时采取措施提高资产管理水平。

渠道绩效评估是评估渠道系统或渠道成员的重要手段之一，旨在优化渠道布局和管理，提高渠道效率和营销质量。通过以上方面的评估，企业可以了解渠道成员的管理质量和能力、配合、协同和积极性等方面的表现，进而制定更加精准的渠道管理策略，提高渠道的效率和营销质量[24]。

Mini案例14-4

新茶饮企业的渠道创新

新茶饮企业是以提供新颖茶饮为核心业务的企业，以喜茶为代表，其核心理念是年轻化、科技化和国际化，致力于将全球优质茶香融入产品之中，引领新式茶饮风潮。此外，还有茶颜悦色、奈雪的茶等众多新茶饮品牌在市场上崭露头角。

新茶饮企业注重数字化与智能化运营，以更好地服务消费者并提升运营效率。它们积极推进数字化建设，利用信息化平台与消费者接触，实现下单、取茶和外卖一体化，并结合实体店打造丰富的消费体验场景。

新茶饮企业的渠道模式以线下实体店和线上数字化渠道为主。其中，线上数字化渠道是新茶饮企业发展速度加快的新兴趋势。例如，喜茶和奈雪的茶等头部品牌在新冠疫情期间迅速调整战略，开启数字化转型。这种转型主要表现在搭建数字化渠道上，如小程序、App 和第三方平台等，让消费者可以随时随地进行线上购买新茶饮产品。

在线下渠道方面，喜茶在便利店、商超和自有门店等零售渠道都有销售。同时，喜茶还在不断拓展新的外卖渠道，尝试在抖音平台上推出外卖服务，并与网红合作通过"团购"等方式吸引更多消费者。此外，喜茶还开发了瓶装饮料产品，这些产品不仅在线上各电商渠道销售，也在线下零售渠道进行销售。

资料来源：

[1] 北京商报. 喜茶借便利商超渠道进入包装饮品市场[EB/OL]. （2020-07-13） [2023-10-05]. https://baijiahao.baidu.com/s?id=1672113790632808836&wfr=spider&for=pc.

[2] 新京报. 喜茶跨渠道联名开拓新消费场景[EB/OL]. （2020-03-13）[2023-10-05]. https://baijiahao.baidu.com/s?id=1661058914829360708&wfr=spider&for=pc.

四、管理渠道冲突

渠道冲突是渠道运营过程中不可避免的现象，没有冲突往往意味着没有合作。不同利益主体的渠道成员在争取有限资源时，往往会发生冲突。企业可以通过制定有效的渠道管理策略、设计合理的渠道结构、明确渠道成员的职责和权利、加强渠道成员之间的沟通和协调等方法，控制渠道冲突的发生和影响，从而提高整个渠道的效率和营销质量。

（一）渠道冲突的形式

渠道冲突是指渠道成员之间因为对分销渠道事件的不同理解或目标利益不一致而产

生的冲突。一般来说，渠道冲突可以分为：水平冲突、垂直冲突和渠道间冲突[25]。

1. 水平冲突

水平冲突是由于同一层次的渠道成员在销售相同的产品或服务时，存在相互竞争的关系，导致彼此之间的利益冲突。例如，企业的多个经销商之间可能会为了争夺同一顾客而展开竞争。这种竞争可能会导致价格战、促销战等激烈比拼，从而使企业的销售收入和利润受到损失。

为了避免水平冲突对企业造成不利影响，企业可以采取一些措施来协调渠道成员之间的关系。例如，企业可以通过制定合理的销售政策、分配销售区域、规定最低售价等方式来限制渠道成员之间的竞争程度。此外，企业还可以通过建立信息共享机制、开展联合促销活动等方式来增强渠道成员之间的合作与沟通，从而减少水平冲突的可能性。

2. 垂直冲突

当上下游企业之间的渠道目标不一致时，或资源和能力不匹配时，就会产生垂直冲突。例如，一家大型零售商可能希望其供应商能够提供更快速、更高效的物流服务，以满足零售商对库存和销售的需求。然而，供应商可能由于自身能力的限制而无法提供这样的服务，这就可能导致垂直冲突。

企业可以采取多种措施解决渠道的垂直冲突。企业通过建立良好的沟通机制，与上下游企业进行充分的沟通和协商，了解彼此的需求和目标。企业需要制定合理的销售和利润目标，以确保上下游企业的利益得到保障。企业与上下游企业建立长期稳定的合作关系，共同提升供应链的效率和性能，以实现共赢的目标。

3. 渠道间冲突

在多渠道营销系统中，每个渠道都有其自身的特点和优势，可以帮助企业更好地覆盖不同的细分市场，提高销售额和市场份额[23]。然而，随着不同渠道的引入，渠道间的冲突也随之产生，这种冲突通常表现为渠道之间的竞争、重叠、沟通障碍以及渠道间的价格差异等问题。例如，线上渠道体系与线下渠道体系之间的价格差异往往会引发渠道间的冲突，从而破坏企业的定价策略和整体利润。

当不同渠道之间存在冲突时，企业需要采取有效的措施来解决这些问题。企业应该明确每个渠道的定位和责任，避免不同渠道之间的重叠和竞争。例如，可以将经销商渠道和直销渠道进行区分，每个渠道都有其特定的销售区域和目标顾客群体，避免产生冲突。企业需要加强不同渠道之间的沟通和协调，建立有效的沟通机制和合作机制。例如，可以定期召开渠道会议，让不同渠道相互了解对方的情况和需求，促进合作。企业还要建立有效的激励机制，鼓励不同渠道之间的合作和创新。例如，可以对表现优秀的经销商和直销员进行奖励，或者推出针对不同渠道的促销活动。

（二）渠道冲突的原因

渠道冲突的原因多种多样，企业需要认识到冲突的根源，并采取相应的措施，来避免或控制渠道冲突的产生和影响。渠道冲突的原因包括渠道成员目标不一致、权利不平衡、利益不公平、沟通不顺畅等。

（1）渠道成员目标不一致。在营销渠道中，不同的渠道成员往往有不同的目标和利益追求，从而引发冲突。例如，资源的稀缺性可能会导致渠道成员间优质稀缺资源的争夺，而这些争夺往往会导致渠道冲突的产生。零售商希望通过降低价格来提高市场份额，而生产商则希望通过增加利润率来获得更多的收益。解决渠道成员目标不一致的问题需要各方共同努力，通过协商、合作和协调来建立共同的目标和树立合作共赢的渠道理念，以保证整个渠道的效率和效益。

（2）渠道成员权利不平衡。在渠道关系中，如果某个成员对其他成员的依赖性过高，就可能导致权利的不平衡，进而引发渠道冲突。例如，在生产商主导的渠道关系中生产商对渠道成员具有较强的控制力，渠道成员只能被迫接受生产商提出的各种条件，包括价格、交货期、质量等方面的要求，从而引发渠道冲突。在零售商主导的渠道关系中，零售商可能会滥用其优势地位，对生产商的产品进行任意降价促销或者征收高额费用，从而引发渠道冲突。解决渠道成员权利不平衡的问题需要各方共同建立公平合理的渠道模式，明确各方的权利和义务，避免一方对另一方的过度控制；通过建立多元化的渠道体系，降低对单一渠道成员的依赖性，增强企业的抗风险能力。

（3）渠道成员利益分配不公平。当渠道成员之间的利益分配不均时，就容易引起不满和抗议，从而引发冲突。例如，当一个渠道成员在合作中承担了更多的风险和责任，但所获得的回报与其他成员相比并不公平时，其可能会开始怀疑自己的决策是否正确，甚至考虑退出该渠道。解决渠道成员利益不公平的问题需要渠道建立公平的激励机制，充分考虑各方的利益，并制定既能保证渠道成员公平收益，又能促进渠道发展的政策。还需要建立公正的评估机制，对于渠道成员的业绩和贡献作出公正的评估。

（4）渠道成员沟通不顺畅。如果渠道成员之间的沟通不畅，就容易导致误解和猜疑，从而引发冲突。在很多情况下，企业的渠道政策不够明确，如销售区域、销售信贷等方面任务和权利界定不够清晰，便会导致诸多矛盾，如果没有有效的沟通机制，就会导致渠道成员间冲突的发生。解决渠道成员沟通不顺畅的问题需要渠道建立良好的沟通机制，定期举行会议，分享彼此的观点和需求，并就如何解决问题进行讨论；还可以通过电话、电子邮件或即时通信工具进行日常沟通，以便及时解决问题并避免冲突。需要培训渠道成员的良好沟通意识和沟通能力，包括提供语言和沟通技巧的培训，以及如何解决冲突的培训等。

企业需要认识到这些渠道冲突的根源，并采取相应的措施来避免或控制渠道冲突的产生和影响。同时，当发现渠道冲突已经产生时，企业应该及时采取有效的措施进行解决，以避免冲突进一步升级。

营销洞见14-2

渠道压货能走多远？

在年底，艾克赛索公司的销售团队面临一项艰巨的任务，即实现CEO设定的9%增长目标。为了达成这一目标，它们采取了以往的策略，向分销渠道大量压货，然而这导致了分销商库存积压，而市场上却鲜有艾克赛索公司的产品。

问题的根源在于企业的销售订单与实际消费需求完全脱节。由于企业无法获取由零售商自销售点采集的需求数据，因此无法及时掌握市场的实际需求。此外，企业并未与零售商充分沟通和协调营销计划，从而产生了"牛鞭效应"。

为了解决这些问题，艾克赛索公司需要采取更明智的渠道促销策略，以减少超量囤积和灰色市场的产生。企业还需要规划合理的渠道促销策略，以影响零售业绩和整个渠道的利润。具体而言，它们需要：

（1）统筹安排促销措施，确保定价和营销措施协调一致。
（2）审慎制定折扣方案，事先规划好打折的步速和节奏。
（3）生产商和销售商密切合作，保持生产和销售同步。
（4）根据不同的市场和产品生命周期因地制宜地制定促销策略。
（5）在实施促销活动的过程中，有效控制促销的攻势。

资料来源：约翰·巴特曼. 渠道压货能走多远？[J]. 商业评论，2004(8)：89-100.

（三）管理渠道冲突

营销渠道中的冲突是不可避免的，企业需要采取一系列的预防措施和解决方案，应对营销渠道中的冲突，包括建立共同愿景和发展目标、严格评估渠道成员、设立沟通和预警系统、鼓励冲突双方进行自我协商调解、由第三方进行调解和仲裁，以及使冲突成员退出该营销渠道等措施[26]。

1. 战略上要建立共同愿景和发展目标

建立共同愿景和发展目标，不仅可以增强营销渠道的稳定性和可靠性，还可以提高企业的品牌形象和市场竞争力。共同愿景不仅应该包括企业的长期发展目标，还应该充分考虑合作伙伴的需求和利益。发展目标不仅应该与企业的战略规划相一致，还应该考虑到市场的实际情况和合作伙伴的实际情况，实现合作共赢。例如，联想集团在建立渠道伙伴计划时，要求所有的渠道伙伴必须与联想共享其愿景和目标，以确保所有的渠道成员能够共同发展和成长[23]。

2. 成员选择上要进行严格的评估和审核

在选择渠道成员时，必须进行严格的评估和审核，不仅要确保渠道成员的能力和专业水平符合渠道发展的要求，还需要渠道成员之间有一致的价值观和道德规范。通过严格的审核和评估，确保选择的渠道成员是可靠的、有能力的，并且能够与企业建立长期稳定的合作关系。例如，苹果公司在选择它的零售商时，会先进行严格的评估和审核，以确保零售商符合企业的标准和要求，能够推动苹果产品的销售。

3. 制度上要建立完善的沟通及预警系统

在渠道管理中,建立完善的沟通及预警系统也可以帮助企业更好地了解市场动态和竞争状况,从而更好地应对市场变化。通过有效的沟通,企业可以更好地了解渠道成员的需求、问题和建议,从而更好地调整策略、解决问题和提升效率。同时,预警系统可以帮助企业及时发现和控制潜在的冲突,从而采取及时的应对措施,减少冲突的影响和损失[23]。

4. 方法上鼓励冲突双方进行自我协商调解

当渠道冲突出现时,鼓励冲突双方进行自我协商调解不仅有助于维护渠道的和谐稳定,还能够提高双方的沟通能力和解决问题的能力。为了使自我协商调解成功,渠道需要建立良好的沟通渠道,设计及时、透明的沟通计划。例如,华为公司在解决渠道冲突时,会鼓励渠道成员进行自我调节和协商,以达到共赢的目标。

5. 程序上建议由第三方进行调解和仲裁

渠道冲突发生后,还可以通过第三方调解和仲裁来解决渠道冲突,以缓解矛盾和争议,维护渠道的稳定和健康发展。应当选择中立的、专业的、有经验的第三方调解或仲裁机构,公正地听取双方的意见和要求,并提出合理的解决方案。在调解或仲裁过程中,双方应该能够充分表达自己的意见和要求,并有机会听取对方的看法和要求。一旦达成共识,双方应该签署协议,明确解决方案的具体内容和执行方式。

渠道冲突虽然不可避免,但是企业可以通过建立有效的管理机制,将冲突控制在可接受的水平上,从而提高整个渠道的效率和竞争力。此外,企业还可以通过加强渠道成员之间的培训和教育,提高渠道成员的专业素质和营销技能,从而减少因为角色和权利不明确导致的渠道冲突。通过建立渠道成员之间的联盟和合作,共同应对市场竞争和外部压力,从而增强渠道成员之间的互信和合作关系,避免渠道冲突的产生。

最佳实践14-1

晨光文具:是文具,也是生活

上海晨光文具股份有限公司是全球最大的综合文具供应商之一,产品涵盖书写工具、学生文具、办公文具及其他相关产品,致力于让学习和工作更快乐、更高效。在过去的20多年里,晨光文具经历了快速的发展,创立了多个自有品牌,销售网络覆盖全国各地及海外市场。企业于2015年正式在上交所挂牌上市。2023年,晨光文具在全国覆盖近7万家零售终端,拥有晨光生活馆、九木杂物社等659家零售大店,实现营业收入233亿元人民币。

深耕传统渠道

在2004年至2007年期间,晨光文具聚焦渠道建设和品牌塑造,尤其强化了连锁加盟业务的快速发展。通过建立渠道伙伴金字塔,进行多层次的投入与分享,覆盖全国市场。自2015年起,企业开发了1200家新兴渠道,包括精品文具店、杂货店、复合型书店等,销售规模约为1.5亿元人民币,这些渠道主要销售进口产品和高价格的小众产品。通过与各级渠道伙伴的紧密合作,晨光文具能将新品在4天至15天内迅速铺货到全国各地的终端，确保消费者能够及时获得最新的产品。

晨光文具的策略是聚焦重点终端（面积更大、经营质量更好的终端），以提升终端经营质量为目的进行单店坪效提升，旨在对商圈乃至整个城市形成标杆示范作用。通过输出有效的产品配置标准，重点推广必备品和高价值产品，加强品类阵地打造，推动渠道结构升级，持续拓展行业内头部大店和社区商圈。截至2022年末，晨光文具在全国拥有36家一级渠道商，合作伙伴覆盖1200个城市，近7万家零售终端。

直营体系建设

2013年，全新的"晨光科力普"办公直销服务平台正式启动。为了更好地服务庞大的终端顾客，晨光文具建立了两大直营零售体系：精品文具店晨光生活馆和九木杂物社。这些体系旨在树立晨光品牌升级的桥头堡，并通过自营零售能力的构建更好地赋能传统门店，提升其运营能力。

晨光生活馆定位于服务学生和年轻消费者，致力于提供与学生及年轻客群学习生活相关的"全品类一站式"文化时尚购物场所。该馆以晨光文具为主，并结合其他文具品牌、玩具等，形成了学生群体的一盘货。店铺主要位于浙江、江苏、江西、上海新华系统，以及万达、百联、银泰城、来福士等商业中心。

九木杂物社则定位于服务中产阶级女性、家庭女主人，提供高性价比的精品小百货。该店主打精品杂物，针对15—35岁的女性，以满足消费升级带来的文创产品的消费需求。其店铺选址均在大型购物中心，如龙之梦、万象城等知名商圈。

晨光文具通过这两大直营体系，针对不同年龄层客群，未来将形成不同的商品标准配置表，指导商品的采购规划和店铺商品结构的组建。在商品的采购上，将通过集中采购制进行管控，同时制定重点供应商和品类的管理机制。为快速响应店铺紧缺和地方性的商品需求，部分商品将由省级生活馆公司自行采购。通过品类规划、供应商优化和采购响应能力提升，晨光文具将塑造丰富多彩且较高品质的商品结构，形成独特的竞争力。

线上渠道提升

作为中国文具行业的领军者，晨光文具近年来亦面临电商的冲击。企业积极拓展线上业务，致力于与行业伙伴共同制定线上产品的发展节奏、标准与流程，以实现差异化经营，进一步提升市场占有率。企业在打造高客单线上产品的初步尝试中，已取得了较好的效果，各细分品类的市场表现均达到预期的效果，如食品级马克笔、超轻黏土、缝线本、削笔器等产品。此外，晨光将自身定位为渠道伙伴，与天猫、拼多多、抖音、快手等各大电商平台紧密合作，旨在实现更广泛的市场覆盖。

在未来，晨光文具将持续推进核心业务的全渠道布局，围绕用户需求和消费习惯的变化趋势，持续优化零售运营体系，形成多层级经销体系为主体，通过线下新渠道、线上业务和直供更多直接触达顾客，实现全渠道、多触点的布局。

最佳实践14-2：尚品宅配：只为美好生活

讨论题：

1. 晨光文具的渠道模式是如何演变的？
2. 为什么晨光文具在发展线上渠道的同时，仍然大力发展直营渠道？

3. 晨光文具的营销渠道在未来有哪些改进的方向？

资料来源：

[1] 晨光文具品牌官网. https://www.mg-pen.com/.

[2] 熊辉. 上海晨光文具营销渠道策略研究[D]. 清华大学高级管理人员工商管理硕士（EMBA）专业学位论文，2019.

[3] 晨光文具.上海晨光文具股份有限公司 2022 年度报告. 2023.3.31.

[4] 吴容. 晨光文具如何找寻出路[J]. 人民周刊，2019(9)：44-45.

本章小结

（1）营销渠道是商品和服务从生产者到最终消费者流通和交易的通道，是实现有效价值传递的必要手段。

（2）衔接产销、降低社会流通成本、提高流通效率、实现价值传递，是渠道系统存在和随着时间的推移而继续存在的理由。

（3）全渠道零售的核心是以消费者为中心，通过对各种渠道的选择和组合、整合，为消费者提供持续的优质体验。在全渠道模式下，企业不仅向消费者展示内容，还与消费者实时交互，这种交互不仅紧跟现代技术发展，更是融入了消费者多样化的生活方式。

（4）营销渠道设计是企业根据其战略目标和顾客需求，评估选择不同的渠道结构，以最低总成本传递顾客价值，达成最大限度的顾客满意的过程。

（5）营销渠道方案评估是制定渠道策略的关键环节，有助于企业全面地审视并选择最佳的渠道方案，三个主要评估标准是：经济性、控制性和覆盖性。

（6）渠道成员的选择与管理是渠道建设的关键所在，选择恰当的成员有助企业实现高效的营销传播，塑造清晰的品牌形象，这也为其产品获得市场认知与竞争优势奠定基础。

（7）渠道冲突的原因多种多样，企业需要认识到冲突的根源，并采取相应的措施，来避免或控制渠道冲突的产生和影响。

关键术语

营销渠道（marketing channel）　　价值传递网络（value delivery network）

渠道功能（channel function）　　单渠道（single-channel）

多渠道（multi-channel）　　跨渠道（cross-channel）

全渠道（omni-channel）　　渠道权力（channel power）

冲突管理（conflict management）　　渠道激励（channel incentive）

回顾性问题

1. 如何理解营销渠道在企业营销中的地位和重要性？
2. 营销渠道管理的特点和内涵是什么？
3. 渠道模式从单渠道到全渠道是如何演进发展的？
4. 渠道冲突应当如何管理？有什么应对措施？

辩论性问题

营销辩论题：渠道建设应该基于博弈理念还是共赢理念？

一种观点认为，渠道由独立的渠道成员组成，且每个成员的经营目标和利益诉求不同；同时，渠道也需要因时而变，因此，应该采取博弈理念，建立交易型的渠道关系，实现利益最大化和渠道灵活性。而另一种观点则认为，渠道是一个为最终用户服务的整体，需要相互协同。因此，应该采取共赢的理念，建立信赖型的渠道关系，实现共同利益最大化和满足用户需求。

正方：渠道建设应该基于博弈的理念。

反方：渠道建设应该基于共赢的理念。

实践性问题

1. 回忆你最近一次观看直播的经历。你在直播间买过东西吗？你认为哪些产品和品牌适合在直播间销售？另外，你认为直播是营销渠道吗？

2. 找一个最近发生的企业间渠道冲突的例子，分析冲突产生的原因、所产生的影响以及你建议的解决冲突的措施。

3. 你认为当前哪一家企业的全渠道融合做得好？你认为数字化时代全渠道融合的关键是什么？

延伸阅读

[1] 胡左浩，孙倩敏. 良品铺子：数字化助力渠道变革[J]. 清华管理评论，2020(9)：18-25.
[2] 赵星宇，庄贵军. 制造商渠道多元化与跨渠道冲突：企业规模和跨渠道整合的调节作用[J]. 商业经济与管理，2021，(7)：44-54.
[3] 臧树伟，潘璇，胡左浩，等. 双元能力如何促进企业全渠道转型[J]. 南开管理评论，2021，24(4)：62-73.
[4] Cui T H, Ghose A, Halaburda H, et al. Informational challenges in omnichannel marketing: Remedies and future research[J]. Journal of Marketing, 2021, 85(1): 103-120.

参考文献

即测即练

第十五章

客户关系管理

> 爱人者，人恒爱之。
>
> ——《孟子·离娄章句下》
>
> 常以感恩之心对待顾客，诚实而努力地做生意。
>
> ——松下幸之助（松下电器创始人）

学习目标

1. 认识客户关系管理的重要性；
2. 熟悉顾客生命周期以及顾客生涯价值概念；
3. 了解客户体验管理与客户旅程地图；
4. 了解顾客忠诚管理的内涵。

开篇案例

B 站：哔哩哔哩，干杯

B 站起步

哔哩哔哩（以下简称"B 站"）于 2009 年 6 月创立。B 站创立之初，是作为 A 站的替代品出现的。一名 A 站网友创立了一家名叫 Mikufans 的弹幕视频网站，抓住网站"稳定性"这一用户痛点进入公众视线。随着当时 A 站刷屏危机的爆发，大量会员在弹幕中争吵、刷屏。B 站凭借积累的人脉和合乎时宜的冷启动宣传，引导大量 A 站会员转投自己，获得了首批优秀的 up 主和用户，也逐渐摆脱"山寨版 A 站"的身份，正式成为 A 站的竞争对手。

B 站的社区忠诚培育

作为二次元文化爱好者的聚集地，B 站注重网站模块设计的优化，通过优质的界面设计和精细的版块划分来吸引用户。与 A 站注重文章区不同，B 站专注于视频区。其主页以明亮色彩的动画图片为特色，更贴合 ACG（animation、comic、game）文化的特点；内容板块方面也以二次元爱好者为核心，鬼畜版块、游戏区专门的 Mugen 版等一系列种类划分明晰且多元化。

B站实行用户价值最大化的管理模式,为解决资源版权问题开始购买新番,走向"弹幕+视频"模式。此外,B站严格的会员准入机制构建起牢固的"次元壁",被封为"中国御宅学高考"的会员考试保证了站内文化的纯粹性;讲究"情怀"的无贴片广告模式;不强制充钱,采用无"等级观念"的用户管理;不刻意引导用户关注热门内容,给予用户充分的自由度。"尊重、平等、自由"的理念使用户拥有更好的使用体验,也成为B站走入亚文化一族内部的根本所在,推动其用户数量不断攀升(图15-1)。

图15-1 哔哩哔哩官网首页内容
资料来源:哔哩哔哩官网截屏。

在用户数量提升的同时,B站之所以能培养大量忠诚粉丝,关键在于其高质量的UGC(user generated content,即用户原创内容)。用户通过弹幕进行用户间的沟通和对UP主的回应,在氛围浓郁的社区文化下,一部分用户也会因受到感染而加入UP主的行列,由此形成B站互动良好的"UGC"生态链。此外,B站独有的线下演出活动,如BiliBili Macro Link、拜年祭等,备受御宅群体的热烈欢迎。B站为UP主和粉丝提供零距离的交流和分享机会,在感染力强的线下晚会中引发他们情感和兴趣上的共鸣,进而有助于形成更强烈的社区品牌忠诚,最终圈粉无数。

未来发展

随着平台的发展,B站在内容创造上开始进行了转型,内容覆盖面上由属于亚文化的二次元领域向泛二次元领域转型,B站开屏封面甚至由曾经的"2233娘"变为"你感兴趣的视频都在B站"。在加速"破圈"的同时,B站还更加注重挖掘本平台的商业价值。

部分新番采用"付费先看"模式、下架"哲学类鬼畜视频"、推出竖屏视频、各类明星入驻、头部UP主马太效应明显、广告视频越来越多……以前的B站像是独乐乐的二次元乐园,随着B站目标受众的增多,现在的B站更像是一个众乐乐的平台,依然有着生机和活力,只是也有了些距离感。2023年4月的B站UP主停更潮事件更是将B站与UP主间的矛盾暴露在公众面前。

B站未来会如何发展?是否会破坏其潜心培养起来的社区忠诚?仍是一个有待见证的问题。

思考题：
1. B 站创立之初是依靠什么来吸引用户注意力的？
2. B 站在培养社区用户忠诚的过程中，经历了哪些关键阶段？
3. 试从用户参与动机角度，讨论影响 B 站社区忠诚的因素。

资料来源：
[1] 哔哩哔哩官网. 品牌中心. http://www.bilibili.com/.
[2] 马向阳, 曾恬. 一入 B 站深似海——哔哩哔哩网站的社区忠诚培育. 中国管理案例共享中心案例. 2017: 1-13.
[3] 徐笑君. 拥有智慧的平台企业：以拼多多、B 站和知乎为例[J]. 清华管理评论, 2021(Z2): 124-131.

 概念定义：

客户关怀（customer care）：企业对顾客的关注和关心。旨在建立和维护良好的顾客关系，并提供个性化的服务和支持，以满足顾客的需求和期望。

第一节　客户关系与顾客生命周期

一、营销重心的转移——从产品到顾客

（一）市场变化与客户关怀

随着经济发展和消费升级，顾客对于产品和服务的需求变得更加多样化和个性化。中国企业也逐渐从以产品为中心的模式转向以顾客为中心的营销模式。特别是互联网和移动技术的普及，使顾客更加具有信息透明度和选择权，也促使企业更加关注顾客的需求和反馈。

客户关怀旨在构建长期的、互惠互利的关系，以促进顾客满意度和忠诚度，从而进一步提升顾客的留存率和价值。客户关怀贯穿市场营销的全部环节，包括售前服务、产品质量、服务质量和售后服务几个部分。客户关怀的首要步骤是在销售阶段提供卓越的售前服务。这包括了解顾客的需求、提供详细的产品信息和解答顾客疑问、协助顾客做出明智的购买决策。良好的售前服务能够帮助顾客感受到关注和支持，建立起与企业的良好沟通和互动。提供高质量的产品和优质的服务体验也是客户关怀的重要部分之一。企业通过确保产品的质量可靠性、性能稳定性和符合标准，向顾客表达关心和关怀。优质服务要求工作人员及时回应顾客需求与问题、态度亲切且专业、积极解决顾客疑虑并提供有效解决方案，在与顾客互动中表达对其关切和关注。售后服务则是客户关怀的进一步延续。要提供快速、专业和周到的售后支持，帮助顾客解决在使用产品或服务过程中遇到的问题或困难。要积极倾听顾客的反馈，并及时处理顾客的投诉和问题，以确保顾客满意度和忠诚度的提升。

Mini案例15-1

有赞新零售：引领以"人"为主的零售新逻辑

有赞最初是一家在微信等社交平台上协助在线零售商家积累顾客，并将流量导向淘宝的企业。为了满足商家在微信平台建立独立交易系统的新需求，有赞推出了有赞微商城这一服务私域生态的产品。随着电商场景的渗透和发展，有赞积极应对环境变化，打通线上线下，门店经营信息化、智能化，让品牌能够直接触达顾客，并起名为"有赞新零售"。

为了探索零售新逻辑，有赞新零售的主要产品和服务解决方案围绕顾客运营展开，并持续进行升级和迭代。通过全域营销、私域运营、成交转化和组织迭代这四项核心能力，实现全域业绩、有效顾客和顾客生涯价值的三大增长。具体而言，有赞突破门店场域限制，实现全域营销，在相应的分销平台补齐线下门店产品数量有限的短板，丰富品类且为线下导流；将小程序商城官网化，实现便捷地直达顾客。有赞通过直播等方式，以顾客社交网络中的产品专家、穿搭明星、测评能手、答疑客服等角色，联结起成千上万的私域用户池，充分发挥导购分销的重要价值；以差异化和个性化的服务进行会员运营，提高顾客的复购增购率。

在新零售领域，有赞正在积极研究并应用数字化工具，以更好地实践新零售理念，通过数字化手段实现人、文、货、场四要素的无缝连接和高效协同，为顾客提供一体化的解决方案。

资料来源：

邓中华. 有赞新零售：引领以"人"为主的零售新逻辑[J]. 哈佛商业评论（中文版），2022(1): 90-93.

（二）客户接触点与关键时刻

 概念定义：

客户接触点（customer touch points）：顾客与企业接触和互动的触点或渠道。

关键时刻（moment of truth）：客户旅程中对客户的体验和决策产生重要影响的节点和时刻。

客户接触点是企业与顾客交流互动的关键节点。这些接触点不仅是信息传递的渠道，更是企业与顾客建立关系、了解顾客需求、提供价值和解决问题的机会，将直接塑造顾客对品牌的印象。通过科学设计和有效管理客户接触点，企业可与顾客更为高效地互动，提供个性化服务和体验，进而增强顾客满意度和忠诚度。

关键时刻通常与顾客的决策和行为密切相关。这些时刻可以是顾客考虑购买产品或服务的阶段，也可以是顾客需要解决问题或寻求支持的时刻。在这些关键时刻，顾客往往对企业的表现和提供的价值更加敏感，这阶段的体验也将直接决定顾客是否愿意与企业保持长期合作。企业需要通过深入了解客户旅程，识别关键时刻，并在这些时刻提供个性化的支持和解决方案，以满足顾客需求、增强顾客体验，并引导顾客朝着购买和忠诚的方向发展。

首次接触通常发生在顾客对品牌产生兴趣之际。顾客对多个接触点的感受将综合形成其对整体品牌、服务或组织的总体印象，这种印象会在一段时间内培养出顾客的心理忠诚。因此，我们需要确保顾客在接触过程中一直感受到积极体验，以培育和维持他们对品牌的忠诚。随着接触点的增多，这一过程变得异常复杂，因此，企业必须谨慎处理各个接触点可能存在的问题。同时，各个接触点之间必须保持密切联系，以确保顾客在任何一个接触点都能得到一致的体验。企业可以通过统一品牌形象和语言、为员工提供统一培训和标准操作程序、畅通组织内部沟通等措施保证接触点之间的连贯性。此外，提供综合培训，确保员工掌握全面的知识和技能，以应对不同接触点的需求；通过角色扮演和模拟训练，让员工亲身体验各种接触点情境，并提供实践机会来改进他们的互动和应对技巧，增强他们在实际情况下的应变能力和自信心；建立正面激励机制、设立顾客满意度调查或其他评估机制等有助于提高接触点的体验效果，保证顾客在任意一个接触点都能获得所需服务。

有效管理客户接触点和关键时刻是提升顾客体验和建立良好顾客关系的重要手段。SAS 公司自 2016 年起，利用顾客的数据，实现了由邮件轰炸进化到个性化的信息推送的转型。SAS 团队收集顾客的购买旅程数据，并进行清洗、归类和分析，由此发现了过去发送的信息中存在的诸多问题，如提供的信息与顾客购买周期所处阶段不匹配、信息未满足顾客需求、渠道选择错误等。为实现顾客数据的全部价值和可能性，SAS 基于顾客行为和偏好的视角，利用收集的数据重新设计顾客购买旅程，通过"需求—高级别信息传递""研究—验证客户所需要解决问题的内容""决策—提供具体产品信息的更深层次内容""采纳—通知和自助内容""使用—采用内容""推荐—专门用来加深与消费者关系的内容"等流程来识别最有效吸引顾客的渠道和内容，以便更好地与新顾客购买周期的各个阶段匹配，确保与顾客接触时的互动是有意义的[4]。现在，SAS 能够识别来自一个顾客的所有联系人、顾客需要的产品或解决方案和顾客处在购买旅程的位置，然后提供顾客所需要的信息。销售结束后，还会有活动保持与顾客的联系，邀请他们加入用户社区、提供支持功能或提供其他技术资源。[5]通过细致地把握顾客接触点和关键时刻、在增加客户接触点数量的同时提高关键时刻的质量，企业可以更好地与顾客进行互动，提供个性化的解决方案和支持，最终增加顾客满意度和忠诚度，促进业务增长和持续发展。

（三）通过客户关系管理实现价值共创

传统的商业模式将企业作为价值的创造者，而将顾客作为价值的接收者。在价值共创的理念下，企业与顾客共同参与创造和提供价值，共享创新、想法、资源和知识，满足顾客的需求并实现双方的目标。顾客关系管理通过与顾客进行紧密的互动和合作，提供个性化产品和服务，并积极收集顾客反馈的意见，来实现持续的改进和创新。这种互动和合作的过程正是价值共创的实践。企业与顾客共同探索、设计和实施解决方案，共同创造和提供价值。通过实施顾客关系管理，企业能够更全面地了解顾客的需求、期望和偏好，与顾客建立深度关系并为其提供个性化的解决方案。这种个性化的服务和积极的互动激发了顾客的参与热情，同时增强顾客的满意度和体验。企业通过与顾客建立紧密的合作关系，实现共同的目标和价值创造，通过充分利用双方的资源和知识，共同创造更高层次的价值，为企业带来持续的竞争优势和商业成功。

概念定义：

价值共创（value co-creation）：企业与顾客进行互动和合作，共同创造价值的过程。

营销洞见15-1

交易营销与关系营销的区别

自20世纪80年代初起，伦纳德·L.贝瑞（Leonard L. Berry）提出了关系营销的概念和运作模式，得到广泛认可和应用。最新的关系营销研究成果表明，关系营销的基本观点有以下三个方面：①供应方和顾客之间的相互作用，特定的买方也存在积极寻求合适供应商的过程，双方是互动的关系，从强调交易向强调关系方向转移。②注重每个顾客的需求和欲望的满足，使目标顾客群体的生涯价值最大。③关系营销侧重于服务过程和价值创造。交易营销和关系营销的区别如表15-1所示。

实际上，关系营销本身并非新概念，而是对传统市场营销模式的发展，更强调创造顾客价值。关系营销的核心在于建立供应者与顾客之间的稳固纽带，而非单纯提供产品和服务。顾客满意度的提升将直接增加顾客与供应者保持长期关系的概率。随着顾客与供应者相处时间的延长，双方之间进行更多业务的可能性也随之增大，甚至有可能发展成为顾客唯一的供应来源。进一步地，与长期顾客相关的服务成本可能减少，且仅仅通过价格因素很难影响这些长期忠诚顾客。许多学者的研究表明，维持顾客的重要性表现为顾客维持和盈利性是直接相关的。关系营销注重的并非瞬时交易所带来的顾客价值，而是强调通过建立和保持与顾客的长期关系，实现最大限度的顾客生涯价值。

表15-1 交易营销与关系营销的区别

交易营销	关系营销
销售导向	顾客维持导向
间断型的顾客接触	连续的顾客接触
强调产品性能	强调顾客价值
短期考虑	长期考虑
很少强调顾客服务	对顾客服务强调程度高
在满足顾客期望方面有限度承诺	对满足顾客期望的承诺程度高
质量只是生产人员的事情	质量是涉及企业所有人员的事情

资料来源：
胡左浩，郑兆红. 顾客生涯价值概念及其对CRM的启示[J]. 外国经济与管理，2001(4): 43-48.

二、顾客生命周期与价值创造

（一）顾客生命周期阶段

顾客生命周期反映客户关系水平随时间变化的发展轨迹，它动态地描述了客户关系在不同阶段的总体特征。顾客生命周期一般包含客户触达、客户获取、客户转化以及客户维系或客户流失等四个阶段。需要说明的是，本书将客户与顾客视为同一概念，由于"客户关系管理"是约定成俗的词语，故没有采用"顾客关系管理"这一表述。

> **概念定义：**
>
> 顾客生命周期（customer lifetime cycle）：从企业与顾客建立业务关系到完全终止关系的全过程。

1. 客户触达

客户触达是顾客初次接触和了解企业、成为潜在顾客的关键阶段，也是顾客生命周期的起点。在此阶段，企业通过多样的营销渠道传达信息给顾客，以引起他们的兴趣并激发其购买意愿。客户触达可以通过观看产品广告、浏览企业网站、看到嵌入式广告等方式实现。

然而，这一阶段具有一定的挑战和不确定性。第一，尽管企业可能进行大量广告投放，但顾客常常会试图避开广告的干扰，这给企业的营销带来了一定的困扰。因此，企业应采用创新和引人注目的推广方式，以引起顾客的兴趣。第二，企业很难准确衡量客户触达的效果。企业难以确定顾客是否真正接收到广告信息，以及他们是否真正关注和记住了这些信息。因此，企业常常通过顾客获取的数量来评估客户触达的效果。

在此阶段，企业需要持续改善和优化营销策略，以提升客户触达的效果。通过创造性的广告形式、个性化的信息传递和有趣的内容，企业可以更好地吸引顾客的兴趣和注意力，并给他们留下深刻的印象。此外，通过不断的市场调研和顾客反馈收集，企业可以更深入地了解顾客的需求和偏好，从而能够更准确地进行目标定位和定制化营销。

2. 客户获取

客户获取是指潜在顾客积极响应企业营销活动，并与企业进行互动的阶段。在这个阶段，潜在顾客开始考虑是否购买企业的产品或服务，表现为一系列行为。举例而言，他们可能会注册成为平台用户、向业务员咨询产品参数、亲自试用门店样品，或是观看官方网站的产品演示视频等。需要明确的是，客户获取并不意味着潜在顾客最终会成为实际购买者。购买行为不能作为评判客户获取阶段的唯一标准，因为潜在顾客只是代表了一种潜在的购买可能性。然而，在大多数情况下，客户获取仍能为公司带来一定的价值，因为潜在顾客的一些活动仍有助于推广和宣传企业。

此外，通过提供适当的激励和刺激，企业更有可能促使潜在顾客转化为实际顾客，为企业带来收益。因此，企业可以采取各种措施，如提供优惠促销、个性化推荐、定制化服务等，以引导潜在顾客进一步互动，并促使他们成为实际购买者。

客户获取阶段是一个关键的营销过程，企业通过与潜在顾客积极互动、建立联系并提供价值，引导他们参与和购买企业的产品或服务。

3. 客户转化

客户转化是指潜在用户或长时间未购买的失效用户首次或再次进行购买，从而与企业建立业务关系并成为实际顾客的过程。在这个阶段，潜在顾客或失效顾客与企业之间发生价值交换，进而实现直接为企业带来收益。客户转化阶段是营销中最具挑战性的部分之一。相对于前两个阶段，顾客在此阶段会更加谨慎，会考虑更多因素。因此，营销人员需要明白，客户转化不仅仅是企业从顾客那里获得收入，同时也是为顾客提供有意义的价值。

为了成功实现客户转化，营销人员应该让顾客感受到企业能够提供的独特价值。这意味着营销人员需要重点展示产品或服务的独特之处，并强调它们如何满足顾客需求。此外，营销人员还可以采用个性化的营销策略，与顾客建立紧密的关系，增加顾客对企业的信任度。通过有效的沟通来满足顾客的个性化需求，营销人员可以建立良好的客户关系，进一步提高顾客转化率。

4. 客户维系或客户流失

在顾客完成首次购买后，企业需要积极维护顾客关系，以确保他们参与、留存并成为忠诚顾客，而不能让客户成为流失的客户。建立和维护忠诚顾客是企业客户关系管理的核心目标，因为获取新顾客的成本远远高于保留老顾客的成本。

在这个阶段，企业首先应提供卓越的售后服务，确保顾客满意度，并保持与顾客的有效沟通。其次，企业还应不断思考如何提供更大的价值，以满足顾客不断变化的需求和期望。保持忠诚顾客的关键是在提供现有价值的基础上，持续提供顾客所需要的新的价值。

为了维持忠诚顾客，企业需要密切关注市场趋势和顾客变化，并及时调整和优化客户关系管理策略。例如，提供个性化服务和定制化产品，以满足顾客的特殊需求；建立可靠的沟通渠道，以保持与顾客的密切联系；提供会员计划和奖励机制，以提高顾客满意度和忠诚度，推动业务增长和口碑传播。

顾客流失是不可避免的，但企业可以通过有效的客户流失管理减少损失并保持顾客价值。如通过提供高品质的产品和服务、及时的顾客支持和解决方案来减少顾客的不满和退货的风险。通过优化顾客体验和提供满足顾客期望的解决方案，企业可以降低退货率，增加顾客生涯价值。在顾客流失阶段，关注点是识别顾客流失的原因、提供挽留措施和回访机会，并从流失中学习并改进。通过主动与流失顾客进行沟通、解决问题和重新建立联系，企业有机会重新赢回顾客并挽回价值。

Mini案例15-2

用友全生命周期的客户关系管理

在数智商业时代，厂商与客户之间已经实现了云上云下一体的全链接关系，客户关系及满意度管理变得愈发重要。用友公司基于客户生命周期构建的全链路数字营销矩阵，打造出企业数智化服务的客户运营新范式。该模型分为三个重点阶段：市场营销阶段、客户销售阶段以及客户成功阶段。公司针对各阶段客户需求特点提供有效的营销策略和方式，以实现从市场潜在客户到成交客户再到客户的持续成功的全生命周期管理与闭环运营。

在市场营销阶段，客户处在低认知或无认知阶段，用友通过建设和发挥品牌影响力，利用搜索引擎优化、社交媒体推广、内容营销等整合营销手段，激发和引导潜在客户需求,通过有效的市场渠道推广,吸引更多潜在客户了解和接触到用友的产品和服务。

在客户销售阶段,客户对采购需求认知度更高。用友通过高质量内容营销、领先实践、社群营销、活动营销、体验营销等方式,建立与客户的深层次沟通,进一步明确客户需求并提供个性化的产品及解决方案。同时,通过数字化营销工具进行客户跟进和销售活动管理,确保客户销售过程的高效和质量。

在客户成功阶段,用友着重关注客户的满意度和客户关系的长期维护,通过搭建起完善的客户数据管理系统,将客户信息进行整合和分析,帮助企业洞察客户需求,提供更好的售后服务。同时,用友还利用分析平台对客户数据进行深度挖掘和分析,帮助企业了解客户行为和偏好,进一步优化产品和服务。

资料来源:基于用友公司资料整理。

(二)顾客生命周期与营销策略选择

1. 客户触达阶段

这个阶段的目标是引起潜在顾客的兴趣并与他们建立联系,故可采取以下营销策略。

(1)品牌宣传和广告。通过广告、市场推广和内容营销等方式提高品牌知名度,吸引潜在顾客的关注。

(2)社交媒体营销。利用社交媒体平台与潜在顾客互动,传播品牌价值和产品信息,吸引他们与企业建立联系。

(3)搜索引擎优化(SEO)。优化网站和内容,以提升其在搜索引擎中的排名,增加潜在顾客的曝光度。

2. 客户获取阶段

这个阶段的目标是将潜在顾客转化为实际购买或使用产品的顾客,因此可以采用以下营销策略。

(1)个性化营销。根据潜在顾客的特征和需求,定制个性化的营销信息和推广活动,引导他们进行购买行为。

(2)营销自动化。利用自动化工具和系统,跟踪潜在顾客的行为和兴趣,发送定制化的营销信息,提高转化率。

(3)优惠和奖励。提供折扣、优惠码、赠品或奖励,激励潜在顾客完成购买转换。

3. 客户转换阶段

此阶段目标是确保顾客的初次购买体验顺利,并培养他们成为忠诚的重复购买者,故可采取以下营销策略。

(1)优质顾客服务。提供良好的顾客支持和服务,解决顾客的问题和需求,增加顾客满意度和忠诚度。

(2)个性化推荐。基于顾客的购买历史和偏好,提供个性化的产品建议和推荐,如根据首单购物类型进行关联品类推荐,增加交叉销售和再购买机会。

(3)定期沟通。欢迎新顾客成为注册用户,进行情感沟通;与客户保持联系,通过电子邮件、社交媒体或定期更新通知等途径提供有价值的信息和优惠,以推动顾客进行再次购买行为。

4. 客户维系阶段

这个阶段的目标是维持现有顾客的忠诚度，促进重复购买并激发口碑传播和顾客推荐，故可采取以下营销策略。

（1）定期沟通和关怀。与顾客保持持续的沟通，发送定制化的内容和优惠信息，在顾客生日时通过生日问候与会员关注来强化情感沟通，让顾客感到被重视和关心。

（2）个性化服务和增值服务。提供个性化的顾客服务和定制化的增值服务，如根据细分人群特征与品类策略来提供商品导购，鼓励活跃顾客在 60 天内进行复购，提升顾客满意度和忠诚度。

（3）忠诚度计划和奖励。重点关注高价值的顾客，延长高价值顾客的生命周期；设立忠诚度计划，提供积分、专属优惠和特权，通过会员体系与会员权益来奖励会员的购物行为，并提高会员的忠诚度，激励顾客继续购买并参与品牌推广；为沉睡顾客提供优惠券与促销商品，吸引顾客在 60 天内持续购物，保持活跃度。

（4）反馈和参与。积极倾听顾客的意见和建议，邀请他们参与产品改进和新产品的测试，增加他们的参与感和忠诚度；通过各种渠道与流失顾客进行沟通，以期实现流失顾客的挽回及产品的改进。

营销工具15-1

RACE

RACE 包含触达（reach）、行动（act）、转化（convert）、参与（engage）四个部分。利用该工具可以在顾客生命周期阶段中促进潜在顾客、顾客和粉丝参与和品牌的互动（见图 15-2）。

图 15-2　RACE 四阶段

在触达阶段，通过社交网站和在线媒体提高品牌、产品和服务的知名度，将顾客引流到企业网站和相关社交媒体。

在行动阶段，借助企业网站或其他在线媒体吸引目标顾客关注品牌，为目标顾客提供更多机会，让其与企业或其他顾客进行互动。对很多企业而言，行动阶段的目的是开发潜在顾客，让潜在顾客同意企业通过多渠道对其进行推广，如电子邮件、社交App等。

在转化阶段，企业着重实现线上与线下的销售。

在参与阶段，通过拉近与顾客的距离，建立牢固的顾客关系，实现留住顾客的目标。

在使用 RACE 工具时，需注意要将数字渠道与传统线下渠道整合配合使用，以达到更好的效果。例如，在触达和行动阶段，通过传统媒体提升顾客对于在线展示价值的认知；在转化和参与阶段，客服人员积极与顾客进行互动。

资料来源：

[1] Smith Insights. Introducing The RACE Growth System and RACE Planning Framework: practical tools to improve your digital marketing. Blog post by Dave Chaffy, 17 Nov, 2022. https://www.smartinsights.com/digital-marketing-strategy/race-a-practical-framework-to-improve-your-digital-marketing/(accessed August 2023).

[2] 戴夫·查菲, 菲奥纳·艾利斯-查德威克. 数字营销: 战略、实施与实践[M]. 北京: 清华大学出版社, 2022: 2-4.

第二节　顾客生涯价值与生命周期管理

一、顾客生涯价值范畴与内涵

顾客价值（customer value）可以分为企业为顾客创造的价值以及顾客为企业创造的价值。本章从企业视角来定义顾客价值，即顾客价值是顾客对企业所产生的经济效益；它是企业从与顾客建立和维护关系中获得的经济回报，可以通过收入贡献、持久性、推荐和口碑效应、附加销售和交叉销售机会、顾客满意度和忠诚度等来衡量。

顾客价值在客户关系管理中被视为企业的重要指标，企业通过识别、培养和发挥高价值顾客的潜力，以增加收入、提高顾客满意度，并实现长期的盈利能力和可持续发展。

（一）顾客生涯价值的衡量

顾客生涯价值（lifetime value, LTV）：在未来维持顾客的条件下，企业从该顾客持续购买中所获得的利润流的现值。即顾客未来对企业的总贡献。计算 LTV 时，通常需要考虑购买频率、消费金额、留存率以及成本等因素。

1. RFM 模型

RFM 模型包括消费间隔（recency）、消费频率（frequency）、消费金额（monetary）三个变量。顾客的忠诚和价值会随着顾客购买频率（frequency）的增加以及购买金额（monetary）的提升而增长。在计算 RFM 值时，根据相对权重将各变量得分相加，最后将每个顾客的 RFM 总分排序即可确定顾客价值。

2. 净现值模型

净现值模型是通过货币价值来衡量顾客生涯价值，计算公式为

$$LTV = \sum_{t=1}^{n} C_t * (1+d)^{-t}$$

其中，C_t 代表第 t 年的收益，d 代表折现率，t 代表第 t 年，n 代表时间长度。

净现值模型可以扩展为考虑顾客流失的 LTV 模型、考虑折现率的 LTV 模型、考虑顾客成本的 LTV 模型、考虑顾客保持率的 LTV 模型等。

营销洞见15-2

高频购买悖论

有关顾客生涯价值和顾客生命周期的数据模型在营销领域被广泛应用。这类预测模型的基本假设是，企业未来最佳顾客是企业过去最佳顾客的延续。在评估顾客生涯价值，即顾客的未来购买贡献时，常采用 RFM 模型；就是基于最近购买（recency）、购买频率（frequency）以及购买金额（monetary）等三个指标来评估顾客的未来购买贡献。尽管 RFM 模型仍然是许多行业预测顾客生涯价值的主要模型，但它有两个缺点：（1）它忽略了 RFM 之外的其他因素，如顾客流失情况、环境发生重大变化等，并且没有充分挖掘顾客的纵向购买行为；（2）RFM 变量之间实际上存在相关关系，并不相互独立。

法德尔（Fader）等人（2005）的研究控制了购买金额变量（M），假定其独立于最近购买（R）和购买频率（F），使得顾客的未来购买贡献仅与 R 和 F 相关。他们基于上述假设，提出了 BG/NBD（Beta-Geometric/Negative Binomial Distribution）模型并发现"高频购买悖论"。

BG/NBD 模型假定顾客 A 和顾客 B 在 2020 年 12 月 31 日之前是活跃用户。两位顾客在 7 月 1 日至 12 月 31 日期间没有购买行为，但 B 顾客在 1 月 1 日至 6 月 30 日期间的购买频率比 A 顾客高出很多（见图 15-3）。如果采用传统的 RFM 模型进行推断，会得出未来顾客 B 发生购买的概率比顾客 A 更大的结论。但法德尔（Fader）等人基于 BG/NBD 模型进行推断的结论却正好相反。由于 7 月 1 日至 12 月 31 日期间两位顾客均无购买行为发生，依据该模型推算出未来顾客 A 发生购买的概率要高于顾客 B。这个结论反映出即使过去顾客 B 的购买频率远高于顾客 A，但未来却是顾客 A 购买概率高于顾客 B，这就是"高频购买悖论"。

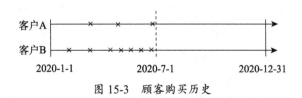

图 15-3 顾客购买历史

资料来源：

[1]. Peter S. Fader, Bruce G. S. Hardie, and Bruce G. S. Hardie. Counting your customers. the easy way: An alternative to the pareto/NBD Mode [J]. Marketing Science, 2005,24(2): 275–284.

（二）基于顾客价值的市场细分

基于顾客价值（这里指顾客未来给企业创造的价值）的市场细分目的是将市场分为多个具有相似需求和价值观的顾客群体。它的核心理念是认识到不同顾客在购买决策和消费行为中所产生的价值是不同的。因此，需要企业依据顾客生涯价值变量对市场进行划分，以便在更好地满足顾客需求并提供个性化的产品和服务同时企业也能获得更大的长期回报。

基于顾客价值的市场细分的过程通常包括以下步骤。

（1）顾客价值评估。企业首先必须评估顾客的价值，这可通过分析顾客的购买历史、消费金额以及忠诚度等指标来实现。通过这些数据，企业可以确定哪些顾客对其业务的价值最大。

（2）顾客需求分析。企业需深刻洞察顾客需求和喜好，可借助市场调研、顾客反馈、行为数据分析等手段实现。通过这些信息，企业可以确定顾客的特征、需求和偏好，如年龄、性别、地理位置、兴趣爱好等。

（3）市场细分。在了解顾客的价值和需求之后，企业可以将市场划分为不同的细分市场。这些市场细分应相互独立且有明显差异，以便企业能够为每个细分市场开发定制化的营销策略。

（4）目标市场选择。在选择目标市场时，企业需要综合考虑市场的规模、增长潜力、竞争程度等因素，并确定其能够满足的顾客群体。

（5）定制化营销策略。企业应根据各个目标市场的不同需求和特征，量身定制营销策略，包括但不限于产品定位、定价策略、促销活动、渠道选择等，以实现最大化的顾客满意度和市场份额。

企业应以实现顾客价值最大化为目的，管理者需要像对待其他关键资产一样，对其进行严格跟踪管理，他们还必须确保对顾客价值的报告能够支持投资者做出明智判断。罗伯·马奇[6]总结出公司取得卓越绩效的四大策略。

（1）**开发可靠的顾客价值管理流程和工具**：依托新的会计工具和技术，管理者可借助顾客价值模型、分析法、报告等手段，追踪产品、定价、顾客政策、流程、促销和服务等对各群组表现的影响，实现有效管理，以提升顾客忠诚度甚至争夺忠诚顾客。

（2）**将设计思维与赢得忠诚的技术相结合**：设计思维以顾客的视角看世界，要求公司各层人员都参与到探索和设计的过程中，以改善顾客生活为目的，帮助公司赢得顾客信任以及维持经营。智能技术则能在优化顾客体验的同时降低公司的成本。

（3）**优化组织结构以满足顾客需求**：公司赋予一线员工决策权，减缓不同职能团队之间的摩擦，使公司更加以顾客为中心。

（4）**忠诚领导力**：领导者要不断关注组织中所有员工的行动，及时调整决策标准，积极支持政策变革，同时，在赢得顾客忠诚方面举行相应的庆祝活动，以给予员工更大的信心。

Mini案例15-3

京东的顾客分级标准的变化

京东是中国的综合电商平台，以"以供应链为基础的技术与服务企业"为定位。其业务已经覆盖零售、科技、物流和国际等多个领域。依托于"有责任的供应链"，京东集团不仅确保自身供应链的稳定可靠，还推动产业链上下游合作伙伴的数字化转型和降本增效，以便更好地为实体经济的高质量发展提供服务。

京东顾客管理体系经历了三个阶段的变化。

第一阶段：积分阶段。在这个阶段中，会员级别共分十级。会员积分象征着会员身份，积分越多，优惠越多。其特点是：会员升级主要由其过去12个月内的购买金额决定，从注册会员升级至金牌会员的门槛较低，以"门槛低＋权益多"为吸引点。

第二阶段：成长值阶段。该阶段京东的会员级别共分为5个等级。成长值是顾客根据其近12个月内的登录、购物、评价、晒单所获得，当顾客成长值积分达到一定阈值时，京东会按照图15-4中成长值标准确定顾客的会员级别。每间隔12个月，系统会根据顾客的成长值重新评定其会员等级。

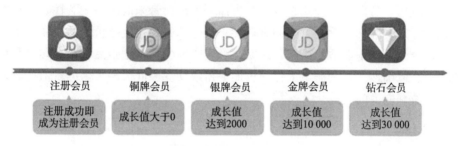

图15-4 京东会员级别标准（成长值阶段）

第三阶段：京享值阶段。该阶段京东不再对顾客分级，只计算顾客的京享值。京享值的初始评估分是基于用户在过去365天内的消费分、近60天的活跃分以及账户分计算的，并设定了分值保护期。分值保护期满后，在每月份的25号需重新评估京享值。

资料来源：

[1] 吴邦刚，余琦，陈煜波. 基于全生命周期行为的会员等级体系对顾客购买行为的影响[J]. 管理学报，2018, 15(4): 569-576.

[2] 京东官网：https://www.jd.com/.

二、基于顾客生涯价值的客户关系管理

（一）顾客选择标准

在顾客选择方面，评估顾客的指标对于衡量顾客价值至关重要，如收入贡献、产品/服务亲和度、潜在增长机会和可持续性等。通过评估顾客的价值并选择适合的顾客，企业可以更有效地分配、利用资源，实现利润最大化和更有效的管理。

常用的顾客选择标准包括最近频率货币价值（RFM）、钱包份额（SOW）和过去的顾客价值（PCV）。然而，这些方法仅关注能够观察到的购买行为，并假设顾客的未来行为与过去保持一致，因此在预测顾客未来活跃度方面具有局限性。此外，不同行业对这些指标的偏好也不尽相同。如邮购行业倾向于使用RFM，高科技公司更喜欢使用SOW，而金融服务行业则更常使用PCV。

相比之下，顾客生涯价值LTV是一种更为全面且具有前瞻性的度量指标，适用于各个部门和行业。LTV不仅考虑到顾客未来行为的预测，还能帮助企业营销人员设计营销策略，提升未来的顾客盈利性。

（二）管理顾客盈利能力

为了有效实施营销措施，企业需了解其行为对顾客关系和利润的影响。然而，顾客具有不同的偏好、目标和购买行为，如长短期顾客、交易频率、购买渠道和产品类别等。面对如此多样化的顾客群体，企业可以利用顾客生涯价值对顾客进行分类和管理。

顾客生涯价值不仅记录顾客的历史行为、预测其未来行为和维持这些行为所需的营销成本，而且可以帮助企业预测顾客在其生命周期内所带来的潜在盈利性、进行顾客分类和优先级评定，并评估营销方案的有效性。通过了解顾客生涯价值的驱动因素和顾客盈利关系，企业可以采取适当措施，最大化顾客生涯价值并增强品牌或公司对盈利顾客关系的理解，以确保未来利润最大化，进而取得成功。因此，顾客生涯价值的驱动因素是管理顾客盈利能力的关键。

营销洞见15-3

净推荐值 3.0

净推荐系统（net promoter system，NPS）在全球范围内得到了广泛的应用，但是由于企业盲目将净推荐值视为目标，采用未经审计的甚至失真的数据，损害了其可信度和用途，破坏了这一有价值的指标。因此，引入"好感增长"这一附加财务指标可以增强净推荐值的效果。好感增长通过追踪有多少增长来自回头客和引荐，充分展现企业增长质量和可能的盈利能力，也能帮助团队了解自身表现。

好感增长包含两大因素：其一是复购顾客，可以用经过实战检验的统计数据 NRR（净收益留存率）统计；其二是好感新顾客（enjoyed new customer，ENC），即通过推荐赢得的新顾客（相对于通过促销渠道获得的顾客）的花销比例。好感增长率等于NRR加 ENC 减去 100%。其中第二个因素的量化存在一定难度，但经过多个 β 测试发现，在新顾客引导流程中加入了一个"询问顾客选择这家公司的主要原因"的步骤，根据顾客给出的原因，可以将其分为"好感顾客"和"购得顾客"两种类型，即可有效解决该问题。

资料来源：佛瑞德·雷奇汉，德斯·达尼尔，莫林·伯恩斯. 净推荐值3.0[J]. 哈佛商业评论（中文版），2021(12): 68-77.

（三）如何避免顾客流失

顾客流失是很多行业面临的一个重要问题，对企业具有多方面的影响。顾客流失最直接的影响是导致企业失去现有顾客。流失的顾客不再购买产品或服务，从而减少了企业的销售额和利润。特别是长期忠诚且高顾客生涯价值的顾客流失，其影响更为显著。顾客流失不仅意味着企业失去了当前的销售机会，同时还代表着企业失去了未来可能的交叉销售机会。忠诚顾客往往更愿意购买额外产品或更高级别的产品，而企业无法为流失顾客再提供这些机会。此外，顾客流失迫使企业不得不投入更多的资源和资金来吸引新顾客，以填补流失顾客的空缺。企业需要开展营销活动、广告宣传等来吸引新顾客，这会增加企业的营销成本。顾客流失还可能减少企业口碑推广的机会甚至破坏品牌声誉。忠实客户通常是企业最强大的品牌宣传渠道，他们通过口碑宣传的方式，能够为企业吸引新顾客提供有力支持。然而，顾客流失会减少这种积极的口碑推广效果，使企业失去了潜在的新顾客获取渠道。流失了的顾客甚至可能会分享他们消极的经验和评论，产生更多负面影响。

因此，企业应该重视顾客保留工作，尽早发现可能流失的顾客，通过提供卓越的产品和服务、建立良好的客户关系等措施积极解决顾客的问题，来减少顾客流失并增强顾客忠诚度。

在对顾客流失行为计量方面，常见的顾客流失模型有逻辑回归模型、生存分析模型和随机森林模型。

对顾客可能流失的干预涉及以下几个方面的决策。

（1）是否干预。基于顾客生涯价值和流失预测，确定是否需要进行干预。对于高价值顾客或有潜在价值增长空间的顾客，通常更倾向于进行干预，而对于低价值顾客，可以考虑降低干预的优先级。

（2）干预时机。可以根据顾客行为、交互历史或预定的时间窗口来确定最佳的干预时机。例如，在顾客最近一次购买后的特定时间内进行干预，以提醒顾客并维持关系。

（3）干预成本。评估干预的成本和回报。考虑干预措施所需的资源、时间和人力成本，与预期的增加收入或减少流失的价值相比较，确保干预措施的成本效益合理。

（4）产品提供。将顾客的需求和价值水平进行分类，对于高价值顾客，可以提供增值服务或高端产品，以增加他们的满意度和忠诚度。对于低价值顾客，可以提供适销对路的产品或附加价值。

（5）干预渠道。选择适当的干预渠道与顾客进行沟通和互动，如移动电话、电子邮件、短信、社交媒体等。根据顾客的偏好和行为历史选择最有效的沟通渠道进行干预。

（6）沟通内容和方式。制定个性化的沟通内容和方式。确保干预信息具有吸引力、相关性和个性化，能够引起顾客的兴趣和共鸣。使用个性化的称呼、定制化的推荐或特别优惠等方式，与顾客建立亲密关系。

（7）干预效果监测。定期监测干预策略的效果，并评估其对顾客流失率和顾客生涯价值的影响。使用指标如流失率、留存率、再购率、平均订单价值等，来评估干预的效果,并根据结果进行调整和优化。

营销洞见15-4

留住顾客的简单策略

顾客看重的是客服处理结果,而非共情体验。有研究将客服分为七种类型进行实验,结果发现,"掌控者"类型的客服表现最佳,在一系列质量和绩效指标上的表现均超过其他类型的客服。这是由于该类客服能为顾客提供快速简便的服务,节约顾客的时间。大部分顾客更希望获得直截了当的解决方案,相较于奖励优质服务,他们有更强的冲动去惩罚劣质服务。研究也表明,取悦顾客无法建立顾客忠诚度,让顾客轻松解决问题,才能更有效地建立顾客忠诚度。因此,企业在设计留住顾客的策略时应当更关注免除顾客的痛苦,而非通过提供冗余服务来取悦顾客。以下是一些策略建议。

(1)不只解决眼前问题,提前解决未来的问题。客服应具有前瞻性,在顾客第一次联系公司时就提供后续问题的处理方法,避免顾客为一个问题重复费力咨询。

(2)训练客服人员掌握服务互动技巧。如根据顾客性格类型分类调整应对方式、掌握用语技巧、塑造顾客对客服体验的认知等。

(3)优化自助服务工具。鼓励顾客更频繁地使用自助服务通道,最大限度减少顾客转换渠道的可能性。通过提供简便并且人性化的自助服务渠道,节约顾客的时间和精力。

(4)授权一线客服人员。采用更关注质量的奖励制度,用新的方式管理个人绩效和团队敬业度。

资料来源:马修·狄克逊,拉拉·波诺马雷夫,斯科特·图尔纳,等. 霸气客服正当红[J]. 哈佛商业评论(中文版), 2017(2): 26-28.

第三节 客户体验管理与客户旅程地图

客户体验管理(customer experience management,CEM)旨在通过了解、设计和提供卓越的顾客体验来满足顾客需求、增强顾客忠诚度,并最终实现商业成功。它涵盖顾客与企业互动的整个过程,包括购买、使用产品或服务以及与企业进行沟通和交互的各个阶段。

客户旅程地图(customer journey map,CJM)是客户体验管理中的一个重要工具,可用于可视化和理解顾客在与企业互动的过程中的各个阶段和触点(见图15-5)。它通过从顾客的角度描述顾客与企业之间的互动和体验,协助企业洞察顾客的需求、痛点和期望,从而更好满足顾客并改进其体验。通过有效地使用顾客旅程地图,企业可以提高顾客满意度、忠诚度和业务绩效,并取得持续的竞争优势。

以下是客户旅程地图的一般步骤和组成部分。

(1)定义目标客户群体。确定本企业的目标客户是谁,他们的需求和特点是什么。

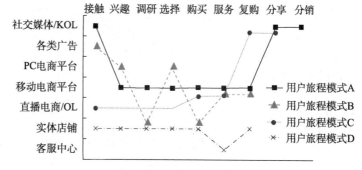

图 15-5 客户旅程地图

用户旅程模式A：对移动要求高，注重社交，也乐于分享，甚至部分人愿意成为分销商

用户旅程模式B：跨线上线下平台

用户旅程模式C：购物方式受直播影响比较大

用户旅程模式D：注重线下实体店铺

（2）确定旅程的关键阶段。将整个客户体验过程分解为一系列的关键阶段。这些阶段可能因业务、产品或服务类型而异，但通常包括以下几个常见阶段。

- 意识阶段：顾客了解本企业的品牌和产品/服务。
- 考虑阶段：顾客评估和比较本企业的产品/服务与其他竞争对手的产品/服务。
- 购买阶段：顾客做出购买决策并完成交易过程。
- 使用阶段：顾客开始使用本企业的产品/服务。
- 售后服务阶段：顾客获得支持、维护或解决问题的服务。

（3）识别关键触点。在不同的阶段中，确定顾客与企业互动的具体触点。这些触点可能包括网站、社交媒体、顾客服务热线、实体店面等。确保涵盖顾客可能接触到的所有渠道和媒介。

（4）理解顾客情感和期望。在每个阶段和触点中，记录顾客的情感和体验，包括顾客的满意度、失望、困惑、兴奋等。同时，深入了解顾客在每个阶段和触点的期望和需求，以便更有效地满足他们的期望。

（5）绘制旅程地图。以可视化手段绘制客户旅程地图，通常以一个时间轴或流程图的形式呈现。在地图上显示每个阶段、触点、情感和期望，并以顾客的角度进行标注。

（6）发现机会和改进点。分析客户旅程地图，寻找改进和创新的机会。识别顾客体验的痛点、断点和亮点，以及可能导致顾客流失或增加忠诚度的关键因素。

（7）实施改进措施。根据发现的机会和改进点，制定相应的改进计划和措施。这可能涉及改进特定触点的设计和功能，提供更好的顾客支持和服务，优化产品或服务的功能和性能等。确保改进措施符合顾客的期望和需求，并有助于提升整体的顾客体验。

（8）监测和评估并不断更新和优化。实施改进后，持续监测和评估顾客体验的改变。使用关键绩效指标（KPIs）和顾客反馈来评估改进措施的效果。客户旅程地图是一个动态的工具，随着时间和市场变化，顾客的需求和期望也会发生相应的变化。因此，定期更新和优化客户旅程地图也至关重要，以确保它与顾客的实际体验相匹配并保持有效性。

麦肯锡咨询公司还研究了"客户决策旅程"（consumers decision journeys，CDJ）（参见第三章第二节相关内容），客户决策旅程描述了用户从考虑购买某种产品或服务，到购买完成后，保持对该品牌的持续忠诚的过程。但总体来说，多数企业还停留在被动应对顾客的阶段，只是试图提高现有旅程的效率或修复痛点。

一直以来，零售、银行和旅游等领域致力于优化客户旅程，以吸引和留住顾客，努力打造个性化服务体验。企业不再想方设法强行捆绑顾客，而是通过先进的客户旅程为用户创造新价值来留住顾客。

营销工具15-2

"AIPL"用户全旅程数字化运营方法论

"AIPL顾客运营"是阿里巴巴的品牌数据银行提供的一个用户运营效果评估工具（见图15-6），通过数字工具测量顾客在客户旅程各个环节中的消费行为和偏好，可视化及量化顾客行为，帮助品牌商顾客深入了解和改善用户运营的策略和方法。

其中，"A"表示认知（awareness）：顾客在接触产品或品牌之后产生了何种想法？"I"指兴趣（interest）：认知有没有转换成兴趣？还是认为企业的好跟我无关？"P"指购买（purchase）：兴趣最终有没有转化成实际的购买？"L"指忠诚度（loyalty）：购买了以后有没有再进行复购？通过将链路中的转化比率与同行业数据进行比较，企业可以分析发现现存问题并针对性采用相应的解决策略。例如，从认知到产生兴趣的转换率较低，说明该品牌的拉新方面存在短板，显示文案的内容需要增加相关性，广告投放的渠道需要更针对聚焦人群，以提升从"A"人群到"I"人群的转化率。

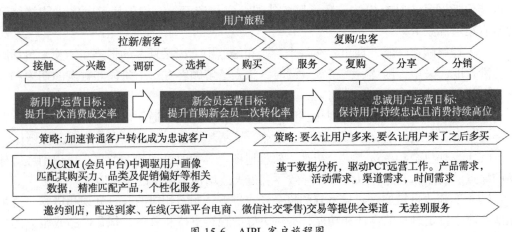

图15-6　AIPL客户旅程图

资料来源：天猫&贝恩公司. 新零售下品牌消费者为中心的数字化转型——消费者运营健康度指标体系解读[R]. 2018-06-12.

第四节　顾客忠诚管理

一、理解顾客忠诚

顾客满意就是顾客在购买和使用产品之后，对该产品的感受效果与他的期望值相比较后，所形成的愉悦或失望的感觉状态。企业可以从提升顾客的产品感受效果和管理好顾客的期望值两个方面来做好客户满意度管理。而顾客忠诚则是指顾客对品牌、产品或服务的偏爱的心理承诺，通常通过言语和行为表现出来。

顾客忠诚可以从心理忠诚和行为忠诚两个角度来考虑。心理忠诚的顾客具有积极的情感连接和情感投入，对企业或品牌持有积极的态度和认同。他们愿意推荐企业给他人，并在社交媒体或口碑传播中给予积极评价。心理忠诚可以利用顾客满意度调查、口碑传播、顾客反馈和忠诚度度量等指标来进行评估。行为忠诚的顾客会持续选择购买企业的产品或服务，频繁地重复购买，并在竞争环境下保持较低的品牌转换意愿。行为忠诚可以通过顾客的购买频率、购买量、购买稳定性和品牌转换率等指标来衡量。

如图 15-7 所示，企业可以将顾客分为四类。第一类顾客的行为忠诚和心理忠诚度都不高；第二类顾客尽管心理上很忠诚，但从行为上忠诚度不高，这类顾客可能无法买到或者买不起企业产品；第三类的顾客可能受制于垄断行业，导致有重复购买行为，但心理忠诚度不高；第四类顾客的行为忠诚度和心理忠诚度都高。企业希望第一类顾客能够进入第二类或第三类，最后都变成第四类。

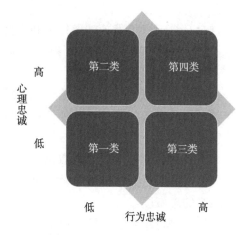

图 15-7　基于顾客忠诚的细分

行为忠诚和心理忠诚相互关联，它们之间的互动可以形成良性循环。顾客忠诚管理旨在促进顾客行为忠诚和心理忠诚的双重提升。通过提供卓越的产品和服务、积极构建稳健的顾客关系、满足顾客的期望与需求，企业将有效地增强顾客的心理忠诚度。同时，通过个性化营销、顾客参与和互动等策略，企业可以激发顾客的行为忠诚，促使他们进行重复购买和长期合作。这有助于企业建立强大的顾客基础、提高市场份额，并实现持续的业务增长。

二、顾客忠诚计划

（一）顾客忠诚计划类型

顾客忠诚计划是为提高顾客保留率并鼓励顾客重复购买而开展的营销工作。这些计划旨在通过提高顾客保留率来增加公司收入和利润。忠诚计划是一个系统的行动方案，在了解和分析现状的基础上制定新的方针政策以确保顾客保留率，进而将顾客培养成公司的拥护者。顾客忠诚度管理可以提高顾客保留率，从而给企业带来长远利益。

在零售商、电信、酒店、快消等行业，企业往往会根据顾客特征对顾客进行细分。在使用客户忠诚计划管理顾客时，企业会设计回馈或激励措施，以保留现有顾客并吸引新顾客。基于回馈和激励机制，有如下一些常见的忠诚计划类型。

（1）交易型忠诚计划。这一计划建立在客户的交易行为基础上，包括购买频率、消费金额等方面。顾客通过积累交易来获得奖励和特权，这可使他们保持忠诚并增加购买。

（2）行为型忠诚计划。这种计划基于顾客的特定行为，如参与调查、推荐朋友、社交媒体分享等。顾客通过完成特定的行为来赚取奖励和积分，这可使他们积极参与品牌活动并扩大品牌影响力。

（3）社区型忠诚计划。这种计划通过创建一个忠诚顾客社区来增强顾客的忠诚度。社区成员可以通过交流、分享经验、提供反馈等方式参与其中，并获得与品牌和其他社区成员之间的互动机会。

（4）价值型忠诚计划。这种计划通过提供独特的价值和个性化体验来增强顾客的忠诚度。品牌根据顾客的喜好、偏好和购买历史等信息，提供定制化的产品、服务或建议，以满足顾客的特定需求。

（5）慈善型忠诚计划。这种计划将顾客忠诚与慈善事业相结合。顾客的购买行为可以触发捐款或赞助特定的慈善项目或组织的条件。这种计划通过与顾客共同参与慈善事业，增强他们对品牌的忠诚感。

（6）数据驱动型忠诚计划。这种计划基于对顾客数据的分析和洞察，提供个性化的奖励和建议。通过深入了解顾客的购买行为、偏好以及需求，品牌可以提供更个性化、贴心的体验，从而大幅提升顾客的忠诚度。

这些分类可以根据不同的标准进行组合和调整，以适应企业的需求和目标。企业可以根据自身业务特点和顾客群体的特点选择合适的忠诚计划类型，并结合不同的分类进行创新和个性化。

营销洞见15-5

订阅付费模式

近年来，随着互联网技术的不断发展，订阅付费模式（subscription）正在成为新的商业模式。订阅付费指的是顾客通过向服务提供商支付一定费用，以获取在特定周期内的访问或使用权。与传统的广告营销和单次购买不同，订阅付费模式更加注重长期稳定的用户体验和服务质量。

从顾客角度来看，订阅付费模式也具有一些优势。第一，采用订阅付费模式有助于让用户享受更为个性化的服务和内容。由于提供商基于用户的兴趣和需求开展服务，因此顾客可以获得更加符合自己需求的服务，提高使用效率和舒适度。第二，订阅付费模式相对于广告营销更加可靠。在广告营销中，用户经常会收到一些无关的信息和干扰，而订阅付费模式可以提供更加专业化和有针对性的服务，减少干扰和不必要的广告信息。第三，采用订阅付费模式有助于提升用户消费体验。由于预先支付一定的费用，顾客可以获得更好的服务质量和更加稳定的使用体验。

在零售业中，现有的面向顾客的订阅业务可以大致分为三类：补充订阅、策划订阅和获取订阅。补充订阅是指定期自动向订阅者提供常用产品。策划订阅是基于某种主题或兴趣定期向订阅者提供精心挑选的产品。如每月送一本精选图书、一些美食或者时尚配饰。这种订阅模式可以让订阅者享受到新奇和惊喜。获取订阅是为订阅者提供特定产品或服务的使用或访问权，包括访问电子书库、免费配送、健身房会员权益等。

资料来源：

[1] Iyengar, Raghuram, Young-Hoon Park, and Qi Yu. The impact of subscription programs on customer purchases[J]. Journal of Marketing Research, 2022, 59(6): 1101-1119.

[2] Rudolph T, Bischof S F, Böttger T, et al. Disruption at the door: A taxonomy on subscription models in retailing[J]. Marketing Review St. Gallen, 2022, 34(5): 18-25.

（二）开发顾客忠诚计划

成功的忠诚计划需要在方案设计和实施过程中综合考虑顾客需求、奖励机制、沟通策略、技术支持以及数据分析等因素。持续的改进和创新是确保计划长期有效的关键。具体可分为以下几个步骤。

（1）目标设定。明确忠诚计划的目标，包括提高顾客忠诚度、增加顾客留存率、促进重复购买等。设定明确目标有助于引导后续的方案设计和评估计划绩效。

（2）顾客分析。通过市场调研、数据分析和用户反馈等方式获取顾客洞察。这些洞察有助于设计一个符合顾客期望的忠诚计划。

（3）奖励和激励机制。确定奖励和激励机制，以激发顾客参与计划。奖励可涵盖积分、折扣、礼品、独家优惠及专属活动等多方面。要确保奖励具有足够的吸引力，并与目标顾客的需求和价值观相匹配。

（4）会员层级设计。根据顾客忠诚度的区别，设计多个会员层级或等级。每个层级应有明确的要求和特权，以激励顾客提升忠诚度，并享受相应层级的奖励和特权。

（5）沟通和推广策略。制定有效的沟通和推广策略，以宣传和促进忠诚计划。包括制定推广计划、设计推广材料、建立顾客沟通渠道等，要确保清晰地传达计划的价值和利益，吸引顾客参与。

（6）技术支持和系统建设。选择和实施适当的技术和系统来支持忠诚计划的运作。这可能涉及顾客关系管理（CRM）系统、会员管理平台、积分追踪和兑换系统等。要确保系统能够准确追踪顾客活动和积分，并提供良好的用户体验。

（7）数据分析和优化。建立数据分析和评估机制，定期评估计划的绩效并进行优化。通过分析顾客参与率、兑换率、满意度等数据，了解计划的效果，并根据数据洞察进行调整和改进。

（8）持续改进和创新。根据顾客反馈、市场趋势和竞争动态对忠诚计划不断进行改进和创新，不断提升计划的吸引力、个性化，以便进一步增强顾客的忠诚度和满意度。

可以从以下六个方面，采取措施来做好客户忠诚计划工作。

（1）参与度方面：
- 提供有吸引力的奖励和福利，确保奖励价值与顾客的期望相符。
- 设计有趣的活动和挑战，以激发顾客的参与和竞争欲望。
- 提供个性化的建议和推荐，让顾客感到计划是针对他们的需求和兴趣而设计的。

（2）奖励方面：
- 进行市场调研，了解顾客的偏好和需求，根据他们的反馈设计奖励方案。
- 提供多样化的奖励选择，如实物奖励、折扣、特权和定制化服务等，以满足不同顾客的需求和期望。
- 定期更新奖励选择，确保奖励的新鲜度和吸引力。

（3）参与规则方面：
- 简化参与规则，使其易于理解和遵循。使用清晰简洁的语言，并提供明确的步骤和指南。
- 提供可视化的参与指南，如图表、流程图或视频教程，以帮助顾客更好地理解规则。
- 定期提供参与规则的澄清和解释，以回答顾客的疑问并消除不确定性。

（4）个性化体验方面：
- 收集顾客的个人信息和偏好，并以此为基础为客户提供个性化体验和量身定制的奖励。
- 通过使用数据分析和智能算法，提供基于顾客历史行为和购买模式的个性化推荐。
- 为特定顾客群体设计特殊活动和专属特权，以提供独特的个性化体验。

（5）交流方面：
- 提供多样化的沟通渠道，如电子邮件、短信、手机应用程序和社交媒体等，以便顾客选择他们偏好的方式接收信息。
- 确保沟通简洁明了，重点突出，避免出现信息过载的情况。
- 定期更新，提供关于计划活动、奖励更新和重要通知的及时信息。

（6）反馈机制方面：
- 设计反馈机制，让顾客知道他们的忠诚行为得到了认可和回报。例如，发送个性化的感谢邮件、积分和奖励通知等。

（三）顾客忠诚计划失败的原因

顾客忠诚计划的失败可能对企业的长期可持续发展产生负面影响。导致顾客忠诚计划失败的原因可能有以下几种。

（1）缺乏明确的目标和策略。一个成功的顾客忠诚计划需要明确的目标和相关的策略。如果计划没有清晰的目标，并且没有为实现这些目标制定具体的策略和计划，那么计划很有可能会失败。

（2）无法满足顾客需求。顾客忠诚计划的目标是提供价值和奖励，以激励顾客保持忠诚。如果计划提供的奖励或优惠并不符合顾客的需求和期望，那么顾客可能会对计划失去兴趣，导致计划失败。

（3）缺乏个性化。当今顾客更加关注个性化需求和定制化体验。如果顾客忠诚计划没有考虑到顾客的个性化需求，没有提供个性化的奖励和体验，那么顾客可能会觉得计划对他们不够有吸引力，从而导致计划失败。

（4）缺乏有效的沟通和推广。一个成功的顾客忠诚计划需要通过有效的沟通和推广来增强顾客意识并吸引他们的参与。如果计划没有得到足够的宣传和推广，或者沟通方式不够吸引人，那么顾客可能不会意识到计划的存在，从而导致计划失败。

（5）缺乏管理和监测。顾客忠诚计划需要不断进行管理和监测，以确保计划的有效性和适应性。如果计划没有得到适当的管理和监测，无法及时调整和改进计划的不足之处，那么计划可能会逐渐失去效力，导致失败。

（6）竞争压力和需求变化。市场竞争激烈，顾客需求和偏好也在不断变化。如果顾客忠诚计划没有及时适应这些变化，没有提供与竞争对手相当的奖励和体验，那么顾客可能会转向其他更有吸引力的选择，导致计划失败。

顾客忠诚计划中的会员对服务有更高的期望，更加频繁地购买和使用品牌产品，当他们没有得到满意的服务时，往往比非会员更加恼怒，甚至反过来损害到品牌形象。针对这种现象，托马斯和保拉[7]提出以下三个缓解步骤：识别破坏性最大的问题，关注对于会员而言最重要的问题而非最常见的服务问题；提供防止"脱粉"的福利，在问题严重前，提供会员特权、内幕消息等，让会员感到受重视感，缓解不良体验造成的不满；将顾客忠诚计划与整体战略和流程相结合，营销、运营、技术和财务等部门整合，实现针对顾客忠诚计划的快速畅通的服务。

最佳实践 15-2：中国移动：正德厚生 臻于至善

最佳实践15-1

乐高（LEGO）：激励和培养明天的建设者

乐高集团是一家全球性的玩具制造商，总部位于丹麦比隆。自1932年成立以来，乐高集团专注于18岁以下的儿童，致力于通过玩耍和学习来发展孩子们的创造力。

2002年，乐高集团面临集团持续亏损以及众多外部威胁。为了适应不断变化的市场，乐高集团的管理层决定调整商业模式，整合忠实用户、建立新的合作伙伴关系、改变组织结构，并以顾客为中心打造新的竞争力。

乐高调整商业模式，构建新的长期创新开发平台。产品开发更接近消费者，公司让自己的消费者成为设计师、程序员和传播者。

到2008年，尽管全球玩具行业下滑了3%，但乐高的变革产生效果，公司销售额仍增长了38%。同时，在创新方面，乐高成人粉丝（AFOL）在线社区受到欢迎，一些AFOL成员受邀作为主要开发人员推出新产品线。

乐高以顾客为中心的新模式从组织演变、社区进化、技术进化、生产改进这四个维度进行公司的内部变革。

组织演变

20世纪90年代中后期，乐高集团的重点转移到制造与乐高价值观无关的玩具上，专注于向世界而非传统的乐高消费者销售产品。过度多样的产品线使乐高供应链复杂化，严重影响了公司的盈利能力，也危害了其内部文化。

当克努斯托普成为CEO后，乐高开始重新与消费者建立联系，鼓励以顾客为导向的组织文化。为了让员工能够更好地响应顾客反馈，克努斯托普消除不必要的等级和官僚程序，建立非正式的博客网站回应员工的反馈，并实时更新进展；创造将员工薪酬与公司业绩挂钩的问责制文化；鼓励在新玩具设计中采取节约成本的措施，比如，优化每个产品所需的不同部件数量，将开发时间减半。

2006年，乐高集团进行组织重组，分为市场和产品集群（M&P）及社区、教育和直达客户业务群（CED）。M&P专注于核心产品的成本效率和横向产品差异化。CED则通过与顾客的直接接触来学习，自由地进行实验和创新，不必承担失败的全部风险和后果。这种新的结构与公司的战略一致，既延续了传统的制造业务模式，又利用了更广泛的顾客和合作伙伴社区。

社区进化

最初，乐高集团对30岁以上粉丝的存在感到不安，认为他们偏离公司的预期目标市场，无法为乐高品牌增加价值。在努力接触成年粉丝后，该公司意识到AFOL不仅构成了另一个消费群体，而且在组件设计和产品开发中也很有用。

2005年，乐高集团采用了粉丝共创的新方法开发其MINDSTORMSNXT及下一代MINDSTORMS。它们邀请部分精英粉丝加入研发团队，并发现粉丝能带来乐高内部不曾拥有的东西。此外，大使计划、乐高企业家、乐高建筑和教育计划等都让粉丝参与其中，极大提高了乐高的影响力。

技术进步

通过社交网站、视频分享网站等网络社区，乐高粉丝相互交流分享，提出创新想法。公司通过其创新理念提高乐高产品的质量，以扩大庞大的社区粉丝基础，并经常从YouTube上的粉丝中招聘人才。为了解决具体的技术设计问题，公司随后建立了一个系统，让某些粉丝担任首席开发人员。

乐高集团还积极通过网络平台征求顾客意见。在内部论坛中邀请用户组大使发表意见；乐高产品经理定期访问论坛，获取有关乐高产品的市场信息；集团内部专人管理论坛、回答问题和意见。

为了将游戏和学习结合到数字媒体中，乐高集团推出乐高工厂，用户可以设计自己的乐高模型集。"乐高数字设计师"平台提供用户友好的界面和全面的顾客服务，使所有年龄段的儿童和成人都可以创造独特的个性化产品，并在网上分享。

生产改进

为了实现盈利，乐高集团关注所有业务流程的效率，将分销活动外包。除了特定砖块外，用计算机程序包装砖块，确保操作效率。减少砖块种类数量，并重视制作砖块的成本。

运营成本的降低和效率的提高使公司能够通过社区、教育和直达客户集群（CED）实现投资未来增长所必需的财务灵活性。

乐高集团不断尝试新的创收途径，在全球建成十余家乐高乐园、进入电子游戏行业、开设"概念店"……乐高集团的商业模式转型和与顾客群体的共同创造是一项正在进行的工作。公司继续向以顾客为中心的商业模式转型，利用全球人才，通过创新提供新的体验和产品。

讨论题：

1. 2002年开始的乐高商业模式变革做出了哪些改变？为支持这一新商业模式，乐高推出了哪些具体的内部变革？
2. 乐高如何建立以顾客为中心的在线社区组织？
3. 你认为乐高以顾客为中心的新模式对做好客户关系管理工作有哪些启示？

资料来源：

[1] 乐高官网. https://www.lego.com/zh-cn.
[2] 周晨清. 乐高玩具对幼儿语言发展的积极影响分析[J]. 玩具世界，2023(5): 167-169.
[3] 李斯琦. 乐高乐园若落地 对河南文旅会有啥影响？[N]. 河南商报，2023-07-05 (A02).

本章小结

（1）客户接触点是指顾客与企业接触和互动的各个触点或渠道，包括线上和线下的交互方式，如官方网站、社交媒体、顾客服务热线、实体门店等。

（2）顾客生命周期是从企业与顾客建立业务关系到完全终止关系的整个过程，它反映了顾客关系水平随时间变化的轨迹，动态描述了顾客关系在不同阶段的总体特征。

（3）从企业视角定义的顾客价值是指顾客对企业所产生的经济效益。顾客生涯价值是指在未来维持顾客的条件下企业从该顾客持续购买中所获得的利润流的现值，即顾客未来对企业的总贡献。

（4）客户旅程地图是客户体验管理中的一项重要工具，用于可视化和理解顾客与企业互动的各个阶段和接触点。通过从顾客的角度描述他们与企业之间的互动和体验，客户旅程地图有助于企业深入了解顾客的需求、痛点和期望，以便更好地为顾客提供服务，提升整体顾客体验。

（5）成功的顾客忠诚计划需要在方案设计和实施过程中综合考虑顾客需求、奖励机制、沟通策略、技术支持以及数据分析等因素。持续的改进和创新是确保顾客忠诚计划长期有效的关键。

关键术语

客户关系管理（customer relationship management） 客户关怀（customer care）
客户接触点（customer touch points） 关键时刻（critical moment）
顾客生命周期（customer lifetime cycle） 顾客价值（customer value）
顾客生涯价值（customer lifetime value）
顾客忠诚管理（customer loyalty management）
客户体验管理（customer experience management）
客户旅程地图（customer journey map）

回顾性问题

1. 什么是客户接触点？交易营销与关系营销有何区别？
2. 顾客生命周期有哪些阶段？不同顾客生命周期阶段有哪些营销策略的选择？
3. 顾客生涯价值怎么衡量？如何基于顾客生涯价值进行顾客生命周期管理？
4. 客户旅程地图如何绘制？如何结合客户旅程地图进行客户体验管理？
5. 如何制定有效的顾客忠诚管理计划？

辩论性问题

辩论题：大数据杀熟吗？

一种观点认为，数字时代，平台商家通过垄断大数据对消费者进行精准画像，千人千面定价，赚取最后一分钱；而另一种观点则认为，平台商家依据大数据进行精准画像，个性化营销，只会让每个消费者有更好的体验

正方：大数据营销就是杀熟。

反方：大数据营销不是杀熟。

实践性问题

1. 选择你熟悉的三个不同行业的企业，总结它们的顾客忠诚管理计划，对比分析它们在顾客等级、激励模式、积分类型等方面有什么异同及为什么会产生这些差异。
2. 选择一家熟悉的线上企业与一家熟悉的线下企业，比较两家企业在客户关系管理方面有何异同点。
3. 结合你自己的工作想一想，你在工作中遇到过哪些客户关系管理方面的困难？你是如何克服的？

延伸阅读

[1] 戴维·埃德尔曼，马克·亚伯拉罕. 人工智能时代的客户体验[J]. 哈佛商业评论（中文版），2022(3): 88-97.

[2] 吴邦刚，余琦，陈煜波. 基于全生命周期行为的会员等级体系对顾客购买行为的影响[J]. 管理学报，2018, 15(4): 569-576.
[3] 胡左浩. 华为铁三角模式[J]. 清华管理评论，2015(11): 84-91.
[4] Lemon K N, Verhoef P C. Understanding customer experience throughout the customer journey[J]. Journal of Marketing, 2016, 80(6): 69-96.

参考文献

即测即练

自学自测　扫描此码

第五篇

营销组织与控制

第十六章

营销组织与控制

黄沙百战穿金甲,不破楼兰终不还。

——王昌龄《从军行》

以客户为中心,以奋斗者为本。

——任正非(华为创始人)

◆ 学习目标

1. 了解营销组织的演变过程和组织形式;
2. 了解营销业务流程和营销管理制度;
3. 掌握营销预算与资源配置方法;
4. 了解营销绩效衡量体系。

◆ 开篇案例

华为:终日乾乾、与时偕行

1997年,中国电信行业市场竞争日益激烈,一家刚刚成立10年的企业——华为投资控股有限公司(以下简称"华为"),却在这个竞争激烈的领域中崭露头角。华为由任正非创立于1987年,初始只有20多名员工,资金有限,却怀揣着一个远大的梦想,他们希望能够在全球范围内提供高品质的通信设备和解决方案。创业初期,华为主要从事通信设备的代理销售。然而,华为意识到,靠代理销售无法实现长远的发展,于是它们开始转向自主研发,投入大量资源进行产品开发,并逐渐在技术领域取得突破。1997年,华为成功开发出无线GSM解决方案(2G),这标志着华为转变为一家真正的技术创新型企业。

华为在业务扩展中面对组织规模和全球化的挑战,意识到传统管理无法满足需要,于2007年启动了财经系统变革,提高了内部流程效率。为适应快速发展,于2009年推动了线索到回款(lead to cash, LTC)和问题到解决(issue to resolved, ITR)的运营维护流程建设,强化了解决方案销售效率和客户问题响应。2014年,启动了市场到线索(market to lead, MLT)的营销流程,旨在成为客户信赖的产品顾问,助力客户成功。这些流程建设不仅满足客户需求,还支持了公司全球化战略。同时,华为整合内外部资源，通过产品集成开发（integrated product development，IPD）流程和"铁三角"（由客户经理、解决方案经理和交付经理组成）销售团队模式，实现了管理体系的优化和业务环节的协同。

然而，华为并未止步于内部流程的优化，它们还注重组织能力的构建。2005年，华为成立了华为大学，旨在为企业的可持续发展培育奋斗精神、提高作战能力、培育优秀人才。其中，战略预备队建设成为华为组织能力提升的重要一环，华为聚焦企业能力短板，通过培养关键能力，集结优势资源，促进干部培养和人才循环流动，提升组织的韧性和活力。同时，面向客户需求的铁三角团队更是成为华为组织的骨干，这一团队由客户经理、解决方案经理和交付管理与订单履行经理组成，他们被充分授权共同负责从线索到回款的项目运作全过程，迅速响应市场需求，为华为建立了长期稳定的客户关系。

图16-1 华为在欧洲
图片来源：胡左浩拍摄。

此外，在知识共享和创新方面，华为在业务上构建了三个云平台，即客户体验云、解决方案云和知识云，以支持业务的开展和知识的共享。这不仅促进了内部知识的流动，还为创新提供了良好的基础。在全球运营方面，华为云布局了全球29个地理区域，逐渐成为金融、制造等行业客户上云的首选。通过共享平台，华为在世界主要区域实现了多方协同和资源集聚，提高了全球运营效率，构建了开放共生的合作伙伴生态圈。

如今，通过不断的管理变革和组织活力的激发，华为取得了优秀的业绩。2023年，华为已经拥有超过20.7万名全球员工，遍及162个国家和地区，为全球30多亿人提供服务，同年实现销售收入7042亿元人民币。华为的销售规模在2013年就超越了同为信息和通信技术巨头的爱立信，成为全球运营商市场的领导者。在技术方面，华为不仅在5G技术上领先，还是全球迈向5.5G时代的领导者。这在一定程度上得益于华为在管理运营方面构建了高效的、符合全球化发展和市场需要的营销组织与管理体系。

总体而言，华为的成功不仅来自其领先的技术，更源自其敢于变革、追求卓越的企业文化。这一企业文化促使华为不断优化内部流程，构建高效的组织管理模式，不仅实现了企业与市场内外部的协同，也为其在全球市场的持续发展提供了有力支撑。

思考题：

1. 华为的营销流程优化以及铁三角团队销售模式变革对华为的持续快速发展起到哪些重要作用？

2. 华为大学的创立和华为的战略预备队建设等举措如何助力提升组织的能力和韧性？

3. 你认为作为一家全球性大企业，华为的营销组织应该如何变革以应对未来的挑战？

资料来源：

[1] 华为技术有限公司，华为 2022 年年报[EB/OL]. (2023-3-31). [2023-7-21]. https://www.huawei.com/cn/annual-report/2022.

[2] 胡左浩. 华为的变与不变——以客户价值创造为核心的持续变革[J]. 清华管理评论，2019(10): 22-30.

第一节　营销组织与营销流程

 概念定义：

营销组织（marketing organization）：由负责规划、执行和管理企业营销活动的相关部门及人员构成的集合体，旨在实现企业的营销目标。

营销组织在企业中的角色十分关键，它是负责执行企业营销计划、实现营销目标的载体和工具。营销组织主要的任务是洞察顾客需求和市场趋势，并将企业的产品或服务推向市场，吸引和满足顾客需求，建立品牌形象，促进销售增长，并在竞争激烈的市场中取得竞争优势。

营销组织通常承担以下职能并构成相应部门。

产品管理：产品管理部门负责规划开发、定位和管理企业的产品组合。它们研究市场需求，进行竞争分析，并与研发、设计和生产团队合作，确保产品能够满足顾客需求，并具有竞争力。

市场调研：市场研究和数据分析部门负责收集和分析市场数据，了解市场趋势和顾客需求，为决策提供有力的数据支持，并评估营销活动的效果和回报。

市场策划：市场营销策划部门负责制定市场营销策略和计划。它们基于市场调研以及目标顾客群体需求，制定营销策略，包括品牌定位、产品与定价策略、分销策略，以及推广和传播策略等。

销售管理：销售管理部门负责销售渠道的拓展和管理。它们与经销商、代理商和零售商合作，建立销售网络，推动销售增长，并与市场营销团队密切合作，实现市场和销售目标的一致性。

顾客服务：顾客服务部门负责与顾客进行沟通和互动，解答顾客疑问，解决问题，提供售后支持，并保持良好的客户关系，提高顾客满意度和忠诚度。

品牌管理：品牌管理部门负责企业品牌的建设和维护。它们制定品牌战略，建立品牌形象，确保品牌的一致性和稳固性，增强品牌的认知和价值。

营销组织的结构和规模因企业类型、规模和行业特点而异。大型企业通常拥有庞大的营销组织，管理多个战略业务单元（SBU），每个单元都有独立的战略规划和市场重点[1]。相比之下，中小型企业的营销组织通常较简单，由市场营销部门负责各项营销活动。不论企业规模如何，营销活动的成功取决于内部各部门的合作和协调。信息沟通和团队合作对于实现企业市场目标至关重要。

数字化时代的兴起带来了新的挑战和机遇。数字技术如人工智能、大数据分析和社交媒体为市场营销提供了创新工具，帮助企业更好地理解顾客需求、提供个性化服务、优化策略，从而提高绩效[2]。

总之，营销组织在企业中扮演关键角色，负责执行和推动营销计划和战略。

Mini案例16-1

华为的"铁三角"模式

2006年，华为在北非地区部的苏丹代表处率先创立了"铁三角"模式，旨在解决部门孤立、客户接口复杂和被动客户响应等问题。自2009年以后，华为以LTC流程变革为契机，逐步完善"铁三角"运作模式，构建了立体的运作体系，以支持市场增长、提升客户体验和实现高效企业运营。

华为铁三角团队以客户为中心，通过整合客户关系、产品解决方案和交付服务等关键部门，形成以客户经理（account responsibility，AR）、产品/服务解决方案经理（solution responsibility，SR）和交付管理和订单履行经理（fulfillment responsibility，FR）为核心的作战团队，是直接与客户互动、在一线执行的核心单元。

AR作为团队领导，全面管理项目流程并维护客户关系；SR从解决方案的角度出发，致力于帮助客户实现商业成功，而FR则负责确保项目的交付和服务质量。此外，扩展项目角色成员（如项目主谈判人、商务负责人、业务财务控制人、融资负责人、交易协调人等）以及支持性功能岗位成员（如资金经理、税务经理、网规经理、法务专员、研发经理、营销经理等）也在协作中发挥关键作用，每个岗位在项目不同阶段提供关键支持，以确保整个模式的高效运行。协作效率关键因素包括以客户为中心、深入理解客户组织和流程、成员角色转换、项目制授权、团队独立运作。

华为铁三角团队这个最小作战单元被赋予独立权限和资源，实现在项目级别的灵活运作，以快速响应客户全流程需求，并实现客户共赢的总体目标。该模式消除了组织内部壁垒，促进了团队协作，统一了目标，激发了创造力，同时为一线团队提供了能力强化机制。

参考资料：

[1] 胡左浩. 华为铁三角——聚焦客户需求的一线共同作战单元[J]. 清华管理评论，2015(11)：84-91.

[2] 范厚华. 华为铁三角工作法[M]. 北京：中信出版社，2021：58

一、营销组织的形式

营销组织可以采用多种不同的方式来组建,包括按职能、按地域、按产品或品牌、按市场或按矩阵的方式。这些灵活多样的组织形式使企业能更好地适应顾客需求和市场竞争的复杂性。

(一)职能型组织

职能型组织是按照职能或工作类别划分企业管理部门的组织架构(见图16-2),每个部门有明确职责,专注于特定职能。其优势在于明晰决策和责任,便于管理,但随市场扩大,存在"信息孤岛"和部门间协调困难[3]问题。过度关注内部流程可能导致忽视外部市场和顾客需求。该架构适用于专精尖产品、市场方式相似的企业,对于产品多样、营销复杂的大型企业较不适用。

图 16-2　职能管理式营销组织架构

(二)地区型组织

地区型组织是一种按地理区域划分企业部门的组织形式,特别适用于多地区市场和跨国企业[4]。这种架构有助于企业更精准地了解各地市场状况,制定有针对性的市场战略。在跨国市场管理中,地区型组织架构更能应对不同国家或地区市场的复杂性[5]。如在中国市场上,可以将地区再划分为"东北地区""西北地区""华北地区""华东地区""华南地区"和"华中地区"等,如图16-3所示。它通过结合不同组织形式的优势,实现更有效的市场营销活动。

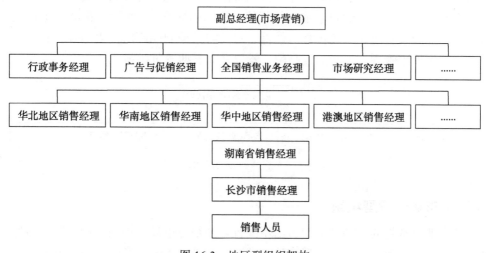

图 16-3　地区型组织架构

（三）事业部组织

事业部组织是大型多元化企业常见的组织架构，通过将不同产品线或市场分割为独立事业部实现专业化经营。每个事业部拥有较大的自主权和决策权限，内设完整的职能部门，如美的的事业部模式，如图 16-4 所示。该架构优势在于提高反应速度、市场敏感度，促进创新和效率提升[6]。然而，可能存在资源浪费、重复投入以及事业部间合作和协调挑战等问题。总部需设立管理层进行协调和监督，以确保整体一致性和效率。

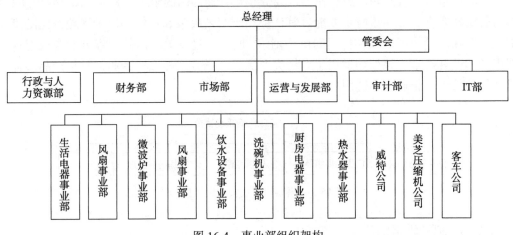

图 16-4　事业部组织架构

（四）产品或品牌型组织

多产品或多品牌型组织架构适用于制造多种产品或拥有多个品牌的企业（见图 16-5）。著名企业如宝洁和通用食品都采用了多产品或多品牌的经营模式。这一组织形式以产品或品牌为核心，增设产品或品牌经理以协调和管理市场营销活动，与职能型部门相辅相成，形成另一个管理层级[7]。产品或品牌经理在制定长期经营战略、年度营销计划及与广告代理商和经销商合作等方面扮演关键角色。这种架构适用于产品差异性大、品牌众多或产品数量超过职能型组织能力范围的情况[8]。然而，该架构也存在一些挑战，如产品经理在组织中地位相对较低，可能与其他职能部门发生冲突，而且产品经理通常只在短期内管理一个产品或品牌，难以建立长期竞争优势。

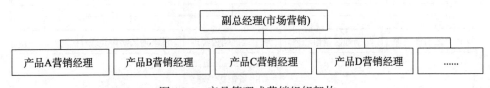

图 16-5　产品管理式营销组织架构

（五）市场管理型组织

大型企业通常将同类型产品销售给不同行业的细分市场，例如，钢铁厂将钢材销售给铁路、建筑和造船等行业。为适应这种情况，可采用细分市场的管理式组织架构，也称为按行业顾客构建的组织架构（见图 16-6）。以惠普为例，该公司生产和销售各种计算机硬件、软件和服务，面对企业客户、教育机构和个人消费者等不同市场。在市场管理型组织中，市场经理是主要角色，负责管理多个市场开发经理、市场专员或行业专员，并制订长期和年度市场计划。这种架构灵活满足不同顾客需求，但也可能带来权责不清和多头领导的问题[9]。

图 16-6　市场管理式营销组织架构

（六）矩阵式组织

矩阵式组织架构同时设立产品经理和市场经理，形成灵活的组织管理模式。产品经理关注产品销售、利润计划及新产品用途，市场经理专注于市场开发和了解顾客需求。矩阵式架构适用于多产品线、多市场、多元化企业，能更灵活应对市场变化，但也伴随管理层级增加、费用上升和潜在冲突问题[10]。海尔公司采用矩阵式架构，强调矩阵管理和重心下移，使其更贴近市场终端，灵活满足不顾客户需求（见图 16-7）。然而，该架构也带来管理难度上升和组织臃肿等问题，需要谨慎权衡。

图 16-7　矩阵式营销组织架构

二、数字时代营销组织的创新

（一）数字时代的营销组织变化趋势

随着信息技术和全球化的发展，企业面临如何调整营销组织结构、职能与风格以适应新环境的挑战。下面介绍数字化时代营销组织变化的三大趋势[7]。

（1）数字化和网络化。技术进步、全球化和数字化推动了营销组织的重大变革。数字化趋势带来内外部网络化的发展，打破了传统部门边界，创造更灵活的协作与信息共享，提高资源利用效率和市场响应速度[11]。

（2）扁平化与柔性化。现代信息技术的快速发展，特别是人工智能管理信息系统的兴起，挑战了传统管理幅度理论。组织结构由传统的金字塔状逐渐演变为扁平化，通过扩大管理幅度来提高效率[12]。柔性组织具有灵活、适应和自我调整的能力，能够迅速适应变化的经营环境，对现代市场营销具有重要意义[13]。

（3）虚拟化与无边界化。数字时代，企业面临营销组织结构的变革，体现为虚拟组织和无边界组织的发展。虚拟组织通过数字技术支持整合资源，形成动态合作联盟，实现企业既定目标。无边界组织打破传统结构限制，使企业各部门间的界限变得模糊，有利于信息传递[14]。

以上三种趋势构建了新型的营销组织模式，强调全面协调各类资源，通过开放合作提升企业的营销竞争力，实现多赢局面。这种变革使企业更加灵活、高效地适应市场挑战，实现可持续高质量的发展。

营销洞见16-1

营销组织数字化转型的五个阶段

当企业进行数字化转型时，通常会经历以下五个阶段（见图16-8）以逐步提升其数字化能力，实现业务的创新和增长。

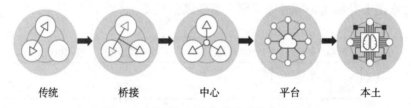

图16-8　营销组织数字化转型的五个阶段

资料来源：Iansiti M, Nadella S. Democratizing transformation[EB/OL]. (2022-05-18) [202-07-21]. https://hbr. org/2022/05/democratizing-transformation.

传统模式：

在数字化转型的初期阶段，许多企业采取传统模式。数字和技术投入主要集中在IT部门或专业技术团队，而在业务部门中的影响相对较小且不够一致。此时，业务部门和技术部门之间的合作有限，导致数字化转型的成果受限。

桥接模式：

企业在数字化转型中采用桥接模式，通过启动桥接项目打破原有的独立部门壁垒，促进不同业务群体之间的合作。重点在于开发可共享的数据和技术资源，以推动创新。这些项目通常集中于特定的组织功能，如广告内容、生产制造技术或供应链效率的优化。在桥接模式下，一线员工和技术人员协同合作，共同推动数字化转型。

中心模式：

企业在桥接模式的基础上逐渐演进为中心模式。数字和能力中心成为核心，具备吸引和协同更多功能和业务单元的能力。公司领导层意识到数字化创新的瓶颈已转向员工的能力，因此投资于培养和训练员工，提升其数字化创新和数据挖掘能力，从而推动全公司范围内的数字化创新。

平台模式：

在平台模式中，企业在中心模式的基础上进一步发展，将数据和能力中心融合成全面的软件基础。这使企业能够快速部署基于人工智能的应用程序开发，注重发展复杂的数据工程能力。在平台模式下，公司鼓励一线员工重复使用和集成机器学习模型，广泛应用基于数据分析的预测模型，尤其关注基本操作业务的自动化。此时，企业开始以软件公司的方式运作，利用全面的数字化能力支持项目管理和产品开发，并通过数字化拼接实现快速试错。

本土模式：

在数字化转型的最终阶段，企业达到本土模式。成功企业的运营架构与前面的模式有明显不同。它们已经构建了以整合数据资产和软件库为中心的运营架构，并能够在广泛分布的应用程序中大规模部署人工智能。这些公司的优势包括核心专家团队、广泛易用的工具以及在大量业务人员中投资培训和能力建设。在本土模式下，全公司范围内实现智能化数据分析和软件创新，企业的数字化能力接近数字原生公司。

这五个阶段描述了企业数字化转型的不同发展水平和状态，每个阶段都代表着企业在数字化转型过程中不断提升其数字化能力和实现业务创新的进展。

参考资料：Iansiti M, Nadella S. Democratizing transformation[EB/OL]. (2022-05-18)[2023-07-21]. https://hbr.org/2022/05/democratizing-transformation.

（二）数字时代的营销组织形式

随着数字化转型的发展，许多新型的营销组织形式应运而生。在数字化技术的驱动下，它们在帮助企业实现可持续高质量发展方面发挥着重要作用。下面介绍几种数字化时代出现的新型营销组织形式。

1. 虚拟型营销组织

虚拟型营销组织是一种灵活的组织形式，采用信息和通信技术（ICT）进行远程协作，无须地理上的集中办公。其成员分散在不同地理位置，通过互联网和其他通信技术进行沟通和合作，形成一个虚拟的营销工作团队。这种组织形式的优势在于允许全球范围内的成员协同工作，利用先进的 ICT 工具，如互联网、视频会议和协作工具，实现远程协作和信息共享。同时，充分利用互联网和数字营销工具，包括社交媒体、搜索引擎优化进行市场调研、产品开发和内容营销等。虚拟组织具有弹性和灵活性，能够适应不同的工作时间、文化和语言差异，强调营销任务执行和项目完成。多元的成员背景使虚拟组织成为一个全球性的、多样化的团队，降低了办公成本，将营销策略定位到不同的国际市场，从而更好地利用全球化的劳动力资源。虚拟组织的成功关键在于有效的沟通、协作和管理方法，以确保成员能够有效地远程协作并实现组织目标。典型的虚拟组织包括分布式的软件开发团队和全球性的在线项目组。

2. 数据驱动型营销组织

数据驱动型营销组织以数据为核心，通过收集、分析、应用大规模市场和顾客数据，精准了解顾客需求和行为。这种方法提高了营销投资效率，实现了精准营销，并改善了顾客体验。以淘宝为例，通过用户数据分析和实施个性化产品推荐，提高了购买转化率，增加了销售额，提高了顾客忠诚度。这种数据驱动策略不仅在优化资源分配上发挥作用，还有助于提升整体业务增长并增强顾客忠诚度。

3. 社交媒体和内容驱动型营销组织

社交媒体和内容驱动型营销组织是企业在社交媒体兴起时采用的组织形式。这种组织形式专注于通过社交媒体平台和高质量内容与目标顾客互动，充分利用社交媒体的传播力和吸引力。以红牛为例，它们通过在社交媒体发布有趣刺激的内容，与极限运动选手和明星合作，成功吸引了大量年轻受众。这一策略帮助企业建立紧密的客户关系，提高品牌忠诚度，推动口碑传播，实现持续的业务增长。社交媒体和内容驱动型营销部门已成为数字时代企业品牌建设和增长的关键部门。

4. 个性化和情境驱动型营销组织

个性化和情境驱动型营销组织利用智能技术和算法，专注于顾客的个体差异和当前情境，以提供定制化的产品推荐和个性化的营销信息[13]。通过人工智能和大数据分析，这种组织形式旨在根据顾客的兴趣、偏好和行为提高销售转化率和顾客满意度。在线视频流媒体平台如抖音、哔哩哔哩等成功应用这一策略，通过大数据分析用户观影历史、喜好和评级，为用户提供个性化的推荐内容，同时根据用户情境和行为调整推荐，以提升用户体验、留存率和订阅转化率。

5. 跨平台和整合驱动型营销组织

跨平台和整合驱动型营销组织是为了应对多渠道营销普及而采取的关键战略。该组织形式的目标在于协调和整合各个营销渠道和活动，以确保顾客在多个渠道上都能获得一致的品牌体验。典型案例如可口可乐公司，它通过电视广告、社交媒体、户外广告和赞助活动等多个平台展开营销活动[14]。企业致力于在不同渠道上传播一致的品牌形象和信息，以确保用户在接触品牌时得到一致的体验。这种跨平台和整合驱动型营销策略有助于企业增强品牌认知度、提高市场份额，并加强用户对品牌的忠诚度，为企业实现长期的市场占有率和业务增长奠定坚实基础。

6. 真实体验和社区驱动型营销组织

真实体验和社区驱动型营销组织注重创造有意义的顾客体验和建立社区感。这种组织形式关注顾客情感需求和品牌价值观，致力于建立积极的品牌形象，提高顾客忠诚度，并在社交圈中推动口碑传播[15]。以小米公司为例，其通过用户体验中心、小米社区和线下零售店，成功建立了亲密的社区联系，提供专业支持和服务。这种组织形式助力小米公司建立了强大的用户基础和卓越品牌形象，促进了口碑营销，实现了长期业务增长和品牌成功。

这些新型营销组织形式充分运用数字技术和创新手段，使企业更灵活适应市场变化和顾客需求,提升竞争力,实现持续高质量业务发展。

Mini案例16-2

京东全渠道运营

在过去的十多年里,京东以其自营商品和自建物流为核心业务,成功构建了一套成熟且具有责任感的供应链体系,形成了涵盖民生消费、工商产业等各个领域的全渠道体系。

京东的全渠道零售布局丰富多元,既包括线上购物渠道,如PC端、移动端和App等,又涵盖线下销售网络,如自营门店、加盟店以及线下体验店等。这些渠道不仅地域覆盖广泛,且能满足全国各地的消费者在任何时间、任何地点进行购物的需求。这种全渠道零售模式极大地提高了消费者的购物便利性和效率,给予他们随时随地进行购买的体验。

随着后疫情时代到来,线上与线下的界限逐渐模糊,电商从业者与实体店家需要关注全渠道零售产业链的深度融合与发展。京东小时购项目通过LBS技术、零售数字化能力和强大的履约配送体系,协助实体店铺吸引并处理来自京东的流量和订单,实现小时级、最快分钟级的商品送达。

供应链中台和产业带合作是京东在深化全渠道零售产业链中的重要举措。通过供应链中台,京东可以实现商品的集中采购和库存管理,降低采购成本并提高商品质量。同时,产业带合作则能帮助京东进一步拓展优质货源,提升品牌影响力,实现与供应商的互利共赢。

资料来源:京东官网. https://www.jd.com/cu=true.

(三)数字化中台

 概念定义:

数字化中台(digital middle platform):一种组织内部的信息技术架构,旨在集成、管理和共享各种数据、系统和应用程序,以促进业务流程的优化和创新。

简单来说,"中台"的作用是可以为流程和业务提供能力的支撑,而流程和业务完成过程中的相关特征数据也可以直接传送到"中台"。同时,数字化中台将不同部门、业务领域和技术平台的数字化资源集中管理,提高数据的可访问性、共享性和协同性[16]。此外,企业会利用中台模块化管理这些大数据,挖掘数据中蕴含的潜在知识,从而更好地支持组织的业务发展和数字化创新[17]。下面是一些典型的数字化中台和相关技术:

数据管理和集成平台(data management and integration platform,DMP)旨在整合来自不同源头的数据,确保数据一致性和准确性,对企业理解业务状况至关重要。企业服务总线(enterprise service bus,ESB)解决了不同应用程序之间的通信和数据传输问题,提升系统的灵活性和可扩展性。应用程序集成平台(application integration platform,APIP)

协调和整合不同应用程序，提高业务流程协同，尽管管理复杂度可能随应用数量增加而增加。业务流程管理平台（business process management platform，BPM）通过软件工具设计、执行、监控和优化企业内部业务流程，但选择和实施时需谨慎考虑业务需求、技术能力和文化。大数据平台（big data platform，BDP）存储、处理和分析大规模数据，支持数据驱动的决策和分析，但需要大量资源投入和注意数据隐私和安全问题。云计算平台（cloud computing platform，CCP）提供基础设施、平台和软件服务，减少硬件成本，提供灵活的资源分配，但依赖于互联网连接，可能涉及数据隐私和安全性问题。

总体而言，数字化中台是企业智能化经营的关键能力，通过提供高效数字支持来降低系统间耦合度，增强组织敏捷性和创新力，同时降低试错成本。目前，数字中台的开发成本相对较高，仅有少数资本雄厚的企业能够承担，随着技术和经验的成熟，开发成本有望逐渐降低，最终成为企业经营的标准配置。

三、营销组织的设计与调整

设计和发展营销组织是每一名市场营销经理的根本任务之一。营销组织结构的建立，并不代表市场营销经理的工作结束，而是他们更重要工作的开始。市场营销经理需要不断调整和发展组织，这是因为，随着企业自身的发展和外部环境的变化，原先的市场营销管理组织可能逐渐失去适应性，导致管理体系僵化和缺乏高效的管理决策能力[18]。营销经理必须清楚地了解什么时候以及如何根据外部环境变化对营销组织进行必要的调整。因此，持续根据市场变化和企业发展情况构建有效率的营销组织是营销管理的重要基础。为了使营销组织紧密贴合市场需求，企业需要遵循营销组织的设计和调整六大步骤[19]，如图16-9所示。

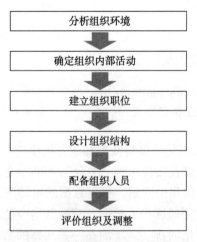

图16-9 营销组织的设计和调整步骤

（1）分析营销组织环境。在组织设计和调整的过程中，必须仔细分析外部环境因素，特别是市场情况、产品生命周期和竞争者状况等方面的变化，这些因素会对营销组织产生明显和直接的影响。

（2）确定营销组织内部活动。制定营销战略时，企业必须明确各个职能在营销组织中的地位，以确保有效的竞争。这涉及营销组织各部门的职能性活动以及管理任务的计划、协调和控制等活动。

（3）建立营销组织职位。企业需要建立组织职位，将组织活动划分到相应的职位上，并确定职位类型、层次和数量，以明确各个职位的权力、责任及其在组织中的相互关系。

（4）设计营销组织结构。组织结构的设计与职位类型密切相关。企业需要确定需要哪些职能性职位，并根据这些职位的要求来选择合适的组织结构形式。组织结构的设计要求各个职位与整体组织相互适应，以实现协调和高效运作。

（5）配备营销组织人员。企业在组织人员配备时，需要考虑两种情况：新组织和再造组织。对于新组织，需要招聘和选拔适合的人才来适应新的组织结构；对于再造组织，可能需要对现有人员进行培训和调整，以适应新的职能和要求。

（6）营销组织评价及调整。营销组织需要面对外部环境的不断变化，同时，内部也可能发生人员变动、组织改组和员工冲突等情况。因此，市场营销决策者需要定期对组织进行评估，监督其运作状况，并及时进行调整和改进，以使组织不断发展和适应变化。

Mini案例16-3

营销组织设计：美的和海尔

美的（Midea）和海尔（Haier）作为中国著名的家电企业，在营销组织设计方面呈现出各自独特的模式。两家企业都拥有标准化的产品线，然而，它们的营销组织结构却有显著差异。这种差异源于对产品复杂度和客户需求复杂度的不同理解和实践。

美的事业部模式（见图16-10）展现了在产品销售中的优势。通过整合研发、生产和销售等环节于一个事业部，事业部拥有相对独立的人、财、物的权力。对于其下属分公司内部的运营，总部及事业部不过多干预，以便分公司集中资源在单一品类上进行深耕。美的分公司的市场部除了承接总部市场部的职能外，还要根据自身所处市场的特性进行针对性创新，在分公司预算范围内进行统筹安排。这一集成结构加速了产品从研发到市场的转化，使其更灵活地适应市场需求变化。该模式下的信息传递更加流畅，降低了决策滞后风险。此外，这一模式将大部分毛利转移给经销商，激励其更积极地推广美的产品，提高产品竞争力。

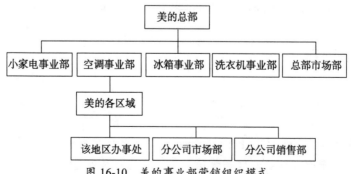

图16-10 美的事业部营销组织模式

资料来源：迪智成咨询团队. 新营销组织力[M]. 北京：中华工商联合出版社出版，2020: 34-38.

海尔的公司模式（见图 16-11）强调总部与区域的密切合作。海尔工贸公司相当于总代理商，目标是通过市场部支持各品类产品经理完成该区域内所有海尔品类的销量规模目标。各工贸公司市场部除了承接总部的职能外，也会对总部策略进行区域化创新。通过直接控制主要销售因素，如零售价格，海尔能够更灵活地应对市场波动，确保产品定价与市场需求相符。通过面向终端零售商的经销商开发策略，海尔能够面向用户直接推广和销售产品，保持更大的市场话语权。然而，工贸公司由于同时运营多个品类，为了完成总部的销售目标会更偏向于销售优势品类，致使其他品类的发展被忽视。同时，过度的直接控制可能导致渠道库存积压，影响经销商关系。

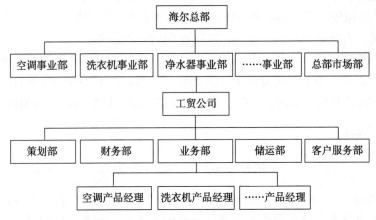

图 16-11　海尔工贸公司营销组织模式

资料来源：[1]迪智成咨询团队. 新营销组织力[M]. 北京：中华工商联合出版社出版，2020。

综合来看，无论是美的的完全事业部模式还是海尔的工贸公司模式，都有其独特的特点和优势。然而，这需要全盘考虑企业的定位、产品特点、市场环境等多方面的因素。在数字时代，市场变化日新月异，企业需要灵活地调整组织结构以快速适应市场变化。

参考资料：

[1] 迪智成咨询团队. 新营销组织力[M]. 北京：中华工商联合出版社出版，2020: 52-54.

[2] 揭秘"美的"数字化转型之路.[EB/OL]. (2022-3-24) [2023-9-27]. https://zhuanlan.zhihu.com/p/486874109.

[3] 木禾投研. "美的集团"深度分析，梳理结构，对比格力和海尔[EB/OL]. (2022-6-28) [2023-9-27]. https://baijiahao.baidu.com/s?id=1736882339773486487&wfr=spider&for=pc.

四、营销业务流程

 概念定义：

营销业务流程（marketing business process）：涉及客户洞察、市场分析以及产品销售、客户关系管理、订单处理等营销业务运营的一系列过程。

营销业务流程强调具体的市场销售和客户服务活动，通常与市场团队、销售团队、客户服务团队等直接相关，关注实际的营销业务执行。

营销业务流程一般涵盖从销售前期准备、客户获取、销售过程、订单处理到售后服务等整个销售和客户服务的全周期过程。这些步骤通常是交织在一起的，构成了一个完整的营销业务流程[21]。这个流程旨在确保销售团队能够高效地与客户互动、实现销售目标，并为客户提供良好的售后服务，从而建立和维护良好的客户关系。华为对营销业务流程的管理值得借鉴。

在讨论华为的营销业务流程时，主要有从市场到线索（market to lead，MTL）和从线索到回款（lead to cash，LTC）两个业务流程。MTL流程是华为营销管理的核心流程。该流程通过培育市场、引导研发、生成线索、打造品牌等手段将上市的产品转化为客户的购买意向（线索）。同时，MTL流程包含市场洞察、市场管理以及商机挖掘等业务模块，实现发现价值、定义价值、开发价值和传递价值这四个营销目标，如图16-12所示。

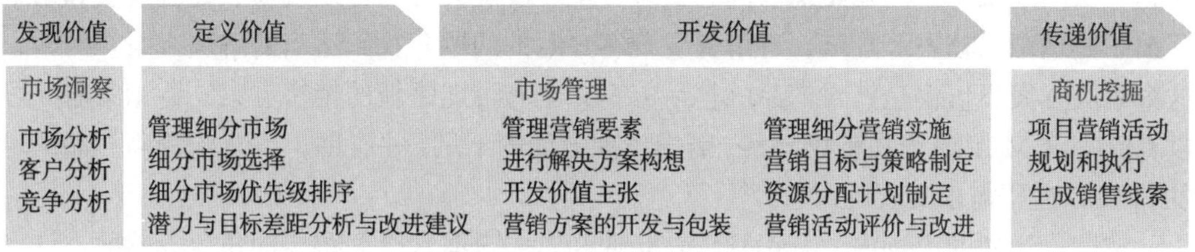

发现价值	定义价值	开发价值		传递价值
市场洞察 市场分析 客户分析 竞争分析	管理细分市场 细分市场选择 细分市场优先级排序 潜力与目标差距分析与改进建议	市场管理 管理营销要素 进行解决方案构想 开发价值主张 营销方案的开发与包装	管理细分营销实施 营销目标与策略制定 资源分配计划制定 营销活动评价与改进	商机挖掘 项目营销活动 规划和执行 生成销售线索

图16-12　华为的MTL营销业务流程
资料来源：华为公司资料。

这些业务模块与其他的公司部门、职能体系建立连接，通过对品牌、战略、研发、销售等市场营销活动的全过程管理，使企业通过MTL流程在线索和机会点的培育中达到更高的数量和质量。需要注意的是，MTL流程的目的是为企业提供最前沿的市场信息和情报，让企业在市场细分、关键客户选择、关键市场选择、营销手段、营销模式、营销资料以及线索管理等方面做到有的放矢。具体而言，MTL流程通过市场洞察、联合创新帮助集成产品开发IPD（integrated product development）流程做好产品并成功推向目标市场后，还要运用一系列的销售手段、营销模式、线索管理等措施将上市产品转化为客户的购买意向（线索）。同时，MLT在IPD流程后需要迅速衔接后续的营销活动，以引导目标客户产生购买意向（线索），在客户有了购买意向后会进入LTC流程[22]。

LTC流程即从线索到回款，是公司级面向客户的主业务流程，承载着最大的物流、资金流和人力投入。这个企业端到客户端的流程从发现销售线索、培育线索、将线索转化为订单，再到管理订单执行和回款，保证了从市场到线索再到最终交易的全过程管理。LTC流程涵盖线索管理、机会点管理、合同执行管理等三大业务模块，如图16-13所示。

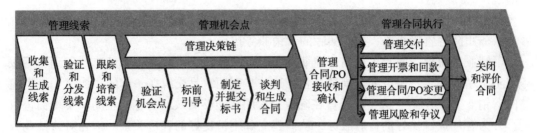

图 16-13 华为的 LTC 营销业务流程
资料来源：华为公司资料。

LTC 流程还需要对潜在客户开发、营销自动化、销售管理、配置报价、订单执行、客户服务和业务收益等方面做到精益管理。在此基础上，LTC 流程需要在 MLT 流程实时配合下，做到从客户视角出发的业务流程重构，即执行发现问题到解决问题的 ITR（issue to resolved）流程。该流程同样以客户为中心，通过打通从问题发现到问题解决的整个服务过程，以端到端的方式打造客户问题解决的最后服务环节。ITR 流程围绕客户提出的问题，从问题来源、问题跟踪、问题处理分配、解决方案和计划反馈、处理进展和结果反馈、处理结果核查等环节，理解并发现客户端的问题并找到适当的解决方案。同时，这个解决方案不仅仅是针对产品的售后方案，也有可能是新的销售方案、营销策略，可以补充完善 MLT 流程在市场洞察、需求发现方面的不足，并有助于 IPD 流程新产品的研发和 LTC 流程需求变现的跟进[23]。

在竞争激烈的市场中，营销管理在企业经营中扮演着至关重要的角色。然而，许多企业对市场营销的理解较为狭隘，仅将其局限于传统的品牌、广告、渠道和定价等方面，缺乏整体规划和能力建设。这些零散的活动未能充分满足客户需求，效果并不尽如人意。相较于重视 LTC 阶段的机会点管理，企业应更注重利用 MLT 流程持续通过市场挖掘创造价值，主动发掘更多线索和机会点。华为通过其独特的营销业务流程与研发、运营、售后等流程的有机结合，成功实现了客户需求的全周期管理，强调了"营"的思维和方式在企业发展中的重要性。企业若能都以"营"与"销"并举的思维推动工作，企业对品牌建设、线索生成、客户需求满足以及渠道伙伴合作等主要业务的执行将更为顺畅，而企业也将更加健康稳定地实现长期增长和成功。

第二节 营销制度

 概念定义：

营销制度（marketing system）：一套组织和管理营销活动的规则、流程和结构。它关注的是如何组织和管理企业的营销功能，以确保有效协同合作和资源利用。营销制度是营销组织管理的文件。

营销制度主要应用于企业营销活动的管理，侧重于内部流程、组织结构、制度规范、资源分配和团队协作，它有助于确保企业内部的协调和效率。一个完备的企业营销制度需要确立以下几个方面的内容。

一、企业价值观与营销文化

企业应该拥有与其业务、愿景和社会责任相一致的价值观和营销文化。企业价值观为营销活动提供了道德和战略指南，而营销文化则是将这些指南具体化并传递给客户的方式。一个优秀的企业应拥有以下几种价值观与营销文化。

1. 企业价值观

（1）诚信和透明度。企业价值观应强调诚实、透明和道德经营。这有助于建立客户信任、员工忠诚度，并在业界树立积极形象。

（2）创新和灵活性。鼓励创新思维和灵活性，以适应不断变化的市场条件。这有助于保持竞争力，满足客户不断变化的需求。

（3）协作和团队合作。鼓励协作和团队精神，促使员工之间、部门之间更好地合作，共同实现企业目标。

（4）员工价值。强调对员工的尊重、员工发展和福祉。建立一个支持员工成长和工作满意度的文化，有助于提高员工忠诚度和生产力。

（5）社会责任。强调企业对社会和环境的责任，采取可持续经营和社会贡献的行动。社会责任有助于建立积极品牌形象，吸引有社会责任感的客户和员工。

2. 营销文化

（1）客户为中心。营销文化应强调客户为中心，关注客户需求、体验和反馈。通过建立良好的客户关系，企业可以提高客户忠诚度和口碑。

（2）市场为导向。将市场和竞争环境纳入战略决策，及时调整营销策略以适应市场变化。强调市场导向有助于企业更好地理解和满足客户期望。

（3）数字化为基础。数字时代的企业应建立以数字化为基础的营销文化，通过数据分析了解市场趋势、客户行为，以制定更有效的营销策略。同时，强调社交媒体和数字渠道的重要性，以便与客户建立实时的互动，并借助数字技术提升市场影响力。

（4）品牌建设与差异化。企业的营销文化应鼓励创意和品牌建设，以突出企业的独特之处。通过差异化的品牌形象，企业可以在市场中脱颖而出。

（5）持续学习和适应性。企业的营销文化还应鼓励营销团队持续学习和适应市场变化。这有助于保持团队的竞争力，确保其能够有效应对新的挑战和机遇。

综合而言，企业价值观和营销文化应与企业的长远愿景和目标相一致，既能引导内部行为，又能在市场中树立积极形象，吸引客户和员工。

二、营销大纲

企业基于其营销战略目标和营销战略规划，制定相应的营销大纲作为企业营销活动指导方针。营销大纲是企业相关部门和人员、合作伙伴必须遵循的制度、策略、政策和规定。营销大纲内容包含总则（如年度战略以及各个业务发展策略；年度经营目标和策略；大纲修改解释权等），适用范围及相关概念（如大纲有效期、适用区域或业务范围、相关概念解释等），企业营销策略与管理规定（如品牌管理、市场开拓、终端策略与管理等，企业产品策略与管理规定（如产品规划策略、产品组合与产品定位、按产品的销售任务等），企业价格策略与管理规定（如定价策略、价格体系管理等），企业渠道策略与管理规定（如渠道理念、渠道规划、渠道模式、渠道建设、自建销售渠道、渠道联营店政策、特殊渠道政策、电商渠道政策、经销商管理考核和激励政策、物流代理商与物流配送商管理等），企业促销推广策略与管理规定（如推广原则、策划与管理、品牌推广政策与销售推广政策等），企业市场费用管理规定（网络建设费、促销费、区域销售推广代理费等管理政策等），企业售后服务策略与管理规定(用户服务承诺、产品三包政策、产品安装维修结算政策、工程项目安装结算政策、售前质量产品政策等)，其他注意事项（如协议有效性的定义、订单认定标准等）。

三、营销组织管理制度

建立营销制度的前提是明确企业内部的组织架构，包括各个部门、团队和职能的设置和决策流程。

1. 组织结构

在营销制度中，明确组织结构至关重要。第一，确定各营销相关部门及其职能，如市场营销、销售、产品管理等。第二，明确层级结构，包括管理层级和团队成员级别。对协作和协调方式、报告关系、人员分配、跨部门合作、决策权与授权、沟通渠道、变更管理、监督与评估等方面也需清晰规划。一个有序的组织结构有助于推动有序的营销活动，促进跨部门合作，提高效率，减少冲突，满足客户需求，增强市场竞争力。

2. 角色和职责

角色和职责在营销活动中至关重要。销售人员负责客户互动、谈判和交易，销售管理者则负责团队管理和目标跟踪。市场营销专家主导市场策划和执行，产品经理负责产品生命周期管理，客户服务代表处理问题和售后。数据/市场分析师利用数据支持决策和优化策略。营销总监（chief marketing officer，CMO）协调各部门合作以满足客户需求。清晰的角色和职责有助于协作无障碍，实现共同营销目标，并提高绩效评估的透明度。

3. 决策流程

决策流程是制定营销策略和做出决策时的指导程序。关键要素包括决策流程的明确性、不同层级的决策权、审批程序、信息共享规则、时间表和截止日期、反馈和改进机制，以及法律和合规性。设计和执行良好的决策流程对确保企业营销活动高效、透明、合规至关重要，有助于明确各方在决策中的角色和职责，促使决策的有效实施。

四、员工培训和激励制度

1. 员工培训制度

企业的员工培训制度至关重要，其旨在提升客户服务团队的知识与技能，不断提高绩效。该制度包括培训流程（计划制订、材料开发、培训方法）、培训要点（产品知识、客户服务技巧、沟通与语言技能）、培训控制（评估与认证、反馈与指导、绩效评估）。通过建立健全的培训体系，企业能够提高员工绩效、满意度与忠诚度，为组织的成功和可持续发展做出贡献。

2. 员工激励制度

员工激励制度是一系列旨在激发销售和市场团队积极性、创造性和绩效的政策和措施。常见形式包括销售提成、销售竞赛、绩效评估、晋升机会、股权激励、特殊福利。设计合理的制度应该公平透明，旨在奖励员工、提高积极性与业务能力，并与企业营销目标保持一致。这有助于吸引、留住和激发高绩效营销人员，推动企业取得更好的市场业绩。

五、数据和隐私管理制度

数据管理涉及对销售数据和客户信息的收集、存储、分析和利用。这有助于企业了解客户需求、市场趋势和销售绩效。同时，隐私保护需要对客户和消费者的个人数据进行合法有效的利用和保护，以确保合规性和客户信任。

1. 数据管理

数据管理在推广和销量中至关重要。它包括数据的收集（客户信息、购买历史、交易记录）、存储（数据库、云存储解决方案）、分析（了解客户行为和市场趋势）以及利用（客户关系管理、个性化推广、市场定位、产品改进）。合理的数据管理能提高销售效率和客户满意度。

2. 隐私保护

隐私保护对企业至关重要。合规性方面，需遵守相关数据隐私法规。同时，隐私保护的内容包括但不限于获取合法授权、通知数据收集目的以及允许访问和删除数据等方面。在数据安全方面，加密、访问控制、安全审计和网络安全是保护存储数据的关键手段[26]。透明度方面，企业应提供关于数据收集和使用实践的透明信息。客户有权要求访问、更正、限制处理和删除个人数据，企业需建立相应流程。此外，确定数据保留期限，以确保仅在必要时保留数据，并在不再需要时进行安全销毁。

综合考虑数据管理和隐私保护方面的要点对于维护客户信任、合规性和品牌声誉至关重要。企业不仅要确保数据的安全性，还要建立明确的政策和流程来管理数据，并遵守适用的法规。这有助于确保企业在推广和销售活动中的数据使用是合法的、透明的，同时也尊重客户的隐私权。

六、风险和危机管理制度

营销的风险和危机管理制度需要考虑影响经营计划目标完成的主要风险及其发生的可能性、影响程度和防范措施。其中，风险分析主要针对系统风险、经营风险（非系统风险）、财务风险（非系统风险）进行分析和对突发事件进行预测，并估计风险可能带来的对目标计划的影响,从而提出防范措施并建立全面的风险管理制度。营销风险管理制度一般包括风险识别、评估、监控和应对措施。

1. 营销风险识别

(1) 全面审查。营销风险管理始于对企业全面的审查,包括内部和外部环境。内部风险可能包括管理问题、人员变动等,而外部风险可能涉及市场波动、政策变化等。

(2) 利益相关方参与。引入利益相关方的观点和反馈,包括员工、客户、供应商和社区。这有助于获得更全面、多元的风险视角。

(3) 趋势分析。对行业和市场趋势进行分析,以预测可能出现的新兴风险。这有助于企业在风险出现前做好准备。

2. 营销风险评估

(1) 风险分类。将已识别的营销风险按照类型、影响和可能性进行分类(如预测风险、调研风险、定位风险、计划编制风险、实施风险等),以便更好地理解其本质和潜在影响。

(2) 定量和定性分析。进行定量分析,即使用数字和统计数据来衡量营销风险的概率和影响。同时,进行定性分析,以更深入地了解风险的本质和可能的连锁反应。

(3) 敏感度分析。基于营销战略规划的基本假设,设计三种可能情景(高、中、低可能性)并分别预测销售情况,进行成本测算、盈亏平衡点分析、投资回报分析等。

(4) 优先级排序。根据风险的重要性和紧急性对其进行优先级排序,以确保企业能够首先应对最关键的风险。

3. 营销风险监控

(1) 指标和仪表板。制定合适的风险指标和监控仪表板,以实时跟踪和评估风险。这有助于及时发现潜在问题,采取迅速的反应措施。

(2) 持续评估。营销风险管理是一个持续的过程,企业需要定期评估风险情况,以确保其营销风险管理制度的时效性。

(3) 沟通和培训。与员工分享风险信息,进行培训,提高团队对潜在风险的敏感性,并确保他们了解一定的应对策略。

4. 营销风险应对

(1) 产品规划的合理性。多元化的业务产品种类和数量多,需要切实做好产品规划、库存管理和调配工作,做到好卖的产品不断货、不好卖的产品不库存。

(2) 供应链的可靠性。业务的发展壮大增加了采购的难度和风险,应加强对供应商,尤其是OEM和零部件厂商的管理和控制,确保供应及时、可靠。

(3) 业务组合的健康性。要定期进行梳理和优化,增强化有潜力和增长性好的业务,收缩和淘汰市场前景差和增长缓慢的业务。形成核心业务占主导、优势业务作支撑,协同业务为辅助的局面。

(4) 售后服务的完善性。售后服务质量影响顾客对品牌的认可度,随着业务的扩大,售后服务要随之跟进与完善。

（5）企业盈利的贡献性。企业高速发展过程中会牺牲短期利益，但不能忽略长期的盈利性，应保持适当的盈利水平。

总体而言，通过建立这样一个全面的风险管理制度，企业可以更好地适应不断变化的环境，保护企业利益，提高应对风险的能力，并在竞争激烈的市场中保持可持续竞争力。

第三节 营销预算与资源配置

一、营销资源配置原则

企业在营销实践中，有效地分配和利用有限的资源，以达到最佳的市场营销效果，是企业获得成功的关键因素。这些资源可以包括财务资金、人力资源、时间、技术和信息等[27]。不同的组织和市场环境可能需要采用不同的资源配置策略，但有两个基本原则是每个想要获得成功的企业都必须认真贯彻执行的。

（一）以年度营销目标与营销任务为导向

首先，配置资源时，要确保各项资源的投入与营销目标的实现紧密相连，以提高执行效果。由于营销资源包括人力、财力、物力等多方面的资源。通过依据年度营销目标进行资源配置，可以优化资源的利用，确保每一项资源都发挥最大的效益，从而避免资源的浪费和过度投入。

其次，年度营销目标通常需要通过一系列具体的营销任务来实现。通过将年度目标分解为更具体、可执行的任务，可以更好地了解每个任务所需的资源，从而有针对性地进行资源配置。

再次，在现实中，营销环境常常变化，需要企业具备灵活应变的能力。依据年度营销目标配置资源，有助于企业更快速地做出反应，根据市场变化调整资源配置，以更好地适应外部环境的变化。

最后，依据年度营销目标配置资源还有助于后续的绩效评估。通过与目标的对比，企业可以评估各项资源的使用效果，为未来的资源配置提供经验教训，不断优化资源配置策略。

（二）以年度营销预算计划编制为核心

 概念定义：

年度营销预算计划（annual marketing budget plan）：企业在新的财政年度内为实现营销目标而制订的详细财务计划。

年度营销预算计划通常包括企业在下一年度中对资金的分配、市场活动的执行以及预期绩效目标的设定等内容。这些内容是企业管理层在财务方面的战略规划之一，为整个年度的市场活动提供了经济支持和业务指导。同时，年度预算计划的编制也为企业的营销预算和资源配置提供了重要依据和参考，主要体现在以下几个方面：

（1）资金配置：营销预算计划直接关系企业可用于市场营销的资金规模。在有限的财务资源下，制定明确的预算计划有助于合理分配资源，确保各项市场活动得到适当支持。

（2）目标达成：营销预算计划是在实现年度营销目标的前提下编制的。通过编制预算计划，企业可以将目标分解为具体的任务和相应的资源需求，为达成目标提供经济支持。

（3）资源优化：预算计划帮助企业评估每个市场活动的成本，并在不同活动之间进行权衡，以优化资源的利用。这有助于避免资源的浪费，确保最大限度地实现预期的市场效果。

（4）决策依据：预算计划为决策提供了明确的依据。企业可以根据计划中的数据和指标进行决策，包括投资规模、渠道选择、促销活动等，使决策更有针对性和科学性。

（5）投资回报：预算计划有助于企业评估每项投资的回报率，从而更好地选择投资项目，并确保资金的投入与收益之间达到平衡。

总体而言，年度营销预算计划编制是企业营销资源配置的核心。有效的年度营销预算计划能促使企业明确目标、优化资源、提高决策科学性，最终实现营销目标。

二、营销预算编制方法

营销预算编制可以采用多种方法，具体选择取决于企业的特定情况、目标和偏好。以下是一些常用的营销预算编制方法。

（一）量力而行法

量力而行法在营销预算中的应用是一种务实的管理原则，旨在确保企业在市场推广过程中能够充分考虑自身的资源限制和承受能力。这一方法强调谨慎投入，避免盲目跟风和冒险行为，以确保资源的有效利用和企业的长期可持续发展。在具体操作中，企业需要基于财务状况、人力资源、技术水平等因素，制定符合实际情况的预算，并灵活调整以适应市场变化。通过"量力而行法"，企业可以更加理性地应对市场不确定性，减小风险，同时确保在有限资源下实现最佳的市场营销效果。

（二）百分比销售额法

百分比销售额法是一种广泛应用于企业营销预算编制的方法，其核心理念是将营销预算与先前销售额相关联，通过确定一定的百分比来确定未来市场活动的投入。

在这一方法中，企业首先会回顾先前的销售数据，然后根据经验法则或行业标准，确定一个适当的百分比。这个百分比可以是固定的，也可以根据特定的销售水平进行调整。随后，将这一百分比应用于企业预期的未来销售额，从而计算出相应的营销预算。

这种方法的优势在于其简单直观，易于实施和理解。然而，也需要注意，过度依赖历史销售数据和固定百分比可能导致对市场需求和竞争环境的忽视。因此，在采用百分比销售额法时，企业需要确保对市场的深入了解，以更精准地确定合适的百分比，从而提高预算的准确性和有效性。

（三）竞争对等法

竞争对等法的核心理念是根据竞争对手的市场推广支出来确定自己的预算水平，以保持与竞争对手相当的市场份额或曝光度。

竞争对等法的步骤包括首先深入研究竞争对手，了解它们在市场上的广告、促销和其他推广活动的投入。通过这种分析，企业可以获取关键的市场信息，为后续决策提供基础。

接下来，企业会根据竞争对手的投入水平来设定自己的市场推广预算。这可能包括选择与竞争对手持平、超越或略低于它们的投入水平。这种策略旨在确保企业在竞争激烈的市场中保持竞争力，并在市场份额上保持相对平衡。

然而，值得注意的是，竞争对等法并非适用于所有情境。一些批评意见认为，仅仅依赖竞争对手的支出来制定预算可能忽视了企业自身的独特特征和市场目标。因此，在采用竞争对等法时，企业需要谨慎考虑自身战略目标、产品特性以及目标受众的需求，以确保最终的预算制定符合企业整体营销策略。

根据竞争对手在市场上的支出水平来设定自己的预算。这个方法要求对竞争对手的市场活动进行深入研究，以确保企业能够在竞争中保持竞争力。

（四）营销团队判断法

营销团队判断法依赖于营销专家的经验和行业洞察，通过团队的综合判断，制定预算以应对市场挑战。

该方法倚重于团队成员丰富的行业经验和专业知识，使其能够深刻理解市场动态和趋势。营销团队能够灵活调整预算，迅速响应市场变化，确保战略与市场环境的契合度。同时，经验丰富的营销专家和团队会考虑到许多定量模型无法涵盖的因素，如市场氛围、竞争态势、品牌声誉等。

然而，实践中该方法依然存在一定的风险和挑战。由于过度依赖专家判断，可能受到主观因素的影响，引发预算分配的不确定性。同时，团队的专业经验虽然宝贵，但有时无法全面覆盖复杂的市场环境，导致预测的不准确性。此外，由于主要基于主观判断，此方法难以将专家看法转化为具体数值，使预算控制和绩效评估相对困难。

因此，企业需要结合专业经验和科学方法，使二者相辅相成，从而确保营销预算在专家判断的基础上具备合理的数据支持和监测机制。

（五）历史费用加成法

历史费用加成法的核心理念是，以过去的经验为基础，通过合理的费用估算来指导未来的营销开支。具体而言，这个方法首先要收集和分析过去一段时间内的广告、促销和销售人员等各项营销费用数据。通过对这些历史数据的深入剖析，我们能够识别出费用的趋势和变化，从而为未来的预算提供参考。

在历史费用加成法中，关键的一步是确定一个适当的加成率。这个加成率代表了过去费用的平均增长幅度，它会被应用到当前的费用基础上，以计算出未来的营销费用预算。这种方法的优势在于其相对简便，通过利用历史数据，企业可以在一定程度上预测未来的支出。

然而，需要注意的是，历史费用加成法也有其局限性。它可能无法充分考虑市场的快速变化，且在竞争激烈或市场环境动荡的情况下可能显得过于保守。因此，在使用这一方法时，企业应结合对市场环境和业务需求的深刻理解，灵活地调整加成率，以制定更为全面和实际的营销预算策略。

（六）任务目标法

目标任务法的核心理念是清晰定义公司的营销目标和相关任务，然后根据这些任务估算所需的费用。该方法将整个过程划分为几个关键步骤，以确保预算的合理性和实际性。

首先，需要明确具体的营销目标，这可能包括销售增长、市场份额提升、品牌认知度提高等。然后，这些宏观目标被细化为具体的任务和活动，如产品推广、广告活动、促销策略等。

其次，对于每个任务，需要估算完成所需的具体费用。这一估算过程可能涉及多方面的因素，包括市场研究、历史数据分析以及专业咨询。通过对每个任务的费用进行细致估算，可以得出整体的预算。

最后，整个预算被仔细审查，以确保其符合公司的财务实力和市场情况。如果需要，可以对预算进行调整，以提高其适应性和有效性。

总的来说，目标任务法帮助企业建立了一个有针对性的预算体系，确保每一项开支都与实现具体的营销目标和任务紧密相连，为公司的战略目标提供了明晰的财务支持。

营销工具16-1

作业成本核算法

作业成本核算法（activity-based costing，ABC）是一种会计方法，用于更精确地确定产品或服务的成本。传统的成本核算方法往往基于直接劳动成本和直接材料成本，而ABC方法则更注重考虑各种活动对产品或服务成本的影响。

ABC方法的核心理念是，企业的成本主要来自各种活动，而不仅仅是由直接劳动和直接材料造成的。它识别和分析与生产或服务相关的各种活动，并将这些活动的成本分配到产品或服务上，以更准确地反映实际成本。

采用ABC方法帮助企业进行营销预算编制通常包括以下步骤。

识别与营销活动相关的活动： 确定与营销活动直接或间接相关的各种活动。包括市场调研、广告、销售推广、客户服务等。

确定活动成本驱动因素： 对于每种与营销活动相关的活动，确定影响其成本的主要因素。例如，广告活动的成本可能与广告的频率、媒体选择等有关。

分配活动成本： 使用ABC方法，将每种活动的成本分配到各个产品或服务上。这样可以确保成本更准确地反映不同产品或服务对企业资源的实际使用情况。

计算产品或服务的完整成本： 累加分配给产品或服务的各项活动成本，得出每个产品或服务的完整成本。这有助于确保企业在考虑营销活动时能够全面了解相关成本。

分析产品或服务的盈利贡献：通过了解每个产品或服务的完整成本，企业可以更好地评估它们的盈利贡献。这有助于优化产品组合和营销策略，以确保资源得到最有效的利用。

设定和监控预算：根据 ABC 的成本信息，制定和监控与营销活动相关的预算。这可以帮助企业合理分配资源，确保预算与实际成本相符，并随时进行调整以适应市场变化。

进行成本效益分析：使用 ABC 的数据进行成本效益分析，评估不同营销活动的成本效益。这有助于确定哪些活动对企业的长期盈利最为重要。

相比传统的成本核算方法，ABC 方法更能反映企业实际运作中的成本结构，尤其是在面对复杂多样的产品或服务时。它能够更准确地识别成本驱动因素，使管理者更准确地了解营销活动的成本结构，使管理者能够更灵活、精确地进行预算规划和决策制定。

参考资料：

Park Y, Jung S, Jahmani Y. Time-driven activity-based costing systems for marketing decisions[J]. Studies in Business and Economics, 2019, 14(1): 191-207.

（七）目标权重配置法

"目标权重配置法"是一种营销资源分配的策略，旨在基于公司的战略目标和市场特征，为不同的销售和市场活动确定适当的资源分配权重。这一方法的核心在于精确地权衡各项目标的相对重要性，以确保资源的高效利用。下面是实施目标权重配置法的主要步骤和预算指标（见表 16-1）。

（1）根据目标销售额确定销售费用占销售额的提取比例。

（2）根据公司营销战略确定市场的重要程度制定权重。

（3）根据各区域的计划销售额及市场权重确定预期销售费用。

表 16-1　目标权重配置法

目标区域市场	北京	上海	深圳	湖北	安徽	山东	其他地区	合计
预定销售费用占计划销售收入的百分比：①	10%							
目标区域的权重：②	6	3	3	2	2	1	1	18
预期销售收入（万元）：③	500	3500	3200	900	1000	600	9000	18 700
未加权的销售费用预计（万元）：④=③×①	50	350	320	90	100	60	900	⑧1870
加权销售费用（万元）：⑤=②×④	300	1050	960	180	200	60	900	⑨3650
加权后的销售费用预算占总加权预算的百分比（%）：⑥=⑤/⑨	8%	29%	26%	5%	5%	2%	25%	1
实际销售费用预算（万元）：⑦=⑥×⑧	153.70	537.95	491.84	92.22	102.47	30.74	461.10	1870

目标权重配置法的优势在于全面考虑多个因素，通过综合考虑目标销售额、市场战略和区域特征，目标权重配置法确保了资源配置的全面性和合理性。同时，由于权重和比例是可以调整的，这种方法能够灵活地应对市场变化和公司战略调整。然而，为保持方法的有效性，公司必须定期评估权重和比例的设定，并根据实际情况进行必要的调整。

（八）弹性预算法

弹性预算法是一种根据市场变动和业绩表现调整的灵活预算方法。这一方法的核心理念是，预算数额能够根据销售额、市场需求和其他关键指标的变动而调整，以适应动态的市场环境。

运用弹性预算法时，必须选择能以量表示的业务作为标准，因为量的多少对成本费用有直接影响；所选标准业务要便于了解，力求简便。在一定的业务量范围内，固定费用是不变的，变动费用与业务量成正比例。总费用 y 与固定费用 a、单个业务费用额 b、业务数量 x 之间的关系为：$y = a + bx$。

弹性预算法允许企业在财政年度内根据实际情况做出及时的调整。这样的灵活性使企业能够更好地应对市场波动、竞争压力以及其他外部因素的变化。

（九）零基预算法

零基预算法是一种以从零开始的方式制定预算的管理方法。零基预算法要求企业在每个新的预算期内重新评估并设定所有支出，而不是简单地根据先前年度的预算进行调整。零基预算法一般适用于不经常发生的或者预算编制基础变化较大的预算项目，如对外投资、对外捐赠等。这一方法着重于成本效益分析，要求每个支出都能够展示其对企业目标和绩效的直接贡献。同时，强调对每个项目的详细审查，要求为每项支出提供充分的理由，以确保资源的最优化利用。

（十）滚动预算法

滚动预算法是一种持续更新和修订的预算方法。与传统的年度静态预算不同，滚动预算是在财务年度内不断更新和调整的预算体系。其核心思想是在每个预算期结束时，将当前预算的一部分移至下一个预算周期，同时制定新的预算以取代已经过时的部分。这种方法使企业能够更灵活地应对变化和调整预期。

实施滚动预算法的步骤包括：首先，以利润表各要素为基础，制定与利润表相关的业务预算，如合同签约额预算、收入预算、各项费用预算等，形成预计损益表；其次，以经营活动现金流量表各要素为基础，制定与现金流量有关的业务预算，如内部应收款预算、应收账款预算、应付账款预算、人力资源成本预算等，形成经营活动现金流量预算表；最后，根据预计损益表、经营活动现金流量预算表以及与资产负债表要素相关的业务预算，如存货预算、固定资产预算，形成预计资产负债表。

总体而言，不同的企业可能会结合使用以上方法，根据具体情况采取不同的权衡策略，以确保预算编制的科学性和灵活性。

三、年度营销预算计划

年度营销预算计划与企业整体预算计划密切相关，它在整体预算中扮演关键角色。年度营销预算应与企业战略一致，通过整体预算确保资源合理分配，支持市场推广和预算执行活动。

年度预算计划的编制过程分为多个有序步骤。首先，各部门启动营销预算编制工作，包括业务、资本和财务预算。然后，事业部根据总部提供的信息向财务部提交预算建议，确定初步目标和政策，并下达财务预算编制条件给各单位。各单位完成预算编制，事业部进行对接，将审查意见上报公司财务部。在财务部提出平衡意见后，方案提交公司总裁班子审议，最终董事会批准。一旦预算得到批准，年底前各部门将预算目标分解为具体的业务或财务预算指标，正式下发给各单位执行。各单位按照最终下达的预算指标完成内部分解和预算信息系统的填报工作。

年度预算计划主要包括营销、采购、生产、存储、盈利、现金流量等单项责任指标体系和企业下一年度的整体作战方案。该计划是年终奖评定和激励机制的核心，主要涵盖销售、财务、资金、资本等几部分预算。实践中，企业需采用适合的营销预算编制方法，引入销量、产量、消耗量、采购量、库存量等多维业务预算要素，与企业财务三表（预计损益表、预计资产负债表、预计现金流量表）协调，建立全面的预算管理体系[28]。

年度预算计划的执行需要企业在预算下达后，要求各营销部门将预算目标详细分解并切实执行。为此，企业需建立预算分析及报告制度，以全面了解执行情况。同时，月度预算执行例会制度由预算管理委员会主持，对预算执行情况进行定期分析并监督检查[29]。总体而言，年度预算计划的执行以分解执行、比较纠偏、复盘调整为驱动，通过预算管理委员会建立 PDCA 增强系统，为企业营销预算与资源管理提供制度保障。

综上所述，年度预算计划的制定和执行要密切贴合公司战略和发展规划，以业务规划和资本预算为基础，经营利润为目标，产品为主线，实现以销定产、以产促销、沟通协调、预算控制、滚动调整、评估考核的目标，并通过财务报表反映企业预算执行和发展状况，梳理各部门责任指标。以此提升企业资源利用效率，降低潜在风险，促进不同部门的协同合作。

第四节　营销绩效衡量与营销复盘

一、营销绩效的衡量指标

设计市场营销绩效指标时，可以依据营销过程和营销部门维度基于营销战略目标来分解绩效指标。依据过程维度划分营销指标有助于细化市场营销过程，提供清晰的任务职责和更精确的监测，但可能导致复杂性增加。依据部门维度划分指标简化管理，但可能缺乏细节和全局视角。在实践中，通常采用综合方法，兼顾过程和部门维度，以实现整体市场营销目标并提高管理效率[30]。下面分别介绍依据过程维度和部门维度两种不同维度划分的营销绩效指标。

（一）各营销阶段的绩效指标

市场营销过程通常包括多个阶段或活动，每个阶段都有独特的任务和职责。为每个阶段制定明确的目标有助于确保市场营销活动有序进行。

此外，针对每个阶段的目标，需要设定具体的绩效指标，以便量化和衡量进展，并为绩效评估提供依据。通过分解市场营销过程，团队可以更清晰地了解其任务和职责，从而更好地协调工作，以实现整体市场营销目标[31]。表 16-2 展示了按市场营销阶段划分的绩效指标。

这些步骤构成了一个连贯的市场营销过程,它们帮助企业在市场中建立和维护成功的品牌,吸引客户,提高销售,并确保客户满意度。然而,市场营销是一个动态的过程,需要不断适应变化的市场环境和客户需求。因此,定期的市场营销策略审查和调整是至关重要的。

表 16-2　各个市场不同营销阶段的绩效指标

市场营销阶段	营销目标	绩效衡量指标(KPI)
市场研究和分析阶段	了解目标市场和竞争环境,为战略规划提供基础	市场调研报告完成时间 竞争分析准确性 市场趋势预测准确性
目标市场确定阶段	明确定义和选择目标市场,确定潜在客户群体	目标市场确定时间 潜在客户细分的准确性 市场份额潜力评估
市场定位和品牌策略阶段	确定品牌定位和差异化策略,以吸引目标市场	品牌声誉提升 差异化策略的独特性评估 品牌识别度提高
市场推广和传播阶段	通过广告和宣传活动提高品牌知名度	广告曝光率 广告点击率 社交媒体互动 广告效果分析
销售和分销阶段	推动销售、转化潜在客户为实际客户	销售额增长 销售团队绩效 客户转化率 销售渠道效率 销售费用率
客户关系管理阶段	提高客户满意度、保持客户忠诚度	客户满意度调查结果 客户保留率 客户支持响应时间 客户反馈处理效率
绩效评估和优化阶段	定期审查和改进市场营销策略	绩效报告准时性 活动改进的速度 市场份额增长

(二)各营销部门的绩效指标

市场营销通常包括多个关键部门,每个部门在市场营销过程中担负不同的职责和任务。每个部门都应根据其职能和职责制定具体的目标,以确保其工作与整体市场营销战略一致。

同时,针对每个部门的目标,需要明确定义相应的绩效指标,这些指标应具体、可衡量和与目标相关。部门维度的分解有助于协调各个部门的工作,使其共同推动整体市场营销成功。表 16-3 列出了按市场营销部门划分的绩效指标。

每个部门的目标和指标应该与其职责和功能密切相关,同时与整体市场营销战略目标相一致。这种部门维度的分解可以帮助各个部门明确自己的任务和职责,同时也有助于更好地协调各部门的工作,以实现共同的业务目标[32]。此外,定期的绩效评估和反馈对于优化市场营销策略和活动至关重要,可以确保团队朝着实现目标不断前进。

总体而言,综合利用这些指标和数据,企业可以全面评估营销绩效,发现成功因素和改进点,以更好地实现营销目标和提高业绩。衡量营销绩效应该是一个持续的过程,随着市场和客户需求的变化,需要不断调整和优化营销策略。

表 16-3 各个市场营销部门的绩效指标

市场营销部门	营销目标	绩效衡量指标(KPI)
市场策略部门	制定和更新市场营销战略,确保与公司战略一致	市场调研报告 战略计划执行进度 竞争分析更新频率
品牌传播部门	提高品牌知名度和宣传效果	广告曝光率 社交媒体关注者增长 广告点击率
数字营销部门	增加在线销售和网站流量	网站访问量 转化率 电子邮件点击率 社交媒体转发率
销售部门	实现销售额增长和客户满意度	每月销售额 客户转化率 销售费用率 销售活动成效 客户满意度调查结果
客户服务部门	提高客户满意度和忠诚度	客户满意度评分 客户投诉数量 解决问题的平均时间 客户保留率
市场分析和数据分析部门	提供市场洞察和数据驱动的决策支持	市场趋势报告 数据分析报告准时性 数据质量指标
产品开发部门	满足市场需求,推出具有竞争力的产品	新产品上市时间 产品特性满意度 市场份额增长
品牌管理部门	维护一致的品牌形象和声誉	品牌一致性评分 品牌声誉监测 市场份额和品牌费用投入之间的相关性

营销工具 16-2

巨量引擎的营销度量指标(部分)

流量分析度量指标

包括广告聚合(曝光次数、曝光人数、点击量、CTR、CPC、CPM、消耗/投入花费);

直播聚合（观看次数、观看人数、评论次数、评论人数、关注次数、关注人数、分享次数、分享人数）；星图达人聚合（点赞次数、分享次数、评论次数、互动次数）；频次分析（按覆盖人群/触点的曝光次数的分布；曝光效果：CTR）等。

创意分析度量指标

包括视频来源与推广类型（客户端、品牌广告、效果广告—竞价广告）；视频云（展示曝光最多的 88 个视频，视频封面展示曝光量占比与排序）；素材详情（视频封面、素材 ID、来源、投放媒体、视频标题；素材指标—曝光数、点击数、消耗额、播放量、完播量、CTR、转评赞收藏）等。

品牌情感分析度量指标

包括品牌整体情感（舆情表现-正负、正评论数/率、负评论数/率）；热门内容（播放量、视频/文章名称、评论数、正评率、负评率）；热门云词（最热门的关键词；内容云词与品牌云词匹配与切换）等。

转化分析度量指标

依据广告主回传的转化数据，基于触点分析广告的转化效果（推广类型、触点、频次、人群等细分维度）。包括有效触点、转化金额、转化次数、转化人数、整体转化分析、转化周期分析、转化频次分析、按细分维度分析（人群类型、触点、指标等）、推广类型组合分析、转化周期分析以及触达频次分析等。

资料来源：字节跳动，巨量云图产品操作手册[R]. 2021: 1-5.

二、营销方案的复盘与优化

（一）营销仪表盘

企业通过组织流程和系统，充分发挥所有测量指标的价值。管理层可利用营销仪表盘（marketing dashboard）整合和解读内外部相关指标，类似于汽车或飞机的仪表盘，以直观方式呈现实时指标，以确保正常运营。营销仪表盘被定义为"组织内共同观看的简明且相互关联的绩效驱动因素"。企业应投入资源开发两个市场导向的关键评分卡：一个反映绩效，一个用于预警。

营销仪表盘的质量依赖于包含的基础数据信息，而有效的可视化工具可以生动展现数据。颜色、编码、符号、不同类型的图表、表格和计量器都易于使用且有效。许多企业指派营销控制人员审查营销预算项目和费用，同时也越来越频繁地使用商业智能软件创建数字化的营销仪表盘。

营销仪表盘提供了所需的最新信息，包括销售与预测、分销渠道的有效性、品牌资产的演变以及人力资本的发展。有效的仪表盘有助于整合思维、改善内部沟通，并揭示哪些营销投资产生了回报。目前，营销者通常关注四个常见的测量路径。

（1）客户指标路径：关注潜在客户如何转化为客户，包括产品认知、偏好、试用、重复购买等步骤，同时考虑客户体验如何促进价值感知和竞争优势。

（2）单位指标路径：反映每个单位的产品或服务的销售数量。"单位"指地区或产品线。该路径使用各销售单位的营销成本来衡量效率，确定最佳利润点和实现最佳利润的方法。

（3）现金流指标路径：关注营销支出如何实现短期回报，使用投资回报率模型来衡量某项投资的直接影响或预期净现值。

（4）品牌指标路径：通过测量品牌估值来追踪营销的长期影响，如从客户和潜在客户的角度评估品牌知名度和整体财务健康状况。

理想情况下，随着时间推移，营销仪表盘上的指标将减少至几个关键驱动因素。同时，开发和完善仪表盘的过程也会提出并解决许多企业的关键问题。

营销工具16-3

PDCA 循环

PDCA 循环是一个管理方法和质量改进工具，用于持续改进和优化过程和产品。最早由美国质量管理专家沃特·休哈特（Walter Shewhart）于 1930 年提出，由威廉·戴明（William Deming）采纳、宣传，推动普及。PDCA 循环又称为戴明循环。PDCA 主要有四个步骤，如图 16-14（a）所示。

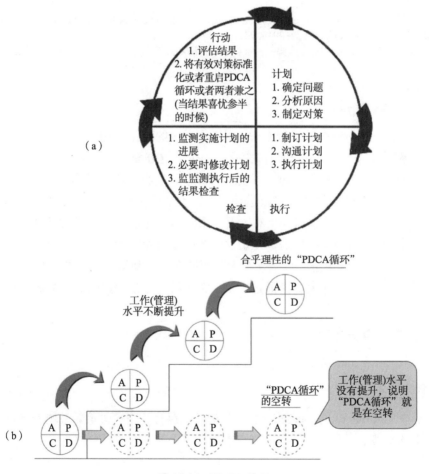

图 16-14　PDCA 循环

计划（plan）：在这个阶段，确定目标和问题，制定计划来实现目标。这包括设定目标、识别问题、收集数据、制定计划和目标，并确定执行所需的资源。

执行（do）：在执行阶段，按照制定的计划实施行动。这意味着执行计划并收集相关数据以进行分析。

检查（check）：在这个阶段，对执行结果进行评估和比较，以确定是否达到了设定的目标。分析数据，评估执行过程中的问题，并确定下一步的行动。

行动（act）：根据检查阶段的结果，采取纠正措施并制订新的计划，以持续改进过程。这可能包括调整计划、重新执行、收集新数据和再次检查。

PDCA 循环也被称为"循环改进"或"循环质量改进"，它强调了连续性和不断学习的概念。该循环类似于爬楼梯，每转动一周就上升一层台阶，这就像在攀登质量改进的阶梯，如图 16-14（b）所示。在每个循环中，问题被识别和解决，成果被总结，质量水平提高，新目标设定。这不断地循环使得质量问题逐渐解决，产品和管理水平持续改进，质量不断提高通过反复执行这个循环，组织可以不断改进其业务流程、产品和服务，以满足客户需求并提高效率和质量。

参考资料：

[1] Liker J K, Trachilis G. Developing Lean Leaders at all Levels: A Practical Guide[M]. United States: Lean Leadership Institute Publications, 2014. 73.

[2] 杨春. 当薪酬不再与绩效挂钩——京瓷、海底捞的经营机制[M]. 北京：电子工业出版社，2019: 122.

（二）KISS 复盘法

KISS 复盘法是一种项目复盘方法，用于将过去的经验转化为实际能力，并促进个人和团队不断提高。它的核心思想可以简化为四个关键方面。

保持（keep）：识别和保留过去成功的方面，以便将优点发挥到极致。

改进（improve）：识别并制订改进计划，以不断优化不足之处，并将弱点变成强项。

停止（stop）：识别并立即停止对个人或团队不利的行为、心态或习惯。

开始（start）：制订学习计划，开始发展新的能力和经验，以填补缺失。

这个方法强调持续改进，以确保个人和团队在项目和活动中不断提高，以更好地满足需求和实现目标。KISS 复盘法通过简洁、实际的方法帮助团队提升绩效，并避免过度复杂化。

（三）营销审计

 概念定义：

营销审计（marketing audit）：在营销流程执行过程中关键的风险控制策略，旨在确保企业的战略、目标、政策和策略与市场营销环境和内部资源的变化相一致[24]。

由于市场营销环境经常发生变化，每家企业都应建立定期进行全面评估的营销审计制度，以及时发现问题和机会，为高级管理层的决策提供参考。市场营销审计内容涵盖六个关键方面，如表16-4所示。

通过进行营销审计，组织可以识别问题并制订改进计划，以更好地满足客户需求、提高市场份额，并实现营销目标。这个过程通常需要全面的数据收集和分析，以便做出明智的决策和策略调整。

表16-4 营销审计六大模块

营销环境审计	审计要求分析主要宏观环境因素和企业微观环境（市场、顾客、竞争者、分销商、供应商和辅助机构）中关键部分的趋势
营销战略审计	主要检查企业的营销目标及营销战略，评价它们对企业当前的和预测的营销环境的适应程度
营销组织审计	审查企业的营销组织结构和业务流程，以确保它们能够支持战略实施。这包括人员配置、团队协作、职责分工等方面的审查
营销制度审计	评估企业的分析、计划和控制系统，特别关注营销信息系统的有效性。这有助于确保企业能够有效地收集、分析和利用市场数据
营销效率审计	检查各个营销单位的盈利能力和各项营销活动的成本效益，使用经济责任制中的各项指标来评估。这可以帮助企业优化资源分配和提高效率
营销功能审计	评价市场营销组合因素，从管理职能的角度审查各个方面，如产品、价格、渠道、促销等策略。这有助于确保不同营销要素之间的协调和一致性

最佳实践16-1

美的：组织变革之路

美的集团创立于1968年，秉持"用科技创造美好生活"的经营理念，经过50多年的不懈发展，已经成为全球家电领先企业，涉足智能家居、机电、暖通楼宇、机器人、数字创新等五大板块。美的的产品和服务现在遍布全球200多个国家和地区，惠及4亿用户。此外，公司还汇聚了众多品牌，如美的、小天鹅、东芝、华凌等，构成多品牌组合。在中国家电行业中，美的伴随着中国的改革开放不断发展，多次进行组织变革。这些经历让美的在半个世纪的时间里不断前行，最终成为中国电器行业的代表性企业。

美的的成功离不开它在组织结构、管理流程方面的三次重要变革。这些重要变革促使美的从时代发展的大浪淘沙中一次次脱颖而出。

1968年至2007年期间，中国经历了两个关键的发展阶段，对美的集团的发展产生了深远影响。第一，1978年的改革开放政策推动了中国城镇化，使人均国内生产总值（GDP）迅速增长。第二，1998年的住房制度改革催生了中国商品住房市场的迅猛发展。在这背景下，美的集团灵活应对机遇，扩张业务，并通过多次事业部改革应对扩张带来的低效和混乱。

美的集团在创立初期采用了"大户制"分销模式，但随市场变化逐渐不适用。1997年进行首次事业部改造，划分为五个核心事业部，实行利润责任下放，建立独立核算和经营管理的权力下放和授权模式。1998年升级和调整营销渠道，推行扁平化结构的销售渠道，强调精耕细作市场策略。2002年进行第二次事业部改革，分制冷和日用家电，形成制冷集团和日用家电集团，实现更专业化经营。2006年进行的改革进一步加强了二级平台的权力,实现资源共享和协同合作。总体而言,1992—2007年的组织变革帮助美的集团在改革开放时期取得了稳定且高质量的发展,总营收从4.87亿元增长至332.97亿元。

在2007年至2012年期间,美的集团通过积极调控政策、组织资源整合以及采用区域销售公司模式,实现了管理组织模式的重大转变。在新主席方洪波的领导下,公司加速了对营销管理系统的整合,从而从单一产品事业部制过渡到"产品事业部+营销事业部"的模式。通过整合白电系统,成立中国营销总部和日用家电中国营销总部,覆盖30种小家电产品。2011年实现了海外市场销售与各事业部的分开。2012年推动了"632"项目,通过六大运营系统、三大管理平台、两大门户和集成技术平台,进一步加强了公司内部各个部门之间的协作和整合,为数字化转型奠定了基础。

自2013年以来,中国城市建设、电子商务、移动互联网的崛起为家电销售线上化提供了基础。数字化发展推动线上家电市场扩大,家电行业线上市场份额从2018年的36.3%提升至2021年上半年的48.6%。在这一背景下,美的集团迎来新一轮的数字化转型,采取颠覆性的改革举措,以适应电商和移动互联网对家电消费模式的变革,如图16-15所示。

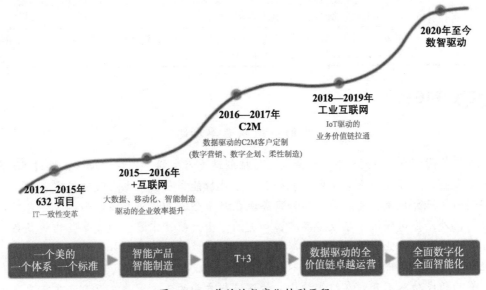

图16-15 美的的数字化转型历程

资料来源:陈雪频.9年投入超过120亿,美的数字化转型"三级跳"[J].上海国资,2021(9): 84-87.

2013年,美的集团进行了组织结构变革,实施了事业部独立经销模式,取消了代理制,通过渠道分销结构调整降低成本,实现了组织结构扁平化、高效化和智能化。在2014年,引入数字化技术和智能制造,推出"T+3"产销模式(T0订单准备阶段、T1生产准备阶段、T2生产制造阶段、T3物流发运阶段,每个周期需3天完成,客户从下单到收货,只需12天)成功实现了"以销定产",通过优化制造流程提高了供应链的敏捷性和效率。2015年,进行内部组织改造,打破信息不能共享的障碍,提高了协同效应和决策效率。

2016年至2017年,美的集团推动顾客定制(customer to manufacturer,C2M)计划,以数字化技术为引擎,通过数据化途径推动数字营销、企划和柔性制造。优化三层架构体系，依托"T+3"模式进行数字化营销、企划和柔性制造。自2018年起，全面推行数字化发展战略，引入并优化工业生产互联网平台，构建数字化平台如数据采集与监视控制系统（supervisory control and data acquisition，SCADA）监控、工业云、大数据分析和SaaS（software as a service）服务，强化C2M和T+3模式协同，实现平台化、标准化和云服务。2023年，美的集团总营收从2013年的1212.65亿元增长至3737亿元，国内主要电商销售占比保持在45%以上，多品类家电市场份额提升，主要产品线上份额均居市场第一。这些变革不仅在美的公司内部带来积极效果，也引领了整个家电行业向智能化、数字化未来发展。

美的集团在过去的50多年中，持续适应时代发展潮流，进行了组织架构和管理模式的革新，建立了以事业部为核心、数字化为引擎的营销管理体系。数字化技术与物联网的应用优化了资源融合，创造了人机协同的组织创新平台，提升了市场反应速度和价值链运行效率。从最初的塑料生产到全球化科技集团，美的展现了在适应市场变化和创新管理方面的卓越能力。

讨论题：

问题1：美的集团在不同发展阶段是如何调整其营销战略的？

问题2：美的集团的营销组织变革是如何适应营销战略调整的？

问题3：如果你是美的集团的营销总监，针对未来所面临的挑战，你会提出哪些可行的对应策略？

资料来源：

[1] 美的集团官网. https://www.midea.com.cn/.

[2] 美的集团股份有限公司 2022 年年报. https://pdf.dfcfw.com/pdf/H2_AN202304281586090602_1.pdf.

[3] 揭秘"美的"数字化转型之路. https://zhuanlan.zhihu.com/p/486874109.

[4] 陈雪频. 9年投入超过120亿，美的数字化转型"三级跳"[J]. 上海国资，2021(9): 84-87.

[5] 程旭，疏丹丹. 数字化转型对制造企业绩效的影响机制研究——以美的集团为例[J]. 商展经济，2023(15): 157-160.

最佳实践16-2：小米：基于数字化"中台"的知识管理

本章小结

（1）市场营销部门组织形式受到多种因素的影响，如企业规模、产品线的复杂性、市场需求的差异性以及数字时代的技术发展等。其中，不同的营销组织模式适用于不同的企业阶段和市场需求。从简单的销售部门到现代市场营销部门，营销组织的演变反映了市场营销职能的发展和市场需求的变化。

（2）企业属性与市场需求决定了企业应该选择何种市场营销部门组织结构，如职能型、地区型、产品或品牌型、市场管理型、矩阵式、事业部组织等。不同组织形式有不同的侧重点，企业需要充分分析自身情况，结合市场环境做出明智的选择。

（3）在数字时代，企业需要建立更柔性化、无边界化的组织形式，与此同时，要注意培养员工的数字化技能以及部门之间的数字化协同能力，这有助于提升企业的营销效率和资源投放准确性。此外,企业需善用数字化中台,深度挖掘大数据,构建人工智能模块来持续优化营销活动和管理流程。这将帮助企业在保证业务实现渐进性发展的同时发现潜在市场机会,从而助力企业业务创新,实现可持续发展。

(4)数字化时代的企业在预算和资源配置过程中要时刻以营销目标与营销任务为导向,并以年度营销计划为核心。这就需要熟练运用并掌握 10 种常用的预算编制方法进行企业年度营销预算的编制。同时,通过建立全面、健康的预算管理体系帮助企业明确目标、优化资源、提高决策科学性。

(5)企业可以将企业的营销战略目标按过程或部门维度转化为具体、可衡量、可实现、高度契合企业愿景并具备时效性的绩效指标。同时,运用营销仪表盘和营销审计对营销绩效进行实时监控和过程控制,并遵循 PDCA 循环原则,通过 KISS 复盘法对营销方案进行持续复盘和优化。

关键术语

营销组织(marketing organization) 职能型组织(functional organization)
地区型组织(regional organization)
产品或品牌型组织(product or brand organization)
市场管理型组织(market management organization)
矩阵式组织(matrix organization) 事业部组织(business unit organization)
数字化中台(digital middle platform) 营销流程(marketing process)
营销制度(marketing system) 年度预算计划(annual budget plan)
营销仪表盘(marketing dashboard) KISS 复盘法(kiss retrospective method)

回顾性问题

1. 决定营销组织形式的选择因素有哪些?不同营销组织形式各自有哪些优势与劣势?
2. 数字化背景下营销组织建设面临哪些重大挑战?如何对应?
3. MTL 和 LTC 流程各自指什么?两者之间的关系如何?
4. 如何有效控制营销预算与资源配置?营销预算编制方法都有哪些?
5. 如何对营销绩效进行有效衡量?如何做好营销复盘和营销审计?

辩论性问题

辩论题:中央化和分散化的营销组织结构,哪一种组织结构更有利于企业做好营销管理工作?

一种观点认为,中央化的组织结构在营销管理中更为适用,因为它可以确保统一的品牌形象、整合的营销战略和资源的高效利用。中央化组织结构能够避免不同部门之间的"信息孤岛"和重复工作,从而更好地实现协调和整合。另一种观点认为,分散化的组织结构在营销管理中更有优势。分散化可以使各个地区或部门更灵活地根据本地市场情况制定营销策略,更能够满足多样化的市场需求。分散化结构还可以激发创新和创意,因为各个部门可以更自主地开发适合本地市场的解决方案。

辩论双方

正方：中央化的组织结构更有利于企业做好营销管理工作。

反方：分散化的组织结构更有利于企业做好营销管理工作。

实践性问题

1. 挑选一个特定行业，如快消品、科技、新能源等，分析该行业内三家主要企业的营销组织模式。你是否能够发现某种共同的特点或趋势？

2. 通过研究一家企业的销售部门，尝试评估其销售组织架构是否匹配其市场需求。你认为该企业在营销组织设计方面是否需要做出调整？

3. 调查一家本地制造型企业和一家服务型企业的营销组织架构，比较它们之间的异同点？

4. 以你所熟悉的行业为背景，思考在数字化时代，营销组织应如何更好地与其他部门协同工作，以实现更高的市场敏捷性和整体营销效能？

延伸阅读

[1] 胡左浩. 华为的变与不变——以客户价值创造为核心的持续变革[J]. 清华管理评论, 2019(10): 22-30.

[2] 黛安娜·莱丁厄姆, 马克·科瓦克, 海蒂·洛克·西蒙. TOPS销售法[J]. 哈佛商业评论（中文版）, 2010(9): 57-67.

[3] 董毓格, 龙立荣, 程芷汀. 数智时代的绩效管理：现实和未来[J]. 清华管理评论, 2022(5): 93-100.

[4] 罗伯特·卡普兰, 大卫·诺顿. 平衡计分卡——化战略为行动[M]. 刘俊勇 等 译. 广州：广东经济出版社, 2013.

参考文献

即测即练

自学自测　扫描此码

教学案例 1
FOH 希望树：数字营销赋能品牌破圈成长

教学案例 2
科麒软件再定位：业务多元化的喜与忧

全书"开篇案例、最佳实践案例、营销洞见、营销工具、mini 案例"列表

教师服务

感谢您选用清华大学出版社的教材！为了更好地服务教学，我们为授课教师提供本书的教学辅助资源，以及本学科重点教材信息。请您扫码获取。

➢ 教辅获取

本书教辅资源，授课教师扫码获取

➢ 样书赠送

市场营销类重点教材，教师扫码获取样书

 清华大学出版社

E-mail: tupfuwu@163.com
电话：010-83470332 / 83470142
地址：北京市海淀区双清路学研大厦 B 座 509
网址：https://www.tup.com.cn/
传真：8610-83470107
邮编：100084